GOLDMANN KLASSIKER
MIT ERLÄUTERUNGEN

FLAVIUS JOSEPHUS

DER JÜDISCHE KRIEG

GOLDMANN VERLAG

Vollständige Ausgabe
Aus dem Griechischen von Hermann Endrös
Nachwort, Anmerkungen, Verzeichnis der Eigennamen und bibliographische Hinweise: Professor Dr. Gerhard Wirth, Universität Bonn

Umschlagbild: Die Zerstörung des Tempels in Jerusalem durch Titus. Ölgemälde von Nicolas Poussin (Ausschnitt). Wien, Kunsthistorisches Museum

Made in Germany · 4. Auflage · 9/87

Umschlagentwurf: Design Team, München
Umschlagfoto: Photobusiness/Artothek, Planegg
Satz und Druck: Presse-Druck Augsburg
Verlagsnummer: 7579
Lektorat: Martin Vosseler · Herstellung: Gisela Ernst/Voi
ISBN 3-442-07579-3

INHALT

BUCH I

1. Vergleicht man den Krieg der Juden gegen die Römer nicht nur mit den Kriegen unserer Epoche, sondern auch mit allen, von denen wir Kenntnis haben – es mögen Städte mit Städten oder Völker mit Völkern zusammengeprallt sein –, so erscheint er uns als der gewaltigste von allen. Zu diesem Krieg nun haben Schriftsteller, die gar nicht an ihm teilgenommen hatten, nach Sophistenart eine Darstellung gegeben, indem sie wahllos widerspruchsvolle Nachrichten sammelten, während andere wohl dabei waren, aber sich aus Liebedienerei gegen die Römer oder aus Haß gegen die Juden als Fälscher der wirklichen Vorgänge betätigten. So kommt es, daß diese Schriften ein Durcheinander von Anklagen und Lobeshymnen darstellen, der historischen Treue aber keinen Raum geben. Dies ist der Grund, warum ich, Josephus, Sohn des Matthias aus Jerusalem, ein Priester, der zunächst gegen die Römer kämpfte und in die späteren Vorgänge wohl oder übel verwickelt wurde, den Entschluß faßte, für die Angehörigen des römischen Machtbereichs in griechischer Übersetzung all das zugänglich zu machen, was ich ehedem für die innerasiatischen Nichtgriechen in ihrer Muttersprache dargestellt und ihnen zugeleitet habe.

2. Denn als diese, wie gesagt, außerordentlich tiefgreifende Bewegung in Gang kam, litt der römische Staat an inneren Schwierigkeiten, wogegen die Revolutionspartei der Juden, überreich an Streitkräften wie an Geldmitteln, in den damaligen Wirrnissen den Augenblick für die Erhebung gekommen sah. Die östlichen Probleme wurden durch diese heillose Verwirrung derart brennend, daß die einen sich als die künftigen Herren des gesamten Orients sehen konnten, während die anderen seinen totalen Verlust befürchten mußten. Denn die Juden erwarteten, alle ihre Stammesgenossen jenseits des Euphrats würden mit ihnen gemeinsam rebellieren, indes den Römern nicht nur von den benachbarten Galliern Schwierigkeiten entstanden, sondern auch von seiten des keltischen Elements. Dazu war nach dem Tode Neros alles in Aufruhr; der

günstige Augenblick ließ viele nach der Kaiserkrone greifen, und das Heer, dem es doch um Geschenke ging, stand einem Thronwechsel jederzeit freundlich gegenüber. Ich glaubte, nicht übersehen zu dürfen, daß bei der Darstellung so bedeutender Vorgänge die Tatsachen entstellt wurden, daß außerdem wohl die Parther, die Babylonier und die fernsten Araber, unsere Stammesbrüder jenseits des Euphrats und die Adiabener durch meine Bemühungen über die Entstehung, den leidvollen Untergang, Fortgang und das schließliche Ende des Krieges genau im Bilde waren, während die Griechen und Römer, soweit sie nicht selbst am Kriege teilgenommen hatten, darüber in Unkenntnis und auf schmeichlerisch entstellte, ja regelrecht gefälschte Darstellungen angewiesen waren.

3. Gleichwohl haben sie den Mut, diese Machwerke als ›Geschichte‹ zu bezeichnen, die nach meiner Ansicht nicht nur jeglichen brauchbaren Inhalts ermangeln, sondern auch ihren Zweck gänzlich verfehlen. Denn in ihrem Bemühen, die Römer groß erscheinen zu lassen, tun sie ständig der Sache der Juden Abbruch und verkleinern sie. Es ist aber für mich nicht einzusehen, wieso jene groß erscheinen sollen, die Kleine bezwungen haben. Weder die lange Dauer des Krieges spielt für sie dabei eine Rolle noch die Stärke der Römertruppen, die nur mit Mühe Belastungen gewachsen waren, auch nicht die Größe der Feldherrn, die sich außerordentlich um die Einnahme Jerusalems abmühten und deren Ruhm, wie ich glaube, Einbuße erleidet, wenn man ihre Bedeutung herabzusetzen versucht.

4. Es geht mir sicherlich nicht darum, im Wettstreit mit den Lobrednern Roms die Erfolge meiner Stammesgenossen herauszustellen, nein, ich beabsichtige einzig über die tatsächlichen Geschehnisse auf beiden Seiten gewissenhaft und genau zu berichten. Mit meiner Schilderung der Begebenheiten mache ich aber meiner Lage und meinem Schmerz ein Zugeständnis und erlaube mir, über die Katastrophe, die über meine Heimat hereinbrach, zu trauern. Denn es war der innere Zwist, der den Zusammenbruch verursachte, und jene, die die Hände der Römer gegen deren Willen zum Handeln zwangen und den Feuerbrand auf den Tempel lenkten,

das waren die Tyrannen der Juden selbst. Zeuge dessen ist der Mann, der das Werk der Vernichtung vollführte, der Kaiser Titus, der während des ganzen Krieges das Volk bedauerte, das die Rebellen unter ihrer Knute hielten; ja er war es, der oft den Sturm auf die Stadt hinausschob und die Belagerung in die Länge zog, auf daß die Schuldigen zur Einsicht kämen. Wollte also jemand Anstoß nehmen an dem, was wir wider die Tyrannen oder ihren Klüngel sagten, oder an unserer Klage über das traurige Schicksal unseres Vaterlands, dann soll er auch entgegen dem Gesetz der Geschichtsschreibung dem Schmerz Nachsicht schenken. Denn unserer Stadt war es beschieden, daß sie, die einst wohlhabendste aller Städte im römischen Machtbereich, ins äußerste Unheil geriet: ja, mir will scheinen, es habe sich nie ein schlimmeres Unheil zugetragen als das, welches über die Juden hereinbrach. Und schuld daran ist kein Angehöriger eines anderen Volkes, und so war es mir einfach unmöglich, meine Trauer zu beherrschen. Geht aber jemand mit meiner Trauer allzu hart ins Gericht, dann möge er das tatsächliche Geschehen der Geschichtsschreibung zuzählen, die Äußerungen des Schmerzes aber zu Lasten des Geschichtsschreibers buchen.

5. Und doch hätte ich allen Anlaß, gegen die griechischen Gelehrten zu polemisieren, daß sie, obgleich Zeitgenossen von vergleichsweise viel bedeutenderen kriegerischen Vorgängen, als sie jemals stattfanden, dennoch gegen jene mit einer beleidigenden Sprache zu Felde ziehen, die sie wohl an Beredsamkeit übertreffen, denen sie aber methodisch unterlegen sind. Sie selbst schreiben aber assyrische und medische Geschichte solchermaßen, als wäre diese von den früheren Geschichtsschreibern weniger brauchbar dargestellt worden. Und doch können sie sich in der Kraft des Wortes wie auch an geistiger Durchdringung nicht mit ihnen messen; denn sie alle gaben sich Mühe, die geschichtlichen Vorgänge ihrer Zeit darzustellen, wobei freilich die persönliche Teilnahme jeweils die Darstellung überzeugend machte, während Fälschungen bei Kennern der Dinge eine peinliche Beurteilung fanden. Ja, wer Dinge, die früher noch keine Darstellung fanden, der Erinnerung mitteilt und den geschichtlichen Ablauf seiner eigenen Zeit darstellt, ver-

dient, daß man ihn rühmt und heraushebt. Fleiß kann man jenem nicht nachsagen, der einfach den Plan und den Aufbau eines anderen Geschichtswerks umformt; ein solches Lob verdient nur, wer Neues zu bringen weiß und dies in einer persönlich geprägten Darstellungsform. Und wenngleich ein Fremdling, ließ ich es mir allerhand Geld und Mühe kosten, den Römern und Griechen nun das Werk des Gedenkens an jene Taten und Ereignisse vorzulegen. Den einheimischen Gelehrten aber löst sich rasch die Zunge, wenn es um gewinnreiche Geschäfte und Rechtsangelegenheiten geht. Handelt es sich aber um Geschichtsschreibung, wo die Wahrheit auf dem Spiel steht und wo man mit viel Mühe die Tatsachen zusammensuchen muß, dann stellen sie sich stumm und überlassen es den geringeren Geistern und weniger verständigen Leuten, die Taten der Feldherrn darzustellen. So soll denn bei uns die echte Kunst der Geschichtsschreibung in Ehren stehen, denn die Griechen geben sich mit ihr nicht ab.

6. Ich halte es gegenwärtig für verfehlt und gar für überflüssig, die alte Geschichte der Juden darzustellen, was für ein Volk sie waren, wie sie den Auszug aus Ägypten zuwege brachten, welch weite Lande sie auf ihrer Irrfahrt berührten, wieviel sie dann jeweils davon eroberten und wie sie dann diese Plätze wieder verließen; es haben nämlich auch zahlreiche Juden vor mir die Geschichte ihrer Ahnen sehr genau dargestellt, und außerdem haben einzelne Griechen, die diese Werke in ihre Muttersprache übersetzten, die Wahrheit ziemlich getroffen. Ich will die hieran anschließenden Ereignisse, soweit sie sich während des von mir selbst miterlebten Krieges zutrugen, ausführlich behandeln und in dem Maße darlegen, wie ich dazu in der Lage bin; was aber vor meiner Zeit sich ereignete, dabei werde ich nur kurz verweilen,

7. das heißt, ich werde berichten, wie Antiochus mit dem Beinahmen Epiphanes Jerusalem gewaltsam nahm, um es dann dreieinhalb Jahre zu regieren, und wie er schließlich von den Söhnen des Hasmonaeus aus dem Lande gejagt wurde; ferner, wie deren Nachkommen anläßlich eines Thronstreits die Römer und den Pompeius in die Sache verwickelten; wie Herodes, der Sohn des

Antipater, ihrer Herrschaft ein Ende machte, indem er den Sossius herbeiholte, wie das Volk nach des Herodes Tod während des Prinzipats des Augustus in Rom und während der Statthalterschaft des Quintilius Varus einen Aufstand machte, und wie schließlich im zwölften Jahr der Regierung des Nero der Krieg ausbrach; was sich unter Cestius alles ereignete, und in wie viele Gebiete die Juden in der ersten Kriegsphase mit ihrer Waffenmacht einzudringen vermochten.

8. Ich will darstellen, wie die Juden allenthalben im weiten Umkreis Befestigungen anlegten, wie Nero nach den Niederlagen des Cestius, einen gänzlichen Zusammenbruch befürchtend, dem Vespasian den Oberbefehl im Krieg übertrug, wie dieser mit seinem ältesten Sohn ins Judenland einbrach, wie gewaltig das Römerheer war, an dessen Spitze er stand, wie zahlreiche Bündner Roms während der Kriegshandlungen über ganz Galiläa hin Schläge einstekken mußten, und wie Vespasian einige Städte dieses Landes gänzlich und mit Gewaltanwendung, andere wieder durch friedliche Vereinbarung unter seine Botmäßigkeit bringen konnte. Sodann werde ich genau, ganz wie es meinem Auge sich darbot und wie ich es inne wurde, darstellen die römische Kriegstaktik, die Ausbildung der militärischen Einheiten, ferner die Ausdehnung der beiden Galiläa und ihre geographische Beschaffenheit, ferner die Grenzen Judäas, die Besonderheiten des Landes, seine Seen und Gewässer und was jede der eingenommenen Städte alles durchmachen mußte. Auch von meinem eigenen Schicksal will ich nichts verheimlichen, will ich mich doch damit an Leute wenden, die über die Vorgänge im Bilde sind.

9. Anschließend kommt der Tod Neros zur Sprache, der in einem Augenblick erfolgte, als es mit den Juden schon bedenklich stand, während Vespasian, der gerade gegen Jerusalem heranrückte, durch die Übernahme seines hohen Amtes seine Absicht aufgeben mußte; außerdem ist die Rede von den Vorzeichen, die ihm dies verkündeten und von den umstürzenden Ereignissen in Rom, wie er selbst gegen seinen Willen von den Soldaten als Alleinherrscher ausgerufen wurde, und wie es schließlich nach sei-

nem Weggang nach Ägypten – er sollte dort die gesamte Staatsverwaltung übernehmen – bei den Juden zu Uneinigkeiten kam, und wie dann Tyrannen die Macht übernahmen und diese wiederum untereinander in Händel gerieten.

10. Ferner soll die Rede sein vom zweiten Einfall des Titus in das Land, von der Organisation seines Heeres, vom Ort der Truppenzusammenziehung, von der Stärke des Heeres, von der Situation der Stadt angesichts des Aufstands bei seinem Eintreffen, von der Art seiner Sturmtaktik und der Anzahl der errichteten Wälle, vom Umfang der dreifachen Ummauerung, von den Ausmaßen der Mauern, von der Abwehrtüchtigkeit der Stadt, von der Tempelanlage, von den Ausmaßen dieser Bauten und des Altars; genau will ich all das berichten, dazu von einigen Festbräuchen und den sieben Reinigungen und den Kultformen der Priester, von den priesterlichen Gewändern und denen des Hohenpriesters und von der Eigenart des Allerheiligsten im Tempel. Von dem, was meine Forschungen zutage fördern konnten, will ich nichts verheimlichen, doch will ich auch nichts hinzufügen.

11. Dann aber wird unverblümt die Grausamkeit der Tyrannen gegen die eigenen Stammesangehörigen zur Sprache kommen sowie die Rücksichtnahme der Römer auf die Angehörigen anderer Völker, ferner wird es darum gehen, wie oft Titus, der Stadt und Tempel retten wollte, die Aufständischen zu gütlichen Vereinbarungen einlud. In allen Einzelheiten aber will ich von allen Leiden und vom Unheil erzählen, das über das Volk hereinbrach, und wie diese Leute durch Krieg, Aufstände und Hungersnot demoralisiert waren, als die Stadt eingenommen wurde. Vom traurigen Schicksal der Überläufer sei nicht weniger die Rede als von den Strafen, denen die Kriegsgefangenen verfielen; ferner werden wir hören von der Einäscherung des Tempels, die der Caesar hatte verhindern wollen, von der Anzahl der Kultgegenstände, die man noch dem Feuer hatte entreißen können, von der Einnahme der ganzen Stadt und von den Wundern und Zeichen, die ihr vorangingen, von der Gefangennahme der Tyrannen, von der Menge und dem jeweiligen Schicksal derer, die als Sklaven verkauft wurden. Sodann wird

davon zu reden sein, wie die Römer die restlichen Kriegsmaßnahmen vollzogen, wie sie die Basteien der einzelnen Plätze einrissen, wie Titus das ganze Land bereiste und für Ordnung sorgte und wie er schließlich wieder nach Italien heimkehrte, um dort seinen Triumph zu feiern.

12. All dies habe ich in sieben Büchern umfassend dargestellt, ohne dabei den Augenzeugen der Ereignisse und den Teilnehmern am Krieg einen Anlaß zu Tadel oder Anklage zu geben; ich schrieb vielmehr für Leser, denen es um die Wahrheit geht und nicht um Unterhaltung. Doch will ich dort mit der Erzählung beginnen, wo ich auch in meinem zusammenfassenden Überblick den Anfang setzte.

1. KAPITEL

1. Während Antiochus Epiphanes mit Ptolemaeus VI. wegen der Herrschaft über ganz Syrien im Streite lag, kam es zwischen den Vornehmen der Juden zu Spannungen; dabei ging es um den Vorrang im Staat, da keiner von den Würdenträgern es hinnehmen wollte, einer Persönlichkeit gleichen Ranges zu unterstehen. Einer von den Hohenpriestern, Onias, wußte sich schließlich durchzusetzen und vertrieb die Söhne des Tobias aus der Stadt Jerusalem. Sie wiederum konnten bei Antiochus Zuflucht finden und beredeten ihn, er solle sie zu Feldherrn machen und in Judäa einfallen. Der König, schon längst dazu auf dem Sprung, erklärte sich bereit, zog selbst an der Spitze eines gewaltigen Heeres ins Feld und nahm die Stadt im Sturm; dabei ließ er eine große Anzahl von Parteigängern des Ptolemaeus töten, gab seinen Soldaten die unbeschränkte Plünderungserlaubnis und vergriff sich sogar räuberisch am Tempel. Die Abhaltung der täglichen Opfer unterbrach er für dreieinhalb Jahre. Der Hohepriester Onias aber floh zu Ptolemaeus und erhielt von diesem einen Platz im Weichbild von Heliopolis; dort gründete er eine kleine Stadt ganz nach dem Muster von Jerusalem und errichtete einen entsprechenden Tempel. An geeigneter Stelle wird später noch davon genauer die Rede sein.

2. Dem Antiochus genügte die unerwartete Einnahme Jerusalems so wenig wie die Plünderungen und das furchtbare Gemetzel; in der Unersättlichkeit seiner Leidenschaft und in der Erinnerung an die während der Belagerung durchgemachten Strapazen plante er sogar, die Juden zu zwingen, auf die Gesetze ihrer Väter zu verzichten, die Kinder nicht mehr zu beschneiden und Schweine auf dem Altar zu opfern. Allesamt versagten ihm hierin den Gehorsam, die vornehmsten Bürger aber mußten es mit dem Tode bezahlen. Bakchides schließlich – ihn hatte Antiochus als Kommandanten der Besatzungstruppen hergeschickt; ein von Natur aus grausamer Mensch, der zudem noch zu seinem gottlosen Wirken befohlen war – versäumte keine Gelegenheit, den Frevel auf die Spitze zu treiben. Der Reihe nach ließ er die führenden Persönlichkeiten foltern und machte der Stadt täglich die Tatsache ihrer Niederlage bewußt, bis er durch das Übermaß seiner Grausamkeit die bedrängte Bevölkerung zum Wagnis der Gegenwehr trieb.

3. Es war Matthias, der Sohn des Hasmonaeus, einer der Priester aus einem Dorf namens Modein, der mitsamt seinen Hausgenossen zu den Waffen griff – er hatte fünf Söhne – und den Bakchides mit dem Dolch niedermachte. Aus Angst vor der zahlreichen Besatzung verbarg er sich wohl zunächst im Gebirge; wie sich aber dann zahlreiche Leute aus dem Volk um ihn scharten, faßte er Mut, kam wieder vom Gebirge herunter, wagte mit den Feldherrn des Antiochus den Kampf, siegte und verjagte sie aus Judäa. Dieses gute Gelingen brachte ihn an die Macht, und da er das Land von den fremden Eindringlingen befreit hatte, wurde er Herrscher auf Grund der freien Entscheidung seiner Landsleute. Als er starb, vererbte er die Herrschaft an Judas, seinen ältesten Sohn.

4. Dieser rechnete nicht damit, daß sich Antiochus ruhig verhalten werde, und scharte deshalb die einheimischen Kräfte um sich. Auch war er der erste, der mit den Römern einen Freundschaftsvertrag schloß, und wie nun Epiphanes wieder einen Einfall machte, konnte er ihn mit einem empfindlichen Schlag niederwerfen. Noch glühend von der Begeisterung über seinen Erfolg, warf er sich auf die Besatzung der Stadt – sie war noch in ihrer Kampf-

kraft ungebrochen – und verjagte sie aus der Oberstadt, um sie in der Unterstadt – dieser Stadtteil heißt Akra – zusammenzudrängen. Dann bemächtigte er sich des Tempels, ließ das gesamte Areal reinigen und ummauern, besorgte neue Kultgeräte und brachte sie in das Heiligtum, da die alten befleckt waren; ferner errichtete er einen anderen Altar und ließ wieder mit den Opferhandlungen beginnen. Doch kaum war der Stadt ihre Weihe wieder zurückgegeben, da starb Antiochus; Erbe seiner Herrschaft war aber sein Sohn Antiochus, der auch den Haß der Juden auf sich zog.

5. So sammelte er 50 000 Soldaten, etwa 5000 Reiter und 80 Elefanten und durchzog Judäa bis zum Bergland, eroberte das Städtchen Bethzur, bis ihm schließlich bei der Ortschaft Bethzacharja an einer Enge Judas mit seinen Truppen entgegentrat. Noch war es zu keiner Kampfberührung gekommen, da sichtete des Judas Bruder Eleazar den höchsten Elefanten – es befand sich ein hoher Turm auf ihm und er fiel durch eine vergoldete Brustwehr auf – und da er vermeinte, Antiochus müsse sich darauf befinden, eilte er seiner Abteilung weit voraus, durchbrach den feindlichen Haufen und drang bis zu dem Elefanten vor. Wegen der Höhe des Tieres konnte er freilich den vermeintlichen König nicht erreichen; doch versetzte er dem Elefanten einen Stich in den Bauch und brachte ihn über sich zu Fall, so daß er davon erdrückt wurde und zu Tode kam. Dabei hatte er nicht mehr ausrichten können, als daß er eine große Tat in Angriff nahm und so dem Ruhm den Vorzug gab vor seinem Leben. Der Elefantenführer war ein gemeiner Soldat! Und wäre es wirklich durch Zufall Antiochus gewesen, der wagemutige Mann hätte doch nicht mehr erreicht als den Ruhm, einzig um der Hoffnung auf eine Heldentat willen den Tod gewählt zu haben. Für seinen Bruder sollte dies zum Omen für das ganze Unternehmen werden. Denn die Juden leisteten wohl lange energischen Widerstand; aber des Königs Truppen gewannen schließlich bei ihrer zahlenmäßigen Überlegenheit und dazu noch vom Glück begünstigt die Oberhand. Judas hatte gewaltige Verluste hinnehmen müssen und floh mit den restlichen Truppen in den Kreis von Gophna. Antiochus aber konnte in Jerusalem einziehen,

weilte dort jedoch nur wenige Tage wegen der Versorgungsschwierigkeiten; bei seinem Abzug ließ er eine nach seinem Dafürhalten ausreichende Besatzung zurück. Den Rest der Truppen führte er ins Winterlager nach Syrien.

6. Dieser Abzug des Königs ließ aber den Judas nicht ruhen, und als sich viele seiner Landsleute ihm angeschlossen hatten und als er gar noch die Überlebenden aus der Schlacht hatte sammeln können, stellte er sich bei dem Dorf Akedasa den Feldherrn des Antiochus zum Kampf. Dabei schlug er sich aufs tapferste, tötete eine Menge von Feinden, fand aber schließlich selbst den Tod; wenige Tage später erlag auch sein Bruder Johannes den heimtückischen Anschlägen der Parteigänger des Antiochus.

2. KAPITEL

1. Sein Nachfolger war Jonathan, sein eigener Bruder, der zum einen sich gegenüber seinen Landsleuten wachsam absicherte, zum andern aber seine Herrschaft durch ein freundschaftliches Verhältnis zu den Römern befestigte und sich mit dem jungen Antiochus aussöhnte. Doch fand er, daß all dies für seine Sicherheit nicht ausreiche. Denn der Tyrann Tryphon, der Vormund des jungen Antiochus, gegen den er schon früher Ränke geschmiedet hatte, bemühte sich nunmehr, vor allem dessen Freund aus dem Wege zu räumen. So ließ er den Jonathan, der sich mit einer geringen Bedeckung nach Ptolemais zu Antiochus begeben hatte, auf hinterlistige Weise in Gewahrsam nehmen und legte ihn in Fesseln, worauf er gegen Judäa in den Krieg zog. Wie ihn nun Simon, des Jonathan Bruder, zurückschlug, ergrimmte er über seine Niederlage so sehr, daß er den Jonathan umbringen ließ.

2. Simon lenkte den Staat nunmehr mit großer Energie, eroberte die benachbarten Städte Gazara, Joppe und Jamnia und ließ den Stadtteil Akra schleifen, nachdem er die Besatzung in seine Hände bekommen hatte. Schließlich verbündete er sich auch mit Antiochus gegen Tryphon, den er in Dora noch vor seinem

Aufbruch gegen die Meder belagerte. Zwar half er damit dem König, den Tryphon unschädlich zu machen, aber nun war dessen Habgier noch nicht befriedigt. Schon wenig später sandte Antiochus seinen Feldherrn Kendebaios an der Spitze einer Heeresabteilung mit dem Auftrag, Judäa zu verwüsten und Simon völlig zu unterjochen. Simon, obgleich schon ein alter Mann, führte den Krieg mit jugendlichem Elan: Seine eigenen Söhne schickte er mit den kriegstüchtigsten Truppen voraus, während er selbst mit einer Abteilung seines Heeres von einer andern Seite her den Angriff führte. An zahlreichen Stellen, darunter sogar im Gebirge, legte er Fallen an, und tatsächlich ging ihm alles glücklich von der Hand, so daß man ihn nach einem glänzenden Sieg zum Hohenpriester machte; es gelang ihm sogar, die Juden vom Joch der Makedonen zu befreien, das 170 Jahre auf ihnen gelegen hatte.

3. Doch auch er wurde das Opfer eines heimtückischen Anschlags, den sein Schwiegersohn Ptolemaeus während eines Gelages gegen ihn durchführte. Dieser hatte auch seine Gattin und seine beiden Söhne verhaften lassen und schickte ferner gegen Johannes, seinen dritten Sohn – dieser führte auch den Namen Hyrkanos –, die Mörder aus. Der junge Mann erfuhr jedoch von ihrem Nahen und wollte nun schleunigst in die Stadt gelangen; denn in das Volk dort setzte er sein besonderes Vertrauen ob der Pupularität der Taten seines Vaters und wegen der heftigen Ablehnung, die die gemeine Handlungsweise des Ptolemaeus erfuhr. Doch auch Ptolemaeus bemühte sich, durch ein anderes Tor in die Stadt zu gelangen, wurde aber vom Volk, das sich beeilt hatte, den Hyrkanos aufzunehmen, abgewiesen. Sofort wich er nun aus in eine der Burgen, die Jericho beherrschen, Dagon genannt, während Hyrkanos, der von seinem Vater das Amt des Hohenpriesters übernommen hatte, Gott Opfer darbrachte und sich dann schleunigst gegen Ptolemaeus wandte, um seiner Mutter und seinen Brüdern helfen zu können.

4. Beim Sturm auf den befestigten Platz befand er sich zwar im Vorteil, aber es war ein begreiflicher Schmerz, der schließlich seine Niederlage verursachte. Jedesmal nämlich, wenn Ptolemaeus

in eine kritische Situation geriet, ließ er des Hyrkanos Mutter und dessen Brüder auf die Mauer führen, dorthin, wo diese gut einzusehen war, und ließ sie foltern; er drohte sogar, sie hinabzustürzen, wenn Hyrkanos nicht sofort das Feld räume. Unter diesem Eindruck gewannen bei Hyrkanos Mitleid und Schrecken die Oberhand über den Zorn. Die Mutter aber ließ sich weder durch Folterungen noch durch Todesdrohungen einschüchtern und streckte ihre Hände aus, um den Sohn zu beschwören, sich ja nicht durch den ihr angetanen Frevel dahin bringen zu lassen, den Ruchlosen zu schonen; denn was sie anlange, so wolle sie lieber von der Hand des Ptolemaeus sterben als weiterleben, wenn nur ihn die gerechte Strafe treffe für all das, was er ihrer Familie angetan habe. Und immer, wenn Johannes von der Standhaftigkeit seiner Mutter beeindruckt wurde und ihr Flehen hörte, drängte er zum Angriff; wenn er dann aber wieder sah, wie sie geschlagen ward und gefoltert, da überkam ihn das Weh, und der Schmerz überwältigte ihn. So mußte sich die Belagerung lange hinziehen, und schließlich stand das Sabbatjahr bevor, das die Juden alle sieben Jahre feiern so wie den siebten Tag jeder Woche. Dadurch wurde Ptolemaeus von der Belagerung frei; er ließ die Brüder des Johannes samt ihrer Mutter umbringen und floh zu Zeno, der mit dem Beinamen Kotylas hieß; dies war der Tyrann von Philadelphia.

5. Antiochus aber, voll Zorn über das, was ihm Simon angetan hatte, fiel nun in Judäa ein und belagerte den Hyrkanos, indem er sich mit seinem Heer vor Jerusalem legte. Dieser jedoch ließ das Grabmal Davids öffnen, des reichsten der Könige, und nahm sich daraus mehr als dreitausend Talente. Mit dreihundert Talenten konnte er nun den Antiochus dazu bewegen, die Belagerung abzubrechen. Der Rest des Geldes diente ihm gar noch dazu, sich als erster unter den Juden fremde Söldner zu halten.

6. Später nun zog Antiochus gegen die Meder und gab so dem Hyrkanos förmlich eine Gelegenheit zur Rache. Dieser warf sich auch gleich auf die syrischen Städte; denn er hatte, wie sich dann bestätigte, richtig angenommen, dort keine kampftüchtigen Mannschaften vorzufinden. So konnte er Medaba einnehmen, ferner

Samaga und die Städte ringsum, außerdem Sikima und Argarizein; auch überwältigte er die Chutäer, die im Umkreis eines Heiligtums wohnten, das dem Tempel in Jerusalem nachgebildet war. Außerdem eroberte er viele andere Städte Idumäas, unter ihnen Adoreos und Marisa.

7. Sein Feldzug führte ihn auch bis vor Samaria, wo jetzt die Stadt Sebaste liegt, eine Gründung des Königs Herodes. Er legte rings um sie einen Wall und beauftragte seine Söhne Aristobulos und Antigonos, die Belagerung zu leiten. Da sie nicht nachgaben, gerieten die Einwohner in eine solche Hungersnot, daß sie gänzlich ungewohnte Speisen zu sich nahmen. Sie baten den Antiochus mit dem Beinamen Aspendios um Hilfe, der auch gern ihrem Ruf folgte, aber von den Truppen des Aristobulos besiegt wurde. Die Brüder verfolgten ihn bis Skythopolis, doch kehrten sie dann wieder um, wandten sich gegen Samaria und schlossen die Bewohner wieder in der Stadt ein. Nach der Einnahme zerstörten sie diese und verkauften die Einwohner in die Sklaverei. Und da ihnen alles so gut gelang, minderten sie ihren Eifer nicht, sondern rückten mit ihren Truppen bis nach Skythopolis vor, stürmten die Stadt und verwüsteten das ganze Gebiet diesseits des Berges Karmel.

8. Aber die Erfolge des Johannes selbst und seiner Söhne riefen Mißgunst hervor, die wiederum unter der einheimischen Bevölkerung eine Rebellion verursachte. In Massen schlossen sich die Leute gegen sie zusammen und ruhten nicht, bis es zum offenen Krieg kam, in dem sie freilich unterlagen. Den Rest seines Lebens verbrachte Johannes dann noch recht glücklich; ganze dreiunddreißig Jahre hindurch konnte er noch regieren, und bei seinem Tod hinterließ er fünf Söhne. Er war wirklich glücklich zu preisen, und so viel an ihm lag, gab er durchaus keinen Anlaß, das Schicksal zu tadeln, wo er doch einzig in seiner Person drei überaus hohe Würden vereinigte, nämlich das Herrscheramt über das Volk, das Amt des Hohenpriesters und das Prophetentum. Denn die Gottheit redete zu ihm, so daß ihm nichts von der Zukunft verborgen blieb; und so sah er auch voraus und weissagte es, daß seine beiden älteren Söhne die Herrschaft über den Staat nicht beibehalten würden.

Es ist der Mühe wert, ihren Untergang darzustellen, wie sehr sie aus der Glücksbahn ihres Vaters abseits gerieten.

3. KAPITEL

1. Nach dem Tod des Vaters wandelte nämlich der Ältere von ihnen, Aristobulos, die Regierungsform in eine Königsherrschaft um und setzte sich als erster die Krone auf; das war 471 Jahre nach der Rückkehr der Juden in ihre Heimat aus der babylonischen Knechtung. Mit dem nächstjüngeren Bruder, Antigonos, verfuhr er in gleicher Weise; ihm war er offenbar freundlich gesinnt, während er die anderen in Fesseln gefangen hielt. Sogar seine Mutter, die mit ihm wegen Ausübung der Regierung in Meinungsverschiedenheiten geraten war, hielt er gefangen. Johannes hatte sie nämlich bei seinem Tode zur Inhaberin der gesamten Regierungsgewalt bestimmt. Er trieb es sogar so schlimm mit seiner Grausamkeit, daß er sie im Kerker verhungern ließ.

2. Die Rache für dieses Verhalten traf schließlich seinen Bruder Antigonos, dem er zugetan war und den er als Mitregenten hatte. Er ließ nämlich auch ihn beseitigen, und zwar als Opfer von Verleumdungen von seiten übelwollender Höflinge. Anfänglich wollte Aristobulos von den Schwätzereien nichts wissen; denn er liebte ja seinen Bruder und machte für das meiste an dem Gerede den Neid verantwortlich. Als Antigonos jedoch einmal großartig gekleidet von einer kriegerischen Unternehmung zu dem Fest kam, an dem nach der Väter Sitte Gott zu Ehren Laubhütten errichtet werden, da wollte es der Zufall, daß Aristobulos gerade krank darniederlag, Antigonos aber am Ende der Feier mit seiner schwerbewaffneten Leibwache in seiner ganzen Herrlichkeit zum Tempel hinaufstieg, um für seinen Bruder von ganzem Herzen zu beten. In diesem Augenblick traten die Verleumder vor den König, um ihm vom Aufzug der Schwerbewaffneten zu berichten und vom Gebaren des Antigonos, das sich mit seiner Stellung als Privatmann nicht mehr vereinbaren lasse; er sei mit diesem großartigen Aufge-

bot nur gekommen, um ihn zu ermorden. Er könne es eben nicht über sich bringen, sich mit der äußeren Ehre der Königsherrschaft zu begnügen, wo er doch in der Lage sei, diese in ihrem ganzen Umfang zu besitzen.

3. Allmählich schenkte Aristobulos solchen Anschuldigungen, wenn auch nur widerwillig, Glauben, und um seinen Argwohn nicht offen zu zeigen und doch vor Überraschungen gesichert zu sein, verlegte er seine Leibwache in ein unterirdisches finsteres Verlies der Burg, in der er sich gerade befand – man nannte sie damals nur ›Baris‹, während sie später Antonia hieß – und gab den Befehl, dem Antigonos, wenn er sich unbewaffnet nähere, nichts zu tun, ihn aber zu töten, wenn er bewaffnet erscheine. Seinem Bruder aber ließ er durch Boten sagen, er solle ohne Waffen kommen. Daraufhin tat sich die Königin mit den heimtückischen Gegnern des Antigonos zusammen, um vollends einen üblen Plan zu schmieden. Sie wußten nämlich die Boten des Königs zu bereden, sein Ansinnen zu verschweigen und dem Antigonos zu sagen, sein Bruder habe davon gehört, welch herrliche Waffen und kriegerischen Schmuck er sich in Galiläa angeschafft habe, und nur seine Krankheit hindere ihn, das alles in Augenschein zu nehmen; jetzt aber, da »du aufbrechen willst, wäre es mein herzlicher Wunsch, dich in der Waffenrüstung zu sehen«.

4. Antigonos hatte dies kaum gehört, da ging er – seines Bruders Verhalten gab ihm ja zu keinerlei Argwohn Anlaß – in seinen Waffen einher, als gelte es eine Parade. Doch kaum war er an die finstere Stelle gelangt – man nennt sie den Stratonsturm –, da wurde er von der Leibwache getötet. Das war wieder ein sicherer Beweis dafür, wie die Verleumdung alle freundlichen Bande und sogar die natürliche Zusammengehörigkeit zerbricht, und daß keine der besseren menschlichen Regungen stark genug ist, um der Mißgunst in jedem Falle begegnen zu können.

5. Wundern mußte man sich dabei auch über Judas, einen Essener, der sich bei seinen Prophezeiungen noch nie ganz oder auch nur teilweise getäuscht hatte. Wie er nämlich damals den Antigonos den Tempel durchschreiten sah, rief er seinen Freunden – es

waren ja nicht wenige seiner Schüler um ihn – laut vernehmbar zu: »Wehe, nun wäre es besser, ich könnte sterben; denn vor mir ist nur die Wahrheit gestorben, und eine meiner Weissagungen hat sich als irrig erwiesen. Dieser Antigonos lebt nämlich, und er hätte doch heute den Tod finden müssen! Es war ihm doch bestimmt, am Stratonsturm ermordet zu werden; der ist aber 600 Stadien von hier, und es sind doch schon vier Stunden des Tages vorbei. Wahrhaftig, die Zeit macht meine Prophezeiung zunichte.« Nach diesen Worten verfiel der Greis in finsteres Brüten. Aber nicht lange, da kam die Meldung, Antigonos sei ermordet worden, und zwar bei der Stelle unter der Erde, die auch Stratonsturm hieß, also genauso benannt wurde wie Caesarea am Meer. Das war der Grund, warum der Seher verwirrt war.

6. Die Reue über diese Untat ließ übrigens das Leiden des Aristobulos noch schlimmer werden. Daß er sich in Gedanken ständig mit dem Mord beschäftigte, verwirrte seinen Geist, und er siechte dahin, bis er in seinem Kummer, der nie zur Ruhe kam, eine innere Verletzung erlitt und dabei viel Blut verlor. Und wie nun einer seiner Pfleger dieses Blut hinaustrug, da fiel er nach göttlicher Fügung genau dort, wo Antigonos ermordet worden war, und er verschüttete das Blut des Mörders über die Spuren, die noch von der Ermordung Zeugnis gaben. Die Augenzeugen dieses Vorgangs schrien entsetzt auf, als hätte der Diener absichtlich an dieser Stelle das Blut als Opfergabe vergossen. Der König hörte es und fragte nach dem Grund; doch niemand getraute sich zu antworten, und da war er erst recht darauf versessen, es zu erfahren. Und als er schließlich mit Gewalt drohte, enthielten sie ihm die Wahrheit nicht mehr vor. Da füllten sich seine Augen mit Tränen, und er sprach mit einem tiefen Seufzer, so gut er noch bei Kräften war: »So durfte ich also mit meiner Untat dem gewaltigen Auge Gottes nicht entgehen! Fürwahr, rasch ereilt mich die Rache für die Mordtaten in meinem eigenen Hause! Du schändlicher Leib, wie lange willst du mir noch die Seele zurückhalten, die sich dem Gericht von Bruder und Mutter stellen muß? Wie lange noch soll ich ihnen mein Blut nur nach und nach zum Sühneopfer darbringen?

Möchten sie es doch gleich gänzlich hinnehmen, möchte die Gottheit nicht mehr länger ihr Spiel treiben mit den Blutopferspenden aus meinen Eingeweiden!« Unmittelbar nach diesen Worten verstarb er. Kaum ein Jahr war er König gewesen.

4. KAPITEL

1. Seine Gattin gab nun seinen Brüdern die Freiheit und machte Alexander zum König, der sowohl altersmäßig als auch ob seiner gemäßigten Gesinnung vor den anderen den Vorzug zu verdienen schien. Doch kaum auf dem Thron, gab er Weisung, den einen von seinen Brüdern zu liquidieren, da er nach dem Herrscheramt strebte, den andern aber ließ er am Leben, da sich dieser mit einem Dasein außerhalb der Politik begnügte.

2. Es ereignete sich jedoch ein Zusammenstoß zwischen ihm und Ptolemaeus Lathurus, nachdem dieser die Stadt Asochis genommen hatte. Wohl konnte Alexander viele seiner Feinde töten, Sieger blieb aber Ptolemaeus. Dieser jedoch, von seiner Mutter Kleopatra verfolgt, mußte sich nach Ägypten zurückziehen, und währenddessen gelang es wiederum Alexander, Gadara zu belagern und einzunehmen sowie Amathus, die wichtigste Festung auf der anderen Seite des Jordan; denn dort lagen die wertvollsten Schätze des Theodorus, des Sohnes des Zenon. Überraschend fand sich nun Theodorus ein, nahm sein eigenes Hab und Gut samt dem Troß des Königs als Beute an sich und ließ an die 10 000 Juden niedermetzeln. Alexander aber konnte sich von dieser Katastrophe wieder erholen, wandte sich nach der Meeresküste und brachte Gaza, Raphia und Anthedon in seine Gewalt; letzteres bekam später von Herodes den Namen ›Agrippias‹.

3. Nach der Unterwerfung dieser Städte kam es anläßlich eines Fests zu einer Empörung des Judenvolkes; denn namentlich bei solchen Gelegenheiten entstehen bei ihnen Aufstände. Und allem Anschein nach hätte Alexander dabei den kürzeren gezogen, wären ihm nicht die Söldner zu Hilfe gekommen, nämlich Pisidier und

Kilikier; Syrer lehnte er als Soldaten ab wegen ihrer traditionell feindlichen Einstellung gegen die Juden. Über 6000 von den Aufrührern fanden durch ihn den Tod. Dann fiel er in Arabien ein und warf die dort wohnenden Galaaditer und Moabiter nieder, machte sie tributpflichtig und schwenkte dann um in Richtung auf Amathus. Den Theodorus hatte natürlich ob dieser Erfolge seines Gegners die Angst gepackt, und so traf Alexander die Festung ohne Besatzung an und ließ sie schleifen.

4. Nun folgte die Auseinandersetzung mit dem Araberkönig Obaidas, der ihm bei Gaulana eine Falle gestellt hatte. Dabei büßte er sein ganzes Heer ein, das in eine tiefe Schlucht gedrängt und von einer Unmenge von Kamelen zermalmt wurde. Er selbst konnte nach Jerusalem entkommen, wo er aber dem Volk nach dieser katastrophalen Niederlage ein Dorn im Auge war, so daß es einen Aufstand machte. Doch auch jetzt ließ er den Mut nicht sinken, und in einer Abfolge von Schlachten fielen ihm nicht weniger als 50 000 Juden zum Opfer, und zwar innerhalb von sechs Jahren. Freilich sollte er an diesen Siegen keine Freude erleben, denn sie kosteten ihn seine eigene Herrschaft. So verzichtete er auf Kriegshandlungen und versuchte, auf diplomatischem Weg zu einer Aussöhnung mit den Unterworfenen zu gelangen. Diesen war sein Gesinnungswandel und sein wenig konsequentes Handeln eher unangenehm, und als er die Leute fragte, unter welchen Voraussetzungen er sie denn zur Ruhe bringen könne, da antworteten sie: »Wenn du stirbst.« Und sie fügten noch an, selbst mit einem Toten sei kaum eine Versöhnung möglich, wenn er solche Verbrechen begangen habe. Und zugleich wandten sie sich an Demetrios Akairos um Hilfe. Dieser sagte augenblicklich zu, da er sich viele Vorteile davon versprach, zog mit seiner Streitmacht heran, und so konnten sich die Juden bei Sikima mit ihren Bündnern vereinen.

5. Alexander nahm es mit beiden Gegnern auf; er verfügte dabei über 1000 Reiter und 8000 Söldner zu Fuß. Außerdem standen die ihm Wohlgesinnten unter den Juden, an die 10 000 Mann, in seinen Reihen. Auf der Gegenseite waren es 3000 Reiter und 14 000 Fußsoldaten. Noch ehe es zu Nahkampfhandlungen gekom-

men war, boten beide Könige Herolde auf, um die gegnerischen Truppen zum Abfall zu bewegen. Demetrios hoffte, so die Söldner des Alexander, und dieser, die Juden auf seiten des Demetrios zu sich herüberzuziehen. Doch ließen weder die Juden von ihrer Erbitterung noch die Griechen von ihrer Treue, und so kam es doch zum Kampf mit den Waffen. Demetrios war Sieger, wiewohl die Söldner Alexanders mit Herz und Hand bei der Sache waren und viele Heldentaten vollbrachten. Das Endergebnis der Schlacht gestaltete sich übrigens so, wie es keiner der beiden Gegner erwartet hätte; denn diejenigen, die den Demetrios gerufen hatten, hielten nicht bei ihm aus, wiewohl er gesiegt hatte, und an die 6000 Juden gingen andererseits zu Alexander über, der sich ins Gebirge hatte flüchten können. Diesen Wandel der Situation glaubte Demetrios nicht bewältigen zu können, und in der Meinung, Alexander sei schon wieder zum Kampf gerüstet und das ganze Volk ströme zu ihm hinüber, zog er ab.

6. Doch die restliche Masse gab auch nach dem Weggang der Bundesgenossen die Feindseligkeiten nicht auf; der Krieg mit Alexander ging vielmehr ohne Unterbrechung weiter, bis ihm die meisten zum Opfer gefallen waren und bis er die Restlichen in die Stadt Bemeselis zusammentrieb, um sie nach Einnahme der Stadt gefangen nach Jerusalem zu bringen. Sein Zorn nahm nun ein solches Ausmaß an, daß er sich in seiner Grausamkeit nicht mehr vor einem Frevel wider Gott scheute. 800 von den Gefangenen ließ er nämlich inmitten der Stadt kreuzigen und unmittelbar unter ihren Augen deren Frauen und Kinder niedermetzeln; und er selbst sah dabei mit seinen Dirnen zu, während er ein Zechgelage abhielt. Das Volk war darob so entsetzt, daß in der folgenden Nacht 8000 seiner Gegner aus ganz Judäa die Flucht ergriffen; ihnen war erst nach seinem Tod die Rückkehr in die Heimat beschieden. Einzig dies waren die Mittel, durch die er seinem Land spät genug und nur zur Not ruhige Verhältnisse schaffen konnte, und dann erst verzichtete er auf bewaffnete Gewalt.

7. Den nächsten Anlaß, diese Ruhe zu stören, bot dann Antiochus Dionysos, ein Bruder des Demetrios, der letzte Seleukide. Er

glaubte nämlich befürchten zu müssen, Antiochus plane einen Zug gegen die Araber, und deshalb ließ er den Landstrich zwischen dem Bergland oberhalb Antipatris und dem Küstenabschnitt bei Joppe von einem tiefen Graben durchziehen; vor dem Graben jedoch errichtete er eine hohe Mauer mit Holztürmen, um Einfälle, zu denen das Gelände hier einlud, unwirksam zu machen. Freilich gelang es ihm nicht, Antiochus auch tatsächlich abzuwehren. Denn dieser ließ Feuer an die Türme legen, füllte den Graben auf und konnte samt seiner Heeresmacht passieren. Er hielt es für weniger wichtig, an dem, der ihm das Hindernis in den Weg gelegt hatte, Rache zu nehmen, und zog geradewegs gegen die Araber. Der Araberkönig aber wich ihm aus, und zwar in die Teile des Landes, die für eine Feldschlacht am besten geeignet waren; sodann vollzog er mit seiner Reiterei – sie zählte etwa 10 000 Mann – überraschend eine Schwenkung und stürzte sich auf die Streitmacht des Antiochus, noch bevor diese sich in Schlachtordnung formiert hatte. In der nun folgenden heißen Schlacht hielten die Leute des Antiochus, solange dieser am Leben war, wacker stand, obgleich die Araber sie reihenweise niedermetzelten. Nach seinem Tod aber – er befand sich nämlich stets in vorderster Linie, wo es am gefährlichsten war, um zur Stelle zu sein, wo er den am meisten Bedrängten Hilfe leisten konnte – kamen alle ins Wanken, und die meisten von ihnen fanden noch während der Schlacht oder auf dem Rückzug den Tod; der Rest versuchte, sich in das Dorf Kana zu flüchten, und sie traf das Los, daß sie fast bis auf den letzten Mann dem Hunger zum Opfer fielen.

8. Darauf nun holten die Damaszener in ihrem Haß gegen Ptolemaeus den Aretas, des Mennaeus Sohn, herbei und machten ihn zum König von Coelesyrien. Dieser unternahm gleich einen Zug gegen Judäa, schlug den Alexander in einem Gefecht und ging dann, einer vertraglichen Abmachung entsprechend, wieder zurück. Alexander jedoch nahm dann Pella ein und zog bis vor Gerasa, denn immer noch stand ihm der Sinn nach den Schätzen des Theodorus. Dort umschloß er die Besatzung mit dreifacher Umwallung und konnte so den Ort kampflos in seine Gewalt bekom-

men. Auch Galauna und Seleucia eroberte er und die sogenannte Antiochusklamm, ferner das starkbefestigte Gamala, wo er den Anführer der Besatzung, Demetrios, wegen vieler Vorwürfe, die gegen ihn erhoben wurden, absetzte. Darauf kehrte er wieder nach Judäa zurück, nachdem er volle drei Jahre im Feld gestanden hatte. Das Volk empfing ihn voll Freude ob seines Kriegsglücks, aber die Ruhe vom Kampf sollte für ihn der Beginn seiner Erkrankung sein. Und nachdem ihm das Fieber vier Tage lang in verschiedenen Wellen schwer zugesetzt hatte, vermeinte er, durch neue kriegerische Unternehmungen seiner Krankheit Widerpart bieten zu können. Aus diesem Grunde versuchte er es nun mit Feldzügen, die an sich zwecklos waren, und da er dabei seine Kräfte überforderte, kam er ums Leben. So starb er inmitten der Kriegsläufte, in die er sich hatte hineinziehen lassen; 27 Jahre war er König gewesen.

5. KAPITEL

1. Die Herrschaft vererbte er an seine Gattin Alexandra, denn er rechnete fest damit, daß sich die Juden ihr noch am ehesten fügten. Sie hatte nämlich von seinen Grausamkeiten nichts wissen wollen und hatte allen ungesetzlichen Maßnahmen ihren Widerstand entgegengesetzt, wodurch sie sich beim Volk eine freundliche Gesinnung gewonnen hatte. Er hatte sich dabei tatsächlich nicht verrechnet, denn sie als Frau wußte sich in der Regierung durchzusetzen durch das Ansehen, das sie ob ihrer Frömmigkeit genoß. Genauestens beachtete sie nämlich die althergebrachten Bräuche, wie sie im Gesetz verankert waren, und wer sich gegen die heiligsten Gesetze verging, hatte sie von Anfang an gegen sich. Von den beiden Söhnen, die der Ehe mit Alexander entstammten, machte sie den älteren, Hyrkanos, eben aus Gründen des Alters zum Hohenpriester. Sie tat es übrigens auch deshalb, weil er zu unbeweglich war, als daß er sie einmal in der Regierung hätte stören können. Den jüngeren aber, Aristobulos, hielt sie wegen seines leidenschaftlichen Temperaments der Politik fern.

2. In zunehmendem Maße beteiligten sich übrigens die Pharisäer an den Staatsgeschäften, eine Sekte von Juden, von denen es hieß, sie seien frömmer als die anderen und sie hielten sich genauer an die Gesetze. Alexandra ließ sich etwas zu sehr von ihnen bestimmen in ihrer tiefen Besorgtheit um die göttlichen Dinge. Die Pharisäer jedoch, die sich mehr und mehr bei ihrer weiblichen Naivität hatten durchsetzen können, bekamen schließlich die gesamte Staatsverwaltung in ihre Hände und waren nunmehr in der Lage, wen sie wollten aus dem Lande zu weisen und wieder zurückzurufen und nach Belieben Menschen freizulassen oder gefangenzusetzen. Im ganzen waren sie die Nutznießer dieser königlichen Herrschaft, während Alexandra die Kosten zu tragen und die Unannehmlichkeiten zu bestehen hatte. Sie war aber durchaus befähigt, bedeutende Aufgaben zu meistern. So verdoppelte sie das Heer, das ihr besonderes Anliegen war, ferner brachte sie eine nicht geringe Zahl von Söldnern zusammen, so daß sie nicht nur über ihr eigenes Volk gebot, sondern auch den auswärtigen Herrschern Furcht einflößen konnte. Sie war die Herrin über die anderen, die Pharisäer aber beherrschten sie.

3. Ihr Werk war z. B. die Hinrichtung des Diogenes, eines ausgezeichneten Mannes und Freundes Alexanders. Es geschah auf Grund der Anklage, er habe dem Alexander damals wegen der Kreuzigung jener 800 in den Ohren gelegen. Die Pharisäer wollten aber Alexandra auch veranlassen, jene anderen zu fassen, die Alexander gegen die Hingerichteten aufgehetzt hatten. Und als sich Alexandra nun aus religiösen Motiven dazu hergab, brachten sie um, wen sie nur gerade wollten. Die augenscheinlich Angesehensten unter den Betroffenen wandten sich nun an Aristobulos um Hilfe, und er wiederum beredete seine Mutter, diese Leute doch ihres hohen Ranges wegen zu schonen; fände sie aber diese nicht ohne Schuld, so sollten sie doch nur aus der Stadt verwiesen werden. So zerstreuten sie sich denn im Lande, da ihnen unter dieser Bedingung Straffreiheit zugesichert wurde. Alexandra aber sandte dann ein Heer gegen Damaskus, und zwar unter dem Vorwand, Ptolemaeus übe ständig einen Druck auf diese Stadt aus; auf diese Weise

konnte sie sich der Stadt bemächtigen, ohne daß diese irgendwelche ins Gewicht fallenden Verteidigungsmaßnahmen getroffen hatte. Den Armenierkönig Tigranes, der sich vor Ptolemais gelegt hatte und Kleopatra belagerte, versuchte sie durch Verhandlungen und Geschenke wegzulocken. Tigranes wandte sich schon vorher wieder von der Stadt ab, da Lucullus in Armenien eingedrungen war und es in seinem eigenen Land darob zu Unruhen gekommen war.

4. Damals nun wurde Alexandra von einer Krankheit befallen, weshalb der jüngere Sohn Aristobulos die günstige Gelegenheit, mit Hilfe seiner Anhänger vorzugehen – er hatte zahlreiche, und alle schätzten ihn wegen seines jugendlichen Feuers –, nützen konnte. Er brachte sämtliche befestigten Plätze in seine Hand, schuf sich mit den daraus erbeuteten Mitteln eine Söldnertruppe und machte sich dann selbst zum König. Und als sich nun Hyrkanos darüber bei der Mutter beschwerte, ließ diese aus Mitleid mit ihm die Frau und die Kinder des Aristobulos in der Antonia gefangensetzen. Diese war eine Bastei, nördlich des Tempels am Hang gelegen, die, wie schon gesagt, einstmals den Namen Baris hatte, später aber, als Antonius Herr des Gebiets geworden war, in Antonia umbenannt wurde, wie ja auch die Städte Sebaste und Agrippias ihre Namen nach Sebastus und Agrippa erhielten. Aber noch bevor Alexandra gegen Aristobulos etwas wegen der Verdrängung seines Bruders unternehmen konnte, starb sie nach neunjähriger Regierung.

6. KAPITEL

1. In Wirklichkeit war nunmehr das Erbe des Reichs dem Hyrkanos zugefallen, dem auch schon seine Mutter, als sie noch lebte, die Königswürde übergeben hatte; freilich war ihm an Energie und Geist Aristobulos überlegen gewesen. Und als es nun zwischen ihnen bei Jericho zu einer feindlichen Begegnung wegen der Herrschaft kam, gingen die weitaus meisten von Hyrkanos zu Aristobulos über. Hyrkanos aber konnte sich zuvor noch mit seinen Getreuen zur Antonia durchschlagen, wo er die nötigen Geiseln für

seine Rettung in die Hand bekam, nämlich die Gattin und die Kinder des Aristobulos. Doch ehe ein unheilbarer Bruch entstand, kamen sie doch noch zu einer Einigung, nämlich so, daß Aristobulos das Königsamt führen, Hyrkanos aber die einem Bruder des Königs gebührende Ehrenstellung einnehmen, allerdings keinerlei Anspruch auf sonstige Ehren haben sollte. Das waren die Bedingungen, unter denen die Aussöhnung im Tempel besiegelt wurde, und daraufhin erwiesen sie sich in Gegenwart des Volkes Freundschaftsbezeigungen und vertauschten sogar ihre Wohnsitze; Aristobulos siedelte nämlich in das Königsschloß über, während sich Hyrkanos in das Haus des Aristobulos zurückzog.

2. Auch andere Gegner des Aristobulos bekamen es mit der Furcht, als er so unvermutet auf den Thron gelangt war, namentlich Antipater, dem er immer schon ein Dorn im Auge war. Von Abstammung ein Idumäer, war er wegen dieser Herkunft, seines Reichtums und seines sonstigen großen Einflusses die bedeutendste Persönlichkeit seines Volkes. Antipater redete einerseits dem Hyrkanos zu, sich zu dem Araberkönig Aretas zu flüchten, und dem Aretas anderseits, er solle den Hyrkanos aufnehmen und ihm seinen Sohn zurückzugewinnen helfen. Dabei verleumdete er den Aristobulos wegen seines Charakters in erheblichem Maße, um den Hyrkanos ebensosehr zu loben. Und schließlich legte er dar, wie es sich für den Herrscher eines so glänzenden Reiches wohl zieme, seine Hand über dem zu halten, dem Unrecht geschehe. Und Unrecht sei tatsächlich dem Hyrkanos geschehen, da er des Erstgeburtsrechts auf die Herrschaft beraubt worden sei. Nachdem er solchermaßen bei beiden vorgearbeitet hatte, verließ er nachts zusammen mit Hyrkanos die Stadt und gelangte auf einer Flucht, die ihm das Letzte abverlangte, in die Stadt Petra, die Hauptstadt Arabiens. Dort übergab er den Hyrkanos dem Aretas, geizte nicht mit Worten und Geschenken, um ihn für sein Vorhaben zu interessieren, und vermochte ihn schließlich so weit zu bringen, daß er dem Hyrkanos eine Heeresmacht zur Verfügung stellte, die ihn wieder in seine Stellung zurückbringen sollte. Es handelte sich dabei um 50 000 Fußsoldaten und Reiter, gegen die Aristobulos

nichts zu bestellen hatte. Schon im ersten Waffengang zog er vielmehr den kürzeren und wurde nach Jerusalem abgedrängt. Und hier wäre er sicherlich das Opfer der gegnerischen Anstrengungen geworden, hätte nicht Scaurus, der Römerfeldherr, die für ihn günstige Gelegenheit ergriffen und die Stadt besetzt. Scaurus war nämlich von Pompeius Magnus, der gegen Tigranes im Felde stand, von Armenien nach Syrien geschickt worden; und als er nach Damaskus gelangte, das wenig früher Metellus und Lollius eingenommen hatten, und nachdem er diese weggeschickt und vom Stand der Dinge in Judäa gehört hatte, zog es ihn förmlich dorthin wie zu einem Göttergeschenk.

3. Kaum hatte er seinen Fuß dorthin gesetzt, da kamen schon von den Brüdern die Boten, und ein jeder ließ um Hilfe bitten. Die gerechte Sache unterlag aber den 300 Talenten des Aristobulos. Scaurus forderte nämlich diese hohe Summe und ließ daraufhin dem Hyrkanos und den Arabern klarmachen, sie müßten mit Gegenmaßnahmen von seiten der Römer und des Pompeius rechnen, wenn sie nicht von der Belagerung abließen. So wich Aretas voll Angst nach Philadelphia aus, und Scaurus ging nach Damaskus zurück. Der Gefangenschaft entkommen zu sein, dünkte dem Aristobulos noch nicht genug; er sammelte schließlich seine ganze Truppenmacht, zog hinter den Feinden her und wagte mit ihnen bei dem Ort Papyron einen Waffengang. Dabei tötete er über 6000 Mann, unter ihnen auch Antipaters Bruder Phallion.

4. Hyrkanos und Antipater, die nunmehr des Beistands der Araber entbehrten, übertrugen nun ihre Hoffnung auf die Gegner, und weil Pompeius auf seinem Zug durch Syrien gerade nach Damaskus kam, wandten sie sich an ihn und flehten ihn an, und zwar ohne Geschenke, allein durch Darlegung der Rechtslage, wie sie es vor Aretas getan hatten: er möchte doch die Gewaltmaßnahmen des Aristobulos verurteilen und denjenigen wieder in seine Königsrechte einsetzen, dem es nach seinem Alter und seinem Charakter gebühre. Aber auch Aristobulos säumte nicht, und auf die Bestechlichkeit des Scaurus pochend, fand er sich ebenfalls ein, und sogar mit einem möglichst auffallenden königlichen Gepränge. Er sah es

aber als unter seiner Würde an, um die Gunst zu buhlen, und fühlte sich nicht imstande, sich in einer Art und Weise den Verhältnissen anzupassen, die sich für seinen Stand nicht schicke; und deshalb entfernte er sich aus dem Gebiet der Stadt Dion.

5. Pompeius ärgerte sich darüber, und da ihm auch die Hyrkanospartei nachhaltig in den Ohren lag, unternahm er mit einem römischen Truppenkontingent und vielen syrischen Hilfstruppen einen Zug gegen Aristobulos. Und wie er nun an Pella und Skythopolis vorüber nach Koreai gelangte, wo landeinwärts gesehen Judäa beginnt, da mußte er hören, Aristobulos habe seine Zuflucht in Alexandreion gesucht, einem besonders stark befestigten Fort hoch oben auf einem Berge. So ließ er ihm den Befehl zugehen, er solle herabkommen. Aristobulos aber hatte nach dieser herrischen Anmahnung kaum Lust zu gehorchen, er gab vielmehr der Gefahr den Vorzug. Freilich mußte er sehen, daß die Mehrzahl seiner Truppen Angst hatte, und seine Freunde suchten ihn denn auch zu der Einsicht zu bringen, daß die Macht der Römer einfach unbezwinglich sei. Das machte ihn nachdenklich, und so ging er zu Pompeius hinab, setzte ihm eindringlich auseinander, daß ihm von Rechts wegen die Herrschaft zukomme, und begab sich dann in seine Verschanzung zurück. Auf Veranlassung seines Bruders kam er später nochmals herab, besprach sich mit ihm über die Rechtslage und ging wieder weg, ohne daran von Pompeius behindert zu werden. Furcht und Hoffnung hielten sich bei ihm die Waage, und so war er hinabgegangen, um den Pompeius zu beschämen, indem er ihm alles überließ. Und hinauf in seine Feste begab er sich wieder, um nicht den Anschein zu erwecken, er gebe seine Sache von vornherein verloren. Nun aber, da Pompeius ihm die Aufforderung überbringen ließ, die Festung zu räumen, und ihn zwang, jeden einzelnen Festungskommandanten schriftlich zum Abzug zu veranlassen – jeder Kommandant hatte nämlich strenge Anweisung, nur den eigenhändigen schriftlichen Befehlen des Königs zu folgen –, da fügte er sich dieser Forderung, ging aber voll Erbitterung nach Jerusalem zurück, um dort von neuem zum Krieg gegen Pompeius zu rüsten.

6. Dieser jedoch ließ ihm keine Zeit zu Vorbereitungen und nahm unverzüglich seine Verfolgung auf; daß er bei Jericho die Nachricht vom Tode des Mithridates bekam, bestärkte ihn noch in seiner Entschlossenheit. In dieser Gegend ist Judäa am fruchtbarsten, so daß eine Menge von Palmen wachsen und Balsam gewonnen wird. Dies geschieht, indem die Stämme mit scharfkantigen Steinen aufgeritzt werden, worauf der Balsam an den Schnittstellen heraussträufelt. Für eine Nacht schlug Pompeius hier sein Lager auf, um schon früh am Morgen eilends gegen Jerusalem aufzubrechen. Aristobulos war durch sein Herannahen völlig konsterniert und ging ihm schließlich als Schutzflehender entgegen, versprach ihm eine Menge Geld, legte sein eigenes Schicksal und das der Stadt in seine Hände und konnte so die Wut des Pompeius dämpfen. Freilich wurde keine der Abmachungen eingehalten, da die Leute des Aristobulos den Gabinius, der das Geld in Empfang nehmen sollte, gar nicht erst in die Stadt einließen.

7. KAPITEL

1. Pompeius, wütend darob, hielt den Aristobulos in Gewahrsam, rückte bis unmittelbar vor die Stadt und studierte genau die Bedingungen für einen Sturmangriff. Dabei mußte er feststellen, daß die Mauern so unüberwindlich und der Grabeneinschnitt davor so furchtbar und dazu der Tempel jenseits der Schluchten so stark befestigt waren, daß die Feinde an ihm nach der Eroberung der Stadt eine zweite Verteidigungslinie hätten.

2. Lange Zeit war er unentschlossen, und währenddessen kam es drinnen in der Stadt zu einem Streit, da die Partei des Aristobulos den Krieg und die Befreiung des Königs forderte, während die des Hyrkanos dafür war, dem Pompeius die Tore zu öffnen. Die Angst ließ viele auf die Seite des Hyrkanos treten, weil sie das wohldisziplinierte Römerheer vor Augen hatten. Die Leute des Aristobulos – sie waren in der Minderheit – zogen sich in den Tempel zurück, zerstörten die Brücke, die von dort in die Stadt führte,

und rüsteten sich für den Widerstand bis zum letzten. Wie dann aber die andere Partei die Römer in die Stadt einließ und ihnen den Königspalast übergab, ordnete Pompeius den Piso, einen seiner Unterführer, samt seiner Heeresabteilung ab, diese Plätze zu besetzen. Dieser legte ein Netz von Wachtposten über die Stadt, und da es ihm nicht gelang, auch nur einen der in den Tempel Geflüchteten zu einem Entgegenkommen zu überreden, machte er alles für den Sturmangriff bereit. Auch die Leute des Hyrkanos waren ihm gefügig und halfen ihm bei der Planung wie auch durch sonstige Dienstleistungen.

3. Pompeius selbst aber ließ am nördlichen Absturz den Graben auffüllen und die gesamte Talsenke, wofür die Soldaten das Material herbeischafften. Schwierigkeiten entstanden dabei durch die ungeheure Tiefe und weil die Juden die Aktion auf jedwede Weise von obenher behinderten. Und tatsächlich wären die Römer auch mit ihrem Unternehmen gescheitert, hätte Pompeius nicht jeweils den siebten Tag der Woche – die Juden rühren an diesem Tag aus religiösen Gründen keinerlei Arbeit an – abgewartet, um den Damm in die Höhe zu treiben, und hätte er nicht den Soldaten verboten, sich dabei in ein Handgemenge einzulassen; denn einzig zu ihrem persönlichen Schutz durften sich die Juden am Sabbat zur Wehr setzen. Als nun die Schlucht aufgefüllt war, ließ er auf der Aufschüttung hohe Türme aufstellen und die Belagerungsmaschinen aus Tyrus an Ort und Stelle schaffen und machte damit versuchweise einen Angriff auf die Mauer, während die Steinschleudern die von obenher einsetzenden Störungsversuche der Verteidiger vereiteln sollten. Es bewährten sich aber gerade an diesem Abschnitt die außerordentlich großen und machtvollen Befestigungstürme bestens.

4. Während dieser Vorgänge nun und während die Römer viele Unannehmlichkeiten zu bestehen hatten, war Pompeius voll Bewunderung für die Ausdauer der Juden, besonders aber für die Tatsache, daß sie sich mitten im Geschoßhagel keinerlei Versäumnisse an ihren kultischen Verrichtungen gestatteten. Denn wie inmitten des tiefsten Friedens wurden tagtäglich die Schlachtopfer

dargebracht und alle heiligen Riten und jegliche kultische Dienstleistung aufs sorgfältigste zur Ehre Gottes vollzogen. Selbst während der Einnahme, als sie rings um den Altar den Tod fanden, ließen sie nicht von dem Gottesdienst ab, der nach dem Gesetz für den betreffenden Tag geboten war. Es war nämlich im dritten Monat der Belagerung, als die Römer – sie hatten mit Müh und Not einen der Türme zerstören können – in den Tempelbezirk einbrechen konnten. Der erste, der über die Mauer zu springen wagte, war Faustus Cornelius, der Sohn des Sulla, dann folgten zwei Centurionen, nämlich Furius und Fabius, und hinter jedem eine Abteilung. Von allen Seiten umzingelten sie nunmehr das Heiligtum und töteten von den Juden die einen auf der Flucht und im Tempel, die andern aber nach kurzer Gegenwehr.

5. Da verharrten zahlreiche Priester, ohne sich stören zu lassen, bei ihren kultischen Verrichtungen, auch wenn sie die Feinde mit gezückten Schwertern gegen sich vorstürmen sahen. Inmitten ihrer Weiheopfer wurden sie niedergemacht und während der Rauchopfer, und die Sorge um den Gottesdienst galt ihnen mehr als ihre eigene Rettung. Die meisten fanden übrigens den Tod durch Gegner aus dem eigenen Volk, und zahllose stürzten sich in die tiefen Schluchten hinab. Es gab auch welche, die, von Sinnen ob ihrer aussichtslosen Lage, die an die Mauer anschließenden Gebäudeteile in Brand steckten und dabei selbst den Tod fanden. 12 000 Juden kamen ums Leben, während die Römer nur wenige Tote, jedoch viele Verwundete zu beklagen hatten.

6. Nichts wirkte jedoch in dieser furchtbaren Situation so niederschmetternd wie der Umstand, daß das bis dahin ›unschaubare Heiligtum‹ von den Angehörigen eines fremden Volkes enthüllt wurde. Pompeius begab sich nämlich mitsamt seinem Stab in den Tempel, wohin nach heiligem Gesetz nur der Hohepriester seinen Fuß setzen darf. Er sah sich alles an, was darin war, den Leuchter mit den Lampen, den Tisch, die Opferschalen und Räuchergefäße, alles aus massivem Gold, die gestapelte Menge von Räucherwerk und den Tempelschatz von annähernd zweitausend Talenten. Doch berührte er nichts davon und auch keines der heiligen Geräte; er

befahl vielmehr am ersten Tag nach der Eroberung den Tempeldienern, den Kultraum zu reinigen und dem Brauche gemäß die Opfer darzubringen. Darauf machte er auch den Hyrkanos wieder zum Hohenpriester, hatte sich dieser doch bei der Belagerung im ganzen recht gefällig gezeigt. Außerdem hatte er die Landbewohner, die bereit waren, sich für Aristobulos in die Schanze zu schlagen, von diesem Vorhaben abgebracht. So machte er sich das Volk, wie es sich für einen tüchtigen Feldherrn gehört, mehr durch Güte als durch Schrecken gefügig. Unter den Gefangenen befand sich auch der Schwiegervater des Aristobulos, der zugleich sein Onkel war. Die Hauptkriegstreiber ließ er mit dem Beil hinrichten, den Faustus aber und seine anderen tapferen Mitstreiter bedachte er mit hohen Ehrungen. Dem Lande und den Bewohnern Jerusalems legte er die Zahlung einer Kriegskontribution auf.

7. Das jüdische Volk mußte auch die Städte in Coelesyrien herausgeben, die es erobert hatte. Er unterstellte die Juden dem dortigen römischen Kommandanten und verwies sie in ihre eigenen Grenzen. Außerdem ließ er das von den Juden zerstörte Gadara wieder aufbauen, und zwar dem Demetrios, einem seiner Freigelassenen, zuliebe, der aus dieser Stadt stammte. Auch die Städte im Landesinnern, die sie zuvor nicht zerstört hatten, befreite er von ihrer Oberherrschaft, nämlich Hippos, Skythopolis, Pella, Samaria, Jamnia, Marisa, Azotos und Arethusa, dazu noch die Küstenstädte Gaza, Joppe und Dora, sowie die Stadt, die einst Stratonsturm hieß, später jedoch von König Herodes mit großartigen Bauwerken erneuert und in Caesarea umbenannt worden ist. Alle diese Städte gab er ihren rechtmäßigen Bewohnern zurück und fügte sie der Provinz Syrien ein. Diese samt Judäa und das Land bis Ägypten und bis zum Euphrat übertrug er dem Scaurus zur Verwaltung und teilte ihm zwei Legionen zu. Er selbst begab sich schleunigst über Cilicien nach Rom und nahm den Aristobulos und dessen Familie in die Kriegsgefangenschaft mit. Dieser hatte zwei Töchter und zwei Söhne, von denen Alexander während des Transports flüchten konnte, während Antigonos, der Jüngere, mit seinen Schwestern nach Rom gebracht wurde.

8. KAPITEL

1. Inzwischen machte Scaurus einen Einfall in Arabien, wobei ihm das schwierige Gelände den Zugang zu Petra erschwerte. Dafür verwüstete er in dessen Umkreis viel und hatte dabei allerhand Schwierigkeiten zu meistern, denn das Heer mußte Hunger leiden. In dieser Verlegenheit half ihm Hyrkanos, der durch Antipater die nötigen Lebensmittel nachbringen ließ. Ihn wiederum schickte Scaurus zu Aretas; denn Hyrkanos war mit ihm befreundet. Aretas sollte veranlaßt werden, sich vom drohenden Krieg durch eine Geldsumme freizukaufen. Tatsächlich ließ sich der Araber zur Zahlung von 300 Talenten bereden, und daraufhin führte Scaurus auch sein Heer aus Arabien hinweg.

2. Alexander jedoch, der dem Pompeius entwichene Sohn des Aristobulos, hatte im Laufe der Zeit eine stattliche Anzahl von Truppen sammeln können und bedeutete damit für Hyrkanos eine schwere Belastung. Er zog mit seinem Heer durch Judäa, und bereits hatte es den Anschein, als könne er den Hyrkanos rasch zum Sturz bringen – schon stand er nämlich in Jerusalem und machte Anstalten, die von Pompeius zerstörte Mauer wieder zu errichten –, wäre nicht Gabinius, der Nachfolger des Scaurus in Syrien, der sich auch sonst bestens bewährt hatte, gegen Alexander aufgebrochen. Dieser wiederum vergrößerte aus Angst vor der feindlichen Streitmacht sein Heer noch mehr, so daß es schließlich 10 000 Schwerbewaffnete und 1500 Reiter zählte. Außerdem befestigte er strategisch günstige Plätze wie Alexandreion, Hyrkaneion und Machaerus hart am Bergland von Arabien.

3. Gabinius schickte nun den Marcus Antonius mit einer Heeresgruppe voraus und zog mit dem Hauptteil des Heeres hinterher. Die Elitemannschaft des Antipater und das restliche Judenheer unter dem Befehl des Malichus und des Peitholaos vereinigte sich sodann mit den Unterführern des Marcus Antonius und stellte sich dem Alexander in den Weg. Kurz darauf traf auch noch Gabinius mit den Schwerbewaffneten ein. Dieser vereinigten feindlichen Streitmacht war Alexander nicht gewachsen, weshalb er sich zu-

rückzog. Schon in der Nähe von Jerusalem konnte er aber der Schlacht nicht mehr ausweichen, und so büßte er auf dem Schlachtfeld 6000 Mann ein. 3000 waren gefallen und weitere 3000 gerieten in die Gefangenschaft. Mit dem Rest seiner Truppen flüchtete er sich zum Alexandreion.

4. Und wie nun Gabinius beim Alexandreion anlangte und eine Menge von Mannschaften dort im Lager vorfand, gab er sich Mühe, sie auf seine Seite zu ziehen, indem er ihnen Nachsicht versprach für das, was vor der Schlacht geschehen war. Doch sie waren nicht zur Einsicht zu bewegen, und so tötete er viele von ihnen und umzingelte den Rest in der Festung. Bei diesen Kampfhandlungen bewährte sich der Feldherr Marcus Antonius vor allen; wohl hatte er sich bei jeder Gelegenheit als tapfer erwiesen, aber nie in solchem Maße wie hier. Gabinius ließ ein Truppenkontingent zurück für die Eroberung des befestigten Platzes. Er selbst wandte sich den unzerstörten Städten zu und stellte dort die Ordnung wieder her, während er die zerstörten wieder aufrichten ließ. Auf seine Anordnung wurden so Skythopolis, Samaria, Anthedon, Apollonia, Jamnia, Raphia, Marisa, Adoreos, Gabala, Azotos und zahlreiche andere wieder aufgebaut, und voll Freude kehrten die Bewohner in ihre Städte zurück.

5. Nachdem er diese Maßnahmen in die Wege geleitet hatte, begab er sich wieder vor das Alexandreion zurück und betrieb nunmehr die Belagerung mit solcher Energie, daß Alexander in der äußersten Verzweiflung Boten zu ihm sandte mit der Bitte, ihm doch für seine Schuld Nachsicht zu gewähren, und mit dem Kapitulationsangebot für die restlichen Festungen in seiner Hand, nämlich Hyrkaneion und Machaerus. Und bald darauf übergab er auch das Alexandreion. Alle diese Plätze zerstörte Gabinius, weil es die Mutter des Alexander so wollte, damit sie nicht für einen zweiten Krieg Stützpunkte abgeben könnten. Sie war gekommen, um dem Gabinius zur Milde zuzureden, denn sie fürchtete für die Gefangenen in Rom, für ihren Mann und für die anderen Kinder. Darauf nun führte Gabinius den Hyrkanos wieder nach Jerusalem zurück und beauftragte ihn mit der Betreuung des Tempels, wäh-

rend er die Verfassung der Stadt in der Weise änderte, daß er eine aristokratische Regierung schuf. Das ganze Volk teilte er in fünf Gemeinschaften auf, und zwar ordnete er die eine der Stadt Jerusalem zu, die zweite der Stadt Gadara; eine weitere wurde zu Amathus geschlagen, die vierte zu Jericho; für die fünfte wurde Sepphoris in Galiläa in Aussicht genommen. Die Juden waren froh, von der Herrschaft eines einzigen Mannes befreit zu sein, und hielten in Zukunft an der aristokratischen Regierungsform fest.

6. Bald darauf kam es aber zu neuen Unruhen, als Aristobulos aus Rom entwich. Er vermochte aufs neue viele Juden um sich zu scharen, teils Leute, die an einem Umsturz Interesse hatten, teils solche, die seit jeher auf seiner Seite gestanden waren. Zuerst gelang es ihm, das Alexandreion einzunehmen; er versuchte, es wieder zu einem festen Stützpunkt auszubauen. Nun sandte Gabinius gegen ihn eine Heeresabteilung unter der Führung des Sisenna, Antonius und Servianus. Als Aristobulos davon erfuhr, ging er auf Machaerus zurück. Dabei schaffte er sich die nutzlose Masse vom Hals und behielt nur die Schwerbewaffneten, an die 8000 Mann, und unter ihnen befand sich Peitholaos, der Unterfeldherr von Jerusalem, der mit 1000 Mann zu ihm übergegangen war. Die Römer zogen hinter ihm her, und schließlich kam es zur Schlacht, in der die Truppen des Aristobulos wohl tapfer kämpften, am Ende aber doch den Römern unterlagen. 5000 von ihnen wurden getötet, etwa 2000 konnten sich auf die Anhöhe flüchten, die restlichen 1000 jedoch durchbrachen mit Aristobulos die römische Front und entkamen nach Machaerus. Wie nun dort der König den ersten Abend in den Ruinen verbrachte, hatte er noch Hoffnung, nochmals ein Heer zusammenzubringen, falls der Krieg ihm eine Atempause bot. Deshalb legte er notdürftige Befestigungen an. Als aber nun die Römer zum Angriff übergingen, hielt er sich noch zwei Tage mit übermenschlicher Zähigkeit; dann mußte er sich gefangen geben, und zusammen mit seinem Sohn Antigonos, der gleich ihm aus Rom geflüchtet war, wurde er in Fesseln vor Gabinius gebracht und von diesem wieder nach Rom geschickt. Ihn selbst ließ der Senat gefangen halten, die Kinder aber wurden nach Judäa gebracht. Gabinius

hatte schriftlich mitgeteilt, er habe dies der Gattin des Aristobulos als Preis für die Kapitulation der Befestigungen zugestanden.

7. Wie nun Gabinius gegen die Parther aufbrach, machte ihm Ptolemaeus Schwierigkeiten. Seinetwegen ging er vom Euphrat zurück und setzte ihn wieder in Ägypten ein. Bei dieser militärischen Aktion standen ihm Hyrkanos und Antipater in jeder Hinsicht zur Seite. Antipater namentlich sandte ihm Geld, Waffen und Proviant und Hilfstruppen; auch brachte er die dort wohnenden Juden, die die Paßstraßen bei Pelusium deckten, dazu, dem Gabinius den Durchmarsch zu gestatten. Als nun ganz Syrien wegen der Abwesenheit des Gabinius in Bewegung geriet, konnte Alexander, des Aristobulos Sohn, auch die Juden wieder zum Abfall bestimmen. Er vermochte eine ansehnliche Heeresmacht aufzustellen und traf Anstalten, sämtliche Römer im Land niederzumachen. Das bereitete dem Gabinius Sorge, und so war er gleich wieder aus Ägypten zurück; durch die Unruhen fühlte er sich dazu gezwungen. Zu einem Teil der Abgefallenen schickte er den Antipater und konnte sie auch zur Umkehr bestimmen. Trotzdem harrten bei Alexander 30 000 Mann aus, und dieser wagte sich deshalb an den Krieg. So mußte Gabinius in die Schlacht ziehen. Die Juden stellten sich ihm zum Kampf, und von den auf dem Berg Itabyrion Kämpfenden fielen 10 000; der Rest floh in alle Winde. Gabinius gelangte nun nach Jerusalem und richtete die Stadtverfassung nach dem Wunsch des Antipater ein. Dann brach er wieder auf und siegte über die Nabatäer. Mithridates und Orsanes, die aus dem Partherland hatten flüchten können, schickte er heimlich zurück, vor den Soldaten aber tat er so, als seien sie entflohen.

8. Während dieser Vorgänge war aber Crassus eingetroffen, um ihn abzulösen; er übernahm Syrien. Crassus nahm für den Partherfeldzug den ganzen Tempelschatz von Jerusalem an sich, auch die 2000 Talente, die Pompeius unberührt gelassen hatte. Er war aber kaum über den Euphrat gelangt, da kam er selbst mit seinem Heere um. Davon soll aber jetzt nicht die Rede sein.

9. Die Parther jedoch, die nach dem Tode des Crassus Anstalten machten, nach Syrien einzufallen, konnte Cassius abweisen, der

sich in diese Provinz zurückgezogen hatte. Cassius befestigte nun hier wieder seine Position, zog dann gegen die Juden, nahm Tarichea ein und verkaufte 30 000 Juden in die Sklaverei. Außerdem ließ er den Peitholaos töten, der die aufständischen Anhänger des Aristobulos gesammelt hatte. Diese Maßnahme wurde von Antipater angestiftet. Er hatte eine Frau aus der angesehensten arabischen Familie zur Ehe. Sie hieß Kypros, und er hatte vier Söhne von ihr, Phasael, den späteren König Herodes, ferner Joseph und Pheroras, außerdem eine Tochter namens Salome. Zu allen mächtigen Persönlichkeiten unterhielt er gute Beziehungen. Sie waren sich gegenseitig Freunde und Gäste, insbesondere verstand er sich mit dem Araberkönig, mit dem er verschwägert war. Bei Beginn des Krieges gegen Aristobulos gab er diesem seine Kinder in Obhut. Cassius aber zwang den Alexander auf diplomatischem Wege, sich ruhig zu verhalten; dann zog er zum Euphrat, um den Parthern den Flußübergang zu verwehren. Davon soll an anderer Stelle die Rede sein.

9. KAPITEL

1. Nach des Pompeius und des Senats Flucht über das Ionische Meer hatte Caesar die Herrschaft über Rom und über das Gesamtreich angetreten. Darum schenkte er dem Aristobulos die Freiheit, übergab ihm zwei Legionen und sandte ihn eilends nach Syrien in der Hoffnung, er werde dieses Land und die im Umkreis von Judäa liegenden Gebiete durch ihn leicht in seine Hand bekommen. Doch der Neid war schneller als die Bereitschaft des Aristobulos und die Hoffnungen Caesars. Er wurde nämlich von den Anhängern des Pompeius durch Gift beseitigt, und lange Zeit fand er in seiner Heimat nicht einmal ein Grab, und seine Leiche lag in Honig einbalsamiert, bis sie Antonius zu den Juden schaffen ließ, um sie in der Königsgruft beisetzen zu lassen.

2. Auch sein Sohn Alexander erlitt in Antiochia auf Veranlassung des Pompeius durch Scipio den Tod durchs Beil. Zuvor hatte man gegen ihn wegen seiner Kriegsverbrechen gegen die Römer

öffentlich Anklage erhoben. Seiner Geschwister nahm sich dann Ptolemaeus an, des Mennaeus Sohn, der Herr über Chalkis, am Fuße des Libanon; er ließ sie durch seinen Sohn Philippion zu sich nach Askalon bringen. Jener konnte tatsächlich Antigonos und dessen Schwester der Witwe des Aristobulos entreißen und geleitete sie zu seinem Vater. Da verliebte er sich in die Jüngere, heiratete sie und fand dann ihretwegen durch die Hand seines eigenen Vaters den Tod. Und nun heiratete Ptolemaeus selbst Alexandra nach dem Mord an seinem Sohn. Das wieder hatte die Folge, daß er wegen seiner Heirat die anderen Geschwister mit mehr Wohlwollen behandelte.

3. Nach dem Ende des Pompeius verließ Antipater seine Partei und machte sich an Caesar heran. Und als nun Mithridates, von Pergamon mit seinem Heer nach Ägypten unterwegs, an den Einfallstraßen bei Pelusium nicht weiter kam und in Askalon zurückgehalten wurde, brachte er die Araber, mit denen er in einem Freundschaftsverhältnis stand, dahin, ihm zu helfen, und rückte selbst mit etwa 3000 Schwerbewaffneten heran. Doch die Herren von Syrien überredete er zur Hilfeleistung, den Ptolemaeus, der am Libanon wohnte, und den Jamblichus, und auf deren Einwirkung nahmen sogar die dortigen Städte gern am Kriege teil. So faßte denn Mithridates im Hinblick auf den Zuwachs an Streitkräften, den er dem Antipater dankte, wieder Mut, zog bis vor Pelusium und belagerte es, als ihm der Durchmarsch verwehrt wurde. Auch beim Angriff auf die Stadt tat sich Antipater wieder besonders hervor; er durchstieß nämlich den Mauerabschnitt, der ihm übertragen worden war, und konnte allen voran mit seinen Leuten in die Stadt eindringen.

4. Wohl war Pelusium nun gefallen, aber die Fortsetzung des Feldzuges wurde neuerdings behindert durch die Bewohner des Gebiets, das seine Bezeichnung nach Onias hat; es waren ägyptische Juden. Antipater überredete sie, nicht nur jede Behinderung zu unterlassen, sondern auch Proviant für das Heer zu stellen. Und das war der Grund, warum die Einwohner von Memphis sich gar nicht lange erst feindselig verhielten, sondern gleich freiwillig zu Mithri-

dates übergingen. Dieser aber konnte das Flußdelta umgehen und stieß mit den anderen Ägyptern in einer Gegend, die das ›Judenlager‹ hieß, auf den Feind. Hier war es, wo Mithridates mit seinem ganzen rechten Flügel in eine bedenkliche Lage geriet. Antipater aber, der die Feinde entlang dem Fluß umgehen konnte, befreite ihn daraus. Er befehligte ja den linken Flügel und war über die feindliche Heeresmacht siegreich, die ihm an der Front gegenüberstand. Dann stürzte er sich auf die Verfolger des Mithridates, tötete viele von ihnen und verfolgte die restlichen so weit, daß er auch noch ihr Lager nehmen konnte. Dabei hatte er nur 80 Mann Verluste, während Mithridates auf der Flucht an die 800 verlor. So war dieser unverhofft gerettet worden, und er erstattete auch als neidloser Zeuge dem Caesar Bericht über die Leistungen des Antipater.

5. Caesar aber bestärkte ihn nun durch Lob und Versprechungen darin, sich weiterhin für ihn einzusetzen. Und so kämpfte er denn auch bei jeder Gelegenheit mit seltener Kühnheit und erlitt zahlreiche Verwundungen, so daß er fast an seinem ganzen Körper die Spuren seines tapferen Einsatzes aufweisen konnte. Als Caesar nun in Ägypten wieder stabile Verhältnisse geschaffen hatte, zog er nach Syrien und beschenkte den Antipater mit dem römischen Bürgerrecht und außerdem mit Steuerfreiheit. Auch durch andere Ehrungen und Freundschaftsbeweise ließ er ihn beneidenswert erscheinen. Daß er den Hyrkanos in seinem hohepriesterlichen Amt bestätigte, war ebenfalls dem Antipater zu verdanken.

10. KAPITEL

1. Um die gleiche Zeit fand sich auch Antigonos, der Sohn des Aristobulos, bei Caesar ein, und es traf sich eigenartig, daß er für Antipater die Ursache zu weiterem Aufstieg wurde. Es wäre nämlich angebracht gewesen, daß er sich über den Giftmord an seinem Vater wegen seiner ablehnenden Haltung gegenüber Pompeius beklagte und daß er wegen des Schicksals seines Bruders gegen die

Grausamkeit des Scipio vorging und dabei das Mitgefühl nicht durch einen Neidaffekt belastete. Statt dessen stellte er sich hin und führte dazu noch Klage über Hyrkanos und Antipater, sie hätten ihn völlig gesetzwidrig samt seinen Geschwistern aus dem gesamten Herrschaftsgebiet seines Vaters vertrieben und hätten sich in ihrem Frevelmut zahlreiche Verbrechen gegen das Volk gestattet. Auch sei es nicht etwa Anhänglichkeit an ihn gewesen, weshalb sie nach Ägypten Hilfe geschickt hätten, sondern die Angst wegen ihrer früheren feindseligen Haltung und das Streben, ihre Freundschaft mit Pompeius wieder auszugleichen.

2. Da nun riß sich Antipater sein Gewand vom Leibe, zeigte die Unzahl von Narben und sagte, er brauche doch wohl keine Worte zu machen über seine freundschaftliche Haltung gegenüber Caesar; denn wenn er auch schweige, so führe doch sein Leib eine laute Sprache. Er müsse sich aber darüber wundern, wie weit Antigonos in seiner Unverschämtheit gehe, wenn er, der Sohn eines Römerfeindes und eines Menschen, der den Römern entlaufen sei, er, in dem der Geist der Empörung und Revolution ein väterliches Erbe sei, sich jetzt unterfange, beim obersten Feldherrn des Römerheeres gegen andere als Ankläger aufzutreten, und den Versuch nicht scheue, einen Gewinn dabei herauszuschlagen, wo er doch froh sein müßte, daß er überhaupt noch am Leben sei; denn es sei doch nicht die Not, die einen solchen Menschen jetzt dazu treibe, sich Einfluß zu verschaffen, sondern einzig das Streben, die Juden bei seinem Eintreffen zum Aufruhr zu bewegen und die gewährten Hilfsmittel gegen jene zu verwenden, von denen sie stammten.

3. Auf die Kunde davon erklärte Caesar den Hyrkanos für würdiger des Hohepriesteramtes, dem Antipater aber stellte er es frei, welche Stellung er einnehmen wolle. Dieser aber überließ das Maß der Ehrung dem Spender der Ehre und wurde deshalb zum Statthalter von Gesamtjudäa ernannt und erhielt des weiteren noch die Erlaubnis, die zerstörten Mauern seiner Heimatstadt wieder aufzubauen. Caesar gab Anweisung, diese Ehrungen auf dem Kapitol auf Tafeln einzumeißeln, damit sie Zeugnis gäben vom Gerechtigkeitssinn und von der tadellosen Haltung dieses Mannes.

4. Antipater begleitete Caesar noch aus Syrien heraus und begab sich dann zurück nach Judäa. Vor allem baute er die Mauern seiner Vaterstadt wieder auf, die Pompeius zerstört hatte. Sodann bemühte er sich, durch seine Anwesenheit der Unruhen im Lande Herr zu werden. Dabei drohte er jedem, machte aber zugleich Versprechungen: sie könnten, wenn sie Hyrkanos hielten, in Glück und Ruhe leben, könnten sich ihrer Habe und des gemeinsamen Friedens erfreuen, ließen sie sich jedoch durch die eitlen Hoffnungen jener verlocken, die im Aufruhr ihren persönlichen Gewinn suchten, so werde er ihnen nicht Schutzherr, sondern ein gestrenger Herrscher sein, und an Hyrkanos würden sie statt eines Königs einen Tyrannen haben, an den Römern und an Caesar aber Feinde statt freundlich gesinnter Männer. Sie würden es nämlich nicht hinnehmen, wenn der, den sie berufen hätten, aus der Herrschaft vertrieben würde. Neben diesen Verlautbarungen schuf er von sich aus geordnete Verhältnisse für das Land, denn er mußte sehen, daß Hyrkanos untätig und weniger energisch war, als es sein Königsamt gestattete. Er machte nämlich Phasael, seinen älteren Sohn, zum Befehlshaber von Jerusalem und der Umgebung der Stadt, den zweitältesten, Herodes, schickte er mit dem gleichen Auftrag nach Galiläa, obgleich er dafür noch recht jung war.

5. Herodes jedoch, eine energische Natur, fand bald Anlaß, seinen Unternehmungsgeist zu bewähren. Er bekam nämlich den Räuberhauptmann Ezechias zu fassen, der mit einer starken Bande die Grenzgebiete Syriens durchstreifte. Als er ihn in seiner Gewalt hatte, ließ er ihn töten samt vielen seiner Komplizen. Dafür wußte man ihm in Syrien großen Dank; man feierte ihn in den Dörfern und Städten als Friedensbringer und Spender des Wohlstandes. Daher hörte auch Sextus Caesar von ihm, ein Verwandter des großen Caesar und Statthalter von Syrien. Phasael wetteiferte nun mit seinem berühmten Bruder und gewann sich mehr und mehr die Herzen der Bewohner von Jerusalem. Und wiewohl er unabhängiger Herr der Stadt war, vermied er jeden niedrigen Mißbrauch seiner Macht. Das war der Grund, warum das Volk dem Antipater wie einem König huldigte und warum alle ihn ehrten wie den Herrn

über alles; gleichwohl beharrte er vollauf bei seiner Ergebenheit und Treue gegenüber Hyrkanos.

6. Wer jedoch Erfolg hat, vermag dem Neid auf keine Weise zu entgehen. So hatte Hyrkanos in seinem Herzen längst einen Groll wegen des Ansehens der jungen Leute. Am meisten ärgerten ihn das erfolgreiche Wirken des Herodes und die Boten, die in Menge gelaufen kamen, um jede einzelne Ruhmestat des Herodes zu melden. Auch hetzten sie viele neidische Höflinge auf, denen entweder die kluge Haltung der Söhne oder des Antipater ein Dorn im Auge war. Sie behaupteten, er habe dem Antipater und seinen Söhnen die Regierungsgewalt abgetreten und sitze nun da, dem Namen nach ein König, aber ohne jede Machtbefugnis. Wie lange er sich denn noch darüber zu täuschen gedenke, daß er in seinem Hause Könige heranwachsen lasse? Denn sie täuschten nicht einmal mehr die Rolle von Statthaltern vor, sondern sie seien ganz offensichtlich die Herren, nachdem sie ihn verdrängt hätten, habe doch Herodes ohne einen Befehl oder einen schriftlichen Auftrag von seiten des Hyrkanos eine solche Menge von Menschen gegen das jüdische Gesetz ums Leben bringen lassen. Wenn er die Königsmacht nicht mehr ausübe, sondern nur noch Untertan sei, dann müsse er vor Gericht gestellt werden, um sich gegenüber Hyrkanos und den väterlichen Gesetzen, die niemand ohne Prozeß hinzurichten gestatten, zu verantworten.

7. Solche Reden brachten Hyrkanos allmählich auf, und schließlich, vom Zorn überwältigt, ließ er den Herodes vor Gericht zitieren. Auf den Rat seines Vaters leistete dieser Folge, und da es die Verhältnisse gestatteten, begab er sich nach Jerusalem hinauf, verteilte aber noch zuvor Besatzungstruppen über Galiläa. Er kam nur mit einer Leibwache, um einerseits nicht den Verdacht zu erregen, er komme zum Sturz des Hyrkanos mit einem starken Heer, anderseits aber wollte er nicht schutzlos ein Opfer des Neides werden. Sextus Caesar befürchtete, dem jungen Mann könnte etwas Übles zustoßen, wenn er sich ohne Rückhalt in den Händen seiner Gegner befinde, und schickte deshalb Boten zu Hyrkanos mit dem strikten Befehl, er solle die Mordanklage gegen Herodes fallen las-

sen. Tatsächlich sprach Hyrkanos den Herodes frei, was ohnehin seine Absicht gewesen war, denn er hatte eine Zuneigung für ihn.

8. In der Vermutung, er sei gegen den Willen des Königs mit der Freiheit davongekommen, zog sich jedoch Herodes nach Damaskus zu Sextus zurück und traf alle Vorbereitungen, um einer etwaigen neuen Vorladung nicht folgen zu müssen. Wiederum machten sich nämlich übelwollende Elemente an Hyrkanos heran und behaupteten, Herodes sei aufgebracht hinweggegangen und treffe Anstalten zu einem Zug gegen ihn. Der König glaubte es, wußte aber nicht, wie er sich dagegen rüsten solle, denn er sah die Überlegenheit seines Gegners. Als nun jedoch Herodes zum Befehlshaber von Coelesyrien und Samaria ernannt wurde, war er nicht nur wegen der Anhänglichkeit des Volkes an ihn, sondern auch wegen seiner Macht ein Anlaß zur Besorgnis. Jedenfalls überkam den Hyrkanos nunmehr eine heftige Angst, und er erwartete so sicher wie noch nie, Herodes werde gegen ihn einen Zug unternehmen.

9. Tatsächlich täuschte er sich hierin nicht. Herodes hatte nämlich aus Erbitterung über die in der Anklage zum Ausdruck gekommene Drohung ein Heer aufgeboten und rückte damit gegen Jerusalem, um Hyrkanos zu stürzen. Und es wäre wohl auch dazu gekommen, wären ihm nicht Vater und Bruder entgegengeeilt, um seinen Groll zu beruhigen. Sie beschworen ihn, seine Maßnahmen bei bedrohlichen Worten und Gesten bewenden zu lassen, den König jedoch zu schonen, unter dem er zu einer solchen Machtstellung gelangt sei. Grolle er über die Vorladung vor Gericht, so müsse er doch auch dankbar sein für den Freispruch und dürfe nicht wegen der undurchsichtigen Machenschaften auf Vergeltung sinnen, die Rettung aber mit Undank beantworten. Und wenn man bedenken müsse, daß Gott selbst das wankelmütige Kriegsglück lenke, dann habe das Unrecht ein größeres Gewicht als die Waffen. Zunächst dürfe er nicht hinsichtlich des Sieges unbedingt zuversichtlich sein, denn es gehe ja darum, einen König zu bekriegen, der ihm sein guter Jugendfreund gewesen sei und ihm mehrfach Wohltaten erwiesen habe, ihm niemals feindlich gesinnt gewesen sei, außer wenn er, übel beraten, ihn mit einem Schatten von Unrecht

beunruhigte. Herodes war für diese Anmahnungen zugänglich, denn er war der Ansicht, für seine Zukunftspläne sei die Demonstration seiner Macht vor dem Volk hinreichend.

10. Mittlerweile kam es um Apamea bei den Römern zu Unruhen, die sogar in einen Bürgerkrieg ausarteten. Caecilius Bassus ließ nämlich als Parteigänger des Pompeius den Sextus Caesar hinterlistig ermorden und unterstellte sich dessen Heer. Die anderen Unterfeldherren Caesars schlossen sich aber mit ihren Heeresgruppen zusammen, um den Mord zu rächen. Antipater sandte ihnen durch seine Söhne Hilfstruppen, und zwar wegen des ermordeten Caesar sowohl wie auch wegen des noch lebenden Caesar; denn mit beiden stand er in freundschaftlichem Verhältnis. Der Krieg zog sich jedoch in die Länge, und mittlerweile kam aus Italien Murcus herbei, um die Nachfolge des Sextus zu übernehmen.

11. KAPITEL

1. Genau zu diesem Zeitpunkt kam es bei den Römern zum großen Bürgerkrieg, da Cassius und Brutus meuchlings Caesar töteten, der drei Jahre und sieben Monate an der Macht gewesen war. Weil sich der Aufruhr wegen des Mordes stark ausweitete und die Machthaber miteinander in Streit gerieten, ließ sich jeder von seinen Hoffnungen dorthin treiben, wo er sich persönlichen Vorteil versprach. Cassius kam auf diese Weise nach Syrien, um die Heeresmacht um Apamea zu übernehmen. Dabei gelang es ihm, Bassus und Murcus samt den feindlichen Legionen zu versöhnen und von Apamea die Belagerung abzuwenden. Er selbst zog an der Spitze des Heeres durch die Städte, denen er Kontributionen auferlegte, die über ihre Kräfte gingen.

2. Wie nun aber auch den Juden die Auflage gemacht wurde, siebenhundert Talente zusammenzubringen, bestimmte Antipater, durch die Drohungen des Cassius eingeschüchtert, seine Söhne, das Geld beizubringen. In gleicher Weise verfuhr er auch eilends mit einigen anderen seiner Verwandten, unter denen sich auch Mali-

chos befand, ein persönlicher Gegner von ihm – so sehr fühlte er sich durch Not bedrängt. Herodes war der erste der den Cassius zufriedenstellen konnte; er schaffte seinen Anteil aus Galiläa herbei, hundert Talente. Auf diese Weise gewann er sich die besondere Gunst des Cassius. Die anderen beschimpfte dieser wegen ihrer Saumseligkeit, und wegen der Städte geriet er gar in Wut. Deshalb verkaufte er Gophna und Emmaus und zwei kleinere Städte in die Sklaverei und faßte auch den Plan, den Malichos töten zu lassen, weil dieser die Eintreibung nur lässig vornahm. Antipater konnte aber seinen Untergang und den der anderen Städte abwenden, indem er den Groll des Cassius rasch durch Zahlung von hundert Talenten beschwichtigte.

3. Malichos dankte dies nach dem Abzug des Cassius dem Antipater in keiner Weise, sondern er befaßte sich sogar mit einem Anschlag auf den Mann, der ihm so oft Gutes getan hatte. Er wünschte seinen Tod, da er ihm bei seinen verbrecherischen Absichten im Wege stand. Aus Angst vor der Macht und der Heimtücke dieses Mannes begab sich Antipater über den Jordan hinüber, um ein Heer für die Abwehr des Anschlags zu organisieren. Obgleich nun Malichos bei seinem Vorgehen ertappt war, verhalf ihm doch seine Bedenkenlosigkeit dazu, auf die Söhne des Antipater einen bestimmenden Einfluß zu gewinnen. Phasael, den Stadtkommandanten von Jerusalem, und Herodes, der die Oberaufsicht über das Waffenlager führte, konnte er durch eine Menge von Entschuldigungsgründen und Beschwörungen dahin bringen, daß sie für ihn beim Vater als Fürsprecher auftraten. Somit verdankte er wieder dem Antipater seine Rettung, der dem Murcus, dem zur Zeit amtierenden Statthalter von Syrien, gut zuredete, als er den Malichos wegen seiner Umtriebe hinrichten lassen wollte.

4. Wie nun zwischen dem jungen Caesar und Antonius einerseits und Cassius und Brutus anderseits der Krieg ausbrach, organisierten Cassius und Murcus in Syrien ein Heer, und da sie sahen, wie wichtig für sie dabei die Mithilfe des Herodes war, machten sie ihn zum stellvertretenden Statthalter für das gesamte Syrien, überließen ihm ein Fuß- und Reiterheer, und Cassius stellte ihm sogar

für die Zeit nach dem Krieg die Königswürde von Judäa in Aussicht. Für Antipater aber sollte sich die Machtstellung seines Sohnes und dessen Zukunftsaspekt verhängnisvoll auswirken. Denn eben dies war es, was Malichos befürchtet hatte; und deshalb bestach er einen der königlichen Mundschenken mit einer Geldsumme, den Antipater zu vergiften. So fand dieser Mann nach dem Gastmahl den Tod als Preis für die Niedertracht des Malichos. Nimmt man alles in allem, so muß man ihm nachsagen, daß er die Regierung energisch geführt hatte und daß er insbesondere dem Hyrkanos die Herrschaft gewonnen und gerettet hatte.

5. Das Volk verdächtigte ihn als den Giftmörder und war darob gegen ihn erbittert, und Malichos versuchte es zu beruhigen, indem er einfach alles ableugnete. Er verstärkte auch seinen persönlichen Schutz, indem er sich mit Schwerbewaffneten umgab. Er rechnete nämlich nicht damit, daß Herodes sich ruhig verhalten würde; tatsächlich näherte sich dieser auch gleich mit einem Heer, um seinen Vater zu rächen. Da ihm aber sein Bruder Phasael riet, nicht offen gegen den Mann etwas zu unternehmen, da die Menge darob in Unruhe geraten könnte, begnügte er sich damals mit der Rechtfertigung des Malichos und gab seine Einwilligung, ihn von dem Verdacht freizusprechen; für seinen Vater aber ließ er ein glänzendes Leichenbegängnis veranstalten.

6. Dann wandte er sich nach Samaria, das durch einen Aufstand in Unordnung geraten war, und stellte wieder normale Verhältnisse in der Stadt her. Zum Fest kehrte er sodann nach Jerusalem zurück samt seinen Schwerbewaffneten. Hyrkanos sandte ihm eine Botschaft – Malichos hatte ihn dazu veranlaßt aus Angst vor den Heranrückenden – und untersagte ihm, die Fremden mit den Einheimischen zusammenzuführen, da diese gerade kultische Reinigungen an sich vollzogen. Herodes jedoch achtete nicht dieses Grundes und auch nicht dessen, der den Befehl erteilt hatte, und zog nächtlicherweile in die Stadt ein. Und wieder kam Malichos zu ihm und klagte über Antipater. Was nun Herodes anlangte, so verstellte er sich, ohne seinen Zorn ganz verbergen zu können, und führte gleichzeitig schriftlich bei Cassius Klage über die Ermor-

dung seines Vaters. Cassius aber war dem Malichos ohnehin nicht freundlich gesinnt, und so lautete seine Antwort, Herodes könne mit dem Mörder seines Vaters nach Belieben verfahren. Dazu gab er noch dem ihm unterstellten Chiliarchen heimlich den Auftrag, Herodes bei seiner gerechten Tat Hilfe zu leisten.

7. Und wie nun gerade Cassius Laodicea erobert hatte und von überall her die führenden Persönlichkeiten mit Geschenken und Kränzen herbeiströmten, bestimmte Herodes diesen Zeitpunkt für den Vollzug der Rache. Doch erfuhr Malichos davon und beschloß – er stand eben in Tyrus –, seinen Sohn, der sich als Geisel in den Händen der Tyrer befand, heimlich wegzuholen. Auch für seine Person bereitete er die Flucht nach Judäa vor. Ja, der Umstand, daß er seine Sache schon soviel wie verloren gab, stachelte ihn an, sogar noch Kühneres zu wagen; er hoffte nämlich, das Volk gegen die Römer zum Aufstand zu bewegen; denn Cassius war gerade durch den Krieg gegen Antonius in Anspruch genommen. Und sein Hoffen richtete sich noch weiter darauf, daß er nach der durchaus leicht zu bewältigenden Ausschaltung des Hyrkanos selbst König werden könne.

8. Aber das Schicksal spottete seiner Hoffnungen. Herodes nämlich sah seine Absicht voraus und lud ihn samt Hyrkanos zu einem Gastmahl ein. Schließlich sandte er einige der ihm zur Verfügung stehenden Diener in die Stadt, scheinbar um das Mahl vorzubereiten, in Wirklichkeit jedoch, um dem Chiliarchen bedeuten zu lassen, vor die Stadt zu gehen, und ihn dort in einen Hinterhalt zu locken. Diese handelten gemäß den Anweisungen des Cassius und begaben sich zur Küste vor die Stadt, und zwar bewaffnet mit Schwertern. Dort schlossen sie um Malichos einen Kreis, verwundeten ihn mehrfach und brachten ihn dann um. Hyrkanos erschrak darüber so, daß er gleich ohnmächtig umsank. Mit Mühe nur kam er wieder zu sich und fragte den Herodes nach dem Täter. Und als einer der Chiliarchen antwortete: »Cassius hat es befohlen«, sagte er: »So hat also Cassius auch mich und mein Vaterland gerettet, da er den Feind tötete, der uns beiden übelwollte.« Ob dies wirklich die Meinung des Hyrkanos war, oder ob er aus Angst so sprach, in-

dem er diese Handlungsweise hinnahm, muß dahingestellt bleiben. Wie immer es sich auch verhielt, das war jedenfalls die Rache des Herodes an Malichos.

12. KAPITEL

1. Kaum hatte Cassius Syrien verlassen, da kam es in Jerusalem wieder zu einem Aufruhr. Helix revoltierte nämlich mit seiner Truppe gegen Phasael und wollte sich wegen der Bestrafung des Malichos an Herodes rächen, und zwar über seinen Bruder. Herodes befand sich damals gerade bei dem Feldherrn Fabius im Gebiet von Damaskus und wollte ihm sogleich zu Hilfe eilen, wurde aber durch eine Krankheit daran gehindert. In der Zwischenzeit hatte sich aber Phasael selbst des Helix erwehren können und machte dem Hyrkanos Vorwürfe wegen seiner Undankbarkeit, da er sich mit Helix verbündet habe und es tatenlos geschehen lasse, daß der Bruder des Malichos sich der festen Plätze bemächtige; denn viele von ihnen waren schon gefallen, unter ihnen der stärkste von allen, Masada.

2. Freilich bedeutete dies gar nichts für die Abwehr des Herodes, der sich, kaum genesen, die anderen Plätze holte und ihn nur in der Rolle des demütigen Bittstellers aus Masada freiließ. Er konnte aber auch aus Galiläa den Marion verjagen, den Tyrannen von Tyros, der schon drei starke Festungen in seine Hand bekommen hatte. Die in Gefangenschaft geratenen Tyrer behandelte er allesamt gut, einige ließ er sogar frei und beschenkte sie noch, was ihn in der Stadt beliebt machte, während es dem Tyrannen Haß eintrug. Zwar war Marion von Cassius die Herrschaft übertragen worden – dieser hatte nämlich ganz Syrien in solche Herrschaftsbezirke aufgeteilt –, aber aus Haß gegen Herodes hielt er es mit Antigonos, dem Sohn des Aristobulos, hauptsächlich jedoch wegen Fabius, den Antigonos durch Bestechung gewonnen hatte, ihm bei der Rückkehr behilflich zu sein. Die Mittel für die gesamte Aktion stellte dem Antigonos sein Schwager Ptolemaeus zur Verfügung.

3. Mit dieser Gegnerschaft nahm es nun Herodes auf, und er

konnte die Schlacht bei den Einfallstellen nach Judäa siegreich beenden, vertrieb den Antigonos und ging dann nach Jerusalem zurück, wo er sich allseits große Sympathien erwarb durch dieses glückhafte Vorgehen. Denn auch jene Leute, die sich lange gegen ihn gestellt hatten, ließen sich ihm nur durch die Verschwägerung mit Hyrkanos geneigt machen. Einstmals hatte er nämlich eine vornehme Jüdin namens Doris geheiratet; dieser Ehe entstammte Antipater. Jetzt aber heiratete er Mariamne, die Tochter Alexanders, des Sohnes des Aristobulos, eine Enkelin des Hyrkanos. Auf diese Weise fand er Eingang im Haus des Königs.

4. Nun hatte Cassius bei Philippi im Kampf gegen Caesar und Antonius das Leben verloren. Caesar zog nun nach Italien, Antonius nach Asien. Damals kamen zu Antonius nach Bithynien unter den Botschaftern der anderen Stadtstaaten auch noch die führenden Juden und klagten wider Phasael und Herodes, da sie die Regierung mit Gewalt in ihren Händen hielten, wogegen für Hyrkanos gerade noch ein Ehrentitel übrigblieb. Da war aber auch Herodes zur Stelle und machte sich mit bedeutenden Geldmitteln an Antonius heran und gewann ihn in solchem Maße für sich, daß er für die Gegenseite kein Ohr hatte.

5. Damals gingen sie also wieder hinweg, ohne etwas ausgerichtet zu haben; dann aber fanden sich die vornehmen Juden, hundert Männer; im Daphnehain in der Nähe von Antiochien bei Antonius ein, der damals bereits von Kleopatra in Liebesfesseln geschlagen war. Sie ließen die Angesehensten und Redegewandtesten vortreten und klagten gegen die beiden Brüder. Messala erhob sich gegen sie als Verteidiger. Hyrkanos unterstützte ihn dabei wegen seines nahen verwandtschaftlichen Verhältnisses. Antonius hörte sich beide Teile an und fragte dann den Hyrkanos eindringlich, welche von den beiden Gruppen für die Regentschaft geeigneter sei. Hyrkanos gab den Leuten um Herodes den Vorzug. Antonius freute sich darüber, stand er doch vom Vater her in einem freundschaftlichen Verhältnis zu den Brüdern; Antipater hatte ihn nämlich damals gastfreundlich aufgenommen, als er mit Gabinius nach

Judäa gezogen kam. Er machte die Brüder zu Tetrarchen und vertraute ihnen damit die Verwaltung von ganz Judäa an.

6. Und wie nun diese Gesandten ihrem Ärger darüber Luft machten, ließ er fünfzehn von ihnen festnehmen und ins Gefängnis werfen und machte sogar Anstalten, sie hinrichten zu lassen. Die anderen jagte er in frevlerischem Übermut davon. In Jerusalem nahm nunmehr die Gärung noch weiter zu, und wiederum wurden sogar diesmal tausend Gesandte nach Tyrus geschickt, wo sich Antonius gerade während seines Zuges nach Jerusalem aufhielt. Diese Leute machten nun großen Lärm, und Antonius sandte den Kommandanten von Tyrus zu ihnen, und er sollte alle bestrafen, die er in seine Hand bekam, um auf diese Weise die Macht der von ihm eingesetzten Tetrarchen zu stützen.

7. Vorher war schon Herodes, von Hyrkanos begleitet, an den Strand herausgegangen und forderte die Gesandten nachdrücklich auf, sie sollten nicht durch ihr unbedächtiges Querulieren sich selbst in den Untergang stürzen und dem Vaterland einen Krieg verursachen. Da wurden sie noch böser, und Antonius schickte nun Schwerbewaffnete hinaus, die viele töteten und verwundeten. Hyrkanos bemühte sich um die Bestattung der Gefallenen und um die Pflege der Verwundeten. Jene aber, die der Metzelei entkommen waren, verhielten sich immer noch nicht ruhig, sondern wiegelten die Stadtbevölkerung auf und verärgerten auf diese Weise den Antonius so sehr, daß er die Gefangenen doch noch hinrichten ließ.

13. KAPITEL

1. Zwei Jahre später gelang es Barzapharnes, einem parthischen Satrapen, und mit ihm zusammen Pakorus, dem Sohn des Königs, Syrien in die Hand zu bekommen. Da nun bemühte sich Lysanias – er war damals schon seinem verstorbenen Vater Ptolemaeus, dem Sohn des Mennaeus, in der Regierung gefolgt –, den Satrapen durch das Versprechen von 1000 Talenten und 500 Frauen zu bereden, Antigonos zum König zu machen und Hyrkanos fallen-

zulassen. Pakorus machte tatsächlich mit, zog selbst die Meeresküste entlang und beauftragte den Barzapharnes, durch das Binnenland vorzugehen. Von den Bewohnern der Küstengebiete ließen die Tyrer den Pakorus nicht in ihre Stadt ein, während die Bewohner von Ptolemais und Sidon dazu bereit waren. Er übergab dann einem königlichen Mundschenken, der genauso hieß wie er, einen Teil der Reiterei und befahl ihm, einen Einfall in Judäa zu machen, um die Situation bei den Feinden auszukundschaften, und, wenn nötig, dem Antigonos Beistand zu leisten.

2. Während nun diese Gruppe plündernd das Karmelgebiet durchstreifte, kamen zahlreiche Juden zu Antigonos und meldeten sich freiwillig für den Einfall in Judäa. Dieser aber schickte sie voraus bis zu dem sogenannten ›Eichwald‹ und gab ihnen Befehl, diesen Platz zu besetzen. Dort nun kam es zum Kampf, und sie konnten ihre Gegner niederringen und verfolgen und dabei stießen sie bis Jerusalem vor, ja sie waren zahlenmäßig so angewachsen, daß sie sogar bis zum Königspalast vordringen konnten. Wie sie nun von Hyrkanos und Phasael mit einer ansehnlichen Abteilung zum Stehen gebracht wurden, kam es auf dem Marktplatz zum Kampf, wobei die Herodesanhänger ihre Gegner besiegten, sie in den Tempel einschlossen und sechzig Mann auf die nahegelegenen Häuser verteilten, um die Eingeschlossenen bewachen zu lassen. Gegen sie nun ging das Volk vor, soweit es an der Rebellion gegen die Brüder beteiligt war, und ließ sie im Feuer umkommen. Nunmehr aber stürzte sich Herodes voll Wut über den Verlust auf seine Gegner, und zahlreiche Leute aus dem Volke kamen dabei ums Leben; und tagtäglich fielen sie nun in Rotten übereinander her, und es war des Mordens kein Ende.

3. Da nun kam das sogenannte Pfingstfest heran, und der gesamte Tempelbereich und die ganze Stadt waren vollgepfropft von einer Menge von Leuten aus der ländlichen Umgebung. Der größere Teil von ihnen trug Waffen bei sich. Phasael hatte die Mauer besetzt, Herodes aber hielt mit einigen wenigen den Königspalast; und er machte nun einen Ausfall gegen die Feinde, die sich ohne Schlachtordnung in der Vorstadt befanden, und ließ viele von

ihnen niedermetzeln. Die anderen alle verjagte er und umzingelte sie dann noch, teils in der Stadt, teils im Tempelbereich oder in der äußeren Umwallung. Das war die Situation, als Antigonos den Vorschlag machte, Pakorus als Vermittler zu beordern. Phasael ging darauf ein und nahm den Parther samt 500 Reitern gastfreundlich auf. Er kam unter dem Vorwand, die Rebellion zu beendigen, in Wirklichkeit aber wollte er dem Antigonos Hilfe bringen. Den Phasael überredete er heimtückisch, sich bei Barzapharnes wegen einer friedlichen Beilegung zu verwenden, obgleich Herodes sehr dagegen war und ihn zu bestimmen suchte, den Ränkeschmied zu töten; er solle sich nicht seiner Tücke ausliefern, denn die Barbaren seien von Natur aus treulos. Phasael machte sich gleichwohl mit Hyrkanos auf den Weg. Pakorus ließ, um den Verdacht zu mindern, einige der Reiter, sogenannte ›Freie‹, bei Herodes zurück, schloß sich aber mit dem Rest Phasael an.

4. Als sie nun nach Galiläa gelangten, trafen sie die einheimische Bevölkerung in bewaffnetem Aufruhr an; den Satrapen lernten sie als einen Menschen kennen, der durch und durch voll Tücke seine geheimen Absichten hinter freundlichem Gebaren zu verbergen wußte. Er überhäufte sie mit Geschenken, stellte ihnen aber dann bei ihrem Weggang eine Falle. Sie bemerkten es erst, als sie an den Küstenort Ekdippon geführt wurden. Hier nämlich hörten sie erst von dem Verspruch der 1000 Talente und daß Antigonos die Mehrzahl ihrer eigenen Frauen zu den 500 geschlagen und sie den Parthern unter heiligen Beteuerungen zugesichert habe. Sie erhielten außerdem Nachricht davon, daß sie nächtlicherweile ständig von den Barbaren bewacht würden und schon längst festgenommen worden wären, würde man nicht noch warten, bis in Jerusalem Herodes festgesetzt sei, so daß er nicht vorher erfuhr, was ihnen zugestoßen, und Vorkehrungen dagegen treffe. Das war nicht nur ein Gerücht, sondern sie konnten mit eigenen Augen die Wachmannschaften sehen, die für sie aufgestellt waren.

5. Ein gewisser Ophellius hatte alle Einzelheiten über den Anschlag von Saramalla erfahren – das war um diese Zeit der reichste unter den Syrern. Und obgleich nun Ophellius dem Phasael ein-

dringlich zuredete, die Flucht zu ergreifen, brachte es dieser nicht über sich, Hyrkanos im Stich zu lassen. Er ging vielmehr direkt zum Satrapen und hielt ihm seine Absicht vor, und zwar besonders, daß er es um Geld tun wollte. Sodann aber bot er für seine eigene Rettung eine höhere Summe, als sie Antigonos für die Gewinnung der Königsherrschaft geboten hatte. Der durchtriebene Parther jedoch wußte, den Verdacht durch Ausreden und Eidschwüre hinfällig zu machen, und begab sich dann zu Pakorus. Nun aber setzten einige der zurückgebliebenen Parther in raschem Zugriff, wie ihnen befohlen war, den Phasael und Hyrkanos gefangen, wobei diese sich in den schwersten Verwünschungen wegen des Eidbruchs und der ihnen angetanen Untreue ergingen.

6. Um die gleiche Zeit stellte auch der gesandte Mundschenk dem Herodes eine Falle, um ihn weisungsgemäß in seine Hand zu bekommen: Er bemühte sich, ihn zum Verlassen des Mauerstreifens zu verlocken. Doch Herodes hatte schon von je ein Mißtrauen gegen die Barbaren, und da er auch noch erfahren hatte, der Brief an ihn mit der Benachrichtigung über den Anschlag sei von den Feinden abgefangen worden, weigerte er sich, herauszugehen, mochte ihn Pakorus noch so glaubwürdig zu bereden suchen, er solle doch den Überbringern des Briefes entgegengehen; der Brief sei nicht von den Feinden abgefangen worden und enthalte auch nichts über einen Anschlag, sondern berichte lediglich über den Erfolg des Phasael. Doch hatte Herodes durch Zufall von anderer Seite von der Gefangennahme seines Bruders gehört. Dazu war auch noch des Hyrkanos Tochter Mariamne, eine äußerst kluge Frau, gekommen, um ihn eindringlichst vor dem Verlassen des Mauerbereichs und vor einer Begegnung mit den Barbaren zu warnen, da diese doch offensichtlich ihm nach dem Leben trachteten.

7. Während sich nun Pakorus und seine Leute noch darüber berieten, wie sie ihre Absicht heimlich durchführen könnten – denn in aller Öffentlichkeit konnte man ja wohl mit einer Persönlichkeit von dieser Machtstellung nicht fertig werden –, da kam Herodes ihnen zuvor und flüchtete sich samt seinen nächsten Vertrauten unbemerkt gen Idumäa zu den Feinden. Die Parther merkten

es und nahmen sofort die Verfolgung auf. Da gab er die Weisung, seine Mutter und seine Geschwister, auch seine Braut und deren Mutter samt dem jüngsten Bruder sollten weiterziehen, während er selbst mit seiner Mannschaft die Barbaren in sicherer Distanz zu halten suchte. Dabei machte er bei jeder Feindberührung eine Menge nieder und konnte auf diese Weise bis in das befestigte Masada gelangen.

8. Auf seiner Flucht wurde er jedoch noch mehr von den Juden belästigt als von den Parthern; sie setzten ihm unablässig zu, und sechzig Stadien vor der Stadt nahmen sie sogar regelrecht Front gegen ihn, und das Treffen dauerte ziemlich lange. Herodes konnte die Oberhand gewinnen und fügte ihnen starke Verluste zu. Später gründete er hier zum Andenken an dieses glückhafte Unternehmen den bekannten Ort, zeichnete ihn durch die Anlage eines besonders prächtigen Palastes aus und legte noch eine stark befestigte Burg an und nannte das Ganze nach sich selber ›Herodeion‹. Auf seiner Flucht nun stießen damals zahlreiche Menschen zu ihm. Und als er nach Rhesa in Idumäa kam, gab ihm sein Bruder Joseph – er war ihm bis dorthin entgegengeeilt – den eindringlichen Rat, die Mehrzahl seiner Begleiter wegzuschicken, da Masada nicht groß genug sei, um eine solche Menschenmenge zu fassen. Es waren nämlich über 9000. Herodes tat so und entließ diejenigen, die ihm nur eine Last waren statt eine Hilfe, in die einzelnen Gegenden von Idumäa und gab ihnen noch Proviant mit auf den Weg. Neben seinen nächsten Angehörigen beschränkte er sich auf die Kampftüchtigsten und erreichte mit ihnen die Festung. Dort ließ er 800 Mann als Bewachung für die Frauen und hinreichend Proviant für den Fall einer Belagerung zurück und begab sich dann eilends nach Petra in Arabien.

9. In Jerusalem befaßten sich die Barbaren in der Zwischenzeit mit der Plünderung; sie fielen in die Häuser ein, die als Zuflucht dienten, und in den Königspalast. Einzig den Schatz des Hyrkanos tasteten sie nicht an, der aber kaum noch 300 Talente betrug. Überhaupt wurden ihre Hoffnungen auf Beute enttäuscht, denn Herodes, der immer schon mit der Eidbrüchigkeit der Barbaren ge-

rechnet hatte, hatte schon früher die wertvollsten Kleinodien nach Idumäa bringen lassen, und genauso hatte es jeder seiner Parteigänger gemacht. Die Parther jedoch ließen sich nach den Plünderungen zu solchem Frevel hinreißen, daß sie das ganze Land ohne Kriegserklärung zum Kriegsschauplatz machten. Außerdem zerstörten sie die Stadt der Marisäer und machten den Antigonos nicht nur zum König, sondern lieferten ihm dazu noch den Phasael und Hyrkanos in Fesseln zur Folterung aus. Antigonos aber stürzte sich auf Hyrkanos und biß ihm selbst die Ohren ab, damit dieser keinesfalls, wenn sich etwa das Blatt wieder wendete, wieder Hoherpriester werden könnte; denn völlige körperliche Unversehrtheit ist eine Voraussetzung für die Übernahme dieses Amtes.

10. Mit der Charakterstärke des Phasael hatte er sich aber insofern verrechnet, als dieser ihm noch zuvorkam: Schon hatte er sich nämlich den Kopf an einem Felsen zerschmettert, da er weder ein Schwert führen noch seine Hände gebrauchen konnte. So bewies er sich als wirklichen Bruder des Herodes und brachte damit den Hyrkanos in ein sehr übles Licht. Er ging voll Tapferkeit in den Tod, und so fügte sich sein Ende würdig den Taten während seines Lebens an. Man hört auch immer wieder eine Darstellung, wonach er von seiner damaligen Verwundung wieder genesen sei, doch habe ihm Antigonos einen Arzt geschickt, der ihn vorgeblich heilen sollte, in Wirklichkeit aber seine Wunde mit Gift infizierte und ihn auf diese Weise tötete. Wie immer es sich verhält, jede der beiden Todesarten empfing ihren Anlaß aus einer rühmlichen Haltung. Kurz vor seinem Hinscheiden soll ihm noch von einer Frau mitgeteilt worden sein, Herodes habe entkommen können; Phasael habe darauf geantwortet: »Gern scheide ich nunmehr hin, denn der mich an meinen Feinden rächen wird, lebt noch!«

11. Das war sein Ende. Obgleich sich die Parther um die Frauen, um die es ihnen hauptsächlich zu tun war, betrogen fühlten, stellten sie in Jerusalem für Antigonos die Ordnung wieder her. Den Hyrkanos aber nahmen sie gefangen mit sich in ihr Vaterland.

14. KAPITEL

1. Herodes machte sich nun noch eiliger nach Arabien auf den Weg. In der Meinung, sein Bruder sei noch am Leben, fühlte er sich gedrängt, vom König Gelder zu bekommen, worin er das einzige Mittel sah, die Habsucht der Barbaren zu reizen und sie zur Freigabe Phasaels zu bestimmen. Sollte sich nämlich auch der Araber nicht mehr der Freundschaft mit seinem Vater entsinnen und sollte er zu knauserig sein, ihm das Lösegeld zu schenken, so hoffte er es doch wenigstens leihweise zu bekommen, wenn er ihm als Faustpfand den Sohn desjenigen zur Verfügung stellte, der ausgelöst werden sollte. Er hatte nämlich seinen siebenjährigen Neffen dabei, und er war gewillt, sich auf die Zahlung von 300 Talenten einzulassen; und zwar wollte er dabei die Tyrer, die sich schon dazu bereit erklärt hatten, als Vermittler in Anspruch nehmen. Freilich war das Schicksal rascher als sein eifriges Bemühen, und nachdem Phasael schon tot war, konnte Herodes mit seiner Bruderliebe nichts mehr ausrichten. Auch verhielten sich die Araber keineswegs entgegenkommend. Ihr König Malchos ließ ihm sogar die Aufforderung entgegenbringen, eiligst das Land wieder zu verlassen; als Grund gab er an, die Parther hätten ihn durch eine Gesandtschaft auffordern lassen, Herodes aus Arabien zu verweisen. In Wirklichkeit war er lieber darauf bedacht, das, was er dem Antipater schuldete, behalten zu können, ohne sich durch dessen Geschenke verpflichtet zu fühlen, als seinen Söhnen in ihrer Notlage einen Gefallen zu tun. In diesem gemeinsamen Verhalten bestärkten ihn Leute, die ebenfalls willens waren, die Summe zurückzuhalten, die Antipater ihnen anvertraut hatte; es handelte sich dabei um die einflußreichsten Persönlichkeiten seiner Umgebung.

2. So mußte denn Herodes feststellen, daß ihm die Araber feindlich gesinnt waren, und dies gerade aus Ursachen, von denen er sich eine gegenteilige Wirkung erwartet hatte. Deshalb antwortete er den Gesandten genauso, wie ihm zumute war, und wandte sich nach Ägypten. Hier quartierte er sich in der ersten Nacht in einem der landesüblichen Tempel ein, um sich dort wieder mit sei-

nen Leuten zusammenzufinden, die er verlassen hatte. Am kommenden Tag, als er sich gerade auf dem Zug nach Rhinokurura befand, ereilte ihn die Nachricht vom Ende seines Bruders. Das Maß des Schmerzes, der ihn traf, wurde aufgewogen durch das Maß der Sorgen, von denen er nun befreit war; und so zog er denn weiter. Nun aber waren dem Araber doch wegen seines Verhaltens, wenn auch spät, Bedenken gekommen, und er schickte Eilboten aus, um den Gekränkten zurückzurufen. Aber Herodes war ihnen schon allzu weit voraus und war bereits in Pelusium eingetroffen. Hier konnte er die Kommandanten der vor Anker liegenden Schiffe bestimmen, ihn überzusetzen, weshalb er sich an die Stadtverwaltung wandte. Aus Ehrerbietung gegenüber dem berühmten und allgemein geachteten Mann bewilligte ihm diese das Geleite bis Alexandria. Bei seiner Ankunft dort empfing ihn Kleopatra mit allem Prunk, denn sie hoffte, in ihm einen Feldherrn für ihre beabsichtigten kriegerischen Unternehmungen zu gewinnen. Doch wies er alle Angebote der Königin zurück und begab sich auf die Seereise nach Rom ohne Furcht vor den harten Unbilden des Winters und vor den unruhigen Verhältnissen in Italien.

3. Bei Pamphylien geriet er jedoch in eine gefährliche Situation; er mußte den größten Teil der Ladung preisgeben, um sich mit Mühe nach Rhodos retten zu können, das im Krieg gegen Cassius bedeutende Schäden erlitten hatte. Dort nahmen ihn seine Freunde Ptolemaeus und Sapphinius auf, und er gab den Bau eines gewaltigen Dreiruderers in Auftrag, auf dem er samt seinen Freunden nach Brundisium fuhr. Von dort ging es eiligst nach Rom, und hier wiederum suchte er zuvörderst den Antonius auf in der Erinnerung an die von seinem Vater her bestehende Freundschaft. Er legte ihm dar, in welche Not er samt seiner Familie geraten sei, daß er seine nächsten Angehörigen in einer Festung belagert habe zurücklassen müssen und die winterliche Seereise zu ihm zurückgelegt habe – um seinen Schutz zu erflehen.

4. Ob dieser schlimmen Wendung der Dinge überkam den Antonius Mitleid, und im Gedenken an sein gastfreundliches Verhältnis zu Antipater, namentlich aber auch wegen der männlichen Hal-

tung dessen, der vor ihm stand, entschloß er sich, ihn, den er selbst einst zum Tetrarchen gemacht hatte, als König der Juden auf den Thron zu erheben. Dabei fiel jedoch seine Abneigung gegen Antigonos nicht weniger ins Gewicht als sein Wohlwollen für Herodes. In Antigonos nämlich sah er einen Rebellen und einen Römerfeind. Den Caesar (Octavian) fand er noch geneigter als Antonius, da er sich an die kriegerischen Unternehmungen des Antipater erinnerte, die er in Ägypten zusammen mit seinem Vater durchgeführt hatte, ferner an die Gastfreundschaft und an die absolute Beständigkeit seines Wohlwollens, und zudem war er ja Zeuge der Tatkraft des Herodes. So berief er denn den Senat, in dem Messala und anschließend Atratinus den Herodes vorstellten und von der freundschaftlichen Haltung seines Vaters und seiner eigenen Ergebenheit gegenüber den Römern Bericht gaben. Zugleich setzten sie auseinander, daß Antigonos der Feind Roms sei, und zwar nicht nur wegen seiner einstigen Bereitschaft, möglichst schnell mit Rom in Streit zu geraten, sondern auch weil er nunmehr die Römer umgangen und sich allein mit Unterstützung der Parther der Herrschaft bemächtigt habe. Das machte Eindruck auf die Senatoren, und als Antonius noch auftrat und auseinandersetzte, wie sehr es auch dem Partherkrieg zustatten käme, wenn Herodes die Königswürde besäße, da waren alle damit einverstanden. Nach Schluß der Sitzung verließen Antonius und Caesar mit Herodes in der Mitte den Saal; voran gingen die Konsuln samt den anderen Würdenträgern, um ein Opfer darzubringen und den Senatsbeschluß auf dem Kapitol zu deponieren. Antonius aber veranstaltete für Herodes am ersten Tag seiner Königsherrschaft ein Mahl.

15. KAPITEL

1. Unterdessen belagerte Antigonos die in Masada Eingeschlossenen, die wohl mit dem, was sonst zum Leben notwendig ist, gut versorgt waren, jedoch unter Wassermangel zu leiden hatten. Deshalb entschloß sich Joseph, des Herodes Bruder, sich mit 200 von

seinen Leuten zu den Arabern durchzuschlagen, war ihm doch zu Ohren gekommen, Malchos bereue die Gemeinheit, mit der er den Herodes behandelt hatte. Und er hätte auch tatsächlich die Feste verlassen, wäre nicht zufällig gerade in der Nachtstunde, in der der Ausfall erfolgen sollte, ein Wolkenbruch niedergegangen. Da füllten sich die Zisternen wieder mit Wasser, und der Ausfall hätte keinen Zweck mehr gehabt. Statt dessen machten die Eingeschlossenen von jetzt an Attacken gegen die Truppen des Antigonos und konnten ihm teils in offener Begegnung, teils aus dem Hinterhalt erhebliche Verluste zufügen. Natürlich ging das nicht jedesmal gut, es passierte auch, daß sie unterlagen und umkehren mußten.

2. Damals nun wurde der Römerfeldherr Ventidius geschickt, um die Parther aus Syrien zu vertreiben. Er stieß ihnen nach und rückte in Judäa ein, angeblich, um Josephs Truppen zu helfen, in Wirklichkeit jedoch, um den Antigonos zu erpressen. Ganz nahe bei Jerusalem schlug er ein Lager auf, zog jedoch mit dem größeren Teil des Heeres wieder ab, als seine Habsucht gestillt war. Dabei ließ er den Silo mit einem kleinen Truppenkontingent zurück, um zu vermeiden, daß der totale Abmarsch den schmutzigen Handel vor aller Augen sichtbar mache. Antigonos hingegen erhoffte sich Hilfe von seiten der Parther, buhlte jedoch auch einige Zeit um die Gunst des Silo, um vor der Erfüllung seiner Hoffnung keine Schwierigkeiten zu haben.

3. Schon war jedoch Herodes von Italien kommend in Ptolemais angelangt, hatte ein stattliches Heer aus fremden und ortsansässigen Truppen organisiert und rückte in Eilmärschen durch Galiläa gegen Antigonos vor. Unterstützung fand er bei Ventidius und Silo, die von Dellius, dem Abgesandten des Antonius, zur Wiedereinsetzung des Herodes beredet worden waren. Ventidius befaßte sich gerade damit, die Wirren in den Syrerstädten, zu denen es wegen des Parthereinfalls gekommen war, zu beheben, während sich der von Antigonos bestochene Silo in Judäa aufhielt. Herodes hatte übrigens ausreichende Truppen, und während seines Zuges wurde er von Tag zu Tag stärker, ja mit wenigen Ausnahmen schlug sich ganz Galiläa auf seine Seite. Seine Hauptaufgabe sah er

in der Einnahme von Masada und in der baldigen Befreiung seiner Angehörigen von der Belagerung. Freilich war ihm dabei noch Joppe ein Hindernis. Diese Stadt war feindlich gegen ihn eingestellt, und er mußte sie zuerst erobern, damit ihm nicht beim Marsch nach Jerusalem eine feindliche Festung im Rücken verblieb. Nunmehr trat Silo ganz auf seine Seite, hatte er doch damit einen günstigen Vorwand für seinen Aufbruch gefunden. Die Juden aber verfolgten ihn und machten ihm schwer zu schaffen. Über sie fiel nun Herodes her mit einer kleinen Abteilung, schlug sie rasch in die Flucht und rettete so den Silo, der sich nur unzureichend zu verteidigen vermochte.

4. Dann erstürmte er Joppe und zog nach Einnahme der Stadt eiligst gen Masada, um seine Angehörigen zu befreien. Von den Einwohnern des Landes schlugen sich nun die einen aus Freundschaft von seines Vaters Zeiten her auf seine Seite, andere ließen sich durch seinen großen Namen locken, wieder andere taten es aus Dankbarkeit für die vom Vater und vom Sohn empfangenen Wohltaten, die meisten aber in der Hoffnung, die sich für sie mit der Tatsache verband, daß ihm der Thron kaum mehr streitig zu machen war. So war ein Heer zusammengekommen, gegen das schwer etwas auszurichten war. Wie nun Herodes weiter vorrückte, suchte Antigonos ihm aus dem Hinterhalt beizukommen, indem er ihm an geeigneten Punkten Fallen stellte. Freilich konnte er damit nichts oder nur wenig gegen ihn ausrichten. Herodes jedoch konnte ohne Schwierigkeiten seine Angehörigen aus Masada herausholen. Auch das befestigte Rhesa gewann er und zog dann nach Jerusalem. Dabei stießen zu ihm die Heeresteile Silos und zahlreiche Einwohner der Stadt, denen die Stärke seiner Truppenmacht imponierte.

5. Als er nun mit seinen Truppen an der Westseite der Stadt das Lager aufgeschlagen hatte, griffen ihn die dortigen Vorposten mit Pfeilen und Wurfspeeren an, andere machten in kleineren Abteilungen Ausfälle und versuchten, die Vorausabteilungen des Herodes zu attackieren. Herodes jedoch gab fürs erste Befehl, entlang der Mauer auszurufen, er sei zum Heile des Volkes und zur

Rettung der Stadt gekommen. Gegen niemand, nicht einmal gegen seine erklärten Gegner werde er vorgehen, und sogar seine schlimmsten Feinde sollten straflos bleiben. Nun aber verhinderten es die Anhänger des Antigonos durch Gegenkundgebungen, daß man diese Botschaft verstehen und sich danach richten konnte. Da gestattete Herodes seinen Leuten, sich die Gegner auf der Mauer vom Halse zu halten; und gleich darauf waren von ihren Geschossen alle von den Türmen verschwunden.

6. Nunmehr konnte es Silo nicht mehr verbergen, daß er bestochen worden war; er wiegelte zahlreiche seiner Soldaten auf, über Mangel an Proviant vernehmlich zu klagen und Sold zu fordern und zu verlangen, daß man sie an geeignete Plätze ins Winterquartier führe. Die Umgebung der Stadt sei ja gänzlich ausgeplündert, da die Truppen des Antigonos sich alles geholt hätten, was sie brauchten. Und tatsächlich begann er, das Lager abzubauen und sich zum Abzug bereit zu machen. Herodes jedoch versuchte es nun mit den Unterführern des Silo sowie mit den einzelnen Truppenabteilungen und bat, man möge doch bei ihm, den Caesar, Antonius und der Senat hierhergesandt hätten, ausharren. Noch am gleichen Tage sollten ihre Anliegen erfüllt werden. Und gleich nach dieser Bitte begab er sich selbst auf das Land hinaus und besorgte eine solche Menge von Lebensmitteln, daß allen Vorwänden Silos der Boden entzogen war. Und damit auch in den kommenden Tagen die Verproviantierung funktionierte, ließ er zur Vorsicht den Leuten in der Umgebung von Samaria, das auf seiner Seite stand, die Auflage machen, Getreide, Wein, Öl und Schlachtvieh nach Jericho zu liefern. Als Antigonos davon hörte, ließ er allenthalben den Befehl ergehen, die Proviantkolonnen anzuhalten und zu kassieren. Der Befehl wurde tatsächlich ausgeführt, und eine erhebliche Menge von Schwerbewaffneten konzentrierte sich oberhalb von Jericho. Sie verteilten sich auf die Anhöhen und hielten Ausschau nach den Lebensmitteltransporten. Herodes jedoch war ebenfalls nicht untätig und nahm zehn Kohorten, fünf römische und fünf jüdische, samt einer Abteilung von Söldnern verschiedener Herkunft – auch einige Reiter waren dabei – und zog so vor Jericho.

Er fand die Stadt verlassen, traf jedoch auf 500 Mann, die sich mit Weibern und Kindern auf den Höhen festgesetzt hatten. Zuerst nahm er sie gefangen, dann aber ließ er sie wieder frei. Jetzt aber stürzten sich die Römer auf die restliche Stadt und plünderten sie; die Häuser fanden sie nämlich voll von Kostbarkeiten aller Art. Alsdann ließ der König ein Wachkommando zurück, kehrte um und entließ das Römerheer in die Winterlager in die ihm ergebenen Orte von Idumäa, Galiläa und Samaria. Freilich konnte auch Antigonos von dem bestechlichen Silo die Erlaubnis erlangen, einen Teil des Heeres in Lydda einzuquartieren; er wollte sich auf diese Weise bei Antonius beliebt machen.

16. KAPITEL

1. Frei vom Waffendienst, ließen es sich die Römer recht gutgehen. Herodes jedoch gab keine Ruhe, sondern schickte seinen Bruder Joseph aus mit dem Auftrag, mit 200 Fußsoldaten und 400 Reitern Idumäa zu besetzen, um auf alle Fälle zu verhindern, daß es zu Antigonos überging. Er selbst aber brachte seine Mutter und die anderen aus Masada befreiten Verwandten nach Samaria und sorgte für ihren Schutz. Dann machte er sich daran, die restlichen Plätze von Galiläa zu erobern und die von Antigonos dorthin gelegten Besatzungen zu verjagen.

2. Vor Sepphoris gelangte er während eines außerordentlichen Schneetreibens und konnte die Stadt kampflos nehmen, denn die Besatzung hatte sich schon vor seinem Herannahen auf die Flucht gemacht. Die bei ihm befindlichen Truppen, denen der Winter hart zugesetzt hatte, brachte er hier in Ruhestellung. Lebensmittel standen reichlich zur Verfügung. Dann wandte er sich gegen die in Höhlen hausenden Räuber, die weithin das Land durchstreiften und den Einwohnern nicht weniger lästig waren als der Krieg. Drei Einheiten Fußsoldaten schickte er samt einer Reiterabteilung gegen das Dorf Arbela voraus, er selbst zog 40 Tage später mit dem restlichen Heer dorthin. Die Feinde hatten jedoch keinerlei Angst vor

dem Anmarsch des Herodes, sondern sie stellten sich ihm mit den Waffen zum Kampf, verfügten sie doch ebenso über Kriegserfahrung wie über die Tollkühnheit von Räubern. Im Kampf konnten sie deshalb mit ihrem rechten Flügel den linken des Herodes ins Wanken bringen. Dieser aber schwenkte gleich mit seinem rechten Flügel ein, kam den Seinen zu Hilfe und verhinderte ein Umsichgreifen der Fluchtbewegung. Er stürzte sich auf die Verfolger und zermürbte deren Kampfeswut, bis sie den direkten Gegenstößen nicht mehr gewachsen waren und fliehen mußten.

3. Er setzte ihnen nach und fügte ihnen in einem fort Verluste zu, und zwar ging es so weiter bis zum Jordan, und er rieb den größten Teil von ihnen auf, während sich die anderen über den Fluß flüchteten und auseinanderstoben. So war Galiläa von seinen Ängsten befreit mit der einen Ausnahme, daß von den Höhlenbewohnern noch der eine oder andere übriggeblieben war, und diese zu erledigen, brauchte Zeit. Deshalb zahlte er zunächst den Truppen ihren Sold aus für ihr Bemühen und gab jedem 150 Silberdrachmen und den Offizieren noch erheblich mehr, dann schickte er sie in die Winterlager. Pheroras jedoch, seinen jüngsten Bruder, beauftragte er, die Verproviantierung in die Hand zu nehmen und das Alexandreion zu einem Stützpunkt auszubauen, was dieser dann auch besorgte.

4. Antonius befand sich um diese Zeit im Gebiet von Athen, Ventidius jedoch zog Silo und Herodes zum Partherkrieg heran, beauftragte sie jedoch, zuvor in Judäa wieder Ordnung zu schaffen. Herodes war gern damit einverstanden, daß sich Silo dem Ventidius anschloß, und er befaßte sich mit den Operationen gegen die Höhlenbewohner. Diese Höhlen befanden sich an Steilhängen und hatten nirgends einen direkten Zugang; man konnte nur von der Seite herankommen, und zwar auf äußerst schmalen Pfaden. An seiner Stirnseite aber fiel das Felsmassiv tief in den Abgrund hinab, steil und zackig, so daß der König wegen des schwierigen Geländes lange ratlos war, bis er schließlich einen höchst gefährlichen Entschluß faßte. Er gab nämlich Befehl, seine kampfstärksten Leute von oben her in Behältern an Stricken bis zu den Höhlen-

eingängen herabzulassen. Diese Kämpfer töteten dann die Räuber samt ihren Angehörigen und räucherten diejenigen aus, die eine Gegenwehr wagten. Herodes wollte aber, daß einige von ihnen am Leben blieben, und ließ sie durch Zurufe auffordern, zu ihm zu kommen. Doch keiner kapitulierte von sich aus, und jene, die man dazu zwingen wollte, gingen größtenteils lieber in den Tod als in die Gefangenschaft. Damals geschah es auch, daß einer von den älteren Leuten, ein Vater von sieben Söhnen, von diesen und deren Mutter angefleht wurde, auf das Gnadenversprechen hin herausgehen zu dürfen. Der Alte aber tötete sie, und zwar auf folgende Art: Er befahl ihnen, einer nach dem anderen solle herauskommen, postierte sich selbst am Eingang und machte den jeweils Hervortretenden nieder. Herodes sah es von ferne und wurde von Mitleid überwältigt; streckte dem Greis seine Rechte entgegen und beschwor ihn, doch seine Kinder zu schonen. Dieser jedoch achtete auf keines seiner Worte, ja er beschimpfte sogar noch Herodes ob seiner niedrigen Abstammung und tötete außer seinen Söhnen auch noch seine Gattin, warf die Leichen in die Schlucht und sprang ihnen nach.

5. So nahm Herodes die Höhlen und ihre Bewohner in seine Gewalt. Einen Teil des Heeres, den er für genügend stark erachtete, um einen Aufruhr niederzuschlagen, ließ er unter Ptolemaeus zurück und zog selbst nach Samaria mit 3000 Hopliten und 600 Reitern, um Antigonos anzugreifen. Kaum war er weg, da faßten die alten Rebellen Galiläas wieder Mut und töteten Ptolemaeus bei einem Überraschungsangriff. Sie verwüsteten das Land und schufen sich Schlupfwinkel in den feuchten Niederungen und dem schwer zu durchkämmenden Gelände. Auf die Nachricht von der neuen Rebellion kam Herodes gleich zu Hilfe und ließ eine große Anzahl der Aufrührer niedermachen. Die festen Plätze entsetzte er, soweit sie belagert waren, allesamt und holte sich als Strafe für den Aufstand von den Städten 100 Talente.

6. Unterdessen waren die Parther aus dem Land verjagt worden, wobei Pakorus den Tod gefunden hatte. Deshalb stellte Ventidius auf Anordnung des Antonius dem Herodes, mit dem er ja ver-

bündet war, 1000 Reiter und zwei Legionen zur Verfügung. Antigonos jedoch schrieb an deren Feldherrn Machairas und bat ihn, er solle doch lieber ihm helfen, und führte bewegte Klage über die Gewalttätigkeit des Herodes; er versprach ihm auch eine Geldsumme. Machairas aber hatte großen Respekt vor seinem Auftraggeber, und da Herodes auch mehr bezahlte, wollte er von Verrat nichts wissen. Er stellte sich jedoch, als sympathisiere er mit ihm, und begab sich hin, um die Situation des Antigonos auszukundschaften. Er tat es, ohne auf die Warnungen des Herodes zu hören. Antigonos jedoch durchschaute seine Absicht, versperrte ihm die Stadt und führte von der Mauer aus die Verteidigung wie gegen einen Feind, so daß Machairas schließlich beschämt nach Emmaus zu Herodes zurückkehren mußte. Der unglückliche Ausgang dieser Aktion ärgerte ihn so, daß er alle Juden, denen er begegnete, niedermetzeln ließ; nicht einmal die Leute des Herodes verschonte er, sondern er verfuhr mit allen, als wären sie Anhänger des Antigonos.

7. Herodes war darüber so erbost, daß er dem Machairas wie einem Feind begegnete; schließlich jedoch beherrschte er seine Wut und begab sich zu Antonius, um sich über das rechtswidrige Vorgehen des Machairas zu beklagen. Machairas aber hatte inzwischen seine Verfehlungen eingesehen, zog dem Herodes sofort nach und konnte unter eindringlichen Bitten eine Versöhnung herbeiführen. Gleichwohl setzte Herodes seine Reise zu Antonius fort. Er hatte nämlich erfahren, Antonius belagere mit einem starken Heer Samosata, eine Festung in der Nähe des Euphrat. Dabei beeilte er sich um so mehr, als er eine günstige Gelegenheit sah, seine Tapferkeit unter Beweis zu stellen und sich in verstärktem Maße den Antonius geneigt zu machen. Tatsächlich war es sein Eingreifen, das die Belagerung zu Ende brachte. Zahlreiche Barbaren waren ihm zum Opfer gefallen, und reiche Beute war ihm zu danken; so daß Antonius, längst schon ein Bewunderer des tapferen Mannes, sich in seinem Urteil bestätigt fand und ihn mit noch höheren Ehren bedachte, als sie Herodes bereits empfangen hatte. Außerdem gab er

den Hoffnungen des Herodes auf den Königsthron noch weitere Nahrung. König Antiochus jedoch mußte wohl oder übel Samosata freigeben.

17. KAPITEL

1. Zur gleichen Zeit jedoch wurde der Sache des Herodes in Judäa ein empfindlicher Schaden zugefügt. Er hatte nämlich seinen Bruder Joseph als Oberbefehlshaber zurückgelassen mit dem Auftrag, bis zu seiner Rückkehr auf jede militärische Aktion gegen Antigonos zu verzichten, da Machairas als Bündner nach den bisherigen Erfahrungen durchaus kein Zutrauen verdiene. Als er jedoch erfuhr, daß sein Bruder weit fort war, mißachtete er die Anweisungen und zog mit fünf Kohorten, die Machairas ihm mitgegeben hatte, gegen Jericho. Geplant war, den Höhepunkt der sommerlichen Erntezeit zu benützen, um sich auf räuberische Weise Proviant zu verschaffen. Als ihn jedoch die Feinde in dem bergigen und schwierigen Gelände attackierten, fand er nach heldenhaftem Kampf den Tod und mit ihm die ganze römische Abteilung. Die Kohorten waren nämlich erst vor kurzer Zeit in Syrien zusammengestellt worden und waren noch nicht mit den sogenannten Altgedienten durchsetzt, die den kriegsunerfahrenen Truppen hätten helfen können.

2. Der Sieg allein war jedoch dem Antigonos nicht genug, er ging vielmehr in seiner Erbitterung so weit, daß er nicht einmal vor der Leiche des Joseph haltmachte. Als er nämlich die Toten in seine Hand bekommen hatte, ließ er ihm den Kopf abschlagen, obgleich sich sein Bruder Pheroras anbot, den Kopf um 50 Talente auszulösen. In Galiläa aber schlugen die Verhältnisse auf diesen Sieg des Antigonos hin in solchem Maße um, daß die Anhänger des Antigonos die Vornehmen, die es mit Herodes hielten, an den See schleppten und sie ertränkten. Auch in Idumäa, wo Machairas Gitta, eine der Festungen, wieder mit Wällen versah, ging eine weitgreifende Wandlung vor sich. Herodes wußte von alledem nichts. Denn nach der Übergabe von Samosata hatte Antonius den Sossius zum Statt-

halter von Syrien gemacht mit dem Auftrag, Herodes gegen Antigonos beizustehen, während er selbst sich nach Ägypten wandte. Nunmehr schickte Sossius sofort zwei Legionen zu Hilfe nach Judäa und zog selbst mit dem restlichen Heer unmittelbar hinterher.

3. Herodes weilte gerade in Daphne, nahe Antiochien, als ihm unzweideutige Traumgesichte den Tod seines Bruders verkündeten. Und wie er vor Erregung vom Lager sprang, traten schon die Unglücksboten ein. Nur kurze Zeit gab er sich dem Wehklagen hin, dann verschob er den Haupttrauerakt auf später und brach gegen den Feind los, wobei er sich eine unglaubliche Kraftanstrengung zumutete. Am Libanon angekommen, warb er 800 von den Bergbewohnern an und schloß sich dort mit einer römischen Legion zusammen. Mit dieser Verstärkung stürmte er noch vor Tagesanbruch nach Galiläa hinein und drängte die Feinde, die sich ihm entgegenstellten, in ihren Ausgangspunkt zurück. Und eben auf diesen befestigten Platz warf er jetzt seine Streitmacht, mußte aber wegen eines fürchterlichen Gewitters in den benachbarten Dörfern Unterkunft suchen. Als wenige Tage später die zweite Legion den Antonius ebenfalls zu ihm stieß, räumten die Feinde aus Angst vor seiner Streitmacht nächtlicherweile die Festung.

4. Dann zog er weiter durch Jericho, um baldmöglichst an dem Mörder seines Bruders Rache zu üben. Dort aber erfuhr er an sich einen wunderbaren, von oben gefügten Vorgang und da er wider Erwarten dabei nicht zu Schaden kam, stand er alsbald im Ruf besonderer göttlicher Begnadung. Denn zahlreiche vornehme Gäste hatten diesen Abend an seiner Tafel gespeist. Nach Beendigung des Gastmahls verfügte sich nun alles ins Freie, und im gleichen Augenblick brach das Haus jählings zusammen. Herodes deutete dies als ein Zeichen sowohl für die Gefahren wie für die Errettung im bevorstehenden Krieg, und so brach er beim Morgengrauen auf. Und wirklich stürmten an die 6000 Feinde von den Höhen herunter und plänkelten mit der Vorhut, wogegen sie sich nicht getrauten, mit den Römern gleich handgemein zu werden; nur aus der Ferne schleuderten sie Steine und Speere und konnten vielen Verwundun-

gen zufügen. Herodes selbst wurde von einem Wurfspieß an der Seite getroffen, als er vorbeiritt.

5. Dem Antigonos ging es darum, nicht nur durch die Kühnheit seiner Truppen, sondern auch durch die Truppenstärke überlegen zu erscheinen, und deshalb schickte er den Pappos, einen seiner Freunde, mit einem Heer nach Samaria mit dem Auftrag, dem Machairas entgegenzutreten. Herodes jedoch durcheilte die feindlichen Gebiete, verwüstete fünf kleinere Städte, machte 2000 von ihren Einwohnern nieder, äscherte ihre Behausungen ein und kehrte dann in sein Lager zurück. Bei dem Dorf Kana hatte er sein Standquartier.

6. Tag für Tag schloß sich ihm aus Jericho selbst und aus anderen Gebieten eine große Judenmenge an, teils aus Haß gegen Antigonos, teils unter dem Eindruck seines Kriegsglücks. Bei den meisten freilich war ein unbewußter Trieb nach einem Umschwung der Verhältnisse am Werk. Herodes konnte den Kampf kaum mehr erwarten; die Truppen des Pappos warfen sich ihm voll Kampfbegier entgegen ohne Furcht vor der Anzahl seiner Leute und vor deren Kampfeswut. Nun war die Schlacht da, und jetzt leisteten einige feindliche Gruppen wohl ein wenig Widerstand. Wo sich aber Herodes in eigener Person in die Bresche schlug, der in der Erinnerung an den ermordeten Bruder kämpfte, als gelte es, sich an den Tätern selbst zu rächen, bekam er schnell die Oberhand und stürzte sich eilends auf jene, die noch Widerstand leisteten, und konnte sie schließlich allesamt in die Flucht schlagen; und sogleich nahm er dann auch die Verfolgung auf. Unter einem furchtbaren Gemetzel warf er die Gegner auf ihren Ausgangspunkt zurück. Herodes griff dabei die Nachhut an und machte eine Menge nieder. Gleichzeitig mit den Feinden drang er in das Dorf ein, wo jedes Haus überfüllt war mit Schwerbewaffneten; auf den Dächern hatten sich die Truppen postiert, die sich von oben her zur Wehr setzten. Und nachdem er der Kämpfer draußen Herr geworden war, ließ er die Häuser niederreißen und die in den Trümmern Befindlichen herauszerren. Viele brachte er dadurch zu Tode, daß er die ganzen Dächer auf sie hinabwerfen ließ. Auf jene aber, die

den Trümmern entronnen waren, warteten die blanken Schwerter der Feinde. Es türmten sich Berge von Leichen, so daß die Sieger auf ihrem Weg behindert waren. Für einen solchen Schlag waren die Gegner nicht stark genug, daher zerstreute sich wieder die Mehrzahl derer, die sich zusammengefunden hatten, sobald sie der Toten im Dorfe ansichtig wurden. Und Herodes wäre in seinem Siegesgefühl sogleich gegen Jerusalem gezogen, hätte ihm dies nicht eine Unwetterkatastrophe unmöglich gemacht. Sie war es, die dem Herodes die vollen Früchte seines Sieges zu ernten verwehrte und den Antigonos, der schon daran war, die Stadt zu räumen, der totalen Vernichtung entgehen ließ.

7. Gegen Abend gestattete Herodes seinen abgekämpften Kriegern, sich zu erholen, und auch er selbst ging noch erhitzt vom Kampf baden wie ein gemeiner Soldat; ein einziger Diener war bei ihm. Und gerade wollte er den Baderaum betreten, da stürzte vor seinen Augen ein gegnerischer Soldat mit dem Schwert in der Hand heraus, dann nochmals einer und wieder einer und noch weitere. Sie hatten aus dem Kampf eben dort Zuflucht finden können und hatten sich dort starr vor Angst verborgen gehalten. Wie sie aber nun des Königs ansichtig wurden, da löste sich ihre Erstarrung, und sie eilten an dem waffenlosen Mann zitternd vorbei und gelangten zum Ausgang. Sonst war gerade niemand da, der sie hätte fassen können, und so war Herodes zufrieden, daß er mit dem Leben davonkam. Deshalb konnten alle das Weite suchen.

8. Am Tag darauf ließ Herodes dem Feldherrn des Antigonos, der in der Schlacht ums Leben gekommen war, den Kopf abschlagen und sandte ihn zu seinem Bruder Pheroras zum Zeichen, daß die Rache für den Mord ihres Bruders vollzogen war; denn Pappos war der Mörder des Joseph gewesen. Als das winterliche Wetter aufhörte, zog er gen Jerusalem, führte die Truppen bis an die Mauer heran und schlug unmittelbar vor dem Tempel sein Lager auf, und zwar genau drei Jahre, nachdem er in Rom zum König gemacht worden war. An dieser Stelle war ein Angriff möglich; von hier aus hatte ja auch Pompeius die Stadt einst genommen. Er verteilte nun die Aufgaben unter den verschiedenen Abteilungen,

ließ die Bäume in den Außenbezirken der Stadt fällen und gab Anweisung, drei Wälle aufzuwerfen und Türme auf ihnen zu errichten. Die tüchtigsten Leute seiner Umgebung beauftragte er damit und zog selbst nach Samaria, um sich mit der Tochter Alexanders (des Sohnes des Aristobulos) zu vermählen, mit der er ja, wie wir bereits wissen, verlobt war. So ließ er denn die Hochzeit gewissermaßen neben der Belagerung einhergehen, hatte er doch für den Gegner nichts als Verachtung übrig.

9. Nach der Vermählung wandte er sich mit einer erheblich verstärkten Truppenmacht gegen Jerusalem. Es stieß zu ihm noch Sossius mit bedeutenden Kräften an Reitern und Fußtruppen, die er durch das Innere des Landes vorausgeschickt hatte, während er selbst durch Phönizien marschierte. Das so zustande gekommene Gesamtheer lagerte sich nun im Bereich des nördlichen Mauerstücks: elf Legionen Fußsoldaten und 6000 Reiter, die syrischen Bündner nicht gerechnet, die ein sehr beachtliches Kontingent stellten. Herodes selbst verließ sich dabei auf die Senatsbeschlüsse, die ihm die Königsmacht zugesprochen hatten; Sossius jedoch fühlte sich durch Antonius gedeckt, der das ihm unterstehende Heer dem Herodes als Hilfsmacht geschickt hatte.

18. KAPITEL

1. Die Mehrzahl der Juden in der Stadt wurde von einer Aufregung erfaßt, die sich auf verschiedene Weise äußerte. Die schwächeren Leute sammelten sich nämlich beim Tempel; sie gebärdeten sich wie von Sinnen und rezitierten vielerlei heilige Sprüche, wie sie gerade zur Situation paßten. Die waghalsigeren Elemente rotteten sich mehrfach für räuberische Aktionen zusammen und holten sich vor allem aus den stadtnahen Gebieten Proviant und ließen keine Nahrung mehr übrig für Mann und Roß. Wer von den Waffenfähigen noch einigermaßen über Kampfmoral verfügte, wurde zur Abwehr der Belagerung aufgerufen, und zwar bedrängten sie von der Mauer aus die schanzenden Gegner und waren bedacht, gegen die aufgebotenen Kriegsmaschinen immer wieder neue Ab-

wehrmittel zu schaffen. Am meisten waren sie jedoch den Feinden in der Anlage von Minenstollen überlegen.

2. Um die räuberischen Unternehmungen zu unterbinden, ging der König daran, Fallen zu errichten, wodurch er dann auch die Ausfälle eindämmen konnte. Den Mangel an Proviant bekämpfte er dadurch, daß er Versorgungsquellen in weiter Ferne erschloß. Da die Römer über große Kriegserfahrung verfügten, hatte er den Gegnern vieles voraus, obwohl denen kein Unternehmen zu gewagt schien. In offener Feldschlacht stürzten sie sich auf die Römer, den sicheren Untergang vor Augen; die Stollengänge ermöglichten es ihnen, plötzlich mitten unter den Feinden zugegen zu sein, und kaum war ein Mauerstück niedergerissen, da stand ein anderes schon an seiner Stelle. Kurz gesagt, in ihrer festen Absicht, sich bis zum Äußersten zu verteidigen, ließen sie es weder an Energie noch an Phantasie fehlen. Trotz der ungeheueren Macht der Belagerer konnten sie tatsächlich fünf Monate lang die Einschließung ertragen, bis einige Leute aus der Elite des Herodes tollkühn die Mauer überkletterten und in die Stadt einbrachen, wobei ihnen die Hauptleute des Sossius unmittelbar folgten. Zuerst bemächtigten sie sich der unmittelbaren Umgebung des Tempels, und als die Truppen allenthalben hereinströmten, kam es zu einer vieltausendfachen Metzelei. Die Römer waren nämlich ungehalten, daß sich die Belagerung so lange hinzog, und den jüdischen Truppen des Herodes war nun jedes Mittel recht, dem Widerstand ein Ende zu machen. In Scharen wurden die Leute in den engen Straßen und in den Häusern zusammengedrängt und auf der Flucht zum Tempel hingemetzelt. Weder die Kinder noch die Greise, nicht einmal die schwachen Frauen wurden pardoniert, und obgleich der König überall durch Kuriere zur Schonung mahnen ließ, wurde keine Hand müde, ja wie von Sinnen schlugen sie auf alle ein, gleich welchen Alters sie waren. Da kam Antigonos von der Burg herunter – ohne jedes Empfinden für seine einstige wie für seine gegenwärtige Situation – und warf sich dem Sossius zu Füßen. Doch dieser kannte kein Erbarmen mit ihm im Hinblick auf den Wandel seines Geschicks, er brach vielmehr in ein unbändiges Gelächter aus und

nannte ihn ›Antigone‹; doch ließ er ihn nicht etwa wie ein Weib unbewacht und in Freiheit, sondern man fesselte ihn und stellte ihn unter Bewachung.

3. Nach dem Sieg über seine Feinde bot Herodes alle Vorsorge auf, auch die fremdstämmigen Bündner zur Disziplin zu bringen; denn die Masse des fremden Kriegsvolks drängte sich heran, um den Tempel und die darin befindlichen Heiligtümer zu sehen. Der König aber ließ es weder an Mahnungen noch an Drohungen, auch nicht an Waffengewalt fehlen, um den Leuten den Zugang zu verwehren, hielt er doch den Sieg für schimpflicher als eine Niederlage, wenn das ›Unschaubare‹ beschaut würde. Auch weiteren Plünderungen in der Stadt schob er einen Riegel vor. Dabei richtete er an Sossius mehrfach die Frage, ob denn die Römer die Stadt von aller Habe und allen Menschen entblößen und ihn als König über eine Wüstenei hier lassen wollten. Für den Untergang so vieler Einwohner schlage ja selbst die Weltherrschaft nicht hinreichend zu Buch. Und als Sossius zur Antwort gab, es sei nur recht und billig, wenn man dem Kriegsvolk zum Ausgleich für die Belagerung die Stadt zum Plündern überlasse, da sagte Herodes, er selbst wolle aus eigener Tasche einen jeden entlohnen. Auf diese Weise konnte er den restlichen Teil seiner Vaterstadt loskaufen, und sogleich erfüllte er sein Versprechen: Jeder Soldat erhielt ein glänzendes Geschenk, und in entsprechender Weise verfuhr er mit den Offizieren; geradezu königlich aber beschenkte er den Sossius selbst, so daß jeder mit Geldmitteln bereichert wegging. Sossius jedoch spendete für Gott als Weihegabe einen goldenen Kranz und verließ dann Jerusalem. Den Antigonos führte er gefangen mit sich, um ihn zu Antonius zu bringen. Bis zum Äußersten klammerte sich dieser an eine leere Hoffnung, doch es wartete auf ihn das Henkerbeil, genauso wie er es durch sein gemeines Verhalten verdient hatte.

4. In seiner Eigenschaft als König suchte sich Herodes nunmehr Klarheit zu verschaffen über die Masse der Stadtbewohner, und jene, die auf seiner Seite gestanden, verpflichtete er sich durch die Verleihung von Ehrenstellen in noch höherem Maße. Die Anhänger des Antigonos ließ er jedoch exekutieren. Da er jetzt in Geld-

schwierigkeiten geriet, ließ er allen Schmuck, der in seinen Händen war, zu Münzen umprägen und stellte sie dem Antonius und dessen Leuten zur Verfügung. Damit allein konnte er sich jedoch nicht von allen Unannehmlichkeiten loskaufen; denn Antonius, bereits verdorben durch seine Liebe zu Kleopatra, stand nunmehr ganz und gar unter der Herrschaft seiner Begierden. Kleopatra war mit ihrem eigenen Hause so verfahren, daß von ihren Blutsverwandten niemand mehr übrig war, und jetzt war sie so weit, daß sie ihre Mordgier nach außen richtete. Sie tat es, indem sie die bedeutenden Persönlichkeiten Syriens bei Antonius verleumdete und ihn dahin brachte, sie zu liquidieren, um dann ungehindert deren Güter kassieren zu können. Auch vor den Juden und Arabern machte sie mit ihrer Gier nicht Halt, und im geheimen scheute sie keine Anstrengungen, um die Könige der beiden Völker, Herodes und Malchos, zu Tode zu bringen.

5. Ihrem Ansinnen gegenüber blieb Antonius sogar noch zurückhaltend, und er sah im Mord an so trefflichen Männern und großen Königen ein Verbrechen. Aber er distanzierte sich von ihnen in zunehmendem Maße als Freunden und beschnitt in empfindlichem Umfang ihre Gebiete, um Kleopatra zu beschenken. Dabei fiel auch der Palmenwald von Jericho zum Opfer, wo der Balsam produziert wird, und außerdem überantwortete er ihr sämtliche Städte diesseits des Eleutherusflusses mit Ausnahme von Tyros und Sidon. Nachdem sie ihre Herrschaft hierüber ausgedehnt hatte, gab sie Antonius auf dessen Zug gegen die Parther bis zum Euphrat das Geleite, um dann über Apamea und Damaskus nach Judäa zu gelangen. Hier war es Herodes, der sie in ihrer schlechten Laune durch beachtliche Geschenke aufheiterte; auch pachtete er von seinem Königreich abgetrennte Ländereien um 200 Talente pro Jahr und geleitete die Königin dann nach Pelusium unter Wahrung aller Formen von Ehrerbietung. Wenig später kehrte Antonius von den Parthern wieder zurück und brachte Artabazes, den Sohn des Tigranes, als Gefangenen für Kleopatra zum Geschenk. Samt den Goldschätzen und der ganzen Beute wurde ihr das Partherreich übereignet.

19. KAPITEL

1. Nun kam es zum Krieg von Actium, und Herodes war gleich bereit, mit Antonius zusammen aufzubrechen; er hatte ja im ganzen gesehen dem Aufruhr in Judäa schon ein Ende gemacht, und vor allem hatte er Hyrkanias in seiner Hand, einen festen Platz, den ehedem des Antigonos' Schwester gehalten hatte. Freilich war Kleopatra schlau genug, Herodes daran zu hindern, daß er sich als Gefährte des Antonius in dessen Gefahren teilte. Denn wie erwähnt, kam es ihr ja darauf an, die Könige zu vernichten, weshalb sie Antonius dahin brachte, daß er Herodes den Araberkrieg übertrug. Sie spekulierte darauf, daß sie im Fall eines Sieges Herrin von Arabien, nach einer Niederlage jedoch Herrin von Judäa würde, d. h., daß sie den einen Herrscher durch den anderen zur Strecke brächte.

2. Diese Ränke wirkten sich jedoch zugunsten des Herodes aus. Zuerst verschaffte er sich von den Feinden Faustpfänder, dann organisierte er ein starkes Reiterheer und mit diesem trat er ihnen bei Diospolis entgegen und konnte sie trotz tapferer Gegenwehr besiegen. Diese Niederlage hatte eine starke Erregung bei den Arabern zur Folge, die scharenweise bei Kanatha in Coelesyrien zusammenströmten und auf die Juden warteten. Schließlich gelangte Herodes samt seinem Heere dorthin, und er beschloß, den Feldzug so vorsichtig wie möglich zu führen. Deshalb ließ er ein festes Lager aufrichten. Doch die Leute verweigerten ihm den Gehorsam und warfen sich, ermutigt durch den vorangegangenen Sieg, auf die Araber, die sie im ersten Ansturm in die Flucht schlagen konnten, worauf sie sofort die Verfolgung aufnahmen. Im Verlauf dieser Aktion wurde dem Herodes recht übel mitgespielt, und zwar durch Athenion, einen der Feldherrn der Kleopatra, der sich noch nie mit ihm vertragen hatte: Dieser hetzte die Bewohner von Kanatha auf ihn, und dieser Angriff gab den Arabern wieder Mut, daß sie umkehrten, sich wieder sammelten und auf dem steinigen, unwegsamen Boden Herodes samt seinen Leuten in die Flucht schlagen und ihm noch erhebliche Verluste zufügen konnten. Als er

dem Kampf entronnen war, flüchtete er sich nach Ormiza ins Lager; dort jedoch wurde das Standlager von den Arabern umzingelt und samt der Besatzung ausgehoben.

3. Kurz nach dieser Katastrophe fand sich Herodes mit Hilfstruppen ein, freilich zu spät, um diese einsetzen zu können. Schuld an seinem Mißgeschick war die Gehorsamsverweigerung seiner Offiziere; denn wäre das Treffen nicht so ungestüm vom Zaun gebrochen worden, so hätte Athenion gar keine Gelegenheit zu seinem verräterischen Anschlag gefunden. Freilich rächte sich Herodes an den Arabern durch wiederholte räuberische Einfälle in ihre Gebiete, so daß sie oft Anlaß hatten, dieses ihres einzigen Sieges zu gedenken. Während er nun mit seinen Feinden beschäftigt war, traf ihn im siebten Jahr seiner Königsherrschaft, als eben der Krieg von Actium seinen Höhepunkt erreicht hatte, ein anderes Unheil aus der Hand einer höheren Macht. Bei Beginn des Frühjahrs fielen nämlich einem Erdbeben eine Unmenge Vieh und 30 000 Menschen zum Opfer. Das Heer kam ohne Schaden davon, weil es im Freien kampierte. Die gerüchtweise Kunde von diesen Vorgängen, die ja die schrecklichen Vorfälle stets etwas zu übertreiben pflegt, ließ damals die Araber erheblich Mut schöpfen. In der Annahme, ganz Judäa sei eine einzige Wüste, rechneten sie mit einer leichten Einnahme des von Menschen entblößten Landes und machten sich auf. Zuvor hatten sie noch die Gesandten, die sich eben von den Juden bei ihnen eingefunden hatten, als Schlachtopfer verwendet. Über diesen Einfall war die Masse der Soldaten wie vor den Kopf gestoßen, und wie nun Schlag auf Schlag das Unheil auf sie niederprasselte, verloren sie vollends jeglichen Mut; Herodes rief sie deshalb zusammen und versuchte durch folgende Rede ihre Widerstandskraft zu stärken:

4. »Es erscheint mir geradezu wahnwitzig, wenn ihr euch im gegenwärtigen Augenblick Furcht einjagen laßt. Daß ihr unter den Schlägen des von Gott gesandten Verhängnisses den Mut sinken ließet, war natürlich; daß ihr jedoch genauso reagiert, wenn Menschen wider euch stehen, das ist für Männer unziemlich. Nach dem Erlebnis des Erdbebens bin ich einfach nicht imstande, furchtsam

auf die Feinde zu blicken; denn ich glaube, Gott wollte damit die Araber nur ködern, um uns Recht widerfahren zu lassen. Sie setzen nämlich ihr Vertrauen nicht in solchem Maße in ihre Waffen wie auf die Bedrängnisse, die uns widerfuhren, ohne daß Menschen die Hand im Spiele hatten. Das ist der Grund, warum sie gekommen sind. Aber eine Hoffnung, die sich nicht auf die eigene Kraft, sondern auf das Unglück anderer gründet, muß täuschen. Weder das Unglück noch sein Gegenteil hat Beständigkeit bei den Menschen, sondern das Glück lächelt offensichtlich bald dieser, bald jener Seite. Die eigene Erfahrung gibt euch das wohl deutlich genug zu erkennen: so wurden wir, die Sieger in der ersten Schlacht, schließlich von den Feinden überwunden, und es ist nur natürlich, daß sie jetzt unterliegen, wo sie glauben, überlegen zu sein. Allzu großes Selbstvertrauen schafft Unsicherheit, Furcht jedoch macht vorsichtig. Darum ist es eure Furcht, aus der ich Mut schöpfe. Als ihr euch über das zulässige Maß hinaus ungestüm zeigtet und euch entgegen meinem Plan auf die Feinde stürztet, war für Athenion der günstige Augenblick gekommen für seine niederträchtige Handlungsweise. Jetzt aber garantiert mir euer Zögern und eure scheinbare Mutlosigkeit die Gewißheit des Sieges. Dieses euer Verhalten mag angebracht sein im Stadium der Vorbereitung; kommt es aber zum Losschlagen, dann muß man sich ein Herz fassen und den teuflischen Feinden begreiflich machen, daß keine Not, sie komme von Menschen oder von Gott, jemals die Tapferkeit der Juden zu brechen vermag, solange sie noch atmen, und daß es niemand zulassen wird, daß der Araber, den er wiederholt beinahe gefangengenommen hätte, sich seines Eigentums bemächtigt. Nie und nimmer sollt ihr euch erschrecken lassen durch die Vorgänge in der leblosen Natur, und ihr dürft in dem Erdbeben keinesfalls ein Vorzeichen für weiteres Unheil sehen; denn elementare Vorgänge sind etwas Natürliches und sie verursachen den Menschen nicht mehr Schaden, als was in ihrer Natur begründet ist. Freilich können sich Pest, Hunger und Erdbeben mehr oder minder durch Vorzeichen ankündigen; diese Ereignisse selbst haben aber auch ihre Grenzen in ihrem Umfang. Denn inwiefern sollte uns der Krieg, wenn er über uns hereinbricht, mehr zusetzen können als das Erdbeben? Ein wahrhaftig bedeutsameres Zeichen für eine Katastrophe tat sich für unsere Feinde kund, nicht von selbst, aber auch nicht durch das Einwirken einer fremden Hand: Sie haben gegen alles menschliche Recht unsere Gesandten grausam hingeschlachtet; und das sind ihre Opfergaben, die sie für einen glücklichen Ausgang des Krieges für Gott angerichtet haben. Seinem furchtbaren Auge und seinem unwiderstehlichen Arm werden sie jedoch nicht entkommen, und in Kürze schon werden sie uns Genugtuung geben müssen, wenn wir im Geist unserer Väter aufstehen zur Rache an den Verrätern. So gehe nun ein jeder hin, nicht für Frau und Kind, auch nicht für sein bedrängtes Vaterland, sondern als Rächer der ermordeten Gesandten. Sie sollen es sein, die uns in die Schlacht führen, sie werden es besser können als die Lebenden. Allen voran will ich mich den Gefahren aussetzen, wenn ihr nur auf mich hören wollt. Eure Tapferkeit ist unbezwingbar, das wißt ihr wohl, wenn ihr euch nicht selbst schadet durch unüberlegtes Draufgängertum.«

5. So redete er dem Heere zu, und als er es dann kampfbereit sah, brachte er Gott ein Opfer dar und ging mit dem Heer über den Jordan. Bei Philadelphia, nicht weit von den Feinden entfernt, schlug er ein Lager auf; und da es ihm darum zu tun war, daß die Schlacht rasch in Gang kam, ließ er sich auf eine Plänkelei um ein Fort zwischen den beiden Heeren ein. Auch die Feinde hatten nämlich einen Stoßtrupp vorgeschickt, um sich dieses Punktes zu bemächtigen. Die Leute, die der König hinbeordert hatte, schlugen diesen sogleich zurück und besetzten die Anhöhe. Er jedoch führte jeden Tag sein Heer in Schlachtordnung nach vorne und bot den Arabern die Schlacht an. Weil sich aber drüben niemand rührte – denn dort herrschte eine tiefe Bestürzung, und angesichts des gewaltigen Heeres war auch der Feldherr Elthemus vor Angst unfähig zu handeln –, so rückte er nach vorne und begann, die Verzäunung niederzubrechen. Das zwang die Gegner, sich zur Schlacht zu stellen, und zwar ohne Ordnung, Reiter und Fußsoldaten durcheinander. An Zahl waren sie wohl den Juden überlegen, aber dafür

gebrach es ihnen an Kampfesmut, obgleich sie sich tollkühn schlugen in ihrer verzweifelten Lage.

6. So kam es, daß sie nur geringe Verluste hatten, solange ihre Verteidigung stand; sobald sie sich jedoch zur Flucht wandten, fielen zahlreiche Juden, aber auch viele von ihren eigenen Leuten. 5000 kamen auf der Flucht um, die übrigen konnten sich in dichtgedrängten Scharen hinter die Verzäunung flüchten. Herodes umzingelte sie und begann sie zu belagern; ehe sie jedoch vor der Übermacht der Waffen kapitulieren mußten, zwang sie der Durst dazu, da ihnen jegliches Wasser fehlte. Mit ihren Parlamentären verfuhr der König sehr ungnädig, und selbst als sie 500 Talente anboten, um sich freizukaufen, antwortete er nur mit erhöhter Strenge. Wie freilich der Durst die Kehlen verbrannte, da liefen sie in Massen heraus und kapitulierten von sich aus vor den Juden, so daß in fünf Tagen 4000 Gefangene gemacht werden konnten. Das hatte zur Folge, daß am sechsten Tage die übrigen Gegner mit dem Mut der Verzweiflung zur Schlacht antraten, und dabei fielen dem Herodes nochmals 7000 zum Opfer. Durch diesen gewaltigen Schlag erwehrte er sich der Araber und versetzte ihrem Stolz einen entscheidenden Stoß, so daß ihn dieses Volk sogar zu seinem Protektor wählte.

20. KAPITEL

1. Sogleich aber packte ihn die Sorge wegen der gesamten Situation, und zwar im Hinblick auf die Feindschaft mit Antonius; denn eben um diese Zeit hatte Caesar Octavianus bei Actium seinen Sieg errungen. Indes, seine Furcht war größer als die Unannehmlichkeiten, die ihm dann tatsächlich widerfuhren. Denn der Caesar hielt den Antonius noch durchaus nicht für erledigt, solange Herodes ihm die Treue hielt. Der König jedoch entschloß sich, der Gefahr nicht auszuweichen, und ließ seine Schiffe gen Rhodos auslaufen, wo der Caesar sich gerade aufhielt. Ohne Diadem erschien er vor ihm, in Kleidung und Auftreten ein einfacher Privatmann,

an innerer Haltung jedoch ein König. Ohne die Wahrheit irgendwie zu verbergen, sprach er zu ihm voll Freimut: »Caesar, Antonius hat mich zum König gemacht, und ich bekenne offen, in jeder Hinsicht für Antonius gearbeitet zu haben. Und auch das will ich dir nicht verhehlen, daß du mich bei einer bewaffneten Auseinandersetzung als dankbaren Anhänger des Antonius befunden hättest, wenn die Araber dies nicht unmöglich gemacht hätten. So gut ich konnte, habe ich ihm Bundesgenossen verschafft, Getreide habe ich ihm in größten Mengen besorgt, ja, selbst nach der Niederlage bei Actium blieb ich an der Seite meines Wohltäters und stand ihm mit meinem Rat nach besten Kräften bei, nachdem ich ihm als Waffengefährte nicht mehr taugte, d. h., ich machte ihm klar, daß ihm in seiner verzweifelten Situation einzig der Tod der Kleopatra helfen könne. Ließe er sie töten, so sollte er von mir Geld, ausgebaute Stützpunkte für seine Sicherheit, Truppen und meine eigene Waffenbrüderschaft im Krieg gegen dich erhalten, so versprach ich ihm. Aber seine Leidenschaft für Kleopatra und die Gottheit, die dich siegen ließ, verschlossen seine Ohren. So bin ich mit Antonius unterlegen und habe, sein Geschick teilend, meine Krone niedergelegt. Zu dir aber bin ich gekommen, indem ich hoffe, meine Mannhaftigkeit würde mir zur Rettung ausschlagen, und indem ich darauf vertraue, daß man mich prüft, was für ein Freund ich war, nicht wessen Freund!«

2. Der Caesar gab darauf zur Antwort: »So sei denn gerettet und sei jetzt König mit mehr Sicherheit als zuvor! Denn du verdienst es, vielen Menschen zu gebieten, da du dein Freundestum so ausgezeichnet bewährt hast. Nun setze alles daran, auch denen treu zu bleiben, die mehr Glück hatten, so wie ich meinerseits mein vornehmstes Hoffen auf deine Gesinnung setze. Gewiß, Antonius tat gut daran, wenn er auf Kleopatra mehr hörte als auf dich; denn seine Unvernunft war es, die uns dich gewinnen ließ. Wie ich sehe, beginnst du schon in meinem Sinn zu wirken, indem du, wie mir Ventidius schrieb, ihm gegen die Gladiatoren Hilfstruppen schicktest. So soll denn hiermit in aller Form der dauernde Bestand deines Königtums garantiert sein. Doch, ich will mich auch bemü-

hen, dir weiterhin meine Gunst zu schenken, damit du nicht in die Lage kommst, den Antonius zu vermissen.«

3. Als er nun mit diesen Worten den König seiner Gunst versichert und ihm die Krone wieder aufgesetzt hatte, bestätigte er die Übereignung durch einen Erlaß, wobei er seine Wertschätzung für Herodes mehrfach voll Großmut zum Ausdruck brachte. Dieser aber tat noch ein übriges, ihn durch Geschenke günstig zu stimmen, und versuchte die Freilassung des Alexas, eines Freundes des Antonius, zu erwirken, der bei Herodes Schutz gesucht hatte. Da aber schlug doch der Zorn des Caesar durch, und er erhob gegen den Mann, den er freigeben sollte, viele schwere Anschuldigungen, die ihn veranlaßten, die Bitte abzuschlagen. Später, als der Caesar über Syrien nach Ägypten zog, empfing ihn Herodes mit allem königlichen Gepränge. Damals war es auch, daß er bei einer Truppenparade in der Nähe von Ptolemais erstmals neben ihm ritt; er gab damals auch ein Festessen für ihn und seine Freunde und stellte hernach allen übrigen Angehörigen des Heeres alles zur Verfügung, was zu einem richtigen Festtag gehört. Er traf auch alle Anstalten für eine reichliche Versorgung der Truppen mit Wasser, als sie durch die Wüste nach Pelusium marschierten. Und in gleicher Weise verfuhr er bei ihrer Rückkehr; es gab überhaupt keine Sparte der Versorgung, an der es etwa den Truppen gebrach. So mußten der Caesar selbst und nicht weniger die Truppen zur Überzeugung kommen, das Reich des Herodes sei angesichts seiner Bedeutung für das Römerheer viel zu klein. Als deshalb der Caesar nach Ägypten kam – Kleopatra und Antonius waren bereits nicht mehr am Leben –, vermehrte er nicht nur seine Ehrenstellen um weitere, sondern vergrößerte auch seinen Herrschaftsbereich um das Landstück, das sich Kleopatra geholt hatte, ja er fügte sogar noch darüber hinaus Gadara hinzu und Hippos sowie Samaria und von den Küstenstädten im Bereich von Gaza die Orte Anthedon, Joppe und Stratonsturm. Für seinen persönlichen Schutz übereignete er ihm noch 400 Gallier, die ehedem die Leibwächter der Kleopatra gewesen waren. Der Caesar fühlte sich zu solchen Geschenken einzig durch die Hochherzigkeit des Empfängers veranlaßt.

4. Nach Ablauf der ersten Aktiade jedoch fügte Caesar seinem Reich auch noch den Landstrich ein, der Trachon genannt wird, ferner das angrenzende Batanea sowie Auranitis, wozu ihm folgender Vorfall Anlaß gab: Zenodorus – dieser hatte von Lysanias dessen Besitz gepachtet – stachelte unaufhörlich das Räubergesindel von Trachon gegen die Bewohner von Damaskus auf. Diese flüchteten sich zu Varro, dem Statthalter von Syrien, und baten ihn, dem Caesar von ihrer unangenehmen Lage zu berichten. Auf diese Kunde hin gab der Caesar Anweisung, die Banden unschädlich zu machen. Varro zog also mit seiner Streitmacht los, säuberte das Land von diesen Elementen und nahm es dem Zenodorus weg. Damit es den Räubern nicht wieder als Basis gegen Damaskus diente, übereignete es der Caesar dem Herodes. Und als er zehn Jahre später wieder in die Provinz kam, machte er ihn sogar zum Statthalter von ganz Syrien, so daß es den einzelnen Statthaltern nicht möglich war, ohne Beratung und Fühlungnahme mit Herodes Verfügungen zu treffen. Und vollends nach dem Tode des Zenodorus übergab er dem Herodes auch das ganze Land zwischen Trachon und Galiläa. Doch etwas anderes war für den Herodes von noch viel größerer Bedeutung: Er rangierte in der Wertschätzung des Caesars unmittelbar hinter Agrippa und in der Agrippas unmittelbar hinter dem Caesar. Das war der Boden, von dem aus er sich zum Gipfel des Glücks erheben konnte. Aber auch sein Geist beflügelte sich nunmehr und schwang sich empor, und er widmete sich in besonderem Maße religiösen Dingen.

21. KAPITEL

1. Im fünfzehnten Jahr seiner Regierung unterzog er daher den Tempel selbst einer Renovierung, erweiterte den Tempelbezirk um das Doppelte des bisherigen Geländes und legte eine Mauer herum. Das ließ er sich ungeheure Summen kosten, und die Prachtentfaltung war unermeßlich. Davon gaben die gewaltigen Säulenhallen rund um den Tempel und die im Norden anstoßende Burg Zeugnis.

Die Säulenhallen ließ er von Grund aus neu bauen, die Burg jedoch wurde mit derartigen Kosten restauriert, daß sie keinen Vergleich mit einem Königsschloß zu scheuen hatte. Dem Antonius zu Ehren nannte er sie Antonia. Seinen persönlichen Königspalast ließ er in der Oberstadt errichten, und die zwei größten und schönsten Gebäudeteile, die selbst den Tempel in den Schatten stellten, benannte er nach seinen Freunden ›Caesareum‹ und ›Agrippeum‹.

2. Doch nicht ausschließlich durch Gebäude überlieferte er Gedächtnis und Namen dieser Männer, sein Ehrgeiz richtete sich gar noch auf ganze Städte. So umgab er in Samaria eine Stadt mit einer herrlichen Mauer von zwanzig Stadien Länge und siedelte dort 6000 Menschen an, wies ihnen besonders fruchtbares Land zu, stellte mitten in den neugegründeten Ort einen gewaltigen Tempel und legte einen Tempelbezirk von dreieinhalb Stadien Durchmesser an, weihte ihn dem Caesar und gab der Stadt den Namen Sebaste. Die Bewohner aber erhielten von ihm eine hervorragende Verfassung.

3. Als der Caesar ihm dann noch mehr Land geschenkweise überließ, veranlaßte Herodes, daß man ihm dort auch noch einen weißen Marmortempel errichtete, ganz nahe bei den Quellen des Jordan; der Ort hat den Namen Paneion. Hier steigt ein Berg in eine schwindelnde Höhe auf, und neben der unten am Berg befindlichen Schlucht öffnet sich eine düstere Grotte, in der sich ein Abgrund in unermeßliche Tiefe hinabsenkt, der mit stehendem Wasser angefüllt ist. Will man mit dem Senkblei die Tiefe ausloten, so reicht keine noch so lange Schnur aus. An den äußeren Rändern der Grotte, ganz unten, entspringen die Quellen; einige sind der Ansicht, es handle sich um die Jordanquellen. Im weiteren Verlauf der Darstellung wollen wir noch Genaueres darüber mitteilen.

4. Auch in Jericho ließ der König zwischen der Kyproszitadelle und dem früheren Königsschloß ein anderes bauen, ein besseres und zweckmäßiger zum Empfang von Besuchen; er nannte es nach seinen Freunden. Es gab, um es kurz zu sagen, überhaupt keinen Platz im Land, soweit er irgendwie geeignet war, den er nicht mit irgendwelcher Ehrung für den Caesar bedachte. Nach-

dem er nun sein eigenes Land allenthalben mit Tempeln angefüllt hatte, konnte er sich auch in den unter seiner Verwaltung stehenden Gebieten nicht genug tun mit Ehrungen für den Caesar, und er ließ in zahlreichen Städten sogenannte Caesareen errichten.

5. Da fiel ihm unter anderem auch eine Stadt am Meer auf – sie hatte den Namen Stratonsturm –, eine Stadt, die damals dem Verfall nahe war, wegen der landschaftlichen Schönheit der Gegend jedoch geeignet erschien, seinen ehrgeizigen Plänen Raum zu geben. Er ließ sie deshalb ganz aus weißem Marmor wieder aufbauen und zierte sie mit einem herrlichen Königsschloß, wodurch seine angeborene Großzügigkeit besonders deutlich wurde. Zwischen Dora und Joppe nämlich, wo die Stadt liegt, besaß damals die ganze Küste aus irgendwelchen Gründen keinen einzigen Hafen; folglich mußten alle, die an Phönizien vorbei nach Ägypten segelten, wegen der Gefährdung durch den Westwind die unruhige See in Kauf nehmen; denn wenn dieser Westwind auch nur leicht weht, entsteht eine derartige Brandung an den Uferfelsen, daß die zurückflutenden Wellen das Meer hoch aufpeitschen lassen. Doch der König wurde durch seine Großzügigkeit in der Bereitstellung der Mittel und durch sein ehrgeiziges Streben Herr über die Natur und schuf einen Hafen, größer als der Piräus und mit tiefen Ankerplätzen in seinen Ausbuchtungen.

6. Obgleich das Gelände gar nicht günstig war, fühlte er sich gerade durch die Schwierigkeiten herausgefordert, etwas zu schaffen, wogegen das Meer machtlos war, und was von einer Schönheit war, die die aufgewendete Mühe nicht ahnen ließ. Erst ließ er für den Hafen einen Umfang festlegen, wie wir ihn oben schon erwähnt haben, und versenkte sodann auf 50 Ellen Tiefe Felsen ins Meer, neun auf zehn Fuß groß, einige auch noch größer. Als schließlich der Teil unter Wasser aufgefüllt war, ließ er über dem Wasser die Mauer anlegen, ca. 200 Fuß breit. Die davor gebauten 100 Fuß sollten als Wellenbrecher dienen und hießen deshalb ›Prokymia‹, das übrige diente als Sockel für die den Hafen umschließende Steinmauer. Auf ihr befanden sich hohe Türme, und der

höchste und ansehnlichste von ihnen wurde ›Drusium‹ benannt, nach dem Stiefsohn des Caesar.

7. Eine große Anzahl von Gewölben hatte den Zweck, die vor Anker liegenden Schiffsbesatzungen aufzunehmen, und die rund um den Hafen laufende Mauer diente als Esplanade für die Spaziergänger. Der Hafen hatte seine Einfahrt gegen Norden, da der Nordwind dort der angenehmste Wind ist. Links und rechts der Einfahrt waren auf einem Unterbau drei Kolossalstatuen angebracht. Eine davon stand, wenn man in den Hafen einfuhr, linker Hand auf einem massiven Turm, während sich die Statuen auf der rechten Seite auf zwei miteinander verbundenen quaderförmig behauenen Steinblöcken erhoben, die noch höher emporragten als der Turm auf der anderen Seite. Auch die Häuser am Hafen waren aus weißem Marmor, und die Straßen liefen parallel alle zum Hafen hin. Gegenüber der Hafeneinfahrt stand auf einer Anhöhe ein besonders großer und schöner Tempel des Caesar, und darin befand sich seine Kolossalstatue, die hinter ihrem Vorbild, dem olympischen Zeus, nicht zurückblieb, ebenso eine Roma-Statue, der Hera von Argos nachgebildet. Diese Stadt errichtete Herodes für das ihm anvertraute Herrschaftsgebiet, den Hafen für die Seeleute, die an dieser Küste ihrem Beruf nachgingen, für den Caesar aber war die ganze Gründung als Ehrenmal bestimmt, und deshalb nannte er sie auch Caesarea.

8. Die übrigen Bauwerke, das Amphitheater, das Theater und die Marktplätze gestaltete er alle so, daß sie diesem Namen entsprachen. Alle fünf Jahre sollten nach seiner Verfügung Kampfspiele stattfinden, die ebenfalls nach dem Kaiser benannt wurden, und er war auch der erste, der bedeutende Preise dafür stiftete, und zwar um die 192. Olympiade. Nicht nur die Sieger, sondern auch die Zweiten und Dritten im Wettkampf kamen so in den Genuß der königlichen Freigebigkeit. Auch die Stadt Anthedon an der Meeresküste baute er wieder auf, nachdem sie dem Krieg zum Opfer gefallen war, und er gab ihr den Namen ›Agrippeum‹; und vor lauter Wohlwollen gegenüber seinem Freund ließ er sogar den

Namen über dem Tempeltor anbringen, das er selbst gestiftet hatte.

9. Sein vorbildliches Verhältnis zu seinen Eltern wurzelte in echter Liebe. Zum Andenken an seinen Vater gründete er beispielsweise in der anmutigsten Ebene seines Herrschaftsgebiets, wo es eine Menge von Flüssen und Baumpflanzungen gab, eine Stadt, die er ›Antipatris‹ benannte. Die Burg oberhalb davon baute er zu einer besonders starken und auch interessanten Bastion aus und gab ihr seiner Mutter zu Ehren den Namen ›Kypron‹. Seinem Bruder Phasael widmete er den nach ihm benannten Turm in Jerusalem, von dessen Aussehen und Großartigkeit wir noch hören werden. Eine weitere Stadt gründete er entlang der Talstraße von Jericho gen Norden und nannte sie ›Phasaelis‹.

10. So hatte er nun seine Verwandten und seine Freunde verewigt, doch dachte er auch an sich selbst und baute im Gebirge gegen Arabien hin eine Festung, die er nach sich ›Herodeion‹ nannte. Den gleichen Namen gab er einer künstlich in Gestalt einer Frauenbrust aufgeworfenen Anhöhe 60 Stadien von Jerusalem entfernt; hier verwendete er sogar noch mehr Prunk auf die Ausstattung: um den Gipfel herum ließ er nämlich runde Türme errichten, und innerhalb des Mauerrings erstellte er prunkvolle Paläste, die nicht nur innen einen herrlichen Anblick boten, sondern deren Wände auch außen ebenso wie die Zinnen und Dächer mit verschwenderischem Reichtum übergossen waren. Von weither ließ er unter ungeheuren Kosten große Mengen Wasser leiten und eine Treppe mit 200 blendend weißen Marmorstufen, die zur Höhe hinaufführte, anlegen. Unten errichtete er noch andere Prachtbauten, die der Hofhaltung und Unterbringung seiner Freunde dienen sollten, so daß sich die Festung wie eine Stadt ausnahm – denn es fehlte ihr dazu nichts mehr –, während sie an Ausdehnung nur eben einem Königsschloß entsprach.

11. Nach all diesen Gründungen bekamen auch viele auswärtige Städte seine Großzügigkeit zu spüren. Den Städten Tripolis, Damaskus und Ptolemais stiftete er Gymnasien, für Byblos eine Stadtmauer, für Berytos und Tyros Hallen, Säulengänge, Tempel

und Platzanlagen, für Sidon und Damaskus sogar Theater, für das am Meer gelegene Laodicea eine Wasserleitung, für Askalon großartige Bäder und Brunnen, ferner außerordentlich kunstreich ausgestattete, gewaltige Kolonnaden. Anderen machte er Grünanlagen und grasüberwachsene Plätze zum Geschenk. Viele Städte bekamen von ihm Land zugewiesen, als lägen sie innerhalb seines Herrschaftsbereichs. Wieder anderswo stiftete er das Amt des Gymnasiarchen, und zwar in einem einjährigen Turnus für unbegrenzte Dauer; dabei sorgte er auch dafür – etwa in Kos –, daß die eingehenden Gelder stets für die Kampfpreise zur Verfügung waren. Außerdem veranlaßte er großzügige Getreidespenden an alle Armen, der Insel Rhodos gewährte er immer wieder Unterstützung zum Ausbau ihrer Flotte, und den dortigen Apollotempel, der einer Feuersbrunst zum Opfer gefallen war, ließ er aus eigenen Mitteln noch prachtvoller wieder aufbauen. Man muß da noch erwähnen, was er den Lykiern und Samiern an Geschenken zueignete, oder wie großzügig er überall in Ionien den Bedürftigen half? Strotzen nicht Athen, Lakedämon, Nikopolis und Pergamon in Mysien von den Weihegaben des Herodes? Hat er nicht die wegen ihres Schmutzes unbenützbare Hauptstraße von Antiochien in Syrien auf zwanzig Stadien mit glattem Marmor belegt und ebensoweit mit einem überdachten Säulengang ausgestattet, damit man bei Regen geschützt ist?

12. Solcherlei Geschenke kamen, wie man sagen möchte, nur den einzelnen Völkern zugute, denen sie zugeeignet waren, mit seiner Spende für Elis jedoch beglückte er nicht nur das gesamte Griechenland insgemein, sondern die ganze bewohnte Erde, so weit der Ruhm der Olympischen Spiele zu dringen vermag. Als er nämlich Zeuge wurde, wie es mit diesen Spielen aus Geldmangel hoffnungslos bergab ging und wie das letzte Stück des alten Hellas dahinschwand, da fungierte er nicht nur in jenem olympischen Jahr seiner Seereise nach Rom als Kampfrichter, sondern er stiftete auch für alle Zeiten Einkünfte, die seinen Namen zugleich mit der Abhaltung der Spiele der Nachwelt überliefern sollten. Man käme an kein Ende, wollte man all die Schuldsummen und Abgaben aufzäh-

len, die er strich. So verringerte er für die Bewohner von Phasaelis und Balamea und für die kleinen Orte Ciliciens die jährlichen Steuerlasten. Eine bestimmte Grenze fand seine Freigebigkeit in der Sorge, den Anschein zu vermeiden, als befinde er sich in einer beneidenswerten Lage oder als verfolge er bestimmte Absichten, wenn er den Städten mehr Gutes tat als deren eigene Herren.

13. Seinen internen Qualitäten entsprachen auch die seines Äußeren: Immer war er ein hervorragender Jäger, und seine Fähigkeiten als Reiter kamen ihm dabei sehr zugute. So brachte er es einmal an einem einzigen Tag auf 40 Stück Wild. Es gibt ja dort auch Wildschweine, vor allem aber Hirsche und Wildesel. Als Soldat vermochte ihn keiner zu überwinden. Auch bei gymnastischen Wettkämpfen kamen viele aus dem Staunen nicht heraus, wenn sie ihn als zielsicheren Meister des Speerwurfs oder als erfolgreichen Bogenschützen sahen. Zu seinen inneren und äußeren Vorzügen kam noch sein Glück hinzu, das ihm stets die Treue hielt; nur selten mußte er sich im Krieg geschlagen geben, und wenn, dann trug nicht er die Schuld, sondern einige verräterische Elemente oder das ungestüme Wesen seiner Soldaten.

22. KAPITEL

1. Freilich mußte er sein äußeres Glück mit häuslichen Unannehmlichkeiten teuer bezahlen, und dies nahm seinen Ausgang von der Haltung jener Frau, deren Neigung er die meisten Opfer gebracht hatte. Kaum zur Herrschaft gekommen, entließ er nämlich die Gemahlin, die er vor seiner Thronbesteigung heimgeführt hatte – sie stammte aus Jerusalem und hieß Doris –, und heiratete Mariamne, die Tochter Alexanders, des Sohnes des Aristobulos. Durch sie kam es schon bald zum Streit in seinem Haus, erst recht aber nach seiner Rückkehr aus Rom. Fürs erste schickte er seinen Sohn Antipater aus der Ehe mit Doris aus der Hauptstadt in die Verbannung – Ursache hierfür waren die Söhne, die er mit Mariamne gezeugt hatte – und erlaubte ihm nur an Festtagen die

Stadt zu betreten. Sodann beseitigte er den Großvater seiner Gemahlin, Hyrkanos – er war eben von den Parthern zu ihm gekommen –, und zwar weil er verdächtig war, Teilnehmer einer Verschwörung zu sein. Barzapharnes hatte ihn bei einer militärischen Operation in Syrien als Kriegsgefangenen in die Hände bekommen, seine Volksgenossen jenseits des Euphrat hatten jedoch Mitleid mit ihm und hatten um seine Freilassung gebeten. Und hätte er denen gefolgt, die ihn vor einer Begegnung mit Herodes warnten, dann hätte er sein Leben nicht verloren. Was ihn aber förmlich in den Untergang lockte, war die Heirat seiner Enkelin; denn daß er zu Herodes ging, geschah im Vertrauen auf diese Verbindung und ganz besonders aus Heimweh nach dem Vaterland. Dem Herodes war er nicht etwa dadurch ein Dorn im Auge, daß er nach der Krone strebte, sondern weil ihm diese tatsächlich von Rechts wegen zustand.

2. Von den fünf Kindern, die Herodes mit Mariamne hatte, waren zwei Töchter und drei Söhne. Von ihnen starb der jüngste während seiner Ausbildungszeit in Rom, die beiden älteren hielt er wie königliche Prinzen wegen der vornehmen Herkunft der Mutter sowohl, wie auch wegen der Tatsache, daß sie während seiner Regierungszeit zur Welt gekommen waren. Mehr als diese Gründe bestärkte ihn darin die Liebe zu Mariamne, die von Tag zu Tag heftiger aufloderte, so daß er die Unannehmlichkeiten, die ihm seine Geliebte verursachte, gar nicht mehr spürte; denn Mariamne haßte ihn nicht minder, als er sie liebte. Diese Abneigung hatte ihren guten Grund in tatsächlichen Gegebenheiten, und da sie es sich wegen seiner leidenschaftlichen Liebe zu ihr leisten konnte, hielt sie ihm unverhohlen vor, wie verbrecherisch er gegen ihren Großvater Hyrkanos und ihren Bruder Jonathan gehandelt hätte. Denn auch ihren Bruder hatte er nicht geschont, obgleich er noch in jungen Jahren stand; wohl hatte er ihn schon mit siebzehn Jahren zum Hohenpriester gemacht, aber schon gleich nach dieser Erhöhung ließ er ihn töten, weil das zum Fest versammelte Volk, wie er so im heiligen Ornat an den Altar schritt, zu Tränen gerührt war. Noch in der Nacht wurde der junge Mann nach Jericho ge-

schickt und dort von gedungenen Galatern in einem Teich ertränkt.

3. Mariamne machte ihm darob bittere Vorwürfe und erging sich gegen seine Schwester und Mutter in schlimmen Beleidigungen. Seine leidenschaftliche Liebe ließ ihn aber dazu schweigen; die Frauen jedoch gerieten in äußerste Empörung und beschuldigten Mariamne des Ehebruchs, da sie glaubten, Herodes auf diese Weise am ehesten zum Handeln zu bringen. Sie brachten gegen Mariamne viel Überzeugendes vor, unter anderem auch, sie hätte ihr Bild nach Ägypten zu Antonius gesandt und sich somit in ihrer Lüsternheit, ohne persönlich anwesend zu sein, einem krankhaften Weiberhelden gezeigt, der auch zur Gewalt greifen könne. Wie ein Blitzschlag traf dies den Herodes und brachte ihn um seinen Verstand; denn er war ohnehin voll Eifersucht in seiner Liebe, mußte aber auch die Bedenkenlosigkeit der Kleopatra in Rechnung stellen, der schon König Lysanias und der Araber Malichos zum Opfer gefallen waren; denn die ihm drohende Gefahr bemaß er nicht nach dem Verlust seiner Gattin, sondern nach der Einbuße seines eigenen Lebens.

4. Da er verreisen wollte, übergab er seine Frau dem Joseph zum Schutz. Es war der Mann seiner Schwester Salome, ein zuverlässiger Mensch, der ihm schon auf Grund der verwandtschaftlichen Beziehungen verbunden war. Insgeheim gab er ihm den Befehl, Mariamne zu töten, falls Antonius ihn umbrächte. Joseph aber gab das Geheimnis preis, nicht aus Bosheit, sondern um der Frau klarzumachen, wie sehr der König sie liebte, etwa in dem Sinn, daß er es nicht einmal auf sich nehmen könne, im Tode von ihr getrennt zu sein. Dann kam Herodes wieder zurück und schwur ihr beim ehelichen Verkehr tausend Liebeseide und beteuerte, nie eine andere Frau begehrt zu haben, und sie gab ihm zurück: »Ja, du hast bewiesen, wie sehr du mich liebst, indem du dem Joseph befahlst, mich zu töten.«

5. Darüber geriet er jählings von Sinnen, wie er das Geheimnis von ihr hörte, und er rief, Joseph hätte sicherlich den Befehl nicht verraten, wenn er sie nicht mißbraucht hätte. Rasend vor Wut

sprang er aus dem Bett und rannte wie betäubt durch den Palast. Diese günstige Gelegenheit für ihr Verleumdungswerk nahm nun wiederum seine Schwester Salome raschestens wahr, und sie schürte den Argwohn gegen Joseph. Herodes aber, vor lauter Eifersucht von Sinnen, gab Befehl, beide Opfer zu töten. Gleich aber stellte sich die Reue ein, nachdem sich der leidenschaftliche Ausbruch gelegt hatte; und als die Wut vorüber war, ergriffen ihn von neuem die Flammen seiner leidenschaftlichen Liebe. So gewaltig loderte dieser Brand, daß er Mariamnes Tod nicht wahrhaben wollte, daß er sie vielmehr, vernichtet wie er war, anredete, als lebe sie noch, bis er schließlich durch die Zeit über die Wirklichkeit belehrt ward; dann aber packte ihn die Trauer über die Tote in einer Heftigkeit, wie ihn einstens die Liebe zur Lebenden gefangengehalten.

23. KAPITEL

1. Von der Mutter ging der Haß auf die Söhne über, und als sie alt genug waren, um das Verbrechen ihres Vaters zu begreifen, sahen sie in ihm nur noch einen Feind, schon als sie noch in Rom zu ihrer Erziehung weilten, ganz besonders jedoch nach ihrer Heimkehr nach Judäa und dann von Jahr zu Jahr in verstärktem Maße. Und als sie herangewachsen waren und heirateten – der eine eine eheliche Tochter seiner Tante Salome, die seine Mutter verklagt hatte, der andere die Tochter des Kapadozierkönigs Archelaos –, da machten sie aus ihrer haßerfüllten Gesinnung keinerlei Hehl. Ihren Feimut machten sich die Verleumder zunutze, und der eine und der andere bedeutete dem König in aller Offenheit, daß ihm von seinen beiden Söhnen Gefahr drohe, ja der Schwiegersohn des Archelaos treffe schon im Einvernehmen mit seinem Schwiegervater Vorbereitungen für die Flucht, um ihn dann beim Caesar anzuklagen. Diese Verleumdungen brachten Herodes schließlich dahin, daß er Antipater, den Sohn der Doris, gleichsam als Schutzwehr gegen seine Söhne kommen ließ und ihm in steigendem Maße auf jede Weise den Vorzug gab.

2. Diese Wandlung der Verhältnisse war für die Söhne jedoch nicht tragbar, und wie sie wahrnehmen mußten, daß der Sohn einer nichtadeligen Mutter ihnen den Vorrang streitig machte, da zeigten sie, auf ihre eigene hohe Geburt pochend, offen ihre Verärgerung. Jedesmal, wenn sie sich gekränkt fühlten, ließen sie ihrem Groll freien Lauf. So wurde die Kluft jeden Tag größer. Antipater, an sich schon eine Strebernatur, verstand es ganz ausgezeichnet, den Vater zu umschmeicheln und seine Brüder auf vielfache Weise zu verdächtigen, indem er teils selbst über sie Reden verbreitete, teils jedoch dafür sorgte, daß seine Freunde dies und jenes unter die Leute brachten. Auf diese Weise machte er schließlich für seine Brüder jede Hoffnung auf die Krone zunichte; denn auch nach dem Testament und in den Augen der Öffentlichkeit war er bereits der Thronfolger. Mit königlichem Prunk und mit allen Ehren – nur die Krone fehlte ihm noch – wurde er zum Caesar gesandt. Und allmählich bekam er solchen Einfluß, daß er seine Mutter in das Ehebett der Mariamne führen konnte. Zwei Waffen gebrauchte er gegen seine Brüder, Schmeichelei und Verleumdung, und mit ihnen gelang es ihm, den König dahin zu bringen, daß er an die Ermordung seiner Söhne dachte.

3. Den Alexander ließ schließlich der eigene Vater gewaltsam nach Rom vor den Caesar bringen und beschuldigte ihn des Giftmordes an seinem Vater. Zunächst war der Beschuldigte kaum in der Lage, seine Notlage zu schildern, doch fand er einen Richter, der den Antipater genau durchschaute und verständiger war als Herodes. Alexander streifte nur die Untaten seines Vaters in kindlicher Scheu, doch legte er die Unhaltbarkeit seiner falschen Beschuldigungen unverhohlen dar. Auch die Schuldlosigkeit seines Bruders, dem das gleiche Schicksal drohte, wies er nach, und er beschwerte sich in einem Brief über die Heimtücke des Antipater wie über den Angriff auf ihre Ehre, den sie hatten hinnehmen müssen. Dabei bewährte sich nicht nur sein reines Gewissen, sondern auch die Gewalt seiner Worte, er war nämlich ein ausgezeichneter Redner. Und wie er dann schließlich noch anfügte, der Vater habe Macht über sie und könne sie töten, wenn er schon glaube, eine sol-

che Anschuldigung sei am Platze, da rührte er alle zu Tränen und machte auf den Caesar solchen Eindruck, daß er die Anklage gegen die Brüder kassierte und Herodes sich sofort zu einer Versöhnung herbeilassen mußte. Dies geschah unter der Voraussetzung, daß die Söhne dem Vater gegenüber zum absoluten Gehorsam verpflichtet seien, während er die Herrschaft hinterlassen könne, wem er wolle.

4. Dann kehrte der König aus Rom zurück und tat, als messe er den Beschuldigungen gegen die Söhne keine Bedeutung mehr bei, in Wirklichkeit aber kam er von seinem Verdacht nicht los. Die Persönlichkeit, von der dieser Haß geschürt wurde, Antipater, war ja bei ihm, mochte dieser auch seine feindselige Gesinnung aus Respekt vor dem verbergen, der die Versöhnung herbeigeführt hatte. Bei seiner Fahrt entlang der Küste Ciliciens machte Herodes einen Abstecher nach Eleusa. Dort nahm ihn Archelaos gastlich auf, hatte er ihm doch für die Rettung seines Schwiegersohns zu danken; außerdem freute er sich über die gelungene Versöhnung, da er seine Freunde in Rom brieflich veranlaßt hatte, Alexander in seinem Prozeß behilflich zu sein. Er geleitete sie bis Zephyrium und bedachte sie mit Geschenken im Werte von dreißig Talenten.

5. Nach seiner Ankunft in Jerusalem versammelte Herodes das Volk, stellte seine drei Söhne vor und gab Rechenschaft von seiner Reise. Dabei sagte er Gott seinen heißen Dank, und ebenso dem Kaiser, der sein wankendes Haus gestärkt und seinen Söhnen noch etwas Bedeutenderes geschenkt habe als die Königskrone, nämlich die Eintracht. »Sie will ich noch mehr stärken«, sprach er, »denn der Caesar hat mich zum Alleinherrn in meinem Reich gemacht und hat es mir übertragen, den Nachfolger zu bestimmen, und ich werde dabei nach meinem Nutzen handeln und sein Interesse zu wahren suchen, und so ernenne ich diese meine drei Söhne zu Königen und bitte erst Gott, sodann aber auch euch um Einverständnis. Denn den einen empfiehlt sein Alter für die Nachfolge, die anderen ihre vornehme Abkunft, zumal das Königreich groß genug ist für mehrere Prätendenten. Der Caesar hat sie in Eintracht verbunden, der Vater hat sie ernannt, und ihr sollt sie nun anerkennen, indem

ihr ihnen weder unechte noch ungleiche Ehren schenkt, sondern indem ihr sie nach ihrem Alter behandelt. Denn wer trotz seines geringeren Alters Ehre empfängt, empfindet darob geringere Freude, als derjenige Schmerz empfindet, der sich wegen seines Alters zurückgesetzt fühlt. Doch will ich darüber verfügen, wer zu den Verwandten und Freunden gehören soll, die fortan die Umgebung eines jeden bilden, und sie haben mir auch dafür zu bürgen, daß die Eintracht gewahrt bleibt. Bilden jedoch gute Menschen ihre Umgebung, dann fördern sie den Zusammenhalt. Doch nicht nur von diesen, sondern auch von den Offizieren meines Heeres fordere ich, daß sie für die Gegenwart ihr Hoffen einzig auf mich setzen; denn nicht des Königs Herrschaft übertrage ich meinen Söhnen, sondern nur des Königs Ehre, und sie können zwar die Freuden eines Regenten genießen, als wären sie an der Herrschaft, aber die Bürde des Amtes lastet auf mir, mag ich mich auch dagegen sträuben. Ein jeder soll doch mein Alter bedenken, meine Lebensweise und meine Frömmigkeit! Ich bin ja noch nicht so alt, daß man schon bald nicht mehr mit mir zu rechnen hätte, auch gebe ich mich keinem Wohlleben hin, wie es auch jungen Menschen den Garaus zu machen pflegt; für das Göttliche aber hatte ich stets eine solche Verehrung, daß ich wohl sehr alt werden kann. Wer es jedoch mit meinen Söhnen hält und dabei auf mein Abtreten spekuliert, mit dem werde ich auch um ihretwillen nach Recht verfahren. Denn nicht etwa aus Neid auf meine eigenen Kinder lasse ich keinen Ehrgeiz aufkommen, der sie zum Ziel hat, sondern weil ich weiß, daß ein solcher Eifer für junge Leute einen Anreiz zu unüberlegtem Handeln bedeutet. Es ist meine feste Überzeugung, daß alle ohne Ausnahme zu mir und damit auch zu meinen Söhnen halten werden, wenn jene, die mit ihnen verkehren, sich darüber klar sind, daß ich sie bei gutem Verhalten belohnen werde, daß sie aber bei etwaiger Widerspenstigkeit auch von dem nichts zu erwarten haben, den sie umschmeicheln. Denn meine Söhne haben ihren Nutzen davon, daß ich regiere, und mir kommt es zugute, daß sie zusammenhalten. Ihr aber, meine guten Söhne, bedenkt vor allem das heilige Band der Natur, das selbst die Tiere in freundlicher Liebe eint. Dann aber denkt an den Caesar, unseren Versöhner, und schließlich an mich, der ich dort gütig zurede, wo ich befehlen könnte, und bleibt Brüder! Ihr sollt von jetzt ab königliche Gewänder tragen und von königlichen Gefolgsleuten umgeben sein, so ist es mein Wille; ich bitte Gott, daß er diese meine Entscheidung mit meinem Schutz begleite, sofern ihr die Eintracht bewahrt.« Nach dieser Rede umarmte er jeden seiner Söhne voll Liebe und entließ dann die Menge, von der sich ein Teil seinem Gebet anschloß, während andere, denen es um eine Änderung der Verhältnisse ging, so taten, als hätten sie nichts gehört.

24. KAPITEL

1. Als die Brüder nun weggingen, da folgte ihnen ihre Zwietracht, und der gegenseitige Argwohn war noch schlimmer geworden. Alexander und Aristobulos waren voll Zorn darüber, daß für Antipater nunmehr der Altersvorrang in aller Form bestätigt war, Antipater hingegen war seinen Brüdern noch darüber gram, daß sie ihm im Range folgen sollten. Bei seiner außerordentlichen Verschlagenheit wußte er sich jedoch zurückzuhalten und verbarg mit aller List seinen Haß gegen sie, während sie ihrerseits ob ihrer vornehmen Abkunft glaubten, alles sagen zu dürfen, was sie dachten. Dazu kam, daß sie von vielen Seiten angestachelt wurden; aber noch größer war die Zahl derer, die sich bei ihnen als Späher einzuschleichen verstanden. Jedes Wort, das im Kreis des Alexander fiel, gelangte unmittelbar zu Ohren des Antipater, und nach der entsprechenden Redaktion ging es von Antipater zu Herodes weiter. Denn selbst ganz unverfängliche Reden des jungen Mannes trugen ihm einen Verdacht ein, wurde doch das, was er sagte, verleumderisch entstellt; und wenn er auch nur ein wenig freier als sonst daherredete, so wurde jede Kleinigkeit ungeheuerlich aufgebauscht. Ständig machte Antipater Leute mobil, um die Brüder zu verlocken, damit seine falschen Anschuldigungen auf diese Weise einigermaßen wahren Grund bekämen. War nur ein klein wenig Wahres an den ihnen unterstellten Reden, so galt schon alles als be-

wiesen. Antipaters Freunde dagegen waren einer wie der andere von Natur aus verschieden wie ein Grab, oder sie waren durch Bestechung dahingebracht, daß sie kein Geheimnis preisgaben, und es hätte seinen guten Sinn, wollte man behaupten, Antipaters Leben sei ein Mysterium der Bosheit gewesen. Alexanders Leuten war nur durch Bestechung oder durch Schmeicheleien – das war sein wirksamstes Mittel – beizukommen, und er hatte sie so zu Verrätern und irgendwie auch zu Spionen für jede Handlung und für jedes Wort gemacht. Um seine Verleumdungen an Herodes heranzubringen, ging er äußerst überlegt zu Werk und inszenierte alles in der umsichtigsten Weise, indem er sich selbst die Maske des Bruders gab oder andere als Angeber vorschickte. Und wurde etwas gegen Alexander hinterbracht, dann spielte er seinen Auftritt so, daß er zufällig hinzukam und sich anfänglich über die Angabe lustig machte, um dann doch dem König immer mehr zuzusetzen und ihn schließlich zum Unwillen herauszufordern. Alles aber sollte unter den Blickpunkt der heimtückischen Gegnerschaft gestellt sein und den Anschein erwecken, als trüge sich Alexander mit dem Gedanken, den Vater zu ermorden. Die meiste Glaubwürdigkeit trug dem Verleumder jedoch die Art und Weise ein, wie sich Antipater als der Verteidiger seines Bruders aufspielte.

2. Diese Dinge nun erbitterten Herodes in zunehmendem Maße, und in gleicher Weise, wie er von Tag zu Tag den jungen Leuten seine Zuneigung entzog, verstärkte er sie für Antipater. Die Hofgesellschaft folgte ihm hierin, teils aus freien Stücken, teils auf Befehl, z. B. Ptolemeaus, der Angesehenste des königlichen Freundeskreises, ferner die Geschwister und die ganze Verwandtschaft des Königs. Antipater nämlich war ihm alles, und ebenso die Mutter des Antipater, was sich für Alexander besonders übel auswirkte; denn ihr Zuspruch richtete sich stets schlimmer als der einer Stiefmutter gegen die Brüder; und mehr, als eine Stiefmutter hassen kann, haßte sie diese, da sie eine Königin zur Mutter hatten. So eröffneten sich für Antipater die schönsten Hoffnungen, und alle hielten deshalb mit ihm. Der König hatte den angesehensten Mitgliedern der Hofgesellschaft untersagt, sich in der Nähe Alex-

anders zu zeigen oder sich mit seinen Leuten abzugeben, und solche Verbote nahmen jedem die Möglichkeit, sich dort aufzuhalten. Nicht nur Alexanders Leute unter der einheimischen Bevölkerung, sondern auch alle seine Anhänger draußen mußten sich in acht nehmen, denn der Caesar hatte ja keinem anderen König eine solche Machtfülle übertragen wie dem Herodes, der folglich auch in einer nicht zu seinem Reich gehörigen Stadt jeden Flüchtigen ergreifen lassen konnte. Die beiden jungen Leute hatten nun keinerlei Ahnung von dem Verleumdungsfeldzug gegen sie und verstrickten sich dementsprechend in ihrer Naivität immer mehr in das gegnerische Netz; denn vom Vater bekamen sie nie irgendwelche offenen Vorhaltungen zu hören. Nach und nach spürten sie es jedoch an seiner Kälte und an seiner zunehmenden Reizbarkeit, wenn irgend etwas Unangenehmes passierte. Auch seinen Onkel Pheroras bearbeitete Antipater gegen die beiden und seine Tante Salome, mit der er stets so vertraut wie mit seiner Gattin verkehrte, um sie auf diese Weise zu beeinflussen. Salomes feindselige Haltung wurde noch verstärkt durch Glaphyra, Alexanders Frau, die sich gern etwas auf ihre vornehme Abkunft zugute tat und unter den Frauen der Hofgesellschaft eine Führungsrolle beanspruchte, da sie väterlicherseits von Temenos und mütterlicherseits von Darius, dem Sohn des Hystapses, abstammte. Sie konnte sich nicht genugtun, die niedere Herkunft der Schwester des Herodes und seiner Frauen zu verspotten, die er nach ihrer Körperschönheit und nicht nach ihrer vornehmen Abkunft auserwählt hatte. Dabei handelte es sich um eine größere Anzahl, denn nach alter Vätersitte durften Juden mehrere Frauen heiraten, und dem König gefiel eben eine ganze Reihe; und sie alle waren auf Alexander sehr schlecht zu sprechen wegen der Großtuerei und wegen der Lästerzunge der Glaphyra.

3. Außerdem hatte Aristobulos sich selber seine eigene Schwiegermutter Salome zur Feindin gemacht, zudem sie schon lange wegen des losen Mundwerks der Glaphyra erzürnt war. Aristobulos machte nämlich unablässig seiner Gattin ihre unedle Abkunft zum Vorwurf und bedauerte, ein unebenbürtiges Mädchen geheiratet zu haben, während sein Bruder Alexander eine Königstochter

bekommen habe. Die Tochter hinterbrachte dies weinend Salome, und sie fügte noch hinzu, Alexander und seine Leute drohten damit, sobald sie die Macht in Händen hätten, auch die Mütter der übrigen Brüder wie gemeine Mägde an den Webstuhl zu schicken und die Brüder selbst zu Dorfschreibern zu degradieren. So weit gingen sie in ihrem Spott über ihre sorgfältige Ausbildung. Daraufhin vermochte Salome ihren Zorn nicht mehr zu beherrschen, und sie sagte alles dem Herodes. Und da sie gegen ihren eigenen Schwiegersohn Aussagen zu machen hatte, war sie eine vertrauenswürdige Zeugin. Aber noch eine weitere Verleumdung stachelte seinen Zorn an: Ihm war nämlich zu Ohren gekommen, die Brüder riefen ständig den Namen ihrer Mutter an und klagten und fluchten dabei über ihn; und machte er, wie es öfter geschah, seinen später Geborenen etwa ein Kleid der Mariamne zum Geschenk, dann ergingen sich die Brüder in Drohungen, die Beschenkten würden demnächst statt der königlichen Gewänder härene tragen müssen.

4. Sosehr nun dem Herodes dieses selbstbewußte Auftreten der jungen Leute auf die Nerven ging, so hoffte er doch immer noch, ihnen den Kopf zurechtrücken zu können, und wie er gerade nach Rom aufbrechen wollte, rief er sie herbei und erteilte ihnen in seiner Eigenschaft als König einige Warnungen, während er ihnen als Vater eindringlich zuredete. Er forderte sie auf zu liebevollem Benehmen gegen ihre Brüder und versprach ihnen Vergebung für ihre bisherigen Verfehlungen, wenn sie sich in Zukunft besserten. Sie aber verwahrten sich gegen die falschen Anschuldigungen, die erlogen seien, und erklärten sich bereit, ihre Verteidigung durch entsprechende Taten zu rechtfertigen. Doch müsse er auch dem Gerede ein Ende machen und dürfe nicht mehr so leichthin darauf hereinfallen. Denn solange es Leute gebe, die den Verleumdungen glaubten, so lange hätten sie keinen Mangel an Verleumdern.

5. Mit solchen Worten wußten sie ihn als Vater zu treffen, und so konnten sie die augenblickliche Gefahr wohl bannen; aber im Hinblick auf die Zukunft verblieb ihnen doch eine Besorgnis, wurden sie doch inne, daß Salome gegen sie eingestellt sei und nicht minder ihr Oheim Pheroras. Beide hatten großen Einfluß und

waren gefährlich, namentlich Pheroras, der ja Mitinhaber der gesamten königlichen Machtbefugnis war, wenn man von der Krone absieht. Er verfügte über ein Einkommen von hundert Talenten, und dazu gehörte ihm noch alles, was das ganze Land jenseits des Jordans eintrug, das ihm sein Bruder geschenkt hatte. Dieser machte ihn auch zum Tetrarchen, indem er sich beim Caesar dafür verwendete, und er verschaffte ihm auch die Ehre einer königlichen Heirat, indem er ihn mit der Schwester seiner eigenen Gattin verehelichte. Nach deren Tod verpflichtete er sich feierlich, ihm seine älteste Tochter zuzuführen samt einer Mitgift von dreihundert Talenten. Pheroras jedoch verzichtete auf diese königliche Verbindung aus Liebe zu einer Sklavin. Darüber wieder ärgerte sich Herodes und gab seine Tochter einem Neffen, der später im Kampf gegen die Parther umkam, doch gab er seine Verärgerung über Pheroras alsbald auf und verzieh ihm seine krankhafte Neigung.

6. Früher schon, als die Königin noch lebte, war Pheroras des Giftmordversuchs am König angeklagt worden; nunmehr wurden die Anschuldigungen in steigendem Maße erhoben, so daß sich Herodes trotz seiner starken Bindung an seinen Bruder gezwungen sah, den Nachrichten Bedeutung beizumessen und sie ernst zu nehmen. Zahlreiche Verdächtige hatte er schon foltern lassen, und schließlich wandte er sich auch gegen des Pheroras' Freunde. Keiner von ihnen gestand zwar einen wirklichen Anschlag, sondern Pheroras habe nur seine Flucht zu den Parthern vorbereitet, bei der er seine Geliebte habe mitnehmen wollen; und geholfen habe ihm dabei ein Mann namens Kostobar, der Gatte der Salome, dem sie der König nach der Hinrichtung ihres ersten Mannes – er war wegen Ehebruchs verurteilt worden – zur Frau gegeben hatte. Ja sogar Salome zog sich Vorwürfe zu, da ihr Bruder Pheroras sie beschuldigte, sie habe mit Syllaeus, einem Todfeind des Herodes, wegen einer Heirat verhandelt. Syllaeus war Güterverwalter des Araberkönigs Obaida. Aber Herodes verzieh ihr, obgleich diese und alle anderen von Pheroras erhobenen Vorwürfe nachgewiesen werden konnten. Auch den Pheroras selbst sprach er von den gegen ihn erhobenen Anklagen frei.

7. So braute sich das häusliche Donnerwetter über Alexander zusammen und ging einzig auf sein Haupt nieder. Der König hatte drei Eunuchen, auf die er besonders große Stücke hielt, wie schon die ihnen übertragenen Dienstverpflichtungen beweisen. Der eine hatte die Aufgabe des Mundschenken, der andere mußte an der Tafel servieren, der dritte aber wartete ihn beim Zubettgehen und schlief bei ihm. Alexander gewann alle drei durch Geschenke für seine Unzucht. Und wie es dem König zu Ohren kam, da waren sie alsbald durch Folterungen geständig gemacht, und sie bekannten gleich den geschlechtlichen Verkehr und nicht minder die Versprechungen, die sie so weit gebracht hätten; Alexander habe sie hinters Licht geführt, indem er ihnen abriet, sich auf Herodes zu verlassen, der ein schamloser Lustgreis sei und sich die Haare färbe, es sei denn, sie hielten dies für ein Zeichen von Jugend. Auf ihn sollten sie dafür sehen, da er gegen den Willen seines Vaters sich zum König machen werde, und über kurz oder lang werde er dann Rache üben an seinen Gegnern, während er seine Freunde, namentlich sie selbst, reich und glücklich machen werde. Es gebe schon einen heimlichen Kreis von Mächtigen um Alexander, die es mit ihm hielten, und die militärischen Führer und Befehlshaber träfen sich schon insgeheim bei ihm.

8. Darüber geriet Herodes in solche Angst, daß er sich nicht getraute, sofort etwas darüber verlauten zu lassen; er sandte vielmehr Tag und Nacht seine Spione umher, um über jede Handlung und jedes gesprochene Wort im Bild zu sein. Verdächtige ließ er auf der Stelle umbringen. Der Palast ward nun zum Schauplatz der schrecklichsten Greuel; denn jeder erging sich je nach seinem Haß oder seiner Feindschaft in Verleumdungen, und viele trieben Mißbrauch mit der Mordwut des Königs, die sie gegen ihre Feinde lenkten. Lügen fanden sogleich willige Ohren, und die verhängten Strafen waren noch rascher zur Stelle als die Verleumdungen. So wurde einer zum Angeklagten, der eben noch Ankläger war, und man führte ihn zusammen mit dem Opfer seiner Anschuldigungen zur Richtstätte. Die Todesangst des Königs machte nämlich Untersuchungen unmöglich. In seiner Bitterkeit ging er so weit, daß er

nicht einmal für einen noch so schuldlosen Menschen einen freundlichen Blick hatte und daß er auch mit seinen Freunden nur äußerst ungnädig umging. Zahlreiche bekamen Palastverbot, und viele, die er nicht unmittelbar in seinem Machtbereich hatte, erfuhren schwerste Beleidigungen. In dieser peinlichen Lage bedrängte auch noch Antipater den Alexander, indem er ein Komplott von Verwandten schuf, um jedmögliche Verleumdung gegen ihn zustande zu bringen. Tatsächlich erzeugten all diese Lügen bei dem König einen solchen Furchtkomplex, daß er ständig den Alexander mit stoßbereitem Schwert vor sich zu sehen glaubte. So ließ er ihn denn auf einmal ergreifen und fesseln und schritt schließlich zur Folterung seiner Freunde. Viele starben schweigend und ohne ein Wort gegen ihr Gewissen zu sagen. Jene aber, die sich durch Qualen zu fingierten Aussagen pressen ließen, gaben an, er trachte ihm zusammen mit seinem Bruder Aristobulos nach dem Leben und suche eine Gelegenheit, ihn auf der Jagd zu ermorden, um dann nach Rom zu entfliehen. Das waren nun völlig unhaltbare Anschuldigungen, die nur in der Todesnot unbedacht hingesprochen waren, und trotzdem glaubte sie der König um so bereitwilliger, als er sich nun damit trösten konnte, daß die Einkerkerung seines Sohnes nicht grundlos erschien.

25. KAPITEL

1. Als es für Alexander klar war, daß er den Vater unmöglich zu einer Sinnesänderung zu bringen vermochte, beschloß er, sich seinem Schicksal zu stellen. In vier Schriften gegen seine Feinde räumte er wohl ein, den Anschlag geplant zu haben, stellte jedoch die meisten von ihnen als seine Mitverschworenen bloß, namentlich Pheroras und Salome. Einmal habe ihn sogar Salome bei Nacht gegen seinen Willen zum Beischlaf genötigt. Diese Schriften voll schwerer Beschuldigungen gegen bedeutende Persönlichkeiten kamen dem Herodes in die Hand. Da eilte Archelaos aus Angst um seinen Schwiegersohn und seine Tochter nach Judäa und erwies sich als deren umsichtigen Beistand, wie er so mit Geschick die Drohung

des Königs von ihnen ablenkte. Denn gleich beim ersten Zusammentreffen mit ihm rief er: »Wo ist denn diese Pest von einem Schwiegersohn? Wo kann man denn dieses vatermörderische Haupt sehen, um es mit eigener Hand zu zerfetzen? Und meine eigene Tochter will ich ihrem feinen Gatten zugesellen, ist sie doch, selbst wenn sie sich nicht an seinem Anschlag beteiligte, durch die Gemeinschaft mit diesem Mann entehrt! Da dir diese Verschwörung galt, so muß ich mich nur über deine Geduld wundern, sofern Alexander noch unter den Lebenden weilt. Denn ich kam eilends von Kappadokien hierher in der Annahme, daß ihm schon der Prozeß gemacht sei, und ich hatte nur noch vor, gemeinsam mit dir die Untersuchung gegen meine Tochter vorzunehmen, die ich Alexander nur mit Rücksicht auf deine Hoheit zur Frau gab. Nun aber haben wir über beide zu befinden; solltest du dich dabei zu sehr als Vater fühlen und nicht hart genug sein, den verschwörerischen Sohn seiner Strafe zuzuführen, dann wollen wir unsere Aufgaben tauschen und jeder soll des anderen Zorn befriedigen!«

2. Mit diesen Worten konnte er tatsächlich Herodes unsicher machen, wiewohl sich dieser heftig dagegen zur Wehr setzte. Herodes reichte ihm deshalb die von Alexander stammenden Schriften zum Lesen, hielt bei jedem Absatz inne und sprach darüber mit ihm. Das gab Archelaos die Möglichkeit für eine List, und unvermerkt konnte er so Stück für Stück den in der Schrift genannten Persönlichkeiten die Schuld zuschieben, insbesondere dem Pheroras. Und wie er nun sah, daß der König ihm glaubte, versetzte er: »Eigentlich wäre doch zu prüfen, ob es sich nicht um eine Verschwörung dieser Verbrecher gegen den jungen Mann handelt und nicht um ein Attentat dieses jungen Mannes auf dich! Denn dafür ist ja kein Grund ersichtlich, daß er sich in ein Verbrechen einließ, wo er doch schon königlicher Ehren teilhaftig ist und mit der Nachfolge rechnen darf, wenn nicht gewisse Persönlichkeiten ihn aufhetzen und dazu seine jugendliche Neigung zum Bösen ausnützen. Denn Menschen dieser Art vermögen nicht nur junge Leute auf die schiefe Bahn zu bringen, sondern sogar Große fallen auf sie

herein, und die besten Häuser und ganze Reiche finden durch sie ihren Untergang.«

3. Herodes ließ sich durch diese Ausführungen beeindrucken und schwächte seinen Zorn auf Alexander mehr und mehr ab, während er gegen Pheroras in zunehmendem Maße gereizt wurde; denn die vier Schriften bezogen sich in erster Linie auf ihn. Pheroras bemerkte die Gereiztheit des Königs und sah, daß für ihn die Freundschaft zu Archelaos beherrschend geworden war; so suchte er sich denn auf eine zweifelhafte Weise zu retten, da ihm der Weg des ehrenhaften Handelns versperrt war. Die Folge war, daß er Alexander beiseite ließ und sich hilfesuchend an Archelaos wandte. Freilich meinte dieser, er sehe keine Möglichkeit, ihn freizubieten, wo er von so vielen Anschuldigungen belastet sei, die ihm deutlich die Verschwörung gegen den König nachwiesen und die Urheberschaft für die gegenwärtige schlimme Lage des jungen Mannes; da müßte er sich schon dazu entschließen, sein heimtückisches Leugnen zu unterlassen, die Vorwürfe der Anklage zuzugeben und den Bruder um Vergebung zu bitten, der ihm ja in Liebe zugetan sei. Wenn er es so mache, könne er seiner Hilfe absolut sicher sein.

4. Tatsächlich willigte Pheroras in dieses Verfahren ein, und er bot alles auf, um einen möglichst erbarmungswürdigen Eindruck zu machen; er kleidete sich schwarz, warf sich weinend vor Herodes auf die Knie und bat ihn wie schon so oft um Verzeihung, gab zu, ein übler Charakter zu sein, und bekannte sich zu allen gegen ihn erhobenen Vorwürfen. Als Grund dafür gab er jammernd seine zerrütteten Nerven und seine Geistesverwirrung an, die wiederum eine Folge seiner Leidenschaft für eine Frau seien. So kam es, daß Archelaos den Pheroras als Ankläger und als Zeugen gegen sich selbst hinstellte; und auf der gleichen Linie lag es, daß er nun mit Bitten Eindruck zu machen suchte, um den Groll des Herodes zu besänftigen, und dabei versäumte er nicht, Beispiele aus seinem eigenen Hause anzuführen. Ihm selbst habe nämlich sein Bruder noch viel übler mitgespielt und doch habe er das Gesetz der Natur höher gewertet als die Rache. Denn wie in einer großen Körpermasse, so sei auch in den Staatsgebilden immer etwas infolge einer

besonderen Beanspruchung entzündet; und es sei nicht nötig, dieses Stück abzuschneiden, sondern man müsse die Heilung mit milderen Mitteln versuchen.

5. Mit vielen ähnlichen Reden konnte Archelaos den Herodes schließlich gegen Pheroras nachsichtiger stimmen; er selbst aber gab in seiner Bitterkeit gegen Alexander nichts nach und tat seinen Willen kund, die Ehe seiner Tochter zu trennen und diese heimzuholen. Dieses Verfahren setzte er so lange fort, bis Herodes so weit war, daß er von sich aus die Partei des Jungen ergriff und für ihn aufs neue um die Tochter warb. Archelaos stellte es nun mit der größten Scheinheiligkeit dem Herodes frei, sie nach Belieben einem Mann zu geben, nur keinesfalls dem Alexander. Denn an nichts sei er so sehr interessiert wie an der Fortdauer der durch die Verheiratung bewirkten Bindungen. Da nun versicherte Herodes, er wolle seinen Sohn aus der Hand des Achelaos ein zweites Mal wie ein Geschenk in Empfang nehmen, wenn er nicht darauf bestehe, daß diese Ehe getrennt werde; es seien ihr ja schon Kinder entsprossen, und der Junge sei so sehr in die Frau verliebt, daß ihre Anwesenheit ihn stets an seine einstige Verirrung erinnern und ihn beschämen werde, während der Mann wohl zur völligen Verzweiflung getrieben werde, wenn man das Weib von seiner Seite reiße. Die Aufgaben des Familienlebens würden außerdem seine Lust zu Abenteuern dämpfen. Archelaos willigte nun unter Sträuben in eine Versöhnung und brachte so den Vater mit dem Sohn wieder zusammen. Doch meinte er, man müsse ihn unbedingt nach Rom schikken, daß er sich vor dem Kaiser verantworte, wo er doch selbst den Kaiser über alles informiert hatte.

6. So hatte Archelaos sein Unternehmen, mit dem Ziel, den Schwiegersohn zu retten, glücklich vollendet, und nach der Versöhnung gab es noch eine Zeitlang Festgelage und Freundschaftsbeteuerungen. Beim Weggehen aber schenkte ihm Herodes noch 70 Talente, einen goldenen, mit Edelsteinen besetzten Thron, Eunuchen und eine Nebenfrau, Pannychis mit Namen; je nach der rangmäßigen Stellung des einzelnen bekamen auch seine Freunde Geschenke. Auch gab der König allen Mitgliedern seiner Familie die

Weisung, Archelaos reichlich zu beschenken. Herodes und andere einflußreiche Persönlichkeiten gaben ihm dann bis Antiochien das Geleite.

26. KAPITEL

1. Kurze Zeit darauf erschien in Judäa eine Persönlichkeit, die noch viel mehr von sich reden machte als Archelaos mit seiner Tücke. Diesem Mann gelang es, nicht nur die von Archelaos mit seiner Diplomatie für Alexander zustande gebrachte Versöhnung wieder zunichte zu machen, sondern er war es auch, der den entscheidenden Anstoß gab zu seinem endgültigen Verderben. Er hieß Eurykles und war geborener Lakedämonier; die Gier nach Geld hatte ihn nach dem Königreich verschlagen. Griechenland war nämlich nicht mehr in der Lage, seine Verschwendungssucht zu befriedigen. Dem Herodes brachte er großartige Geschenke, um ihn für seine Absichten gefügig zu machen, und er bekam auf der Stelle Gegengeschenke von viel größerem Wert; aber diese reine Gabe bedeutete für ihn nichts, wenn er nicht um einen Blutpreis mit dem Königreich ins Geschäft kam. So versuchte er es beim König mit Schmeichelei und großtönenden Worten und mit lügenhaften Hymnen auf die Persönlichkeit des Königs. Rasch hatte er die besondere Charaktereigenschaft des Herodes durchschaut, und er verstand es, sein Reden und Tun ganz und gar auf das Gefallen des Königs einzustellen und auf diese Weise in dessen engsten Freundeskreis einzudringen; denn auch der König seinerseits und seine ganze Umgebung zollten dem Spartaner in vorzüglicher Weise Ehre, schon allein seiner Herkunft wegen.

2. Er kundschaftete die schwachen Punkte in der königlichen Familie aus, d. h. das gespannte Verhältnis zwischen den Brüdern und die Art und Weise, wie sich der Vater zu jedem von ihnen stellte. Auf die gastfreundliche Haltung des Antipater fiel er sofort herein, den Alexander jedoch wußte er durch geheuchelte Freundschaft hinters Licht zu führen. Er machte ihm nämlich weis, er sei ein alter Freund des Achelaos. Daraufhin fand er rasch Eingang

wie einer, der seine Freundschaft schon längst bewährt hatte, und Alexander öffnete ihm gleich den Weg zu seinem Bruder Aristobulos. Mit allen Wassern gewaschen, wußte er sich bei jedem auf die geeignete Weise beliebt zu machen, in der Hauptsache jedoch ließ er sich von Antipater aushalten und wurde an Alexander zum Verräter. Dem einen warf er vor, er falle, obgleich er der Älteste sei, auf Elemente herein, deren Absichten sich gegen seine begründeten Hoffnungen richteten, dem Alexander jedoch hielt er vor Augen, daß er als Sohn und Gemahl von Frauen königlichen Geblüts zusehe, wie der Sohn einer bürgerlichen Frau auf den Thron nachrücke, obgleich er an Archelaos einen so ausgezeichneten Beistand habe. Alexander hielt seinen Rat für zuverlässig wegen der vorgeblichen Freundschaft mit Archelaos; daher schimpfe er vor ihm auch offen über Antipater und sagte, es sei durchaus verständlich, daß Herodes, der ihre Mutter ermordet, den Brüdern auch den durch sie vererbten Thron steitig mache. Daraufhin spielte Eurykles den Mitleidigen und tat, als gehe ihm die Sache ebenfalls nahe. Auch den Aristobulos veranlaßte er, sich durch eine entsprechende Äußerung festzulegen; und als er solchermaßen beide durch ihre Stellungnahme gegen den Vater in der Hand hatte, hatte er nichts Eiligeres zu tun, als dem Antipater von diesen vertraulichen Dingen Mitteilung zu machen. Dazu fingierte er noch eine Nachricht über ein angeblich von den Brüdern geplantes Attentat auf den Gegner, so als brauchten sie dafür nur noch die Schwerter blank zu ziehen. Eine ungeheure Belohnung wurde ihm dafür zuteil, und er versäumte nicht, Antipater beim Vater in das beste Licht zu setzen. Schließlich befaßte er sich im Hinblick auf eine entsprechende Belohnung gar noch mit der Ermordung des Aristobulos und des Alexander, die er beim Vater verklagte; er ging hin und erklärte, er wolle Herodes aus Dankbarkeit vom Tode retten und ihm das Licht des Lebens erhalten als Gegengeschenk für seine Gastfreundschaft. Schon lange sei für ihn das Schwert geschliffen, und Alexanders Rechte sei schon gegen ihn erhoben; einzig er sei es gewesen, der eine schnelle Tat unmöglich gemacht habe, indem er sich gestellt habe, als wolle er sich daran beteiligen. Alexander sage nämlich, Herodes genüge es nicht, einen fremden Thron einzunehmen und nach dem Mord an ihrer Mutter auch noch deren Reich zu verwirtschaften, sondern er mache auch noch einen Bastard zum Nachfolger, diesen Teufel Antipater, dem er die angestammte Krone vermache. Koste es, was es wolle, er werde die Geister des Hyrkanos und der Mariamne rächen; denn von einem solchen Vater dürfe er keinesfalls mit gutem Gewissen die Herrschaft ohne Blutopfer annehmen. Einen Tag wie den anderen komme es zu aufreizenden Vorfällen, so daß jedes gesprochene Wort irgendwie zum Anlaß für Verdächtigungen genommen werde. Gehe es nämlich bei einem Gespräch um die vornehme Geburt anderer, so sei schon der Vater mit grundlosen Beleidigungen zur Hand: »Einzig Alexander ist von edler Geburt, und darum verachtet er seinen Vater, da dieser von niederer Abkunft ist.« Auf der Jagd errege er Mißfallen, wenn er nichts spreche; äußere er sich aber anerkennend über etwas, dann werde er als Spötter gebrandmarkt. Bei jedem Anlaß finde er den Vater nur voller Verbitterung gegen ihn, während einzig dem Antipater seine Liebe gehöre, und angesichts einer solchen Haltung wolle er sogar gern den Tod auf sich nehmen, wenn das Attentat auf Herodes fehlgehe. Gelinge es aber, dann habe er in erster Linie an seinem Schwiegervater Archelaos einen Rettungsanker, zu dem er sich leicht durchschlagen könne, ferner an Caesar, der bislang noch keine Gelegenheit gehabt habe, den wahren Charakter des Herodes zu erkennen. Denn diesmal wolle er nicht wie seinerzeit zitternd vor Angst ob der Gegenwart seines Vaters vor ihn treten, und er werde sich auch nicht einzig zu den Anklagepunkten, die sich gegen ihn richteten, äußern, nein, diesmal wolle er in erster Linie die Not des Volkes offen zur Sprache bringen und die Tatsache, daß ihm der Steuerdruck bis ans Leben gehe; außerdem werde die Rede davon sein, für welche Schwelgereien und Schandtaten das Blutgeld hinausgeworfen worden sei, welche Persönlichkeiten sich an ihrem Besitz bereichert hätten und in welcher Absicht gewisse Städte besonders bedacht worden seien. Auch das Schicksal seines Urgroßvaters und seiner Mutter werde er dort untersuchen lassen, und sämtliche Untaten dieser Herrschaft würden an den Pranger kommen; dann werde man ihm nimmer wegen Vatermords den Prozeß machen können.

3. Nachdem er gegen Alexander dieses wundersame Lügengespinst geknüpft hatte, zollte Eurykles dem Antipater überreiches Lob und betonte, er sei der einzige, der seinen Vater liebe, und deshalb sei bislang das Attentat gescheitert. Herodes jedoch, immer noch unter dem Eindruck der früheren Vorfälle, steigerte sich in eine unheilbare Wut. Wieder sah Antipater den günstigen Augenblick und ließ nun andere Ankläger gegen die Brüder auftreten, und zwar mit der Nachricht, die Brüder hielten es heimlich mit Jucundus und Tyrannos, beide einstmals hohe Offiziere der königlichen Reiterei, die jedoch wegen gewisser Verfehlungen aus ihrer Stellung entfernt worden waren. Das brachte Herodes gänzlich aus der Fassung, und er verhängte über die beiden sofort die Folterung. Sie gaben jedoch nichts zu von den Verleumdungen. Da wurde ein Brief Alexanders an den Besatzungskommandanten von Alexandreion vorgewiesen, worin er diesen ersuchte, ihn zusammen mit seinem Bruder Aristobulos in die Festung aufzunehmen, sobald der Mord an seinem Vater vollzogen sei. Er bat auch um die Erlaubnis, sich der dort befindlichen Waffen und der anderen Kriegsgeräte bedienen zu dürfen. Alexander behauptete, dieser Brief sei eine Fälschung aus der Hand des Diophantos, eines Schreibers aus der Kanzlei des Königs, eines völlig bedenkenlosen Menschen, der äußerst raffiniert jede Handschrift nachzuahmen verstand; er wurde schließlich auch wegen seiner zahlreichen Fälschungen hingerichtet. Als nun aber Herodes den Kommandanten der Festung peinlich befragen ließ, konnte er nichts aus ihm herausbringen, was mit den Verleumdungen zu tun hatte.

4. Doch wiewohl die Beweise, die er hatte finden können, auf schwachen Füßen standen, ließ er seine Söhne dennoch gefangensetzen, zunächst ohne ihnen Fesseln anzulegen. Eurykles jedoch, den bösen Geist seiner Familie und den Urheber der ganzen Entsetzlichkeiten, nannte er seinen Wohltäter und Retter und schenkte ihm 50 Talente. Aber noch ehe die genaue Nachricht über diese Vorgänge nach Kappadokien gelangte, befand sich Eurykles dort

und wußte aus Archelaos Geldmittel herauszuholen, indem er diesem vorzumachen wagte, es sei ihm gelungen, sogar den Herodes mit Alexander zu versöhnen. Dann begab er sich nach Griechenland und benützte das ergaunerte Geld für ähnliche niederträchtige Handlungen mit dem Erfolg, daß er zweimal beim Caesar verklagt wurde, er habe ganz Achaia in Unruhe versetzt und die Städte ausgebeutet, wofür er mit der Verbannung bestraft wurde. So wurden auch seine Verbrechen an Alexander und Aristobulos gesühnt.

5. Diesem Spartaner kann man mit Recht den Euarestos aus Kos gegenüberstellen, der gleichfalls zu den besten Freunden Alexanders gehörte und gleichzeitig mit Eurykles in Judäa zugegen war und anläßlich der Untersuchungen, die Herodes über die Verleumdungen des Eurykles eingeleitet hatte, unter Eid aussagte, nichts Belastendes von den jungen Männern gehört zu haben. Freilich hatten die Unglücklichen keinen Gewinn davon, da Herodes nur für üble Botschaften zugänglich und empfänglich war, und jeder, der mit ihm einer Meinung war und in gleicher Weise wie er sich darüber erboste, war ihm von Herzen lieb.

27. KAPITEL

1. Auch Salome bot ihren ganzen Einfluß auf, um die Grausamkeit des Herodes gegen die Söhne noch zu steigern. Denn um seine Schwiegermutter und Tante mit in die nämlichen Gefahren zu verwickeln, hatte Aristobulos sie benachrichtigen lassen, sie solle sehen, wie sie sich retten könne; der König habe vor, sie wegen der schon früher gegen sie vorgebrachten Beschuldigungen hinrichten zu lassen. Es wurde ihr nämlich vorgeworfen, sie gebe an den Araber Syllaeus, den sie zum Mann haben wolle, im stillen geheime Informationen über den König weiter, obgleich Syllaeus mit dem König verfeindet sei. Das war gewissermaßen das letzte Aufbäumen des Unwetters, das die Jungen vollends vernichtete. Salome eilte nämlich sofort zum König und hinterbrachte ihm, was man von ihr gefordert hatte. Herodes kannte nun kein Halten mehr, er

ließ die beiden Söhne fesseln und getrennt verwahren. Darauf schickte er rasch den Truppenkommandanten Volumnius und seinen Freund Olympos zum Caesar mit einer schriftlichen Benachrichtigung über die Vorgänge. Als sie nun nach ihrer Ankunft in Rom dem Caesar das königliche Schreiben übergeben hatten, da zeigte sich dieser zwar sehr betroffen über das Schicksal der beiden Söhne, sah aber keine Veranlassung, dem Vater die freie Verfügung über seine Söhne vorzuenthalten. In seiner Antwort erteilte er ihm also die gewünschte Vollmacht, freilich mit dem Zusatz, er tue gut daran, den Attentatsplan durch ein Gericht untersuchen zu lassen, das aus Angehörigen seines Hauses und aus den führenden Persönlichkeiten der Provinzialverwaltung bestehe. Sollten sie überführt werden, dann sei für sie der Tod, hätten sie aber bloß an eine Flucht gedacht, dann sei eine geringere Strafe am Platze.

2. Herodes verfuhr dementsprechend und begab sich nach Berytos, wie es der Kaiser befohlen hatte, um dort das Gericht einzuberufen. Den Vorsitz führten gemäß den Weisungen des Caesars die obersten Provinzialbeamten Saturninus und Pedanius mit seinen Legaten, mit ihnen ferner Volumnius, der Finanzverwalter, außerdem die Verwandten und Freunde des Königs, Salome und Pheroras, sowie der Adel von ganz Syrien mit Ausnahme von König Archelaos; da er der Schwiegervater Alexanders war, traute ihm Herodes nicht. Seine Söhne selbst ließ er vor Gericht nicht erscheinen, und zwar aus wohlbegründeter Vorsicht, da ihm klar war, daß sie sonst zum Gegenstand des allgemeinen Mitgefühls würden, und wenn man sie gar reden lasse, dann wäre es dem Alexander ein leichtes, die Anklagepunkte wirkungslos zu machen. Man hielt sie im Dorf Platane auf sidonischem Boden in Gewahrsam.

3. Der König erhob sich nun und erging sich gegen seine Söhne mit solchem Nachdruck, als wären sie anwesend. Doch was er gegen ihren Attentatsplan vorbrachte, entbehrte der Kraft, als fiele es ihm schwer, den Nachweis zu führen. Dagegen wartete er mit einer Menge von Schmähungen und Äußerungen des Spottes, mit Unverschämtheiten und Kränkungen auf, die er hatte hinnehmen müssen, wobei er vor Gericht betonte, es handle sich dabei um Zu-

mutungen, die schwerer wögen als der Tod. Niemand wandte etwas dagegen ein, und so begann er in jammervollem Ton zu bedauern, daß er der Unterlegene sein werde in diesem Verfahren, auch wenn er obsiege, da der Sieg über seine Kinder bitter sei. Dann forderte er jeden auf, seine Meinung zu äußern. Als erster tat dies Saturninus, indem er sagte, er müsse wohl gegen die jungen Leute erkennen, aber nicht auf die Todesstrafe, denn in Gegenwart seiner drei Söhne schicke es sich nicht für ihn, seine Stimme für die Vernichtung der Söhne eines anderen abzugeben. Ihm schlossen sich die beiden Legaten an und diesen wieder andere. Erst Volumnius begann mit dem harten Verdikt, und wer nach ihm kam, trat für die Verurteilung der Angeklagten ein; die einen taten es aus Unterwürfigkeit, die anderen aus Haß gegen Herodes, kein einziger aus einer feindseligen Gesinnung gegenüber den Prinzen. Ganz Syrien und das Judenland waren jetzt in gespannter Erregung hinsichtlich des Ausgangs des Dramas; niemand jedoch konnte sich vorstellen, Herodes werde seine Unmenschlichkeit bis zur Hinrichtung seiner eigenen Kinder treiben. Doch der König ließ sie nach Tyrus verschleppen und von dort auf dem Schiffsweg nach Caesarea, wobei es für ihn nur noch einen Zweifel darüber gab, welche Hinrichtungsart er wählen solle.

4. Da war ein alter Soldat des Königs, Tiron mit Namen, dessen Sohn mit Alexander eng befreundet war, der diese freundschaftliche Gesinnung auch gelegentlich erwiderte. Diesem ging die Sache derart nahe, daß er darüber den Verstand verlor. Anfänglich lief er ziellos umher, wobei er schrie, das Recht sei mit Füßen getreten, die Wahrheit sei dahin, die Ordnung der Natur sei zerstört, es gebe nur noch ein Leben der Rechtlosigkeit, und was der Schmerz einem Menschen in die Brust legt, der mit dem Leben abgerechnet hat. Schließlich wagte er sich bis zum König vor und rief ihm zu: »Offenbar bist du von dem bösesten aller bösen Geister besessen, da du dich gegen deine Liebsten von den gemeinsten Menschen beeinflussen läßt, nämlich von Pheroras und Salome, über die du schon oft den Stab gebrochen hast! Ihnen vertraust du gegen deine Söhne! Und dabei haben sie doch kein anderes Ziel, als daß

sie dich um die rechtmäßigen Thronfolger bringen und nur den Antipater dafür übriglassen wollen, d. h. daß sie den Mann zum König haben wollen, der ihnen am gefügigsten ist. Doch nimm dich in acht, daß der Tod der Brüder nicht auch gegen Antipater den Haß der Soldaten entflamme, denn keiner von ihnen ist frei von Mitgefühl für die beiden jungen Leute. Und viele Offiziere zeigen ganz offen ihre ablehnende Haltung.« Und dazu nannte er gleich auch die Namen dieser Unzufriedenen. Der König jedoch ließ diese sofort samt Tiron und seinem Sohn verhaften.

5. Da packte auch einen der Hofbarbiere namens Tryphon der Wahnsinn, und er stellte sich offen hin und zeigte sich selbst an mit den Worten: »Auch mich wollte dieser Tiron dazu bringen, dich während meiner Arbeit an dir mit dem Messer zu töten, und er versprach mir die großartigsten Geschenke von Alexander.« Herodes antwortete damit, daß er den Tiron samt seinem Sohn und dem Barbier foltern ließ. Vater und Sohn stritten alles ab, und auch der Barbier machte keine weitere Aussage, worauf Herodes bei Tiron die Folter verstärken ließ. Da konnte es der Sohn nicht mehr mitansehen, und er versprach dem König, alles zu sagen, wenn er nur seines Vaters Leben verschone. Herodes erklärte sich bereit, und nun sagte er aus, sein Vater habe ihm wirklich auf Anstiften Alexanders nach dem Leben getrachtet. Teils behauptete man, es sei nur ein fingiertes Geständnis gewesen mit dem Zweck, den Vater von der Folter zu erlösen, teils sah man darin die Wahrheit.

6. Da nun wurde die Volksversammlung einberufen, und Herodes machte Stimmung gegen Tiron und die hohen Offiziere und erhob sogar Anklage gegen sie. Mit Holzklötzen und Steinen wurden sie tatsächlich zusammen mit dem Barbier auf der Stelle zu Tode gebracht. Dann schickte Herodes die Söhne nach Sebaste ganz in der Nähe von Caesarea und gab Befehl, sie zu erdrosseln. Das wurde sofort ausgeführt, und die Leichen ließ er nach Alexandreion bringen, um sie dort neben Alexander, ihrem Großvater mütterlicherseits, beisetzen zu lassen. Das war das furchtbare Ende von Alexander und Aristobulos.

28. KAPITEL

1. Nun also war Antipater unbestrittener Thronfolger, aber der Haß des Volkes, der sich nunmehr gegen ihn wandte, ging über seine Kraft; denn es war ja offen bekannt, daß alle Verleumdungen gegen seine Brüder von ihm und von niemand anderem stammten. Auch wenn er sah, wie die Kinder der Ermordeten allmählich größer wurden, beschlich ihn keine geringe Furcht. Von Glaphyra stammten nämlich zwei Söhne des Alexander, Tigranes und Alexander, während Aristobulos von Berenike, der Tochter Salomes, die Söhne Herodes, Agrippa und Aristobulos besaß, außerdem noch die Töchter Herodias und Mariamne. Nach der Hinrichtung des Alexander schickte Herodes die Glaphyra samt ihrer eingebrachten Habe nach Kappadokien zurück. Berenike, die Witwe des Aristobulos, gab er einem Onkel Antipaters mütterlicherseits zur Frau. Letzteres war ein Werk des Antipater, der sich dadurch Salome günstig stimmen wollte, mit der er verfeindet war. Den Pheroras umschmeichelte er ständig mit Geschenken und allerhand Freundlichkeiten, und er verfuhr genauso mit den Freunden des Caesars, denen er gewaltige Geldmittel nach Rom schickte. Besonders Saturninus und seine Leute in Syrien bekamen seine Gebefreudigkeit zu spüren. Doch mit den ausgegebenen Summen wuchs der Haß gegen ihn, weil man sie nicht als Zeichen einer edelmütigen Gesinnung ansehen konnte, sondern weil man sah, daß ihn die Angst zum Verschwender machte. Der Erfolg war also, daß die Empfänger ihm in keiner Weise besser gesinnt wurden, während sich seine Feinde, die ja leer ausgegangen waren, in ihren Haß hineinsteigerten. Immer großartiger wurden jedoch seine Geschenke, als er bemerkte, wie sich der König höchst unerwartet um die Waisen kümmerte und wie er durch sein Mitleid mit den Kindern der Getöteten Reue über die Untat bekundete.

2. Schließlich war es nämlich so weit, daß Herodes seine Verwandten und Freunde zusammenrief und die Kinder vorstellte und mit Tränen in den Augen folgendermaßen zu den Versammelten sprach: »Es war ein düsterer Dämon, der mir die Väter dieser Kin-

der nahm, und es ist nicht minder diese Tatsache als das Gesetz der Natur, wodurch ich mich zur Obsorge für die Waisen gedrängt sehe. War ich auch als Vater sehr unglücklich, so will ich doch versuchen, als Großvater um so fürsorglicher zu sein, und ich will ihnen nach meinem Tod nur meine besten Freunde als Beschützer hinterlassen. Deine Tochter, Pheroras, verlobe ich deshalb mit dem ältesten der Söhne des Alexander, damit du ihm ein Pflegevater seiest, der ihm durch Verwandtschaft verpflichtet ist, und mit deinem Sohn, Antipater, verlobe ich des Aristobulos Tochter; möchtest du auf diese Weise der Vaterlosen ein Vater sein! Und ihre Schwester soll mein Sohn Herodes ehelichen, der von seiten der Mutter einen Hohenpriester zum Großvater hat. Das sei die Entscheidung, die ich von mir aus fälle, und keiner meiner Freunde möge daran rütteln. Doch bete ich auch zu Gott, daß er diese Ehen zum Wohl meines Reiches und meiner Nachfahren fest füge und daß er gütiger auf diese Kinder herabblicke denn auf ihre Väter!«

3. Noch indem er dies sprach, kamen ihm die Tränen, und er legte die Hände der Kinder ineinander; dann umarmte er jedes liebevoll und entließ die Versammlung. Antipater jedoch ward im gleichen Augenblick von einem Schrecken erfaßt, und der Kummer stand ihm für jeden sichtbar im Gesicht. Er rechnete nämlich damit, daß die Tatsache, daß sein Vater die Waisen ehrte, gleichbedeutend sei mit der Ausschaltung seiner Person und daß er neuerdings einen schweren Stand im Staate haben würde, wenn den Söhnen Alexanders neben Archelaos auch noch Pheroras in seiner Eigenschaft als Tetrarch Helfersdienste leistete. Er bedachte auch, wie sehr das Volk ihn hassen würde und wie es die Waisen bemitleidete, ferner wie sehr die Juden ihre Teilnahme noch zu Lebzeiten der Brüder bekundeten und wie sehr sie die Erinnerung an sie pflegten, nachdem sie durch seine Schuld den Tod gefunden hatten. So entschloß er sich, alles daranzusetzen, daß die Verlobungen wieder auseinandergingen.

4. Mit List und Tücke getraute er sich nicht gegen den Vater zu arbeiten, da dieser schwer zugänglich war und außerdem rasch Verdacht schöpfte; doch wagte er es, sich geradewegs mit der Bitte

an ihn zu wenden, ihm nicht die Ehre wieder zu nehmen, deren er ihn bereits für würdig erachtet hätte, und nicht zu gestatten, daß er nur dem Namen nach König sei, während andere die Macht besäßen. Er würde nämlich niemals zur Herrschaft gelangen, wenn der Sohn Alexanders zu seinem Großvater Archelaos auch noch Pheroras als Schwiegervater erhalte. Der König war ja mit neun Frauen verehelicht, und von ihnen hatte er sieben Söhne: Antipater selbst war von Doris, Herodes von Mariamne, der Tochter des Hohenpriesters, Antipas und Archelaos stammten von der Samariterin Malthake, ferner die Tochter Olympias, die Gattin seines Neffen Joseph; von Kleopatra aus Jerusalem hatte er Herodes und Philippus, Phasael von Pallas. Er hatte auch noch andere Töchter, nämlich Roxane und Salome, die eine von Phädra, die andere von Elpis. Zwei seiner Gattinnen, eine Base und eine Nichte, hatten ihm keine Kinder geboren. Außerdem waren noch von Mariamne zwei Schwestern des Alexander und des Aristobulos vorhanden. Antipater verwies auf diese vielfältige Nachkommenschaft und bat Herodes, er möge doch die Heiratsvorhaben abändern.

5. Der König reagierte auf diese Bitte äußerst zornig, da er zu verstehen glaubte, wie Antipater den Waisen gesinnt war, und mehr und mehr kam ihm die Einsicht, daß Antipaters geheime Machenschaften auch das Schicksal der Hingerichteten verursacht hatten. Fürs erste antwortete er ihm in längerer Rede voll Zorn und wies ihn hinweg; später jedoch wußte ihn Antipater durch seine Schmeicheleien dahin zu bringen, daß er anders disponierte, ihm selbst die Tochter des Aristobulos zur Frau bestimmte und für Antipaters Sohn die Tochter des Pheroras.

6. Welch ungeheuren Einfluß in dieser Sache Antipater durch seine gleißnerischen Lobhudeleien auszuüben vermochte, kann man wohl daran ermessen, daß sogar Salome in einem ähnlichen Anliegen nicht zum Ziel kam. Denn obgleich sie die Schwester war und ihn, unterstützt von Livia, der Gattin des Caesar, mit allem Nachdruck bat, in eine Heirat mit dem Araber Syllaeus zu willigen, schwur Herodes einen heiligen Eid, er werde sie als seine Todfeindin ansehen, wenn sie auf diesem Ansinnen bestünde; am Ende gab

er sie, wiewohl sie sich dagegen sträubte, dem Alexas zur Frau, einem seiner Freunde. Und von ihren Töchtern verheiratete er die eine mit dem Sohn des Alexas, die andere mit Antipaters Onkel mütterlicherseits. Von den Töchtern der Mariamne hatte die eine Antipater, den Sohn seiner Schwester, zum Gatten, die andere Phasael, seines Bruders Sohn.

29. KAPITEL

1. Als Antipater nunmehr die Hoffnung der Waisen zunichte gemacht und die Heiraten in seinem Sinn beeinflußt hatte, glaubte er, festen Boden gewonnen zu haben für die Durchsetzung seiner eigenen Absichten; so gesellte sich zu seiner Bosheit noch ein Selbstgefühl, das ihn unausstehlich machte. Da er nämlich gegen den Haß, der ihm von überallher zuteil wurde, nichts machen konnte, versuchte er, Sicherheit zu gewinnen, indem er Schrecken verbreitete. Auch Pheroras schlug sich zu ihm, als wäre ihm der Thron schon sicher. Aber es entstand am Hofe auch eine Parteiung von Frauen, wodurch es zu zusätzlichen Streitereien kam. Die Gattin des Pheroras nämlich benahm sich zusammen mit ihrer Mutter und ihrer Schwester und im Verein mit der Mutter des Antipater im Königsschloß äußerst lasziv und scheute nicht einmal davor zurück, zwei Töchter des Königs anzuschwärzen. Deshalb hatte Herodes eine Abneigung gegen sie. Aber obgleich der König diese Frauen in seiner Seele haßte, wußten sie doch über die anderen zu herrschen. Einzig Salome schlug aus der Art und bedeutete dem König, diese Clique erwiese seiner Sache einen schlechten Dienst. Kaum hatten die Frauen davon gehört und erfahren, daß ihnen Herodes zürne, da vermieden sie jede öffentliche Begegnung und jede freundschaftliche Geste untereinander, ja, wenn es der König hören konnte, taten sie sogar, als wären sie miteinander verfeindet. Auch Antipater beteiligte sich an dieser Komödie, indem er sich in der Öffentlichkeit mit Pheroras stritt. Im geheimen hielten sie aber ihre Zusammenkünfte mit nächtlichen Gelagen, und daß sie sich

beobachtet wußten, knüpfte ihre Bande nur noch enger. Salome jedoch erfuhr alles, was sie unternahmen, und alles brachte sie dem König zu Ohren.

2. Schließlich aber loderte des Königs Zorn auf, vor allem gegen die Gattin des Pheroras, gegen die Salome besonders mit ihren Verleumdungen gearbeitet hatte. Deshalb rief Herodes nun seine Freunde und Verwandten zusammen und erhob gegen die Frau unter anderem besonders wegen Verächtlichmachung seiner Tochter schwerste Vorwürfe; sie habe sich auch die Pharisäer durch Geldgeschenke gegen ihn gefügig gemacht und habe ihm durch Verabreichung von Drogen den eigenen Bruder entfremdet. Schließlich erklärte er, zu Pheroras gewandt, er solle sich entscheiden, entweder für ihn, d. h. für seinen Bruder, oder für die Frau. Als Pheroras daraufhin seinen Willen kundtat, lieber zu sterben, als seine Frau zu verlassen, da war Herodes in Verlegenheit, wie er reagieren sollte, und wandte sich mit der Aufforderung an Antipater, jeder Begegnung mit der Frau des Pheroras, mit ihm selbst und mit Leuten aus ihrer Umgebung aus dem Wege zu gehen. In der Öffentlichkeit hielt sich Antipater an diesen Befehl, insgeheim aber weilte er ganze Nächte hindurch bei ihnen. Da er jedoch fürchten mußte, daß Salome ihm nachspioniere, setzte er es durch Mithilfe seiner Freunde in Italien durch, daß man ihn nach Rom auf Reisen schickte. Herodes säumte keinen Augenblick und entließ ihn mit prunkvollem Gefolge und viel Geld, und er nahm zugleich die Gelegenheit wahr, das Testament zu überbringen, das Antipater zum König und zu dessen Nachfolger den Herodes bestimmte, den Sohn der Mariamne, der Tochter des Hohenpriesters.

3. Aber auch Syllaeus, der Araber, ging auf Fahrt nach Rom, da er sich nicht an die Weisungen des Caesars gehalten hatte, jedoch auch weil er gegen Antipater gerichtlich vorgehen wollte, und zwar in der gleichen Sache, die erst kürzlich Gegenstand einer gerichtlichen Auseinandersetzung mit Nikolaos gewesen war. Dazu kam er auch mit Aretas, seinem König, sehr schlecht aus; er hatte nämlich mehrere von seinen Freunden aus dem Wege geräumt, vor allem auch Soemos, eine der einflußreichsten Persönlichkeiten in

Petra. Als Helfer gegen Herodes selbst hatte er den Fabatus, einen Verwalter des Caesars, den er sich durch große Geldzuwendungen gefügig gemacht hatte. Herodes aber zahlte dem Fabatus noch mehr und entzog ihn so dem Syllaeus, und er wollte ihn dazu gebrauchen, Gelder einzutreiben, deren Bezahlung von Caesar dem Araber zur Pflicht gemacht worden war. Syllaeus jedoch behielt alles für sich und schwärzte dazu noch den Fabatus beim Caesar an, er kümmere sich nicht um die Belange des Kaisers, sondern nehme die Interessen des Herodes wahr. Wutentbrannt gab nun Fabatus, den Herodes immer noch sehr schätzte, die geheimen Absichten des Syllaeus preis, indem er dem König mitteilte, Syllaeus habe den Korinthos, einen der Leibwächter des Königs, bestochen, und man müsse ihn deshalb hinter Schloß und Riegel setzen. Der König handelte dementsprechend; denn Korinthos war wohl in seinem Königreich herangewachsen, war aber in Arabien geboren. Auf der Stelle ließ er nicht nur ihn, sondern auch noch zwei andere Araber verhaften, die sich bei ihm befanden, nämlich einen Vertrauten des Syllaeus und einen Stammeshäuptling. Während der Folter gestanden sie, den Korinthos durch große Geldzuwendungen für ein Attentat auf Herodes gekauft zu haben. Saturninus, der Statthalter von Syrien, führte denn auch die Untersuchung gegen sie und schickte sie dann nach Rom.

4. Herodes drängte mittlerweile unentwegt Pheroras, sich von seiner Frau scheiden zu lassen. Obgleich dieser jedoch Grund genug gehabt hätte, über sie ungehalten zu sein, so dachte er doch nicht daran, gegen sie vorzugehen, bis schließlich das Maß des Ärgers voll war und er mit ihr zusammen auch den Bruder in die Verbannung schickte. Pheroras aber fand sich mit dieser Behandlung ab und zog sich in seine Tetrarchie zurück; freilich tat er dabei den Schwur, daß einzig des Herodes' Tod seine Verbannung beenden werde. Solange der König lebte, wollte er auf keinen Fall zurückkehren. Nicht einmal als sein Bruder erkrankte, besuchte er ihn, mochte dieser ihn noch so sehr darum bitten, da er ihm vor seinem Ende noch einiges aufzutragen hatte. Wider Erwarten genas jedoch Herodes wieder, wogegen Pheroras wenig später erkrankte; und

jetzt erwies sich Herodes entgegenkommender: Er besuchte ihn und bemühte sich voll Anteilnahme um ihn. Pheroras freilich kam nicht mehr auf und starb schon nach wenigen Tagen. Und obschon ihm Herodes bis zum letzten Tag seine brüderliche Liebe bekundet hatte, hieß es doch, er habe auch ihn durch Gift aus dem Wege geräumt. Jedenfalls ließ er die Leiche nach Jerusalem bringen, ordnete eine allgemeine Volkstrauer an und gab ihm die Ehre einer besonders prunkvollen Bestattung. So endete einer der Mörder des Alexander und des Aristobulos.

30. KAPITEL

1. Die Rache, die mit dem Tode des Pheroras ihren Anfang genommen hatte, richtete sich nun gegen Antipater, den Initiator der ganzen Vorgänge. Einige Freigelassene des ersteren liefen nämlich voller Betrübnis zum König und berichteten ihm, sein Bruder sei vergiftet worden. Seine Frau habe ihm nämlich eine gänzlich ungewohnte Speise verabreicht; er habe davon gegessen und sei auf der Stelle erkrankt. Zwei Tage zuvor sei auf Geheiß der Mutter und der Schwester aus Arabien eine zauberkundige Weibsperson gekommen, um für Pheroras einen Liebestrank zu brauen; Syllaeus jedoch, der sie gut kannte, habe sie veranlaßt, ihm statt dessen den Todestrank zu reichen.

2. Gepeitscht von den sich verdichtenden Verdachtsmomenten, gab der König Befehl, Sklavinnen und einige Freie zu foltern; eine davon rief in ihren Schmerzen: »Gott, der Herr über Himmel und Erde, wolle sie schlagen, die alle unsere jetzigen Qualen verschuldet, die Mutter Antipaters!« Das war für den König ein Ansatzpunkt, um zur Wahrheit vorzudringen. Die Frau machte Angaben darüber, wie eng Antipaters Mutter mit Pheroras und dessen Frauen befreundet war und wie sie sich heimlich trafen; fernerhin über die Zechereien, die Pheroras und Antipater mit den Frauen nächtlicherweile veranstalteten, wenn sie vom König kamen, und

daß sie dabei keinen Diener und keine Dienerin zuließen. Und solches bekundete tatsächlich eine von den Freien.

3. Die Sklavinnen ließ Herodes jede einzeln foltern, und einstimmig bezeugten ihre Aussagen alle das nämliche wie die vorhergegangenen und daß es fest vereinbart gewesen sei, daß sich Antipater nach Rom und Pheroras nach Peräa absetzte. Häufig nämlich hätten sie sich darüber besprochen, daß Herodes nach Alexander und Aristobulos nunmehr gegen sie selbst und ihre Frauen vorgehen würde. Denn nach seinem Wüten gegen Mariamne und ihre Kinder werde niemand mehr mit Schonung rechnen dürfen, weshalb es besser sei, vor dieser Bestie die Flucht zu ergreifen, und zwar so weit fort wie möglich. Oft schon habe Antipater seiner Mutter geklagt, er selbst bekomme schon graue Haare, wogegen sein Vater sich ständig verjünge; er müsse wohl mit dem Tod rechnen, ehe er tatsächlich die Herrschaft übernehmen könne. Sollte Herodes aber doch einmal sterben – wann könnte das wohl sein? –, dann würde er sich jedenfalls nur kurz der Thronfolge erfreuen können. Der Hydra wüchsen ihre Köpfe wieder nach, die Kinder Aristobulos' und Alexanders. Herodes habe ihn außerdem jeder Hoffnung für seine Kinder beraubt, da er testamentarisch verfügt habe, daß im Falle seines Todes keines seiner Kinder, sondern Herodes, der Mariamne Sohn, Thronfolger sein solle. Doch hierin spiele ihm auf jeden Fall sein Alter einen Streich, wenn er glaube, das Testament werde seine Gültigkeit bewahren. Denn er selbst werde ja alles tun, daß von seiner Familie niemand mehr am Leben bliebe. Tatsächlich habe kein Vater seine Kinder mehr gehaßt als er, aber sein Haß gegen die Geschwister sei noch größer. Erst vor kurzem habe er ihm hundert Talente gegeben mit der Auflage, mit Pheroras künftig kein Wort mehr zu wechseln, und als dann Pheroras fragte: »Wieso, haben wir ihm denn etwas zuleide getan?«, da habe Antipater geantwortet: »Möchte er uns doch das nackte Leben lassen, nachdem er uns schon alles genommen hat! Aber man kann einer solchen Mordbestie nicht entkommen, die es nicht einmal leiden kann, daß man Freunde hat. Jetzt können wir nur insgeheim zusammenkommen, aber es wird die Zeit kommen, wo wir

es offen tun können, sofern wir einmal Männer sind mit Herz und Hand.«

4. Solches bekannten die gefolterten Sklavinnen; und sie sagten auch aus, Pheroras habe sich entschlossen, allein nach Petra zu fliehen. Herodes glaubte das alles auf Grund der erwähnten hundert Talente, über die er einzig mit Antipater gesprochen hatte. Zuvörderst bekam Doris, die Mutter des Antipater, seinen Zorn zu spüren: Er nahm ihr die gesamten Juwelen im Wert von vielen Talenten weg, die er ihr früher zum Geschenk gemacht hatte, und verstieß sie zum zweitenmal. Mit den Gattinnen des Pheroras jedoch versöhnte er sich und ließ ihre von der Folterung stammenden Wunden behandeln. Die Furcht machte ihn ängstlich, und jeder Verdacht brachte ihn außer Fassung; zahlreiche Unschuldige lieferte er den Henkersknechten aus, so quälte ihn die Angst, ein Schuldiger könne ihm entschlüpfen.

5. So stieß er auch auf den Samaritaner Antipater, den Verwalter des jungen Antipater. Der Gefolterte ließ ihn wissen, Antipater habe sich in Ägypten durch seinen Freund Antiphilos Gift mit tödlicher Wirkung besorgen lassen, womit Herodes beseitigt werden sollte; Theudion, des Antipater Onkel, habe es angenommen und an Pheroras vermittelt. Und diesem habe Antipater den Auftrag gegeben, Herodes umzubringen, während er selbst in Rom weilte und so über ein Alibi verfügte. Pheroras jedoch habe das Gift seiner Frau in Verwahrung gegeben. Der König ließ sie gleich kommen und forderte sie auf, herauszugeben, was ihr ausgehändigt worden war. Tatsächlich ging sie weg, als wollte sie dem Befehl nachkommen, stürzte sich jedoch vom Dach herunter, um der Untersuchung und Bestrafung zu entgehen. Es scheint aber, daß es der Wille Gottes war, der sich gegen Antipater richtete, so daß sie nicht auf den Kopf stürzte, sondern auf andere Körperteile und so gerettet werden konnte. Man brachte sie vor den König, und dieser ließ die vom Fall Betäubte wieder zum Leben bringen und richtete die Frage an sie, weshalb sie sich herabgestürzt habe. Er beteuerte unter Eid, er wolle auf jegliche Bestrafung verzichten, wenn sie die Wahrheit sage; behalte sie aber etwas für sich, dann solle die Folter

ihren Leib derart zerfetzen, daß nichts mehr von ihr für eine Beerdigung übrigbleibe.

6. Einen Augenblick hielt sie inne, dann gab sie ihm zur Antwort: »Weshalb soll ich ein Geheimnis noch bewahren, wo Pheroras bereits tot ist? Soll ich etwa Antipater zu retten suchen, der uns alle in den Untergang gerissen hat? Höre also, König, und mit dir wolle Gott, der nicht irren kann, Zeuge sein, daß ich die Wahrheit spreche: Damals, als du dich von Tränen überströmt bei dem sterbenden Pheroras aufhieltest, da rief er mich zu sich und sprach: ›Die Gesinnung meines Bruders gegen mich habe ich gänzlich falsch eingeschätzt, Frau, da ich ihn haßte, der mich so sehr liebt, und ich wollte ihn töten, der sich meinethalben solche Sorgen machte, obgleich ich noch gar nicht verschieden bin. Nunmehr ernte ich den Lohn für meine Gemeinheit. Du hast doch das Gift in Verwahrung, das uns Antipater hinterließ und das für den König bestimmt war? Schnell, bring es und vernichte es vor meinen Augen, daß ich den Geist der Rache nicht mit in den Hades nehme!‹ Ich tat, wie er befohlen, und goß den größeren Teil vor seinen Augen ins Feuer; einen kleinen Rest jedoch hob ich für mich auf, um für alle Fälle gewappnet zu sein, und da ich vor dir Angst hatte.«

7. Nach dieser Rede holte sie den Behälter herbei, in dem noch ein winziger Teil des Giftes war. Der König aber übergab Mutter und Bruder des Antiphilos den Folterknechten; tatsächlich gestanden sie, Antiphilos habe den Behälter aus Ägypten gebracht, nachdem er sich ihn dort von seinem Bruder, einem Arzt in Alexandria, besorgt hatte. Ja, die Schatten Alexanders und Aristobulos' gingen im ganzen Königsschloß um wie die Spürhunde, die alles Verborgene ans Licht bringen. Sogar jene, die gänzlich frei von jeglichem Verdacht waren, verwickelten sie in die Untersuchung. Und so wurde Mariamne, die Tochter des Hohenpriesters, als Mitwisserin der Verschwörung überführt, da es die Brüder unter der Folter bekannten. Der König aber zog für den Frevel der Mutter auch den Sohn zur Verantwortung, denn er tilgte den Namen ihres Sohnes Herodes, dem die Nachfolge des Antipater zugedacht war, aus dem Testament.

31. KAPITEL

1. Aber noch nicht genug damit, es erbrachte auch noch Bathyllos seine Beweise, und jetzt waren die Absichten Antipaters offensichtlich. Bathyllos nämlich, ein Freigelassener des Antipater, hatte sich mit einem anderen tödlich wirkenden Mittel eingefunden, mit Schlangengift und Säften von verschiedenen Kriechtieren, daß Pheroras und seine Gattin gegen den König gewappnet seien, wenn das erste Gift seine Wirkung verfehlen sollte. Doch außer mit dieser Untat an seinem Vater war er noch damit betraut, die Briefe beizubringen, die Antipater gefälscht hatte, um seine Brüder zu vernichten. Archelaos nämlich und Philippos, zwei Söhne des Königs, hatten in Rom ihre Erziehung genossen und waren zu hochgesinnten jungen Männern herangewachsen. Nun glaubte Antipater, diese schleunigst beseitigen zu müssen, da sie seinen Absichten im Wege stünden, und um dies zu bewerkstelligen, fälschte er teils Briefe auf den Namen seiner Freunde in Rom, teils bestach er andere Freunde, daß sie selbst Briefe schrieben, in denen zu lesen war, die Jünglinge führten häufig schlechte Reden über den Vater und machten kein Hehl aus ihrem Unwillen über Alexander und Aristobulos und seien außerdem empört darüber, daß man sie zurückberufe. Schon war nämlich eine diesbezügliche Anweisung des Vaters an sie ergangen, und das bereitete dem Antipater am meisten Unbehagen.

2. Übrigens hatte er sich schon vor seiner Abreise noch während seines Aufenthalts in Judäa auf dem Wege der Bestechung in Rom Briefe solchen Inhalts gegen seine Brüder zu verschaffen gewußt, um aber jeden Verdacht von sich fernzuhalten, begab er sich zu seinem Vater und legte dort Fürsprache für seine Brüder ein; er tat es, indem er die Briefe teils als lügnerisch bezeichnete, teils ihren Inhalt als Auswirkung jugendlichen Leichtsinns hinstellte. Weil er jedoch für die Absender der Briefe gegen die Brüder viel Geld benötigte, versuchte er, etwaige Nachforschungen auf die falsche Spur zu bringen, und kaufte deshalb teure Kleider, vielfarbige Teppiche, silbernes und goldenes Trinkgerät und zahlreiche andere

Wertobjekte, um hinter den hohen Kosten für diese Dinge die Aufwendungen für Bestechungsmanöver verschwinden zu lassen. Im ganzen handelte es sich dabei um eine Ausgabe von 200 Talenten, die nach seiner Aussage großenteils der Prozeß gegen Syllaeus verschlang. Seinerzeit kamen mit seiner Hauptschuld auch alle geringeren Vergehen ans Tageslicht, da die vielen Folterungen keinen Zweifel ließen an dem beabsichtigten Vatermord und nicht minder die Briefe an einem weiteren Anschlag auf die Brüder. Gleichwohl benachrichtigte ihn keiner von denen, die in Rom eintrafen, von der verhängnisvollen Entwicklung der Dinge in Judäa, obgleich zwischen jener Untersuchung und seiner Rückkehr ein Zeitraum von sieben Monaten lag, in solchem Maße war er für alle ein Gegenstand des Hasses geworden. Vielleicht auch waren es die Geister der ermordeten Brüder, die jene verstummen ließen, die die Absicht gehabt hätten, zu reden. Und so teilte er denn aus Rom guter Dinge seine baldige Heimkehr mit und schilderte ferner, wie ehrenvoll ihn der Kaiser entlassen habe.

3. Der König nun glühte förmlich vor Begierde, den Schurken zu fassen, doch war er besorgt, dieser werde vorzeitig etwas erfahren und sich dementsprechend vorsehen. Deshalb schlug er in seinem Brief einen sehr freundlichen Ton an und ermunterte ihn zur Eile: Wenn er rasch eintreffe, werde er die Klagen über seine Mutter wirkungslos machen können; denn Antipater hatte schon davon erfahren, daß seine Mutter verstoßen worden war. Zuvor schon hatte er zu Tarent die briefliche Mitteilung vom Tode des Pheroras erhalten und eine tiefe Traurigkeit an den Tag gelegt, was ihm gewisse Kreise hoch anrechneten, da sie der Meinung waren, diese Trauer beziehe sich auf seinen Onkel. Tatsächlich ging es ihm offenbar nahe, daß aus dem Anschlag nichts geworden war, und seine Niedergeschlagenheit bezog sich nicht so sehr auf Pheroras, sondern auf die Tatsache, daß er seinen Helfer eingebüßt hatte. Nunmehr überkam ihn auch im Hinblick auf das Geschehene die Furcht, man könnte das Gift gefunden haben. Und in dieser Situation erreichte ihn der vorerwähnte Brief seines Vaters, und nun gab es für ihn keinen Aufenthalt mehr. Bei der Landung in Kelenderis

freilich überkam ihn der Gedanke an die leidvolle Lage seiner Mutter, und dies war der Augenblick, da sein Instinkt bereits auch sein eigenes Schicksal witterte. Die Vorsichtigeren unter seinen Freunden redeten nun auf ihn ein, er solle nicht vor seinem Vater erscheinen, bevor er über den Grund für die Verstoßung seiner Mutter Gewißheit habe; fürchteten sie doch, die Anklagen gegen sie könnten weitere Anklagen zur Folge haben. Diejenigen, die weniger Bedenken hatten und denen es mehr um eine schnelle Rückkehr in die Heimat ging als um das Wohl des Antipater, mahnten immer wieder, die Reise zu beschleunigen; er solle nicht durch seine Zaghaftigkeit den Vater unnötig stutzig machen und die Verleumder neuerdings auf den Plan rufen. Denn gesetzt, es sei jetzt etwas gegen ihn im Gange, dann deswegen, weil er eben abwesend war, während in seiner Gegenwart niemand derartiges riskiert hätte. Auch sei es dumm, wegen eines ungreifbaren Verdachts auf sichere Vorteile zu verzichten. Er solle doch vielmehr möglichst schnell vor den Vater treten und nach der Königsherrschaft greifen, die in Gefahr sei, solange Herodes sich allein befinde. Diesem Rat beugte er sich, denn sein Dämon trieb ihn dazu; er ging zu Schiff und landete im Hafen Sebastos von Caesarea.

4. Wider Erwarten traf er hier auf eine allgemeine Teilnahmslosigkeit, da ihm alle den Rücken kehrten und sich niemand heranzukommen wagte; denn es haßte ihn einer wie der andere, und der Haß verfügte nunmehr über die Freiheit, sich offen kundtun zu dürfen. Ein großer Teil blieb ihm auch fern aus Furcht vor dem König, da in der Stadt schon zahllose Gerüchte über Antipater gingen, und nur er selber hatte keine Ahnung von seiner Situation. Niemals gab es für jemand einen prächtigeren Abschied als den seinen von Rom, niemals einen frostigeren Empfang als den seinen jetzt hier. Nun überkamen ihn doch Bedenken über die Katastrophe in seinem Haus; doch er war klug genug, sie zu verbergen, und wiewohl ihm im Inneren vor Furcht sterbenselend war, zwang er sich gleichwohl nach außen hin zu hochfahrendem Stolz. Unmöglich war es freilich, an Flucht zu denken oder sich aus der Umstrikkung zu lösen. Über die Vorgänge in der Familie erfuhr er auch

hier nichts Richtiges, die Drohung des Königs verhinderte es. Einige belebende Hoffnung schöpfte er wieder daraus, daß allenfalls doch nichts ans Licht gekommen sein könnte oder daß ein forsches Auftreten und entsprechende Tricks die Sache wieder ins Lot brächten. Nur solche Überlegungen zeigten ihm noch Möglichkeiten für eine Rettung.

5. Und indem er sich dahinter verschanzte, trat er ohne Beisein eines Freundes in das Königsschloß. Seine Freunde nämlich waren am ersten Tor in entehrender Form aufgehalten worden. Drinnen aber befand sich soeben Varus, der Statthalter von Syrien. Antipater jedoch ging jetzt zu seinem Vater hinein, raffte seine ganze Unverschämtheit zusammen und trat näher, um ihn zu umarmen. Der König jedoch streckte abwehrend die Hand vor sich, wandte den Kopf zur Seite und schrie laut und vernehmlich: »Muß ein Vatermörder mich, sein Opfer, auch noch zu umarmen suchen, er, der unter einer solchen Last von Anklagen steht? Nieder mit dir, du Nichtswürdiger, deine Finger weg von mir, solange du dich von den Vorwürfen wider dich nicht gereinigt hast! Ich gebe dir ein Gericht, und Varus hier sei dein Richter; er kam eben im rechten Augenblick. Hinweg mit dir! Besorge dir bis morgen Unterlagen, daß du dich verteidigen kannst. Sogar Zeit für deine tückischen Ausflüchte will ich dir geben!« Antipater war wie vor den Kopf gestoßen und fand keine Antwort darauf; er zog sich zurück, doch fanden sich seine Mutter und seine Gattin bei ihm ein und informierten ihn über alles, was als Beweismittel gegen ihn vorgebracht wurde. Und jetzt betrachtete er die Sache wieder nüchternen Sinnes und befaßte sich mit seiner Verteidigung.

32. KAPITEL

1. Tags darauf berief der König einen Gerichtshof aus seinen eigenen Freunden und Verwandten, beorderte aber auch die Freunde Antipaters dazu. Er selbst führte zusammen mit Varus den Vorsitz und ließ nun sämtliche Zeugen auftreten, unter ihnen sogar Sklaven von Antipaters Mutter, die erst kürzlich gefangengesetzt worden waren und die jetzt einen Brief aus ihrer Hand an den Sohn vorweisen konnten, der folgendermaßen lautete: »Da dein Vater alle jene Dinge erfahren hat, halte dich unter allen Umständen fern von ihm, es müßte denn sein, daß der Caesar dein Helfer ist!« Gerade als diese und auch die anderen Zeugen hereingebracht wurden, trat auch Antipater ein, warf sich zu Füßen seines Vaters auf sein Antlitz nieder und sprach: »Ich flehe dich an, Vater, du wollest nicht im voraus den Stab über mich brechen; leih mir vielmehr dein gnädiges Ohr, wenn ich mich verteidige! Ich werde nämlich beweisen können, daß ich unschuldig bin; aber du mußt es mir erlauben.«

2. Herodes aber schrie ihn an, er solle schweigen, und zu Varus gewandt sprach er: »Daß du, Varus, genauso wie jeder gewissenhafte Richter in Antipater einen abgefeimten Verbrecher siehst, davon bin ich fest überzeugt. Freilich ist zu befürchten, daß du auch auf mein Schicksal mit Schaudern blickst und der Ansicht bist, ich hätte all den Wahnwitz verschuldet, da ich solche Söhne zeugte. Doch eben deshalb verdiente ich ja Mitleid, da ich diesen verbrecherischen Söhnen auch noch meine väterliche Liebe schenkte. Denn meinen früheren Söhnen, die ich schon in jungen Jahren der Ehre des Königtums gewürdigt habe und die ich in Rom habe erziehen lassen, habe ich den Kaiser zum Freund gemacht, so daß sie anderen Königen beneidenswert erschienen. Und sie sind es gewesen, in denen ich heimtückische Verschwörer sah und die ich dem Antipater zuliebe sterben ließ. Denn namentlich ihm, der noch jung war und mir auf dem Thron folgen sollte, wollte ich Sicherheit verschaffen. Diese entsetzliche Bestie jedoch, übersatt von meiner Geduld, hat mich zum Ziel ihres frevlerischen Wütens gewählt.

Er war der Meinung, mein Leben ziehe sich zu lange hin, und die Dauer meiner Jahre machte ihm Beschwer, und er wollte absolut als Vatermörder den Thron besteigen. Er gedachte, mich zu Recht dafür zu bestrafen, daß ich ihn, nachdem er verstoßen ward, vom Lande heimrief, daß ich der Söhne nicht achtete, die mir eine Königin gebar, und daß ich ihn als Thronfolger bestimmte. Verblendet habe ich gehandelt, Varus, ich muß es dir offen bekennen! Denn indem ich ihre gerechten Hoffnungen zugunsten Antipaters zunichte machte, war ich selbst es, der jene Söhne gegen den Vater reizte. Und wann war ich schon gegen sie so freigebig wie zu ihm? Fast hätte ich ihm noch bei meinen Lebzeiten den Thron eingeräumt. Klar und deutlich habe ich ihn testamentarisch zu meinem Nachfolger bestimmt und ihm private Einkünfte von 50 Talenten zugesprochen; ich habe ihm ferner aus meiner Kasse Unterstützung gewährt und ihm erst vor kurzem 300 Talente für seine Reise nach Rom bewilligt. Und schließlich habe ich ihn als einziges Mitglied der Familie dem Kaiser empfohlen als denjenigen, der seinen Vater gerettet hätte. Worin haben jene anderen gleichermaßen gefehlt wie er? Konnte man sie etwa genauso überführen, wie man sie zu Hochverrätern stempeln muß? Doch der Vatermörder wagt es noch, Worte zu machen, und hofft, auch diesmal mit seinen Kniffen die Wahrheit zu verschleiern. Darum sei vorsichtig, Varus! Ich kenne das Untier und weiß schon jetzt, wie es den Glaubwürdigen spielen und Mitleid erwecken wird. Ja, er hat mich noch zu Lebzeiten Alexanders vor ihm gewarnt und hat mich aufgefordert, nicht jedem mein Leben in die Hand zu geben; er, ja er hat mich zum Ruhelager gebracht und achtgegeben, daß sich niemand versteckt hielt; er wachte über meinen Schlaf und behütete meine Ruhe, er tröstete mich, wenn ich über die Hingerichteten trauerte, und er paßte auf, wie die noch am Leben verbliebenen Brüder über mich dachten; er war mein Schildträger, war mein Leibwächter. Halte ich mir vor Augen, Varus, wie er bei jeder Gelegenheit mit List und Heuchelei arbeitete, dann muß ich mich wundern, daß ich noch am Leben bin und daß ich diesem abgefeimten Bösewicht entkommen konnte. Doch da ein böser Dämon mein Haus veröden läßt und meine Teuersten gegen mich verhetzt, so muß ich wohl das ungerechte Schicksal bedauern und meine Einsamkeit für mich beklagen, aber entrinnen wird mir keiner, den nach meinem Blut gelüstet, und müßte ich all meinen Kindern den Prozeß machen!«

3. Bei diesen Worten war der König vor innerer Bewegung am Ende seiner Kräfte, und er gab seinem Freund Nikolaos ein Zeichen, er möge mit der Beweisaufnahme beginnen. Inzwischen aber hob Antipater das Haupt, denn noch lag er vor den Füßen des Vaters, und er rief: »Du selbst, Vater, hast zu meiner Verteidigung gesprochen; denn wie sollte ich ein Vatermörder sein, der ich nach deinen eigenen Worten stets dein Wächter war? Daß ich dich verehrte, das nennst du Schauspielerei! Wie konnte und sollte ich bei meiner angeblichen Gerissenheit ausgerechnet hier so von allen guten Geistern verlassen sein, daß ich es nicht wahrhaben wollte, daß, wenn man schon vor Menschen eine solche Untat nicht unvermerkt ins Werk setzen kann, dies erst recht vor dem Richter im Himmel unmöglich ist, der ja alles sieht und überall ist? Oder wußte ich etwa nicht, wie meine Brüder geendet hatten, die Gott wegen ihres niederträchtigen Anschlags auf dich so schwer heimgesucht hat? Aber aus welchem Grunde hätte ich gegen dich etwas haben sollen? Etwa wegen meiner Aussichten auf den Thron? Ich besaß ja schon die Würde eines Königs! Oder wegen des Verdachts, du könntest mich hassen? Hast du mich denn nicht geliebt? Oder hatte ich einen anderen Anlaß, dich zu fürchten? Es war aber doch so, daß andere mich fürchten mußten, da ich zu deinem Schutz berufen war! Soll es Geldknappheit gewesen sein? Wer konnte sich mehr leisten als ich? Wäre ich nämlich der niederträchtigste Mensch und hätte ich das Gemüt einer Bestie, hätten mich, Vater, nicht deine Wohltaten zähmen müssen? Hast du mich nicht etwa – du sagst es ja selber – wieder heimgerufen, hast mich den vielen anderen Kindern vorgezogen, mich noch zu deinen Lebzeiten zum König ernannt und mir so zahllose andere Ehren zuerkannt, daß sich der Neid gegen mich kehrte? Was für ein Unglück, daß ich diese verdammte Reise antrat! Wie bereitete sie dem Neid den Weg, wie gab sie der Verleumdung Zeit, sich zu entfalten! Deinet-

wegen, Vater, und wegen deiner Rechtsangelegenheiten weilte ich im Ausland, auf das Syllaeus nicht straflos deines Greisentums spottete! Rom kann meine Kindesliebe bezeugen und ebenso der Kaiser, der Herr der bewohnten Erde, der mir oft den Namen ›Philopator‹ gab. Vater, hier ist sein Brief, er verdient mehr Zutrauen als diese Verleumdungen, er ist meine ganze Verteidigung, er ist der Beweis für meine Kindesliebe zu dir! Erinnere dich, wie schwer es mir fiel, fortzugehen, wußte ich doch, daß allenthalben im Königreich im geheimen der Neid gegen mich wühlte. Du, Vater, hast mir gegen deinen Willen leid getan, da du mich zwangst, dem Neid die Zügel schießen zu lassen, daß er mich verleumdete. Nun bin ich hier, um zu widerlegen, was an Beweisen gegen mich spricht; über Land und Meer bin ich gekommen, ohne daß mich, den ›Vatermörder‹, nur das geringste Unheil traf! Doch versage mir nur ob dieses Beweises die Erneuerung deiner Liebe! Denn bei Gott und bei dir, Vater, bin ich ja schon verurteilt. Und in diesem Zustand bitte ich dich, du wollest nicht den Anklagen anderer vertrauen, die auf der Folterbank zustande kamen, sondern mich soll das Feuer verzehren, mir sollen Folterwerkzeuge die Eingeweide zerfetzen; die Wehklage aus meinem ruchlosen Körper erwecke kein Mitleid! Denn bin ich ein Vatermörder, dann gebührt mir kein Tod ohne Folterqualen!« Weinend und unter Schluchzen schrie er dies hinaus, und allen Anwesenden ging es zu Herzen, auch dem Varus! Nur Herodes in seinem Zorn zeigte keine Rührung, wußte er doch allzu gut, daß es mit den Beweisen gegen Antipater seine Richtigkeit hatte.

4. Auf Befehl des Königs ergriff nun Nikolaos das Wort und befaßte sich ausführlich mit der Gerissenheit des Antipater, wodurch er die Sympathien für ihn wieder zunichte machte; und dann ging er sehr scharf mit ihm ins Gericht und legte ihm sämtliche Verbrechen wider das Regime des Königs zur Last, insbesondere die Hinrichtung seiner Brüder, wobei er bewies, daß sie Opfer seiner Verleumdungen waren. Er behauptete ferner, Antipater trachte auch den überlebenden Brüdern nach dem Leben, soweit sie seiner Thronfolge im Weg seien. Denn wer schon seinen Vater ver-

giften wolle, wie solle der vor seinen Brüdern haltmachen? Dann führte er den Beweis für die Planung des Giftmordes, ging alle Zeugenaussagen nacheinander durch und äußerte sich bestürzt über Pheroras, daß Antipater auch ihn für den Brudermord gewinnen konnte, daß er des Königs beste Freunde verführt und das ganze Königsschloß mit furchtbaren Freveltaten angefüllt habe. Noch für zahlreiche weitere Anschuldigungen legte er Beweise vor, um dann seine Rede abzuschließen.

5. Varus hieß ihn nun, mit seiner Verteidigung zu beginnen, jedoch Antipater entgegnete lediglich: »Bei Gott, ich bin unschuldig!« Und schweigend blieb er am Boden liegen. Varus ließ nun das Gift herbeischaffen und gab es einem von den Gefangenen zu trinken, die zum Tode verurteilt waren. Sofort brach dieser sterbend zusammen. Nun besprach sich Varus im geheimen mit Herodes, und nachdem er noch schriftlich dem Caesar über den Gang der Verhandlung berichtet hatte, reiste er anderntags ab. Der König aber legte den Antipater in Fesseln und gab dem Kaiser Bericht von den unheilvollen Vorgängen.

6. Alsbald hernach wurde auch noch ein Anschlag Antipaters gegen Salome ans Licht gebracht; ein Sklave des Antiphilos traf nämlich aus Rom ein und brachte Briefe mit von einer Kammerfrau der Livia namens Akme. In dem Brief für den König stand zu lesen, sie habe in den Papieren der Livia Briefe gefunden von der Hand Salomes, und diese übersende sie hiermit insgeheim dem König in aller Ergebenheit. Sie enthielten die niedrigsten Beleidigungen gegen den König und gleichzeitig die schwersten Vorwürfe. Antipater hatte sie gefälscht und Akme bestochen, sie an Herodes zu senden. Ein Brief jedoch, den sie gleichzeitig an Antipater sandte, brachte die ganze Sache ans Tageslicht, denn hierin hieß es: »Wie du es wünschtest, schrieb ich an deinen Vater und übersandte ihm die betreffenden Briefe; es steht für mich absolut fest, daß der König, wenn er sie liest, seine Schwester nicht länger schont, und wenn alles gut vorübergegangen ist, dann tust du gut daran, an das zu denken, was du versprochen hast.«

7. Dieser Brief wurde entdeckt und ebenso die gegen Salome be-

absichtigte Aktion, und nun regte sich beim König der Verdacht, es könnte sich auch bei jenen Briefen gegen Alexander um Fälschungen gehandelt haben. Der Gedanke, daß er beinahe auch seine Schwester dem Antipater zum Opfer gebracht hätte, machte ihn sehr niedergeschlagen, und nunmehr wollte er die Generalabrechnung mit Antipater nicht mehr länger aufschieben. Aber es hinderte ihn daran eine schwere Krankheit. Doch erstattete er noch dem Kaiser Bericht über Akme und die gegen Salome ins Werk gesetzten Intrigen. Sodann ließ er sich sein Testament vorlegen, um es abzuändern: Als König bestimmte er den Antipas und umging dabei die älteren Söhne Archelaos und Philippus, da auch sie von Antipater beschuldigt worden waren. Dem Kaiser aber bestimmte er ein Legat von 1000 Talenten in Sach- und Geldwert, der Gattin des Kaisers, dessen Kindern, Freunden und Freigelassenen etwa 500, während alle anderen nicht unbedeutende Ländereien und Geldgeschenke bekamen. Die wertvollsten Geschenke jedoch hatte er für seine Schwester Salome ausersehen. Von dieser Art war die Testamentsänderung, die er jetzt vornahm.

33. KAPITEL

1. Des Königs gesundheitlicher Zustand wurde aber von Tag zu Tag schlechter, hatte ihn doch die Krankheit bereits als alten Mann und noch dazu in einem elenden Gemütszustand überfallen. Schon war er nämlich fast 70 Jahre alt, und die schlimmen Erfahrungen mit seinen Kindern hatten ihn so erschüttert, daß er sich auch in gesundem Zustand des Lebens nicht mehr freuen konnte. Daß Antipater immer noch am Leben war, wirkte ebenfalls belastend für seine Gesundheit, hatte er doch den festen Entschluß gefaßt, Antipater nicht unvermerkt zu beseitigen, sondern ihn sogleich nach seiner Genesung hinrichten zu lassen.

2. Um das Unglück zu vollenden, kam es auch noch zu einem Aufstand des Volkes. Es lebten damals in der Stadt zwei gelehrte Männer, von denen es hieß, es seien ausgezeichnete Kenner der alt-

überkommenen Gesetze; deshalb wurden sie vom Volk außerordentlich hochgeschätzt. Es waren Judas, der Sohn des Seppheraios, und Matthias, der Sohn des Margalos. Wenn sie das Gesetz interpretierten, kamen die jungen Menschen in Scharen herbei, und so hatten sie Tag für Tag ein regelrechtes Heerlager von Jugendlichen um sich versammelt. Wie sie nun davon hörten, daß Kummer und Krankheit den König aufzehrten, bemerkten sie ihren Anhängern gegenüber, der gegenwärtige Augenblick sei in besonderem Maße dafür günstig, um für die Sache Gottes etwas zu tun, d. h. alle Bildwerke zu vernichten, die den altväterlichen Gesetzen nicht entsprachen. Es verstoße nämlich wider Gottes Gesetz, wenn etwa am Tempel Bilder oder Tiergesichter oder sonstiger figürlicher Schmuck angebracht sei, der einen Tiernamen trage. Der König hatte nämlich über dem großen Tor einen goldenen Adler befestigen lassen, und nun forderten sie, diesen wieder abzunehmen; und sie bedeuteten auch, wenn dies irgendwie gefährlich sei, dann sei es eben doch ehrenvoll, sich für das Vätergesetz zu opfern. Denn wer auf diese Weise ende, dessen Seele werde unsterblich sein und werde sich für ewige Zeiten in Glück und Seligkeit fühlen. Nur der Pöbel und solche, die des Wissens ermangelten und deshalb auch zu keiner Erkenntnis gelangten, seien auf ihr Leben erpicht und wollten lieber an einer Krankheit sterben als einen Tod in Ehren finden.

3. Und während sie noch solche Reden verbreiteten, verdichtete sich das Gerücht, mit dem König gehe es schon zu Ende. Die Folge war, daß die jungen Leute um so energischer zur Tat schritten. Um Mittag, als sich zahlreiche Menschen beim Heiligtum befanden, ließen sie sich an dicken Seilen vom Dach herab und zerschlugen den goldenen Adler mit Beilen. Auf der Stelle wurde der Adjutant des Königs davon unterrichtet; dieser begab sich raschestens mit einer ziemlich großen Anzahl von Soldaten an den Platz des Geschehens, ließ etwa 40 junge Leute festnehmen und dem König vorführen. Dessen erste Frage lautete, ob sie sich wirklich erkühnt hätten, den goldenen Adler zu zerschmettern, was sie ohne weiteres zugaben. Als der König anschließend wissen wollte, wer ihnen dazu den Be-

fehl erteilt hätte, antworteten sie: »Das Gesetz der Väter.« Und auf die weitere Frage, weshalb sie so fröhlich gestimmt seien, wo doch der Tod auf sie warte, erwiderten sie, nach dem Tod kämen sie nur in den Genuß eines noch größeren Glücks.

4. Das Übermaß an Zorn, das den König daraufhin überkam, gab ihm die Kraft, die Krankheit niederzuzwingen, so daß er sich sogar in die Volksversammlung begeben konnte. Dort erging er sich in umfänglicher Rede gegen die angeblichen Tempelschänder, die unter dem Vorwand, das Gesetz zu erfüllen, noch größere Verbrechen beabsichtigt hätten, und er erhob die Forderung, sie als Gottesfrevler zu bestrafen. Da das Volk fürchtete, daß zahlreiche Menschen in die Sache verwickelt würden, bat es, vor allem die Rädelsführer zu bestrafen und dazu noch jene, die unmittelbar bei der Tat überrascht worden seien, während des Königs Zorn die übrigen verschonen möge. Nur gegen seinen Willen fügte sich der König. Jene, die sich vom Dach heruntergelassen hatten, ließ er zusammen mit den Gelehrten bei lebendigem Leibe verbrennen. Die übrigen Festgenommenen übergab er den Henkersknechten zur Exekution.

5. Nunmehr aber ergriff die Krankheit vom ganzen Körper des Königs Besitz, und da und dort verpürte er nun die verschiedensten Beschwerden. Wohl hielt sich das Fieber in mäßigen Grenzen, aber die ganze Oberfläche des Körpers überzog jetzt ein unerträglicher Juckreiz; dazu wollten die Darmschmerzen nicht aufhören, die Beine schwollen an wie bei einem, der an Wassersucht leidet, am Unterleib bildete sich eine Entzündung, an den Geschlechtsteilen entstanden Eiterbeulen, an denen Würmer wuchsen. Um atmen zu können, mußte er sich aufrichten, aber das Schnaufen machte ihm Beschwer, und sämtliche Gliedmaßen wurden von Krämpfen geschüttelt, so daß Wahrsager behaupteten, wegen des Mordes an den Gelehrten werde er nunmehr durch diese Qualen bestraft. Aber während er mit diesen Schmerzen rang, haftete er immer noch am Leben, und in der Hoffnung auf Heilung dachte er ständig darüber nach, wie er wohl wieder gesund werden könnte. Deshalb versuchte er es auch mit den heißen Quellen in Kallirrhoe

jenseits des Jordans; sie ergießen sich in das Tote Meer, sind aber süß und genießbar. Die Ärzte verordneten ihm Ganzbäder in warmem Öl; doch als sie ihn in die volle Wanne setzen wollten, da brach er entkräftet zusammen und verdrehte die Augen, als sei er schon verschieden. Die Diener ergriff eine Panik, und auf ihre lauten Rufe hin kam er wieder zur Besinnung, glaubte aber nun nicht mehr an die Möglichkeit einer Heilung und gab Anweisung, jedem Soldaten 50 Drachmen zu geben; auch den Offizieren und seinen Freunden machte er hohe Geldzuwendungen.

6. Auf dem Rückweg nach Jericho kam ihm die schwarze Galle, und als wolle er selbst dem Tode mit einer Drohung kommen, verfiel er jählings auf eine furchtbare Tat. Er ließ nämlich die angesehensten Persönlichkeiten aus ganz Judäa im sogenannten Hippodrom versammeln und ordnete an, sie dort unter Arrest zu halten. Dann rief er seine Schwester Salome und deren Gatten Alexas herbei und sagte: »Ich weiß, die Juden werden meinen Tod mit einem Freudenfest feiern, doch steht es in meiner Macht, mich von anderen beklagen zu lassen und so ein prachtvolles Totenfest zu bekommen, insofern ihr mir gehorchen wollt. Sobald mein Tod eingetreten ist, laßt die in Haft befindlichen Männer von Soldaten umzingeln und schnellstens töten, dann wird ganz Judäa und jede Familie wider ihren Willen über meinen Tod weinen!«

7. Kaum war dieser Auftrag ergangen, da wurden ihm von seinen Gesandten in Rom Briefe zugestellt und mitgeteilt, Akme sei auf Befehl des Caesar hingerichtet worden und über Antipater sei das Todesurteil verhängt worden. Wenn freilich der Vater damit einverstanden sei, so begnüge sich der Kaiser auch mit Antipaters Verbannung; diese Version konnte man auch hören. Dem König ging es daraufhin kurz besser, auch seine Stimmung hob sich; aber nicht lange, dann begann er furchtbar unter der unzulänglichen Ernährung und einem Krampfhusten zu leiden, und nun kapitulierte er vor seinen Qualen und entschloß sich, seinem Geschick zuvorzukommen. Er rief nach einem Apfel und wollte ein Messer haben, denn gewöhnlich schnitt er sich beim Speisen selbst die Stücke davon ab. Dann blickte er um sich, ob jemand zugegen sei,

der ihn behindern könnte, und streckte seine rechte Hand in die Höhe, um sich zu erdolchen. Aber sein Neffe Achiab war sofort zur Stelle, fiel ihm in den Arm und verhinderte so die Tat. Im Palast war gleich lautes Klagen vernehmbar, als sei des Königs Tod bereits eingetreten. Auch Antipater war schnell davon unterrichtet, und er faßte wieder Zuversicht, und voll Freude flehte er die Wachen an, ihm gegen ein Geldgeschenk die Fesseln zu lösen und ihn entweichen zu lassen. Der Offizier der Wache jedoch ließ es nicht nur nicht zu, sondern begab sich schnell zum König, um ihm von dem Ansinnen zu berichten. Nun schrie der König laut auf, wie man es bei der Schwere seiner Krankheit nicht hätte erwarten können, und schickte sofort seine Leibwächter hin mit dem Auftrag, den Antipater zu Tode zu bringen. Nach seiner Anweisung wurde der Leichnam in Hyrkania bestattet, und nun änderte er nochmals sein Testament ab, indem er seinen ältesten Sohn Archelaos, den Bruder des Antipas, zu seinem Nachfolger bestimmte, während Antipas Tetrarch sein sollte.

8. Nach der Hinrichtung seines Sohnes lebte Herodes noch fünf Tage; seitdem er durch die Ermordung des Antigonos die Führung des Staates übernommen hatte, war er 34 Jahre an der Regierung, zählt man von dem Zeitpunkt an, da ihn die Römer als König einsetzten, so waren es 37 Jahre. Dabei war er in außerordentlichem Maße durchwegs vom Glück begünstigt, hatte er doch als einfacher Mann die Königsherrschaft erlangt und hatte sie so lange bewahren können, um sie seinen Kindern zu vererben. Nur in der Familie hatte er ausgesprochenes Unglück. Noch ehe das Heer von seinem Ableben Kunde hatte, machte sich Salome auf den Weg zusammen mit ihrem Gatten, den Gefangenen die Freiheit zu schenken, deren Ermordung der König angeordnet hatte; sie tat, als hätte sich die Einstellung des Königs gewandelt, und entließ alle nach Hause. Und als diese nun weg waren, setzte sie die Soldaten in Kenntnis und lud sie zur Volksversammlung ins Amphitheater nach Jericho samt den anderen Einwohnern. Hier fand sich auch Ptolemaeus ein, der königliche Siegelbewahrer, er hielt eine Lobrede auf den König, redete dem Volke zu und gab ein Schriftstück bekannt, das

der König für die Soldaten hinterlassen hatte und worin er diese aufforderte, sich seinem Nachfolger gegenüber loyal zu verhalten. Nachdem er das Schreiben verlesen hatte, erbrach er das abgeänderte Testament und las es ebenfalls vor. In ihm war Philippus als Erbe der Trachonitis samt den angrenzenden Gebieten eingesetzt; Tetrarch sollte, wie schon erwähnt, Antipas sein, König jedoch Archelaos. Dieser war vom König angewiesen worden, seinen Siegelring samt den versiegelten Abrechnungen über den Staatshaushalt dem Kaiser zuzustellen, da diesem die Entscheidung über alle Anordnungen des Herodes obliege, und der Kaiser sei es auch, der dem Testament die Rechtskraft erteilen müsse. In den übrigen Punkten sei entsprechend den früheren testamentarischen Anordnungen zu verfahren.

9. Sogleich gab es lauten Applaus für Archelaos, und die Soldaten zogen in einzelnen Abteilungen zusammen mit dem Volk an ihm vorbei, versprachen ihm Treue und flehten Gottes Segen auf ihn herab. Anschließend ging man daran, den König zu bestatten. Archelaos tat alles, um den Leichenzug möglichst glanzvoll zu gestalten, und bot die ganze Pracht und Herrlichkeit des Königtums auf. Das Tragbett des Toten war aus purem Gold, mit Edelsteinen verziert, die Decke von Meerpurpur mit vielfarbigen Stickereien versehen, und auch der Tote obenauf war in Purpurgewänder eingehüllt. Auf seinem Haupte lag das Diadem und darüber die goldene Krone, während in der Rechten das Zepter ruhte. Die Söhne und eine große Anzahl von Verwandten umgaben den Katafalk; dahinter kamen die Lanzenträger des Königs, der thrakische Haufe, die Germanen und die Gallier, sämtliche in voller Rüstung, voraus aber gruppierte sich das restliche Heer in Waffen, wohlgeordnet unter der Führung der Obersten und Hauptleute und gefolgt von 500 Sklaven und Freigelassenen, die herrlich duftende Gewürzkräuter trugen. Der Leichnam wurde nach dem 70 Stadien entfernten Herodeion gebracht, wo man ihn ganz der Anordnung des Toten entsprechend bestattete. So endet die Geschichte des Herodes.

BUCH II

1. KAPITEL

1. Die Reise nach Rom, die Archelaos notgedrungen unternehmen mußte, bedeutete für ihn den Beginn neuer Unruhe. Eine siebentägige Trauer ließ er für den Vater abhalten, und für das ganze Volk gab er ein sehr aufwendiges Totenmahl. Hierbei handelt es sich um eine Gepflogenheit der Juden, die schon viele an den Bettelstab gebracht hat, da es unumgänglich notwendig ist, das Volk zu bewirten, und weil derjenige, der es nicht tut, Einbuße an seiner Ehre erleidet. Nunmehr aber kleidete er sich in ein weißes Gewand und begab sich in den Tempel, wo er vom Volk mit allen möglichen Segenswünschen empfangen wurde. Von einem goldenen Thron aus, der auf einem hohen Podest aufgestellt war, grüßte er das Volk und dankte für die hingebungsvolle Teilnahme an der Bestattung seines Vaters und für die Ergebenheitsbeweise, die er hatte empfangen dürfen, als verfügte er schon uneingeschränkt über die königliche Gewalt. Er lehne jedoch deren Ausübung und auch die Herrschertitulaturen ab, bis ihn der Kaiser als Nachfolger bestätigt habe, dem auch testamentarisch die Hauptentscheidung zustehe; auch in Jericho, als ihm das Heer das Diadem aufsetzen wollte, habe er dies verweigert. Doch wolle er alle die Zeichen von Bereitschaft und Wohlwollen, wie sie ihm vom Volk und von den Soldaten zuteil würden, vollauf vergelten, sobald seine Königsgewalt durch die Mächtigen als endgültig erklärt sei. Er werde sich alle Mühe geben, ihnen in jeder Weise ein besserer Herr zu sein, als es sein Vater gewesen sei.

2. In der Freude über diese Versprechungen wollte das Volk seine Gesinnung sogleich durch hohe Forderungen auf die Probe stellen. Teils verlangte man lauthals, die Abgaben zu ermäßigen, andere forderten die Aufhebung der Zölle, wieder andere wollten, daß die Gefangenen freigegeben würden. Um das Wohlwollen der Massen zu gewinnen, willigte er gern in alles ein. Dann ließ er

Opfer abhalten und gab im Kreis seiner Freunde ein Freudenmahl. Als es Abend wurde, versammelte sich jedoch eine ansehnliche Anzahl von Leuten, die eine gewaltsame Neuordnung der bestehenden Verhältnisse anstrebten; nach Beendigung der Staatstrauer für den König begingen sie einen eigenen Trauerakt. Dabei beklagten sie die Männer, die der Justiz des Herodes zum Opfer gefallen waren, weil sie den goldenen Adler über dem Tempeltor zerstört hatten. Das war aber kein zurückhaltendes Klagen, nein, ein ohrenbetäubendes Jammern, wechselseitig sich herausfordernde Klagegesänge und das Schlagen der Brust waren in der ganzen Stadt vernehmbar; sie galten den Männern, die für die Gesetze der Väter und den Tempel, wie es hieß, im Feuer ihr Leben hatten lassen müssen. Es gellte der Ruf, man solle für sie Rache nehmen an denen, die durch Herodes zu Ehren gekommen seien, und vor allem müsse der von Herodes berufene Hohepriester beseitigt werden, denn es erhebe sich mit Recht die Forderung, daß ein frömmerer und reinerer Mann dafür gewählt werde.

3. Archelaos geriet darüber sehr in Zorn. Wegen der drängenden Reise enthielt er sich jedoch jeglicher Gegenmaßnahmen, mußte er doch sonst Spannungen mit dem Volk befürchten, die seine Abreise völlig unmöglich machen konnten; und so zog er es vor, den Rebellen freundlich zuzureden, statt sie durch Gewaltaktionen zur Raison zu bringen, und schaltete den Chef der Truppe ein, um durch seine Vermittlung die Sache wieder beizulegen. Doch beim Betreten des Tempels wurde er durch einen Steinhagel wieder zum Abzug gezwungen, noch ehe er seinen Mund auftat, und auch die anderen Unterhändler, die mit ihm gekommen waren – denn Archelaos hatte mehrere dort hingeschickt –, wurden auf die gleiche Weise zurückgeschlagen. Ihre Versuche begegneten nur zornigen Reaktionen, und es konnte kein Zweifel sein, daß die Rebellen, wenn ihre Zahl noch anwuchs, nicht mehr im Zaume zu halten wären. Es stand eben auch gerade das Fest der ungesäuerten Brote bevor, das bei den Juden das Passahfest heißt und anläßlich dessen mit einer Menge von Opfern zu rechnen war. Vom flachen Lande kamen unzählige Menschen zur kultischen Feier herbei, und jene

Gruppe, die die getöteten Gelehrten beklagte, stand im Tempel beisammen, um von dort aus den Aufstand zu führen. Archelaos überkam darob schwere Besorgnis, und so schickte er, ehe das ganze Volk vom Fieber der Rebellion erfaßt würde, einen hohen Offizier mit einer Kohorte Soldaten hin mit dem Auftrag, diejenigen gewaltsam zu inhaftieren, von denen die Unruhen ihren Ausgang genommen hätten. Gegen diese Truppen nun wandte sich der Zorn der Menge noch mehr, und der größere Teil der Soldaten kam in einem Steinhagel ums Leben, während ihr Anführer selbst nach einer Verwundung mit Mühe entkommen konnte. Und anschließend brachten die Rebellen, als wäre nichts Schlimmes passiert, ihr Opfer dar. Für Archelaos war es jedoch nunmehr klar, daß sich die aufgebrachte Masse keinesfalls ohne Blutvergießen zügeln ließ. So bot er denn das ganze Heer dagegen auf, das Fußvolk rückte geschlossen durch die Stadt vor, die Reiter über das freie Feld. Mit einem Male stürzten sie sich auf die Opfernden und brachten etwa 3000 um, während sie den Rest in die nahen Berge jagten. Dorthin folgten ihnen Herolde, die Archelaos ausgesandt hatte, um ihnen in seinem Namen zu befehlen, daß jeder nach Hause zurückkehre; so wandten sich alle vom Fest ab und begaben sich nach Hause.

2. KAPITEL

1. Archelaos selbst aber ging mit seiner Mutter und mit seinen Freunden Poplas, Ptolemaeus und Nikolaos ans Meer und ließ als Verwalter des Königspalastes und Pfleger seines Eigentums Philipp zurück. Gemeinsam mit ihm begaben sich auch Salome samt ihren Kindern, außerdem seine Neffen und Schwiegersöhne hinweg, um, wie es hieß, die Nachfolge des Archelaos sichern zu helfen, in Wirklichkeit jedoch, um gegen ihn Klage zu führen wegen seiner Verstöße gegen das Gesetz, die er sich im Bereich des Tempels hatte zuschulden kommen lassen.

2. In Caesarea fand sich bei ihnen Sabinus, der Geldverwalter von Syrien, ein, der gerade im Begriff war, nach Judäa zu reisen,

um die Hinterlassenschaft des Herodes in seine Obhut zu nehmen. Varus, der soeben auch gekommen war, konnte es ihm ausreden, seine Reise fortzusetzen; ihn hatte Archelaos durch Vermittlung des Ptolemaeus flehentlich ersuchen lassen, er solle doch kommen. Sabinus wollte sich ihm denn auch gefällig zeigen und stellte seine Rundreise zu den befestigten Plätzen ein und verzichtete auch darauf, dem Archelaos den Griff nach den väterlichen Schätzen zu verwehren. Er sicherte zu, er wolle die Stellungnahme des Kaisers abwarten, und hielt sich in Caesarea auf. Sobald jedoch jene, die ihn daran hindern wollten, weg waren, der eine in Richtung Antiochien, Archelaos auf der Seereise nach Rom, da hielt ihn nichts mehr, auf der Stelle nach Jerusalem aufzubrechen und dort die königlichen Gebäude in Beschlag zu nehmen. Der Befehlshaber der Wachtruppe und die Verwalter befahl er zu sich, und sofort bemächtigte er sich auch der Rechnungsbücher und sorgte, daß er die wichtigsten Punkte der Stadt in seine Hand bekam. Allerdings hielten sich die Burgwachen genau an die Weisungen des Archelaos; sie blieben dabei, ihre Bewachungsaufgabe bis ins kleinste zu erfüllen, und machten hierfür mehr den Befehl des Kaisers als den des Archelaos geltend.

3. Während dieser Vorgänge nun rührte sich auch Antipas wieder, der sich ja für die Thronfolge interessierte. Er argumentierte, der spätere Zusatz zum Testament habe eine geringere Kraft als die ursprüngliche Fassung, die ihn selbst zum König bestimmt hatte. Vorher schon hatten Salome und zahlreiche andere Verwandte, die sich mit Archelaos zu Schiffe befanden, versprochen, ihm bei der Durchsetzung seiner Ansprüche behilflich zu sein. Auch seine Mutter wußte er zu gewinnen, und Ptolemaeus, einen Bruder des Nikolaos, den er besonders schätzte, da er sich des Vertrauens des Herodes erfreuen konnte. Dieser ehrte ihn nämlich als Freund in besonderem Maße. Am stärksten rechnete er freilich mit dem Rhetor Irenaeus wegen dessen hoher Redekunst; und seinetwegen lehnte er auch alles Zureden entschieden ab, er solle dem Archelaos als der Jüngere und wegen der Testamentsänderung weichen. In Rom jedoch änderte sich die Meinung aller Verwandten zu seinen Gun-

sten, denn den Archelaos mochten sie nicht. Einem jeden wäre es am liebsten gewesen, wenn eine Autonomie unter einer römischen Statthalterschaft zugestanden würde; im andern Fall aber sollte Antipas nach ihrem Willen König sein.

4. Dazu bot ihnen auch Sabinus seine Hilfe mittels jener Briefe an, in denen er über Archelaos beim Kaiser Klage führte, während er den Antipas lobend hervorhob. Salome und ihre Anhänger legten sodann ihre Vorwürfe schriftlich nieder, um sie dem Caesar zu überreichen. Nach ihnen war es dann Archelaos, der seine Ansprüche in einem Schriftstück in den wichtigsten Punkten begründete; auch ließ er dem Caesar durch Ptolemaeus den Siegelring des Vaters und dessen Verfügungen überbringen. Zuerst prüfte der Kaiser die Gründe einer jeden Partei für sich, die Größe des Königreichs und die Höhe der Erträge, ferner die große Anzahl der Familienmitglieder des Herodes. Schon zuvor hatte er sich über die Stellungnahme des Varus und Sabinus informiert. Dann berief er eine Versammlung der angesehensten Römer, in welcher erstmals auch Gaius erscheinen durfte, der Sohn des Agrippa und seiner Tochter Julia, den er an Kindes Statt angenommen hatte. Nun sollten die erschienenen Parteien das Wort haben.

5. Es erhob sich Antipater, der Sohn der Salome, der von allen Gegnern des Archelaos der beste Redner war, und formulierte seine Klage folgendermaßen: Archelaos bewerbe sich wohl mit Worten um den Thron, in seinen Handlungen aber sei er schon lange König, und er treibe jetzt mit dem Kaiser sein Spiel, dem er zumute, sich das anzuhören. Daß es ihm gar nicht um die Entscheidung des Kaisers zu tun sei, gehe daraus hervor, daß er gleich nach dem Tod des Herodes Leute anstiftete und mit dem geheimen Auftrag versah, ihm das Diadem aufzusetzen; sodann habe er ganz offen den Thron bestiegen und sich aufgeführt wie ein König, habe eine Heeresreform durchgeführt, Beförderungen ausgesprochen, habe ferner dem Volk alles gewährt, was es von ihm in seiner Eigenschaft als König begehrte, und habe Gefangene freigelassen, die sein Vater wegen schwerster Verbrechen habe in Haft nehmen lassen. Nun wende er sich an seinen Herrn, um von diesem noch

den Schatten einer Macht zu erbitten, die er in Wirklichkeit längst gewaltsam errungen habe; solchermaßen mache er den Kaiser nicht zum Herrn über zu treffende Maßnahmen, sondern zum Herrn über leere Titel. Außerdem mache er ihm zum Vorwurf, die Trauer um seinen Vater habe er nur geheuchelt, er habe am Tag eine traurige Miene gezeigt, während er in der Nacht seine Zechereien zu schwelgerischen Gelagen ausarten ließ, wobei er noch bemerkte, daß die Empörung der Menge darüber Anlaß zum Aufruhr gewesen sei. In den Mittelpunkt der ganzen Auseinandersetzungen stellte er jedoch den Mord an den zahlreichen Menschen im Tempelbereich. Diese Leute seien zum Fest gekommen und während ihrer eigenen Opferhandlungen niedergemetzelt worden. Ein solcher Berg von Leichen habe sich im Tempel aufgetürmt, wie es selbst dann nicht der Fall gewesen wäre, wenn auswärtige Feinde einen plötzlichen Überfall gemacht hätten. In Voraussicht dieser grausamen Gesinnung habe ihm schon sein Vater keine Hoffnung auf den Thron eröffnet, abgesehen von damals, als er geistig schon schlechter beisammen war als körperlich und als er schon keiner klaren Entscheidung mehr fähig war und nicht mehr überschauen konnte, wen er eigentlich in dem nachträglichen Testament zum Nachfolger bestellte, noch dazu ohne daß er einen Anlaß hatte, dem ursprünglich bestellten Nachfolger gram zu sein. Jenes erste Testament habe er aber noch in voller körperlicher Rüstigkeit niedergeschrieben und ohne daß sein geistiger Zustand irgendwie krankhaft getrübt gewesen wäre. Auch dann, wenn der Verfügung eines todkranken Menschen eine stärkere Wirkung beizumessen sei, habe doch Archelaos durch seine gesetzwidrigen Handlungen, die sich gegen diese Verfügung richteten, seine Ansprüche auf den Thron verwirkt. Man könne sich ja vorstellen, wie einer, der so viele Menschen auf dem Gewissen hatte, erst schalten und walten werde, wenn ihm der Kaiser seine Macht bestätigte.

6. Als Antipater noch eine Reihe solcher Argumente vorgebracht und jeweils die meisten seiner Verwandten als Zeugen benannt hatte, endete er seine Rede. Dann erhob sich Nikolaos als Anwalt des Archelaos und versuchte glaubhaft zu machen, daß die

Metzelei im Tempel einer Notwendigkeit entsprungen sei. Die Opfer seien nämlich nicht nur Feinde der Königsherrschaft, sondern auch des Kaisers gewesen, der jetzt darüber zu befinden habe. Hinsichtlich der weiteren Vorwürfe glaubte er nachweisen zu können, daß der Ankläger selbst dem Archelaos entsprechende Ratschläge erteilt hätte. Er versteifte sich mit Nachdruck auf die Gültigkeit des Zusatztestaments, da Herodes in ihm die Bestätigung seines Nachfolgers durch den Kaiser verlangt habe. Wer nämlich so klug war, daß er den höchsten Herrscher der ganzen Welt mit dieser Vollmacht betraute, der war doch auch fähig, den Erben richtig zu beurteilen; seine Klugheit reichte doch auch dazu aus, die rechte Wahl zu treffen, da er bei dessen Einsetzung auch wußte, wen er einsetzte.

7. Solchermaßen brachte Nikolaos alles vor, was er zu sagen hatte. Dann trat Archelaos vor, und ohne ein Zeichen der Unruhe warf er sich dem Caesar zu Füßen. Dieser aber hieß ihn freundlich sich erheben und gab zu verstehen, daß er es verdiene, die Nachfolge seines Vaters zu übernehmen; allerdings legte er sich dabei noch in keiner Weise fest. Für diesen Tag nun entließ er die Versammlung, und er ging nun im geheimen mit sich zu Rate, ob er einen jener Männer zum Nachfolger machen solle, die im Testament erwähnt waren, oder ob er das Reich unter alle Mitglieder der Familie aufteilen solle. Denn es waren ja so viele, und deshalb mußte man daran denken, sie auf diese Weise zu versorgen.

3. KAPITEL

1. Noch ehe der Kaiser entschied, starb Malthake, des Archelaos Mutter, an einer Krankheit und trafen von Varus aus Syrien Berichte ein über eine Abfallsbewegung bei den Juden. Varus hatte sie vorausgesehen und hatte sich deshalb nach der Abreise des Archelaos nach Jerusalem begeben, um die Erhebung zu ersticken; da die Masse des Volkes sich nicht zu beruhigen schien, ließ er eine von drei syrischen Legionen, die er mitgebracht hatte, in der Stadt

zurück und trat selbst den Rückweg nach Antiochien an. Sabinus jedoch begab sich nach Jerusalem und lieferte den Juden den Anlaß zum Aufstand. Er zwang nämlich die Wachtruppen der befestigten Punkte zur Kapitulation und sah sich bedenkenlos unter den Schätzen des Königs um. Dabei verließ er sich nicht nur auf die von Varus zurückgelassene Truppe, sondern auch auf die große Zahl seiner eigenen Sklaven, die er allesamt bewaffnet und zu Werkzeugen seiner Habsucht gemacht hatte. Eben stand nämlich das Pfingstfest vor der Tür, wie die Juden jenes Fest nennen, das nach einer Abfolge von sieben Wochen gefeiert wird und nach der Anzahl der Tage benannt ist. Aber es war nicht der gewohnte Gottesdienst, der die Juden zusammenrief, sondern der Unwille. Eine ungeheure Menschenmenge fand sich also ein, und zwar aus Galiläa, Idumäa, Jericho und Peräa jenseits des Jordans, die freilich von den angestammten Bewohnern Judäas an Zahl wie an Kampfentschlossenheit übertroffen wurde. Sie verteilten sich auf drei Gruppen und schlugen an drei Stellen ihr Lager auf, nämlich im Norden des Tempels, im Süden bei der Rennbahn und im Westen beim königlichen Schloß. So nahmen sie die Römer von allen Seiten in die Mitte und machten sich an die Belagerung.

2. Wie Sabinus die Masse und ihren Kampfgeist wahrnahm, da erfüllte ihn Schrecken, und er schickte immer wieder Boten zu Varus mit der Bitte um rascheste Hilfe, da sonst die ganze Heeresgruppe niedergemacht würde. In eigener Person stieg er auf den höchsten Turm des Festungssystems – man nannte ihn den Phasaelturm nach dem Bruder des Herodes, der den Parthern zum Opfer gefallen war –, und von hier aus gab er den Legionären das Signal zum Angriff; denn vor lauter Angst wagte er nicht, zu seinen Leuten herunterzukommen. Die Soldaten gehorchten und unternahmen einen Sturmangriff auf den Tempel, und es kam zu einem furchtbaren Kampf mit den Juden, wobei sie durch ihre Kriegserfahrung natürlich den ungeübten Juden gegenüber im Vorteil waren, freilich nur, solange von oben her niemand angriff. Als aber zahlreiche Juden auf die Hallen stiegen und von dort aus auf die Köpfe der Römer einen Geschoßhagel niedergehen ließen, da fanden viele den

Tod, und es war ihnen kaum möglich, sich rechtzeitig nach oben hin abzudecken und im Nahkampf zu bestehen.

3. In dieser zweifachen Not zündeten die Römer die Säulenhallen an, diese Wunder an Größe und Kostbarkeit. Wer von den Juden auf den Dächern war, fand sich plötzlich inmitten von Flammen, viele verbrannten, andere sprangen auf die Angreifenden herab und wurden von diesen niedergemacht; wieder andere stürzten sich an der rückwärtigen Seite der Mauer in die Tiefe oder gaben sich selbst mit ihren Schwertern den Tod, um dem Verbrennungstod zu entgehen, dem sie in ihrer Bewegungsunfähigkeit ausgeliefert waren. Jene aber, die von der Mauer heruntergestiegen waren und sich den Römern entgegenwarfen, waren in ihrer Kopflosigkeit leicht zu erledigen. Und wie dann die Verteidiger teils getötet waren, teils vor lauter Schrecken das Weite gesucht hatten, machten sich die Soldaten über den unbewachten Gottesschatz her und nahmen 400 Talente als Beute mit, und was nicht gestohlen wurde, das riß Sabinus an sich.

4. Die Zerstörung der Gebäude und der Verlust an Menschen hatte zur Folge, daß sich noch viel mehr Juden den Römern entgegenstellten und daß sich ihre Kampfeswut noch steigerte; sie umzingelten das Königsschloß und drohten, alle niederzumachen, wenn sie nicht unverzüglich den Platz räumten. Dem Sabinus versprachen sie freien Abzug, wenn er sich mit seiner Truppe zurückziehen wollte. Auch der Großteil der königlichen Truppen hatte sich ihnen angeschlossen, doch die Elitetruppe, 3000 Mann aus Sebaste, mit Rufus und Gratus an der Spitze, ging zu den Römern über. Gratus war Oberbefehlshaber der Fußtruppen des Königs, Rufus leitete die Reiterei, und beide sollten auch, abgesehen von der von ihnen befehligten Kampfeinheit, durch ihre Energie und Klugheit den Ausgang des Kampfes entscheidend beeinflussen. Die Juden ließen von der Belagerung nicht ab, sondern setzten alles daran, die Mauern zu erschüttern, anderseits schrien sie auf die Leute des Sabinus ein, sie sollten doch abziehen und ihnen keine Schwierigkeiten machen, wo sie nun nach so langer Zeit die Unabhängigkeit ihrer Väter wiedergewännen. Tatsächlich hätte sich

Sabinus gern insgeheim davongemacht; aber er mißtraute den Versprechungen und befürchtete, ihr Entgegenkommen könnte für ihn zur Falle werden. Da er sich immer noch von Varus Hilfe erhoffte, nahm er die Belagerung noch weiter in Kauf.

4. KAPITEL

1. Zur nämlichen Zeit loderte an zahlreichen anderen Plätzen des Landes das Feuer des Aufstands empor, und die allgemeine Situation gab vielen Anlaß, nach der Königskrone zu greifen. In Idumäa schlossen sich 2000 einstige Soldaten des Herodes zusammen, um bewaffnet den Königsanhängern entgegenzutreten. Achiab, ein Vetter des Königs, führte die Verteidigung von dem am stärksten befestigten Punkte des Landes aus, vermied jedoch jede Begegnung in der Ebene. In Sepphoris in Galiläa scharte Judas, der Sohn des Ezechias, eine ansehnliche Menge um sich; Ezechias war früher als Räuberhauptmann umhergezogen, war aber schließlich dem König Herodes erlegen. Er konnte in das Waffenmagazin des Königs eindringen und auf diese Weise seine Leute bewaffnen und gegen jene vorgehen, die ihre Hand nach der Herrschaft ausstreckten.

2. In Peräa setzte sich Simon, ein Sklave des Königs, selbst das Diadem auf, und zwar im Vertrauen auf seine gute Figur und auf seine Körpergröße! Mit den Räuberbanden, die er um sich geschart hatte, durchzog er das Land, ließ den Königspalast in Jericho in Flammen aufgehen, ebenso zahlreiche andere Prachtgebäude und holte sich aus den Brandstätten eine leichte Beute. Diesem Mann wäre wohl noch jede prunkvolle Behausung zum Opfer gefallen, wäre ihm nicht Gratus, der Anführer der königlichen Fußtruppen, mit den trachonitischen Bogenschützen und den kampferprobten Truppen aus Sebaste in den Arm gefallen. Zahlreiche Männer aus Peräa kamen im Kampf um, Simon selbst wollte durch eine tiefe, steile Schlucht fliehen, doch Gratus schnitt ihm den Weg ab und traf ihn auf der Flucht von der Seite tödlich im Nacken. Hart am

Jordan wurde der Königspalast von Betharamtha ein Raub der Flammen; eine Truppe von Rebellen aus Peräa hatte Feuer gelegt.

3. Sogar ein Hirte namens Athrongaios wagte damals, nach der Königsherrschaft die Hand auszustrecken. Dabei baute er auf seine Körperkraft und auf sein todesmutiges Herz und nicht zuletzt darauf, daß er vier Brüder hatte, die ihm gleichgeraten waren. Jeden von ihnen machte er zum Anführer einer bewaffneten Schar, und er gebrauchte sie wie Feldherrn und Satrapen bei seinen räuberischen Unternehmungen. Er selbst gab sich als König und widmete sich Aufgaben, die seiner Würde mehr entsprachen. Jedenfalls setzte er sich damals das Diadem auf und hielt in der Folgezeit auch lange seine Stellung und machte im Verein mit seinen Brüdern Beutezüge durch das Land. Es ging ihnen hauptsächlich darum, Römer zu töten und Anhänger der Königspartei, doch auch Juden, deren sie habhaft werden konnten, wurden nicht geschont, wenn es für sie einen materiellen Gewinn einbrachte. Einmal wagten sie es sogar, bei Emmaus eine römische Einheit zu umzingeln, die für ihre Legion Proviant und Waffen besorgen sollte. Ihren Hauptmann Arius und 40 seiner besten Soldaten machten sie nieder, dem Rest stand das gleiche bevor, doch sie konnten noch davonkommen, da Gratus sie mit den Truppen aus Sebaste entsetzte. In solcher Weise verfuhren die Brüder mit den Einheimischen wie mit den Fremden während der gesamten Kriegsläufte, bis schließlich drei von ihnen die Waffen strecken mußten. Archelaos überwältigte den ältesten, während die beiden nächsten dem Gratus und dem Ptolemaeus ins Garn gingen; der vierte kapitulierte vor Archelaos aufgrund einer Vereinbarung. Doch dieses Ende ihrer Laufbahn war ihnen erst später beschieden; zunächst machten sie noch ganz Judäa mit ihren Raubzügen unsicher.

5. KAPITEL

1. Die Nachrichten, die Varus von Sabinus und den Feldherrn erhalten hatte, ließen ihn für die ganze Legion fürchten und überzeugten ihn von der dringenden Notwendigkeit, eiligst zu helfen.

Mit den beiden restlichen Legionen und den ihnen angeschlossenen vier Reiterabteilungen machte er sich deshalb auf den Weg nach Ptolemais, wohin er auch die Hilfstruppen der Könige und Fürsten aufgeboten hatte; auf dem Weg durch Berytus holte er sich noch 1500 Schwerbewaffnete aus dieser Stadt. Bei Ptolemais schließlich schlossen sich ihm noch die Truppen der übrigen Verbündeten an, ferner verschaffte ihm noch der Araber Aretas aus Haß gegen Herodes eine ansehnliche Reitertruppe und Fußvolk, und nun stellte er sofort einen Teil des Heeres nach Galiläa ab, soweit es an Ptolemais angrenzte. Zum Befehlshaber dieser Abteilung machte er seinen Freund Gaius, und dieser konnte die Feinde, die ihm entgegentraten, verjagen; er eroberte auch die Stadt Sepphoris, ließ sie in Flammen aufgehen und verkaufte die Einwohner als Sklaven. Mit der gesamten Heeresmacht wandte sich dann Varus gegen Samaria, verschonte aber die Stadt, da sich herausstellte, daß sie sich von den Rebellionen in den anderen Städten ferngehalten hatte. Sein Lager schlug er unweit dem Dorf Arus auf, das jedoch dem Ptolemaeus gehörte und daher von den Arabern ausgeplündert wurde; denn ihr Haß richtete sich auch gegen des Herodes Freunde. Dann ging der Zug weiter nach einem anderen festungsartig ausgebauten Dorf namens Sampho, dem es samt den übrigen Plätzen, die sie berührten, genauso erging. Überall Feuer und Mord, kein Ort konnte sich gegen die räuberischen Araber behaupten. Auch Emmaus, dessen Bewohner sich hatten flüchten können, sank in Asche, denn so hatte es Varus befohlen aus Zorn über das Massaker an Arius und seinen Leuten.

2. Von hier ging er nach Jerusalem, und schon bei seinem Erscheinen mit der Streitmacht liefen die Juden in den Lagern auseinander heraus aufs Land. Die Stadtbewohner aber empfingen den Varus und wollten die Verantwortung für die Rebellion von sich wälzen. Sie hätten sich am Aufruhr nicht beteiligt, sagten sie, sie hätten nur wegen des Pfingstfestes die Mengen von draußen hereinlassen müssen, und es sei vielmehr so, daß sie gemeinsam mit den Römern belagert wurden, und von einer Beteiligung an der Belagerung zusammen mit den Rebellen könne keine Rede sein. Zuvor

schon war Joseph, des Archelaos Vetter, dem Varus entgegengegangen, ferner Gratus und Rufus als Kommandanten des Königsheeres und der Leute aus Sebaste; dann kamen die römischen Legionäre in der üblichen Kriegsausrüstung. Sabinus nämlich hatte nicht gewagt, vor Varus zu treten, und so hatte er sich schon zuvor aus der Stadt fort und ans Meer begeben. Varus ließ nun mit einem Teil des Heeres das Land nach den Anstiftern des Aufstandes durchkämmen; dabei konnten viele gefaßt werden, und wer von ihnen nur Unbedeutendes für den Aufruhr beigetragen zu haben schien, den ließ er gefangensetzen, die Hauptrádelsführer jedoch, an die 2000, überantwortete er dem Tod am Kreuz.

3. Dann wurde ihm gemeldet, in Idumäa befänden sich noch 10 000 unter Waffen. Da er hinsichtlich der Araber zu der Überzeugung gekommen war, daß sie eigentlich keine Bundesgenossen seien, sondern daß sie den Krieg so führten, wie sie wollten, daß sie vor lauter Haß gegen Herodes dem Land mehr Schaden zufügten, als er beabsichtigt hatte, schickte er sie nach Hause und wandte sich in Eilmärschen mit seinen eigenen Legionen gegen die Rebellen. Diese folgten dem Rat des Achiab und kapitulierten, noch bevor es zu einer Feindberührung kam; und Varus verschonte den großen Haufen, die Anstifter jedoch überstellte er dem Caesar zur weiteren Untersuchung. Dieser aber ließ großenteils Gnade walten, nur einige Verwandte des Königs – denn es gab welche unter ihnen, die tatsächlich aus dem Hause des Herodes abstammten – ließ er bestrafen, da sie gegen den König aus ihrer eigenen Sippe die Waffen erhoben hätten. Solchermaßen ordnete Varus die Dinge in Jerusalem; die Legion, die schon vorher in der Stadt in Garnison lag, ließ er als Besatzung zurück, und er selbst begab sich dann wieder nach Antiochia.

6. KAPITEL

1. In Rom kam es noch zu einem weiteren Prozeß gegen Archelaos, nämlich durch jene Juden, die sich vor dem Aufruhr mit Einwilligung des Varus dort als Gesandte eingefunden hatten, um

für die Autonomie ihres Volkes einzutreten. Es handelte sich dabei um 50 Männer, denen noch über 8000 Juden zur Seite standen, die in Rom lebten. Der Kaiser beschied die vornehmsten Römer und seine Freunde zu einer Versammlung in den Apollotempel auf dem Palatin, den er selbst hatte errichten lassen und dessen prunkvolle Ausstattung Bewunderung erregte. Die Menge der Juden stand bei den Gesandten, gegenüber aber Archelaos mit seinen Freunden; jene aber, die es mit seinen Verwandten hielten, standen weder hier noch dort, da es ihr Haß und ihre Mißgunst nicht zuließen, daß sie sich mit Archelaos zusammenstellten, weil sie sich jedoch auch andererseits scheuten, auf der Seite der Ankläger dem Kaiser unter die Augen zu treten. Es war aber auch Philippus, der Bruder des Archelaos, zugegen, den Varus aus freundschaftlicher Gesinnung geschickt hatte, um zweierlei Dinge zu erreichen: Einmal sollte Philippus dem Archelaos Beistand leisten, zum anderen sollte er, wenn der Kaiser das Erbe des Herodes unter sämtliche Nachkommen vergab, nicht leer ausgehen.

2. Die Ankläger, denen zuerst das Wort erteilt wurde, befaßten sich zunächst eingehend mit den Untaten des Herodes, der für sie kein König, sondern der fürchterlichste Tyrann gewesen sei, den es jemals gegeben hätte. Zahllose Morde habe er begangen, und wer überlebte, habe so Entsetzliches mitmachen müssen, daß die Toten glücklich gepriesen werden müßten. Denn nicht nur die Leiber seiner Untergebenen habe er auf die Folter gespannt, sondern mit ganzen Städten sei er so verfahren. Seine eigenen Städte habe er ausgeplündert, um die anderen Völker prachtvoll auszustatten, ja, das Blut Judäas habe er darangesetzt, um fremden Völkern seine Gunst zu erweisen. An Stelle der einstigen Wohlhabenheit und des Gesetzes der Väter habe er dem Volk Armut und eine himmelschreiende Rechtlosigkeit gebracht; die Juden hätten überhaupt in wenigen Jahren durch Herodes mehr Qualen erdulden müssen als ihre Väter in der langen Zeit seit ihrer Rückkehr von Babylon damals unter Xerxes. Sie hätten ihre Ansprüche so zurückgeschraubt und hätten sich so ans Unglück gewöhnt, daß sie es sogar hingenommen hätten, daß sich diese schlimme Knechtschaft mit

einer gewissen Selbstverständlichkeit weitervererbte. Jedenfalls habe man den Sohn eines grausamen Tyrannen, den Archelaos, nach dem Hinscheiden des Vaters ohne weiteres als König tituliert, habe mit ihm zusammen die Trauer über des Herodes Tod begangen und ihn zu seiner Nachfolge beglückwünscht. Offenbar sei es ihm darum zu tun gewesen, sich keinesfalls als der echte Sohn seines Vaters zu verleugnen, sonst hätte er nicht seine Herrschaft mit der Ermordung von 3000 Bürgern begonnen. So gewaltige Opfer habe er Gott gebracht für seine Herrschaft, und eine solche Anzahl von Leichen habe er anläßlich des Festes im Tempel gestapelt. Es sei nicht verwunderlich, daß die Überlebenden aus all diesen Bedrängnissen dem Unheil ein Ende machen wollten und sich entschlossen hätten, nach dem Gesetz des Krieges ihr Antlitz den Schlägen darzubieten und die Römer zu bitten, sich der Ruinen von Judäa zu erbarmen und die Reste des Landes nicht denen zu überlassen, die es auf so entsetzliche Wiese vernichteten; sie sollten vielmehr das Land mit Syrien vereinigen und durch eigene Statthalter verwalten lassen. Dann werde es sich erweisen, daß sie, denen man jetzt Rebellion und kriegerische Gesinnung vorwarf, mit rechtlich eingestellten Statthaltern ohne Schwierigkeiten zusammenleben könnten. Mit diesem Ersuchen beschlossen die Juden ihre Anklage. Da aber trat Nikolaos auf und zerpflückte die Klagen, die gegen die Könige vorgebracht worden waren; er belastete vielmehr das ganze Volk, es lasse sich nur schwer führen und es sei seiner ganzen Anlage nach gegen die Könige unbotmäßig. Auch die Verwandten des Archelaos nahm er sich vor, insofern sie sich den Anklägern angeschlossen hatten.

3. So hörte sich der Caesar beide Parteien an und hob dann die Sitzung auf. Nach wenigen Tagen vergab er dann das halbe Königreich an Archelaos und verlieh ihm den Titel eines Ethnarchen; er versprach ihm auch für später den Königstitel, falls er sich seiner würdig zeige. Die andere Hälfte teilte er in zwei Tetrarchien und vergab sie an zwei weitere Söhne des Herodes, die eine dem Philippus, die andere dem Antipas, der zusammen mit Archelaos den Streit um die Königsherrschaft durchfocht. Zum Machtbereich

des Antipas gehörten auch Peräa und Galiläa samt zweihundert Talenten an Einkünften. Philippus aber erhielt Batanea, Trachonitis, Auranitis und bestimmte Teile aus dem Besitz des Zeno, nämlich das Land um Innano, dazu hundert Talente an Einkünften. Die Ethnarchie des Archelaos umfaßte Idumäa, ganz Judäa und Samaria, dem der vierte Teil der Abgaben gestrichen wurde zur Belohnung dafür, daß es sich beim Aufruhr nicht an anderen Landesteilen angeschlossen hatte. Philippus erhielt ferner die Hoheit über die Städte Stratonsturm, Sebaste, Joppe und Jersualem; denn die griechischen Städte Gaza, Gadara und Hippos hatte der Kaiser vom Machtbereich des Herodes losgelöst und zu Syrien geschlagen. Das Gebiet, das dem Archelaos übertragen worden war, brachte 400 Talente ein. Salome bekam zu dem, was der König ihr im Testament hinterlassen hatte, noch die Herrschaft über Jamma, Azot und Phasaelis, dazu gab ihr der Kaiser noch geschenkweise den Palast von Askalon. Ihre Einkünfte aus all ihren Ländereien sollten 60 Talente betragen, der Kaiser fügte jedoch ihren Besitz der Ethnarchie des Archelaos ein. Die restlichen Mitglieder der Herodessippe erhielten das, was testamentarisch für sie festgelegt war. Zwei unverheirateten Töchtern des Königs machte der Kaiser dazu noch ein Geschenk von 500 000 Silberlingen und vermählte sie mit den Söhnen des Pheroras. Als nun diese Regelungen getroffen waren, verteilte er unter sie auch noch die 1000 Talente, die Herodes ihm geschenkweise vermacht hatte; für sich suchte er nur zum Andenken an den Toten einige Schmuckstücke aus, die nicht viel wert waren.

7. KAPITEL

1. Um diese Zeit kam auch ein junger Mann jüdischen Geblüts, aber von einem römischen Freigelassenen in Sidon erzogen, nach Rom. Wegen seiner großen Ähnlichkeit gab er sich als jenen Alexander aus, den Herodes hatte töten lassen. Er hoffte, in der Stadt untertauchen zu können. Als Helfer hatte er einen Landsmann, der genau Bescheid über das wußte, was im Königreich vor sich ging.

Dieser verleitete ihn zu der Aussage, die Henker hätten ihm und Aristobulos aus lauter Mitleid bei der Hinrichtung zur Flucht verholfen und hätten statt ihrer Leichen, die ihnen ähnlich waren, unterschoben. Bei den Juden in Kreta fand er mit dieser Lüge Anklang, ließ sich von ihnen aufs großzügigste die Reise bezahlen und fuhr so nach Melos; dort konnte er noch viel mehr einkassieren, da er sich unwahrscheinlich glaubwürdig gebärdete, und er brachte sogar seine Gastgeber dazu, daß sie mit ihm nach Rom fuhren. Als er nun in Dikaiarcheia an Land ging, brachten ihm die dortigen Juden wieder eine Menge von Geschenken, und die Freunde seines angeblichen Vaters gaben ihm das Geleit wie einem König. Die Ähnlichkeit ging tatsächlich so weit, daß selbst jene, die Alexander noch von Angesicht gesehen hatten und ihn genau kannten, auf seine Identität schwören wollten. Was in Rom an Juden zugegen war, strömte nun zusammen, ihn zu sehen, ja eine unvorstellbare Menge säumte die Gassen, durch die man ihn trug. Die Melier waren nämlich so verrückt, daß sie ihn auf einem Tragesessel daherbrachten und ihm von ihrem Geld die Ausstattung eines Königs verschafften.

2. Der Kaiser hatte noch eine genaue Vorstellung von den besonderen Eigenarten des Alexander; Herodes hatte ihn ja beim Kaiser verklagt, und dieser durchschaute die Täuschung des Doppelgängers schon, ehe er den Menschen gesehen hatte. Trotzdem wollte er auch denen, die sich positiv dazu stellten, eine Chance geben und befahl deshalb einem gewissen Kelados – er gehörte zu denen, die Alexander ganz genau gekannt hatten –, den jungen Mann vor ihn zu bringen. Kaum hatte er ihn jedoch gesehen, da stellte er auch schon die Unterschiede in den Gesichtszügen fest, und wie er des weiteren seinen gröberen, für einen Sklaven charakteristischen Körperbau wahrnahm, da war ihm alles klar. Das Maß seiner Empörung wurde noch voll durch die Unverschämtheit, mit der dieser Kerl daherredete. Nach Aristobulos befragt, behauptete er nämlich, auch dieser sei wohlauf, doch sei er vorsichtshalber in Cypern zurückgeblieben, da sich die Gefahr verringere, wenn sie nicht beisammen seien. Kelados nahm ihn nun etwas beiseite und

sagte: »Der Kaiser will dich am Leben lassen, wenn du ihm den nennst, der dich zu einer solchen Lüge beredete«, und nun sagte der Angesprochene, er wolle den Namen nennen, und begab sich mit ihm zum Kaiser und nannte den Juden, der sich aus seinem Doppelgängertum eine solche Pfründe gemacht hatte; in jeder Stadt habe er mehr an Geschenken eingeheimst als Alexander während seines Lebens. Darüber mußte der Kaiser lachen und versetzte den falschen Alexander wegen seines kolossalen Körperbaus unter die Schiffsruderer, seinen Drahtzieher aber ließ er hinrichten.

3. Als Archelaos seine Regierungsaufgabe in der Ethnarchie übernommen hatte, verfuhr er im Hinblick auf die einstigen Unzuträglichkeiten mit den Juden sowohl wie mit den Samaritanern so unmenschlich, daß beide Volksgruppen deswegen Boten an den Kaiser sandten, worauf er in seinem neunten Regierungsjahr nach Vienna, einer Stadt in Gallien, verbannt wurde, während man sein Hab und Gut den kaiserlichen Besitztümern einverleibte. Als er vor den Kaiser zitiert wurde, soll er geträumt haben, er erblicke neun volle und ausgereifte Ähren, die von Ochsen aufgefressen würden. Von den Traumdeutern und einigen Chaldäern, die er kommen ließ und die er nach der Bedeutung des Traumes fragte, gab jeder eine andere Auslegung. Ein gewisser Simon, ein Essener, meinte, die Ähren deuteten auf Jahre, die Ochsen aber auf eine Änderung der Verhältnisse, da sie beim Pflügen ja auch die Erde von unten nach oben brächten. Die Regierungsjahre des Archelaos würden also der Zahl der Ähren entsprechen, dann werde er eine Reihe von Umwälzungen zu bestehen haben, bevor er sterbe. Fünf Tage nach dieser Deutung wurde er vor das Gericht des Kaisers zitiert.

4. Zu erwähnen ist meiner Meinung nach wohl auch der Traum seiner Gattin Glaphyra, der Tocher des Kappadokierkönigs Archelaos, die ehedem mit Alexander verehelicht war; das war der Bruder des Archelaos, von dem schon eingehend die Rede war. Außerdem war er ein Sohn des Königs Herodes, der ihn, wie ebenfalls schon bekannt ist, töten ließ. Nach dem Tode ihres Gatten heiratete sie den Libyerkönig Juba und nach dessen Tod kam sie wieder

zurück und verbrachte ihr Leben als Witwe beim Vater. Der Ethnarch Archelaos sah sie und liebte sie so heiß, daß er sich von seiner damaligen Gattin Mariamne trennte und Glaphyra zur Frau nahm. Wenig später, nachdem sie in Judäa eingetroffen war, träumte sie, Alexander stehe vor ihr und sage: »Mit der Heirat in Libyen hättest du es genug sein lassen sollen; sie war dir aber nicht ausreichend, du kommst vielmehr in mein Haus zurück und erdreistest dich, einen dritten Mann zu nehmen, noch dazu meinen Bruder! Doch dieses Unrecht will ich dir nicht gestatten, du sollst deshalb wieder mir gehören, du magst wollen oder nicht!« Sie erzählte diesen Traum und lebte dann noch knapp zwei Tage.

8. KAPITEL

1. Aus dem Land des Archelaos wurde nun eine Provinz gemacht, in die Coponius, ein Römer aus dem Ritterstand, als Statthalter entsandt wurde, der vom Kaiser alle Gerechtsame einschließlich der Verhängung der Todesstrafe erhielt. Während seiner Amtsperiode verführte ein Galiläer namens Judas die Einwohner zum Abfall; er behauptete nämlich, es sei ein Frevel, wenn sie es bei der Steuerzahlung an die Römer bewenden ließen und nächst Gott auch Sterbliche als ihre Herren duldeten. Es handelte sich dabei jedoch um einen Schulmeister, der seine eigene Lehre hatte und keinerlei Gemeinsamkeiten mit den anderen Juden aufwies.

2. Bei den Juden gibt es nämlich drei Philosophenschulen: die Pharisäer, die Sadduzäer und schließlich die Essener, von denen allgemein behauptet wird, daß sie sich tatsächlich um eine besondere Selbstheiligung bemühen. Es sind der Abstammung nach Juden, die sich jedoch in besonderem Grade einander verbunden fühlen. Sie lehnen jede sinnliche Lust ab und sehen darin eine Sünde, während sie die Enthaltsamkeit und den Widerstand gegen die Begierden als Tugend erachten. Über die Ehe urteilen sie abträglich, doch nehmen sie die Kinder anderer auf, solange sie noch in einem bildungsfähigen Alter stehen, und sehen in ihnen Zugehö-

rige und formen sie nach ihren Idealen. Damit lehnen sie die Ehe und die daraus entstehende Nachkommenschaft wohl nicht gemeinhin ab, doch sie verschanzen sich gegen die Lüsternheit der Frauen, von denen sie überzeugt sind, daß sie in keinem Fall einem einzigen Mann die Gattentreue bewahren.

3. Den Reichtum verachten sie, und ihr Gefühl für die Gemeinschaft ist bewundernswert. Man findet bei ihnen auch niemand, der mehr besitzt als die anderen, denn nach ihrem Gesetz müssen jene, die sich ihrer Sekte anschließen wollen, ihr Hab und Gut an die Gemeinschaft übertragen! Auf diese Weise trifft man bei ihnen weder auf erniedrigende Armut noch auf Reichtum, der überheblich macht, vielmehr wird der gesamte Einzelbesitz zu einem einzigen brüderlichen Gemeingut. Das Öl gilt ihnen als unrein, und kommt jemand gegen seinen Willen mit Öl in Berührung, so reinigt er seinen Körper. Eine ausgetrocknete Haut gilt ihnen nämlich als etwas Schönes und ebenso der ständige Gebrauch weißer Kleidung. Die Verwalter des Gemeinguts werden durch Handaufheben gewählt, während einer wie der andere zum Dienst an der ganzen Gemeinschaft bereit sein muß.

4. Sie konzentrieren sich auch nicht auf eine einzelne Stadt, sondern sie sind in großer Anzahl auf alle Städte verteilt. Essener, die anderswoher kommen, können über den ganzen Besitz der betreffenden örtlichen Gemeinschaft verfügen wie über ihren eigenen Besitz, und bei Leuten, die ihnen früher völlig unbekannt waren, gehen sie aus und ein wie bei alten Bekannten. Deshalb reisen sie auch ohne jedes Gepäck und nur mit Waffen, um sich gegen Räuber wehren zu können. Allerorten wird für die Gäste ein besonderer Betreuer aufgestellt, der für Kleidung und sonstige Bedürfnisse zu sorgen hat. Sie kleiden sich übrigens wie Knaben, und auch ihre Körperhaltung ist so, als hätten sie Angst vor einem Erzieher. Schuhe und Kleidung wechseln sie nicht, bevor sie völlig zerfetzt und abgetragen sind. Untereinander kaufen sie und verkaufen sie nichts; wer etwas braucht, dem gibt ein jeder von dem Seinen und bekommt auch wiederum das von jenem, was er benötigt; und

sogar ohne Gegenleistung kann man von jedem Beliebigen sich das Nötige aneignen.

5. Ihre Gottesverehrung äußert sich auf eine eigenartige Weise. Vor Aufgang der Sonne reden sie nämlich kein unheiliges Wort, sondern sie richten an dieses Gestirn einige von den Alten überkommene Gebete, als flehten sie darum, die Sonne möge aufgehen. Dann werden sie von den Vorstehern ausgesandt, ein jeder zu dem Tun, das er versteht. Wenn sie dann bis zur fünften Stunde mit Hingabe gearbeitet haben, finden sie sich wieder an einem bestimmten Platz ein, binden sich eine Leinenschürze um und waschen sich mit kaltem Wasser. Nach dieser Waschung gehen sie zusammen in ein besonderes Gebäude, zu dem kein Andersgläubiger Zutritt hat. Sie selbst verfügen sich nun gewissermaßen ›gereinigt‹ in das Refektorium wie in einen heiligen Raum. Ohne ein Wort zu reden, nehmen sie Platz, dann tischt ihnen der Bäcker der Reihe nach Brote auf, und der Koch bringt jedem eine Schüssel mit einem einzigen Gericht. Vor Beginn der Mahlzeit verrichtet ein Priester ein Gebet, und es wäre gesetzwidrig, zuvor das Essen anzurühren. Nach dem Mahle wird wieder gebetet, und am Anfang wie am Ende preisen sie Gott als Spender der Lebensnahrung. Dann legen sie die Kleider, die für sie gewissermaßen heilig sind, wieder ab und widmen sich bis zum Abend weiterhin ihrer Arbeit. Wieder zurückgekehrt speisen sie nochmals in der gleichen Form, doch zusammen mit den Gästen, wenn sich welche eingefunden haben. Weder Geschrei noch sonstwelcher Lärm stört je die Weihe des Hauses, sondern sie geben einander das Wort, wie es sich der Reihe nach fügt. Die Menschen draußen aber mutet die Stille drinnen wie ein schauerliches Mysterium an; diese Stille ist eine Folge der ständig eingehaltenen Nüchternheit und der Übung, Speise und Trank nur bis zur Sättigung zu sich zu nehmen.

6. Die Essener unternehmen sonst nichts, was ihnen nicht von den Vorstehern aufgetragen wird, und nur in zwei Fällen dürfen sie nach eigenem Ermessen entscheiden, nämlich wenn es gilt, Hilfe zu leisten oder Barmherzigkeit zu üben. Es bleibt ihnen selbst anheimgestellt, dort zu helfen, wo Hilfe nötig ist, und Nahrung zu

verabreichen, wo ein Bedürfnis vorliegt. An Verwandte darf aber ohne Erlaubnis der Vorsteher nichts gegeben werden. Den Zorn halten sie unter Kontrolle, Gefühlswallungen zwingen sie nieder, Zuverlässigkeit gilt ihnen viel, für den Frieden tun sie alles. Jedes Wort, das sie sprechen, ist verlässiger als ein Eid; zu schwören weigern sie sich, denn sie erachten es schlimmer als einen Meineid; sie sagen nämlich, wer gegen Treu und Glauben verstößt, ist schon gerichtet auch ohne die Zeugenschaft Gottes. In besonderem Maße jedoch widmen sie sich dem Studium dessen, was die Altvorderen aufgezeichnet haben, und dabei achten sie vor allem auf das, was förderlich ist für Leib und Seele. In diesen Aufzeichnungen forschen sie zu medizinischen Zwecken nach Kräutern, die vor Krankheiten schützen, und nach den besonderen Eigenschaften von Mineralien.

7. Jene aber, die in ihre Sekte aufgenommen werden wollen, können nicht sofort eintreten, sondern sie bleiben ein Jahr außerhalb der Gemeinschaft und müssen während dieser Zeit die gleiche Lebensweise einhalten, wozu sie ein kleines Beil, die erwähnte Schürze und ein weißes Gewand erhalten. Besteht der Kandidat während dieser Zeit die Prüfung der Enthaltsamkeit, so darf er dem Leben der Gemeinschaft nähertreten und darf teilnehmen an den heiligen Bädern, die noch größere Reinheit bewirken; doch erhält er noch keinen Zugang zum Leben in der Gemeinschaft. Denn hat er sich als standhaft erwiesen, so wird er während der beiden nächsten Jahre auf seinen Charakter geprüft, und erst wenn er sich darin bewährt hat, wird er für würdig befunden, in die Gemeinschaft einzutreten. Ehe er jedoch an das gemeinsame Mahl Hand anlegt, schwört er ihnen hochheilige Eide, vor allem die Gottheit zu ehren, sodann Gerechtigkeit zu üben gegen die Menschen und weder aus freiem Antrieb noch auf Befehl jemand zu schädigen, stets jedoch die Ungerechten zu hassen und die Gerechten in ihrem Kampf zu unterstützen, immer die Treue zu bewahren gegen jedermann, vor allem gegen die Obrigkeit, da niemand Macht habe, sie sei denn von Gott. Und müsse er selbst einmal eine Anordnung treffen, so werde er seine Macht nie mißbrauchen und weder

in der Gewandung noch in der Verwendung von mehr Schmuck die Untergeordneten zu überragen suchen. Immer werde er die Wahrheit lieben und sich vornehmen, die Lügner zu entlarven. Die Hände wolle er reinhalten von Diebstahl und die Seele von sündhaftem Gewinn, und vor den anderen Sektenmitgliedern werde er kein Geheimnis haben und an andere werde er nichts über sie preisgeben, auch wenn es um Leben oder Tod gehe. Außerdem schwört er, die Regeln der Gemeinschaft keinem in anderer Weise mitzuteilen, als er sie selbst übernommen, sich reinzuhalten von Raub und die Schriften der Sekte wie die Namen der Engel in Ehren zu halten. Mit Eidesleistungen dieser Art verschaffen sich die Essener Sicherheit hinsichtlich ihrer Novizen.

8. Wer jedoch bei Verfehlungen betroffen wird, die ins Gewicht fallen, wird aus der Gemeinschaft ausgestoßen. Die Ausgestoßenen sind oft die Opfer eines jämmerlichen Schicksals und finden ein trauriges Ende; denn die abgelegten Eide und die Ordensregeln verbieten ihnen, sich von Fremden verköstigen zu lassen. Dann müssen sie sich von Kräutern nähren und werden kraftlos vor Hunger, bis sie umkommen. Deshalb haben sie sich schon vieler erbarmt und haben sie wieder aufgenommen, wenn sie in den letzten Zügen lagen, da sie die bis zu ihrem Ende ausgestandenen Qualen als ausreichende Buße ansahen für deren Vergehen.

9. Geht es um gerichtliche Entscheidungen, so verfahren sie äußerst genau und gerecht, und das Urteil ergeht erst, wenn die Mindestzahl von hundert Essenern zugegen ist. Dann freilich ist das Urteil unabänderlich. Nächst Gott verehren sie aber im höchsten Maße den Namen des Gesetzgebers, und wer ihn nicht ehrt, wird mit dem Tode bestraft. Sie halten es für wichtig, sich den Älteren und der Mehrheit zu fügen; z. B. könnte in einem Kreis von zehn Männern keiner zu sprechen anheben gegen den Willen der restlichen neun. Sie hüten sich, inmitten von anderen oder nach der rechten Seite hin auszuspeien, und sie weigern sich, mehr als andere Juden, am siebten Wochentag irgendeine Arbeit anzurühren. Denn sie richten nicht nur Tage zuvor ihre Nahrung zu, um an dem besagten Tag kein Feuer machen zu müssen, sondern sie getrauen sich

nicht einmal, irgendeinen Gegenstand von der Stelle zu bewegen, ja selbst ihre Notdurft zu verrichten. An den übrigen Tagen aber schlagen sie mit einer Hacke – von dieser Art ist nämlich die kleine Axt, die ein jeder bei seinem Eintritt erhält – ein Loch in den Boden, einen Fuß tief, hüllen sich in ihren Mantel, um den strahlenden Glanz Gottes nicht zu verunehren, und entleeren sich dorthin. Dann schaufeln sie die aufgeworfene Erde wieder in die Grube. Zu diesem Zweck suchen sie möglichst abgelegene Plätze auf. Obgleich die Entleerung des Körpers etwas ganz Natürliches ist, pflegen sie sich hernach zu waschen, als hätten sie sich beschmutzt.

10. Sie sind in vier Klassen aufgeteilt, je nach der Dauer ihrer frommen Kasteiung, und wer sich ihnen später anschloß, steht hinter den älteren Zugehörigen so sehr zurück, daß sich diese nach einer Berührung durch die jüngeren abwaschen, als hätten sie es mit jemand Fremdem zu tun gehabt. Sie erreichen ein hohes Lebensalter, so daß die meisten über hundert Jahre alt werden, offenbar da sie ein sehr einfaches und wohlgeordnetes Leben führen. Für erschütternde Vorkommnisse haben sie nur Verachtung, Schmerzen überwinden sie durch ihre seelische Haltung und den Tod ziehen sie einem Leben ohne Ende vor, wenn er sich naht in Begleitung des Ruhmes. Alle diese Charaktereigenschaften zeigten sich besonders im Krieg gegen die Römer; man folterte sie auf jede Weise, man brannte sie, zerschmetterte sie und zerrte sie durch alle Marterstätten, daß sie entweder den Gesetzgeber lästern oder Verbotenes essen sollten, aber sie verharrten unbeugsam und ließen sich weder zum einen noch zum anderen zwingen, auch nicht zu schönen Worten für ihre Henker oder zu Tränen. In ihrer Pein fanden sie noch ein Lächeln, spotteten ihrer Folterknechte und schieden voll Bereitschaft aus dem Leben, als würden sie es wieder empfangen.

11. Denn mit allem Nachdruck sind sie davon überzeugt, daß der Körper wohl vergehe und daß das Stoffliche nicht von Dauer sei, daß jedoch die Seelen unsterblich seien für immer und ewig. Von den Seelen glauben sie, daß sie, aus dem feinsten Äther hervorgegangen, sich zusammenfügten und durch irgendeinen natür-

lichen Vorgang der Anlockung herabgeholt worden seien. Und wenn sie dann von den Fesseln des Fleisches befreit würden, dann fühlten sie sich wie aus langer Haft entlassen und erhöben sich in seliger Freude wieder nach oben. Mit den Söhnen Griechenlands stimmen sie in der Lehre überein, daß auf die guten Seelen jenseits des Ozeans ein Leben warte und ein Ort ohne die Unannehmlichkeit von Schnee, Regen und Hitze, wo vielmehr vom Ozean her unablässig ein sanfter Zephyr weht, um seine kühlende Wirkung zu tun. Auf die Schlechten harrt nach ihrer Meinung eine finstere, eiskalte Höhle, der Ort ewiger Strafe. Ich glaube, die gleiche Annahme findet sich auch bei den Griechen, die für ihre Helden – sie heißen dort Heroen oder auch Halbgötter – die Inseln der Seligen bereit haben, für die Seelen der Sünder aber den Hades, den Ort der Frevler, wo der Sage nach Übeltäter wie Sisyphus und Tantalus, Ixion und Tityos ihre Strafen verbüßen, womit sie in erster Linie die Unsterblichkeit der Seelen betonen, dann aber auch die Menschen zur Pflege der Tugend und zum Kampf gegen das Schlechte anspornen wollen. Sie sind nämlich des Glaubens, die Guten würden während ihres irdischen Daseins durch die Hoffnung auf Ruhm nach ihrem Tode noch besser und der Anreiz für die Bösen lasse sich durch Furcht beseitigen, da sie damit rechnen müßten, ewiger Strafe anheimzufallen, auch wenn sie in diesem Leben unbehelligt blieben. Das also ist die essenische Theologie der Seele, und wer einmal von ihrer Weisheit kostet, in dem haftet diese wie ein Köder, von dem er sich nicht mehr befreien kann.

12. Es gibt aber bei ihnen auch Leute, die vorgeben, die Zukunft vorauszukennen, nachdem sie sich von Jugend an zutiefst mit heiligen Büchern, mit mancherlei Reinigungsriten und Prophetien befaßt haben. Tatsächlich passiert es selten, daß sie in ihren Weissagungen irren.

13. Es gibt auch noch eine andere Gruppe von Essenern, die in Lebensart, Sitte und Gesetzgebung mit den ersteren übereinstimmen und sich lediglich in der Anschauung von der Ehe von ihnen unterscheiden; denn sie glauben, wer auf die Ehe verzichte, vernachlässige einen wesentlichen Lebenszweck, nämlich die Zeugung der

Nachkommen, d. h. sie meinen, wenn alle so dächten, dann sei es mit dem Menschengeschlecht bald zu Ende. Aber sie prüfen ihre künftigen Ehefrauen drei Jahre lang, und wenn diese nach einem dreimaligen Reinigungsvorgang ihre Gebärfähigkeit erwiesen haben, dann wird die Ehe geschlossen. Während der Schwangerschaft pflegen sie keinen Beischlaf, woraus hervorgeht, daß sie nicht aus Gründen der Wollust, sondern des Kindersegens wegen heiraten. Wenn die Frauen ihre Reinigungsbäder nehmen, dann hüllen sie sich in eine Gewandung, so wie die Männer eine Schürze benützen. Solches also ist der Brauch in diesem Orden.

14. Nun wieder zu den beiden Sekten, von denen vorher die Rede war: Die der Pharisäer widmet sich, wie es heißt, mit besonderer Sorgfalt der Gesetzesauslegung, und sie nehmen auch den ersten Platz ein unter den Sekten. Für sie ist alles dem Schicksal und Gott anheimgestellt. Wohl stehe es in erster Linie dem Menschen zu, zwischen Recht- und Unrechttun zu wählen, doch bei jeglichem Tun sei auch das Schicksal beteiligt. Es seien zwar alle Seelen unsterblich, aber nur die Seelen der Guten fänden Eingang in einen anderen Körper, während die der Schlechten ewiger Verdammnis ausgeliefert seien. Für die zweite Gruppe, die der Sadduzäer, existiert das Schicksal überhaupt nicht, und Gott, so behaupten sie, habe gar nichts zu tun mit bösem Handeln, ja es interessiere ihn überhaupt nicht, vielmehr sei es dem Menschen anheimgegeben, das Gute oder das Schlechte zu wählen, und die Menschen griffen nach dem einen oder nach dem anderen, je nachdem, wie sich der einzelne entscheide. Ein Fortleben der Seele, ferner Belohnung und Strafe im Hades verwerfen sie, und während es bei den Pharisäern eine gegenseitige Freundschaft gibt und die Eintracht im Interesse der Gemeinschaft gefordert wird, verhalten sich die Sadduzäer zueinander recht unfreundlich. Im Verkehr mit ihren eigenen Leuten geben sie sich ablehnend wie Fremden gegenüber. Solches also gibt es über die Kreise der Juden zu berichten, die sich mit Philosophie befassen.

9. KAPITEL

1. Während nun die Ethnarchie des Archelaos in eine Provinz verwandelt wurde, walteten die anderen, Philippus und Herodes Antipas, weiterhin ihres Amtes als Tetrarchen. Salome war nämlich gestorben und hatte die Gemahlin des Kaisers, Julia, für ihre Gebiete sowie für Jamnin und für den Palmenwald in Phasaelis zur Erbin bestimmt. Als jedoch nach dem Hinscheiden des Augustus – er hatte 57 Jahre, sechs Monate und zwei Tage den römischen Staat geführt – die Herrschaft über das Römerreich auf Tiberius, den Sohn der Julia, übergegangen war, konnten Herodes und Philippus auch jetzt ihre Tetrarchien beibehalten. Philippus gründete im Bezirk von Paneas bei den Quellen des Jordan die Stadt Caesarea und in der unteren Gaulanitis die Stadt Julia, während Herodes in Galiläa Tiberias gründete und in Peräa eine Stadt, die gleichfalls nach Julia benannt wurde.

2. Als Pilatus von Tiberius als Statthalter nach Judäa geschickt worden war, ließ er die Kaiserbilder, die sog. ›Legionsadler‹ nächtlicherweise verhüllt nach Jerusalem bringen. Tags darauf entstand darüber bei den Juden eine außerordentliche Beunruhigung; denn wer an den Zeichen vorüberkam, war durch diesen Anblick aufs schwerste erschüttert, bedeutete es doch nichts anderes, als daß das Gesetz der Juden verhöhnt wurde, wo dieses doch ausdrücklich die Aufstellung eines Bildnisses in der Stadt verbietet. Auf diese negative Reaktion der Stadtbewohner hin kam auch die Landbevölkerung noch massenhaft zusammen, und man zog nun nach Caesarea zu Pilatus und bat ihn inständig, die Bildnisse aus Jerusalem wegbringen zu lassen und nicht an die alten Gesetze zu rühren. Pilatus lehnte es ab, und nun warfen sich die Bittsteller im Umkreis um den Palast auf das Antlitz nieder und verblieben fünf Tage und Nächte in dieser Weise, ohne sich von der Stelle zu bewegen.

3. Anderntags begab sich Pilatus in die große Rennbahn, stellte sich dort auf die Rednerbühne und befahl das Volk zu sich, wie wenn er ihm von hier aus antworten wolle; doch bedeutete er den Soldaten, wie vereinbart, sie sollten bewaffnet die Juden umstellen.

Ob des überraschenden Anblicks, als sie so eine dreifache Schlachtreihe hinter sich sahen, befiel die Juden lähmendes Entsetzen, und Pilatus drohte gar, er wolle sie umbringen lassen, falls sie die Kaiserbildnisse nicht bei sich duldeten; und schon gab er den Soldaten ein Zeichen, die Schwerter blankzuziehen. Doch die Juden fielen allesamt zu Boden, als hätten sie es so vereinbart, und sie boten den Nacken dar und riefen laut, sie wollten lieber sterben als gegen das Gesetz der Väter verstoßen. Pilatus aber war betroffen ob ihrer lauteren Gottesfurcht und befahl, die Bildnisse sofort aus Jerusalem wegzubringen.

4. Es dauerte nicht lange, da gab er erneut Anlaß zur Beunruhigung, weil er den Tempelschatz, den sogenannten Korban, für den Bau der Wasserleitung verwendete. Das Wasser mußte ja über eine Strecke von 400 Stadien geleitet werden. Das Volk nahm ihm das sehr übel, und bei seinem Eintreffen in Jerusalem umringte es tobend und lärmend seinen Amtsstuhl. Mit einer solchen Haltung der Juden hatte Pilatus schon vorher gerechnet, und er hatte deshalb Soldaten unter Waffen, jedoch in Zivil unter die Leute gemischt und ihnen befohlen, das Schwert nicht zu benützen, aber auf die Lärmenden mit Prügeln einzuschlagen; und jetzt gab er das verabredete Zeichen von seinem Platz aus. Da wurden die Juden nun geschlagen und viele fielen den Schlägen zum Opfer, andere wurden in der Panik von ihren eigenen Leuten niedergetrampelt. Das Schicksal der Opfer aber versetzte das Volk in Schrecken und ließ es verstummen.

5. Während dieser Zeit reiste Agrippa, der Sohn des Aristobulos, der von seinem Vater Herodes ermordet worden war, zu Tiberius, um gegen den Tetrarchen Herodes Klage zu erheben, fand aber beim Kaiser kein Gehör. Trotzdem blieb er in Rom und bemühte sich um die Gunst der anderen bedeutenden Persönlichkeiten, vor allem um die des Gaius, des Sohnes des Germanicus, der damals noch kein Amt bekleidete. Einmal gab er ein Essen für Gaius und sagte vielerlei Schmeichelhaftes, und am Schluß breitete er gar die Hände aus und betete vor allen, er möge Gaius baldmöglichst als Gesamtherrscher sehen dürfen, sobald Tiberius tot sei.

Einer seiner Diener aber hinterbrachte es dem Tiberius, und dieser, außer sich vor Zorn, ließ Agrippa ins Gefängnis werfen, wo er ihn unter unwürdigen Bedingungen sechs Monate gefangenhielt, bis er selbst nach einer Herrschaft von 22 Jahren, sechs Monaten und drei Tagen verstarb.

6. Nun wurde Gaius zum Kaiser ausgerufen, und sogleich gab er dem Agrippa die Freiheit und machte ihn zum König über die Tetrarchie des mittlerweile verstorbenen Philippus. Die Art und Weise jedoch, wie Agrippa Herrscher geworden war, erregte bei dem Tetrarchen Herodes Neid und stachelte seine Begehrlichkeit an. Vor allem Herodias, seine Gattin, nährte in ihm die Hoffnung auf das Königtum, wobei sie ihm mangelnde Tatkraft vorwarf und behauptete, seine Weigerung, beim Kaiser vorzusprechen, bringe ihn um die Chance vorwärtszukommen. Wo der Kaiser den Agrippa aus einem Privatmann zum König gemacht habe, sollte er da nicht mit ihm als Tetrarchen genauso verfahren? Herodes gab daraufhin schließlich nach und reiste zum Kaiser; der aber verbannte ihn zur Strafe für seine Unersättlichkeit nach Gallien. Agrippa war ihm nämlich gefolgt, um Klage gegen ihn zu erheben, und Gaius fügte dessen Besitz auch noch die Tetrarchie des Herodes hinzu. Herodes verstarb auch in Gallien in der Verbannung, wohin ihn seine Gattin begleitet hatte.

10. KAPITEL

1. Kaiser Gaius frevelte in solchem Maße wider das Schicksal, daß er sich selbst für einen Gott hielt und auch als solcher angeredet werden wollte; auch beraubte er seine Nation ihrer tüchtigsten Männer, um sich schließlich in seinem Frevelmut auch gegen Judäa zu wenden. Mit einem Heer schickte er also den Petronius nach Jerusalem mit dem Auftrag, Bildsäulen, die ihn darstellten, im Tempel aufzustellen; sollten die Juden Schwierigkeiten machen, so hatte Petronius Befehl, alle Widerspenstigen zu töten und den Rest des Volkes in die Sklaverei zu verkaufen. Doch bei der Ausführung

dieser Befehle hatte auch Gott noch mitzureden. Schon rückte Petronius mit drei Legionen und erheblichen Verstärkungen durch syrische Hilfstruppen von Antiochien gegen Judäa vor. Die Juden hielten zum Teil nichts von den umgehenden Kriegsgerüchten, wer sie aber trotzdem ernst nahm, mußte hinsichtlich der eventuellen Verteidigung schwarzsehen. Es dauerte jedoch nicht lange, da überkam das gesamte Volk das Entsetzen, denn schon lagen die Truppen bis vor Ptolemais.

2. Ptolemais ist an der Küste von Galiläa gelegen, hart an der großen Ebene erbaut; Berge umschließen die Stadt, die im Osten etwa 60 Stadien vom galiläischen Bergland entfernt ist, während sich 120 Stadien südlich der Karmel erhebt. Bis zur höchsten Erhebung – sie heißt in der Landessprache die ›Tyrische Leiter‹ – sind es noch 100 Stadien. Im Abstand von zwei Stadien von der Stadt fließt der Belaios, ein kleiner Bach, und dort befindet sich das Memnondenkmal, unmittelbar an einem sehr bedeutsamen Platz von 100 Ellen Tiefe. Er ist kreisrund und bildet eine Wanne, und darin befindet sich der Glassand, der dann, wenn die vielen dort anlegenden Schiffe ihn abgeräumt haben, immer wieder die verbleibende Aushöhlung anfüllt. Gerade als müßte es so sein, führen die Winde aus der Umgebung den weißen Sand herbei, den die Vertiefung rasch zu Glas werden läßt. Aber noch merkwürdiger scheint es mir, daß das Glas, das die Vertiefung übersteigt, wieder zu gewöhnlichem Sand wird. Das liegt an der eigenartigen Beschaffenheit dieses Platzes.

3. Mit den Frauen und Kindern begaben sich nun die Juden in die Ebene von Ptolemais und flehten den Petronius vor allem um Schutz an für das Gesetz der Väter, sodann aber auch für sich selbst. Der Anblick dieser Menschenmenge und die flehentlichen Bitten veranlaßten den Petronius nachzugeben, und so ließ er das Heer und die Bildsäulen in Ptolemais zurück und beorderte das Volk und alle vornehmen Juden nach Tiberias. Dort sprach er eindringlich zu ihnen von der Macht Roms und von den Drohungen des Kaisers und suchte sie von der Sinnlosigkeit ihrer Forderung zu überzeugen; alle unterjochten Völker hätten ja in ihren Städten

neben der Bildsäulen der anderen Götter auch solche des Kaisers aufgestellt, und einzig sie, die Juden, widersetzten sich diesem Ansinnen, was fast soviel bedeute wie Rebellion, und zwar Rebellion aus frevelhafter Gesinnung.

4. Nun legten sie ihm das Gesetz dar und die Vätersitte, wonach es durch göttliche Anordnung verboten sei, ein Bild Gottes und noch viel weniger das eines Menschen sowohl im Tempel wie auch an jedem anderen Platz des Landes aufzustellen. Darauf Petronius: »Aber für mich gilt doch auch das Gesetz meines Herrn, und verstoße ich dagegen, um euch zu schonen, dann wartet auf mich nach unserem Recht der Tod. Nicht ich bin es, der den Krieg gegen euch führen wird, sondern jener, der mich geschickt hat, und auch ich bin an seine Weisung gebunden genauso wie ihr.« Nun schrie die ganze Menge, sie seien bereit, Leiden auf sich zu nehmen um des Gesetzes willen. Petronius stellte den Lärm ab und sprach: »So wollt ihr also Krieg mit dem Kaiser?« Darauf die Juden: »Zweimal des Tages bringen wir unsere Opfer dar für den Kaiser und für das Volk der Römer; verlangt der Kaiser die Aufstellung der Bilder, dann muß er zuvor das ganze Judenvolk als Opfer schlachten; mit unseren Frauen und Kindern sind wir bereit, uns töten zu lassen.« Petronius aber ward in gleicher Weise von Verwunderung wie von Erbarmen ergriffen, wie er die unübertreffliche Frömmigkeit der Leute sah und ihre Bereitschaft zum Tod. So kam es damals zu keinem Ergebnis, und man ging wieder auseinander.

5. In den nächsten Tagen nun beschied Petronius zahlreiche führende Persönlichkeiten zu sich, ebenso auch das Volk zu einer Versammlung und redete ihm zu und ermahnte es; in höherem Grade freilich ließ er auch Drohungen laut werden, wobei er von der Machtfülle des Römervolkes sprach und von den Zornausbrüchen des Gaius sowie von seiner eigenen Verlegenheit. Doch die Juden hielten an ihrem Standpunkt fest, und da zu befürchten war, daß die Bestellung des Landes unterblieb, da das Volk um die Saatzeit schon 50 Tage, ohne eine Hand zu rühren, bei ihm verweilte, rief er sie ein letztesmal zusammen und sprach: »So will ich denn

lieber meine Person in Gefahr bringen; denn entweder kann ich mit Gottes Hilfe den Kaiser umstimmen, dann soll es mich freuen, zusammen mit euch gerettet zu sein, oder es übermannt ihn die Wut, dann will ich mein Leben opfern für so viele Menschen.« Damit schickte er die Leute heim, und viele segneten ihn darob. Er aber begab sich zu seinem Heer und zog damit von Ptolemais zurück nach Antiochien. Von dort aus schickte er einen Eilbericht an den Kaiser über seinen Zug nach Judäa und über das Flehen des Volkes; falls er nicht außer den Menschen auch noch das Land verlieren wolle, müßten die Juden bei ihrem Gesetz belassen werden und den kaiserlichen Befehl umgehen dürfen. Die Antwort des Kaisers lautete recht unbeherrscht, und er drohte dem Petronius mit dem Tod, da er seine Anweisungen so säumig ausführe. Durch Zufall wurde jedoch der Briefbote auf seiner Seefahrt durch Meeresstürme drei Monate festgehalten, wogegen andere Boten mit der Nachricht vom Tod des Gaius gut durchkamen; so daß Petronius die Todesnachricht 27 Tage vor dem erwähnten Drohbrief erhielt.

11. KAPITEL

1. Drei Jahre und acht Monate hatte Gaius regiert, als er einem Meuchelmord zum Opfer fiel; und nun wurde Claudius von den in Rom befindlichen Truppen gewaltsam an die Regierung gebracht. Der Senat überantwortete jedoch auf Veranlassung der Konsuln Sentius Saturninus und Pomponius Secundus den drei ihm ergebenen Kohorten den Schutz der Stadt Rom. Er hielt eine Sitzung auf dem Kapitol ab, wobei wegen der Erfahrungen, die man mit dem grausamen Gaius gemacht hatte, der Krieg gegen Claudius beschlossen wurde. Der Senat wollte, daß entweder die einstige aristokratische Verfassung wiederhergestellt würde oder daß der rechte Mann für die Führung der Herrschaft durch eine Wahl ermittelt würde.

2. Nun war zufällig gerade Agrippa in Rom, und der Senat ließ ihn zu einer Beratung herbeiholen. Zugleich aber beorderte ihn

Claudius von seinem militärischen Quartier aus zu sich. Beide wollten ihn für ihre Zwecke nutzbar machen. Agrippa aber war klug genug, zu sehen, wer in Wirklichkeit machtmäßig bereits Kaiser war, und ging zu Claudius. Dieser aber schickte ihn nun als Mittelsmann an den Senat, um diesen über seine Absichten zu informieren. Vor allem hätten ihn die Soldaten gegen seinen Willen gewaltsam zum Kaiser gemacht, und er sei der Ansicht, man solle ihre Begeisterung nicht enttäuschen, doch sei er sich darüber im klaren, daß sein augenblicklicher Erfolg noch keine Sicherheit besitze, da allein schon die Tatsache, daß jemand zur Herrschaft berufen werde, äußerst gefährlich sein könne. Übrigens sei er willens, sein Amt wie ein guter Staatsführer zu verwalten, nicht wie ein Tyrann. Die Ehre des kaiserlichen Namens sei ihm genug, und jegliche Entscheidung über die Dinge, die den Staat beträfen, wolle er dem Volk anheimstellen. Verhielte er sich nicht schon vermöge seiner natürlichen Anlage maßvoll, so ermahne ihn doch das Ende des Gaius mit allem Nachdruck zur Besonnenheit.

3. Diese Botschaft überbrachte Agrippa dem Senat, und er erhielt die Antwort, der Senat verlasse sich auf die Truppe und auf die Richtigkeit seiner Beschlüsse, und er wolle sich deshalb nicht freiwillig in eine Knechtschaft begeben. Als Claudius diese Antwort des Senats vernommen hatte, sandte er den Agrippa wiederum dorthin und ließ ausrichten, er, Claudius, bringe es nicht über sich, an denen Verrat zu üben, die sich gemeinsam auf seine Seite geschlagen hätten, und es werde ihm also äußerst schwerfallen, gegen jene die Waffen erheben zu müssen, gegen die er dies am wenigsten wolle. Doch solle man noch vorher zur Austragung des Kampfes außerhalb der Stadt einen Platz bestimmen, da es ein Frevel wäre, wenn der geheiligte Bereich der Vaterstadt durch Bruderkrieg befleckt würde, und noch dazu einzig deswegen, weil der Senat übel beraten sei. Agrippa nahm diese Antwort entgegen und gab sie an den Senat weiter.

4. Inzwischen aber hatte einer von den Soldaten, die auf der Seite des Senats standen, das Schwert blankgezogen und laut gerufen: »Kameraden, was ficht uns an, daß wir an Brudermord den-

ken und gegen unsere Verwandten kämpfen wollen, die bei Claudius stehen, wo wir doch an ihm einen Souverän haben, an dem es nichts auszusetzen gibt, und da wir von Rechts wegen denen verpflichtet sind, gegen die wir die Waffen erheben sollen?« Sprach's und begab sich eilenden Fußes mitten durch die Versammlung hindurch nach draußen und riß alle seine Kameraden mit sich. Die Senatoren waren zunächst wie vor den Kopf gestoßen, als die Soldaten wegliefen; da sich aber keine andere Rettungsmöglichkeit bot, begaben sie sich eilends wie die Soldaten auf dem gleichen Weg zu Claudius. Vor der Stadtmauer jedoch stellte sich ihnen eine Rotte von Soldaten mit blanken Schwertern in den Weg, die es besonders eilig hatten, sich beim Kaiser beliebt zu machen. Und die Senatoren an der Spitze wären wohl, noch ehe Claudius von der Voreiligkeit der Soldaten benachrichtigt war, in Bedrängnis gekommen, hätte nicht Agrippa den Kaiser schleunigst von der gefährlichen Situation in Kenntnis gesetzt: Wenn der Kaiser der Raserei der Soldaten nicht Einhalt gebiete, die über die Patrizier aufgebracht seien, dann werde er jene Leute verlieren, die seiner Herrschaft erst Ansehen verleihen würden, und er sei dann Herr über eine Wüste.

5. Kaum hatte Claudius dies vernommen, da bremste er das Ungestüm seiner Soldaten, empfing den Senat in seinem Quartier, bekundete seine freundschaftliche Gesinnung und ging mit den Senatoren heraus, um Gott für seine Regierungsübernahme durch Darbringung von Opfern zu danken. Und gleich danach machte er dem Agrippa das ganze Reich seines Vaters zum Geschenk, und zwar vergrößert um die Trachonitis und Auranitis, die Augustus dem Herodes geschenkt hatte, und dazu gab er ihm noch das sogenannte Königreich des Lysanias. Dem Volk gab Claudius diese Schenkung durch ein Edikt bekannt, die Beamten aber beauftragte er, die Schenkung auf Erztafeln festzuhalten, die auf dem Kapitol aufgestellt werden sollten. Auch Herodes, des Agrippa Bruder, der durch seine Vermählung mit Berenike auch sein Schwiegersohn war, erhielt ein Geschenk, nämlich das Königreich Chalkis.

6. Schon wenig später flossen dem Agrippa aus diesem gewalti-

gen Herrschaftsgebiet riesige Reichtümer zu, und er verwendete diese Kapitalien auch nicht für geringfügige Unternehmungen: Er machte sich nämlich daran, Jerusalem mit einer so starken Mauer zu umgeben, daß eine Belagerung durch die Römer aussichtslos gewesen wäre, wäre die Mauer vollendet worden. Doch noch ehe das Bauwerk zu voller Höhe gediehen war, ereilte ihn der Tod in Caesarea nach dreijähriger Königsherrschaft und nachdem er vorher gleichfalls drei Jahre die Tetrarchien innegehabt hatte. Er hinterließ drei Töchter von seiner Gattin Kypros, nämlich Berenike, Mariamne und Drusilla, ferner ebenfalls von Kypros den Sohn Agrippa. Dieser war aber noch sehr jung, und deshalb machte Claudius die Königreiche wieder zu einer Provinz und schickte den Cuspius dorthin als Statthalter, später den Tiberius Alexander, unter denen das Volk friedsam leben konnte, da sie die heimischen Sitten nicht antasteten. Wenig später starb auch Herodes, der König von Chalkis, und hinterließ von der Tochter seines Bruders, Berenike, zwei Söhne, nämlich Bernikianos und Hyrkanos, von seiner früheren Gattin Mariamne aber einen Sohn Aristobulos. Es starb auch noch ein weiterer Bruder des Agrippa, nämlich Aristobulos; er hatte als Privatmann gelebt und hinterließ eine Tochter Jotape. Dabei handelte es sich also, wie ich schon sagte, um die Söhne des Aristobulos, des Sohnes des Herodes; den Aristobulos und den Alexander hatte Mariamne dem Herodes geboren, und es waren die Söhne, die der Vater dann umbringen ließ. Die Nachkommenschaft des Alexander übernahm das Königtum über Großarmenien.

12. KAPITEL

1. Nach dem Ende des Herodes, des Beherrschers von Chalkis, übertrug Claudius dem Agrippa, dem Sohn des Agrippa, das Königreich seines Onkels. In der restlichen Provinz folgte auf Alexander als Statthalter Cumanus, unter dem es zu Unruhen und zu erneuten Niedermetzelungen von Juden kam. Als nämlich das Volk anläßlich des Festes der ungesäuerten Brote versammelt war

und sich eine römische Kohorte oben auf dem Dach der Säulenhalle des Tempels postiert hatte – die Römer lassen nämlich immer an Festtagen eine bewaffnete Einheit auf Wache ziehen, damit das versammelte Volk kein Gelüste nach Aufruhr überkommt –, da lüpfte ein Soldat seinen Mantel, bückte sich, wandte in unanständiger Weise den Juden das Gesäß zu und gab einen Laut von sich, der dieser Geste entsprach. Die ganze Menge geriet darob in Raserei und forderte energisch von Cumanus die Maßregelung des Soldaten; ja, einige allzu unbeherrschte junge Leute und jener Teil des Volkes, der ohnehin schon revolutionär eingestellt war, eröffneten den Kampf, indem sie Steine ergriffen und damit auf die Soldaten zu werfen begannen. Cumanus war in Sorge, das ganze Volk wende sich gegen ihn selbst, und ließ deshalb noch mehr Schwerbewaffnete herbeikommen. Und als diese nun in die Tempelhallen eindrangen, überkam die Juden ein furchtbares Entsetzen, und sie machten kehrt, um aus dem Tempel zur Stadt zu fliehen. Dies wiederum verursachte an den Ausgängen eine solche Panik unter der enggedrängten Masse, daß sie sich gegenseitig niedertrampelten und erdrückten und 30 000 Menschen zu Tode kamen. So wurde das Fest ein Anlaß zur Trauer für das ganze Volk, und in jeder Familie ertönte die Totenklage.

2. Unmittelbar nach diesem Unglück entstand eine andere Beunruhigung, und zwar auf Grund eines Straßenraubs. Auf der Landstraße bei Bethoron stürzten sich nämlich Räuber auf das Gepäck eines kaiserlichen Sklaven namens Stephanos und plünderten es. Cumanus schickte gleich eine Militärstreife, die den Auftrag hatte, die Einwohner der benachbarten Ortschaften zu verhaften und zu ihm zu bringen; er warf ihnen nämlich vor, die Räuber nicht verfolgt und gefangen zu haben. Während dieser Maßnahmen stieß einer der Soldaten in einer Ortschaft auf das heilige Gesetz, zerriß das Buch und warf es ins Feuer. Die Juden waren darüber so entsetzt, als wäre ihr ganzes Land ein Raub der Flammen, und ergriffen von ihren religiösen Gefühlen wie von einer automatisch wirkenden Kraft, eilten sie auf die erste Verlautbarung alle zusammen nach Caesarea zu Cumanus und beschworen ihn instän-

dig, er möchte doch keinesfalls den Frevler, der Gott und das Gesetz dermaßen beschimpft habe, ohne Strafe ausgehen lassen. Ohne Genugtuung zu erhalten, hätte sich das Volk niemals beruhigt, und so ließ Cumanus den Soldaten vorführen und mitten durch die Reihen der Ankläger zur Exekution bringen. Erst dann zogen die Juden wieder ab.

3. Darauf kam es wiederum zu Zwistigkeiten zwischen Galiläern und Samaritanern. In der Nähe der Ortschaft Gema in der großen Ebene von Samaria wurde nämlich aus der Menge der Juden, die anläßlich des Festes nach Jerusalem reisten, ein Mann aus Galiläa ermordet. Da scharten sich zahlreiche Galiläer zusammen, um gegen die Samaritaner eine militärische Aktion zu unternehmen. Die Vornehmen aber unter ihnen begaben sich schleunigst zu Camanus und flehten ihn an, er möchte doch nach Galiläa kommen, bevor unheilbarer Schaden entstünde, und er solle die Anstifter der Mordtat bestrafen; denn nur so lasse sich die aufgebrachte Menge ohne kriegerische Aktionen zerstreuen. Cumanus jedoch behandelte das Bittgesuch nebensächlich, da er gerade anderweitig zu tun hatte, und schickte die Bittgesandtschaft unverrichteterdinge zurück.

4. Die Nachricht von dem elenden Schicksal des Ermordeten versetzte in Jerusalem die Menge in Raserei. Man brach das Fest ab, und die Menge stürzte führerlos in Richtung Samaria davon, und wollte sie irgendeine Amtsperson aufhalten, so gehorchte sie nicht. Diese räuberische Rotte von Rebellen wurde dann schließlich doch angeführt von einem gewissen Eleazar, dem Sohn des Dinaeus, und Alexander, die in das Nachbargebiet der Herrschaft Akrabatene einbrachen und die Leute ohne Unterschied des Alters töteten und die Ortschaften in Flammen aufgehen ließen.

5. Da kam nun Cumanus herbei mit einer berittenen Einheit, man nannte sie die ›Sebastener‹, und half den Bedrängten; dazu machte er unter den Anhängern des Eleazar zahlreiche Gefangene, während eine noch größere Anzahl den Tod fand. Zu den restlichen Haufen, die herbeigestürmt waren, um gegen die Samaritaner zu kämpfen, begaben sich nun die angesehensten Persönlichkei-

ten von Jerusalem heraus, mit Säcken umhüllt und ihre Häupter mit Asche bestreuend, und sie baten inständig, sie möchten doch zurückkehren und die Römer nicht gegen Jerusalem verärgern nur wegen einer Racheaktion gegen die Samaritaner; sie sollten doch Erbarmen haben mit ihrer Vaterstadt, mit dem Tempel und mit ihren eigenen Gattinnen und Kindern. All dies drohe dieser Rache für einen einzigen Galiläer zum Opfer zu fallen. Das machte Eindruck auf die Juden, und sie gingen auseinander. Es gab jedoch viele, die sich fortan auf das Rauben verlegten, denn es war kein Risiko damit verbunden, und allenthalben im Land kam es zu Überfällen, und die Kühnsten versuchten es gar mit offener Rebellion. Die führenden Persönlichkeiten der Samaritaner begaben sich gleichfalls nach Tyrus zu Ummidius Quadratus, dem Provinzialstatthalter von Syrien, und verlangten von ihm, energisch gegen jene vorzugehen, die ihr Land verheerten. Aber auch die Elite der Juden sprach vor, zusammen mit dem Hohenpriester Jonathan, dem Sohn des Ananus, und sie sagten aus, die Samaritaner seien für die Unruhen verantwortlich wegen des Mordes an dem Galiläer. An den folgenden Geschehnissen trage Cumanus die Schuld, da er nicht dazu zu bringen war, die Täter zur Verantwortung zu ziehen.

6. Quadratus sagte beiden zum Trost zu, er wolle eine genaue Untersuchung über alles einleiten lassen, sobald er dorthin komme; und als er dann nach Caesarea kam, ließ er sämtliche Rebellen ans Kreuz schlagen, die Cumanus hatte gefangennehmen lassen. Von hier aus begab er sich nach Lydda und ließ nochmals die Samaritaner vernehmen, und achtzehn Juden, deren Teilnahme an den Umtrieben sich herausgestellt hatte, ließ er herbeibringen und durchs Beil hinrichten. Zwei weitere Juden von großem Einfluß, die Hohenpriester Jonathan und Ananias samt seinem Sohn Ananus, außerdem einige andere vornehme Juden schickte er zum Kaiser und in gleicher Weise auch die führenden Persönlichkeiten der Samaritaner. Aber auch den Cumanus und den Tribun Celer beorderte er nach Rom, daß sie sich vor Claudius wegen der Vorfälle verantworteten. Nach diesen Maßnahmen begab er sich von Lydda

nach Jerusalem hinauf, und da er das Volk völlig ruhig bei der Feier des Festes der ungesäuerten Brote vorfand, kehrte er nach Antiochien zurück.

7. In Rom nahm der Kaiser Cumanus und die Leute aus Samaria ins Verhör, doch war auch Agrippa zugegen, der alles tat, um für die Juden zu sprechen. Dagegen traten für Cumanus zahlreiche der angesehensten Römer ein. Der Kaiser entschied sich für die Schuld der Samaritaner und gab Befehl zur Hinrichtung der drei angesehensten von ihnen, den Cumanus aber bestrafte er mit der Verbannung. In Ketten schickte er den Celer nach Jerusalem, daß er den Juden zur Folterung übergeben werde; sie sollten ihn durch die Stadt schleppen und dann enthaupten.

8. Danach schickte er Felix, den Bruder des Pallas, als Statthalter in Judäa, Samaria, Galiläa und Peräa aus. Dem König Agrippa, dem bisherigen Herrn von Chalkis, übertrug er eine ausgedehnte Königsherrschaft, nämlich das Land, das bisher Philippus innegehabt hatte, also die Trachonitis, Batanea und Gaulanitis, dazu noch das Herrschaftsgebiet des Lysanias und die einstige Tetrarchie des Varus. Claudius selbst aber starb, nachdem er dreizehn Jahre, acht Monate und zwanzig Tage regiert hatte, und hinterließ als Erben seiner Herrschaft Nero; ihn hatte er durch die Intrigen seiner Gattin Agrippina als künftigen Inhaber des Thrones adoptiert, obwohl er aus der Ehe mit seiner ersten Frau Messalina einen Leibeserben hatte, nämlich Britannicus, ferner eine Tochter Octavia, die er mit Nero verheiratet hatte; eine Tochter Antonia hatte er aus der Verbindung mit Paetina.

13. KAPITEL

1. Was sich Nero im Überschwang seines Glücks und Reichtums an wahnwitzigem Frevel gegen die Gewalt des Schicksals leistete, wie er der Reihe nach Bruder, Frau und Mutter umbringen ließ und wie er dann seine Grausamkeit gegen die besten Männer richtete, wie er schließlich gar in seiner Sinnesverblendung auf der

Bühne und im Theater sein Unwesen trieb, das alles ist ja allgemein bekannt, und ich will es übergehen, um statt dessen die Geschehnisse in Judäa unter seiner Regierung zu behandeln.

2. Den Königsthron von Kleinarmenien vergab er an Aristobulos, den Sohn des Herodes. Das Reich des Agrippa vergrößerte er um vier Städte samt den dazugehörigen Landstrichen, nämlich um Abila und Julias in Peräa und Tarichea und Tiberias in Galiläa. Für den Rest des Landes, nämlich für die Provinz Judäa, bestellte er Felix als Statthalter. Diesem gelang es, den Räuberhauptmann Eleazar festzunehmen, der zwanzig Jahre hindurch die Gegend unsicher gemacht hatte; er bekam ihn lebend in die Hände mit vielen seiner Spießgesellen und überstellte ihn nach Rom. Unermeßlich war die Zahl der von ihm mit dem Kreuzestod bestraften Räuber und jener Angehörigen des Volkes, die als Mittäter entlarvt und darob zur Rechenschaft gezogen wurden.

3. Eben war das Land von dieser Plage befreit, da war in Jerusalem eine neue Art von räuberischen Banditen festzustellen, die sogenannten Sikarier. Am hellen Tage und mitten in der Stadt brachten sie Menschen ums Leben, namentlich an Festtagen mischten sie sich unter die Menge und stachen mit kurzen Dolchen, die sie im Gewand versteckt hielten, jeden nieder, der mit ihnen in Streit geriet. Wenn dann ihre Opfer zusammenbrachen, dann waren die Täter mitten unter der empörten Menge und waren so wegen ihres gänzlich unverdächtigen Verhaltens nicht zu greifen. Zuerst fiel ihnen der Hohepriester Jonathan zum Opfer und nach ihm tagtäglich viele andere. Noch bedrückender als diese Untaten selbst war die Furcht davor, da jedermann wie der Soldat im Krieg ständig den Tod vor Augen hatte. Schon von weitem argwöhnte man etwaige Feinde, und näherte sich ein Freund, so traute man auch ihm nicht mehr. Doch trotz aller Vorsicht und trotz aller Schutzmaßnahmen waren die Mordtaten nicht zu vermeiden, so schnell schlugen die Mörder zu und so raffiniert wußten sie unterzutauchen.

4. Aber auch noch eine andere Gruppe von unsauberen Elementen trat damals auf; ihre Hände waren zwar weniger befleckt,

aber ihre Herzen waren noch gottloser, und in nicht geringerem Maße als die Sikarier waren sie eine Belastung für Glück und Wohlstand der Stadt. Es handelte sich nämlich um Gaukler und Betrüger, die taten, als wären sie von göttlichem Geist erfüllt, um nur Aufruhr und Rebellion zu erzeugen und die Masse mit ihren Reden zu behexen. Am Ende lockten sie gar das Volk in die Wüste unter dem Vorwand, Gott werde ihnen dort durch Wunderzeichen ihre Freiheit verkünden. Felix hielt dies für den Auftakt einer Rebellion und schickte deshalb Reiter und schwerbewaffnete Fußtruppen hin, die ein großes Blutbad anrichteten.

5. Noch übler spielte den Juden der falsche Prophet aus Ägypten mit. Es hatte sich nämlich ein Betrüger eingefunden, der die Glaubwürdigkeit eines Propheten für sich in Anspruch nahm und an die 30 000 Leute um sich versammelte, die ihm Glauben schenkten. Mit ihnen begab er sich auf vielfältigen Wegen von der Wüste zum sogenannten Ölberg, und von hier aus wäre es ihm leicht gewesen, sich mit Gewalt den Zugang in die Stadt zu verschaffen, die Wachttruppe der Römer zu überwältigen und sich zum Alleinherrscher über das Volk zu machen, denn er verfügte ja über eine bewaffnete Begleitung. Felix jedoch machte dieses Unternehmen zunichte, indem er ihm mit römischen Schwerbewaffneten in den Weg trat. Auch das ganze Volk half, ihn abzuwehren, so daß der Ägypter bei der bewaffneten Auseinandersetzung wohl mit einer kleinen Schar fliehen konnte, während der größte Teil seiner Gefolgsleute umgebracht wurde oder in Gefangenschaft geriet. Die restlichen suchten das Weite, und ein jeder sah, wie er zu Hause untertauchen und sich verbergen konnte.

6. Als sich hier die Verhältnisse beruhigt hatten, wurde wie an einem kranken Körper wieder ein anderer Teil von der Entzündung befallen. Die Gaukler und die Räuber machten nämlich nunmehr gemeinsame Sache, brachten zahlreiche Juden auf ihre Seite und stachelten sie auf, für ihre Freiheit zu kämpfen. Wer sich weiterhin der römischen Herrschaft fügen wollte, wurde mit dem Tode bedroht, und man machte kein Hehl daraus, daß jene, die lieber freiwillig Knechte sein wollten, gewaltsam zur Freiheit geführt

werden mußten. Rottenweise verstreuten sie sich über das Land, plünderten die Behausungen der einflußreichen Persönlichkeiten, brachten diese selbst um und legten die Ortschaften in Schutt und Asche, so daß ganz Judäa ein Opfer ihres Wahnwitzes wurde. Und Tag für Tag nahm dieser Krieg an Heftigkeit zu.

7. Zu anderweitigen Unruhen kam es um Caesarea, wo die einheimischen Juden mit dem syrischen Teil der Bewohner in Streit gerieten. Die Juden stellten sich nämlich auf den Standpunkt, die Stadt sei ihr Eigentum, da ein Jude sie gegründet habe, d. h. eben der König Herodes. Die Gegner räumten die Gründung durch einen Juden ein, behaupteten jedoch, die Stadt sei Eigentum der Griechen, denn hätte Herodes sie den Juden zugedacht, dann hätte er keine Standbilder und Tempelbauten in ihr aufgerichtet. Darum stritt man sich nun, und bald ging der Streit in eine bewaffnete Aktion über, und Tag für Tag traten die Feuerköpfe beider Parteien zum Kampf an. Die Judenältesten vermochten es nämlich nicht, die eigenen Rebellen zurückzuhalten, und die Griechen hielten es für schimpflich, den Juden etwas nachzugeben. Diese waren überlegen durch ihren Reichtum und ihre gute körperliche Verfassung, die Griechen aber dadurch, daß die Soldaten ihnen zur Seite standen. Denn die meisten der dortigen römischen Truppen waren in Syrien zum Heer eingezogen worden und waren wegen ihrer Stammesverwandtschaft bereit, Hilfe zu leisten. Die Behörden waren stärkstens an einer Niederschlagung der Unruhen interessiert, und wiederholt setzten sie die gefährlichsten Rebellen gefangen und ließen sie geißeln und ins Gefängnis werfen. Was diese Leute durchzumachen hatten, veranlaßte keineswegs die anderen zur Mäßigung und zur Furcht, denn sie fühlten sich nur noch mehr zur Rebellion aufgerufen. Als die Juden einmal als Sieger hervorgegangen waren, begab sich Felix zum Forum und drohte ihnen und gab ihnen den strikten Befehl, sich zurückzuziehen. Als sie aber nicht daran dachten, sich zu fügen, ließ er eine Truppeneinheit vorgehen und zahlreiche Juden umbringen und ihren Besitz der Plünderung preisgeben. Doch der Aufstand war damit noch

nicht niedergeschlagen, deshalb ließ Felix von beiden Gruppen die angesehensten Persönlichkeiten auswählen und beorderte sie als Gesandte zu Nero, daß sie vor ihm ihre Händel austrügen.

14. KAPITEL

1. Im Amt des Statthalters folgte nun Festus, und er bekämpfte mit Energie diese schlimmste Geißel für das Land; zahlreiche Bandenmitglieder konnte er gefangensetzen, einen großen Teil von ihnen ließ er hinrichten. Nachfolger des Festus war Albinus, der aber das Land in völlig verschiedener Art verwaltete; es ist nämlich keine Gemeinheit denkbar, die er sich hätte entgehen lassen. Nicht nur daß er sich in seiner Eigenschaft als Amtsperson am Vermögen eines jeden einzelnen vergriff und das ganze Volk mit Sondersteuern belegte, sondern er nahm auch Lösegeld, um dafür jene Leute ihren Familien zurückzugeben, die von den einzelnen Amtsstellen oder den früheren Statthaltern wegen Raubes ins Gefängnis gewandert waren. Nur wer über kein Lösegeld verfügte, wurde weiterhin als Verbrecher im Gefängnis gehalten. Damals erstarkten auch die revolutionären Elemente in Jerusalem wieder, und durch Bestechung brachten die führenden Persönlichkeiten den Albinus dahin, daß sie von ihm nichts zu befürchten hatten, wenn sie einen Aufstand machten. Und jener Teil des Volkes, dem nichts an ruhigen Verhältnissen gelegen war, hielt es mit denen, die sich mit Albinus arrangiert hatten. Jeder von diesen Verbrechern verfügte über eine eigene Bande und gebot darüber wie ein Räuberhäuptling oder ein Tyrann. Die mit Speeren Bewaffneten aber dienten dazu, die anständigen Leute auszurauben. Das ging so weit, daß die Beraubten, statt sich beschweren zu können, still zu sein hatten, während die bislang Verschonten aus Furcht vor einem gleichen Schicksal sich vor Leuten beugten, die nach Recht hätten bestraft werden müssen. Vor allem war an eine Freiheit der Rede nicht mehr zu denken, und eine Vielzahl von Personen spielte sich als Tyrannen

auf. Damals wurde der Same ausgestreut für die künftige Vernichtung der Stadt.

2. Von solcher Art erwies sich Albinus, der jedoch gemessen an seinem Nachfolger Gessius Florus noch äußerst anständig erschien. Wenn Albinus Verbrechen beging, dann tat er es wenigstens im geheimen und mit einigem Bedacht; Gessius dagegen tat sich viel zugute auf seine Schändlichkeiten gegenüber dem Volk und, als wäre er als Henker für die Delinquenten abgeordnet, scheute er vor keinem Raub und vor keiner Greueltat zurück. Niemand machte die Wahrheit unglaubwürdiger als er, und keiner ersann tückischere Methoden des Bösen. Mit Einzelpersonen gab er sich gar nicht ab, wenn er sich bereichern wollte; ganze Städte raubte er vielmehr aus und ganze Volksgruppen ruinierte er. Es fehlte wenig, und er hätte die allgemeine Freiheit zu rauben und zu plündern verkünden lassen, sofern er seinen Teil dabei abbekam. So war es unausbleiblich, daß durch seine Habsucht ganze Gemeinwesen zur Wüste wurden und daß sich zahlreiche Menschen der angestammten Sitten begaben, um in fremdstämmige Provinzen abzuwandern.

3. In der Zeit, da Cestius Gallus seines Statthalteramts in der Provinz Syrien waltete, wagte es niemand, durch Gesandte bei ihm vorstellig zu werden mit Klagen gegen Florus. Als er aber kurz vor dem Fest der ungesäuerten Brote in Jerusalem eintraf, umringten ihn nicht weniger als drei Millionen Menschen und beschworen ihn, sich doch des Volkes zu erbarmen. Und gleichzeitig wurden auch Klagen laut über Florus, den Schrecken des Landes. Dieser war zugegen und stand neben Cestius und äußerte nur Hohn darüber. Cestius jedoch suchte die aufgeregte Menge zu beruhigen mit dem festen Versprechen, alles zu tun, daß Florus künftig mehr Entgegenkommen zeige. Daraufhin kehrte er nach Antiochien zurück. Florus folgte ihm bis Caesarea und suchte ihm Sand in die Augen zu streuen. Und dabei dachte er bereits an den Krieg, wodurch er einzig in der Lage sein würde, die Aufmerksamkeit von seinen Untaten abzulenken. Er mußte nämlich darauf gefaßt sein, daß die Juden, wenn die Friedenszeiten anhielten, irgendwann einmal beim Kaiser Klage gegen ihn erhoben; entfachte er dagegen eine Abfalls-

bewegung, so stand zu hoffen, er werde durch das größere Unglück das Strafgericht von den kleineren Übelständen ablenken. Er verstärkte nun immer mehr seinen Druck auf das Volk, um ihm vollends die Herrschaft der Römer zu verleiden.

4. Während der gleichen Zeit hatten auch die Griechen von Caesarea von Nero in dem Sinn recht bekommen, daß er ihnen die Herrschaft in der Stadt zugestand, und sie kehrten nun heim samt der urkundlichen Bestätigung dieses Urteils. Dadurch kam es nun zum Krieg im 12. Regierungsjahr des Nero und im 17. Jahr von Agrippas Königtum, im Monat Artemisios. Der äußere Anlaß des Krieges stand zur Größe der dadurch verursachten Schrecken in keinem Verhältnis. Die Juden von Caesarea hatten nämlich eine Synagoge, die auf einem Grund stand unmittelbar neben dem Besitz eines aus Caesarea gebürtigen Griechen. Oft schon hatten sie dessen Grundstück kaufen wollen und einen vielfachen Mehrpreis des eigentlichen Wertes geboten. Der Eigentümer achtete jedoch nicht ihres Ansuchens, errichtete vielmehr ein Gebäude darauf, um ihnen die Sache zu verleiden, und zwar waren es Werkstätten, und er ließ für die Juden nur einen schmalen und reichlich unbequemen Zugang frei. Zuerst eilten einige von den jugendlichen Heißspornen herbei, um die Arbeiten unmöglich zu machen; doch Florus hinderte sie, Gewalt anzuwenden; und nun versuchten einflußreiche jüdische Persönlichkeiten, unter ihnen der Zöllner Johannes, in ihrer Ratlosigkeit den Florus durch das Angebot von acht Silbertalenten zur Einstellung der Bauarbeiten zu gewinnen. Florus wollte das Geld unbedingt haben und versprach deshalb, alles zu tun. Er erhielt das Geld; jetzt aber ging er von Caesarea nach Sebaste und kümmerte sich nicht mehr um den Aufstand, als hätte er den Juden die freie Verfügung verkauft, mit dem Krieg zu beginnen.

5. Tags darauf, es war Sabbat, als die Juden in der Synagoge versammelt waren, stellte ein zänkischer Mann aus Caesarea einen Topf mit der Öffnung nach unten am Synagogeneingang hin und machte sich daran, Vögel zu opfern. Die Juden waren darüber maßlos aufgebracht, weil dadurch ihr Gesetz verspottet und der Platz verunreinigt wurde. Die gemäßigten und friedfertigen Ele-

mente unter ihnen waren nun dafür, sich an die Behörden zu wenden, die jungen revolutionären Hitzköpfe jedoch loderten vor Kampfbegierde. Aber die Revolutionspartei von Caesarea war schon gerüstet zur Stelle, denn diese Leute hatten den Mann, der das Opfer darbringen sollte, verabredungsgemäß vorausgesandt, und ein Waffengang war nicht mehr aufzuhalten. Jetzt aber kam Jucundus herbei, ein Reiteroberst, dem befohlen war, die Ordnung herzustellen; er beseitigte den Topf und wollte dem Streit ein Ende machen. Doch es gelang ihm nicht, gegen die Einwohner von Caesarea nachhaltig einzuschreiten, und nun ergriffen die Juden eiligst ihre Gesetzesaufzeichnungen und zogen sich nach Narbata, einer jüdischen Ortschaft, zurück, 60 Stadien von Caesarea entfernt. Zwölf angesehene Juden jedoch begaben sich unter Führung des Johannes zu Florus nach Sebaste, äußerten ihre Besorgnis über die Vorfälle und baten mit Nachdruck um Abhilfe, nicht ohne der acht Talente Erwähnung zu tun. Florus jedoch ließ die Männer ins Gefängnis bringen, weil sie sich dadurch verfehlt hätten, daß sie die Gesetzesbücher aus Caesarea wegholten.

6. Darüber herrschte in Jerusalem eine tiefe Bestürzung, aber noch nahm man von Äußerungen des Unmuts Abstand. Florus allerdings stachelte die Leute zum Krieg auf, als habe man ihn dafür angestellt. So streckte er seine Hand nach dem Tempelschatz aus, aus dem er sich siebzehn Talente nahm mit der Begründung, daß der Kaiser sie benötige. Sogleich befiel die Leute eine starke Verbitterung. Sie eilten nach dem Tempel und riefen mit durchdringenden Tönen den Namen des Kaisers an und flehten darum, sie von der Zwangsherrschaft des Florus zu befreien. Einige aus der aufgebrachten Menge schleuderten dem Florus die wüstesten Schmähungen entgegen, sie machten mit einem Bettelkorb die Runde und baten um »Almosen« für den »armen, bedauernswerten Florus«. Auf diese Weise brachten sie aber nicht etwa den Florus von seiner Besitzwut ab, sondern er wurde so zornig, daß er nur noch mehr nach Geld verlangte. Obgleich er hätte nach Caesarea eilen sollen, um die dort schon schwelende Fackel des Krieges zu löschen und den Anlaß des Zwists zu beheben, wozu man ihn ja be-

zahlt hatte, machte er sich mit Reitern und Fußsoldaten nach Jerusalem auf den Weg, um die römischen Waffen für seine Absichten zu mißbrauchen und das Land durch Schrecken und Bedrohung gänzlich auszusaugen.

7. Um seiner ungestümen Rachsucht von vornherein Zügel anzulegen, eilte das Volk den Truppen mit Willkommrufen entgegen und bereitete sich für einen ehrenvollen Empfang des Florus vor. Dieser aber schickte den Centurio Capito mit 50 Reitern voraus und ließ sie auffordern, sich fortzuscheren und nicht ausgerechnet jetzt gegenüber dem freundlich zu tun, den sie zuvor so gemein beleidigt hätten. Wenn sie rechte Männer seien, die ein freies Wort wagten, dann sollten sie ihn doch auch jetzt, wo er zugegen sei, schmähen und beweisen, daß sie nicht nur mit Worten, sondern auch mit der Waffe in der Hand für die Freiheit einträten. Darüber geriet das Volk in Entsetzen, und die Menge stob auseinander, als nun gar die Reiter des Capito in sie hineingaloppierten; und sie kamen gar nicht dazu, den Florus zu begrüßen und den Soldaten zu zeigen, daß es ihnen ernst war mit dem Angebot, sich zu fügen. Sie zogen sich in ihre Häuser zurück und verbrachten die Nacht in Sorge und Verzweiflung.

8. Florus jedoch, der damals im Königsschloß residierte, ließ tags darauf auf dem Platz davor den Richterstuhl aufrichten und setzte sich darauf. Da kamen die Hohenpriester, die einflußreichen Persönlichkeiten und die vornehmen Juden herzu vor die Tribüne des Richters. Florus verlangte von ihnen, jene auszuliefern, die seiner gespottet hätten, und er ließ keinen Zweifel darüber, daß sie seine Härte verspüren sollten, wenn sie die Schuldigen nicht herbeibrächten. Sie aber suchten geltend zu machen, das Volk wolle doch den Frieden, und er möge doch den paar Schreihälsen verzeihen; denn daß sich in einer so gewaltigen Menge von Menschen einige Heißsporne und junge und dumme Leute befänden, das sei doch nicht verwunderlich und dazu sei es doch wirklich nicht möglich, die Schuldigen festzustellen, wo jeder seinen Sinn geändert hätte und schon aus Angst nicht mehr zu seinem Handeln stehen werde. Wenn es ihm wirklich um den Frieden im Volke gehe und wenn er

tatsächlich die Stadt für die Römer zu erhalten suche, dann sei es besser, wenn er in Anbetracht der zahlreichen schuldlosen Menschen den wenigen Störenfrieden verzeihe, als wenn er wegen der Bösewichte dieses große und so gutartige Volk in Aufruhr versetze.

9. Das brachte aber den Florus nur noch mehr in Zorn, und er brüllte die Soldaten an, sie sollten den sogenannten Hochmarkt ausrauben und niedermachen, wer ihnen in den Weg komme. Und wie die Soldaten in ihrer Beutegier auch noch einen derartigen Befehl von ihrem Oberbefehlshaber erhielten, da gingen sie nicht nur dort auf Raub, wohin sie gewiesen worden waren, sondern sie stürzten sich auch auf alle Häuser und metzelten die Bewohner nieder. In einer panischen Flucht ging es durch die schmalen Gassen, und wer gefaßt wurde, dem war der Tod sicher. In allen Formen grassierte der Raub, und eine Menge friedlicher Bürger wurde gefangen und vor Florus geführt, der sie erst schmachvoll geißeln und dann ans Kreuz schlagen ließ. Insgesamt 630 Menschen kamen an diesem Tag um, Frauen und Kinder eingerechnet, nicht einmal die Kleinsten wurden verschont. Die Katastrophe erhielt durch die bislang noch nicht erlebte Grausamkeit der Römer ein besonderes Gewicht; Florus verstieg sich nämlich zu einer Handlungsweise, wie sie noch keiner vor ihm gewagt hatte, indem er Angehörige des Ritterstandes, die wohl jüdischen Geblüts waren, aber ein römisches Ehrenamt innehatten, unmittelbar vor seinem Richterstuhl geißeln und ans Kreuz schlagen ließ.

15. KAPITEL

1. Zufällig war gerade während dieser Vorgänge König Agrippa nach Alexandria gereist; er wollte dort dem Alexander seine Glückwünsche überbringen, da Nero ihm die Statthalterschaft von Ägypten übertragen hatte. Dagegen war seine Schwester Berenike in Jerusalem anwesend, und wie sie nun Zeugin der Ausschreitungen der Soldaten wurde, da überkam sie ein tiefes Weh. Wiederholt schickte sie ihre Reiteroffiziere und Leute aus ihrer persön-

lichen Wache zu Florus und ließ ihn dringend bitten, das Blutbad zu beenden. Doch weder die Unzahl der Opfer noch die Zugehörigkeit der Fürsprecherin zu einer so vornehmen Familie machten auf ihn Eindruck, er hatte vielmehr nur die Beute im Auge, die ihm der Raubzug bringen konnte, ohne ihrer im geringsten zu achten. Sogar die Königin bekam die Hemmungslosigkeit der Soldaten zu spüren; denn nicht nur, daß sie unmittelbar unter ihren Augen die Gefangenen folterten und töteten, sondern sie hätten sich an ihr selbst vergriffen, hätte sie sich nicht rechtzeitig in den Hof des Königsschlosses geflüchtet. Von ihren Leibwächtern umgeben, verbrachte sie dort die Nacht, ständig gewärtig, von der Soldateska überfallen zu werden. Sie aber hatte sich nach Jerusalem aufgemacht des Gelübdes wegen, das sie zu Gott getan hatte. Denn wer von Krankheit befallen oder sonst von einer Not bedrückt wird, gelobt nach altem Brauch, dreißig Tage lang vor der Darbringung des Opfers keinen Wein zu genießen und sich die Haare scheren zu lassen. Berenike war gerade damals daran, ein derartiges Gelöbnis einzulösen, und nun trat sie barfuß vor den Richterstuhl des Florus, um ihre Bitten vorzubringen; dabei aber mußte sie sich nicht nur Beleidigungen gefallen lassen, sondern mußte auch noch für ihr Leben fürchten.

2. Man schrieb damals den sechzehnten Tag des Monats Artemisios. Tags darauf jedoch begab sich das Volk scharenweise in größter Niedergeschlagenheit nach dem Hochmarkt, und es bejammerte mit herzzerreißenden Rufen die Opfer des Blutbades, aber man konnte auch Schreie des Hasses gegen Florus vernehmen. Voll Entsetzen darüber zerrissen die Vornehmen und die Hohenpriester ihre Gewänder und warfen sich nebeneinander auf den Boden und beschworen die Menschen, sie sollten sich doch ruhig verhalten und sollten nicht zu dem, was sie schon erleiden mußten, noch den Florus zu Maßnahmen reizen, die nicht wiedergutzumachen wären. Das brachte die Volksmasse gleich zur Ruhe; teils bewirkte dies der Respekt vor ihnen, aus deren Mund solche Bitten kamen, teils die Hoffnung, Florus werde sie künftig doch mit solchen Übergriffen verschonen.

3. Doch gerade er war wütend darüber, daß der Aufruhr abflaute, und um nichts zu unterlassen, was ihn aufs neue schürte, befahl er die Hohenpriester und die Vornehmen zu sich und bedeutete ihnen, er könne nur darin ein Zeichen für den Verzicht des Volkes auf jede weitere Rebellion sehen, wenn es den Truppen, die sich auf dem Wege von Caesarea nach Jerusalem herauf befänden, vor der Stadt draußen entgegenzöge; zwei Kohorten seien in Marsch gesetzt. Und während nun die Angesprochenen das Volk versammelten, übermittelte er den Centurionen der zwei Kohorten die Anweisung, den ihnen unterstellten Truppen zu verbieten, die etwaige Begrüßung durch die Juden zu erwidern und sofort mit den Waffen zu antworten, wenn irgendein Wort gegen ihn falle. Die Hohenpriester hatten inzwischen das Volk beim Tempel versammelt und ermahnten es, den Römern entgegenzuziehen und die Kohorten zu bewillkommnen, ehe es zu einer furchtbaren Katastrophe komme. Jene aber, die den Aufruhr wollten, sperrten sich dagegen, und auch der größere Teil des Volkes neigte im Hinblick auf das vorangegangene Blutbad auf die Seite derer, die sich nicht fügen wollten.

4. Da nun brachten alle Priester und Gottesdiener die heiligen Geräte herbei, und sie hatten den ganzen Ornat angetan, wie sie es beim Gottesdienst zu tun pflegten; und es kamen Harfenspieler und die Sänger samt ihren Musikinstrumenten, und sie warfen sich nieder und baten flehentlich, ihnen die Kultgegenstände zu retten und die Römer nicht zu reizen, daß sie sich an dem geheiligten Schatz vergriffen. Es war auch zu sehen, wie die Hohenpriester selbst Asche auf das Haupt gestreut hatten und wie sie mit nackter Brust dastanden, da sie die Gewänder zerrissen hatten. Sie nannten jeden einzelnen der Vornehmen mit Namen und flehten sie an, und auch das ganze Volk beschworen sie, doch nicht wegen einer so belanglosen Weigerung die Vaterstadt an jene auszuliefern, denen es nur um deren Zerstörung ging. Hätten allenfalls die Soldaten etwas davon, wenn die Juden ihnen den Gruß gaben? Oder werde das durchgemachte Leid dadurch aufgewogen, wenn sie sich weigerten, dem Heer entgegenzugehen? Begrüßten sie jedoch nach

altem Brauch die einziehende Truppe, so hätte Florus keinen Grund mehr für eine bewaffnete Aktion, während sie selbst ihre Vaterstadt erhielten und nichts weiter mehr zu fürchten hätten. Betrachte man es von einem anderen Standpunkt, so zeuge es auch von haarsträubender Verblendung, wenn man sich einigen Rebellen fügen müsse, wo es doch angebracht wäre, daß sie, die das Volk ausmachten, jene wenigen zwängen, sich ihnen anzuschließen.

5. Die Menge ließ sich dadurch beschwichtigen, und die aufrührerischen Elemente wurden durch Drohungen sowohl wie durch die Achtung vor den Sprechern in Schach gehalten; dann machte man sich ruhig und geordnet auf den Weg, die Truppen zu empfangen, und wie diese nur noch geringen Abstand hatten, wurden sie begrüßt. Da aber kam kein Gegengruß, und so begannen die Rebellen laut auf Florus zu schimpfen, und genau dies war für die Römer das verabredete Zeichen, sich auf die Juden zu stürzen. Im Augenblick hatten die Römer sie eingeschlossen und ließen ihre Klingen auf sie niedersausen; wer sich zur Flucht wandte, wurde von den Reitern gestellt und niedergetrampelt. Zahlreiche Juden kamen schon unter den Hieben der Römer ums Leben, der größere Teil jedoch durch die entstehende Panik. Ein entsetzliches Gedränge herrschte vor den Toren, ein jeder wollte zuerst hereinkommen, und so staute sich die Fluchtbewegung und verlangsamte sich; wer sich nicht auf den Beinen halten konnte, kam auf die entsetzlichste Weise ums Leben. Die Masse, die sich über sie hinwegwälzte, ließ sie ersticken, und sie wurden zur Unkenntlichkeit zertrampelt, zermalmt, so daß keiner mehr zu identifizieren war, um von seinen Familienangehörigen bestattet zu werden. Zusammen mit dem Volk preßten sich die Soldaten durch die Tore und machten hemmungslos jeden nieder, den sie erwischen konnten. Sie jagten die Menge durch den Stadtteil Bezetha und strengten sich gewaltsam an, ihr zuvorzukommen, um den Tempel und das Fort Antonia zu besetzen. Florus wollte das gleiche, und so ließ er die ihm unterstellten Truppen aus dem Königspalast herausstürmen, um die Befestigung in seine Hand zu bekommen. Dies gelang ihm jedoch nicht; das Volk machte nämlich gleich kehrt und stellte sich den

Vorwärtsstürmenden in den Weg, sogar auf den Dächern postierten sich welche und ließen von dort ihre Geschosse auf die Römer hageln. Diese Gefahr von oben spielte den Römern übel mit, und da sie nicht stark genug waren, die Masse zu durchbrechen, die sich in den engen Straßen staute, zogen sie sich ins Lager beim Königsschloß zurück.

6. Die Aufständischen waren in Angst, Florus möchte nochmals angreifen und sich des Tempels von dem Fort Antonia aus bemächtigen; deshalb stiegen sie auf das Dach der Säulenhallen, die vom Tempel zu der Feste führten, und begannen, sie einzureißen. Das versetzte der Habsucht des Florus einen Stoß, hatte ihn doch nach den Schätzen Gottes verlangt; und so wollte er die Feste erreichen, unterließ aber dann den weiteren Angriff, da die Hallen schon niedergerissen waren. Er rief dann die Hohenpriester und den Rat zu sich und teilte ihnen seinen Entschluß mit, die Stadt selbst zu verlassen und ihnen eine Wachtruppe zurückzulassen in der Stärke, wie sie es für gut hielten. Da verbürgten sich ihm die Juden für absolute Sicherheit und für die Einstellung jeglichen Aufruhrs, wenn er ihnen eine Kohorte zur Verfügung stelle; nur solle es nicht jene sein, die sich in Kampfhandlungen eingelassen habe, da das Volk auf sie schlecht zu sprechen sei wegen dessen, was es soeben zu erleiden gehabt habe. Tatsächlich tauschte Florus die Kohorte aus, so wie es gefordert wurde, und ging mit dem Rest seines Heeres nach Caesarea zurück.

16. KAPITEL

1. Aber Florus gab es noch nicht auf, den Krieg in Gang zu bringen, sondern er ließ zu diesem Zweck dem Cestius eine Darstellung der Vorgänge zugehen, worin er fälschlicherweise behauptete, die Juden hätten abfallen wollen; und er bezichtigte sie, mit dem Kampf begonnen zu haben, und erklärte, sie hätten an den anderen genau das verübt, was sie selbst erlitten hatten. Aber auch die führenden Persönlichkeiten von Jerusalem schwiegen nicht, sondern

sie gaben zusammen mit Berenike an Cestius einen Bericht von den Übergriffen, die sich Florus gegen die Stadt geleistet habe. Cestius nahm beide Berichte zur Kenntnis und beriet sich dann mit seinen Truppenbefehlshabern. Ein Teil war dafür, Cestius solle mit Truppen hinüberziehen und die Juden für den Abfall zur Rechenschaft ziehen, falls es tatsächlich dazu gekommen sei, oder die Juden in ihrer treuen Haltung bestärken, auch wenn sie ohnehin treu blieben. Er selbst aber gedachte, einen von seinen Leuten vorauszusenden, um die Lage zu sondieren und ihm genau zu berichten, wie die Stimmung bei den Juden sei. So schickte er einen seiner Chiliarchen, den Neapolitanus, der bei Jamnia mit König Agrippa zusammentraf. Dieser war gerade auf dem Rückweg von Alexandria, und Neapolitanus berichtete ihm, wer ihn beauftragt hätte und wie es dazu gekommen sei.

2. Hierher hatten sich auch von jüdischer Seite die Hohenpriester mit den Vornehmen und auch der Rat begeben, um dem König ihren Willkommgruß darzubringen. Nachdem sie ihm solchermaßen gehuldigt hatten, begannen sie in Klagen auszubrechen über ihre Leiden und hielten nicht zurück mit genauen Berichten über die Grausamkeit des Florus. Agrippa war darüber außerordentlich erbost, doch war er klug genug, seinen Zorn gegen die Juden zu wenden, die ihm eigentlich leid taten. Er wollte sie nämlich auf diese Weise demütigen und ihnen begreiflich machen, daß sie an ihrer Drangsal selber schuld waren, damit sie jegliche Gedanken an Rache aufgaben. Da es ja auserlesene Juden waren und solche, die schon wegen ihres Besitzes den Frieden wünschten, hatte sie Verständnis für den wohlgemeinten Tadel des Königs. Das Volk von Jerusalem aber ging etwa 60 Stadien weit dem Agrippa und dem Neapolitanus entgegen und entbot ihnen seine Grüße. Voraus zogen unter lautem Jammern die Witwen der Gefallenen, und von ihnen angesteckt, brach auch das Volk in Wehklagen aus, und alles flehte den Agrippa um Hilfe an. Dem Neapolitanus kündeten sie laut klagend ihre von Florus verursachten Leiden, und wie sie in die Stadt einzogen, da deuteten sie auf den verwüsteten Marktplatz und auf die Häuserruinen. Schließlich gelang es ihnen, vermittels

des Agrippa den Neapolitanus dazu zu bringen, daß er in Begleitung eines einzigen Dieners die Stadt bis zum Teich Siloah durchwanderte, daß er sich ein Bild davon machen konnte, wie sich die Juden allen anderen Römern botmäßig erwiesen und einzig den Florus ablehnten wegen seiner entsetzlichen Unmenschlichkeit gegen sie. Und als er nun die Stadt so durchwanderte und sich hinlänglich von der friedlichen Gesinnung ihrer Bewohner überzeugt hatte, ging er hinauf zum Tempel und ließ das Volk zusammenkommen und konnte sich nicht genug tun des Lobes wegen seiner treuen Anhänglichkeit an die Römer; auch redete er den Leuten von Herzen zu, doch den Frieden zu bewahren, und schließlich erwies er gar ihrem Gott seine Verehrung, insoweit er Zutritt zum Tempel hatte, und begab sich dann zu Cestius zurück.

3. Die Menge der Juden aber wurde jetzt beim König und bei den Hohenpriestern vorstellig und verlangte, daß man sich über Florus bei Nero durch eine Gesandtschaft beschwere und daß man einen solchen Massenmord nicht verschweige, denn gerade dies könnte den Verdacht erwecken, als hätten die Juden doch an einen Abfall gedacht. Es sähe nämlich so aus, als wären sie es gewesen, die zuerst die Waffen erhoben, wenn sie nicht vor dem Aufkommen einer solchen Ansicht bereits die wirklichen Urheber verklagten; käme es nicht zu dieser Gesandtschaft, so bestünde kein Zweifel, daß sich die Juden nicht mit den Dingen zufriedengeben würden. Nun war es natürlich dem Agrippa äußerst peinlich, Ankläger namhaft zu machen, die gegen Florus auftreten sollten; aber es konnte für ihn auch sehr unangenehm werden, wenn er nichts dagegen unternahm, daß der Aufruhr bei den Juden neuerdings aufflammte. Deshalb beorderte er die Volksmenge in den bedeckten Säulengang beim Tempel und postierte sich zusammen mit seiner Schwester Berenike an der Stelle des Hasmonäerpalastes, die von allen Seiten einzusehen war. Dieser Palast befand sich über dem Säulengang am Rand der Hochstadt, und eine Brücke bildete die Verbindung mit dem Tempel und dem Säulengang. Hier nun hielt Agrippa folgende Ansprache:

4. »Wenn ich sehen müßte, daß ihr alle den Krieg gegen Rom

verlangt und daß nicht vielmehr die Saubersten und Anständigsten von euch dem Frieden zuneigten, dann stünde ich jetzt nicht hier bei euch und erkühnte mich auch nicht, euch einen Rat zu geben. Denn man spricht vergeblich vom rechten Tun, wenn über das Böse schon entschieden ist. Da es aber welche gibt, die zu jung sind, um den Krieg und seine Schrecken aus Erfahrung zu kennen, und weil manche eine sinnlose Hoffnung auf Befreiung hegen, während wieder andere an Gewinn denken und sich vorstellen, daß sich bei einem Aufruhr bei den Schwächeren etwas erbeuten lasse, so hielt ich doch dafür, euch alle zu dem Zweck zu versammeln, daß ich euch sage, was wirklich nach meiner Ansicht für euch nützlich sein kann, auf daß keinesfalls die Gutgesinnten sich von ihrer Meinung abbringen lassen und die guten Elemente durch die Bosheit einiger weniger zu Schaden kommen. Keiner tue einen Zwischenruf, wenn er etwas hört, was ihm nicht paßt! Jene, die in ihrer unheilbaren Verblendung den Abfall von den Römern betreiben, können ja trotz meiner Mahnung an ihrer Einstellung festhalten; doch falls sich nicht alle ruhig verhalten, erreichen meine Worte auch das Ohr derer nicht, die es gern hören wollen. Ich weiß, daß es viele gibt, die die Fehlgriffe der Statthalter und den Lobpreis der Freiheit dramatisieren. Ehe ich mir jedoch ein Bild davon mache, wer ihr seid und mit wem ihr es aufnehmen wollt, will ich doch versuchen, die wirren Verknotungen eurer Voreingenommenheit aufzulösen. Denn geht es euch nur darum, euch gegen das Unrecht zu wehren, wozu dann die Hymnen auf die Freiheit? Dünkt euch aber die Knechtschaft unerträglich, wozu dann die Klage gegen die Statthalter, wo doch auch im Falle ihres maßvollen Verhaltens die Knechtschaft an sich nicht weniger schändlich wäre. Bedenkt nun einmal die Dinge im einzelnen und seht, wie wenig Anlaß für einen Krieg besteht vor allem hinsichtlich dessen, was ihr gegen die Statthalter vorzubringen habt! Man muß doch die Inhaber der Macht mit Ergebenheit behandeln und darf sie nicht vor den Kopf stoßen! Und antwortet ihr schon auf geringe Fehlgriffe mit heftigen Vorwürfen, dann stempelt ihr die Beklagten wohl vor euch selbst zu Schuldigen, aber diese werden dann offen gegen euch vorgehen, wogegen sie es bislang nur insgeheim und mit einiger Zurückhaltung taten. Nichts vermag Schläge so sicher zu parieren wie die Bereitschaft, sie mit Geduld hinzunehmen, und die Zurückhaltung der Opfer des Unrechts bewirkt eine Umkehr bei denen, die es tun. Gesetzt nämlich, die Vertreter Roms wären tatsächlich so unnachsichtig hart, so heißt das noch nicht, daß sämtliche Römer und der Kaiser selbst, gegen die ihr auf die Barrikaden steigen wollt, euch Unrecht tun wollen. Denn gelangt ein böser Mensch von ihnen zu uns, dann steckt weder ein Befehl dahinter, noch kann der Westen alle seine Leute im Osten kontrollieren, zumal es ja nicht einmal möglich ist, daß man dort rasch über die hiesigen Vorkommnisse informiert wird. Es ist ja auch wirklich ein heller Wahnsinn, wegen einer einzelnen Persönlichkeit gegen so viele und wegen so geringer Ursachen gegen so mächtige Gegner, die nicht einmal wissen, was euch Beschwer macht, einen Krieg zu unternehmen. Und dabei ist es durchaus möglich, daß unsere Beschwernisse rasch behoben werden, denn ein Statthalter bleibt ja nicht ewig, und es ist ohnehin zu erwarten, daß sich die Nachfolger wieder besser zu mäßigen wissen. Ist aber der Krieg einmal in Gang, dann ist er ohne schlimme Opfer nicht mehr zu beenden, und lange ist er auch nicht zu ertragen. Aber es ist gegenwärtig auch nicht an dem, daß wir die Freiheit fordern dürften, um deren Erhaltung man früher hatte kämpfen müssen; denn die erste Begegnung mit der Knechtschaft ist hart, und ihren Anfängen zu wehren, ist ein gerechter Kampf. Ist man aber einmal unterlegen, dann kann nur ein eitler Sklave daran denken, wieder zu entwischen, aber nicht einer, der die Freiheit wirklich liebt. Ja, damals hätte alles gegen eine Aufnahme der Römer in Bewegung gebracht werden müssen, als Pompeius seinen Fuß in unser Land setzte. Aber unsere Vorfahren und deren Könige – sie waren weitaus reicher, stärker und mutiger als ihr – vermochten sich doch nicht gegen einen bescheidenen Teil der römischen Truppenmacht durchzusetzen. Ihr aber, die ihr den Gehorsam schon als Erbteil überkommen habt und die ihr weitaus weniger Gegenmittel zur Verfügung habt als jene, die sich erstmals dem Druck der Feinde fügten, ihr wollt euch nun der gesamten römischen Macht widersetzen? Beseht euch doch einmal die Athener! Einst hatten sie ihre Stadt den Flammen geopfert, als es die Freiheit der Griechen galt! Und wie der stolze Xerxes auf einem einzigen Kahn erbärmlich fliehen wollte, da waren sie es, die ihm nachsetzten, ihm, der auf dem Land zu Schiff fuhr und auf dem Meer zu Fuß ging, für den die Ozeane keine Grenzen bedeuteten und der ein Heer anführte, für das Europa allzu beengt war, sie, die beim winzigen Salamis das gewaltige Asien zerschlugen; und sie haben jetzt die Römer zu Herren, und die Stadt, die einst über Griechenland gebot, empfängt jetzt ihre Befehle aus Italien. Sogar die Lakedämonier müssen nach ihrer Thermopylenschlacht, nach dem Sieg von Plataä und nach einem König vom Format eines Agesilaos, der Asien durchstöberte mit der Herrschaft der Römer vorliebnehmen. Und gar die Makedonen ... sie träumen immer noch von Philipp und sehen ihn, wie er im Bunde mit der Glücksgöttin für Alexander den Grund zur Weltherrschaft legte. Auch sie müssen sich mit dem gewaltigen Wandel der Dinge abfinden und beugen sich vor jenen, deren Partei die Glücksgöttin ergriffen hat. Ja, zahllose andere Völker, die von noch größerem Verlangen nach Freiheit erfüllt waren, finden sich mit der Unfreiheit ab. Und ihr seid die einzigen, die es für unzumutbar erachten, sich jenen zu fügen, denen sich eine ganze Welt gefügt hat! Was ist es denn für ein Heer, was sind es denn für Waffen, denen ihr gar so sehr vertraut? Wo ist sie denn, die Flotte, die euch die römischen Meere gewinnen soll? Wo findet sich denn die Kriegskasse, die für eure militärischen Pläne ausreicht? Oder meint ihr gar, es gelte einen Krieg gegen die Ägypter oder Araber? Habt ihr denn keinen Blick für die Führerrolle Roms, und habt ihr keinen Maßstab für eure eigene Schwäche? Ist es denn nicht so, daß wir militärisch vielfach schon unseren Nachbarn unterlegen sind, wogegen Roms Macht allenthalten auf der Welt triumphiert? Sogar darüber hinaus schon versuchten sich die Römer. Im Osten genügte ihnen nicht etwa der gesamte Euphrat als Grenze und im Norden nicht die Donau, im Süden nicht jenes Libyen, das sie bis zu den unbewohnten Gegenden durchstreiften, im Westen nicht Gadeira; sogar drüben über dem Ozean suchten sie nach einer weiteren Welt, und sie trugen ihre Waffen bis zu den Britanniern, von denen man bislang keine Kunde hatte. Nun, wollt ihr reicher sein als die Gallier, stärker als die Germanen, klüger als die Griechen und mehr an Zahl als alle Völker der Erde? Worauf setzt ihr denn euer Vertrauen, daß ihr euch erkühnt, euch gegen die Römer zu erheben? Gewiß, es ist hart, Knecht zu sein; doch wieviel härter müssen die Griechen dies empfinden, die doch allen Völkern unter der Sonne überlegen sind an edler Abstammung und die ein so gewaltiges Land bewohnen, aber sich trotzdem den sechs Rutenbündeln der Römer fügen... und die Makedonen, die mit größerem Recht als ihr nach Freiheit verlangten! Und wie steht es mit den 500 Städten Asiens? Huldigen sie nicht respektvoll dem einen Statthalter und dem Rutenbündel des Prokonsuls, sogar ohne daß sie eine Besatzungstruppe in ihren Mauern haben? Wozu soll ich noch sprechen von den Heniochen, den Kolchern und von dem Volk der Taurier, von den Anwohnern des Bosporus und den Völkern um den Pontus und um den Maiotis-See? Bei ihnen war ehedem ein Herr aus ihren eigenen Reihen etwas Unbekanntes, und nun gehorchen sie 3000 Schwerbewaffneten, und 40 Schiffe sorgen für Ruhe auf diesem schrecklichen und einstmals unbefahrenen Meer. Was ließen sich in Bithynien, Kappadokien, in Pamphylien, Lykien und Kilikien für Gründe geltend machen für die Freiheit... und sie alle zahlen ihre Abgaben ohne den Druck von Waffen! Und die Thraker erst! Sie bewohnen ein Land, fünf Tagereisen breit und sieben Tagereisen lang, mit einem viel rauheren Klima und viel besser geschützt als unser Land, auch bewehrt durch eine so starke Kälte, daß sich kein Eroberer heranwagt... gehorchen sie nicht den 2000 Mann römischer Okkupationstruppen? Und unmittelbar neben ihnen die Illyrer, die das Gebiet von der Donaugrenze hin bis nach Dalmatien bewohnen, fügen sie sich nicht den ganzen zwei Legionen, die ihnen die Daker abwehren helfen? Und die Dalmatier, die so oft, um für ihre Freiheit zu kämpfen, auf die Barrikaden stiegen und nur immer wieder unterlagen, um Kraft zu gewinnen für einen neuen Abfall... sind sie nicht jetzt ganz ruhig unter der Herrschaft einer einzigen römischen Legion? Wenn je ein Volk Ursache hätte, den Abfall von den Römern zu betreiben, dann wären es vor allem die Gallier, die in so hohem Maße von der Natur mit Bollwerken ausgestattet sind, im Osten durch die Alpen, im Norden durch den Rhein, im Süden durch die Pyrenäen und im Westen durch den Ozean. Obgleich sie aber von so gewaltigen Befestigungen umgeben sind, obgleich sie über eine Menschenmasse von 305 Stämmen verfügen und obwohl gewissermaßen die Quellen ihrer Wohlhabenheit in ihrem eigenen Lande sprudeln und obgleich sie mit ihren Gütern fast die ganze Welt überschwemmen, unternehmen sie doch nichts dagegen, daß sie das Steuerreservoir der Römer sind und daß ihr Reichtum von diesen nach deren Gutdünken verwaltet wird! Aber nicht aus Feigheit oder aus Mangel an Ehrgefühl entspringt diese Haltung, wo sie doch 80 Jahre lang für die Freiheit gekämpft haben; was sie eben zu Fall brachte, war nicht allein der Druck der Waffen, sondern auch das Glück, das die Römer begünstigt und ihnen mehr Erfolge brachte als ihre Waffen. Von ganzen 1200 Soldaten lassen sie sich also nunmehr im Zaum halten, und dabei besitzen sie immer noch fast eine größere Zahl von Städten! Auch bei den Iberern half all das Gold nichts, das sie aus ihrem heimatlichen Boden gewinnen, um erfolgreich für die Freiheit einzustehen, auch der große räumliche Abstand von Rom zu Wasser und zu Lande vermochte dies nicht und auch nicht die unbändige Kriegslust der Lusitanier und Kantabrer und nicht der nahe Ozean mit seiner selbst für die Anwohner furchtbaren Brandung. Sogar über die Säulen des Herkules hinaus kämpften sich die Römer, und über die wolkendüsteren Pyrenäen schlugen sie sich eine Bahn und machten sich so die Bewohner untertan. Eine einzige Legion reicht heute aus für diese so schwer zu bekämpfenden und so weit entlegenen Völker. Wer von euch hätte noch nichts gehört von den volkreichen Germanen? Ihr habt ja oft Gelegenheit, euch von ihrer Körperkraft und -größe zu überzeugen, da die Römer allenthalben kriegsgefangene Germanen verwenden. Eine ungeheure Landmasse bewohnen sie, und noch härter als ihre Körperkraft ist ihr stolzer Sinn und ihr Herz, das den Tod verachtet, einen Mut besitzen sie, wilder als die wildesten

Bestien. Am Rhein aber findet ihre Kriegslust ihre Grenze, und acht römische Legionen halten sie in Schach, so daß jener Teil von ihnen, der gefangen wurde, Sklavendienste leistet, während der größere Teil des Volkes den Römern aus dem Wege geht. Seht doch einmal hin auf die Britannenmauer, wo ihr von den Mauern Jerusalems soviel haltet! Denn wiewohl die Britannier vom Ozean umspült sind und auf einer Insel wohnen, die an Größe unserem Festland nicht nachsteht, sind die Römer mit Schiffen zu ihnen vorgestoßen und haben sie unterjocht, und ganze vier Legionen halten Wache auf dieser so umfangreichen Insel. Doch wozu noch viele Worte, wo sogar die so kriegstüchtigen Parther, die Herrscher über so viele andere Völker und die Organisatoren einer so imposanten Streitmacht, den Römern Geiseln senden und wo es in Italien zu sehen ist, wie der Adel des östlichen Volkes angeblich im Dienste des Friedens Knechtsdienste verrichtet!

So haben nahezu sämtliche Völker unter der Sonne vor den Waffen der Römer kapituliert, und ihr wollt nun allein den Krieg gegen sie wagen, ohne den Ausgang der Karthager im Auge zu behalten, die unter der starken Rechten des Scipio zusammensanken, obgleich sie sich mit dem gewaltigen Hannibal brüsten konnten und mit ihrer edlen Herkunft von den Phönikern! Weder die von den Spartanern abstammenden Kyrenäer noch die Marmariden, deren Wohngebiete sich bis in die wasserlose Wüste ziehen, noch die Syrten – allein ihr Name versetzt einen schon in Schrecken –, noch die Nasamonen, Mauren und die unermeßlichen Scharen von Nomaden waren imstande, der Tapferkeit Roms Einhalt zu gebieten. So haben sie denn auch den dritten Erdteil, dessen Völkerzahl kaum zu nennen ist, der einerseits durch den Atlantik und die Säulen des Herkules begrenzt wird, andernteils aber ungeheuren Massen von Äthiopiern bis zum Roten Meer hin Nahrung spendet, völlig unter ihre Botmäßigkeit gebracht. Nicht nur, daß diese Jahr für Jahr Lebensmittel produzieren, an denen die Einwohnermassen Roms acht Monate zu essen haben, sondern sie leisten auch anderweitig alle möglichen Abgaben und steuern bei für die Bedürfnisse des Reiches, ohne jedoch so wie ihr in diesen Pflichten eine gegen die

Ehre gehende Rechtlosigkeit zu sehen ... und dabei steht bei ihnen eine einzige Legion auf Wache! Muß ich wirklich so weit ausholen, um euch Roms Macht zu dokumentieren, wo sie doch im nahen Ägypten handgreiflich ist? Ja, dieses Ägypten reicht von den Äthiopiern bis zum ›reichen‹ Arabien und verfügt, die Einwohner von Alexandria ungerechnet, über siebeneinhalb Millionen Menschen – man kann es aus der Kopfsteuer errechnen! Und dieses Land sieht in der Unterwerfung unter die Römer keine Ehrlosigkeit, obgleich die Bevölkerungsmasse von Alexandria und dessen Reichtum und Größe unablässig irgendwie ein Zentrum für Abfallsbewegungen darstellen. Die Stadt ist ja dreißig Stadien lang und nicht weniger als zehn Stadien breit, und sie leistet in einem einzigen Monat mehr Abgaben an die Römer als ihr in einem ganzen Jahr, und ganz abgesehen von diesen Geldleistungen stellt sie Rom auch noch Getreide zur Verfügung für vier Monate. Diese Stadt ist dazu noch allseits von unzugänglichen Wüsten umgeben, von Meeren ohne Häfen und von Flüssen und Sümpfen. Doch nichts davon war imstande, den schicksalhaften Siegeslauf Roms zu hemmen, zwei Legionen in der Stadt genügen, um Innerägypten samt dem Adel Makedoniens zu zügeln. Was sind es denn für Bundesgenossen, die ihr da für euren Krieg aus der unbewohnten Erde erwarten dürft, wo doch die bewohnten Gegenden alle römisch sind? Gesetzt, wir spannten unsere Hoffnungen über den Euphrat hinüber und vertrauten auf die Hilfe unserer Stammesbrüder von Adiabene; nun, diese werden sich nicht wegen eines sinnlosen Anlasses mit einem derartigen Krieg belasten, und selbst wenn sie gegen alle Vernunft sich doch zu einem so zweifelhaften Unternehmen verstünden, so würde ihnen der Parther einen Strich durch die Rechnung machen. Denn dieses Volk kennt nur das eine Ziel, den Waffenstillstand mit den Römern einzuhalten, und erhöbe sich ein unter seiner Botmäßigkeit stehendes Volk gegen die Römer, so sähe es darin einen Vertragsbruch.

So bleibt also nichts als bei Gottes Hilfe Zuflucht zu nehmen. Genau dies ist jedoch auch den Römern anheimgestellt, denn ohne Gottes Beistand wäre niemals ein so gewaltiges Reich zustande gekommen. Denkt doch auch daran, wie sehr es euch erschwert wäre, genau nach dem religiösen Gesetz zu leben, auch wenn es nur ein geringer Gegner wäre, gegen den ihr kämpft! Es wäre ja unumgänglich, daß ihr das Gesetz überträtet, durch dessen Befolgung ihr auf die Hilfe Gottes hoffen könnt, und ihr würdet ihn auf diese Weise eher noch veranlassen, sich von euch abzuwenden. Beachtet ihr die übliche Heiligung des Sabbats und laßt ihr euch zu keiner Arbeit bewegen, dann werdet ihr mit Leichtigkeit zu überwinden sein, genau wie eure Vorfahren damals, als Pompeius gerade am Sabbat die Belagerung forcierte, während die Belagerten keine Hand rührten. Verletzt ihr aber im Krieg das Gesetz der Väter, dann muß ich zweifeln, weshalb ihr überhaupt noch einen Krieg unternehmt, wo es euch bei eurem Bemühen doch darum geht, daß möglichst kein einziges der alten Gebote mißachtet wird. Wie könnt ihr von Gott Hilfe erflehen, wenn ihr ihm aus freien Stükken die Verehrung versagt? Gewöhnlich beginnt man doch in der Weise einen Krieg, daß man sich göttlicher oder menschlicher Hilfe versichert. Ist es aber handgreiflich, daß weder von hier noch von dort Hilfe kommen kann, dann bleibt doch den Streitern nur noch der sichere Untergang! Was hindert euch da noch, gleich mit euren eigenen Händen eure Frauen und Kinder zu töten und dieses Juwel von einer Vaterstadt den Flammen zu weihen? Ein solcher Wahnwitz enthöbe euch wenigstens der Schmach einer Niederlage. Meine Freunde, nur dies eine ist richtig, wenn man, während sich das Schiff noch im Hafen befindet, das Nahen des Sturmes in Rechnung stellt und wenn man nicht mitten in das tobende Meer hineinsteuert, um darin Schiffbruch zu leiden. Wer von Unheil überrascht wird, bei dem ist Mitgefühl am Platz, wer sich aber dem Verderben in die Arme wirft, der erfährt zu seinem Unglück hin noch Verachtung. Es ist doch nicht denkbar, daß die Römer nur bedingterweise Krieg führen, um euch nach eurer Niederlage entgegenkommend zu behandeln; nein, um andere Völker abzuschrekken, werden sie eure heilige Stadt in Schutt und Asche legen und euer gesamtes Geschlecht ausrotten. Auch wenn es euch beschieden sein sollte, zu überleben, dann werdet ihr nirgendwo eine Zuflucht haben, denn alle sehen in den Römern ihre Herren oder müssen damit rechnen, unter ihre Botmäßigkeit zu kommen. Nicht allein was hier in Jerusalem lebt, schwebt in dieser Gefahr, sondern auch sämtliche Einwohner anderer Städte. Denn es gibt ja auf der bewohnten Erde kein Volk, das nicht einen Teil unseres Volkes bei sich hätte. Laßt ihr euch auf den Krieg ein, dann werden die Feinde alle Angehörigen unseres Stammes niedermetzeln, und um einer verantwortungslosen Hetze willen wird jede Stadt vom Blut der Juden triefen; und die Täter werden noch Sympathien ernten. Sollte es aber nicht dazu kommen, dann denkt doch daran, welcher Wahnwitz es wäre, gegen ein Volk von so menschenfreundlicher Haltung die Waffen zu erheben! So habt doch schließlich Mitleid, wenn nicht mit euren Frauen und Kindern, dann doch mit eurer mütterlichen Stadt und ihren heiligen Stätten! Schont den geheiligten Platz, und erhaltet euch den Tempel mit seinen Heiligtümern! Denn die Römer kennen keine Nachsicht damit, sobald sie das alles in ihrer Hand haben. Daß sie einst Schonung übten, wurde ihnen nämlich gar schlecht gedankt. Alles, was euch heilig ist, Gottes heilige Engel und unser aller Jerusalem seien meine Zeugen, daß ich alles aufbot, um euch zu raten. Wenn ihr euch recht entschließt, dann werdet ihr zusammen mit mir den Frieden haben; werdet ihr aber zur Beute des Zorns, dann rennt in die Katastrophe, aber ohne mich!«

5. Als er geendet hatte, übermannten ihn die Tränen, und auch seine Schwester weinte, und die leidenschaftliche Erregung der Menge ward auf diese Weise erheblich gemildert. Es wurden Rufe laut, der Krieg gelte ja nicht den Römern, sondern dem Florus, der ihnen so Entsetzliches angetan habe. König Agrippa erwiderte darauf: »In der Tat scheint ihr euch schon im Krieg mit den Römern zu befinden, da ihr bereits keine Steuern mehr an den Kaiser abführt und die Säulenhallen der Antonia niedergerissen habt. Einzig dadurch könnt ihr die Schuld des Aufruhrs von euch tun, wenn ihr sie wieder aufbaut und die Steuern bezahlt; denn nicht dem Florus gehört ja die Burg, nicht ihm sollt ihr das Geld entrichten!«

17. KAPITEL

1. So wurde denn das Volk anderen Sinnes, und es begab sich mit dem König und Berenike hinauf zum Tempel und machte sich daran, die Hallen wieder instand zu setzen. Die Obersten des Volkes aber und die Herren des Rats gingen hinaus auf die Dörfer und kassierten die Steuern ein; und schnell waren die 40 Talente – so viel fehlten nämlich noch – zusammengebracht. Und solchermaßen gelang es Agrippa noch im letzten Augenblick, die Kriegsgefahr zu bannen, und dann wiederum bemühte er sich, das Volk dahinzubringen, daß es sich dem Florus fügte, bis der Kaiser einen Nachfolger für ihn schickte. Dies aber brachte das Volk wiederum auf, und man schmähte den König und ließ ihm sagen, er solle die Stadt verlassen. Ja, einige der Rebellen wagten es sogar, Steine auf ihn zu schleudern. Der König war sich nunmehr klar, daß der Fanatismus der Aufrührer nicht mehr zu zügeln war, und obendrein war er empört über die Schmach, die man ihm selbst antat. Er schickte noch die obersten Beamten der Stadt und die einflußreichsten Persönlichkeiten nach Ceasarea zu Florus, daß er unter ihnen die Steuereinnehmer für das Land auswählen sollte, er selbst aber kehrte nun in sein Herrschaftsgebiet zurück.

2. Zu dieser Zeit nun hatten jene Elemente miteinander Fühlung genommen, die den Krieg auf jede Weise haben wollten; sie begaben sich vor die Feste Masada, machten einen Überfall, töteten die römischen Wachmannschaften und legten eine Einheit aus ihren eigenen Leuten dort hinein. Gleichzeitig hatte auch der damalige Befehlshaber der Tempelwache Eleazar, der Sohn des Hohenpriesters Ananias, ein tollkühner junger Mann, die Hohenpriester, die gerade den Tempeldienst zu versehen hatten, dahin zu bringen vermocht, daß sie jegliche Gaben oder Opfer von Fremden zurückwiesen. Damit war eigentlich der Krieg gegen die Römer eröffnet. Denn das bedeutete, daß die Juden das für die Römer und den Kaiser darzubringende Opfer verweigerten. Wiewohl sich jetzt die Hohenpriester und die einflußreichen Leute eindringlich dafür einsetzten, daß das übliche Opfer für den Kaiser weiterhin darge-

bracht werde, blieben die Priester doch auf ihrem Standpunkt; denn sie rechneten einmal mit der großen Zahl ihrer Parteigänger, da die tatkräftigsten Elemente der Aufrührer zu ihnen hielten, sodann aber überließen sie sich ganz und gar der Führung des Eleazar.

3. Jetzt war der Zeitpunkt gekommen, da sich die Vornehmen samt den Hohenpriestern und führenden Persönlichkeiten der Pharisäer versammelten, um angesichts der bereits aussichtslos gewordenen Lage noch über das Gemeinwohl zu beraten. Sie entschlossen sich, letztmals an die Vernunft der Rebellen zu appellieren, und boten deshalb das Volk auf, sich an der ehernen Pforte zu versammeln, die am Osteingang zum Tempelinnern angebracht war. Zuerst ergingen sie sich in zornigen Reden über den Wahnwitz eines Abfalls von den Römern, was für das Vaterland soviel wie Krieg bedeute, dann aber wiesen sie nach, wie wenig stichhaltig die Vorwände der Aufrührer waren, und suchten darzulegen, wie die Juden schon vor alters den Tempel mittels Spenden von Angehörigen anderer Nationen großenteils ausgestattet und dafür allezeit Weihegaben von fremden Völkern angenommen hätten. Sie hätten ferner niemanden jemals gehindert, Opfer darzubringen, was ja Gott im höchsten Grade mißfallen müßte, sondern sie hätten allenthalben im Bereich des Tempels Gaben aufgestellt, wo man sie auch noch nach so langer Zeit sehen könne. Was sie jetzt vorhätten, sei nichts anderes als eine Herausforderung für die mächtigen Römer, ja sie böten alles auf, um sich mit ihnen zu schlagen, indem sie für den Kult Neuerungen bestimmten; ohne das Gefährliche eines solchen Unterfangens in Rechnung zu stellen, ziehe sich die Stadt auch noch den Vorwurf der Gottlosigkeit zu, wenn es tatsächlich einzig bei den Juden den Fremden verwehrt sei, Opfer und Gebete darzubringen. Stünde ein solches Gesetz zur Debatte, um für Privatleute Geltung zu bekommen, so wären sie entrüstet, da auf diese Weise Unmenschlichkeit sanktioniert würde, wenn es aber gelte, die Römer und den Kaiser vom Recht auszuschließen, dann fänden sie nichts daran. Nun aber bestehe Gefahr, daß es ihnen angesichts der Verweigerung solcher Opfer auch verwehrt werde, in

ihrem eigenen Interesse Opferhandlungen vorzunehmen, und daß Jerusalem vom Reichsverband ausgeschlossen werde, wenn nicht doch noch im letzten Augenblick die Vernunft siege und die Opfer wieder stattfänden und der Wahnwitz rückgängig gemacht werde, bevor jene davon Kunde erhielten, gegen die er sich richtete.

4. Noch während diese Dinge dargelegt wurden, waren auch die Priester aufgerufen worden, die sich in den Kultvorschriften der Väter gut auskannten. Sie betonten nachdrücklich, daß es bei den Vorfahren jederzeit üblich gewesen sei, von Angehörigen fremder Nationen Opfergaben entgegenzunehmen. Doch dafür hatte keiner der Rebellen ein Ohr, ja, die für die Ausübung des Kults zuständigen Priester waren gleich gar nicht zugegen, obgleich sie es waren, die den Krieg mit allen Mitteln betrieben. So war es den führenden Männern klar, daß sie über kein Mittel mehr verfügten, den Aufstand zu unterdrücken, und daß die Gefahr seitens der Römer zuallererst über sie selbst hereinbreche. Deshalb wollten sie wenigstens den Verdacht von sich abwälzen, als hätten sie den Aufstand angezettelt, und schickten einmal eine Gesandtschaft an Florus – sie wurde angeführt von Simon, dem Sohn des Ananias –, zum andern eine zu Agrippa; zu der letzteren gehörten als führende Persönlichkeiten Saulus, Antipas und Kostobar, jeder ein Verwandter des Königs. Sie brachten bei Florus wie bei Agrippa das Ansuchen vor, sie sollten doch mit Truppen in die Stadt einrükken und die Rebellion ersticken, bevor dies unmöglich würde. Was Florus betrifft, so hatte er sich keine angenehmere Nachricht wünschen können, und da der Krieg für ihn eine beschlossene Sache war, enthielt er sich gegenüber den Gesandten jeglicher Antwort. Agrippa jedoch fühlte sich in gleicher Weise für die Aufständischen wie für jene verantwortlich, die das Ziel des Aufstands waren, d. h. er wollte, daß sowohl die Juden der römischen Herrschaft als auch Tempel und Hauptstadt den Juden erhalten blieben. Außerdem war er sich im klaren, daß er von einem Aufstand nichts zu erhoffen hatte. So schickte er denn 3000 Reiter dem Volk zu Hilfe, nämlich Auraniter, Bataneer und Trachoniter unter dem Befehl des

Hipparchen Darius und des Feldherrn Philippus, des Sohnes des Jakim.

5. Dies ließ die Vornehmen, die Hohenpriester und den friedliebenden Teil des Volkes wieder aufatmen, und sie setzten sich deshalb in der oberen Stadt fest, da die Aufrührer die Unterstadt und den Tempel in Händen hatten. Nun hagelte es ständig geschleuderte Steine und ferntreffende Pfeile, und man wechselte Schüsse zwischen den beiden Parteien. Dann und wann brachen einige Abteilungen aus, und es kam zum Nahkampf; dabei zeigte sich, daß die Rebellen an Tollkühnheit, die Truppen des Königs jedoch an Kriegserfahrung im Vorteil lagen. Letztere bemühten sich vor allem, den Tempel einzunehmen und jene, die ihn schändeten, daraus zu verjagen. Die Aufständischen mit Eleazar an der Spitze wollten zu den von ihnen bereits besetzten Stadtteilen noch die obere Stadt in ihre Hand bekommen. Sieben Tage dauerte der Kampf bereits, groß waren die Verluste, aber keiner der Gegner dachte daran, auch nur eine Handbreit zu weichen.

6. Anderntags war das Fest des ›Holztragens‹; da war es Sitte, daß alle Leute Holz zum Altar brachten, daß das Feuer stets Nahrung hatte, denn es muß ja ununterbrochen weiterbrennen und darf niemals verlöschen. Und nun verwehrten die Aufständischen der gegnerischen Partei, diesen Kult mitzumachen, wogegen sie eine Menge von Sikariern, die sich unter dem unbewehrten Volk miteingeschlichen hatten – es handelte sich dabei um jene räuberischen Elemente, die die Waffen unter dem Gewand trugen –, zu sich einreihten, um ihrem Angriff mehr Härte zu geben. Nun waren die Truppen des Königs zahlenmäßig und auch, was den Kampfgeist anlangte, im Nachteil, und die Feinde vermochten sie deshalb aus der oberen Stadt zu verdrängen. Die Angreifer aber ließen nunmehr das Haus des Hohenpriesters Ananias in Flammen aufgehen, ebenso den Palast des Agrippa und der Berenike. Auch das Archiv zündeten sie an, um möglichst schnell die Schuldurkunden aus dem Weg zu schaffen und die Eintreibung der Schulden unmöglich zu machen, wodurch sie wiederum die Schuldner auf ihre Seite bringen und die Besitzlosen gegen die Besitzenden aufwiegeln wollten,

ohne daß die ersteren dabei ein Risiko eingingen. Die Verwalter des Archivs waren geflohen, und so konnten sie das Feuer ohne Schwierigkeiten legen. So war es ihnen also gelungen, die Stadt in ihrem Lebensnerv zu treffen, und jetzt gingen sie auf die Feinde selbst los. Die Vornehmen und die Hohenpriester suchten zum Teil Unterschlupf in den unterirdischen Gängen, zum Teil flüchteten sie samt den Parteigängern des Königs in den oberen Palast und verschlossen hinter sich rasch die Tore. Unter ihnen waren der Hohepriester Ananias, sein Bruder Ezechias und jene Männer, die die Gesandtschaft an Agrippa gebildet hatten. Fürs erste war den Rebellen ihr Sieg genug und das Wüten der Feuersbrünste, die sie gelegt hatten, und sie machten nun ein wenig Pause.

7. Am nächsten Tag, dem 15. Tag des Monats Loos, eröffneten sie den Angriff auf die Antonia, belagerten sie zwei Tage, hoben die Besatzung aus und machten sie nieder; die Befestigungsanlagen steckten sie in Brand. Dann ging es gegen den Königspalast, in den die Parteigänger des Königs geflohen waren. In vier Abteilungen versuchten sie, der Mauer Herr zu werden. Von denen, die sich im Innern befanden, wagte niemand auszubrechen im Hinblick auf die große Zahl der Belagerer, sondern sie verteilten sich auf den Palisaden und Türmen und nahmen die Angreifer unter Beschuß, wobei viele der Banditen unten an den Mauern umkamen. Bei Tag und bei Nacht wurde ohne Unterbrechung weitergekämpft; die Rebellen waren nämlich der Annahme, den Eingeschlossenen würden bald die Lebensmittel ausgehen, während diese ihre Hoffnung darauf setzten, daß die Belagerer bald ermatteten.

8. Um die nämliche Zeit hatte sich ein gewisser Manaim mit seinen Anhängern nach Masada begeben. Er war der Sohn des Judas, den man den Galiläer nannte, ein äußerst angesehener Gelehrter, der unter Quirinius die Juden beschuldigt hatte, sie wollten nicht nur Knechte Gottes, sondern auch Knechte der Römer sein. In Masada hatte er das Zeughaus des Königs Herodes erbrochen und neben seinen Landsleuten auch noch fremde Banditen mit Waffen versehen, um sich ihrer als Leibwache zu bedienen. Wie ein König kam er nun nach Jerusalem zurück, übernahm dort die Füh-

rung der Rebellen und leitete die Belagerung. Er hatte aber keine Belagerungswerkzeuge, und man konnte auch die Mauer von unten her nicht angraben, wenn man gegen den Feindbeschuß von oben keinen Schutz hatte. Deshalb schachteten sie aus weiter Entfernung einen Gang in Richtung auf einen der Türme aus, hoben das Erdreich darunter aus und legten an die Tragbalken Feuer. Die Abstützvorrichtungen verbrannten auf diese Weise, und der Turm stürzte augenblicklich zusammen. Nun kam aber auf der Innenseite eine weitere Mauer zum Vorschein. Die Belagerten hatten nämlich die Absicht der Belagerer erkannt – der Turm hatte sich wohl bewegt, als er unterhöhlt wurde – und hatten eine zweite Mauer aufgerichtet. Wie nun die siegessicheren Belagerer ihrer gänzlich überraschend ansichtig wurden, ließen sie den Mut recht sinken. Die Eingeschlossenen jedoch schickten zu Manaim und den Anführern des Aufstands Unterhändler hinaus, die freien Abzug erwirken sollten. Tatsächlich wurde dieser auch zugestanden, freilich nur den Soldaten des Königs und den Ortsansässigen, die nun auch wirklich abzogen. Da waren die nunmehr auf sich allein gestellten Römer in heller Verzweiflung, konnten sie doch gegen eine solche Menge von Gegnern nichts ausrichten; auch mußten sie es als Schmach ansehen, wenn sie für ihr Leben baten, abgesehen davon, daß ein Versprechen der Rebellen, selbst wenn es dazu kam, kein Vertrauen verdiente. So zogen sie sich denn aus ihrem leicht einnehmbaren Lager zurück in die Königstürme Hippikos, Phasael und Mariamne. Die Leute des Manaim stießen in das leere Lager nach, das die Soldaten fluchtartig verlassen hatten, machten alle nieder, die nicht mehr davongekommen waren und die sie eingeholt hatten, dann fielen sie über den Troß her und zündeten das Lager an. Das war am 6. Gorpiäus.

9. Am nächsten Tag konnten die Banditen den Hohenpriester Ananias, der sich in der Wasserleitung des Königspalastes verborgen hatte, zusammen mit seinem Bruder Ezechias hervorholen und töten. Die Rebellen hatten auch die Türme umzingelt und achteten genau darauf, daß niemand daraus entkam. Manaim ließ sich durch die Eroberung der befestigten Plätze und durch den Mord an dem Hohenpriester Ananias so verblenden, daß er es mit Grausam-

keit versuchte, und weil er der Meinung war, niemand könne ihn in seinem Siegeslauf hindern, führte er sich auf wie ein unerträglicher Tyrann. Eleazar und seine Leute waren erbittert über ihn und sprachen in dem Sinne untereinander, daß sie doch aus Freiheitsliebe von den Römern abgefallen seien und daß sie diese Freiheit nicht an einen Mann aus ihrem Volk verraten und einen Tyrannen dulden dürften, der, auch ohne daß er gewalttätig handle, auf einer niedrigeren Stufe hinsichtlich seiner Herkunft stehe als sie. Denn selbst dann, wenn die Notwendigkeit eintrete, daß eine einzige Persönlichkeit die Gesamtführung übernehme, sei doch jeder andere mehr dazu befugt als dieser Mensch. So schlossen sie sich denn zusammen und überfielen ihn im Tempel, während er voll Erhabenheit und mit königlicher Kleidung angetan, gefolgt von einer Schar bewaffneter Fanatiker hinging, um seine Andacht zu halten. Und im selben Augenblick, da sich Eleazar mit seinen Leuten auf ihn stürzte, griffen auch die anderen Leute aus dem Volk voll Empörung zu Steinen und huben an, sie auf den Sophisten zu werfen, hofften sie doch durch seinen Tod den ganzen Aufstand erstikken zu können. Nur kurz wehrte sich die Leibwache des Manaim; sobald sie aber das ganze Volk gegen sich in Angriff sahen, flohen die Leute, wohin ein jeder konnte. Wer von ihnen noch erwischt wurde, fand den Tod, wer sich aber verbarg, den holte man aus seinem Versteck. Nur einigen gelang die Rettung, indem sie sich heimlich nach Masada durchschlugen, darunter Eleazar, dem Sohn Jairs, einem Verwandten des Manaim, dem nachmaligen Oberkommandierenden von Masada. Auch Manaim selbst hatte sich in den sogenannten Ophel flüchten können, wo er sich voller Angst versteckte; man spürte ihn aber auf, zerrte ihn heraus und gab ihm nach vielen Martern den Tod; genauso erging es seinen Unterführern und Absalom, dem niederträchtigsten Helfershelfer der Tyrannei.

10. Wie ich schon sagte, hatte das Volk bei diesen Vorgängen nur deshalb mitgewirkt, weil es hoffte, es werde sich dadurch irgendwie der Aufstand mitsamt seinen Begleiterscheinungen liquidieren lassen. Die Rebellen jedoch wollten den Krieg keineswegs zu Ende bringen, sondern der Sturz des Manaim sollte ihnen vielmehr

die Möglichkeit geben, sich noch hemmungsloser in den Kampf zu stürzen. Das Volk erhob immer wieder die Forderung, die Belagerung der römischen Soldaten zu beendigen; doch jene verstärkten sie sogar und setzten den Römern so lange zu, bis die Abteilung unter der Führung des Metilius, des römischen Befehlshabers, dem Druck nicht mehr länger standhalten konnte und deshalb Eleazar und seine Leute durch Boten ersuchen ließ, ihnen freien Abzug zuzusichern, wogegen sie sich erboten, die Waffen und, was sie sonst noch besäßen, auszuliefern. Mit gierigen Händen griff die Partei des Eleazar nach diesem Ansuchen, und man schickte gleich den Gorion, den Sohn des Nikomedes, und Ananias, den Sohn des Saduki, und Judas, den Sohn des Jonathan, zu ihnen, um die entsprechenden Garantien zu geben und eidliche Zusicherungen zu leisten. Darauf führte Metilius die Soldaten hinab, und solange sie Waffen trugen, tat ihnen keiner der Rebellen etwas zuleid und keiner versuchte, Verrat zu üben. Als sie aber den Vereinbarungen entsprechend ihre Schilder und Schwerter abgelegt hatten und, ohne sich etwas dabei zu denken, abziehen wollten, da fielen die Leute Eleazars über sie her, nahmen sie in die Mitte und machten sie nieder, ohne daß sie sich wehren oder Hilferufe ausstoßen konnten. Sie verwiesen nur mit vernehmbarer Stimme auf die vertraglichen Abmachungen und auf die geleisteten Eide. Keiner fand Schonung, alle kamen um mit Ausnahme des Metilius, der allein Schonung empfing, weil er der einzige war, der um Nachsicht bat und das Versprechen ablegte, sich zum jüdischen Glauben zu bekehren und sogar die Beschneidung über sich ergehen zu lassen. Die Römer verloren an ihm nicht viel, hatten sie doch von ihren ungeheuren Truppenmassen nur einige wenige Soldaten hergeben müssen; die Juden jedoch sahen darin ein Vorspiel für die Einnahme ihrer Stadt. Ihnen war klar, daß nunmehr ein Anlaß für den Krieg gegeben war, der nicht mehr aufgehalten werden konnte, und daß sich die Stadt mit einem Frevel belastet hatte, der ein göttliches Eingreifen erwarten lasse, sofern man von der Rache Roms noch gar nicht sprechen wolle. So trug man in aller Offenheit Trauer, und alle erfaßte eine tiefe Niedergeschlagenheit; die Gutgesinnten mußten fürchten, für die Rebellen Strafe zu erleiden. Die Mordtat hatte sich nämlich an einem Sabbat ereignet, wo man sich wegen des Gottesdienstes auch jener Handlungen enthält, die an sich nicht sündhaft sind.

18. KAPITEL

1. Am gleichen Tag und zur nämlichen Stunde – es war wie eine göttliche Fügung – brachten die Einwohner von Caesarea ihre jüdischen Mitbürger um, so daß in einer einzigen Stunde über 20 000 das Leben lassen mußten und ganz Caesarea von Juden entblößt war. Florus ließ nämlich auch die Flüchtigen aufgreifen und in Fesseln nach den Schiffswerften bringen. Die Katastrophe von Caesarea versetzte das ganze Judenvolk in eine solche Erregung, daß es sich in Haufen zusammenrottete und die syrischen Dörfer samt den benachbarten Städten Philadelphia, Esebon, Gerasa, Pella und Skythopolis zerstörte. Dann stürzten sie sich auf Gadara, auf Hippos und auf das Gebiet von Gaulana und verwüsteten die Ortschaften teils, während die anderen in Schutt und Asche gelegt wurden. Jetzt ging es gegen die Thyrerstadt Kasada, gegen Ptolemais, Gaba und Caesarea, und nicht Sebaste und auch nicht Askalon konnten dem Ansturm standhalten; diese Städte sanken ebenfalls in Asche, und nach ihnen erging es auch Anthedon und Gaza nicht anders. Zahlreiche Dörfer im Bereich dieser Orte verfielen der Plünderung, und eine unermeßliche Anzahl von Männern wurde gefangen oder getötet.

2. Die Syrer freilich begnügten sich mit keiner geringeren Menge von Opfern unter den Juden; sie machten sogar alle nieder, deren sie in ihren Ortschaften habhaft werden konnten, und zwar nicht aus Haß allein, wie es früher der Fall gewesen war, sondern um der Gefahr zuvorzukommen, von der sie sich bedroht glaubten. Eine entsetzliche Verwirrung war über ganz Syrien gekommen, jede Stadt war in zwei Lager gespalten, und jede Seite glaubte, sich nur retten zu können, wenn sie eher zuschlug als die andere. Am Tage wütete der Mord, furchtbar aber war die Nacht wegen der entsetz-

lichen Angst; denn konnte man glauben, sich der Juden entledigt zu haben, so blieb doch allerorten der Verdacht gegen die Anhänger der Juden lebendig. Und jene, die sich nicht klar für eine der beiden Richtungen entschieden, konnte man wohl nicht ohne weiteres umbringen, man fürchtete sich aber vor ihnen wie vor tatsächlichen Feinden, wegen ihrer Beziehungen. Die Gier nach Besitz brachte sogar Leute, die bislang als unbescholten galten, dahin, sich an dem allgemeinen Gemetzel unter den politischen Feinden zu beteiligen. Nichts hielt sie zurück, nach dem Gut der Getöteten die Hand auszustrecken und es in die eigenen Häuser zu bringen, als handelte es sich um Kriegsbeute, und wer das meiste einheimste, wurde als besonders erfolgreich angesehen wie einer, der mehr Feinde besiegte als andere. In den Städten erblickte man Massen von unbestatteten Leichen, Greise lagen da im Verein mit kleinen Kindern und sogar Frauen, die selbst der Verhüllung ihrer Scham beraubt waren. Die Größe der Katastrophe, die über die ganze Provinz hereingebrochen war, läßt sich mit Worten nicht schildern; doch noch mehr als durch die unablässigen Grausamkeiten wurde die Provinz durch die dauernde Bedrohung demoralisiert.

3. Noch hatten sich die Juden lediglich mit Fremden in Kampf eingelassen, bei ihrem Angriff auf Skythopolis jedoch trafen sie auch in den dort lebenden Juden auf Feinde. Die Juden paktierten nämlich dort ihrer Sicherheit wegen mit den Bewohnern und stellten sich unter Hintansetzung der aus dem gemeinsamen Volkstum entstandenen Bindungen ihren eigenen Stammesangehörigen zum Kampf. Doch diese allzu große Bereitschaft erregte gleichfalls Verdacht. Die Nichtjuden befürchteten nämlich eine Katastrophe, wenn sich die jüdischen Mitbürger nächtlicherweile in den Besitz der Stadt setzten und auf diese Weise den Abfall von ihren Stammesangehörigen wieder wettmachten. Man legte ihnen also nahe, samt ihren Familien im Stadtwald Aufenthalt zu nehmen, falls sie ihre Loyalität und ihre Treue gegenüber Leuten, die nicht zu ihrem Stamm gehörten, dartun wollten. Ohne alle Bedenken leisteten die Juden diesem Ansinnen Folge, und die Bewohner von Skythopolis unternahmen auch zwei Nächte lang gar nichts, um sie in ihrer fal-

schen Einschätzung der Lage zu bestärken. Als sie aber in der folgenden Nacht wahrnahmen, daß die Juden, ohne Wachen aufzustellen, großenteils schliefen, da metzelten sie alle, nämlich über 13 000, nieder und bemächtigten sich ihres ganzen Eigentums.

4. Hervorzuheben ist noch, was Simon, der Sohn eines gewissen Saulus, eines sehr angesehenen Mannes, durchzumachen hatte. Ein Mensch von besonderer Körperkraft und Tapferkeit, benützte er diese Vorzüge nur, um seinen eigenen Landsleuten Unheil zu bringen. Täglich begab er sich hinaus und tötete draußen vor Skythopolis eine Menge von Juden, vielfach verjagte er allesamt und entschied durch seine persönliche Tapferkeit den Ausgang eines Treffens. Aber der Mord an seinen Stammesangehörigen sollte sich doch rächen. Als nämlich die Einwohner der Stadt die Juden in dem Waldstück eingeschlossen hatten und Geschosse auf sie hageln ließen, griff er zum Schwert, wandte sich jedoch nicht gegen die Feinde, sondern, da er die Aussichtslosigkeit des Widerstands angesichts einer solchen zahlenmäßigen Überlegenheit des Gegners sah, schrie er in höchster Leidenschaftlichkeit: »Recht geschieht mir jetzt für das, was ich, Bewohner von Skythopolis, Seite an Seite mit euch kämpfend, getan habe, da wir Juden glaubten, unsere Treue zu euch nur durch den Mord an unseren Stammesbrüdern beweisen zu können. Ja, es ist schon gut so, daß einem die Treulosigkeit der Andersstämmigen gerade dann zum Bewußtsein kommt, wenn man sich aufs Schlimmste an den Eigenen versündigt hat. Fluchbeladen, wie wir sind, wollen wir also von eigener Hand den Tod suchen, denn vor dem Feind zu sterben, gebührt uns nicht. Damit soll mein Frevel hinlänglich gesühnt sein, aber auch meiner Tapferkeit soll daraus Ruhm zuteil werden; denn keiner meiner Feinde möge sich brüsten, mich gefällt zu haben, und keiner soll sich meines Untergangs rühmen!« So rief er und ließ noch voll Mitleid und innerer Erregung sein Auge über seine Familie schweifen; denn er hatte eine Gattin und Kinder und hochbetagte Eltern. Erst ergriff er den Vater an seinen ergrauten Haaren und durchstieß ihn mit dem Schwert, dann tat er das gleiche mit seiner Mutter, ohne daß diese sich dagegen wehrte, schließlich mit seiner Frau

und den Kindern, die sich allesamt fast ins Schwert stürzten, um den Feinden auf diese Weise zuvorzukommen. Nachdem er so die Familie vernichtet hatte, stellte er sich allenthalben sichtbar auf die Toten, erhob seine Rechte, daß jedermann es sah, und stieß sich das Schwert in seiner ganzen Länge in den Leib, um so von eigener Hand zu sterben. Man mußte diesen jungen Menschen wegen seiner Körperstärke und wegen seiner Seelenkraft bemitleiden, aber es war nicht anders denkbar, als daß er für seine Dienstfertigkeit gegenüber andersstämmigen Menschen die traurigen Folgen zu tragen hatte.

5. Das Massaker von Skythopolis hatte zur Folge, daß auch die anderen Städte gegen die jüdischen Einwohner zur Gewalt schritten. In Askalon fanden 2500 den Tod, in Ptolemais 2000, während die meisten Juden in Gefangenschaft gerieten und in strenger Kerkerhaft gehalten wurden. Gleicherweise entledigten sich die Bewohner von Hippos und Gadara jener Juden, die als besonders wagemutig galten, während die furchtsameren unter ihnen in Gewahrsam genommen wurden. Und genauso erging es ihnen in den restlichen syrischen Städten, gleich ob aus Haß gegen die Juden oder aus Furcht vor ihnen. Einzig die Bewohner von Antiochia, Sidon und Apamea schonten ihre jüdischen Mitbürger und ließen keinen Mord an ihnen zu und auch keine Verhaftung; es mag sein, daß sie im Hinblick auf ihre zahlenmäßige Überlegenheit keine Übergriffe der Juden befürchteten; in höherem Grade aber, glaube ich, gab dies den Ausschlag für ihre Haltung, daß sie mit den Menschen Mitleid hatten, bei denen nichts darauf schließen ließ, daß sie rebellieren wollten. Die Einwohner von Gerasa vollends ließen die Juden, welche in der Stadt blieben, völlig unbehelligt; wer von ihnen jedoch die Stadt verlassen wollte, dem gaben sie bis an die Grenze das Geleite.

6. In Agrippas Herrschaftsgebiet kam es ebenfalls zu einer Verfolgung der Juden. Agrippa war nämlich zu Cestius Gallus nach Antiochia gereist und hatte einen seiner Vertrauten, Noaros, zurückgelassen, daß er das Herrscheramt an seiner Stelle verwalte. Noaros war ein naher Verwandter des Königs Soemos. Eines

Tages fanden sich 70 Männer aus Batanea ein, die angesehensten und gescheitesten von den Einwohnern, und ersuchten ihn um Truppen, um für den Fall einer Aufstandsbewegung an ihnen eine verlässige Wachmannschaft zu haben, die mit den Aufständischen fertig werden konnte. Diese Gesandtschaft ließ Noaros durch Schwerbewaffnete des Königs, die er nächtlicherweile dazu aussandte, bis auf den letzten Mann umbringen. Dieses Verbrechen beging er, ohne daß Agrippa darum wußte, und in seiner maßlosen Besitzgier frevelte er an seinen eigenen Stammesbrüdern und schädigte das Königreich dadurch außerordentlich. Ja, er hörte nicht auf, das Volk in derart rechtswidriger Weise zu drangsalieren, bis Agrippa endlich davon Kunde bekam. Agrippa ließ ihn zwar aus Rücksicht auf Soemos nicht töten, setzte ihn jedoch als Statthalter ab. Die Rebellen konnten oberhalb von Jericho das befestigte Kypros einnehmen, töteten die Wachtruppe und schleiften die Befestigungsanlagen ganz und gar. Gleichzeitig verlangten viele Juden in Machärus von der römischen Besatzung, sie solle sich aus der Burg zurückziehen und diese ihnen ausliefern. Die Römer, die fürchten mußten, der Gewalt nicht standhalten zu können, vereinbarten mit den Juden die Übergabe unter der Bedingung des freien Abzugs. Sobald die Abmachung erfolgt war, verließen sie die Burg, in die dann die Bewohner von Machärus eine Wachtruppe legten, um sie behaupten zu können.

7. Da war ferner noch Alexandria, wo die einheimischen Bewohner sich unablässig mit den Juden stritten, seitdem Alexander bei den Juden prompt Hilfe gegen die Ägypter bekommen hatte, wofür er ihnen als Belohnung die Erlaubnis erteilt hatte, sich in der Stadt niederzulassen und dort gleichberechtigt mit den Griechen zu wohnen. Dieses Vorrecht konnten sie auch in der Diadochenzeit wahren, ja, diese Herrscher wiesen ihnen sogar ein eigenes Stadtgebiet an, daß sie weniger mit Nichtjuden zu verkehren brauchten und so ihre Lebensweise genau nach dem Gesetz einrichten konnten. Die Diadochen waren es auch, die ihnen gestatteten, sich als ›Makedonen‹ zu bezeichnen. Als nun die Römer Ägypten eingenommen hatten, gestattete es weder der erste Kaiser noch einer sei-

ner Nachfolger, daß man an den Privilegien, die Alexander den Juden verliehen hatte, rüttelte. Gleichwohl kam es ständig zu Reibereien zwischen Juden und Griechen, und obgleich die Behörden tagtäglich beiderseits viele Strafen verhängten, verschärfte sich die Lage unablässig. Und wie es nun auch anderwärts zu Spannungen kam, loderte die Fackel des Aufruhrs hier in noch stärkerem Grade. Da wollten die Alexandriner eines Tages an Nero eine Gesandtschaft schicken und hielten deswegen eine Versammlung ab; zugleich mit den Griechen kamen auch scharenweise Juden ins Amphitheater. Und als nun die Griechen das sahen, wurden gleich Schmährufe laut wie »Feinde« und »Spione«, und auf der Stelle fielen die Griechen über die Juden her und gingen tätlich gegen sie vor. Die meisten stoben fluchtartig auseinander, drei Männer jedoch wurden gefaßt und gewaltsam weggebracht, um bei lebendigem Leibe verbrannt zu werden. Das war nun der Augenblick, da sich die ganze Judenschaft erhob, um Rache zu üben; erst warfen sie Steine gegen die Griechen, dann aber verschafften sie sich Fackeln und eilten zum Amphitheater und machten Anstalten, die gesamte dort befindliche Menschenmasse den Flammen preiszugeben. Dazu wäre es auch tatsächlich gekommen, hätte nicht Tiberius Alexander, der dortige Statthalter, dem Wahnsinn Einhalt geboten. Anfänglich enthielt er sich eines bewaffneten Vorgehens, um sie zur Besinnung zu bringen, und ließ sie durch die vornehmsten Bürger zur Ruhe mahnen und auffordern, sich das Römerheer nicht zum Feind zu machen. Dafür hatten die Empörer jedoch nur Hohn, und sie schmähten obendrein noch Tiberius.

8. Der römische Kommandant mußte freilich alsbald einsehen, daß die Ruhe ohne ernste Gegenmaßnahmen nicht mehr herzustellen war, und deshalb gab er Befehl, daß die beiden römischen Legionen in der Stadt und außerdem noch 2000 weitere Soldaten, die zum Unglück für die Juden soeben aus Libyen angekommen waren, gegen diese vorgingen. Er erlaubte nicht nur den Mord an den Juden, sondern auch die gewaltsame Wegnahme ihres Besitzes und daß ihre Häuser in Asche gelegt wurden. Die Soldaten rückten nun in das sogenannte Delta vor, denn dort wohnten die Juden im

Getto beisammen, und die römischen Truppen taten, wie ihnen befohlen; allerdings hatten sie dabei auch blutige Verluste zu beklagen. Die Juden hatten nämlich enge Reihen gebildet und die mit den besten Waffen Versehenen vorne aufgestellt, so daß sie lange dem Druck der Feinde aushalten konnten. In dem Augenblick jedoch, wo sie unsicher wurden, fanden sie unbarmherzig den Tod. In verschiedenster Weise ging das vor sich: Die einen wurden auf dem freien Feld ergriffen, andere fielen aneinandergedrängt in den Häusern den Römern zum Opfer, die der Reihe nach alle Häuser einäscherten, wenn sie das Innere geplündert hatten. Die römischen Truppen hatten weder mit den kleinen Kindern Mitleid noch mit den alten Leuten, kein Alter wurde verschont, und in der ganzen Gegend flossen Ströme von Blut; 50 000 Leichen stapelten sich zu Hauf, und alle wären umgekommen, hätten die Juden nicht doch ihre Zuflucht zu Bitten genommen. Alexander erbarmte sich ihrer und gab den Römern den Befehl zum Rückzug. Sie nun, denen der Gehorsam in Fleisch und Blut übergegangen war, gehorchten sofort dem Befehl und hörten mit dem Morden auf. Dagegen war es nicht einfach, den Pöbel von Alexandria zu bändigen, der in seinem Haß keine Grenzen kannte, und es kostete Mühe, diese Leute von den Leichen gewaltsam zu entfernen.

9. Das war der Hergang der entsetzlichen Geschehnisse in Alexandria. Nunmehr, da man allenthalben in den Juden Feinde sah, glaubte auch Cestius, nicht mehr tatenlos hintanstehen zu dürfen. Er machte sich daher mit der ganzen zwölften Legion, die in Antiochien stand, auf den Weg; von den restlichen Legionen nahm er jeweils 2000 Elitesoldaten mit, außerdem sechs Kohorten zu Fuß und vier Reiterabteilungen, dazu Hilfstruppen, die von den Königen beigesteuert wurden – von Antiochus 2000 zu Pferd und 3000 zu Fuß, lauter Bogenschützen, von Agrippa ebensoviele zu Fuß, doch an Reitern weniger als 2000. Auch Soemos stellte 4000 Mann zur Verfügung, ein Drittel davon zu Pferd und der Großteil Bogenschützen. Mit dieser Heeresmacht rückte Cestius vor Ptolemais. Auch aus den Städten hatten sich zahlreiche Hilfsmannschaften eingefunden. Den regulären Soldaten freilich an Kriegführung

unterlegen, glichen sie ihre geringere militärische Ausbildung doch durch Mut und durch Haß gegen die Juden aus. Auch Agrippa war bei Cestius erschienen, um die Marschroute festzulegen und die Versorgung des Heeres zu übernehmen. Mit einer Gruppe seines Heeres wandte sich Cestius gegen Chabulon, eine galiläische Feste mit der Namensergänzung ›der Männer‹. Chabulon liegt an der Grenze zwischen dem Gebiet des jüdischen Volkes einerseits und Ptolemais anderseits. Er fand es von Menschen verlassen vor, die Einwohner hatten sich in das Gebirge geflüchtet; doch stießen sie in der Stadt auf Güter verschiedenster Art, deren Plünderung Cestius den Soldaten gestattete, während er die Stadt einäschern ließ, obgleich sie wundervolle Bauten aufzuweisen hatte, ähnlich, wie es in Tyros welche gab und in Sidon und Berytos. Dann durchkämmte er das Gebiet und nahm alles weg, was er vorfand, äscherte die Ortschaften ringsum ein und begab sich wieder nach Ptolemais zurück. Und während nun die Syrer, namentlich jene aus Berytos, noch die Hände voll zu tun hatten mit ihren Raubzügen, wurden die Juden, die ja erfahren hatten, daß Cestius abgezogen sei, wieder zuversichtlicher und machten einen Überraschungsangriff auf jene, die zurückgeblieben waren; an die 2000 von ihnen töteten sie bei diesem Unternehmen.

10. Cestius aber wandte sich wieder von Ptolemais fort nach Caesarea und schickte von hier aus einen Teil des Heeres nach Joppe voraus mit der Anweisung, die Stadt in möglichst raschem Zugriff zu nehmen und mit einer Wachtruppe zu versehen; würde jedoch ihr Herannahen bemerkt, so sollten sie seine Ankunft mit dem restlichen Heer erwarten. Teils zu Wasser, teils zu Lande stießen diese schnell gegen die Stadt vor und nahmen sie ohne Schwierigkeiten durch einen Angriff von zwei Seiten. Die Bürger konnten nicht mehr fliehen, noch viel weniger aber sich zum Kampf vorbereiten, so daß die eindringenden Truppen alle mitsamt ihren Familien töten konnten; die Stadt wurde ausgeraubt und dann eingeäschert. Die Zahl der Toten betrug an die 8400. In ähnlicher Weise ließ Cestius in das Gebiet von Narbata in unmittelbarer Nähe von Caesarea eine größere Reiterabteilung vorstoßen; diese verheerte

das Land, tötete eine Unmenge von Einwohnern, plünderte deren Besitz und ließ die Ortschaften in Flammen aufgehen.

11. Nach Galiläa schickte Cestius den Caesennius Gallus, den Kommandeur der 12. Legion, mit einer Heeresmacht, die ihm ausreichend erschien, die dortige Bevölkerung niederzuzwingen. Sepphoris, die am stärksten befestigte Stadt von Galiläa, empfing den Römer mit freundlicher Begrüßung, und auf diese Äußerung des guten Willens hin verhielten sich auch die anderen Städte ruhig. Die Rebellen und die Angehörigen von räuberischen Banden flüchteten sich allesamt in ein Gebirge, das mitten in Galiläa liegt, und zwar direkt gegenüber Sepphoris; es hat den Namen Asamon. Gegen sie wandte sich nun Gallus mit seiner Heeresabteilung. Solange die Banditen nun eine Höhenstellung halten konnten, war es ihnen leicht, den Angriff der Römer abzuwehren; diese hatten sogar 200 Mann Verluste. Die Römer machten jedoch ein Umgehungsmanöver auf ein noch höher gelegenes Terrain, und das bedeutete für die Banditen die rasche Niederlage. Sie waren leichtbewaffnet und konnten so gegen Schwerbewaffnete im Nahkampf nichts ausrichten, und wenn sie flohen, dann wurden sie von den Reitern eingeholt, so daß nur wenige in dem unwegsamen Gelände ein Versteck fanden; über 2000 kamen zu Tode.

19. KAPITEL

1. Als nun Gallus feststellen konnte, daß es in Galiläa keine Aufstandsbewegung mehr gab, ging er mit seinem Herr nach Caesarea zurück. Cestius aber machte sich mit dem Gesamtheer auf und fiel in das Gebiet von Antipatris ein. Auf die Kunde, in einem Turm Aphete habe sich eine jüdische Streitmacht von ziemlichem Umfang zusammengefunden, schickte er eine Kampftruppe voraus, die den Turm angreifen sollte. Aber schon bevor es zu einer Kampfberührung kam, versetzten sie die Juden dermaßen in Schrecken, daß diese auseinanderstoben, und als die Römer vollends herankamen, äscherten sie das verlassene Lager samt den Ort-

schaften ringum ein. Von Antipatris wandte sich Cestius dann nach Lydda, fand aber in der Stadt keine Bewohner vor, da sich alle wegen des Laubhüttenfestes nach Jerusalem hinaufbegeben hatten. Nur 50 Menschen ließen sich blicken, und er ließ sie töten und überantwortete die Stadt den Flammen. Dann zog er weiter aufwärts über Bethoron und schlug sein Lager bei dem Ort Gabao auf, 50 Stadien von Jerusalem entfernt.

2. Da nun die Juden den Krieg an die Hauptstadt herankommen sahen, unterbrachen sie das Fest und eilten zu den Waffen. Sie rechneten mit ihrer zahlenmäßigen Überlegenheit und stürzten sich in gänzlicher Unordnung laut schreiend in die Schlacht, wobei sie nicht einmal des siebten Tages als ihres Ruhetages gedachten; denn der Sabbat gilt ihnen ja als heilig. In ihrer unbändigen Kampfeswut, die sie sogar gegenüber ihren religiösen Verpflichtungen bedenkenlos machte, konnten sie tatsächlich die Schlacht für sich entscheiden. Mit solchem Ungestüm drangen sie nämlich auf die Römer ein, daß sie deren Front aufreißen konnten, um mitten durch ihre Reihen zu stürmen und alles zu töten, was ihnen in den Weg kam. Hätte nicht die Reiterei eine Schwenkung vollzogen, um dem ins Wanken geratenen Frontabschnitt Hilfe zu bringen – was dann auch noch das Fußvolk unterstützte, soweit es intakt geblieben war –, dann wäre Cestius mit der gesamten Heeresmacht in eine höchst gefährliche Situation geraten. Die Römer verloren 515 Mann, nämlich 400 Fußsoldaten und den Rest an Reitern, die Juden aber hatten nur 22 Mann Verluste. An Tapferkeit hatten sich unter ihnen besonders die Verwandten des Königs Monobazus von Adiabene hervorgetan, nämlich Monobazus und Kenedaeus, ferner Niger aus Peräa und Silas aus Babylon, der sich auf die Seite der Juden geschlagen hatte, nachdem er zuvor dem Heer des Königs Agrippa angehört hatte. Wie nun der frontale Ansturm der Juden gescheitert war, zogen sie sich wieder in die Stadt zurück; auf ihrer Rückseite aber stürzte sich Simon, der Sohn des Giora, in dem Augenblick auf die Römer, da sie nach Bethoron hinaufziehen wollten. Er konnte ihren Troß großenteils zersprengen, nahm eine Menge von Lasttieren weg und trieb sie in die Stadt hinein. Cestius

blieb noch drei Tage in seinem gegenwärtigen Standort; während dieser Zeit besetzten die Juden die Höhenstellungen und die Marschwege, und es war klar, daß sie eingreifen würden, sobald sich die Römer auf den Weg machten.

3. Da eine Unmenge von Feinden die Höhen im Umkreis besetzt hielt, erachtete Agrippa die Situation der Römer für äußerst gefährlich, weshalb er sich entschloß, sich nochmals auf der Basis von gütlichen Verhandlungen an die Juden zu wenden; es schwebte ihm vor, daß er entweder allesamt zur Beendigung des Krieges veranlassen könnte oder daß er doch die Kriegsgegner unter ihnen zum Abfall brächte. Zu diesem Zweck schickte er von seinen Leuten den Borcius und den Phoebus, zwei den Juden bestens bekannte Persönlichkeiten, zu ihnen. Diese sollten das Versprechen abgeben, daß Cestius mit ihnen Freundschaft haben wolle und daß die Römer mit ihren Untaten Nachsicht üben wollten, wenn sie die Waffen niederlegten und sich auf ihre Seite schlügen. Die Rebellen jedoch hatten Angst, das ganze Volk könne durch die Aussicht auf Straflosigkeit zu Agrippa übergehen; deshalb überfielen sie dessen Gesandte und wollten sie niedermachen. Den Phoebus töteten sie, ehe er ein Wort sagen konnte, Borcius jedoch konnte trotz seiner Verwundung fliehen. Die Leute aus dem Volk aber waren zum Teil darüber erbittert und machten auch kein Hehl daraus; die Rebellen aber bewarfen sie mit Steinen und schlugen sie mit Stöcken und trieben die Unzufriedenen auf diese Weise in die Stadt zurück.

4. Cestius sah in diesem innerjüdischen Zwist eine günstige Gelegenheit, zum Angriff überzugehen; mit seiner ganzen Streitmacht stürzte er sich auf die Feinde und verfolgte die Fliehenden bis Jerusalem. Sieben Stadien von der Stadt entfernt, auf dem sogenannten Skopus, schlug er sein Lager auf und rührte keinen Finger gegen die Stadt, wohl in der Annahme, die Bewohner würden sich fügen. In die Ortschaften ringsum ließ er freilich eine Menge von Soldaten ausrücken, die Proviant beschaffen sollten. Am vierten Tag jedoch, am 30. Hyperberetaios, ließ er das Heer in Schlachtordnung antreten und führte es so gegen Jerusalem. Das Volk stand damals unter der Knute der Rebellen. Auf diese machte aber der

Aufmarsch des Römerheeres solchen Eindruck, daß sie die Stadtrandgebiete aufgaben und ins Innere, in das Tempelgebiet, zurückwichen. Cestius folgte ihnen auf dem Fuße und steckte die sogenannten Bezetha, die Neustadt, in Flammen und ebenso den Stadtteil, der ›der Holzmarkt‹ heißt; dann rückte er gegen die obere Stadt und ließ gegenüber dem königlichen Palast das Lager aufschlagen. Hätte er in dieser Stunde den Entschluß gefaßt, in die Stadt innerhalb der Mauern gewaltsam einzubrechen, dann wäre er gleich Herr der ganzen Stadt geworden, und der Krieg wäre beendigt gewesen. Der Lagerpräfekt Tyrannius Priscus jedoch und die Mehrzahl der Reiterführer, die Florus bestochen hatte, machten ihn davon abwendig, und das war der Grund, weshalb der Krieg so lange dauern sollte und warum die Juden ein solches Maß an Elend traf, das sich nicht wieder ausgleichen ließ.

5. Während dieser Vorgänge wandten sich auf Zureden des Ananus, des Sohnes des Jonathan, zahlreiche vornehme Juden mit der Bitte an Cestius, er solle doch in die Stadt einrücken, sie wollten ihm die Tore öffnen. Cestius aber, von Zorn erfüllt, ignorierte die Bitte, zumal er die Angelegenheit als nicht ganz vertrauenswürdig ansah, die er deshalb so lange hinzog, bis die Rebellen von dem Verrat erfuhren und die Leute des Ananus teils von der Mauer herabstürzten, teils unter einem Steinhagel zwangen, ihre Behausungen aufzusuchen. Die Aufständischen ihrerseits besetzten in einzelnen Gruppen die Türme und nahmen von dort aus jeden Angreifer der Mauer unter Beschuß. Und obgleich die Römer fünf Tage lang von überallher den Angriff versuchten, blieb ihr Bemühen ohne Erfolg; erst am sechsten Tage unternahm Cestius mit einer zahlenmäßig starken Elitetruppe und einer Abteilung Bogenschützen den Sturm auf die nördliche Mauer des Tempels. Von den Dächern der Säulenhallen herab leisteten die Juden Widerstand und konnten die Angriffswellen wiederholt abwehren. Schließlich aber mußten sie doch dem Geschoßhagel weichen und sich zurückziehen. Jetzt hielten die vordersten der Römer ihre Schilde mit dem Rand fest an die Mauer, während die hinter ihnen Postierten weitere Schilde an die der vorderen anreihten, was auch die nachfolgenden Reihen

genauso taten; auf diese Weise bildeten sie die sogenannte ›Schildkröte‹, und alle Geschosse, die darauf fielen, prallten ab, ohne Schaden anzurichten. Völlig ungefährdet konnten sich so die Soldaten daranmachen, die Mauer zu unterhöhlen, und außerdem trafen sie Vorbereitungen, das Tempeltor in Brand zu stecken.

6. Da überkam die Rebellen ein furchtbares Entsetzen. Viele rannten aus der Stadt weg, als wäre sie bereits in der Hand des Feindes. Gerade dadurch wurden die Leute aus dem Volk wieder zuversichtlicher, und während die verbrecherischen Elemente davonliefen, eilten sie zu den Toren, um sie zu öffnen und den Cestius als ›Wohltäter‹ hereinzugeleiten. Hätte er die Belagerung nur mit etwas Energie betrieben, so hätte er sich der Stadt mit Leichtigkeit bemächtigen können. Meiner Ansicht nach hatte sich Gott schon damals wegen des Frevels der Menschen vom Heiligtum abgewandt und hatte so die Beendigung des Krieges zu jenem Zeitpunkt unmöglich gemacht.

7. Cestius aber kümmerte sich weder um die verzweifelte Situation der Belagerten noch auch um die Stimmung des Volkes, sondern er gab auf der Stelle den Soldaten den Befehl zum Rückzug, und obgleich er überhaupt keine Niederlage erlitten hatte, gab er die Hoffnung auf einen Erfolg auf und zog wider alle Vernunft von der Stadt ab. Dieses unerwartete Ereignis ließ die Banditen wieder Mut fassen, und sie fielen über die hinteren Abteilungen der Römer her und töteten eine Menge von Reitern und Fußsoldaten. Cestius nun hielt sich die folgende Nacht in seinem Lager auf dem Skopus; am Tag darauf jedoch rückte er auch von hier ab und reizte dadurch die Feinde noch mehr zur Verfolgung. Sie überfielen neuerdings die Nachhut und vernichteten sie; außerdem stießen sie beiderseits des Marschwegs der Römer vor und nahmen sie von den Flanken her unter Beschuß. Die am Ende des Zuges Marschierenden getrauten sich nicht, ihre Verfolger zu attackieren, da sie schwer zu schleppen hatten und Gefahr bestand, daß sie die Marschordnung zerstörten, während sie sehen mußten, wie die Juden in ihrer leichten Bewaffnung für schnelle Attacken bestens geeignet waren. So war es unausbleiblich, daß die Römer starke

Verluste von ihren Feinden hinnehmen mußten, ohne diesen irgendwie schaden zu können. Auf dem ganzen Weg mußten sie Schläge einstecken, und einzelne Soldaten sanken zu Boden und fielen aus der Marschordnung. Viele kamen um, darunter auch Priscus, der Kommandant der 6. Legion, ferner der Tribun Longinus und der Reiteroberst Aemilius Jucundus. So konnten sie nur mit Mühe nach Gabao gelangen, in ihr einstiges Lager, und hatten dabei noch das meiste von ihrem Troß preisgeben müssen. Zwei Tage blieb Cestius dort, unschlüssig über seine weiteren Pläne. Wie er jedoch am dritten Tag die ganze Gegend ringsum voll Juden sah, war es ihm klar, daß sich desto mehr Feinde einfinden würden, je länger er hier blieb.

8. Um die Absetzbewegung möglichst rasch zu bewerkstelligen, ließ er alles vernichten, was das Heer irgendwie behindern konnte. So tötete man die Maultiere und Esel, auch die anderen Lasttiere mit Ausnahme derer, die Munition und Kriegsmaschinen transportieren mußten; man wollte deshalb nicht auf sie verzichten, weil sie sehr notwendig gebraucht wurden und weil zu befürchten war, die Juden könnten sich ihrer bemächtigen und gegen die Römer zum Einsatz bringen. So führte er denn das Heer in Richtung auf Bethoron, und die Juden machten auf dem offenen Feld wenig Schwierigkeiten. Als es aber auf enger Straße bergab ging, kam ihnen ein Teil der Juden zuvor, um ihnen den Ausgang aus der Enge zu versperren, während andere versuchten, den rückwärtigen Teil des Heeres in die Schlucht hineinzudrängen. Die Mehrzahl der Juden hatte sich aber seitwärts der Straße über dem Steilabfall postiert, und sie bestrichen nun das ganze Heer mit ihren Geschossen. Schon die Mannschaft zu Fuß wußte nicht, was sie zur Abwehr tun konnte; noch schlimmer aber erging es den Reitern, da sie unter dem Beschuß einerseits keine Ordnung halten konnten, anderseits aber auch nicht in der Lage waren, über den Steilrand der Schlucht hinauf zu Pferd einen Gegenangriff zu machen; auch fiel der Weg auf der Gegenseite steil in eine Schlucht ab, und wer einen Fehltritt tat und stürzte, war verloren. So war eine Flucht so wenig realisierbar wie der Gedanke, ernstlichen Widerstand zu lei-

sten, und die Soldaten sahen das Aussichtslose ihrer Lage und jammerten laut und stöhnten im Gefühl der Verzweiflung. Und als Echo vernahm man den Schlachtgesang und das Freuden- und Wutgeheul der Juden. Wäre die Nacht nicht gekommen, so wäre es um das ganze Heer des Cestius geschehen gewesen; so aber konnten die Römer nach Bethoron fliehen. Die Juden aber hielten im Umkreis alles besetzt, um den Abzug der Römer unter Kontrolle halten zu können.

9. Cestius verzweifelte nunmehr an der Möglichkeit, den Rückzug weiterhin unter den Augen der Gegner bewerkstelligen zu können, und befaßte sich mit dem Plan einer heimlichen Flucht. Dazu wählte er an die 400 besonders tapfere Leute aus, postierte sie vor den Behausungen und gab ihnen Befehl, einander die Parolen zuzurufen, wie sie im Lagerleben üblich sind. Auf diese Weise sollten die Juden glauben, das ganze Heer befinde sich noch hier. Insgeheim jedoch machte er sich mit den restlichen Mannschaften auf den Weg und zog noch 30 Stadien weiter. Wie nun die Juden bei der Morgendämmerung das Lager verlassen vorfanden, fielen sie über die 400 Mann her, die sie so gänzlich zu täuschen vermocht hatten, machten sie auf der Stelle nieder und gingen an die Verfolgung des Cestius. Dieser war aber während der Nacht schon weit vorangekommen und beschleunigte seine Flucht vor Tag noch mehr, so daß die Soldaten aus lauter Kopflosigkeit und Angst die Belagerungsmaschinen, Wurfgeräte und den größeren Teil des Kriegsmaterials den Juden in die Hände fallen ließen, die diese Beutestücke dann gegen ihre einstigen Besitzer in Anwendung brachten. Bis Antipatris ging die Verfolgung. Als sie aber die Römer doch nicht einzuholen vermochten, machten sie samt dem Kriegsmaterial kehrt, raubten die Toten aus und gingen unter Siegesgesängen nach Jerusalem zurück. Sie selbst hatten nur geringe Verluste zu beklagen, doch hatten sie von den Römern und deren Bundesgenossen 5300 Fußsoldaten und 480 Reiter getötet. Das war am 8. Dios, im zwölften Regierungsjahr des Nero.

20. KAPITEL

1. Nach dieser Niederlage des Cestius machten sich zahlreiche angesehene Juden aus der Stadt davon, so wie man ein Schiff vor seinem Untergang schwimmend verläßt. Unter den Flüchtigen befanden sich die Brüder Kostobar und Saulus; mit ihnen war des Jakimos Sohn Philippus, der Quartiermeister des Königs Agrippa, die alle der Stadt den Rücken kehrten, um zu Cestius überzuwechseln. Antipas jedoch – er war zusammen mit den Genannten im Königspalast eingeschlossen – widersetzte sich der Flucht und kam, wovon noch die Rede sein wird, später durch Aufständische zu Tode. Cestius schickte den Saulus samt dessen Freunden entsprechend ihrem Anerbieten nach Achaia zu Nero; sie sollten ihm ihre Drangsal schildern, aber auch Florus für den Krieg verantwortlich machen. So konnte er damit rechnen, daß Neros Zorn gegen Florus ihm selbst zugute kommen würde.

2. Jetzt hatten aber auch die Einwohner von Damaskus von der Niederlage der Römer gehört, und sie setzten nun alle Eile daran, die Juden in ihrer Stadt niederzumetzeln. Da sie die Juden schon geraume Zeit aus Sicherheitsgründen im Gymnasium inhaftiert hatten, hielten sie eine solche Maßnahme für eine Leichtigkeit. Nur vor ihren eigenen Frauen hatten sie Angst, da diese fast ausnahmslos der jüdischen Religion zugehörten. So boten sie alles auf, um ihre Absicht vor den Frauen zu verbergen. Sie überfielen nun die 10 500 Juden – diese waren ohne Waffen auf engstem Raum zusammengepfercht –, und innerhalb einer einzigen Stunde hatten sie ohne irgendwelche weiteren Bedenken alle hingeschlachtet.

3. Als nun die Verfolger des Cestius nach Jerusalem zurückgekehrt waren, zogen sie die noch übrigen Anhänger der Römer teils gewaltsam, teils durch Beeinflussung auf ihre Seite herüber; dann versammelten sie sich im Tempelbereich und stellten noch weitere Heerführer auf für den Krieg. Als oberste Stadtkommandanten wurden Joseph, der Sohn des Gorion, und der Hohepriester Ananus gewählt; sie hatten auch die besondere Aufgabe, die Stadtmauern wieder abwehrbereit zu machen. Das Volk sträubte sich

dagegen, den Eleazar, den Sohn des Simon, an die Spitze des Gemeinwesens zu stellen, obgleich es diesem gelungen war, die den Römern abgenommene Beute, den Kriegsschatz des Cestius und erhebliche Mengen von Staatsgeldern in seine Hände zu bekommen. Man hatte nämlich sein despotisches Wesen übel vermerkt und auch beobachtet, wie sich die Zeloten in seiner Umgebung benahmen, als seien sie seine Leibwächter. Freilich war das Volk durch seinen Geldmangel und durch die Demagogie des Eleazar bald so weit, daß es sich ihm als oberstem Gebieter unterstellte.

4. Für Idumäa wurden andere Heerführer bestimmt, nämlich Jesus, der Sohn des Sappha, der einer hohenpriesterlichen Familie entstammte, ferner Eleazar, der Sohn des Hohenpriesters Neos; ihnen mußte sich der bisherige Kommandant von Idumäa, Niger, unterstellen. Dieser war gebürtig aus dem im Jordangebiet liegenden Peräa und hieß deshalb ›der Peräer‹. Auch für die anderen Teile des Landes wurde Vorsorge getroffen. So schickte man Joseph, den Sohn des Simon, nach Jericho, den Manasses nach Peräa. Der Essäer Johannes wurde Platzkommandant von Thamna, außerdem wurden ihm Lydda, Joppe und Emmaus unterstellt. Das Land um Gophna und Akrabata erhielt den Johannes, des Ananias Sohn, zum militärischen Führer, die beiden Galiläa den Josephus, den Sohn des Matthias, in dessen Befehlsbereich Gamala eingefügt wurde, das stärkste Bollwerk in diesem Landstrich.

5. Jeder dieser Befehlshaber verfuhr nun in dem ihm unterstellten Befehlsbereich so, wie es seinem Eifer und seinem Können entsprach. Josephus, um ihn zu erwähnen, bemühte sich, in Galiläa angekommen, namentlich um die Zuneigung der Bevölkerung, in der Überzeugung, daß es darauf in erster Linie ankam, selbst wenn ihm sonst der Erfolg versagt blieb. Er war sich darüber klar, daß er die Persönlichkeiten von Einfluß auf seiner Seite hatte, wenn er ihnen an der Verwaltung des Landes Anteil gab, daß er ferner das ganze Volk gewänne, wenn er ihm seine Weisungen im großen und ganzen durch ansässige und populäre Persönlichkeiten zugehen ließ. So wählte er denn aus dem Volke die 70 erfahrensten Greise aus und bestimmte sie als oberste Regierungsinstanz für ganz Gali-

läa. In jeder Stadt aber ernannte er sieben Richter für die Erledigung von unbedeutenderen Rechtsfällen, denn die wichtigeren Fragen und Kapitalsachen behielt er sich selbst und den 70 Ältesten vor.

6. Damit waren die Rechtsverhältnisse der Gemeindemitglieder untereinander geregelt, und nun befaßte er sich mit den Obliegenheiten der Sicherheit nach außen. Es war ihm klar, daß für die Römer Galiläa das erste Angriffsziel war, weshalb er die gefährdeten Punkte gleich befestigen ließ: Jotapata, Bersabe, Selame, Kapharekcho, Japha und Sigoph, ferner eine Anhöhe namens Itabyrion, Tarichea und Tiberias. Da gab es ferner am See Genezareth, im Gebiet von Untergaliläa, Höhlen, die er stark befestigen ließ, nicht minder in Obergaliläa einen Felsen, Akabaron genannt, ferner Sepph, Jamnith und Mero. In der Gaulanitis wurden die Befestigungen von Seleucia, Sogane und Gamala ausgebaut. Einzig die Leute von Sepphoris hieß er, selbst für die Wiedererrichtung ihrer Mauern zu sorgen; er wußte nämlich, daß sie gut bei Kasse waren, und außerdem sah er, wie sie auf den Krieg brannten und daß hier eine zusätzliche Aufforderung überflüssig war. Gleichermaßen veranlaßte auch Johannes, der Sohn des Levi, aus eigenen Mitteln, wiewohl auf Weisung des Josephus, die Befestigung von Gischala. Wo sonst noch Befestigungsmaßnahmen durchgeführt wurden, war Josephus selbst mit Hilfe und Rat zur Stelle. Er hob auch in Galiläa ein Heer von über 100 000 jungen Leuten aus, die er alle mit alten Waffen ausstattete, deren Beschaffung er ebenfalls organisierte.

7. Auch darüber war sich Josephus im klaren, daß die Unüberwindlichkeit der Römer in erster Linie ein Ergebnis ihrer militärischen Disziplin und ihres Exerzierreglements war, doch konnte er sich nicht mit einer Ausbildung in dieser Form befassen, wie sie eben nur durch die Kriegspraxis zu gewinnen ist. Aber er sah auch, daß die militärische Zucht von der Stärke des Offizierskorps abhing, und gruppierte deshalb das Heer nach römischer Manier um und vermehrte die Offiziersstellen. Die Mannschaften untergliederte er in verschiedene Einheiten und unterstellte je 10 und je 100

und je 1000 unter einen Kommandierenden. Darüber setzte er wiederum Befehlshaber, die über noch größere Truppenverbände geboten. Er führte auch die Weitergabe von Parolen ein, ferner Trompetensignale für die Eröffnung des Angriffs und für den Rückzug; außerdem lehrte er, wie man vorrückte, wie die Flügelschwenkungen durchzuführen waren, ferner wie man zugunsten des gefährdeten Teils eingriff, wenn es die eigene günstige Position erlaubte, und wie in gefährlichen Situationen gemeinsam durchgehalten werden mußte. Er führte ihnen auch immer wieder vor, wie man zu Geistesgegenwart und Schlagkraft gelangt, und namentlich dadurch suchte er ihre Kampfbereitschaft zu üben, daß er ihnen in allen Einzelheiten die glänzende Disziplin des Römerheeres darlegte und betonte, sie hätten es mit Männern zu tun, die durch Körperkraft und Mut die Herren fast der ganzen Welt seien. Er sagte, er wolle ihre Disziplin schon vor Eröffnung des Kampfes daraus ersehen, ob sie von ihren üblen Gewohnheiten abließen, d. h. vom Stehlen, Rauben und Plündern, vom Übervorteilen ihrer eigenen Stammesangehörigen und von jener Einstellung, die in der Schädigung der nächsten Zugehörigen einen eigenen Gewinn sah. Denn jene Kriege verliefen am günstigsten, in denen alle Krieger ein gutes Gewissen hätten; stünde es aber von Anfang an schlecht um die Moral der Soldaten, dann bekämen sie es nicht mit den gegen sie anstürmenden Gegnern, sondern auch mit Gott als Feind zu tun.

8. Immer wieder ermahnte er sie in dieser Weise. An kampfesfähigen Truppen hatte er jetzt 60 000 Fußsoldaten bei sich und 350 Reiter; nicht mitgezählt waren dabei 4500 Söldner, auf die er sehr große Stücke hielt, und außerdem hatte er ständig eine Leibwache von 600 Soldaten um sich. Mit Ausnahme der Söldner wurde das Heer von den Städten glatt verproviantiert; denn jede Stadt stellte nur halb soviel Truppen, als ausgehoben waren, für das Heer ab, die restlichen wurden zurückbehalten, um die Verproviantierung des Heeres zu ermöglichen. So war der eine Teil zum Dienst mit der Waffe, der andere Teil zum Arbeitsdienst bestimmt, und jene, die für den Proviant sorgten, bekamen dafür von denen, die unter Waffen standen, ihre Sicherheit gewährleistet.

21. KAPITEL

1. Während sich Josephus solchermaßen mit der Verwaltung von Galiläa befaßte, erhob sich wider ihn ein heimtückischer Feind in Gischala, Johannes mit Namen, der Sohn des Levi, der an Hinterlist und Tücke allen überlegen war, die sich durch auffallende Ruchlosigkeit einen Namen gemacht hatten. Aus armen Verhältnissen stammend, war er durch seine Mittellosigkeit lange nicht in der Lage, seine Gemeinheit zu entfalten. Stets stand ihm die Lüge zu Gebot, und er verfügte auch über die Gabe seiner Verlogenheit Glaubwürdigkeit zu verleihen. In der Lüge sah er eine Tugend, auch seinen besten Freunden gegenüber. Er verstand es, sich als Menschenfreund aufzuspielen, winkte ihm aber irgendwo ein Vorteil, so machte er auch vor einem Mord nicht halt. Ständig hatte er gewaltige Pläne, doch gab er seinen Hoffnungen Nahrung durch die niedrigsten Verbrechen. Anfänglich ging er für sich allein auf Raub aus, später aber fand er dafür einen Anhang, zunächst wohl nur wenige, aber dann um so mehr, je erfolgreicher er war. Sehr war er darauf bedacht, keinen Unfähigen anzuwerben, er suchte sich vielmehr lauter Leute aus, die von kräftiger Natur waren und sich durch Energie und Kampferfahrung hervortaten. Auf diese Weise holte er sich einen Haufen von 400 Männern zusammen, großenteils Flüchtlinge aus den zu Tyrus gehörigen Landstrichen und aus den dortigen Dörfern. Mit ihnen überzog er sengend und brennend Galiläa und wurde zu einer Geißel für die meisten Menschen dort, die wegen des drohenden Krieges schon in Hangen und Bangen lebten.

2. Schon wollte er Feldherr werden, ja noch höher steigen, doch fehlte es ihm dazu an Geld. Wie er nun sah, daß dem Josephus seine Energie imponierte, da beredete er ihn zunächst, ihn mit dem Wiederaufbau der Stadtmauer seiner Heimatstadt zu betrauen; er tat es, nicht ohne von den Besitzenden gehörige Summen herauszuholen. Dann spielte er raffiniertes Theater: So, als alle den Gebrauch eines Öls scheuten, das nicht von ihren Stammesbrüdern bezogen war, wußte er sich den Auftrag zu verschaffen, den Juden

in Syrien das Öl bis an die Grenze zu bringen. Um eine tyrische Münze im Gegenwert von vier attischen Drachmen kaufte er nun je vier Amphoren Öl, wovon er je eine halbe Amphore zum gleichen Preis verkaufte. Nun ist aber Galiläa reich an Öl, zumal es seinerzeit eine gute Ernte gegeben hatte; außerdem war er der einzige, der den ölarmen Gegenden entsprechend viel liefern konnte, und so vermochte er sich in den Besitz von gewaltigen Geldsummen zu setzen, die er dann aber gegen jenen zum Einsatz brachte, der ihm Anlaß für diese Einnahmen gewesen war. Und sollte er Josephus gar stürzen können, dann hoffte er, selbst Oberbefehlshaber von Galiläa zu werden. Deshalb befahl er seinen Verbündeten, noch energischer ihr Räuberhandwerk zu betreiben, damit die Massen noch mehr in Unruhe gerieten und er den allenfalls zu Hilfe eilenden Feldherrn beseitigen oder bei der Menge unbeliebt machen könne, wenn er sich einer solchen Hilfeleistung versagte. Außerdem hatte er allenthalben längst das Gerücht verbreitet, Josephus wolle das Land den Römern in die Hände spielen, und durch zahlreiche ähnliche Machinationen suchte er diesen Mann kaltzustellen.

3. Um die gleiche Zeit machten einige junge Leute aus dem Dorf Dabarita – es handelte sich um Angehörige der Aufklärungsabteilung in der großen Ebene – auf Ptolemaeus, den Herrschaftsverweser des Agrippa und der Berenike, einen Überfall und nahmen ihm alles weg, was er bei sich hatte, darunter zahlreiche kostbare Kleidungsstücke, viele silberne Trinkgefäße und 600 Goldstücke. Da sie aber den Raub insgeheim nicht aufteilen konnten, führten sie die ganze Beute zu Josephus nach Tarichea. Dieser jedoch mißbilligte die Gewaltanwendung gegen die Leute des Königs und übergab die herbeigeschafften Gegenstände der Obhut des Annaeus, des einflußreichsten Mannes von Tarichea, willens, sie an den rechtmäßigen Besitzer zurückzustellen, wenn die Zeit es erlaube. Genau dies aber war es, was ihm große Schwierigkeiten machen sollte: Die Täter waren nämlich darüber höchst verärgert, daß sie nur einen ganz geringen Teil des übergebenen Raubes erhalten hatten, und waren sich anderseits über die Absicht des Josephus völlig im klaren; deshalb begaben sie sich eilends nächtlicherweile

in ihr Dorf zurück und stellten überall die Dinge so dar, als hätte Josephus Verrat geübt. Auch die Städte im Umkreis wiegelten sie auf, so daß sich anderntags an die 100 000 Bewaffnete zum Eingreifen gegen Josephus versammelt hatten. In der Rennbahn von Tarichea waren sie zusammengeströmt, und viel haßerfülltes Geschrei wurde laut gegen den ›Verräter‹; die einen schrien, man solle ihn verbrennen, die andern, man solle ihn steinigen. Johannes, ferner ein Mann namens Jesus, der Sohn des Sapphia, des damaligen Bürgermeisters von Tiberias, taten noch ein übriges, die Menge in Aufruhr zu bringen. Die Freunde und die persönlichen Wächter des Josephus waren entsetzt über diese aggressive Reaktion der Masse, und bis auf vier von ihnen hatten sie sich alle davongemacht. Josephus selbst schlief noch, als man schon Feuer an sein Haus legte, und erhob sich erst im letzten Augenblick vom Lager. Und als nun die vier Getreuen ihn aufforderten zu fliehen, da achtete er weder der Tatsache, daß er keine Helfer mehr hatte, noch ließ er sich durch die andrängende Menge Furcht einflößen, sondern er stürzte hinaus, das Gewand zerrissen, das Haupt mit Asche bedeckt, die Hände über den Rücken gelegt und sein eigenes Schwert in den Nacken gebunden. Dieser Anblick erregte das Mitgefühl derer, die noch zu ihm hielten, besonders der Leute von Tarichea. Die anderen aber, die vom Land kamen, und die Leute seiner näheren Umgebung, die in ihm einen Hemmschuh sahen, schmähten ihn und verlangten, er solle schleunigst die ihnen allen gehörigen Wertstücke ausliefern und seinen Verrat offen eingestehen. Aus der ganzen Art und Weise nämlich, wie er sich gab, glaubten sie schon schließen zu können, daß er nichts ableugnen werde, weswegen man ihn verdächtigte, daß er vielmehr dieses klägliche Theater nur spielte, um Mitleid zu erwecken. Er aber wollte mit dieser Erniedrigung nur eine Täuschung in die Wege leiten, war es doch seine Absicht, die gegen ihn aufgebrachte Menge in sich zu verfeinden. Er erklärte sich bereit, den Anlaß ihrer Wut klarzulegen, und als man ihm erlaubte zu sprechen, da tat er folgendes kund: »Ich wollte diese Schätze weder dem Agrippa überstellen noch mir selbst aneignen; nie wollte ich euren Feind für meinen Freund halten, nie als meinen Nutzen ansehen, was dem Ganzen schädlich ist. Nein, ihr Leute von Tarichea, ich sah, daß eure Stadt in besonderem Maße gesichert werden muß und daß sie Geld braucht, um die Festungsanlagen errichten zu können. Ich fürchtete jedoch, daß die Bewohner von Tiberias und den anderen Städten ihre Hände nach Raub ausstreckten, und beschloß deshalb, diese Wertsachen insgeheim zu verwahren, um eure Stadt mit einer Mauer versehen zu können. Seid ihr nicht dafür, dann will ich die mir anvertrauten Gegenstände herbeischaffen lassen, um sie allen zugänglich zu machen; war mein Rat schlecht, dann haltet euch nur an euren Wohltätern schadlos!«

4. Die Leute aus Tarichea stimmten daraufhin ein Freudengeheul an, die von Tiberias jedoch und die anderen ließen Schmähungen und Drohungen hören; beide Gruppen wandten sich aber nun von Josephus ab und stritten untereinander. Doch Josephus konnte nun mit den Leuten rechnen, die er auf seine Seite gebracht hatte – es waren ungefähr 40 000 Menschen aus Galiläa –, und führte jetzt zu ihnen allen eine mutigere Sprache. Mit Nachdruck wandte er sich gegen voreiliges Handeln und gab dann zu wissen, er wolle mit den vorhandenen Mitteln zunächst Tarichea befestigen, er werde aber nicht minder auch den anderen Städten Sicherheit verschaffen. Die Mittel dazu würden ausreichen, solange sie einmütig gegen die Feinde stünden, gegen die man diese Mittel einsetzen müsse, und solange sie sich nicht gegen den aufhetzen ließen, der sie ihnen beschaffe.

5. Daraufhin begaben sich die Reste der hinters Licht geführten Menge weg, wenn auch nicht ohne Grollen. 2000 Bewaffnete jedoch wollten gegen Josephus vorgehen, drohten ihm und umzingelten sein Haus, das er gerade noch erreicht hatte; und ein zweitesmal vermochte Josephus sie zu überlisten: Er begab sich auf das Dach und machte ein Zeichen mit der Hand, um ihnen Ruhe zu gebieten, und sprach, es sei unmöglich, ihren Wunsch zu erfüllen, denn da sie wirr durcheinanderschrien, könne er nichts vernehmen. Er wolle aber alle ihre Wünsche erfüllen, nur sollten sie einige wenige zu ihm schicken, die sich dann ruhig mit ihm unterhalten

könnten. Daraufhin nun begaben sich die vornehmsten Bürger samt den Anführern zu ihm. Er jedoch ließ sie gewaltsam in die innersten Räume des Hauses bringen, verschloß die Türen und ließ sie so lange geißeln, bis die Eingeweide nach außen traten. Während dieser Prozedur stand die Menge draußen und glaubte, ihre Abordnung verhalte sich etwas länger im Innern, um ihr Recht zu verfechten. Mit einem Male jedoch ließ Josephus die Tür aufreißen und jagte die blutüberströmten Männer hinaus. Darob befiel die drohende Menge eine solche Angst, daß jeder seine Waffen wegwarf und sich eilends davonmachte.

6. Dadurch aber wurde Johannes nur mit noch größerem Haß auf Josephus erfüllt, und er ersann deshalb nochmals eine List gegen ihn. Eine Krankheit vorschützend, bat er ihn nämlich schriftlich, ihm zu seiner Gesundung zu erlauben, daß er die warmen Bäder in Tiberias aufsuche. Josephus ahnte aber nicht, daß eine List dahintersteckte, und ließ die dortige Stadtverwaltung wissen, Johannes solle als Gastfreund aufgenommen und mit allen nötigen Hilfeleistungen bedacht werden. Johannes bediente sich tatsächlich dieser Empfehlung; doch schon zwei Tage später begann er zu betreiben, was das tatsächliche Ziel seiner Anwesenheit war: Teils durch Lüge, teils durch Bestechung suchte er die Leute zum Abfall von Josephus zu bewegen. Nun war aber Silas von Josephus beauftragt, zu beobachten, was in der Stadt vor sich ging, und er teilte diesem sofort mit, daß hier Verrat am Werk war. Gleich nach Empfang des Briefes machte sich Josephus noch in der Nacht auf und gelangte auf kürzestem Wege frühmorgens nach Tiberias. Wohl argwöhnte Johannes, die Ankunft des Josephus habe für ihn etwas zu bedeuten, er schickte ihm aber doch einen seiner Vertrauten entgegen, als das Volk ihm auch entgegeneilte. Er selbst stellte sich krank und gab vor, er müsse das Bett hüten und könne leider nicht bei ihm erscheinen. Nun aber versammelte Josephus die Leute von Tiberias im Stadion, um sich mit ihnen über die Nachrichten auszusprechen, die er erhalten hatte. Da schickte Johannes insgeheim Bewaffnete dorthin mit dem Auftrag, ihn zu beseitigen. Wie nun die Menge der Anwesenden ihre blankgezogenen Waffen sah,

da ertönte ein lauter Aufschrei, der den Josephus wieder veranlaßte, rückwärts zu blicken; in diesem Augenblick sah er die Waffe, die schon gezückt war, um ihn zu töten. Da sprang Josephus, der einen sechs Ellen hohen Erdhügel als Rednerbühne benützt hatte, nach unten und eilte zum Ufer, um einen dort liegenden Kahn zu besteigen, mittels dessen er, von zwei Leibwächtern begleitet, in die Mitte des Sees hinausfloh.

7. Seine Soldaten aber hatten mit einem Schlag die Waffen ergriffen, um sich gegen die Meuchelmörder zu wenden. Da aber überkam den Josephus Angst, es könne zu einem Bürgerkrieg kommen und die Stadt möchte den Eifersüchteleien einiger weniger zum Opfer fallen, ohne daß damit etwas erreicht war. Deshalb schickte er eine Botschaft an seine Leute, sie sollten sich um ihre Sicherheit kümmern, jedoch keinen Menschen töten und auch niemand von den Schuldigen zur Verantwortung ziehen. Die Soldaten taten, wie ihnen befohlen, und hielten sich zurück; die Leute aus den Gegenden ringsumher jedoch rotteten sich zusammen, als sie von dem Verrat und von dem Verräter gehört hatten, und nahmen dem Johannes gegenüber eine feindselige Haltung ein. Mit Mühe konnte er gerade noch in seine Heimatstadt Gischala entkommen. Nun aber begaben sich die Galiläer in großen Scharen, eine Stadt nach der anderen, zu Josephus, und sie wuchsen an zu einer Masse von vielen Tausenden von Schwerbewaffneten und riefen laut, daß sie der Haß gegen den gemeinsamen Feind Johannes hierherbefohlen habe und daß sie willens seien, ihn samt der Stadt, die ihn aufgenommen habe, dem Feuer zu überantworten. Josephus aber, der ihre freundschaftliche Gesinnung mit hohem Lob bedachte, tat alles, um ihren Kampfeseifer zu mäßigen; denn es ging ihm darum, über die Feinde durch Besonnenheit Herr zu werden, nicht sie zu töten. Er begnügte sich damit, aus jeder Stadt die Namen derer, die mit Johannes zusammen abgefallen waren, zu erfahren, und die Bürger halfen ihm auch gerne dabei. Dann ließ er laut verkünden, er werde den Besitz jener, die innerhalb von fünf Tagen nicht ihre Beziehungen zu Johannes abbrächen, der Plünderung preisgeben und ihre Behausungen samt den Familien verbrennen lassen. So be-

kam er gleich 3000 Mann auf seine Seite, und sie kamen und legten ihm ihre Waffen zu Füßen. Dem Johannes waren noch an die 2000 syrische Flüchtlinge verblieben, und mit ihnen zog er sich aus seiner öffentlichen Tätigkeit wieder in den Untergrund zurück. Er schickte heimlich Boten nach Jerusalem, die den Josephus dort wegen des Anwachsens seiner Streitmacht verdächtigen sollten. Auch ließ er verbreiten, Josephus werde als Tyrann, wie man noch keinen gesehen habe, in die Hauptstadt einrücken, wenn man ihn nicht vorher noch abfange. Das Volk hatte mit solchen Machenschaften gerechnet und achtete ihrer nicht; die Vornehmen jedoch und einige Leute in hohen Regierungsstellen ließen dem Johannes heimlich aus lauter Neid Geldmittel zukommen, daß er damit Soldaten anwerbe und gegen Josephus den Krieg beginne. Sie faßten auch innerhalb ihres Kreises den Beschluß, ihn seiner Position als Feldherr zu entheben, waren sich aber darüber im klaren, daß dieser Beschluß allein wirkungslos war. Deshalb schickten sie 2500 Bewaffnete und vier besonders angesehene Männer aus – Joesdros, den Sohn des Nomikos, Ananias, den Sohn des Sadukki, Simon und Juda, die Söhne des Jonathan, lauter sehr redebegabte Leute – mit dem Auftrag, die Popularität des Josephus zu untergraben. Wenn er von selbst vor ihnen erschien, dann sollten sie ihn zwingen, Rechenschaft zu geben; wollte er jedoch seine Stellung gewaltsam verteidigen, dann sollten sie ihn als Feind ansehen. Dem Josephus nun hatten seine Freunde wohl Meldung vom Heranrücken eines Heeres gemacht, aber sie konnten ihm den Grund dafür nicht angeben, da die Gegenpartei in aller Stille ihre Pläne geschmiedet hatte. So konnte er sich auch nicht entsprechend vorsehen, weshalb gleich vier Städte zu den Feinden übergingen, als diese zur Stelle waren; es waren dies Sepphoris, Gabara, Gischala und Tiberias. Freilich bekam er sie schnell und unblutig wieder in seine Hand, wobei er listigerweise auch die vier Anführer und die führenden Militärs fassen konnte; sie schickte er nach Jerusalem zurück. Das Volk war auf sie nicht wenig erbost und hätte mit ihnen wohl auch gleich ihre Hintermänner liquidiert, hätten sie sich nicht durch Flucht dieser Maßnahme entziehen können.

8. In der Folgezeit war es die Furcht vor Josephus, die den Johannes sich innerhalb der Mauern von Gischala verbergen ließ. Es dauerte jedoch nur wenige Tage, dann schlug sich Tiberias wieder auf die andere Seite, da die Bewohner beim König Agrippa Hilfe gesucht hatten. Dieser kam wohl nicht um die vereinbarte Zeit, aber an seiner Stelle ließen sich an diesem Tag etliche römische Reiter sehen, und deshalb wurde öffentlich bekanntgegeben, daß Josephus in der Stadt nichts mehr zu suchen habe. Schnell gelangte die Kunde vom Abfall der Stadt Tiberias nach Tarichea; Josephus hatte aber soeben seine Leute zur Verproviantierung ausgesandt. Nun glaubte er, weder allein gegen die Verräter einschreiten, aber auch nicht an Ort und Stelle warten zu dürfen, denn er mußte fürchten, daß die Truppen des Königs vor ihm die Stadt besetzten, wenn er nichts unternahm. Am folgenden Tag war nämlich Sabbat, und so mußte er wiederum untätig bleiben. Da kam er auf den Gedanken, den Abgefallenen mit einer List beizukommen. Er gab Anweisung, erst einmal alle Tore von Tarichea zu schließen, damit niemand sein Vorhaben an jene verraten konnte, gegen die es zielte. Dann ließ er alle Boote auf dem See zusammenholen – es waren 230, und auf jedem befanden sich höchstensfalls vier Seeleute –, und mit ihnen fuhr er eilends auf Tiberias zu. In einer Entfernung von der Stadt, die gerade noch gestattete, daß man von dort nur ungenau erkennen konnte, was auf dem See vor sich ging, befahl er, die fast unbemannten Kähne auf dem Wasser treiben zu lassen, er selbst aber fuhr mit nur sieben Leibwächtern auf Sichtweite an die Stadt heran. Da sahen nun die Feinde, die ihn soeben noch mit Schmutz beworfen hatten, von den Mauern herab, und vor lauter Angst glaubten sie, alle Boote seien mit Schwerbewaffneten besetzt; und so warfen sie die Waffen weg und signalisierten mittels Ölzweigen ihre Unterwerfung und ihre Bitte, der Stadt nichts zuleide zu tun.

9. Josephus aber sparte nicht mit Drohungen und machte ihnen bittere Vorwürfe. Erst hätten sie den Krieg gegen die Römer vom Zaun gebrochen und jetzt würden sie wohl ihre Kraft noch vorher für inneren Zwist vergeuden wollen, auf daß genau das geschehe,

was die Feinde am liebsten sähen? Sodann setzten sie alles daran, um den Garanten ihrer Sicherheit zu beseitigen, und fänden nichts dabei, wenn sie ihm, der ihre Stadtmauer errichtet habe, den Zugang zur Stadt verwehrten. Er gab zu verstehen, daß er Persönlichkeiten empfangen wolle, die ihm diese Haltung verständlich machen sollten und die sich auch für ihre fernere Zuverlässigkeit verbürgen könnten. Sogleich begaben sich die zehn bedeutendsten Männer der Stadt an den Strand hinunter, und Josephus ließ sie in ein Boot steigen und weit auf die See hinausbringen. Desgleichen verlangte er auch, daß noch weitere 50 Angehörige des Rats, die besonderes Ansehen genossen, zu ihm kommen sollten, als wollte er auch von ihnen eine Treueversicherung empfangen. Und so fand er immer neue Vorwände und befahl immer wieder andere Leute zu sich heraus, indem er tat, als begehre er ein Unterpfand ihrer Treue. Nun waren aber die Boote voll, und er gab den darauf befindlichen Steuerleuten den Befehl, geradewegs nach Tarichea zu fahren und die Männer ins Gefängnis zu sperren, bis er sich des ganzen Rats der Stadt mit seinen 600 Mitgliedern und etwa 2000 gewöhnlicher Bürger bemächtigt und alle auf den Booten nach Tarichea gebracht hatte.

10. Der Rest der Leute in Tiberias erhob nun ein Geschrei, ein gewisser Kleitos habe den Abfall in die Wege geleitet, und Josephus wurde beschworen, doch seinen Zorn gegen ihn zu wenden. Josephus aber wollte niemanden töten, und so befahl er seinem Leibwächter Levi, an Land zu gehen und dem Kleitos beide Hände abzuschlagen. Levi aber bekam Angst und weigerte sich, sich in die Menge der Feinde hineinzubegeben. Und wie nun Kleitos sah, daß Josephus in seinem Schiff in Wut geriet und sich anschickte, selbst aus dem Schiff zu springen, um die Strafe zu vollziehen, da erhob er am Ufer ein Wehgeschrei, man solle ihm doch eine Hand lassen. Josephus erklärte sich dazu bereit, unter der Bedingung, daß sich Kleitos die andere Hand selbst abhieb. Da zückte Kleitos mit der Rechten sein Schwert und hieb sich die Linke ab, so gewaltig war die Furcht, die Josephus ihm eingejagt hatte.

Tatsächlich hatte also damals Josephus mit leeren Booten und nur sieben Leibwächtern die Bürger von Tiberias überwältigen und die Stadt wieder in seine Hand bringen können. Nach wenigen Tagen aber konnte er Gischala einnehmen, das zusammen mit Sepphoris von ihm abgefallen war; er überließ es seinen Soldaten zur Plünderung. Freilich ließ er dann die gemachte Beute wieder einsammeln und gab alles den Bewohnern zurück. In Sepphoris machte er es genauso; es ging ihm nämlich darum, die Städte nach ihrer Einnahme durch die Plünderung zu verwarnen; durch die Rückerstattung des Besitzes aber gewann er auch wieder ihre Freundschaft.

22. KAPITEL

1. Das war das Ende der Aufstandsbewegung in Galiläa. Nachdem nun im Innern Ruhe hergestellt war, ging man daran, sich zum Krieg gegen die Römer zu rüsten. In Jerusalem ließen der Hohepriester Ananos und jene einflußreichen Persönlichkeiten, die nicht mit den Römern sympathisierten, die Stadtmauer instand setzen und reichlich Kriegsgerät bereitstellen. Allenthalben in der Stadt wurden Geschosse und ganze Kriegsausrüstungen geschmiedet. Die jungen Leute kamen scharenweise, um ohne rechten Plan zu exerzieren, und überall herrschte lärmender Umtrieb. Was die gemäßigten Elemente anlangte, so waren diese Leute äußerst niedergeschlagen, und viele erhoben laute Klage ob der bevorstehenden Katastrophe. Die Angehörigen der Kriegspartei scheuten sich nicht, jene Vorzeichen, in denen die Friedenspartei Ankündigungen des Unglücks sah, nach ihrer Weise auszulegen, und schon ehe die Römer kamen, bot Jerusalem einen Anblick, als sei es dem Untergang geweiht. Wohl lag dem Ananos daran, die Kriegsvorbereitungen etwas abzubremsen und die Rebellen und den Wahn der sogenannten Zeloten auf das gemeinsame Wohl hinzulenken. Er konnte aber gegen die Gewalt nichts ausrichten, und es wird noch später davon die Rede sein, welches Ende ihm beschieden war.

2. Im Herrschaftsbezirk von Akrabatene konnte Simon, des Giora Sohn, zahlreiche Rebellen um sich scharen, mit denen er auf

Raub ausging; dabei hatte er es nicht nur auf die Wohnsitze der reichen Leute abgesehen, sondern er schreckte auch vor Angriffen auf Leib und Leben nicht zurück und gab damit schon die ersten Proben seiner späteren Gewaltherrschaft. Als nun Ananos und die ersten Männer des Volkes eine Streitmacht gegen ihn schickten, da schlug er sich mit seinen Banditen zu den Räubern in Masada durch und hielt sich dort bis zum Ende des Ananos und seiner anderen Gegner. Damals fiel er sengend und brennend über Idumäa her, so daß die dortigen Behörden im Hinblick auf die zahlreichen Mordtaten und die unablässigen räuberischen Überfälle zum Schutze der Ansiedlungen ein Heer aufstellten. So lagen damals die Dinge in Idumäa.

BUCH III

1. KAPITEL

1. Als Nero von der unangenehmen Entwicklung der Dinge in Judäa Kunde bekam, geriet er, wie es nicht anders denkbar ist, insgeheim in Furcht und Schrecken, stellte sich aber äußerlich, als stehe er über den Dingen und sei bloß zornig darüber. Außerdem stellte er fest, daß in höherem Grade die Faulheit der Feldherrn als die Tapferkeit der Feinde das verursacht habe, was geschehen war, und er lebte der Anschauung, er in seiner Kaiserwürde müsse so viel Stolz aufbringen, daß er mit den Rückschlägen fertig werde, und müsse so tun, als sei er innerlich weit über alles Unangenehme erhaben. Freilich konnte er seine innere Erregung wegen seiner ihn bedrückenden Sorgenlast nicht verbergen.

2. Als er nun daranging, die Persönlichkeit zu ermitteln, der er den aufgewühlten Osten anvertrauen könne, daß sie die rebellischen Juden bestrafe und die bereits von der Rebellion infizierten Völker ringsum zur Räson bringe, ehe die Juden dies taten, da kam er zu der Ansicht, Vespasian sei der einzige Mann, der eine solche Aufgabe übernehmen könne und der der Bürde eines so gewaltigen Krieges gewachsen sei. Vespasian war nun tatsächlich von Jugend an im Heer gestanden und war hier auch zum Mann von Jahren herangereift, und er war es auch, der schon einstmals den Römern den von den Germanen bedrängten Westen befriedet und mit Gewalt das bislang fast unbekannte Britannien erobert hatte. Solchermaßen hatte er dem Vater des Nero, Claudius, einen Triumph zuspielen können, ohne daß dieser auch nur einen Tropfen Schweiß zu vergießen brauchte.

3. Nero war mit all dem reichlich beruhigt, und sein Auge richtete sich auf das Mannestum des Vespasian, dem es zudem an Erfahrung nicht fehlte; auch in der jugendlichen Spannkraft der Söhne lag eine Garantie für seine Tüchtigkeit, da diese Söhne dem klugen Vater helfend zur Seite stehen konnten. Es ist aber auch

möglich, daß Gott, dem das Ganze sichtbar ist, alles schon von vornherein in dieser Weise fügte. So schickte denn Nero den Vespasian aus mit der Aufgabe, an die Spitze des syrischen Heeres zu treten, vergaß aber nicht, wie es eben die unangenehme Lage notwendig machte, ihm außerordentliche Schmeicheleien zu sagen und ihn mit seiner Gunst zu überhäufen. In Achaia war Vespasian mit Nero zusammengetroffen, und von hier aus schickte er seinen Sohn Titus nach Alexandrien mit der Aufgabe, die 15. Legion dort zum Aufbruch bereit zu machen; er selbst ging über den Hellespont und gelangte zu Lande nach Syrien, wo er die römische Truppenmacht konzentrierte und noch dazu zahlreiche Hilfstruppen von den umliegenden Königtümern heranzog.

2. KAPITEL

1. Die Katastrophe des Cestius war den Juden wegen des unerwarteten Sieges in den Kopf gestiegen, und in ihrer grenzenlosen Kampfeswut waren sie nicht mehr zu bändigen, und gewissermaßen durch ihren militärischen Erfolg angestachelt, gingen sie darauf aus, den Krieg nach Möglichkeit auszudehnen. Wer sich von ihnen besonders zum Kriegsdienst eignete, fand sich alsbald ein, und so kam es zum Sturm auf Askalon. Das war eine alte Stadt, von Jerusalem 520 Stadien entfernt und schon längst den Juden ein Dorn im Auge, weshalb sie sich für den ersten Sturmangriff besonders zu eignen schien. Drei besonders starke und kluge Männer leiteten die Aktion, Niger aus Peräa, Silas aus Babylon und außerdem noch der Essäer Johannes. Wohl war Askalon sehr stark ausgebaut, aber es fehlte an einer Besatzung, die den Schutz übernehmen konnte. Lediglich eine Kohorte zu Fuß lag darin und eine Reitereinheit unter dem Befehl des Antonius.

2. In ihrem unbändigen Kampfesmut gingen die Juden so rasch gegen die Stadt vor, daß sie davor auftauchten, als kämen sie gerade von einem Ort in nächster Nähe. Antonius aber hatte von dem beabsichtigten Unternehmen Kunde bekommen, hatte schon

zuvor die Reiter hinausbeordert und ließ sich weder durch die zahlenmäßige Überlegenheit noch durch den Kampfeseifer der Feinde imponieren. Tapfer wehrte er sich gegen die ersten Angriffe, und die Schläge, die gegen die Mauer geführt wurden, konnte er glatt abweisen. Es war nicht schwer, gegen die Juden aufzukommen, fehlte es ihnen doch an jeder Kriegserfahrung gegenüber einem kampferprobten Heer und kämpften sie doch zu Fuß gegen Reiter, ohne taktische Ordnung gegen eine regelrechte Schlachtreihe, mit Waffen, wie sie eben gerade in ihre Hand gekommen waren, gegen solide gerüstete Schwerbewaffnete, mehr von Leidenschaft getrieben als von Klugheit geführt, gegen Leute, die militärischen Gehorsam gewöhnt waren und auf jedes Zeichen automatisch reagierten. Sobald sich nämlich in ihrer vordersten Linie Unsicherheit verbreitete, kehrten sie vor der Reiterei um und standen dann jenen gegenüber, die von rückwärts gegen die Mauer stürmten, so daß sie sich gegenseitig bekämpften. Das aber hatte ein Ende, als die Reiterei alle zurückgeschlagen und über die ganze Ebene hin zerstreut hatte. Und diese Ebene zog sich weit hin und war wie geschaffen in ihrer Größe für die Reiterei, und die Römer nützten das natürlich für sich aus, während es für die Juden ein verlustreicher Kampf werden mußte. Die Reiter preschten über die fliehenden Juden hinaus, kehrten wieder um und jagten die Haufen auseinander, die sich auf der Flucht wieder gesammelt hatten, und dabei gab es eine Menge Tote. Andere umzingelten die Fliehenden, wohin sich diese auch wandten, und machten sie mühelos nieder, wenn sie vorbeiritten. So fühlten sich die Juden, obgleich sie so zahlreich waren, in ihrer Handlungsunfähigkeit verlassen, während die Römer, obwohl gering an Zahl, ob ihres Waffenerfolges sich für mehr als ausreichend hielten für den Kampf. Die Juden kämpften in ihrer Katastrophe noch mit Hingabe und Trotz und scheuten sich nicht, rasch die Flucht zu ergreifen in der Hoffnung, das Blatt könnte sich noch mal zu ihren Gunsten wenden; die Römer aber versäumten nicht, ihren Sieg recht auszunützen. Bis zum Abend wogte der Kampf, so lange, bis die Juden 10 000 Mann eingebüßt hatten, unter ihnen Johannes und Silas, zwei ihrer Anführer. Die übrigen waren großenteils verwundet und suchten unter ihrem einzig noch überlebenden Kommandanten Niger in einem Provinzstädtchen Idumäas namens Chaallis Zuflucht. Die Römer hatten bei diesem Gefecht nur wenige Verwundete zu beklagen.

3. Die Juden, keineswegs entmutigt durch diesen gewaltigen Schlag, ließen sich durch die Katastrophe nur zu noch größerer Kampfesgier anstacheln. Sie achteten nicht der Toten zu ihren Füßen, sondern durch ihr einstiges Kriegsglück ließen sie sich noch zu einer weiteren Unternehmung verleiten, die von Anfang an zum Scheitern verurteilt war. Ihre Wunden waren noch nicht geheilt, da versammelten sie nochmals das ganze Heer und begaben sich mit noch größerer Kampfeswut und eben auch in größerer Anzahl vor Askalon. Und nicht nur, daß sie wieder unter ihrer Unerfahrenheit zu leiden hatten und daß es auf militärischem Gebiet auch sonst schlecht um sie stand, sie hatten auch diesmal wiederum kein Glück wie vordem. Antonius hatte ihnen nämlich schon für den Anmarsch eine Falle gestellt, in die sie ohne jede Ahnung auch hineingerieten; und noch ehe sie sich für den Kampf ordnen konnten, waren sie von den Reitern umzingelt, und über 8000 kamen dabei um. Die anderen flohen allesamt, darunter auch Niger, der aber noch auf der Flucht seine großartige Tapferkeit durch zahlreiche kühne Unternehmungen unter Beweis stellte. Mit den Feinden im Rücken sammelten sie sich in dem Festungsturm eines Dorfes, Belzedek mit Namen. Des Antonius Soldaten aber wollten sich nicht herbeilassen, den Turm zu belagern, denn man konnte ihn nur schwer nehmen; auch wollten sie, daß der Kommandant der Feinde, der zugleich deren tapferster Mann war, nicht am Leben bleibe. Deshalb steckten sie das Gemäuer in Brand. Und als nun der Turm aufflammte, da zogen die Römer ab, voll Freude, daß, wie sie glaubten, auch Niger nun tot sei. Dieser aber hatte sich innen in dem Festungsturm durch einen Sprung in eine tiefe Höhlung retten können. Und als man ihn drei Tage später unter Totenklagen suchte, um ihn beizusetzen, da hörte man sein Rufen. Wie er vollends zum Vorschein kam, da ergriff die Juden eine unverhoffte

Freude, und sie glaubten, Gottes Vorsehung habe ihn gerettet, daß er fernerhin ihr Feldherr sei.

4. Nun aber befahl Vespasian seinen Truppen, von Antiochien aufzubrechen; Antiochien ist die Hauptstadt Syriens. Wegen ihrer Größe und ihrer sonstigen Wohlhabenheit stimmt man darin überein, daß es die drittgrößte Stadt des von den Römern beherrschten Erdkreises ist. Dorthin ließ er auch König Agrippa kommen, der mit seinem ganzen eigenen Heer dort auf ihn wartete; dann zog er in Eilmärschen nach Ptolemais. Bei dieser Stadt traf er auf die Bewohner von Sepphoris in Galiläa, die einzigen Menschen in dieser Gegend, die den Frieden wollten. Sie wußten, was sie ihrem eigenen Heil schuldeten, und rechneten sehr wohl mit der Macht der Römer; deshalb hatten sie auch, schon ehe Vespasian herankam, dem Caesennius Treueversicherungen abgegeben, hatten mit ihm vertragliche Abmachungen getroffen und eine Besatzung aufgenommen. In freundschaftlicher Form empfingen sie den Feldherrn und erklärten sich gerne bereit, ihm gegen ihre eigenen Stammesangehörigen zu helfen. Der Feldherr überließ ihnen vorerst für ihre Sicherheit so viele Reiter und Fußsoldaten, wie er für notwendig hielt, um die Juden, falls diese unruhig würden, in Schach zu halten. Tatsächlich bedeutete es offensichtlich für das künftige kriegerische Unternehmen eine große Gefahr, wenn Sepphoris dem Feind in die Hand fiel; denn es war Galiläas größte Stadt und erfreute sich einer sehr günstigen Lage mit einer natürlichen Schutzwehr, so daß diese Stadt in besonderem Maße geeignet sein konnte, das ganze Volk im Blickfeld zu halten.

3. KAPITEL

1. Galiläa, das in zwei Teile zerfällt, nämlich in das sogenannte Obergaliläa und Untergaliläa, wird von Phönizien und Syrien umschlossen; seine Westgrenze bilden die Stadt und das Gebiet von Ptolemais und der Karmel, ein Gebirge, das ehedem zu Galiläa gehörte, jetzt aber zu Tyrus. An den Karmel schmiegt sich

Gaba, eine ›Reiterstadt‹, die diese Bezeichnung deshalb trägt, weil sich die von Herodes entlassenen Reiter dort ansiedelten. Südlich davon reichen das Land Samaria und Skythopolis bis zum Jordanfluß heran; die Ostgrenze von Galiläa bildet das Land um Hippos, Gadara und die Gaulanitis, wo auch das Königreich des Agrippa seinen Anfang nimmt. Nach Norden wird Galiläa durch Tyrus und das umliegende Gebiet begrenzt. Das sogenannte Untergaliläa erstreckt sich in seiner Länge von Tiberias bis Chabulon, das unmittelbar neben dem Küstenstreifen von Ptolemais liegt, während es seine Breitenausdehnung von dem in der großen Ebene liegenden Dorf Exaloth bis Bersabe hat, wo wiederum Obergaliläa beginnt und bis zu dem Dorf Baka reicht, das dem Gebiet von Tyrus benachbart ist. Der Länge nach erstreckt es sich von Thella, einem Dorf am Jordan, bis Meroth.

2. Obgleich Ober- und Untergaliläa nur von so begrenztem Umfang und von so vielen fremden Völkern umgeben sind, war es den beiden Gebieten doch bislang gelungen, jeden Angriff abzuwehren. Die Bewohner von Galiläa, stets gleich an Volkszahl, pflegen nämlich von Jugend an das Kriegshandwerk; Feigheit der Männer brachte das Land so wenig jemals in eine gefährliche Situation wie Mangel an männlicher Bevölkerung. Denn so weit es sich erstreckt, ist ein fruchtbares Land, das über viel Weidefläche verfügt und über einen vielgestaltigen Baumwuchs, so daß sich auch der durch seine gesegneten Fluren angesprochen fühlt, der von der Arbeit des Bauern nichts wissen will. So kam es, daß die Bewohner das ganze Land bis in den letzten Winkel anpflanzten, so daß es nirgends eine Brache gibt. Und auch die Städte entwikkelten sich deshalb in reicher Fülle, und der fruchtbare Boden ließ die Bevölkerungsziffern in den Dörfern allenthalben gewaltig ansteigen, so daß schon das kleinste Dorf zum wenigsten seine 15 000 Einwohner zählte.

3. Im ganzen gesehen wäre wohl Galiläa trotz seiner geringeren Ausdehnung der Preis zuzuerkennen vor Peräa; denn es ist reicher als dieses und ist ausnahmslos bepflanzt und trägt durchwegs viele Früchte. Peräa ist wohl bedeutend größer, aber großenteils

hat es wenig Bevölkerung und ist ein unfreundliches Land, das ob seines rauhen Klimas keine edlen Früchte reifen läßt. Dort, wo es einen freundlicheren Charakter hat, gedeihen freilich auch alle Arten von Früchten, und in den ebenen Landstrichen wachsen die verschiedensten Baumarten. Besonders bemüht man sich um den Ölbaum, um den Weinstock und um die Palme. Von den Bergen strömt ausreichend Wasser in das Land, und wenn die Bäche in der Sommerhitze austrocknen, dann sorgen unversiegbare Quellen für die Bewässerung. Das Land reicht der Länge nach von Machärus bis Pella, und in der Breite von Philadelphia bis zum Jordan. Das eben erwähnte Pella bildet die Grenze im Norden, im Westen der Jordan, im Süden dagegen die Moabitis und im Osten Arabien und die Sebonitis, und hier grenzt es zudem noch an das Land von Philadelphia und Gerasa.

4. Das Land Samaria befindet sich mitten zwischen Galiläa und Judäa und nimmt seinen Anfang bei dem Dorf Ginäa in der Ebene und reicht bis zum Gebiet von Akrabatene. Seine Natur gleicht ganz und gar der von Judäa, beide Länder haben Gebirge und Ebenen, der Landbau erfreut sich des milden Klimas, es wächst viel, weite Gebiete tragen Bäume, auf denen wilde und edle Früchte in reicher Fülle wachsen; denn nirgends stößt man auf Wüstenland, fast allenthalben regnet es viel. Das fließende Wasser zeichnet sich überall durch seine außerordentliche Schmackhaftigkeit aus, und wegen der Fülle guten Futters ist die Milcherzeugung hier größer als anderswo. Daß es fruchtbare Länder sind, die sich zudem in guten Verhältnissen befinden, geht vor allem aus der großen Anzahl von Einwohnern hervor.

5. Wo die erwähnten Länder zusammenstoßen, liegt das Dorf Anuath, auch Borkaios genannt, der Teil Judäas, der am weitesten in den Norden reicht. Das südliche Ende, wollte man die Längenausdehnung durchmessen, bildet eine Siedlung, die schon an der arabischen Grenze liegt; die Juden dort haben dafür den Namen Jordan. In seiner Breitenausdehnung reicht Judäa vom Jordan bis Joppe, und genau in der Mitte liegt die Stadt Jerusalem, die deshalb vielfach nicht grundlos ›der Nabel des Landes‹ hieß. Judäa

hat auch Anteil am Meer und erfreut sich der Vorzüge dieser Tatsache; sein Küstenanteil reicht sogar bis zu den Grenzen von Ptolemais. In elf Stammbezirke ist es aufgeteilt; Jerusalem ist als Königsstadt ihr Oberhaupt, zumal es sich über das ganze Land ringsumher wie das Haupt über den Körper erhebt. Das restliche Land, ausgenommen Jerusalem, teilt sich in folgende Provinzen auf: An zweiter Stelle folgt Gophna, dann Akrabeta, Thamna mit Lydda, Emmaus und Pelle, ferner Idumäa, Engedi, Herodeion und Jericho; anschließend sind Jamnia und Joppe als Bezirkshauptstädte zu erwähnen, ferner das Land um Gamala, die Gaulanitis, Batanea und die Trachonitis, die freilich schon zum Königreich des Agrippa gehören. Dieses beginnt im Libanon und dehnt sich in der Breite bis zum See Tiberias, in der Länge von der Siedlung Arpha bis nach Julias. Juden und Syrer leben hier gemischt. Das ist es, was über Judäa und die Gebiete ringsum in aller Kürze zu sagen wäre.

4. KAPITEL

1. Vespasian hatte 1000 Reiter und 6000 Fußsoldaten ausgeschickt, um den Bewohnern von Sepphoris zu helfen, die unter der Führung des Tribunen Placidus standen. Erst hatten sie sich in der großen Ebene gelagert, später aber teilten sie sich: Die Fußtruppen zogen in die Stadt, um deren Schutz zu übernehmen, die Reiterei jedoch verbrachte die Nacht weiterhin im Lager. Die beiden Abteilungen machten häufig Ausfälle, durchzogen das Land ringsumher und konnten dem Josephus und dessen Truppen allerhand Schaden zufügen, weil sie, während Josephus und seine Leute sich still in den Städten hielten, vor deren Toren auf Raub ausgingen und jene wieder zurücktrieben, die einen Ausfall wagten. Jetzt aber eilte Josephus gen Sepphoris voll Hoffnung, die Stadt wieder nehmen zu können, hatte er sie doch selbst, ehe sie von den Galiläern abfiel, mit einer starken Mauer umgeben, so daß sie auch für die Römer schwer einnehmbar gewesen wäre. Das war aber auch der

Grund, warum sein Hoffen vergeblich war, denn er war für sein Unternehmen offenbar zu schwach, die Leute von Sepphoris mit der Gewalt seiner Waffen oder seiner Worte auf seine Seite zu bringen. Eben dies aber hatte zur Folge, daß er den Krieg gegen das flache Land noch mehr zum Auflodern brachte. Die Römer, voll Zorn über den Angriff des Josephus, ließen nun Tag und Nacht nicht mehr ab, die Pflanzungen der Galiläer zu vernichten, sie holten sich die Habe der Landbewohner, brachten jeden um, der Waffen tragen konnte, und verkauften die Schwächeren als Sklaven. Brand und Mord wüteten in ganz Galiläa, kein Leid, kein Unheil ging an dem Land vorüber, und die gequälte Bevölkerung hatte nur die eine Chance, sich in die von Josephus besetzten Städte zu flüchten.

2. Titus war trotz des winterlichen Wetters überraschend schnell nach Alexandria übergesetzt und trat dort an die Spitze des Heeres, als dessen Kommandant er berufen worden war. In Kürze stand er nach Eilmärschen in Ptolemais. Dort traf er seinen Vater mit dessen zwei Legionen, nämlich der fünften und zehnten, zwei besonders ruhmreichen Einheiten. Zu den Legionen gehörten achtzehn Kohorten, dazu schlossen sich noch fünf Kohorten aus Caesarea an und eine Gruppe von Reitern von ebendort. Ferner stießen noch fünf Einheiten von syrischen Reitern zum Heer. Von den Kohorten zählten zehn je 1000 Fußsoldaten, die restlichen dreizehn waren je 600 Mann stark und verfügten dazu noch über 120 Reiter. Auch von den Königen hatte sich ein großes Heer aus Hilfstruppen dazugesellt, so von Antiochien, Agrippa und Soemos je 2000 Bogenschützen, während der Araber Malchos 1000 Reiter und 5000 Fußsoldaten gesandt hatte, und zwar großenteils gleichfalls Bogenschützen. Das gesamte Heer umfaßte zusammen mit den Hilfstruppen der Könige an Reitern und Fußsoldaten an die 60 000 Mann, den Troß nicht mitgezählt, der noch eine große Menge von Leuten aufwies, die man wegen der gemeinsamen militärischen Ausbildung von den Feldtruppen nicht trennen darf. Im Frieden standen sie stets ihren Herren für jedwede Aufgabe zur

Verfügung, und im Kriege stürzten sie sich mit ihnen in die Gefahren, so daß sie, was Erfahrung und Kampfbereitschaft anlangt, nur noch von ihren Herren übertroffen wurden.

5. KAPITEL

1. Wie klug die Römer ihre Kriege zu planen pflegen, kann man mit Bewunderung aus der Tatsache ersehen, daß sie den Troß nicht ausschließlich für die alltäglichen Knechtsdienste abrichten, sondern auch dafür, daß er im Krieg Verwendung finden kann. Sieht man sich aber an, wie sie außerdem ihr gesamtes Heer aufgebaut haben, dann wird einem klar, daß ihnen ihre gewaltige Vormachtstellung nicht als Geschenk des Schicksals in den Schoß fiel, sondern daß sie diese ihrer Energie zu verdanken haben. Sie fangen nämlich nicht erst im Krieg damit an, die Leute im Waffenhandwerk zu schulen, und sie bewegen ihre Arme nicht erst unter dem Zwang der Not, während sie im Frieden tatenlos bleiben, nein, bei ihrer militärischen Ausbildung gibt es, als wüchsen sie mit den Waffen auf, keinerlei Unterbrechung, und sie warten nicht erst, bis die Zeit sie drängt. Ihr Exerzieren geht mit einer Härte vor sich, die keineswegs durch die Wirklichkeit übertroffen werden könnte; jeder Soldat exerziert vielmehr Tag für Tag mit einem Ernst, als befände er sich im Krieg. Deshalb fällt es ihnen so unglaublich leicht, mit ihren kriegerischen Unternehmungen fertig zu werden; denn ihre gewohnte Aufstellung wird durch keine Konfusion erschüttert, keinerlei Furcht kam ihnen an, Strapazen machen sie nicht mürbe, so daß sie ihre Feinde, die es darin mit ihnen nicht aufnehmen können, stets zu besiegen vermögen. Man könnte mit Recht sagen, ihr Exerzieren bestehe in unblutigen Kämpfen, während ihre Schlachten ein blutiges Exerzieren seien. Ein Feind vermag sie nämlich auch nicht durch einen Überraschungsangriff leicht zu überwinden; denn überall, wo sie in Feindesland eindringen, lassen sie sich auf keine Schlacht ein, ohne zuvor ein festes Lager anzulegen. Sie schlagen dieses nicht irgendwie und in variab-

ler Form auf, und sie schanzen dabei nicht, wie jeder gerade will, sondern es wird der Boden, wenn er uneben ist, eben gemacht und ein Lagerviereck abgesteckt. Zum Heer gehören auch zahlreiche Handwerker, die über das entsprechende Werkzeug für ihre Bauarbeiten verfügen.

2. Das Innere des Lagers teilen sie auf nach Zeltstraßen, der Außenwall ähnelt einer Mauer und weist in bestimmten Abständen Türme auf. Zwischen diesen Türmen bestücken sie die Wälle mit Scharfschießgeräten, mit Schleudermaschinen und Steinwerfern, d. h. mit allen möglichen, jeweils schußbereiten Schießgeräten. Sie legen vier Lagertore an, auf jeder Umwallungsseite eines, die die Lasttiere leicht passieren können und die genügend weit sind, um etwaige Ausfälle zu ermöglichen. Innen ziehen sich regelmäßig angelegte Straßen durch das Lager, und in der Mitte hat die militärische Führung ihre Zelte, und ganz im Mittelpunkt befindet sich das Zelt des Kommandanten, das aussieht wie ein Heiligtum. Es macht den Eindruck, als wäre so von ungefähr eine Stadt zustande gekommen und ein Marktplatz darin, ebenso Raum für die Handwerker, außerdem Gerichtsstühle für Hauptleute und führende Militärs, daß bei etwaigen Streitereien Gericht gehalten werden kann. So viele Soldaten beteiligen sich am Schanzen, und sie tun es mit solcher Hingabe, daß die Umwallung und alles, was sie einschließt, wider Erwarten rasch zustande kommt. Nötigenfalls wird auch außen ein Graben angelegt, vier Ellen tief und genauso breit.

3. Sobald die Umwallung steht, beziehen die Soldaten nach ihrer Gruppeneinteilung und in völliger Ordnung ihren Platz im Lager. Auch alles andere vollzieht sich in strenger Ordnung und Zucht. Nach genauem Plan werden Leute dafür bestimmt, Holz herbeizutragen, für das Essen zu sorgen und Wasser zu holen. Es kann auch nicht jeder nach Belieben sein Mittagessen und sein Frühstück einnehmen; Trompetenstöße zeigen an, wann es Zeit zum Schlafen ist, wann die Nachtwachen wechseln und wann geweckt wird, und alles geschieht auf Kommando. Allmorgendlich finden sich die Soldaten vor ihren Hauptleuten zusammen, leisten den Gruß, und diese machen es genauso vor ihren Obersten, die

dann gemeinsam mit allen höheren Dienstgraden beim obersten Feldherrn vorstellig werden. Dieser erteilt ihnen, wie das immer zu geschehen pflegt, die Losung und gibt Befehle an sie, die dann wieder an die anderen Dienstgrade weitergeleitet werden. Auch im Kampf halten sie sich an dasselbe Reglement, schnell werden Wendungen ausgeführt, um dort, wo Not am Mann ist, eingreifen zu können. Ertönt das Zeichen zum Rückzug, so kehren sie rasch in geschlossener Formation zurück.

4. Trompetenschall zeigt auch an, wann man das Lager verlassen soll. Dann ist niemand untätig, sondern gleich, wenn das Zeichen ertönt, werden die Zelte abgebaut, und alles wird ins Werk gesetzt, um den Abzug in Gang zu bringen. Ein weiterer Trompetenstoß verlangt von jedem, sich abmarschbereit zu halten. Die Soldaten bepacken im Nu die Maulesel und die anderen Lasttiere, um sich dann wie vor einem Wettlauf vor den Schranken aufzustellen, bereit loszumarschieren. Das Lager wird gleich verbrannt, denn die Römer können es ja mit Leichtigkeit wieder am gleichen Fleck aufrichten, doch darf es niemals für die Feinde benützbar sein. Gleicherweise kündet dann ein dritter Trompetenstoß den Aufbruch an und ruft alle, die irgendwie noch nicht soweit sind, zur Eile, da jeder in der geordneten Reihe seinen Platz einnehmen muß. Dann ruft der Herold, der rechts vom Feldherrn steht, die Soldaten dreimal in ihrer Muttersprache an, ob sie für den Kampf bereit seien. Diese rufen genauso oft mit gewaltiger Stimme zurück; sie seien bereit; oftmals sogar lassen sie die Frage gar nicht erst laut werden, sondern werfen vor lauter Kampfeswut den rechten Arm mit Geschrei in die Höhe.

5. Jetzt geht es hinaus, und ohne zu sprechen wird marschiert in aller Ordnung, keiner weicht von seinem Platz in der Marschordnung, gerade wie in der Schlacht selbst. Die Fußtruppen tragen zu ihrem Schutz Brustpanzer und Helme, links und rechts hat jeder eine messerartige Waffe, links das bedeutend längere Schwert, rechts den Dolch, kaum eine Spanne lang. Die Elitetruppen zu Fuß unmittelbar um den Feldherrn sind mit der Lanze und dem Rundschild bewaffnet, die übrigen Truppen mit dem Speer und mit dem

gewöhnlichen Schild; ferner tragen sie eine Säge bei sich und einen Korb, Spaten und ein Beil, Riemen, Messer und Fesseln, außerdem noch Verpflegung für drei Tage. So ist der Fußsoldat beinahe bepackt wie ein Maultier. Die Reiter tragen zur Rechten ein großes Schwert und in der Hand eine lange Lanze, der Schild hängt an der Seite des Pferdes, und in einem Behälter befinden sich drei oder noch mehr Speere griffbereit – sie haben eine breite Spitze, sind aber nicht kürzer als eine Stoßlanze. Nicht anders als die Fußsoldaten tragen sie auch Helme und Brustpanzer. Die Elite um den Feldherrn ist ferner genauso bewaffnet wie die Reiter in den normalen Einheiten. Voran zieht immer die Legion, die das Los dazu bestimmt.

6. Eine solche Ordnung halten die Römer beim Marschieren und im Lager, und solchermaßen unterscheiden sich die verschiedenen Waffenformationen. Während der Schlacht geht nichts ohne vorherige Planung oder improvisiert vor sich, immer wird zuerst überlegt und dann gehandelt, und was einmal beschlossen wurde, das wird auch durchgeführt. So kommt es selten zu fehlerhaften Maßnahmen; sollte aber einmal etwas mißlingen, dann sind sie leicht in der Lage, einen Fehler zu beheben. Mißlingt ihnen etwas, was sie zuvor genau geplant hatten, dann ist dies für sie von größerer Bedeutung als ein Zufallserfolg, da ein unbedachter Erfolg leichtsinnig mache, wogegen die Planung, selbst wenn sie sich irrig erweist, den Vorteil vorsichtigen Handelns erbringt, damit fernerhin keine ähnlichen Mißgeschicke passieren. Improvisierte Erfolge sind ja nicht dem zu verdanken, dem sie in den Schoß fallen, Pannen dagegen, die trotz der Planung vorkommen, sind immerhin von dem Trost begleitet, daß man sich vorher fachgerecht alles zurechtgelegt hat.

7. So rüsten sie sich nicht nur körperlich durch ihr Reglement, sondern auch seelisch. Und auch die Furcht stellen sie in den Dienst der kriegerischen Erziehung, da nicht nur auf Fahnenflucht von Gesetzes wegen die Todesstrafe steht, sondern sogar schon auf geringfügigen Unachtsamkeiten. Noch mehr als die Gesetze fürchten sie jedoch die Feldherren, die lediglich durch die Auszeichnung er-

folgreicher Soldaten den Eindruck der grausamen Behandlung der straffällig Gewordenen zu mildern vermögen. Durch diesen absoluten Gehorsam gegenüber den Feldherren kommt es, daß das gesamte Heer im Friedenszustand eine vorzügliche Ordnung aufweist und während des Kampfes sich wie ein einziger Block bewegt, so eingeschlossen in den Reihen, so haargenau in den Wendungen, so scharf achten sie auf die Kommandos und ihre Feldzeichen und so bereit sind ihre Hände zum Zuschlagen. Deshalb sind sie in allen Maßnahmen sehr rasch und geraten nicht leicht in die Verlegenheit, selbst den kürzeren zu ziehen. Wo sie Fuß gefaßt haben, da kann sie keine Masse von Angreifern, keine List und auch keine Geländeschwierigkeit, ja nicht einmal die Gewalt des Schicksals zur Kapitulation bringen, denn die Sicherheit des Sieges ist bei ihnen noch unerschütterlicher als das Schicksal selbst. Muß man sich da noch wundern, wenn ein Volk bei so überlegter Kriegführung und mit einem Heer, das so einsatzbereit jegliche Planung in die Tat umsetzt, die Grenze seiner Macht im Osten bis zum Euphrat, im Westen bis zum Ozean, im Süden bis zu den ertragreichsten Gefilden Libyens und im Norden bis zur Donau und zum Rhein ausdehnt? Es ist doch wohl zuzugestehen, daß ein solches Herrschaftsgebiet angesichts der Leistungen derer, die es erobert haben, noch zu gering ist.

8. All das wollte ich nicht berichten zur Verherrlichung der Römer, sondern zum Trost für die Unterlegenen und zur Warnung für die aufrührerischen Elemente. Es könnte auch sein, daß die Freunde aller schönen Dinge, die bislang noch keine Ahnung von den römischen Kriegsbräuchen hatten, aus dieser Kenntnis Nutzen ziehen. Und nun will ich wieder dorthin zurückkehren, wo ich meinen Exkurs begonnen habe.

6. KAPITEL

1. Solange Vespasian gemeinsam mit seinem Sohn Titus in Ptolemais verweilte, um sein Heer zu organisieren, zog Placidus durch Galiläa und plünderte es aus. Eine Menge von Bewohnern, deren er habhaft werden konnte, ließ er töten; es waren natürlich nur die körperlich schwächeren Einwohner Galiläas, die einer Flucht nicht gewachsen waren. Weil jedoch Placidus feststellen mußte, daß die Militärs jeweils in die von Josephus angelegten Befestigungen zu kommen trachteten, nahm er sich den am meisten befestigten Platz zum Ziel, nämlich Jotapata, das er mühelos durch einen Überraschungsangriff nehmen zu können glaubte. Dabei rechnete er mit einer Belobigung seitens seiner Vorgesetzten, glaubte aber auch, ihnen damit einen Dienst für das bevorstehende kriegerische Unternehmen zu leisten, da die restlichen Städte, dadurch eingeschüchtert, sich unterwerfen würden, wenn die stärkste gefallen sei. Allerdings ging diese Rechnung nicht auf, da die Bewohner von Jotapata das Nahen der Feinde rechtzeitig bemerkten und ihnen vor der Stadt einen ›Empfang‹ bereiteten. In großer Zahl fielen sie über die Römer her, die damit nicht hatten rechnen können, wogegen sie selbst auf den Kampf eingestellt und äußerst kampfbegierig waren, da es um die Verteidigung der bedrängten Heimat und der Frauen und Kinder ging; so gelang es ihnen, die Römer rasch zu verjagen, vielen konnten sie Wunden zufügen, aber nur sieben töten, da die Römer nicht panikartig abrückten und nur geringfügig Verwundungen erlitten, weil der Körper eines jeden über einen vollständigen Schutz verfügte. Die Juden, die ja nur leicht bewaffnet waren, zogen es vor, aus der Distanz zu schießen, und wollten sich nicht mit den Schwerbewaffneten in einen Nahkampf einlassen. Sie verloren drei Mann, nur wenige empfingen Wunden. Da Placidus zu der Ansicht kam, daß er nicht stark genug war, die Stadt anzugreifen, zog er sich zurück.

2. Nun nahm Vespasian selbst mit aller Energie den Einmarsch nach Galiläa in die Hand und befahl den Aufbruch nach Ptolemais, nachdem er zuvor die bei den Römern übliche Marschaufstel-

lung geboten hatte. Voraus sollten die leichten Hilfstruppen und Bogenschützen marschieren. Sie hatten den Auftrag, feindliche Überraschungsangriffe abzuwehren und Wälder zu durchkämmen, die den Verdacht erregten, für etwaige Fallen geeignet zu sein. Nach ihnen kam eine Gruppe von römischen Schwerbewaffneten, und zwar zu Fuß wie zu Pferd. Es folgten dann von jeder Centurie zehn Mann, die neben ihrem Gepäck auch noch die Meßinstrumente für die Schanzarbeiten trugen; dann kamen die Straßenbauer, die die Aufgabe hatten, die gewundenen Wege gerade und schwer passierbares Gelände leichter gangbar zu machen sowie Sträucher, die dem Zug im Wege waren, abzuholzen, damit das Heer nicht durch die Beschwernisse des Marschweges unnötig zu leiden hätte. Dann ließ Vespasian sein eigenes Gepäck und das seiner Unterfeldherren transportieren, zum Schutz dessen folgte eine große Reiterabteilung. Jetzt kam er selbst, umringt von einer Elitetruppe zu Fuß und zu Pferd, außerdem noch Speerträger. Hinter ihm folgte die Reiterei der Legion, denn zu jeder Legion gehören ja 120 Reiter. Nun kamen die Lasttiere mit den gewaltigen Belagerungsmaschinen und den anderen Kriegsgeräten, dann die Generale und die Hauptleute der Kohorten mit den restlichen höheren Dienstgraden, alle von Elitetruppen umringt. Hinter ihnen wurden die Feldzeichen einhergetragen, in deren Mitte sich der Adler befindet, der bei den Römern die Spitze jeder Legion bildet; denn der Adler ist ja der König der Vögel und der Inbegriff größter Stärke, weshalb er den Römern auch als Sinnbild ihrer Herrschaft dient; in ihren Augen verheißt er von vornherein den Sieg über jeglichen Feind, gegen den es geht. Nach diesen geheiligten Zeichen folgen die Tubabläser und dann die regelrechte Kampftruppe, eine enggeschlossene Marscheinheit in Sechserreihen. Gewöhnlich begleitet sie ein Hauptmann, der die Einhaltung der Marschordnung kontrolliert. Was den gesamten Troß einer jeden Legion anlangt, so schloß er sich den Fußtruppen an und enthielt das von Maultieren und anderen Lasttieren getragene Soldatengepäck. Der letzten Legion folgten dann die Söldner, während die Sicherheit nach hinten die

Nachhut gewährleistete, nämlich Fußsoldaten, Schwerbewaffnete und eine größere Reiterschar.

3. In solcher Aufstellung gelangte Vespasian zu den Grenzen von Galiläa, wo er ein Lager aufschlug und die vor Kampfesgier eifernden Soldaten noch zurückhielt. Die Feinde sollten nämlich durch den Blick auf das Heer in Schrecken geraten und sollten noch eine Möglichkeit zum Abrücken haben, falls sie zu einer anderen Beurteilung der Lage kämen. Gleichzeitig traf er Anstalten, die fest ausgebauten Plätze zu belagern. Tatsächlich ließen sich viele durch den Anblick des römischen Feldherrn von der Rebellion abwenden, und alle Bewohner gerieten in große Angst. Das Heer um Josephus, das in der Nähe von Sepphoris bei der Stadt Garis gelagert hatte, ging fluchtartig auseinander, sobald die Kunde vom Heranrücken des Krieges laut wurde, obgleich die Römer den Angriff noch gar nicht eröffnet hatten, wohlgemerkt also nicht etwa kurz vor Beginn des Kampfes, sondern schon bevor sie des Feindes überhaupt ansichtig geworden waren! Josephus war nun mit einer kleinen Kämpferschar auf sich selbst gestellt und sah, daß mit so geringer Truppenmacht kein Widerstand zu wagen war; auch war es ihm klar, daß die Juden so demoralisiert waren, daß sich die meisten zu einem Waffenstillstand herbeilassen würden, falls ihnen die Römer nur das Vertrauen dafür entgegenbrächten. So geriet auch Josephus selbst hinsichtlich der allgemeinen Situation in tiefe Besorgnis und entschloß sich, der Gefahr bestmöglich aus dem Wege zu gehen. Jene, die bei ihm ausharrten, nahm er mit sich und flüchtete sich nach Tiberias.

7. KAPITEL

1. Vespasian näherte sich nun der Stadt Gabara und eroberte sie im ersten Angriff, denn alle waffenfähigen Leute hatten die Flucht ergriffen. Er hielt Einzug und ließ gleich alle erwachsenen Männer töten, und die Römer gaben weder den Alten noch den Jungen Pardon, so haßten sie das Judenvolk in der Erinnerung

daran, daß es dem Cestius gegenüber das Recht gebrochen hatte. Dann ließ er die Stadt sowohl wie die Dörfer und die ländlichen Orte im Umkreis in Flammen aufgehen; die meisten davon traf er menschenleer an, wo noch Menschen vorhanden waren, dort ließ er sie in die Sklaverei verkaufen.

2. Als sich nun Josephus aus der Stadt, die er sich für seine eigene Sicherheit ausgesucht hatte, auf die Flucht machte, versetzte er die Bewohner in tiefe Angst. Die Einwohner von Tiberias glaubten nämlich, er wäre bestimmt nicht geflohen, wenn er noch ein Fünkchen Hoffnung für den Verlauf des Krieges gesehen hätte. Das war eine durchaus richtige Einschätzung seiner Meinung. Es war ihm nämlich völlig klar, wohin es mit den Juden kommen mußte, und er wußte, daß an eine Rettung nur zu denken war, wenn sie ihre bisherige Taktik gründlich änderten. Obwohl er damit rechnen konnte, von den Römern glimpflich behandelt zu werden, zog er doch um ein Vielfaches den Tod dem Verrat am Vaterland und der Schande vor, die er über das ihm übertragene Feldherrnamt bringen würde, wenn er aus der Hand derer, gegen die er zum Kampf beordert war, sein Heil empfangen sollte. So beschloß er, den führenden Leuten in Jerusalem einen genauen schriftlichen Bericht über die Lage zu senden, um nicht durch Betonung der Stärke des Feindes allenfalls das Odium der Feigheit auf sich zu ziehen; aber er wollte auch nicht die Gefahr verkleinern, so daß etwa jene wieder Mut faßten, die schon anderen Sinnes geworden waren. Falls sie also den Friedensschluß wünschten, sollten sie ihn schnell davon benachrichtigen, wollten sie sich aber absolut mit den Römern in einen Krieg einlassen, dann sollten sie ihm ein entsprechend kampfstarkes Heer schicken. So formulierte er den Brief und ließ ihn durch Eilboten nach Jerusalem bringen.

3. Vespasian hatte die feste Absicht, Jotapata einzunehmen. Es war ihm nämlich zu Ohren gekommen, daß sich zahlreiche Feinde dorthin geflüchtet hätten und daß diese Stadt außerdem für die Rebellen eine feste Bastion bedeutete. Voraus ließ er Fußtruppen und Reiter rücken mit der Aufgabe, den Weg mit seinen vielen Buckeln und Felsen gangbar zu machen; denn allein die Fußtruppen

hatten hier schon ihre Not, vorwärtszukommen, während die Reiter überhaupt nichts ausrichten konnten. Die Arbeit nahm vier Tage in Anspruch, dann war für das Heer eine breite Marschstraße geschaffen. Am fünften Tage, dem 21. Tag des Monats Artemisios, kam Josephus eben noch zur rechten Zeit von Tiberias nach Jotapata, um die Juden wieder zu ermuntern, die den Mut schon hatten sinken lassen. Da erfuhr Vespasian durch einen Überläufer die angenehme Kunde, Josephus sei nun zugegen, und zugleich gab man ihm den Rat, gegen die Stadt nunmehr unbedingt vorzugehen, denn wenn er sie jetzt einnehme und dabei des Josephus habhaft würde, dann sei er der Herr von ganz Judäa. Vespasian sah in dieser Kunde eine gute Chance, hielt er selbst es doch für ein Zeichen der göttlichen Vorsehung, daß derjenige, der als der beste Kopf der Feinde galt, aus freien Stücken sich hier zum Gefangenen gemacht habe. Gleich ließ er Placidus und den Centurio Aebutius, einen äußerst energischen und klugen Mann, mit tausend Reitern zur Einschließung der Stadt aufbrechen, damit Josephus ja nicht insgeheim entkäme.

4. Tags darauf rückte er mit dem gesamten Heer nach und gelangte in eintägigem Marsch am Abend vor Jotapata an. Das Heer ließ er nördlich der Stadt auf einer Anhöhe lagern in der Absicht, daß die Feinde es gut sähen und dadurch in Furcht gerieten. Das gelang ihm auch in solchem Umfang, daß sich kein Jude mehr getraute, die Mauern zu verlassen. Die Römer aber, die ja den ganzen Tag auf dem Marsch gewesen waren, beabsichtigten gar nicht, die Stadt gleich zu stürmen, sondern sie legten einen zweifachen Ring herum, und in noch größerer Distanz ließen sie als dritten Einschließungsring die Reiterei aufmarschieren, um den Juden jeglichen Ausbruch unmöglich zu machen. Aber gerade dies brachte die Juden an den Rand der Verzweiflung, denn im Krieg ist es ja die Not, die den Menschen zum Helden macht.

5. Am andern Tag kam es zum Angriff, und die Juden, die außerhalb der Stadt geblieben waren und sich gegenüber den Römern gelagert hatten, schlugen sich zuerst draußen vor der Mauer äußerst tapfer. Dann aber setzte Vespasian die Bogenschüt-

zen und Schleuderer und sämtliche Abteilungen von Soldaten mit Wurfgeschossen gegen sie ein und gab ihnen die Erlaubnis, nach Belieben zu schießen und zu werfen, und er selbst stürmte mit seinen Fußtruppen die steile Höhe an einer Stelle, wo die Mauer leicht zu nehmen war. Das war der Augenblick, wo Josephus für die Rettung der Stadt fürchtete und zusammen mit der ganzen jüdischen Streitmacht hinter sich einen Ausfall machte. In dichten Haufen drangen sie auf die Römer ein, drängten sie von der Mauer ab und legten dabei viele Beweise von Stärke und Wagemut ab. Freilich hielten sich die Verluste beiderseits die Waage, denn ebenso, wie die Juden durch ihre hoffnungslose Verzweiflung, so wurden die Römer durch ihre Angst vor einem Verlust der Ehre angestachelt, und hier erwuchsen den Kämpfern aus der Erfahrung zusammen mit ihrer Energie neue Kräfte, dort aus der Tapferkeit, die aus der Leidenschaft geboren war. Den ganzen Tag währte der Kampf, erst die Nacht trennte sie; die Juden hatten den Römern zahlreiche Wunden geschlagen und hatten dreizehn getötet, während sie selbst siebzehn Tote, jedoch 600 Verwundete zu beklagen hatten.

6. Anderntags machten die Juden wieder einen Ausfall und stürzten sich auf die Römer und kämpften noch viel leidenschaftlicher, da sich durch ihren überraschenden Widerstand am Vortag ihr Kampfesmut noch gesteigert hatte. Aber auch bei den Römern hatte die Einsatzbereitschaft noch zugenommen, denn in ihren Augen war es ja schon eine Niederlage, wenn sie nicht rasch zum Siege kamen; so hatte sie die Scham zu rasendem Zorn entbrennen lassen. Bis zum fünften Tag ließen die Römer unaufhaltsam einen Angriff auf den anderen folgen, doch gleichzeitig nahmen die Ausfälle der Belagerten von Jotapata und die Einzelkämpfe an der Mauer noch an Heftigkeit zu, fürchteten sich doch die Juden weder vor der feindlichen Macht, noch wurden die Römer durch die Schwierigkeiten müde, die Stadt vollends einzunehmen.

7. Jotapata ist auf einem Berg gelegen, der fast überall in einen Steilhang übergeht; auf drei Seiten ist es sogar durch Schluchten von solch unermeßlicher Tiefe eingeschlossen, daß es einem schwindlig wird, wenn man hinunterblickt. Nur auf der Nordseite

hat es eine Zugangsmöglichkeit, wo es sich über einen hangartigen Ausläufer des Berges ausdehnt. Als Josephus die Mauer um die Stadt legte, hatte er diesen Teil mit einbezogen, so daß es den Feinden unmöglich war, die Bergkuppe oberhalb der Stadt in Besitz zu nehmen. Die Stadt wurde auch von den umliegenden Bergen so sehr der Sicht entzogen, daß sie nur gesehen werden konnte, wenn man unmittelbar davorstand; so sehr war Jotapata durch die Gunst seiner Lage zur Festung geworden.

8. Vespasian bot nun seinen ganzen Ehrgeiz auf, trotz der natürlichen Lage des Ortes und trotz des unbändigen Kampfesmuts der Juden den Sieg zu erringen, und es war ihm klar, daß er hierzu die Belagerung noch erheblich verstärken mußte. Deshalb stellte er mit den zur Beratung einberufenen Unterfeldherren Überlegungen an, wie der Angriff weitergeführt werden sollte. Man kam zu dem Entschluß, dort, wo man an die Mauer herankam, einen Damm zu errichten, und Vespasian ließ deshalb durch das ganze Heer Holz herbeischleppen; die Soldaten schlugen die gesamten Berge rings um die Stadt kahl und brachten außer dem Holz noch eine gewaltige Menge von Feldsteinen mit herbei. Um sich gegen die von oben auf sie niederprasselnden Geschosse zu schützen, spannten sie auf Pfählen Schutzdächer aus, die geflochten waren, und darunter schafften sie an der Errichtung des Dammes und hatten so durch den Beschuß von der Mauer her keine oder nur wenige Verluste zu beklagen. Anderswo trugen die Soldaten von den näheren Anhöhen Erdreich ab und schafften es ununterbrochen zu denen hin, die den Damm errichteten. So bildeten sie drei Abteilungen, und niemand konnte müßig sein. Die Juden aber warfen von der Mauer auf die Schutzdächer der Römer Felsen und allerhand Wurfgeschosse herab, und auch wenn sie nicht die Schutzdächer durchbrachen, gab es doch einen fürchterlichen Lärm, und die darunter arbeitenden Pioniere wurden auf diese Weise behindert.

9. Dann wurden auf Geheiß des Vespasian die Wurfmaschinen im Umkreis in Stellung gebracht; es waren im ganzen 160 Stück, und er befahl nunmehr, die Leute auf der Mauer zu beschießen. Zugleich begannen die Schleudermaschinen ihre Lanzen zu schleu-

dern, und die Steinwurfgeräte warfen ihre gewaltigen Blöcke von ungeheurem Gewicht, und Feuerbrände und zahllose Pfeile hagelte es auf die Stadt. Jetzt waren die Juden nicht mehr in der Lage, sich auf der Mauer zu halten, und sie mußten sich auch aus dem ganzen Gebiet dahinter zurückziehen, soweit es unter feindlichem Beschuß lag. Denn auch die Masse der arabischen Bogenschützen sowie die Speerwerfer und Schleuderer eröffneten alle zugleich das Bombardement mit ihren Maschinen. Die Eingeschlossenen, die nun nicht mehr in der Lage waren, den Kampf von oben her zu führen, verhielten sich jedoch nicht etwa ruhig, sondern sie machten räuberische Ausfälle in kleineren Einheiten, beraubten die schanzenden Soldaten der Schutzdächer und drangen auf sie ein, wenn sie nun keinen Schutz mehr hatten. Und wo sich die Schanzarbeiter zurückzogen, da zerstreuten sie wieder die aufgeschütteten Erdhaufen und verbrannten die Balken und die Faschinen. Das währte so lange, bis sich Vespasian darüber klar wurde, daß die unangenehme Entwicklung in dem weiten Abstand zwischen den Belagerungswerkzeugen ihre Ursache hatte, wodurch die Juden ihre Ausfälle machen konnten. So schuf er denn eine Verbindung zwischen den Schutzdächern, und weil dadurch die Truppen selbst auch untereinander Kontakt bekamen, erfolgten keine Überraschungsausfälle der Juden mehr.

10. Jetzt aber wurde der Damm in die Höhe getrieben und hatte schon beinahe das Niveau des oberen Randes der Mauer erreicht. Josephus sah eine erhebliche Gefahr darin, wenn sich nichts tun ließe, um die Stadt durch eine Gegenmaßnahme zu retten. Da ließ er die Pioniere kommen und befahl, die Mauer zu erhöhen. Diese aber standen auf dem Standpunkt, daß das während der starken Beschießung unmöglich sei, und nun kam er auf folgende Idee, um ihnen Schutz zu bieten: Er ließ Balken in den Boden treiben und an ihnen frische Häute von Rindern aufspannen, die durch ihre Elastizität die Schleudersteine von den Wurfmaschinen auffangen sollten, während die anderen Geschosse an ihnen abprallten und die Feuerbrände durch die Nässe gelöscht würden. Das Ganze wurde von den Pionieren erstellt, die auf diese Weise

geschützt waren und bei Tag und Nacht ungefährdet arbeiten konnten und die Mauer wirklich auf zwanzig Ellen Höhe brachten; sie erbauten auch zahlreiche Türme darauf und errichteten eine machtvolle Palisade. Diese Maßnahmen raubten den Römern jeglichen Kampfgeist, wo sie doch schon glaubten, im Besitz der Stadt zu sein, und einerseits war es die List des Josephus, andererseits die Standhaftigkeit der Städter, die auf sie stark demoralisierend wirkte.

11. Vespasian war reichlich aufgebracht über diese List und über den Kampfgeist der Bewohner von Jotapata. Denn die Errichtung der Mauer machte ihnen wieder Mut, neuerdings Ausfälle gegen die Römer zu wagen, und Tag für Tag kam es zu kriegerischen Handlungen zwischen jüdischen Einheiten und den Römern, wobei alles aufgeboten wurde, was zu einem Raubkrieg gehörte: Sie holten sich alles, was ihnen erreichbar war, und verbrannten die anderen Belagerungswerkzeuge, bis schließlich Vespasian den Kampf abbrechen ließ und beschloß, die Stadt längere Zeit zu belagern, um sie auf diese Weise in die Hand zu bekommen. Er war eben der Meinung, die Bewohner würden dann durch die Notlage gezwungen, sich ihm auf Gedeih und Verderb auszuliefern, oder wenn sie das Äußerste wagten in ihrer Starrköpfigkeit, würden sie verhungern müssen. Auch vertrat er den Standpunkt, die Römer hätten es bei einer späteren Kampfbegegnung leichter, da es dann für sie darum gehe, die durch die Länge der Zeit zermürbten Gegner anzugreifen. So befahl er denn, jeden Ausgang der Stadt streng zu bewachen.

12. An Getreide und anderen Lebensmitteln, ausgenommen Salz, fehlte es in Jotapata in keiner Weise, dagegen an Wasser, denn es gab keine Quelle, und man mußte mit Regenwasser vorliebnehmen. Doch fehlte es auch daran nicht, wenn es hier einen Sommer lang regnete. Das war der Grund, warum die Leute, da die Belagerung eben während dieser Jahreszeit stattfand, so sehr den Mut sinken ließen, da ihnen das Verdursten drohte; und schon griff eine Unruhe um sich, als sei Wasser schon gar nicht mehr vorhanden. Josephus sah nämlich, daß die anderen Lebensmittel alle in

ausreichendem Maße da waren und daß die Leute guten Willens waren; da wollte er die Belagerung gegen die Absicht der Römer möglichst hinziehen und ließ deshalb von Anfang an das Trinkwasser für die Bewohner rationieren. Diese aber litten unter der Rationierung noch mehr als unter dem Wassermangel, und daß sie nicht freie Hand im Gebrauch des Wassers hatten, erhöhte noch ihr Verlangen danach, und sie waren schon so matt, als wären sie am Rande des Verdurstens. Des wurden die Römer inne, da sie von ihrem erhöhten Standpunkt aus sahen, wie sich jenseits der Mauer die Leute an einem bestimmten Ort versammelten, um ihre Wasserzuteilung zu erhalten; und diesen Punkt nahmen die Römer zum Ziel für eine schärfere Beschießung und verursachten viele Todesopfer.

13. Nun hoffte Vespasian, in Kürze würden die Zisternen geleert sein und der Stadt bleibe dann nichts als die Kapitulation. Josephus aber wollte ihm diese Hoffnung vollends zunichte machen und gab Befehl, eine Menge von Leuten sollten ihre Kleider ins Wasser tauchen und von der Mauerkrone herabhängen lassen, so daß sich mit einemmal ein Schwall Wasser über die ganze Mauer ergoß. Das überraschte nun die Römer sehr, und sie wurden darob unsicher, da sie mitansehen mußten, wie die Juden das Wasser spaßeshalber so sehr vergeuden konnten, während sie gehofft hatten, sie seien am Verdursten. Sogar dem Feldherrn kamen Zweifel, ob die Stadt wirklich durch Hunger und Durst zur Kapitulation gezwungen werden konnte, und er versuchte es deshalb wieder mit den Waffen. Und genau dies hatten die Juden zu bezwecken gesucht, denn obwohl sie sich mit ihrem hoffnungslosen Schicksal und der Vernichtung der Stadt schon abgefunden hatten, wollten sie doch lieber kämpfend umkommen, statt zu verhungern und zu verdursten.

14. Josephus aber verfügte außer dieser List noch über eine andere, um sich mit einer Fülle von Lebensmitteln einzudecken. Durch eine Schlucht im Westen des Tales, die nur schwer zu passieren war und deshalb von den Wachen ignoriert wurde, schickte er Briefe an die Juden vor der Stadt, mit denen er Verbindung auf-

nehmen wollte, und erhielt auf diesem Wege auch jeweils Antwort; dazu bekam er so auch noch viele Lebensmittel, an denen es in der Stadt fehlte. Den Boten aber trug er jeweils strengstens auf, an den Wachen vorbei am Boden zu kriechen und dabei ihren Rücken mit Fellen zu bedecken, damit sie, falls sie in der Nacht gesichtet würden, wie Hunde aussähen. Schließlich aber entdeckten die Wachtposten doch diese List und verschlossen den Weg durch die Schlucht.

15. Für Josephus war es um diese Zeit klar, daß die Stadt nicht mehr lange zu halten war, weshalb er mit den einflußreichsten Persönlichkeiten zu Rate ging, wie man sich flüchten könne, da sie im Falle ihres Bleibens kaum Aussicht hätten zu überleben. Die Bewohner aber bemerkten es und scharten sich um ihn und flehten ihn an, sie doch nicht zu verlassen, da sie noch einzig auf ihn hoffen könnten. Wenn er bleibe, dann bestehe noch Aussicht auf Rettung für die Stadt, da jeder ihm zuliebe nach besten Kräften kämpfen werde. Gerieten sie aber in die Hände der Feinde, so würden sie Trost empfinden, wenn er bei ihnen sei. Auch seine Ehre erheische es, weder vor dem Feind zu fliehen noch sich von ihnen abzusetzen, weshalb er nicht wie von einem in Seenot geratenen Schiff herabspringen dürfe, da er bei ruhiger See sich darauf begeben habe. So aber werde er schuld sein, wenn ihre Stadt untergehe, da sich niemand mehr dem Feinde entgegenzutreten wage, wenn er selbst nicht mehr da sei, auf den sie in so hohem Maße gebaut hätten.

16. Josephus tat dessen keine Erwähnung, daß es ihm ja darum ging, seine Person in Sicherheit zu bringen, und er wies darauf hin, daß es ihnen zuliebe geschehe, wenn er die Stadt verließ; wenn er dableibe, so werde er ihnen im Falle ihrer Rettung wenig nützen, gerieten sie aber in die Gewalt der Feinde, dann falle er sinnlos zusammen mit ihnen. Wenn er aber der Einschließung entrinnen könne, dann sei es ihm möglich, von außen viel Hilfe zu leisten. Raschestens wolle er nämlich das Volk von Judäa aus dem flachen Lande organisieren und die Römer von der Stadt wegziehen, indem er den Kampf anderswo entfache. Er wisse aber nicht, was sein Verbleiben nützen könne, wenn nicht dies, daß die Römer eben

wegen seiner Person die Belagerung noch intensivierten, wo sie doch alles daransetzten, ihn in die Hand zu bekommen, während sie dann, wenn sie von seinem Entweichen hörten, die Stadt nicht mehr in einem solchen Maße bedrängten. Das alles machte aber keinen Eindruck auf die Masse, sondern es vermehrte nur noch das Gedränge um ihn; Kinder und Greise, Frauen mit kleinsten Kindern flehten ihn auf den Knien an, umfaßten immer wieder seine Füße, suchten ihn festzuhalten und wehklagten, er solle doch bei ihnen bleiben und ihr Geschick teilen, und zwar nicht, weil sie ihm etwa, wie ich glauben möchte, die Rettung nicht gegönnt hätten, sondern weil sie nur ihr eigenes Heil im Auge hatten. Denn sie bauten fest darauf, daß ihnen während der Anwesenheit des Josephus nichts Übles passieren könne.

17. Dem Josephus aber war es klar, daß sie es nur während seines willfährigen Verhaltens bei Bitten belassen würden, während sie ihn wie einen Gefangenen halten würden, sobald er gewaltsam sein Vorhaben ins Werk setzte. Zudem erbarmten ihn die Fliehenden, und so war seine Absicht, sich abzusetzen, stark ins Wanken gekommen, und er beschloß zu bleiben. Seine Waffe war nun der Mut der allgemeinen Verzweiflung, und er rief: »Nun ist es Zeit, den Kampf zu beginnen, da keine Aussicht mehr auf Rettung besteht. Ehre bringt es, das Leben für den Ruhm hinzugeben und sich durch die Tapferkeit einen Namen bei den Nachkommenden zu machen!« Sprach's und stürzte sich in den Kampf und stürmte mit den tüchtigsten Kämpfern hinaus, durchstieß die Wachen und schlug sich bis zum römischen Lager durch, zerfetzte die Tierhäute bei der Umwallung, hinter denen die Römer schanzten, und zündete die Belagerungswerke an. Und genauso verfuhr er am zweiten und dritten Tag, und noch mehrere Tage und Nächte wurde er nicht müde, den Kampf in dieser Weise fortzusetzen.

18. Die Römer litten sehr unter diesen Ausfällen, denn sie scheuten sich vor der Schande, den Juden zu weichen, und gelang es, die Juden zurückzuwerfen, so konnten die Römer die Verfolgung nicht aufnehmen wegen ihrer schweren Bewaffnung, wäh-

rend die Juden, sobald sie in der Regel dem Feind zugesetzt hatten, noch bevor sie selbst Schaden erlitten, in die Stadt zurückweichen konnten. Deshalb befahl Vespasian den Schwerbewaffneten, dem jüdischen Angriff aus dem Wege zu gehen und nicht mit todesbereiten Männern den Kampf aufzunehmen, da im Kampf die Verzweiflung die stärkste Macht darstelle; die Juden würden dann schon in ihrer Kampfeswut nachlassen, wenn sie kein Angriffsziel mehr hätten, ebenso wie das Feuer verglimme, wenn es ihm an Nahrung fehle. Außerdem verlange es Roms Ehre, daß der Sieg auf eine sichere Art und Weise erlangt würde, da die Römer nicht durch irgendwelche Not gedrungen den Krieg führten, sondern nur, um ihre Macht auszuweiten. Er führte es nun ein, daß die arabischen Bogenschützen und die syrischen Schleuderer und Steinschützen die Juden zum Stehen bringen mußten, und auch die zahlreichen Schleudermaschinen waren ständig in Tätigkeit. Das verursachte den Juden Verluste und brachte sie zum Weichen; sobald sie aber ganz nahe an die römischen Weitschußstellungen herankommen konnten, griffen sie diese an und setzten ihnen hart zu, indem sie weder Leib noch Leben im Kampf schonten, und da beiderseits unablässig Verstärkungen herangezogen wurden, war es jeweils unmöglich, die kampfunfähig gewordenen Truppen aus dem Kampf zu ziehen.

19. Die Tatsache, daß sich die Belagerung so lange hinzog und daß so zahlreiche Ausfälle stattfanden, bewirkte, daß sich Vespasian seinerseits für den Belagerten hielt, und so entschloß er sich, sobald die aufgeworfenen Dämme die Mauern erreichten, den Widder einzusetzen. Dies ist ein sehr langer Balken, etwa von der Art eines Schiffsmastes, der stark mit Eisen beschlagen ist, das am Ende wie ein Widderkopf geformt ist, der dem Gerät den Namen gibt. Wie eine Waagschale ist er in der Mitte an einem anderen Balken aufgehängt, der dann seinerseits durch starke Tragstützen gehalten wird. Eine große Anzahl von Leuten zieht ihn nach rückwärts und läßt ihn dann wieder mit Wucht nach vorne rammen, wobei die eiserne Spitze mit aller Macht auf die Mauer stößt; kein Turm ist so stark, keine Mauer so dick, daß sie, selbst wenn sie die ersten

Stöße aushielte, einer fortgesetzten Einwirkung dieses Rammbocks standhalten könnte. Der Römerfeldherr schritt nun zum Einsatz des Widders, als wollte er doch die gewaltsame Einnahme der Stadt beschleunigen, denn die Belagerung kostete Menschen, und die Juden kämpften unablässig. So zogen denn die Römer die Schleuderanlagen und die anderen Wurfmaschinen näher an die Stadt heran, um jene Dämme zu erreichen, die von der Mauer aus die Belagerungspioniere zu behindern vermochten; und nun begann das Bombardement. Zugleich ließen sie die Bogenschützen und die Schleuderer näherkommen. Nun wagte es keiner der Verteidiger mehr, sich auf der Mauer aufzuhalten, und jetzt schafften weitere römische Soldaten den Widder heran, der gänzlich mit Faschinen und oben mit Fellen zum Schutz des Geräts und seiner Bedienungsmannschaft bedeckt war. Schon gleich beim ersten Rammstoß wurde die Mauer erschüttert, und die Bewohner schrien laut auf, als wenn die Stadt schon gefallen wäre.

20. Josephus mußte nun sehen, daß unablässig der gleiche Punkt an der Mauer gerammt wurde und daß die Mauer am Einstürzen war; da besann er sich auf eine Gegenmaßnahme, um die Wucht des Widders für kurze Zeit zu schwächen: Er befahl, an der Stelle Säcke mit Spreu hinunterzulassen bis an die Stelle, wo der Widder ständig hinschlug, daß der Stoß das Ziel verfehle und durch die Elastizität der Säcke seine Wirkung einbüße. Das brachte die Arbeit der Römer längere Zeit ins Stocken, denn wohin sie den Rammbock schlagen ließen, dort waren die Juden mit ihren Säcken zur Stelle, die sie von oben den Stößen entgegensetzten, so daß die Widderstöße der Mauer nichts mehr anhaben konnten. Das ging so lange, bis die Römer als Gegenmaßnahme an den Widdern lange Sicheln anbrachten, die die Säcke aufschnitten. So taten die Brechwerkzeuge wieder in vollem Umfang ihre Wirkung und die neuerbaute Mauer geriet ins Wanken, so daß den Leuten des Josephus nur noch das eine übrigblieb, sich durch Feuerbrände zu verteidigen. Trockenes Holz, soviel sie tragen konnten, ergriffen sie, bildeten drei Abteilungen, stürzten hinaus und zündeten damit die Belagerungswerkzeuge, die Faschinen und Kriegsmaschinen der Römer

an. Und die Römer unternahmen fast nichts zur Rettung der Maschinen, so konsterniert waren sie durch die Kühnheit der Juden; und obgleich sie zu löschen versuchten, waren die Flammen schneller, das Feuer griff im Nu um sich in dem trockenen Holz und außerdem fand es noch Nahrung in Erdharz, Pech und Schwefel, so daß in einer einzigen Stunde die von den Römern so mühsam errichteten Belagerungsvorrichtungen ein Raub der Flammen waren.

21. Hierbei holte sich den Preis der Tapferkeit vor allem ein Jude, den man erwähnen und dessen man rühmend gedenken muß, Eleazar, der Sohn des Samaeus, aus Saba in Galiläa gebürtig. Er nahm einen gewaltigen Felsbrocken und schleuderte ihn so wuchtig vor die Mauer auf den Widder, daß er diesen vordersten Teil der Maschine abbrach; dann sprang er nach und trug ihn furchtlos mitten aus den Feinden zur Mauer hin. Und die Feinde konnten Eleazar allseits als Ziel benützen, und weil er keine Rüstung trug, wurde er auch getroffen und ward von fünf Pfeilen durchbohrt. Das ließ ihn jedoch gleichgültig, vielmehr bestieg er die Mauer und stellte sich hin, um für alle in seiner Kühnheit sichtbar zu sein; dann aber sackte er ob seiner Verwundungen vor Schmerz zusammen und stürzte mit dem Widderkopf in die Tiefe. Nach ihm waren es die zwei Brüder, Netiras und Philippus aus dem Ort Ruma, die sich durch besondere Tapferkeit hervortaten; auch sie stammten aus Galiläa. Sie stürzten sich gegen die Männer der zehnten Legion und drangen so schnell und so wuchtig auf die Römer ein, daß sie deren Reihen aufrissen und alle, die sich an sie heranwagten, in die Flucht schlugen.

22. Nach ihnen kamen Josephus und die Menge der anderen, alle wieder mit entzündlichem Material, und setzten die Kriegsmaschinen und Schutzdächer mitsamt den Belagerungswerken der fünften und zehnten Legion unter Feuer, als diese Legionen geflohen waren; andere römische Truppen warfen noch schnell Erde auf die Maschinen und alles, was aus Holz war. Aber schon gegen Sonnenuntergang waren sie wieder in der Lage, den Widder einzusetzen, und zwar gegen den Punkt der Mauer, der schon vorher

durch ihn ins Wanken geraten war. Jetzt wurde Vespasian von einem Kämpfer auf der Mauer an der Fußsohle durch einen Pfeil verletzt. Wohl war es eine leichte Wunde, da die weite Entfernung den Schuß abgeschwächt hatte; aber die Römer gerieten darob doch ziemlich in Unruhe, als die Leute in der Nähe das Blut sahen und darüber erschraken, und das ganze Heer hatte alsbald von dem Vorfall Kenntnis. Sehr viele Soldaten verließen ihren Platz und eilten voll Besorgnis und Angst zum Feldherrn hin, und allen voran war es Titus, der um seinen Vater bangte, so daß die Soldaten durch ihre Liebe zum Feldherrn wie durch die sichtbare Besorgnis des Sohnes beeindruckt waren. Aber ohne viel Zaudern behob der Vater die Angst des Sohnes und die Panik im Heer; er ließ sich den Schmerz nicht anmerken und zeigte sich baldmöglichst allen, die um ihn gebangt hatten. Das erhöhte den Kampfeseifer der Römer gegen die Juden, denn jeder wollte an vorderster Front in gefahrvollem Kampf den Feldherrn rächen, und indem sie, sich gegenseitig anfeuernd, den Schlachtruf erhoben, rückten sie gegen die Mauer vor.

23. Auf Josephus und seine Leute ging nun ein Hagel von Geschossen und Steinen nieder, und sie stürzten übereinander, aber von der Mauer ließen sie nicht ab, sondern schleuderten Feuerbrände, Eisen und Felsbrocken auf die Soldaten, die unter den Faschinen den Widder gegen die Mauer rammten. Sie hatten aber damit keinen oder nur wenig Erfolg, doch dauernde Verluste, da die Feinde, die ihnen selbst unsichtbar blieben, sie sehen konnten. Denn der lodernde Brand ließ sie den Feinden wie am Tage zum unfehlbaren Ziel werden, wogegen die Wurfmaschinen aus größerer Entfernung nicht sichtbar waren und es unmöglich war, sich gegen die herangeschleuderten Geschosse zu decken. Gewaltig war die Wirkung der scharfen Schleudern und der Katapulte, die mit einem Schuß gleich mehrere Soldaten töten konnten, während die Steine, die von den Steinwerfern geschleudert waren, mit ihrer Kraft die Mauer oben bersten ließen und die Türme an den Ecken beschädigten. Keine Abteilung von Männern war so stark, daß sie nicht die gewaltige Wucht eines Steines vom ersten bis zum letzten Mann

niederwarf. Wie stark diese Maschinen wirkten, läßt sich aus folgenden Ereignissen jener Nacht erkennen: Ganz nahe bei Josephus wurde ein Mann auf der Mauer von einem Stein so getroffen, daß ihm der Kopf weggerissen und die Hirnschale noch auf eine Entfernung von drei Stadien weggeschleudert wurde. Eine schwangere Frau ging kurz nach Anbruch des Morgens aus ihrem Haus, wurde am Unterleib getroffen, und das Kind wurde aus dem Leib der Schwangeren heraus ein halbes Stadion weit fortgerissen, so furchtbar wirkte die Steinschleudermaschine. Entsetzlicher war noch der Lärm der Maschinen selbst und das Pfeifen der Geschosse. Mit Unterbrechung hörte man das Niederfallen der Toten, die von der Mauer herunterstürzten, entsetzlich war es, die Schreie der Frauen in den Häusern mitanzuhören und das Stöhnen der Sterbenden draußen, das das Echo dazu abgab. Soweit die Mauer am Kampfplatz lag, war sie voll von Blut, und man konnte sie über den Berg von Leichen leicht erklimmen. Das Gebirge im Umkreis schuf einen noch entsetzlicheren Widerhall für diesen Lärm, und keine Entsetzlichkeit ersparte diese Nacht für Auge und Ohr. Zahlreiche Juden von Jotapata fanden ihr Ende in heldenmütigem Kampf, und eine Menge wurde verwundet, und nur mit aller Mühe war es bei der ersten Morgenwache so weit gekommen, daß die Mauer vor den ungeheuerlichen Rammstößen der Römer zusammenstürzte. Ehe aber die Römer noch die Enterbrücken anlegten, bildeten die Juden mit ihren eigenen Körpern und Waffen eine Linie und schufen so an der Einbruchsstelle einen neuen Wall.

24. Am Morgen nun zog Vespasian das Heer zusammen, um die Stadt endgültig zu nehmen; zuvor hatte er den Soldaten noch ein wenig Ruhe nach den Strapazen der Nacht gegönnt. Er wollte die jüdische Abwehr aus den Trümmern der Mauer herausdrängen und befahl deshalb den tüchtigsten Reitern, von ihren Pferden abzusitzen, und bildete daraus drei Reihen vor der zusammengebrochenen Mauer. Sie hatten volle Deckung durch ihre Rüstung und hatten ihre Lanzen eingelegt, damit sie sofort hereinstürmen könnten, sobald die Brücken angelegt wären. Hinter ihnen postierte er die besten Soldaten zu Fuß, die übrigen Reiter stellte er auf den

Anhöhen um die Mauer herum auf, daß sich niemand heimlich aus der Stadt flüchten konnte. Hinter die Fußsoldaten stellte er die Bogenschützen, die Schleuderer und die Mannschaften auf, die die Belagerungswerkzeuge bedienten, und er ließ sie in Schußbereitschaft gehen. Wieder andere erhielten den Auftrag, Sturmleitern herbeizuschaffen und sie dort an die Mauer zu bringen, wo diese noch standhielt, damit die Feinde auch hier die Abwehr ergreifen mußten und so behindert wurden, die Einbruchsstelle zu verteidigen. Wer dann noch dort kämpfte, den sollten die Geschosse zum Weichen bringen, damit den Römern beim Eindringen der Weg freigemacht wurde.

25. Josephus war sich über diese Absicht im klaren und hatte auf dem noch intakten Mauerabschnitt neben den abgekämpften Truppen die älteren Soldaten aufgestellt, da dort keine Gefahr für sie bestehe. An der Einbruchsstelle dagegen ließ er seine besten Kämpfer in Stellung gehen, jeweils unter dem Vorgang von sechs Männern, mit denen zusammen auch ihn selbst das Los bestimmt hatte, an vorderster Front die Gefahr zu bestehen. Er befahl ihnen, ihre Ohren zu verstopfen, daß sie das Kriegsschrei der Römer nicht hörten und den Mut nicht sinken ließen, und riet ihnen, sich zu ducken, wenn die Geschosse in großer Menge heransausten, und sie sollten dabei die Schilde nach oben halten, auch für kurze Zeit zurückgehen, bis den Bogenschützen die Pfeile ausgegangen seien. Sobald aber die Brücken angelegt würden, sollten sie sich darauf stürzen und den Feinden auf den Vorrichtungen begegnen, die sie selbst für den Einbruch benützen wollten; denn es gelte ja nicht mehr die Rettung der Vaterstadt, sondern nur noch die Rache für ihre Vernichtung. Zu diesem Zweck sollten sie vor Augen haben, wie die Römer ihre Alten umbringen, wie sie Frauen und Kinder in einer unerhörten Weise hinschlachten würden – dann würden sie den Groll über die kommenden Greuel vorwegnehmen und ihn auf die Täter hereinbrechen lassen.

26. So hatte Josephus seine beiden Abteilungen organisiert. Die Frauen und Kinder aber, die nicht unmittelbar beteiligt waren, mußten nun mit einem Male sehen, wie die Stadt von einer drei-

fach gestaffelten Schlachtordnung umzingelt war, denn die Römer hatten die zuvor aufgestellten Wachen nicht von der bevorstehenden Schlacht entbunden. Außerdem sahen die Bewohner vor der Einbruchsstelle die Römer mit blankgezogenen Schwertern, während hinten auf den Bergen die Waffen blinkten und die Pfeile der arabischen Bogenschützen schon in die Bögen eingesetzt waren. Dieser Anblick ließ sie alle in einen lauten Schrei ausbrechen, als wollten sie ein letztes Mal das Ende der Stadt beklagen und als drohe ihnen nicht erst der Untergang, sondern als sei er schon vollzogen. Damit aber die Frauen mit ihrem Wehklagen den Kampfgeist der Männer nicht beeinträchtigten, gab Josephus den strengen Befehl, das Geschrei einzustellen, und ließ sie dazu noch in die Häuser einsperren. Er selbst aber ging an die Einbruchsstelle, wo ihm das Los seinen Platz bestimmt hatte, und achtete nicht der Sturmleitern, die anderwärts an die Mauer herabgebracht wurden, sondern wartete voll Spannung auf die Eröffnung des Pfeilbeschusses.

27. Da auf einmal begannen die Trompeter aller Legionen zu blasen, und das Heer erhob dazu ein entsetzliches Kriegsgeschrei, und auf ein Zeichen hin setzte allenthalben der Pfeilhagel ein, so daß die Sonne verdunkelt ward. Die Leute um Josephus hatten ihm gefolgt und hatten ihre Ohren gegen das Schlachtgeschrei und ihre Körper gegen die Geschosse geschützt, und sowie die Brücken ausgelegt wurden, waren sie schon obenauf, noch bevor die Römer einen Fuß daraufsetzen konnten. Nun kam es zum Nahkampf gegen die Römer, die zur Mauerhöhe emporrückten, und die Juden legten dabei zahllose Proben ihrer Stärke und ihres Mutes ab, wollten sie sich doch in der äußersten Verteidigung nicht von denen übertreffen lassen, die so tapfer gegen sie kämpften, ohne daß ihnen ein Unheil dieses Ausmaßes bevorstand. Deshalb ließen sie nicht eher von den Römern ab, als bis sie entweder selbst den Tod gefunden oder den Feind getötet hatten. Freilich fehlte es den durch den ungeheuerlichen Kampf Zermürbten an Ersatz für die vorderste Kampfmannschaft, wogegen die Römer, soweit sie ermüdet waren, immer wieder von frischen Leuten abgelöst wurden

und, wenn von den Juden welche zurückgedrängt worden waren, jeweils gleich frische Gruppen zur Mauer heraufstürmten. Die Römer machten sich gegenseitig durch Zurufe Mut und schlossen ihre Reihen dichter und fester und hielten die Schilde über sich, so daß sie eine Kampfeinheit bildeten, der einfach nicht beizukommen war, da sie wie ein einziger Block die Juden auf ihrer ganzen Front abdrängte und mehr und mehr auf die Mauer heraufkam.

28. In dieser ausweglosen Situation kam dem Josephus ein guter Gedanke durch die Not, die die Einsicht zu steigern pflegt, sobald die Verzweiflung sie anspornt. Er befahl nämlich, siedendes Öl auf den Wall der Schilder hinunterzuschütten, und tatsächlich, als hätte man nur darauf gewartet, konnten viele Juden in reicher Menge das Öl auf die Römer hinuntergießen, ja sogar die glühenden Gefäße wurden zusammen damit hinabgeworfen. Das verursachte den Römern schwere Brandwunden, und ihre Kampfaufstellung wurde dadurch zerrissen; und entsetzliche Schmerzen hatten die Leute auszustehen, so daß sie von der Mauer herabfielen. Denn das Öl fand seinen Weg mit Leichtigkeit unter die Rüstungen und erfaßte so den ganzen Körper von oben bis unten und versengte den Körper wie eine Flamme; denn Öl erreicht seiner Natur nach einen hohen Hitzegrad und erkaltet nur sehr langsam, da es ja ein Fettstoff ist. Die Soldaten, fest umhüllt von Panzern und Helmen, konnten sich aus der glühenden Umhüllung nicht befreien, sie sprangen empor, sie bäumten sich vor Schmerz und stürzten von den Brücken herunter. Wer aber fliehen konnte und dabei auf die eigenen Leute stieß, wurde von diesen wieder nach vorne gedrängt, und die Juden hatten mit ihnen ein leichtes Spiel, da sie ihnen jetzt von hinten Wunden beibringen konnten.

29. Aber wie die Juden mit Verstand bei der Sache blieben, so erlitten die Römer durch diese Katastrophe keine Einbuße an Kampfkraft, sondern sie wollten vorne sein und gegen die jüdischen Schergen antreten, obgleich sie sahen, wie die vom Öl Übergossenen sich in entsetzlichen Schmerzen wanden; und jeder schimpfte seinen Vordermann, wenn er ihm im Weg war, seine Kraft einzusetzen. Die Juden erfanden aber noch eine weitere List,

um das Vordringen der Römer aufzuhalten: Sie schütteten nämlich auf die Bretter griechisches Heu, das sie oben mit heißem Wasser begossen hatten, so daß die Römer darauf ausgleiten und wieder zurückrutschen mußten; keiner konnte sich da im Stehen halten, weder jene, die zurückwichen, noch jene, die vordrängten, sondern bald fielen sie rückwärts von den Sturmleitern herunter und wurden zerstampft, bald stürzten sie auf den Damm und wurden dort eine Beute der jüdischen Schützen. Durch das Niederfallen der Römer konnten nämlich die Juden dem Nahkampf entgehen und bekamen die Hände frei für die Bedienung ihrer Schießgeräte. Als der Feldherr nun diese schweren Verluste seiner Truppen sah, befahl er diese gegen Abend zurück. Eine bedeutende Anzahl von ihnen hatte den Tod gefunden, und Verwundete waren es noch mehr, während die Leute in Jotapata nur sechs Gefallene und außerdem 300 Verwundete, die man bergen konnte, zu beklagen hatten. Diese feindliche Begegnung fand am 20. Tag des Monats Daesius statt.

30. Nun versuchte Vespasian, seinen Soldaten ob dieser schlimmen Erfahrungen wieder Mut zu machen; doch wie er ihren drängenden Angriffsgeist sah, der keiner Aufmunterung bedurfte, sondern nach Taten verlangte, befahl er, die Dämme noch höher aufzuwerfen und drei Türme zu errichten, von denen jeder 50 Fuß hoch sein sollte. Diese Türme wurden rings mit Eisenbändern zusammengehalten, damit sie durch ihr Eigengewicht feststanden und dem Feuer keinen Angriffspunkt boten. Man stellte sie auf die Wälle; Vespasian ließ sie mit Speerwerfern und Bogenschützen besetzen und brachte darin sogar leichtere Belagerungsmaschinen und die stärksten Schleuderer in Stellung. Wegen der Höhe der Türme, und da diese oben auch noch eine Brustwehr hatten, konnten sie, selbst vom Feinde ungesehen, die für sie gut sichtbaren Gegner auf der Mauer ins Ziel nehmen. Und wie nun die Geschosse von oben kamen, war es für die Belagerten nicht mehr so einfach, sich dagegen zu decken und sich gegen einen Feind zur Wehr zu setzen, den sie nicht mehr sehen konnten. Sie mußten also die Erfahrung machen, daß sie die Türme bei ihrer Höhe nicht mehr mit Handge-

schossen erreichen konnten und daß diesen wegen des Eisenbeschlags das Feuer nicht mehr schadete, und so mußten sie sich denn von der Mauer zurückziehen und sich auf Ausfälle gegen die angreifenden Römer beschränken. Die Verteidiger von Jotapata setzten sich auf diese Weise immer noch zur Wehr, obgleich sie täglich hohe Verluste erlitten und sie nicht mehr in der Lage waren, dem Feinde ernstliche Schwierigkeiten zu machen, da es für sie sehr gefahrvoll geworden war, gegen die Römer noch etwas zu unternehmen.

31. In diesen Tagen schickte Vespasian zu der Stadt Japha in der Nachbarschaft von Jotapata, die ebenfalls rebellierte, den Anführer der 10. Legion, Trajan, mit 1000 Reitern und 2000 Fußsoldaten, da sich diese Stadt durch den wider Erwarten lang dauernden Widerstand von Jotapata hatte ermutigen lassen. Trajan kam zu der Ansicht, daß Japha nur schwer zu erobern war, verfügte es doch nicht nur über eine treffliche natürliche Lage, sondern auch noch über eine zweifache Mauer. Er mußte zusehen, wie ihm aus der Stadt die Bewohner kampfentschlossen entgegeneilten, und ließ sich also auf eine kriegerische Auseinandersetzung mit ihnen ein. Aber nur kurze Zeit dauerte ihre Gegenwehr, dann flohen sie, und mit den Römertruppen nahm er die Verfolgung auf. Diese hielten sich dicht hinter dem Feind bis zur ersten Mauer und brachen gleichzeitig mit dem Gegner in diese ein. Als aber die Flüchtigen die zweite Mauer zu erreichen suchten, da verriegelten ihre eigenen Leute in der Stadt die Tore, weil sie fürchten mußten, die Feinde möchten sich auch hier zusammen mit den Flüchtigen hereindrängen. Aber es war das Werk Gottes, daß er den Römern den Sieg verlieh und die Einwohner von Galiläa ins Elend stürzte und daß er damals alle waffenfähigen Männer der Stadt, die von ihren eigenen Mitbürgern ausgesperrt waren, dem Tod durch die mordgierigen Feinde überantwortete. Die Ausgesperrten ballten sich nämlich an den Toren in enggedrängten Scharen zusammen und riefen unablässig die Torwächter beim Namen, und unterdessen fanden sie den Tod, noch während sie ihr flehentliches Bitten nach innen sandten. Auf die erste Mauer konnten sie nicht zurück, da die

Römer sie daran hinderten, und die zweite Mauer versperrten ihnen die eigenen Mitbürger; so waren sie eingekeilt zwischen die zwei Mauern, und eine große Menge starb unter den Schwerthieben der eigenen Leute, viele verübten Selbstmord, und zahllose fielen den Römern zum Opfer, ohne daß sie noch irgendwie das Herz hatten, sich dagegen zu wehren; hatten doch nicht nur die Greuel der Feinde, sondern auch der Verrat ihrer eigenen Leute jede Hoffnung zum Schwinden gebracht. Und wie sie nun starben, da galten ihre Flüche nicht etwa den Römern, sondern ihren Stammesangehörigen, so lange, bis alle, nämlich 12 000, getötet waren. Trajan war nun der Meinung, daß sich in der Stadt keine waffenfähigen Männer mehr befänden, sollte dies trotzdem der Fall sein, so rechnete er damit, daß sie aus Furcht nichts mehr wagen würden. So hatte er die Absicht, es dem Feldherrn zu überlassen, die Stadt zu erobern, und schickte Boten an Vespasian mit der Bitte, Titus zu senden, daß dieser den Sieg vollende. Vespasian meinte aber, es seien doch noch einige Schwierigkeiten zu überwinden, und gab deshalb seinem Sohn 500 Reiter und 1000 Mann Fußvolk mit. Titus erschien schnell vor der Stadt und stellte das Heer in Kampfordnung auf; zum Befehlshaber des linken Flügels machte er Trajan, er selbst gebot dem rechten Flügel. Und so ließ er die Truppen zum Sturmangriff auf die Stadt vorrücken. Da schleiften die Soldaten allenthalben Leitern an die Mauer heran, und die Galiläer versuchten sich kurze Zeit in der Abwehr von der Mauer aus, verließen diese dann jedoch. Titus und seine Leute aber drangen nun in die Stadt ein und nahmen sie rasch. Im Stadtkern mußten sie freilich noch erbittert gegen die dort zusammengescharten Juden kämpfen; wer noch kampffähig war, griff die Römer in den engen Gassen an, und die Frauen warfen auf sie alles aus den Häusern herunter, dessen sie habhaft werden konnten. Noch ungefähr sechs Stunden währte der Kampf, sobald aber die Kampffähigen ausgeschieden waren, wurde das restliche Volk im Freien und in den Häusern hingemordet, gleich ob jung oder alt. Von der männlichen Bevölkerung blieben nur noch die unmündigen Kinder am Leben, die mit den Frauen zusammen in die Sklaverei gebracht wurden.

Im ganzen wurden in der Stadt und im vorangehenden Kampf 15 000 Männer getötet, 2130 gerieten in Gefangenschaft. Diese Katastrophe brach über die Galiläer am 25. Tag des Monats Daesius herein.

32. Auch die Bewohner von Samaria entgingen nicht der Katastrophe. Sie sammelten sich nämlich auf dem Berg Garizim, der für sie ein heiliger Ort ist, und verharrten dort; aber, daß sie sich dort zusammenfanden, und ihr Vorhaben an sich bedeuteten eine Kriegsdrohung. Nicht einmal die entsetzlichen Vorgänge bei ihren Nachbarn brachten sie zur Vernunft, und sie vermochten den Sieg der Römer und ihre eigene Ausweglosigkeit nicht richtig einzuschätzen. So kam eine Unruhe über sie, und voll Spannung harrten sie auf einen Anlaß zur Rebellion. Vespasian faßte jedoch den Entschluß, dem zuvorzukommen und ihre Absicht im Keim zu erstikken. Es waren nämlich wohl in ganz Samaria römische Stützpunkte errichtet worden, aber die Menge derer, die sich da zusammenscharten, und auch die Art und Weise, wie sie sich formierten, hatte etwas Bedrohliches. Daher sandte er den Cerealius, den Befehlshaber der fünften Legion, mit 600 Reitern und 3000 Mann zu Fuß ab. Cerealius sah es nicht für geheuer an, den Berg zu erklimmen und sich dort dem Kampf zu stellen, denn dort oben waren zahlreiche Feinde in Stellung gegangen. Deshalb bildete er mit seiner ganzen Heeresabteilung einen Ring um den unteren Teil des Berges und beobachtete den Feind den ganzen Tag über. Für die Samaritaner war es ein Unglück, daß gerade damals, wo sie ohnehin schon an Wassernot litten, auch noch eine Hitzwelle über dem Land lag; denn es war Sommer, und die Masse der Einwohner hatte keine ausreichende Nahrung, so daß viele noch am gleichen Tag vom Tod hingerafft wurden; die einen verdursteten, viele andere aber gingen lieber in die Sklaverei, als auf diese Weise hinzusterben, und ergaben sich den Römern. Und wie nun Cerealius inne geworden war, daß die in der Stadt Verbliebenen ebenfalls völlig demoralisiert waren, stieg er den Berg hinauf und postierte sein Heer im Umkreis. Erst schlug er ihnen Verhandlungen vor und forderte sie zu ihrer eigenen Rettung auf; dabei versprach er ihnen

Pardon, wenn sie die Waffen wegwürfen. Er drang aber mit seiner Aufforderung nicht durch und ging deshalb zum Angriff über und machte alles nieder, im ganzen 11 600 Mann. Dies ereignete sich am 27. Tag des Monats Daesius. Das war die Katastrophe, die über die Einwohner von Samaria hereinbrach.

33. Während nun die Leute von Jotapata standhielten und gegen alle Annahme sich durch keine Entsetzlichkeit beugen ließen, war es am 47. Tag so weit, daß die Wälle der Römer allmählich höher wurden als die Mauerkrone. Am gleichen Tag meldete ein Überläufer dem Vespasian, wie wenige und wie geschwächt die Verteidiger nun wären; das unaufhörliche Wachen und der unablässige Kampf habe sie so mitgenommen, daß sie keinen Angriff mehr standhalten würden; doch könne man sie auch durch eine List vollends besiegen, wenn der Versuch gemacht würde. Denn während der letzten Nachtwache, wo sich die Soldaten etwas Ruhe gönnen zu dürfen glaubten, weil die Ermüdeten namentlich am Morgen vom Schlaf übermannt würden, befänden sich die Wachen im Schlaf, und er gab den Rat, diesen Zeitpunkt für den Angriff zu benützen. Vespasian wollte dem Überläufer nicht recht trauen, denn er wußte um die gegenseitige Treue der Juden und um ihre Verachtung von Strafen. Schon früher nämlich hatte ein Gefangener von Jotapata jeglichen Schmerz und jegliche Folter auf sich genommen und nicht einmal, als man seine Zunge durch Feuer lösen wollte, den Feinden irgendwelche verräterische Angaben über die Situation in der Stadt gemacht; ja, als man ihn ans Kreuz schlug, da hatte er für die Grausamkeit des Todes nur ein Lächeln. Aber diesmal erweckte der Verräter Vertrauen durch die Wahrscheinlichkeit seiner Angaben, und da Vespasian die Wahrheit aus ihm herausholen zu können glaubte und einen etwaigen Hinterhalt für sein Heer als unbedeutend ansah, gab er Befehl, das Heer für den Sturmangriff auf die Stadt zu formieren und den Überläufer gefangenzuhalten.

34. Um den angegebenen Zeitpunkt rückten die Römer insgeheim an die Mauer heran. Zuerst stiegen Titus und der Tribun Domitius Sabinus mit einigen Leuten der 5. und 10. Legion auf die

Mauer, machten die Wachen nieder und drangen in die Stadt ein. Hinter ihm folgten der Tribun Sextus Calvarius und Placidus samt ihren Einheiten. Schon war der obere Teil der Burg genommen, und die Feinde gingen inmitten der Stadt umher; es war schon heller Tag, als die Überfallenen immer noch nichts von der Einnahme der Stadt merkten. Die Mehrzahl lag nämlich noch darnieder, müde und schläfrig, und wer sich vom Lager erhoben hatte, konnte vor lauter Nebel, der sich zufällig über die Stadt gebreitet hatte, nicht gut sehen. Schon war das gesamte Feindesheer in die Stadt eingedrungen, als sie sich erst vom Schlaf erhoben und Zeugen des Unheils wurden, das über sie gekommen war. Und als nun ein jeder den tödlichen Hieb empfing, da war es ihnen klar, daß die Stadt gefallen war. Nun aber gedachten die Römer aller Leiden und Schrecknisse der Belagerung und jagten das Volk schonungs- und mitleidlos den Berg hinab, um es vollends niederzumachen. Dort verwehrte das unwegsame Gebiet auch denen, die noch kampffähig waren, jeglichen Widerstand. In den schmalen Gassen zusammengepfercht, wurden sie den steilen Hang hinuntergedrängt und durch den von der Burg nach unten wogenden Kampf gewissermaßen verschlungen. Diese hoffnungslose Situation brachte viele auch von der Elite des Josephus zum Selbstmord. Als sie die Römer unangreifbar sahen, wollten sie sich lieber, statt als deren Opfer zu fallen, unten am Ende der Stadt zusammenscharen und sich selbst den Tod geben.

35. Die Wachleute, die, sobald sie den Fall der Stadt gewahr wurden, fliehen konnten, bestiegen nunmehr einen der Türme im Norden und wehrten sich dort noch einige Zeit gegen die Feinde. Als sie schließlich von der Menge der Feinde eingeschlossen waren, erklärten sie sich – allerdings zu spät – bereit zu Verhandlungen, nahmen dann aber geduldig den Todesstreich hin. Für die Römer wäre dies Ursache gewesen, stolz zu sein, daß sie ohne den geringsten Blutverlust die Belagerung zu Ende gebracht hatten, wäre nicht einer beim Fall der Stadt zu Tode gekommen, nämlich der Centurio Antonius, der das Opfer eines hinterhältigen Anschlags geworden war. Einer von den vielen, die sich in die Höhlen ge-

flüchtet hatten, bat den Antonius, ihm die rechte Hand zu reichen zur Bekräftigung dessen, daß er ihn retten wolle, und zugleich, um ihm aus der Höhle herauszuhelfen. Antonius tat dies aus Unvorsichtigkeit, der andere aber kam ihm noch zuvor und stieß ihm von unten her den Speer in den Unterleib, was seinen sofortigen Tod zur Folge hatte.

36. An diesem Tag geschah es, daß die Römer alle Leute umbrachten, deren sie habhaft werden konnten; anderntags säuberten sie die unter der Erde befindlichen Schlupfwinkel und nahmen die Verfolgung derer auf, die sich in den Hohlräumen und Gängen versteckt hatten. Keinem Alter gewährten sie dabei Schonung, lediglich Kleinkindern und Frauen. 1200 Gefangene wurden gemacht, die Zahl der beim Fall der Stadt und bei den vorhergegangenen Kämpfen Getöteten belief sich auf insgesamt 40 000. Vespasian gab dann den Befehl, die Stadt zu vernichten und alle Befestigungsanlagen anzuzünden. Das war der Fall von Jotapata im 13. Jahr der Regierung des Nero beim Neumond des Panemus.

8. KAPITEL

1. Nun begann bei den Römern die Suche nach Josephus, denn sie waren voll Zorn gegen ihn, und ihren Feldherren war sehr viel daran gelegen, weil es für den Krieg von entscheidender Bedeutung war, ob man ihn in die Hand bekam. Deshalb wurden die Toten in Augenschein genommen und jene, die man an ihren geheimen Plätzen vorgefunden hatte. Josephus aber hatte es vermocht, sich beim Fall der Stadt irgendwie durch göttliche Hilfe durch die Reihen der Feinde durchzuschlagen, und war dann in eine Zisterne hinabgesprungen, die nach der Seite hin in eine ausreichend große Höhle mündete, die man von oben nicht einsehen konnte. Dort fand er 40 vornehme Leute vor, die sich hier verborgen hatten samt einer Lebensmittelration, die für längere Zeit reichen konnte. Tagsüber hielt er sich zurück, denn die Feinde hatten überall ihre Wachen; nachts aber stieg er hinauf und bemühte sich, einen Fluchtweg zu

finden, und behielt dabei die Wachen im Auge. Im ganzen Umkreis aber war seinetwegen alles streng bewacht, und da er also mit seiner Festnahme rechnen mußte, tauchte er wieder in der Höhle unter. Zwei Tage versteckte er sich dort, am dritten Tag aber wurde er durch ein Weib, das mit ihnen zusammen in der Höhle gewesen war und den Wachen in die Hand fiel, verraten. Voll Bedacht entsandte Vespasian sogleich zwei Tribunen, Paulinus und Gallicanus, die dem Josephus freies Geleit anbieten und ihn auffordern sollten, sein Versteck zu verlassen.

2. Sie kamen herbei und boten ihre ganze Überredungskunst auf, um dem Josephus klarzumachen, daß ihm nichts passieren werde, aber sie kamen damit nicht ans Ziel. Er traute ihnen deshalb nicht, weil seiner Meinung nach natürlich der mit einer harten Strafe zu rechnen hatte, der den Römern soviel Schwierigkeiten gemacht hatte; und er glaubte, sich nicht nach der Gesinnung der Unterhändler richten zu dürfen, von denen er wußte, daß sie ihm nicht übel wollten. Er war der festen Meinung, sie wollten ihn nur zum Tode abholen. Da schickte Vespasian nochmals einen Tribunen, Nikanor, den Josephus schon lange kannte und zu dem er freundschaftliche Beziehungen hatte. Nikanor nun legte ihm dar, wie die Römer von Natur aus denen gegenüber milde gesinnt seien, die sie eben gefangen hätten, und daß Josephus bei den führenden Römern mehr Bewunderung als Haß ernte ob seiner Tapferkeit. Vespasian wolle ihn nicht bestrafen, denn das könne er auch, wenn Josephus unten bleibe; er habe sich entschlossen, einem solchen Helden das Leben zu schenken. Nikanor fügte noch hinzu, Vespasian hätte zu seiner Überlistung nicht seinen Vertrauten ausgeschickt, um die Freundschaft, das schönste Gut, zur Untreue werden zu lassen, d. h. zur Bemäntelung der übelsten Gemeinheit; er, Nikanor, hätte auch einen solchen Befehl nicht übernommen zu dem Zweck, einen guten Freund zu täuschen.

3. Josephus traute auch dem Nikanor noch nicht recht, und nun eilten Soldaten voll Zorn herbei, die Höhle auszubrennen; der Feldherr aber ließ es nicht zu, denn er wollte unter allen Umständen Josephus lebendig in seine Gewalt bekommen. Wie nun Nika-

nor ihn unablässig beredete und Josephus schon die drohende Haltung der feindlichen Soldaten wahrnahm, da überkam ihn die Erinnerung an jene nächtlichen Träume, in denen ihn Gott hatte schauen lassen, welche Katastrophen über die Juden kämen und wie das Schicksal der römischen Kaiser verlaufen werde. Josephus war nämlich ein guter Traumdeuter und verstand auch orakelhafte Sprüche Gottes zu interpretieren. Er war ja selbst ein Priester, und durch die Zugehörigkeit zu einem Priestergeschlecht kannte er die Prophezeiungen der Heiligen Schriften sehr genau. Und wie er nun um die gleiche Stunde durch diese Heiligen Schriften das Mysterium Gottes schaute und die entsetzlichen Bilder der Träume wieder in ihm lebendig wurden, die er erst vor kurzem gehabt hatte, da betete er im stillen zu Gott: »Es ist dein Ratschluß, das Judenvolk, deine eigene Schöpfung, fallenzulassen, und das ganze Glück ist nun auf seiten der Römer; und du hast nun meine Seele auserwählt, die kommenden Dinge zu verkünden. So will ich mich freiwillig in die Hände der Römer begeben und im Leben verharren; doch du bist mein Zeuge, daß ich nicht als Verräter, sondern als dein Diener so handle.«

4. So betete er, dann war er soweit, sich dem Nikanor zu ergeben. Und als nun die Juden, die mit ihm in der Höhle zusammen Zuflucht gesucht hatten, bemerkten, daß Josephus denen nachgab, die ihn zu überreden suchten, drängten sie sich um ihn und riefen: »Fürwahr, die Gesetze der Väter würden furchtbar stöhnen, und Gott, der den Juden Herzen gab, die den Tod gering achten, würde die Augen senken. Hängst du so sehr am Leben, Josephus, daß du es fertigbringst, als Sklave das Licht zu schauen? Wie rasch hast du auf dich selbst vergessen! Wie viele sind es gewesen, die auf dein Zureden für die Freiheit starben? So war denn der Ruhm deiner Tapferkeit erlogen und erlogen auch das Lob deines Verstandes? Soll es etwa klug sein, von denen das Heil zu erwarten, gegen die du einen solchen Kampf kämpftest? Und ist es eines Mannes würdig, dieses Heil, wenn man es dir verspräche, von ihnen in Empfang zu nehmen? Aber hast du auch ob der Siege der Römer deiner selbst vergessen, so sind wir noch da, die den Ruhm der Väter zu

wahren haben. Unsere Rechte und unser Schwert stehen für dich; stirbst du freiwillig, dann als Feldherr der Juden, stirbst du unfreiwillig, dann als Verräter!« Und dabei erhoben sie die Schwerter gegen ihn und machten Anstalten, ihn zu erschlagen, wenn er sich den Römern ergab.

5. Josephus mußte fürchten, daß sie zuschlugen, und er sah sich auch als Verräter am göttlichen Auftrag, wenn er diesen nicht kundtat, ehe er starb. Und so versuchte er in diesem Dilemma, ihnen mit philosophischen Betrachtungsweisen beizukommen, und er sprach: »Meine Freunde, warum sind wir denn so darauf erpicht, uns selbst das Leben zu nehmen? Sollen wir wirklich das am engsten Verbundene, Leib und Seele, auseinanderreißen? Man wirft mir vor, ich hätte mich gewandelt; wie es sich aber damit verhält, das wissen die Römer gar wohl! Es ist schön, den Tod im Krieg zu finden, aber nach dem Gesetze des Krieges, d. h. durch jene, die sich als die Mächtigeren erweisen. Wäre ich willens, mich dem Schwert der Römer zu entziehen, dann wäre ich es wirklich wert, durch mein eigenes Schwert und meine eigene Hand den Tod zu finden. Wenn aber die Sieger von dem Drang beseelt sind, einen Feind zu schonen, sollte es da nicht angebracht sein, daß wir einen gleichen Drang uns gegenüber haben? Es wäre doch unsinnig, uns das anzutun, dem wir im Kampf mit ihnen zu entkommen suchten? Gewiß, der Tod für die Freiheit ist schön, das ist auch meine Meinung, aber ein Tod im Kampf und ein Tod durch die Hand derer, die uns die Freiheit rauben wollen. Nun jedoch führen sie weder gegen uns Krieg, noch trachten sie uns nach dem Leben. Feig ist, wer dann sich zu sterben weigert, wenn es die Notwendigkeit erfordert, feig ist aber auch, wer sterben will, ohne daß die Notwendigkeit besteht. Was haben wir denn zu fürchten, wenn wir uns weigern, zu den Römern hinaufzusteigen? Doch den Tod! Sollen wir uns nun bedenkenlos das zufügen, was wir in unserer Furcht vor den Feinden nur vage vor uns sehen? Da wird einer einwenden: ›Nein, die Knechtschaft ist es, vor der wir uns fürchten.‹ Tatsächlich, jetzt verfügen wir ja wirklich über die Freiheit! Wieder ein anderer wird sagen: ›Es ist Heldentum, sich selbst zu töten‹; nein,

ganz und gar nicht, es ist das Schändlichste, was es gibt, genauso wie ich einen Steuermann für einen besonderen Feigling halte, der vor lauter Angst vor einem Sturm sein Schiff mit eigener Hand versenkt. Ja, der Selbstmord ist sogar der gemeinsamen Natur aller Lebewesen gänzlich zuwider und außerdem eine Sünde gegen Gott, der uns geschaffen. Unter den Tieren gibt es kein einziges, das mit Überlegung nach dem Tode verlangt oder sich selbst ihn gibt. Denn es ist ein strenges Naturgesetz, das für alle Gültigkeit hat, leben zu wollen. Das ist es ja, warum wir in denen Feinde sehen, die uns nach dem Leben trachten, und warum wir jene bestrafen, die uns meuchlings umbringen. Glaubt ihr denn nicht an Gottes Zorn, wenn der Mensch an dem sich versündigt, was Gott ihm schenkt? Gott ist es doch, der uns das Leben gegeben, und das Ende unseres Lebens geben wir hinwieder in seine Hand. Unser aller Leib ist ja sterblich, ist er doch aus vergänglicher Materie, die Seele aber ist unsterblich und wohnt als ein Teil Gottes in unserem Leib. Zerstört einer etwas, was ihm von einem anderen anvertraut ist, oder geht er schlecht damit um, dann hält man ihn für schändlich und ungetreu; beseitigt aber jemand aus seinem Körper, was ihm Gott anvertraut hat, vermeint er dann, vor dem verborgen zu bleiben, dem er auf diese Weise Unrecht tat? Außerdem hält man es doch für recht und billig, entlaufene Sklaven entsprechend zu bestrafen, selbst wenn es schlechte Herren waren, denen gegenüber sie sich ins Unrecht gesetzt haben; und da sollen wir keinen Frevel darin sehen, wenn wir Gott, dem besten Herrn, davonlaufen? Ist es euch etwa nicht bekannt, daß jene, die nach der Ordnung der Natur von hinnen scheiden und so das Geliehene Gott in einem Augenblick zurückerstatten, da er es zurückhaben will – daß jene unvergänglichen Ruhm und sicheren Bestand für Haus und Stamm erlangen, daß ihre Seelen unversehrt und gottergeben verharren und im Himmel den heiligsten Platz bekommen, von woher sie dann wieder im Umgang der Zeit ihre Wohnstatt finden in heiligen Leibern? Wer aber so wahnwitzig ist, sich selbst zu töten, dessen Seele gerät in den dunkelsten Ort dort unten, und Gott, der ihr Vater ist, rächt auch noch an ihren Nachkommen die Sünden der Väter. Das ist auch der Grund, weshalb dies für Gott ein solcher Stein des Anstoßes ist und warum es auch die weisesten Gesetzgeber unter Strafe stellen; denn bei uns muß man bekanntlich Selbstmörder bis zum Untergang der Sonne unbestattet vor die Stadt werfen, während wir es als Gesetz ansehen, sogar unseren Feinden die Bestattung zu gewähren. Es gibt auch Völker, bei denen den Selbstmördern die rechte Hand abgehauen werden muß, die wie gegen einen Feind gegen sich selbst zu Felde zog, weil der Glaube besteht, daß die Entzweiung zwischen Leib und Seele ihr Widerspiel habe in der Trennung von Hand und Leib. Meine Freunde, es ist gut, das zu wollen, was recht ist, und nicht auch noch zum Unheil der Menschen die Sünde gegen den zu fügen, der uns geschaffen hat. Gibt es eine Möglichkeit, uns zu retten, dann wollen wir nach ihr greifen, und es ist keine Unehre vor denen, die so vielfach Zeugen unserer Tapferkeit geworden sind. Wenn wir aber sterben sollen, dann ist es schön, durch jene zu sterben, die über uns Herr geworden sind. Ich werde nicht zum Heere des Feindes übergehen, um an mir selbst Verrat zu üben, denn das wäre ja viel dümmer als das, was Überläufer tun, wenn sie damit ihre Rettung bezwecken wollen, während ich dabei meinen eigenen Tod verwirkte. Natürlich wäre es mein Wunsch, einer römischen List zu erliegen, d. h. trotz ihrer Ehrenversicherung von ihnen getötet zu werden; so könnte ich ruhigen Herzens sterben, weil die Untreue der Lügner mir eine bessere Rechtfertigung gäbe als ein Sieg.«

6. Das waren nicht die einzigen Betrachtungen, die Josephus in Gegenwart seiner Freunde anstellte, um sie vom Freitod abzuwenden. Aber verzweifelt, wie sie waren, hörten sie nicht darauf, hatten sie sich doch längst dem Tod geweiht. So waren sie erzürnt auf Josephus und zückten rings um ihn die Schwerter, schimpften ihn einen Feigling, und es war kein Zweifel, daß jeder ihn sofort umgebracht hätte. So rief er den einen bei seinem Namen, drohte dem andern mit der strengen Miene des Feldherrn, wieder einen nahm er bei der Rechten und einem vierten setzte er durch Bitten zu, daß er das Schwert sinken ließ. Ein Ziel der verschiedensten leidenschaftlichen Gefühle, hielt er sie in dieser prekären Situation alle

vom Todesstreich ab, wie sich eben ein eingekreistes Tier immer gegen den wendet, der es gerade fassen will. Daß sie ihn auch in dieser extremen Situation noch als Feldherrn anerkannten, nahm ihren Armen die Kraft, die Schwerter entsanken ihren Händen, und viele, die ihre Klingen gezückt hatten, legten sie von selbst nieder.

7. Aber auch in dieser unangenehmen Lage kam ihm ein guter Gedanke, insofern er im Vertrauen auf die sorgende Hand Gottes sogar seine Rettung aufs Spiel setzte und sprach: »Nachdem es für euch eine beschlossene Sache ist zu sterben, so soll das Los entscheiden, in welcher Reihenfolge wir einander den Tod geben wollen. Wen das Los trifft, der sterbe durch die Hand des Nächsten, und so soll das Los unsere Gemeinschaft durcheilen, daß es keinem auferlegt ist, von eigener Hand zu sterben, wäre es doch eine Ungerechtigkeit, wenn einer zuletzt seinen Sinn änderte und sich in Sicherheit brächte, während alle anderen den Todesweg gegangen sind.« Diese Rede schuf ihm neuerdings Vertrauen, und er konnte alle überzeugen und warf dann auch das Los. Auf wen es fiel, der bot sich aus freien Stücken dem Nächsten zum Todesstreich dar, da ja auch der Feldherr gleich sterben würde. Denn wünschenswerter als das Leben dünkte sie der Tod zusammen mit Josephus. Da nun war er es, der übrigblieb zusammen mit einem anderen, und es kann aus Zufall geschehen sein oder durch Gottes Vorsehung. Und da er es dahin bringen wollte, daß weder das Los auf ihn fiel noch daß er als zuletzt Überlebender noch seine Hand mit dem Blut eines Angehörigen seines Stammes beschmutzen mußte, so überredete er auch den anderen, ihm zu vertrauen und das Leben zu wählen.

8. So war denn Josephus den feindlichen Auseinandersetzungen mit den Römern und mit den eigenen Anhängern entkommen, und er wurde nun von Nikanor zu Vespasian gebracht. Die Römer scharten sich allenthalben zusammen, um ihn zu sehen, und die Menschenmasse, die den Feldherrn umringte, machte einen vielstimmigen Lärm: Die einen äußerten sich erfreut darüber, daß er gefangen war, andere bedrohten ihn oder kamen näher an ihn

heran, um ihn zu sehen. Wer weiter entfernt war, rief, der Feind solle getötet werden, wer näher war, fühlte sich durch das Gedenken an seine Taten gerührt und war beeindruckt von der Furcht vor dem schnellen Wechsel des Schicksals. Jeder von den höheren Dienstgraden wurde milde gestimmt, wenn sie des Josephus ansichtig wurden, selbst jene, die ihm zuvor sehr gezürnt hatten. Noch mehr als die anderen war Titus beeindruckt von der Standhaftigkeit des Josephus in seinem Elend, und groß war sein Mitleid mit der Jugend des Feldherrn. Wenn er daran dachte, wie Josephus gekämpft hatte und wie er ihn nunmehr so in der Gewalt der Feinde sah, wurde er übermannt vom Gedanken an die Macht des Schicksals und an den raschen Wechsel des Kriegsglücks und die Unverläßlichkeit aller menschlichen Dinge. Schon in jenen Tagen war es, daß er auch die meisten anderen zu solchem Fühlen und zum Erbarmen mit Josephus veranlaßte; und vor allem auf seine Fürsprache bei Vespasian ist die Rettung des Josephus zurückzuführen. Natürlich ließ ihn Vespasian besonders sorgfältig bewachen, da er ihn bei nächster Gelegenheit zu Nero zu schicken gedachte.

9. Josephus hörte davon und ließ Vespasian mitteilen, er wolle mit ihm etwas allein bereden. Vespasian ließ daraufhin alle weggehen bis auf seinen Sohn Titus und zwei Freunde, und nun hob Josephus an: »Vespasian, du vermeinst, mit Josephus nur einen Kriegsgefangenen in deine Gewalt bekommen zu haben; ich aber stehe vor dir, um dir Großes zu verkünden. Hätte mich nämlich nicht Gott geschickt, dann hätte ich gewußt, was ich dem jüdischen Gesetz schulde und wie ich als Feldherr zu sterben hätte. Du willst mich zu Nero schicken? Weshalb? Werden denn jene, die auf Nero folgen, Herrscher bleiben, bis du die Herrschaft übernimmst? Ja, du, Vespasian, wirst Kaiser und Herrscher über alle sein, du und dieser, dein Sohn! Jetzt lege mir noch stärkere Fesseln an und laß mich verwahren für dich selbst, denn du, Caesar, wirst nicht nur Herr sein über mich, sondern über die Erde und über das Meer und über das gesamte Menschengeschlecht. Doch bitte ich dich, mich strenger bewachen zu lassen, daß du mich bestrafen kannst, wenn ich mich gegen Gott einer Leichtfertigkeit schuldig mache.«

Es war dem Vespasian anzusehen, daß er fürs erste diesen Worten keinen Glauben schenken konnte, denn er mußte ja annehmen, Josephus habe diese List ersonnen, um sein Leben zu gewinnen; schließlich aber sah er die Dinge doch in zunehmendem Maße mit gläubigeren Augen an, da Gott selbst in ihm schon den Gedanken an die Übernahme der Herrschaft geweckt und durch andere Vorzeichen seine künftige Herrscherstellung angekündigt hatte. Die Vertrauenswürdigkeit der Prophezeiungen des Josephus hatte Vespasian schon anderweitig feststellen können: Einer seiner Freunde, die an der Geheimbesprechung teilgenommen hatten, zeigte sich nämlich darüber verwundert, daß Josephus weder den Bewohnern von Jotapata die Einnahme ihrer Stadt noch sich selbst die eigene Gefangenschaft vorhergesagt hatte. Da eine solche Prophezeiung nicht ergangen sei, müsse man auch das andere alles für dummes Gerede eines Mannes ansehen, der den Zorn, der sich gegen ihn richtete, abzulenken suchte. Nun aber konnte sich Josephus darauf berufen, er habe tatsächlich den Leuten von Jotapata vorherverkündet, sie würden nach 47 Tagen in die Gewalt der Feinde geraten, und er selbst würde lebend in die Kriegsgefangenschaft kommen. Da verschaffte sich Vespasian heimlich bei den Kriegsgefangenen Gewißheit über diese Behauptung; und als er sie gefunden hatte, vertraute er mehr und mehr der Glaubwürdigkeit jener Prophezeiungen, die sich auf ihn selbst bezogen. Freilich hielt er den Josephus weiterhin unter Bewachung und in Fesseln, aber er stellte ihm ein Gewand zur Verfügung und andere Wertsachen und ging mit ihm auch fernerhin freundlich und entgegenkommend um. Diese Bevorzugung verdankte Josephus hauptsächlich dem Eingreifen des Titus.

9. KAPITEL

1. Am vierten Tag des Monats Panemus zog Vespasian nach Ptolemais und gelangte von dort nach Caesarea am Meer, einer sehr großen Stadt Judäas, deren Bewohner großenteils Griechen sind. Die Einwohner nahmen das Heer samt seinem Feldherrn mit lauten Bekundungen der Freundschaft und guten Wünschen auf, und zwar aus wohlwollender Gesinnung gegenüber den Römern, aber insbesondere aus Haß gegen die Unterworfenen. So verlangte die Bevölkerung auch energisch den Vollzug der Exekution an Josephus. Vespasian ließ sich jedoch dazu nicht bestimmen, sondern wies diese Zumutung, die von der kritiklosen Masse kam, ab, ohne darauf einzugehen. Zwei Legionen teilte er Caesarea als Winterquartier zu, denn die Stadt schien ihm dafür geeignet. Die 15. Legion jedoch verbrachte er nach Skythopolis, damit Caesarea nicht die ganze Last der Einquartierung zu tragen hatte. Diese Stadt ist in der Ebene und an der See gelegen, und im Sommer herrscht hier wohl eine drückende Hitze, im Winter dagegen freundliche Wärme.

2. Während dieser Vorgänge hatten sich jene Juden, die während des Aufstands aus ihren Städten hatten fliehen müssen, und jene, die aus den vernichteten Ortschaften entkommen waren, in ansehnlicher Menge zusammengefunden, um das vorher durch Cestius zerstörte Joppe wieder für ihre Zwecke zu befestigen. Weil sie aber in das flache Land, auf dem der Feind seine Hand hatte, nicht gelangen konnten, beschlossen sie, ihre Aktionen auf das Meer zu verlegen. Sie bauten eine Menge von Kaperschiffen und machten als Piraten das Gebiet zwischen Syrien, Phönizien und Ägypten unsicher, so daß in diesem Bereich eine Seefahrt unmöglich wurde. Als Vespasian dies erfuhr, schickte er Militär zu Fuß und zu Pferd nach Joppe und ließ es nächtlicherweile, da die Stadt ja nicht besetzt war, eindringen. Freilich hatten die Einwohner schon vor der Aktion davon erfahren; aber sie fürchteten die Römer und dachten deshalb nicht an Widerstand, gingen auf die

Schiffe und verbrachten die Nacht draußen auf dem Meer in einer Entfernung außerhalb der Schußweite.

3. Joppe hat keinen natürlichen Hafen, denn es grenzt eine Steilküste daran, die sich außerdem in gerader Linie hinzieht; lediglich an den entferntesten Punkten macht sie eine kleine Biegung nach innen. Doch auch hier erhebt sich eine Steilküste, und außerdem ziehen sich Klippen in das Meer hinaus, wo noch heute die Abdrücke der Fesseln der Andromeda gezeigt werden, woran man das hohe Alter dieses Mythos zu ermessen vermag. Der Nordwind braust hier geradewegs gegen die Küste, und so brechen sich an den Steilfelsen hohe Brandungswogen. Dadurch aber wird der Ankerplatz noch gefahrvoller als das öde Meer. Und genau hier manövrierten die Leute aus Joppe vor der Küste, als um den Morgen ein gewaltiger Sturm aufkam, den die Matrosen hier den ›schwarzen Nordwind‹ nennen. Der Sturm ließ einen Teil der Schiffe sofort aneinanderbersten, andere warf er gegen die Felsenküste, viele suchten, aus der Brandung heraus auf die offene See zu gelangen, weil sie Angst vor der Felsenküste und den dort postierten feindlichen Truppen hatten; sie alle wurden von den Wogen zerschellt, die sich haushoch auftürmten. Verharrte man an Ort und Stelle, so war jede Flucht unmöglich und ebenso eine Rettung; denn die Gewalt des Unwetters drängte sie aus dem Meer und die Römer versperrten ihnen den Zugang zur Stadt. Entsetzlicher Jammer wurde laut, wenn die Schiffe gegeneinanderstießen, und mit fürchterlichem Krachen barsten sie auseinander. Die Menschen kamen teils in den Wogen um, teils wurden sie mit den Schiffen verschlungen, wieder andere töteten sich noch zuvor mit den Schwertern, da sie diesen Tod für leichter hielten als das Ertrinken. Die meisten wurden von den Wellen fortgerissen und an der Felsenküste zerschmettert, so daß sich das Meer allenthalben von Blut rötete und der Strand von Toten übersät war. Wurde jedoch jemand lebend ans Ufer geworfen, so fiel er den Römern dort zum Opfer. Das Meer warf noch an die 4200 Leichen ans Land. Die Römer aber tilgten die eingenommene Stadt vom Erdboden.

4. So wurde Joppe binnen kurzer Zeit ein zweites Mal von den

Römern genommen. Und damit die Piraten nicht neuerdings darin Fuß fassen könnten, baute Vespasian den obersten Teil der Stadt zu einer Bastei aus und legte Reiter und einiges Fußvolk dorthin. Letzteres sollte am Ort verbleiben und die Bastei bewachen, die Reiterei aber sollte sengend und brennend Ausfälle in die umliegenden Gegenden machen und die Dörfer und kleinen Städte um Joppe vernichten. Die Reiter führten den Befehl aus und durchstreiften das Land, machten täglich räuberische Überfälle und ließen es vollends zur Wüste werden.

5. Als man in Jerusalem hörte, was sich zu Jotapata ereignet hatte, wollten es die meisten zunächst nicht glauben, denn die Katastrophe schien allzu groß, und es gab auch keine Augenzeugenberichte. Kein Bote hatte sich nämlich durchschlagen können, sondern ganz von selbst fand das Gerücht von der Einnahme der Stadt seinen Weg, denn derartiges verbündet sich leicht mit anderen schlimmen Nachrichten. Stück für Stück drang die Wahrheit von Ort zu Ort vor und hatte sich schon allenthalben gegen jeden Zweifel durchgesetzt. Freilich wurde zu den tatsächlichen Vorfällen noch einiges hinzuerzählt, was nicht dem wirklichen Geschehen entsprach. Beispielsweise hieß es, Josephus sei beim Fall der Stadt getötet worden, und ganz Jerusalem geriet darüber in größte Trauer. In den einzelnen Häusern und Familien wurde jeweils der Verlust eines Verwandten beklagt, die Klage um den toten Feldherrn nahm jedoch öffentlichen Charakter an. Einige bedauerten den Tod von Gastfreunden, andere den von Angehörigen, wieder andere den Tod guter Freunde, über Josephus aber klagte man allgemein, so daß 30 Tage lang die Klage in der Stadt kein Ende nahm. Zahlreiche gab es, die sich Flötenspieler dingten, die für sie die Klagegesänge anstimmen mußten.

6. Mit der Zeit kam jedoch die Wahrheit über die Vorgänge um den Fall von Jotapata zutage, und so erwies sich das Gerücht vom Tode des Josephus als falsch. Als man die Nachricht bekam, daß er sich lebend bei den Römern befand und bei deren Feldherrn als Kriegsgefangener eine ungewöhnlich gute Behandlung erfuhr, machte sich ein Zorn über den Lebenden Luft, der an Heftigkeit

hinter der einstigen Verehrung und Liebe für den Totgeglaubten nicht zurückstand. Hier wurde er feige gescholten, dort zieh man ihn des Verrats, und die ganze Stadt war voll Unwillen und heftigsten Ausfällen gegen ihn. Die Schläge, die die Juden hatten hinnehmen müssen, reizten sie noch mehr und die hereingebrochene Katastrophe steigerte noch ihren Zorn. Das Unheil, das sonst gewöhnlich vernünftige Menschen zur Obsorge für ihre Sicherheit veranlaßt und sie vorsichtig macht gegenüber ähnlichen Situationen, war für sie ein Stachel, sich neuerdings dem Unheil auszusetzen, und so war das Ende des einen Schlages jeweils der Anfang des nächsten. Und sie steigerten ihre Feindseligkeit gegen die Römer noch mehr, weil sie mit ihnen auch den Josephus treffen wollten. In solche Verwirrung verstrickte sich zusehends die Einwohnerschaft von Jerusalem.

7. Vespasian zog nun von Caesarea am Meere nach Caesarea Philippi; er war nämlich gerade dabei, das Königreich des Agrippa zu besuchen, wozu ihn der König selbst eingeladen hatte. Dieser wollte nämlich den Feldherrn samt dem Heer in seinem reichen Hause begrüßen in der Absicht, mit dessen Hilfe seine wankende Herrschaft zu stützen. In Caesarea Philippi ließ er sein Heer zwanzig Tage lang in Ruhestellung gehen, er selbst aber war häufig Gast bei reichen Gelagen und war damit beschäftigt, Gott für sein Kriegsglück Dankopfer darzubringen. Als er aber erfuhr, daß Tiberias rebellieren wolle und daß der Aufstand in Tarichea bereits offen ausgebrochen sei – dies betraf zwei Städte in dem Königreich des Agrippa –, da sah er den Augenblick gekommen, wieder zu Felde zu ziehen, hatte er sich doch vorgenommen, überall die jüdischen Aufstandsbewegungen niederzuschlagen. Es geschah auch dem Agrippa zuliebe als Antwort auf die erwiesene Gastfreundschaft, wenn er die dem Agrippa unterstellten Städte wieder zur Räson brachte. Deshalb schickte er seinen Sohn Titus nach Caesarea am Meer mit dem Befehl, von dort das Heer nach Skythopolis zu bringen, der größten Stadt der Dekapolis, die Tiberias benachbart ist. Er selbst zog gleichfalls dorthin, um sich mit dem Sohn zu vereinigen, und von hier aus begab er sich mit drei Legionen fort,

um in einer Entfernung von 30 Stadien von Tiberias an dem Ort Sennabris sein Lager aufzuschlagen, und zwar so, daß es die Rebellen gut sehen konnten. Er sandte nun den Decurio Valerianus mit 50 Reitern ab, daß er den Bewohnern der Stadt Frieden und Verhandlungen anbiete. Er hatte nämlich gehört, das Volk dort wolle Frieden haben, werde aber von einer Kriegspartei bedrängt. Valerianus ritt bis unmittelbar vor die Stadtmauer, stieg vom Pferd herab und befahl auch den Reitern abzusitzen, daß sie nicht den Eindruck erweckten, als wollten sie ein Vorgefecht entfesseln. Aber noch ehe er seinen Mund auftun konnte, stürmten die wütendsten Rebellen in Waffen gegen ihn los unter Führung eines gewissen Jesus, des Sohnes des Tupha, der das Haupt des Raubgesindels war. Valerianus war aber der festen Überzeugung, sich ohne Auftrag des Feldherrn in kein Gefecht einlassen zu dürfen, mochte der Sieg noch so sicher sein; zudem sah er eine Gefahr darin, mit einer zahlenmäßig geringen und keineswegs kriegsbereit eingestellten Truppe dieser großen Menge von kampfbesessenen Rebellen ein Treffen zu liefern. Auch hatte ihn der unerwartete Wagemut der Juden in Schrecken versetzt; so flüchtete er denn zu Fuß, und auch fünf der restlichen Reiter ließen ihre Pferde zurück. Jesus und seine Leute führten nun diese Pferde voll Siegesfreude in die Stadt, gerade als hätten sie diese in einem regelrechten Kampf und nicht auf hinterlistige Weise erbeutet.

8. Die ältesten und vornehmsten Leute unter den Einwohnern packte darob die Furcht, und sie suchten im römischen Lager Zuflucht; und es gelang ihnen, den König auf ihre Seite zu bringen, und nun warfen sie sich vor Vespasian nieder und flehten ihn an, er möchte auf sie hören und möchte den Wahnwitz einiger Verrückter nicht der ganzen Stadt anlasten. Das Volk verdiene Schonung, wo es doch stets treu auf seiten der Römer gestanden hätte, und nur die Rädelsführer des Aufruhrs seien zu bestrafen; wären sie von diesen nicht dauernd in Schach gehalten worden, so wären sie ja längst auf sein Verhandlungsangebot eingegangen. Vespasian schenkte diesem Flehen Gehör, obgleich er der ganzen Stadt wegen des Raubs der Pferde sehr zürnte; aber er sah eben auch, daß

Agrippa um das Schicksal der Stadt besorgt war. Als nun die Unterhändler entsprechende Zusicherungen für die Bewohner bekommen hatten, hielten es Jesus und seine Leute nicht mehr für geraten, in Tiberias zu bleiben, und so flohen sie denn nach Tarichea. Tags darauf sandte deshalb Vespasian den Trajan samt etlichen Reitern auf die Höhe über Tarichea, um zu erkunden, ob auch hier das Volk in seiner Gesamtheit den Frieden wünsche. Und als er erfuhr, daß sie genauso gesinnt waren wie die von ihnen geschickten Parlamentäre, brach er auf und zog mit seinem Heer vor die Stadt. Die Bewohner machten die Tore auf und begegneten ihm mit Heilrufen und guten Wünschen und feierten ihn laut als ihren Retter und Wohltäter. Da der Zugang für die Truppen durch die schmalen Tore sehr beengt war, ließ Vespasian einen Teil der Mauer gen Mittag niederreißen und schuf so einen breiteren Zugang für das Heer. Dem Agrippa zuliebe verbot er jegliches Plündern und jegliche Gewaltanwendung, ja, er ließ sogar die Mauern stehen, da Agrippa sich selbst zum Bürgen dafür machte, daß die Bewohner künftig die Treue hielten. So wurde Vespasian wieder Herr der Stadt, der die Aufstandsbewegung starken Schaden zugefügt hatte.

10. KAPITEL

1. Von hier aus zog Vespasian weiter, um zwischen Tiberias und Tarichea ein Lager aufzuschlagen, das er mit besonders starker Umwallung versah, weil er von einer langen Dauer des Krieges in diesem Raum überzeugt war. Es waren ja alle aufrührerischen Elemente in Tarichea zusammengeströmt im Vertrauen auf die Befestigung der Stadt und auf den See, der in der Sprache der Bewohner Gennesar heißt. Josephus hatte nämlich die Stadt, die ähnlich wie Tiberias unten an einem Berg gelegen ist, ausgenommen die Partie am See, überall stark befestigt, allerdings nicht so stark wie Tiberias. Denn Tiberias hatte er zu Beginn des Aufstands ummauern lassen, als er noch über genügend Geld und Macht verfügte; Tarichea aber hatte sich mit dem begnügen müssen, was

seine vorherige Rührigkeit noch übriggelassen hatte. Andererseits aber hatten die Bewohner von Tarichea viele Schiffe auf dem See für eine Flucht nach einer etwaigen Niederlage zu Lande zur Verfügung gestellt. Sollte es zu einer Auseinandersetzung zu Wasser kommen, so waren sie dafür ebenfalls gerüstet. Während nun die Römer damit beschäftigt waren, ihre Lagerumwallung zu verstärken, riskierten Jesus und seine Leute ohne jegliche Angst vor der Anzahl und der ausgezeichneten Formierung der Feinde einen Ausfall und trieben schon im ersten Ansturm die mit den Schanzarbeiten beschäftigten Pioniere auseinander, brachten sogar ein kleines Stück des Walles zum Einsturz und kehrten ohne Verluste erst zu den Ihren zurück, als sie die Schwerbewaffneten in Aktion treten sahen. Nun aber nahmen die Römer die Verfolgung ihrer Gegner auf und jagten sie alle in die Schiffe; und diese fuhren gerade außerhalb der Schußweite der Römer auf den See hinaus, ankerten und bildeten dabei mit ihren Schiffen eine enggedrängte Schlachtreihe, um so gegen die vom Lande aus kämpfenden Feinde operieren zu können. Vespasian hatte in der Zwischenzeit in Erfahrung gebracht, daß sich die Mehrzahl der Juden auf der Ebene vor der Stadt sammelte, und sandte deshalb seinen Sohn gegen sie, zusammen mit 600 Reitern der Elitetruppe.

2. Titus stellte fest, daß es eine außerordentlich große Zahl von Feinden war, die sich da zusammengefunden hatte, und ließ deshalb seinen Vater ersuchen, ihm weitere Truppen zu schicken. Er merkte aber, daß die meisten seiner Reiter auch kühn genug waren, um, ohne die Verstärkung abzuwarten, loszuschlagen, daß es darunter aber auch welche gab, die sich im stillen vor der Überzahl der Juden fürchteten; deshalb stellte er sich so hin, daß er allenthalben gut vernehmbar war, und hielt folgende Rede: »Römer, schon mit diesem ersten meiner Worte muß ich euch ins Gedächtnis rufen, welchen Volkes Söhne ihr seid. Ihr sollt nämlich wissen, wer wir sind und gegen wen wir kämpfen. Niemand auf der ganzen Erde konnte bisher unseren Händen entrinnen, einzig die Juden – wollen wir dies Gute an ihnen lassen – sind wohl unterlegen, aber noch nicht niedergekämpft. Schändlich wäre es doch, wenn wir in

unserem Siegeslauf innehielten, während die Juden inmitten ihrer Katastrophe noch aufrecht stehen. Wohl habe ich meine Freude, wenn ich in euren Gesichtern Kampfesmut und Kampfeslust sehe, doch fürchte ich, daß die große Anzahl der Feinde im stillen doch manchem Unbehagen bereiten könnte. Aber ein solcher müßte sich erinnern, wer er selbst ist und gegen wen er zu kämpfen hat, und daß die Juden, so kühne Kämpfer sie auch sind und so sehr sie den Tod geringachten, doch über keinerlei Kampferfahrung verfügen, so daß sie eher als Haufe denn als Heer zu bezeichnen sind. Wozu noch weitere Worte über unsere Erfahrung und unsere Kriegszucht? Denn wir treiben als einziges Volk doch deshalb unsere militärischen Übungen schon im Frieden, daß wir uns im Kriege nicht wegen des Zahlenverhältnisses gegenüber den Feinden zu kümmern brauchen. Was nützte uns schon das ständige Exerzieren, wenn wir es nur immer mit einer gleich großen Anzahl von Feinden aufnehmen könnten? Bedenkt doch auch, daß ihr voll gerüstet seid, während sie nur schlecht bewaffnet sind, daß wir als Reiter gegen Fußvolk antreten und dies unter einer guten militärischen Führung gegenüber einem führerlosen Haufen! Durch all dies seid ihr sehr im Vorteil, während anderseits das zahlenmäßige Übergewicht der Feinde sich entscheidend verringert. Außerdem kommt es im Krieg nicht in erster Linie auf die Zahl an, selbst wenn der Gegner über waffenfähige Mannschaften verfügt, sondern auf die Tapferkeit, auch wenn sie nur wenigen zu eigen ist. Diese wenigen sind nämlich leichter manövrierfähig und halten sich länger in der Abwehr, wogegen allzu große Abteilungen im Kampf sich selbst mehr Schaden zufügen als die Feinde. Die Stärke der Juden ist ihre Tollkühnheit, ihr Mut der Verzweiflung und ihr leidenschaftliches Zupacken, das sich in günstigen Situationen wohl bewähren mag, während es bei den geringsten Rückschlägen wirkungslos wird. Was uns aber leitet, das ist die Tapferkeit, die kämpferische Zucht und jener edle Kampfesmut, der sich bei glücklichem Verlauf der Operationen aufs höchste bewährt, aber auch im Unglück die Tatkraft nicht mindert. Außerdem gilt unser Einsatz höheren Idealen, als die Juden sie kennen; denn wenn sie den Krieg riskieren für die

Freiheit und für das Vaterland, so muß ich euch fragen, was wir denn Höheres kennen, als uns Ruhm zu erwerben und den Anschein zu bekämpfen, als hätten wir wohl die Weltherrschaft errungen, wären aber jetzt doch auf einen gleichwertigen Gegner bei den Juden gestoßen. Ferner müßt ihr in Rechnung stellen, daß wir keineswegs Gefahr laufen, eine katastrophale Niederlage zu erleiden, denn die Truppen, die uns zu Hilfe kommen können, stehen in großer Zahl in nächster Nähe bereit. Aber auch der Sieg ist in unsere Hand gegeben, wir sollten nur vor dem Eintreffen der von meinem Vater in Marsch gesetzten Verstärkungen in Aktion treten, daß wir das Glück des Siegers nicht teilen müssen und daß es dementsprechend größer sei. Nach meiner Auffassung nämlich geht es in dieser Stunde um das Urteil über meinen Vater, über mich und euch; über meinen Vater insofern, als sich zeigen muß, ob er sein früheres Kriegsglück verdient hat, über mich, ob ich mich zu Recht seinen Sohn nennen darf, und über euch, ob ihr wirklich meine Soldaten seid. Denn mein Vater kennt ja schon nichts anderes als den Sieg, ich aber würde es nicht überleben, von euch verlassen, vor ihn hintreten zu müssen. Wäre es nicht für euch eine Schande, euch geschlagen zu geben, wenn euer Feldherr vor euch die Gefahr auf sich nimmt? Denn das werde ich tun, und das wißt ihr auch, ich will der erste sein, der sich auf den Feind wirft. So laßt euch denn von mir nicht übertreffen und seid fest davon überzeugt, daß auch Gott als mein Helfer mein Vorwärtsstürmen segnet, und wißt von vornherein in aller Deutlichkeit, daß unser Kampfpreis höher ist als nur der Sieg im Kampf vor der Stadt!«

3. So sprach Titus, und eine göttliche Begeisterung überkam die Soldaten, und als Trajan noch vor dem Treffen mit 400 Reitern herbeikam, da zeigten sie ihren Unwillen darüber, daß ihnen durch dessen Teilnahme am Kampf der Anteil am Sieg verringert würde. Dazu entsandte Vespasian noch den Antonius Silo mit 2000 Bogenschützen, die die Anhöhe gegenüber der Stadt besetzen und die Juden auf der Mauer verscheuchen sollten. Während nun die Römer befehlsgemäß den letzteren jede Aktionsfähigkeit nahmen, die auf ihre Weise versuchten, den Ihrigen entscheidend zu helfen,

spornte Titus allen voran sein Pferd gegen die Feinde; und ihm folgten die anderen mit lautem Geschrei, und sie verbreiteten sich dabei über die ganze Ebene, soweit diese vom Feinde gehalten wurde. Auf diese Weise erschienen sie zahlenmäßig stärker, als sie es tatsächlich waren. Wohl gerieten die Juden ob des rasanten Ansturms und der feindlichen Formationskunst in einigen Schrecken, aber sie waren doch in der Lage, die feindlichen Angriffe abzuwehren, bis sie dann von den Lanzen durchbohrt, von der Reiterattacke niedergetrampelt und durch die Hufe der Pferde zermalmt wurden. Auf der ganzen Walstatt fanden viele den Tod, und die anderen flüchteten nun nach allen Seiten, jeder wollte so schnell wie möglich in die Stadt zurückgelangen. Titus verfolgte die einen in unmittelbarem Nachdrängen und schlug sie nieder, andere tötete er, indem er sich aus dichtem Kampfgetümmel herausschlug, wieder anderen kam er zuvor und durchbohrte sie von vorn; wo zahlreiche übereinandergestürzt waren, sprang er obenauf, um sie zusammenzuhauen. Allen wurde die Flucht zur Mauer möglichst abgeschnitten, um sie in die Ebene abzudrängen, bis schließlich der großen Masse gewaltsam ein Durchbruch gelang und alle in die Stadt fliehen konnten.

4. Im Innern aber tauchte vor ihnen wieder das schwere Problem der Uneinigkeit auf. Die Bewohner, denen es um Hab und Gut und um das Dasein ihrer Stadt ging, waren in ihren Ansichten von vornherein gegen den Kampf eingestellt, und das war nun noch in besonderem Maße der Fall, da die Sache mißlang. Die vielen von auswärts Herzugekommenen aber waren um so mehr für den Kampf eingestellt. Beide Parteien stritten aufs heftigste miteinander unter lautem Getöse, und es wäre beinahe zu einer bewaffneten Auseinandersetzung gekommen. Nun stand Titus ganz dicht bei der Mauer und hörte den Lärm und rief: »Kameraden, das ist die rechte Gelegenheit! Wozu zögern wir noch, wenn Gott die Juden in unsere Macht gibt? Greift nach dem Sieg! Hört ihr nicht den Lärm? Die, die unseren Händen entkamen, sind entzweit! Die Stadt gehört uns, wenn wir schnell zupacken! Doch nicht nur schnell muß es gehen, es bedarf auch der Mühe und des

energischen Einsatzes, muß doch alles Große durch die Überwindung von Gefahren zustande kommen. Man muß nicht nur verhindern, daß die entzweiten Feinde sich erst noch einigen, was unter dem Druck der schwierigen Situation rasch der Fall sein könnte, sondern wir müssen auch der Hilfeleistung unserer eigenen Kameraden zuvorkommen, damit wir zu dem Sieg über einen zahlreichen Feind hin auch noch durch unseren alleinigen Einsatz die Stadt in unsere Hände bringen.«

5. Sprach's und sprang auf sein Pferd und lenkte es allen voran zum See, sprengte durchs Wasser und drang an der Spitze der anderen, die ihm folgten, in die Stadt ein. Angesichts dieser kühnen Attacke gerieten die Soldaten auf der Mauer in große Furcht, und keiner getraute sich, zu den Waffen zu greifen oder dem Gegner in den Weg zu treten; sie liefen weg, die Leute des Jesus flohen zu Lande, die andern eilten zum See hinab und gerieten direkt den Feinden in die Hände und fanden so den Tod. Die einen traf er beim Einsteigen in die Boote, die anderen bei dem Versuch, denen nachzufolgen, die bereits vom Land abgestoßen waren. Es war ein fürchterliches Blutbad in der Stadt, denn die Fremden, denen die rechtzeitige Flucht nicht gelungen war, leisteten Widerstand, während die Einwohner kampflos in den Tod gehen mußten. Diese nämlich verzichteten deshalb auf den Widerstand, weil sie hofften, pardoniert zu werden, und weil sie die Genugtuung hatten, gegen die kriegerische Auseinandersetzung gewesen zu sein. Das Blutbad dauerte so lange, bis Titus nach der Niedermetzelung der Rädelsführer mit den Einwohnern Erbarmen hatte und dem Morden Einhalt gebot. Und als jene, die auf den See geflohen waren, Zeugen der Einnahme der Stadt wurden, ruderten sie möglichst weit von den Feinden weg.

6. Nun schickte Titus einen reitenden Boten an seinen Vater mit der guten Nachricht von der gelungenen Attacke. Vespasian war natürlich sehr erfreut über den Mut seines Sohnes und sein Kampfesglück, war er doch der Ansicht, daß nunmehr ein sehr wichtiger Abschnitt des Krieges zu seinen Gunsten entschieden war. Er kam selbst herbei und gab Befehl, die Stadt ringsum zu

umstellen und zu bewachen, daß keiner insgeheim entfliehen könnte, und jeder, der es trotzdem wagte, sollte getötet werden. Tags darauf verfügte er sich zum See hinab und befahl den Bau von Flößen, auf denen die Verfolgung der Flüchtigen aufgenommen werden sollte; das ging sogar sehr rasch vor sich, da es weder an Baumaterial noch an den entsprechenden Handwerkern fehlte.

7. Der See Gennesar ist benannt nach dem Gebiet, das an ihn grenzt. In der Breite mißt er 40 Stadien, doch ist er noch um 100 Stadien länger; trotzdem ist es ein Süßwassersee, und man kann das Wasser gut trinken, da es klarer ist als das schlammige Sumpfwasser und völlig rein. Der See wird nämlich allseits von steinigen oder sandigen Ufern umgeben. Schöpft man daraus, so hat das Wasser stets den rechten Gehalt, denn es ist weicher als Fluß- oder Quellwasser, aber stets kühler, als man es bei der großen Fläche des Sees erwarten möchte. Bringt man das Wasser, wie es die Anwohner in Sommernächten gewöhnlich tun, an die Luft, dann wird es eiskalt. An Fischen trifft man darin hinsichtlich des Geschmacks und des Aussehens auch andere Arten als in den sonstigen Gewässern. Mitten durch den See fließt der Jordan. Allerdings gelangt das Wasser unterirdisch und völlig unsichtbar hierher, aus dem sogenannten Phiala-See. Dieser ist an der Straße gelegen, die in die Trachonitis führt, und zwar nur wenig rechter Hand in einer Entfernung von 20 Stadien von Caesarea. Mit Recht heißt dieser See Phiala, denn innerhalb seines kreisförmigen Ufers steht das Wasser ständig gleich hoch, ohne zu fallen oder zu steigen. Daß hier die Jordanquelle ist, war so lange unbekannt, bis es Philippus, der Tetrarch der Trachonitis, zum erstenmal bewies. Er ordnete nämlich an, daß Häcksel in die Phiala geworfen werde, das dann am Panium, dort, wo früher die Jordanquelle vermutet wurde, wieder herauskam. Die Naturschönheit des Panium war noch gesteigert durch prachtvolle Bauten, die König Agrippa unter Aufbietung seines großen Reichtums errichten ließ. Dort liegt nämlich eine Grotte, wo der sichtbare Verlauf des Jordans seinen Anfang nimmt, um dann die Sümpfe und tiefgelegenen Partien um den Semechonitis-See zu passieren; wiederum 120 Stadien unterhalb

der Stadt Julias durchquert er dann den See Gennesar, um nach einer weiten Wüstenstrecke in den Asphaltsee zu münden.

8. Am See Gennesar entlang erstreckt sich das Land gleichen Namens, wunderbar in seiner Naturschönheit. Die Üppigkeit des Bodens erlaubt jede Art von Bepflanzung, und die Einwohner bauen tatsächlich auch alles an, zumal das wohltemperierte Klima den verschiedensten Gewächssorten entgegenkommt. Der Nußbaum, der mehr als alle anderen Pflanzen eine kühle Witterung braucht, gedeiht dort herrlich und in großer Menge. Neben ihm wächst die Palme, die der Hitze bedarf, ebenso der Feigenbaum und der Ölbaum, denen ein milderes Klima zuträglich ist. Man möchte fast glauben, die Natur trage dort einen Wettstreit aus, um mit aller Mühe sämtliche denkbaren Gegensätze an einem einzigen Platz zu konzentrieren; oder man könnte von einem edlen Wetteifer der Jahreszeiten sprechen, von denen jede es dieser Gegend in besonderem Maße recht machen will. Nicht nur die verschiedensten Obstsorten gedeihen dort, so verschieden, daß sie kaum vereint vorstellbar sind, sondern der Boden schafft auch alle Voraussetzungen für eine langdauernde Erntezeit und für reife Früchte. Weintrauben und Feigen, die königlichsten Früchte, kann man zehn Monate lang ohne Unterbrechung ernten, die anderen Früchte sogar während des ganzen Jahres. Denn nicht nur, daß die Witterung dort sehr milde ist, sondern die Fruchtbarkeit des Bodens wird noch dadurch erhöht, daß eine sehr wasserreiche Quelle für die Bewässerung sorgt; die Einwohner nennen sie Kapharnaum. Vielfach wurde diese Quelle für eine Wasserader des Nils angesehen, denn es kommt dort eine Fischgattung vor, die dem Rabenfisch im See von Alexandrien ähnelt. Das Land am Ufer des Sees gleichen Namens mißt in seiner Länge 30 und in der Breite 20 Stadien. Soviel über die natürliche Beschaffenheit der Gegend.

9. Die Flöße waren nun fertig, und Vespasian bemannte sie mit so vielen Truppen, wie er sie für den Kampf gegen die auf den See entwichenen Feinde für ausreichend ansah, und hieß sie vom Land abstoßen. Auf dem See wurden dann die Juden eingekreist, so daß sie weder ans Land kamen – dieses war ja gänzlich vom Feinde be-

setzt – noch in einer Seeschlacht sich mit den Römern messen konnten. Denn ihre Boote waren winzig und gerade für Piratenzwecke brauchbar, gegen die Flöße aber konnten sie nichts ausrichten; und da jedes von ihnen auch zuwenig Kämpfer faßte, wagten sie nicht, an die vollgedrängten römischen Flöße heranzukommen, wenn diese sich ihnen nahten. Gleichwohl umschwärmten sie die Flöße in weitem Abstand und gerieten ihnen manchmal zu nahe. Aus der Entfernung bewarfen sie dann die Römer mit Steinen, und wenn die Fahrzeuge aneinandergerieten, dann wagten sie auch den Nahkampf. Doch beides ließ sie nur in eine noch üblere Situation geraten; denn das Werfen mit den Steinen hatte nur das fortwährende Geräusch der Aufschläge zur Folge, da sie ja auf gut ausgerüstete Soldaten warfen; anderseits gerieten sie dadurch in die Schußweite der Römer. Wagten sie aber, noch näher heranzukommen, so starben sie, noch bevor sie in Aktion treten konnten, das heißt, sie wurden zusammen mit den Schiffen in den Grund gebohrt. Die Römer aber drängten heran und töteten viele, die auszuweichen suchten, mit ihren Lanzen, während sie andere mit den Schwertern niedermachten, wobei sie in die Schiffe der Juden hineinsprangen; wieder andere kreisten sie mit ihren Flößen ein, daß sie diese samt ihren Booten kapern konnten. Wenn einer von den Untergegangenen mit dem Kopf wieder auftauchte, dann traf ihn im gleichen Augenblick ein Geschoß, oder er wurde die Beute eines Floßes. Wollte aber einer, einen letzten Ausweg suchend, auf ein feindliches Fahrzeug gelangen, so schlugen ihm die Römer den Kopf oder die Hand ab. Allenthalben wurden zahlreiche Juden auf alle mögliche Weise getötet, bis der Rest, in ihren Nachen eingekreist, fliehend zum Ufer hin abgedrängt wurde. Wollten sie jedoch an Land gehen, so wurden viele von ihnen von den Lanzen durchstochen, noch bevor sie zum Uferrand gelangt waren. Viele andere sprangen doch ans Land und fielen dort den Römern zum Opfer. Der ganze See schien gerötet vom Blut und übersät von Leichen, keiner konnte entrinnen. So breitete sich denn an den kommenden Tagen ein übler Geruch über die ganze Gegend; ein furchtbarer Anblick! Am Strande lagen die Wracks der Schiffe und dazu noch die aufgetriebenen

Leichname, und in der Sommerglut wurde die ganze Luft vom Gestank der Verwesung erfüllt, was nicht nur den Juden hart zusetzte, sondern auch denen, die alles in ihrem Haß angerichtet hatten. So endete diese Seeschlacht, die 6700 Menschen den Tod brachte, wenn man die schon zuvor bei der Einnahme der Stadt Getöteten miteinrechnet.

10. Als der Kampf vorüber war, bestieg Vespasian in Tarichea den Richtstuhl und nahm eine Scheidung vor zwischen den ansässigen Einwohnern und den Hinzugekommenen, in denen er die Rädelsführer der Rebellion sah. Hierauf hielt er Rat mit seinem militärischen Stab, ob es richtig sei, auch diesen Pardon zu geben. Die Antwort war, es sei bedenklich, ihnen die Freiheit zu schenken, da sie sich als heimatlose Menschen kaum zufriedengeben würden, wenn man sie freiließe; es sei ihnen zuzutrauen, daß sie auch ihre Gastgeber, bei denen sie Aufnahme fänden, zum Krieg zwängen. Vespasian sah schließlich selbst ein, daß es nicht geraten war, sie zu schonen, und daß sie die Freiheit gegen ihre Befreier gebrauchen würden. Es war ihm nur noch eine Frage, auf welche Weise er sich ihrer am besten entledigen könne. Denn wenn sie jetzt gleich an Ort und Stelle getötet würden, so stand zu fürchten, daß die Ansässigen wieder die Rebellion aufflackern lassen würden, da sie wohl die gewaltsame Beseitigung so zahlreicher Menschen, die von ihnen Gastfreundschaft erbaten, nicht hinnähmen. Vespasian konnte sich auch nicht mit dem Gedanken befreunden, sie gegen Ehrenwort freizulassen und dann doch umzubringen. Schließlich aber gewannen seine Vertrauten die Oberhand, indem sie argumentierten, den Juden gegenüber gebe es keine Verletzung des göttlichen Rechts, und außerdem stehe hier der Nutzen vor dem Gebot des Anstands, wenn es um diese Alternative gehe. So gestand er ihnen denn, freilich in unklaren Worten, zu, frei ihren Weg zu gehen, verlangte aber, daß sie einzig die Straße nach Tiberias zögen. Die Juden schenkten dieser Erfüllung ihres Wunsches gern Glauben, und ohne sich etwas dabei zu denken, zogen sie den ihnen vorgeschriebenen Weg und trugen ihre Habe ganz offen bei sich. Die Römer aber hielten die ganze Straße bis Tiberias unter starker Be-

wachung, daß keiner entkommen konnte, und so wurden sie eingekreist und von der Stadt abgeriegelt. Nun kam auch Vespasian herbei und befahl, sie alle im Stadion antreten zu lassen und die Greise und Hinfälligen, im ganzen 1200 Menschen, niederzumetzeln. Von den Jüngeren wählte er die Gesündesten aus und überstellte sie dem Nero nach dem Isthmus; die restlichen 30 400 ließ er verkaufen mit Ausnahme derer, die er dem Agrippa zum Geschenk machte. Wer von den Gefangenen aus dem Königreich des Agrippa stammte, den gab er ihm zurück, damit dieser nach Belieben mit ihnen verfahre; aber auch Agrippa ließ diese verkaufen. Der Rest stammte aus der Trachonitis, aus Gaulan, aus Hippos und aus der Gadaritis; es waren dies großenteils aufrührerische Elemente, flüchtige Menschen und Leute, die sich wegen ihrer Verbrechen im Frieden veranlaßt sahen, sich durch den Krieg am Leben zu erhalten. Am achten Tag des Monats Gorpiaeus gerieten sie in Gefangenschaft.

BUCH IV

1. KAPITEL

1. Soweit die Bewohner von Galiläa nach der Einnahme von Jotapata von den Römern abgefallen waren, zeigten sie sich nach der Katastrophe von Tarichea wieder gefügig, und die Römer bekamen alle befestigten Orte und die Städte mit Ausnahme von Gischala und der Besatzung des Berges Itabyrion (= Berg Tabor) wieder fest in ihre Hand. Auch Gamala, das jenseits des Sees liegt, gegenüber von Tarichea, ging zu ihnen über. Diese Stadt befand sich innerhalb des Einflußbereichs des Agrippa, ebenso auch Sogane und Seleukia. Die erstgenannten Städte gehörten zur Gaulanitis, Sogane zur sogenannten oberen, Gamala zur unteren Gaulanitis; Seleukia jedoch ist in Richtung auf den Semechonitis-See gelegen. Dieser hat eine Breite von 30 und eine Länge von 60 Stadien, und sein Sumpfland reicht bis nahe an das Gebiet von Daphne, das übrigens sehr fruchtbar ist und Quellen aufweist, aus denen sich der sogenannte kleine Jordan unterhalb des Tempelbezirks der ›goldenen Kuh‹ speist, um dann in den großen Jordan zu münden. Agrippa hatte gleich zu Anfang des Aufstandes die Bewohner von Sogane und Seleukia zu sich herüberziehen können, während Gamala hart blieb, da es sich noch in höherem Grade als Jotapata auf seine unwegsame Lage verließ. Dort fällt nämlich ein jäher Bergkamm hoch herab, und in seiner Mitte befindet sich ein Höcker; von diesem hohen Mittelstück aus erstreckt er sich in die Länge, um sich dann nach der Vorder- und der Rückseite abzudachen. Er sieht also aus wie ein Kamel, und davon hat auch der Platz seinen Namen; doch wollen die Bewohner nichts davon wissen. Beiderseits und auf der Vorderseite schneiden unpassierbare Schluchten ins Land ein, nur gegen die Rückseite wird die Gegend etwas besser gangbar, da sich der Kamm dort mit dem Berg vereinigt. Aber auch diesen Punkt machten die Bewohner durch die Anlage eines Grabeneinschnitts unpassierbar. Soweit die Häuser an

die steile, ausgebuchtete Wand gebaut wurden, sind sie eng aneinandergedrängt; es ist ein Anblick, als wenn die Stadt aufgehängt wäre und ob des jäh abstürzenden Geländes sich zusammenfalten und herabstürzen wollte. Die Stadt hat Südlage, und in der gleichen Richtung steigt auch eine Erhebung besonders stark an, wo sich die Burg befindet. Der Platz darunter entbehrt der Befestigung, fällt er doch jählings in die tiefe Schlucht ab. In der Stadt gibt es eine Quelle, freilich ganz am Rande, dort, wo die Stadt zu Ende ist.

2. Als Josephus diese schon von Natur aus uneinnehmbare Stadt noch mit Mauern umgab, hatte er sie durch ein Grabensystem noch zusätzlich befestigt, und so verließen sich die Bewohner noch mehr auf den Vorzug der natürlichen Lage als die Bewohner von Jotapata, doch verfügten sie nicht über gleich viele einsatzfähige Leute und dachten auch nicht an die Beschaffung von zusätzlichen Verteidigern, da sie ja ihrem Platz vertrauten; freilich war eben diese geschützte Lage der Grund, warum sie von Flüchtlingen überfüllt war. So hatte sie den von Agrippa geschickten Belagerern sieben Monate lang standgehalten.

3. Vespasian nun rückte von Ammathus aus vor, wo er unmittelbar vor Tiberias ein Lager aufgeschlagen hatte. Ammathus würde am geeignetsten mit ›Warmwasser‹ übersetzt, denn dort gibt es eine Quelle mit warmem Wasser, die sich als Heilquelle bewährt. Vespasian gelangte so vor Gamala, konnte die Stadt aber nicht ganz einschließen und übersehen wegen ihrer aufgezeigten Lage. An geeigneten Plätzen postierte er aber Wachen und besetzte den die Stadt überragenden Berg. In der herkömmlichen Weise errichteten die Legionen dort ihr Lager, worauf Vespasian daranging, auf der rückwärtigen Seite des Berges Erdaufschüttungen vorzunehmen, genauso auch östlich davon. Dort befand sich ganz oben in der Stadt ein Turm, wo die 15. Legion zum Einsatz kam. Die 5. Legion jedoch suchte in die Stadtmitte vorzudringen, während die 10. Gräben und Eintiefungen aufschüttete. Da begab sich nun König Agrippa an die Stadtmauer, um mit den dort befindlichen Bewohnern die Kapitulation auszuhandeln; dabei verwundete ihn

ein Schleuderer mit einem Stein an der rechten Armbeuge. Nun suchten ihn sofort seine Leute abzudecken, doch ließen sich die Römer durch die Wut über eine solche Art, mit dem König umzugehen, und aus Furcht um ihr eigenes Schicksal dazu hinreißen, die Belagerung nur noch intensiver zu betreiben, mußten sie doch glauben, daß eine Bevölkerung, die sich gegen einen der Ihren und gegen einen so ausgezeichneten Ratgeber in so gemeiner Weise verging, gegenüber Fremden und noch dazu feindlich Eingestellten erst recht nicht auf ihre Grausamkeit verzichten würde.

4. Die Dämme wurden recht schnell aufgeschüttet, denn viele, und zwar solche, die es verstanden, halfen mit; sodann wurden die Belagerungsmaschinen herangebracht. In der Zwischenzeit stellten Chares und Josephus samt ihren Leuten – das waren die bedeutendsten Persönlichkeiten der Stadt – die Schwerbewaffneten auf, die freilich ziemlich entmutigt waren in der Annahme, daß Wassermangel und die Not an anderen lebensnotwendigen Dingen sie kaum fähig machten, eine längere Belagerung auszuhalten. Aber man redete ihnen gut zu und postierte sie auf der Mauer, und tatsächlich konnten sie einige Zeit die Feinde abwehren, die die Belagerungsmaschinen heranbrachten. Als dann aber die Artillerie und die Schleuderer eingriffen, wichen sie in das Innere der Stadt zurück. Da brachten die Römer Sturmböcke herbei und durchbrachen die Mauer an drei Stellen, und über die Trümmer hinweg fluteten sie unter dem lauten Klang der Trompeten und unter Waffenlärm und Kriegsgeheul in die Stadt, um sich den Verteidigern im Nahkampf zu stellen. Für kurze Zeit konnten diese die Eindringlinge abwehren und außerdem dafür sorgen, daß sich die Einbruchstellen nicht erweiterten. Die Römer gerieten darob in eine recht unangenehme Lage. Aber die zahlenmäßige Überlegenheit des Gegners und der konzentrierte Angriff, dem sie sich ausgesetzt sahen, veranlaßte sie, sich in die Oberstadt zurückzuziehen; dort kehrten sie dann plötzlich um und stürzten sich auf die nachstoßenden Feinde und warfen diese den steilen Hang hinab, wo sie dann in die Enge gerieten und, in dem ungünstigen Gelände eingepfercht, von den Römern geschlagen werden konnten. Eine andere Abteilung der

Römer vermochte sich nicht gegen die Juden oberhalb von ihnen durchzusetzen oder sich durch ihre eigenen Leute, die nachdrängten, nach abwärts durchzuzwängen; so nahmen sie auf den Dächern der feindlichen Stadt Zuflucht, denn auf diese konnte man vom Boden aus hinaufgelangen. Aber die Dächer waren nun voll von Menschen und waren einer solchen Last nicht gewachsen, so daß die Häuser einstürzten. Und schon wenn ein einziges zusammenstürzte, so wurden viele Häuser, die unterhalb lagen, mitgerissen, und diese wiederum rissen die darunter befindlichen mit in die Tiefe. So hatten die Römer große Verluste, wenn die Soldaten in der Verzweiflung auch dann noch, wenn man schon sehen konnte, wie sich die Dächer neigten, hinaufsprangen. Ein großer Teil wurde so verschüttet, viele büßten auf der Flucht Gliedmaßen ein, und die Mehrzahl fand vor lauter Staub den Tod durch Ersticken. Die Bewohner von Gamala sahen darin ein Zeichen göttlicher Hilfe, mißachteten ihre eigene Gefahr und stürzten sich auf die Feinde, drängten sie auf die Dächer hinauf und nahmen die Römer von oben noch unter tödlichen Beschuß, wenn diese die abschüssigen Gassen hinunterglitten und nicht mehr auf die Beine kamen. Der Schutt der eingestürzten Häuser lieferte ihnen in reicher Zahl die Wurfgeschosse, und von den erschlagenen Feinden bekamen sie die Waffen; denn von den Gefallenen holten sie sich die Schwerter aus der Scheide und wendeten sie gegen die Römer, die eines elenden Todes starben. Viele auch stürzten sich selbst von den Dächern, wenn sie damit rechnen mußten, daß diese barsten, und fanden so den Tod. Auch die Fliehenden konnten nicht leicht entkommen, kannten sie doch die Fluchtwege nicht, und außerdem nahm ihnen der dichte Staub die Sicht, so daß sie einander nicht mehr erkennen konnten; dann schlugen sie sich gegenseitig nieder und fielen von den Händen ihrer Kameraden.

5. Fand jemand mit Mühe einen Ausgang, so verließ er die Stadt. Vespasian hielt ständig bei seinen um ihr Leben ringenden Leuten aus, befiel ihn doch ein furchtbares Weh, wenn er im Umkreis die Stadt über seinen Leuten bersten sah. Nicht achtete er seiner selbst, unversehens hatte er sich bis an die höchste Stelle der

Stadt durchgearbeitet und war dort, von Gefahren umbrandet, mit nur wenigen der Seinen gänzlich auf sich gestellt. Es war nämlich Titus, sein Sohn, nicht bei ihm, war er doch zu Mucianus nach Syrien geschickt worden. Vespasian aber sah es für gefährlich an und erachtete es auch als seiner unwürdig, wenn er vor dem Feinde floh, und so gedachte er seiner Mühsale, die er von Jugend an zu bestehen hatte, und seiner bislang bewiesenen Tapferkeit; und es war, als ergriff ihn eine göttliche Begeisterung, als er die Soldaten, die noch bei ihm waren, aus ihren Leibern und Panzerrüstungen einen Schild bilden hieß, und auf diese Weise drängte er den Wogen des Kampfes entgegen, die von oben her gegen ihn anbrandeten. Die Übermacht des Feindes und seiner Geschosse galt ihm nichts, und er hielt sie so lange aus, bis der Angriff der Gegner verebbte, da sie seine Tapferkeit irgendwie als etwas ansahen, was das menschliche Maß überstieg. Und nun, als die Gewalt des Feindes sich verringerte, zog er sich Schritt um Schritt zurück, kehrte ihm jedoch dabei den Rücken zu und gelangte so schließlich aus der Mauer heraus. Diese Schlacht kostete vielen Römern das Leben, auch dem Decurio Aebutius, der nicht nur diesmal, da er den Tod finden sollte, sondern auch sonst jedesmal besonders tapfer gekämpft und den Juden viel Ungemach verursacht hatte. Besser erging es dem Centurio Gallus, der mit zehn seiner Leute von den Feinden umzingelt war. Das Schlachtgetümmel ließ ihn unbemerkt in ein Haus entweichen, dessen Bewohner während des Abendessens von den Plänen des Volkes gegen die Römer sprachen bzw. gegen sie selbst, die doch Syrer waren. Als es Nacht war, stürzte er sich auf sie, tötete alle und konnte sich mit seinen Leuten zu den Römern retten.

6. Für das Heer waren diese Schläge unfaßbar, und es griff tiefe Mutlosigkeit um sich; denn noch nie war ihm so etwas Furchtbares zugestoßen, und den Leuten war es besonders peinlich, daß sie den Feldherrn inmitten der Gefahr verlassen hatten. So gab sich Vespasian Mühe, ihnen wieder Mut zu machen, wobei er sein eigenes Erleben völlig unbeachtet ließ, um sich ja nicht den Anschein zu geben, als hätte er an ihrer Haltung irgend etwas auszusetzen. Er

wies darauf hin, daß man eine gemeinsame Katastrophe auch tapfer hinnehmen müsse unter Berücksichtigung der Eigenart des Krieges, die nun einmal keinen Sieg ohne Blutzoll ermögliche. »Das Glück im Kriege«, so sprach er, »verlangt einmal seinen Tribut, während es sich dann wieder einmal als helfende Macht zu erkennen gibt. Stellt man in Rechnung, daß ihr, was euch betrifft, schon so viele Tausende von Juden getötet habt, so ist es nur ein kleines Opfer, das ihr jetzt dem Kriegsgott darbringen mußtet. Wie es ein gemeines Denken verrät, sich guter Erfolge allzu sehr zu rühmen, so ziemt es sich auch nicht für einen Mann, Mißerfolgen gegenüber untröstlich zu sein. Denn hier wie dort kommt es schnell wieder anders, und am tüchtigsten ist der Soldat, der auch dann nüchtern bleibt, wenn es ihm gut geht, und der sich folglich auch genauso tapfer verhält, wenn sich das Blatt wenden sollte. Außerdem war es nicht etwa Feigheit unsererseits, die das Geschehene verursachte, wie auch nicht etwa eine außerordentliche Tapferkeit der Juden. Ihr Sieg und unsere Niederlage gehen vielmehr auf Konto des ungünstigen Geländes. Daß ihr trotz dieses Umstandes so unbeherrscht auf euren Angriff pochtet, möchte wohl einer tadeln. Denn sowie sich der Feind in die Oberstadt zurückzog, wäre es nötig gewesen, innezuhalten und sich nicht blindlings in Gefahren zu begeben, die von dort her drohten. War man Herr der Unterstadt, so war es ohne weiteres möglich, die Entweichenden Stück für Stück zu einem richtigen Kampf zu stellen, der auch Hoffnung auf einen günstigen Ausgang bot. Ihr aber stürztet euch ohne Beherrschung auf den Feind und ließet es deshalb an der nötigen Vorsicht fehlen. Der Römer kennt aber keinen solchen Mangel an Vorsicht im Kampf, und auch jegliche unüberlegte Tollkühnheit liegt uns fern, wo wir doch durch Erfahrung und geordnetes Verhalten zu siegen gewohnt sind. Barbaren pflegen diese Dinge außer acht zu lassen, und namentlich die Juden verfallen solchen Fehlern. So bleibt es uns nicht erspart, wieder in unserer Weise tapfer zu sein und lieber wieder Mut zu fassen, als der unverschuldeten Niederlage nachzuhängen. Jeder lasse sich am besten von seiner eigenen Kämpferhand trösten; dann gibt es für euch eine Rache für die

Toten, und so wird es euch gelingen, den Schild vor sie zu halten. Was mich betrifft, so werde ich wieder genauso wie in diesem Kampf auch fernerhin alles tun, um euch in der Schlacht voranzugehen und als letzter von der Stelle zu weichen.«

7. Mit dieser Rede bekam Vespasian seine Leute wieder in seine Hand. Die Bewohner von Gamala hatte ihr Sieg, den sie nicht in dieser Größe erhofft und den sie so wider Erwarten davongetragen hatten, für einige Zeit mit großer Zuversicht erfüllt. Als sie sich jedoch im Laufe der Zeit darüber klar wurden, daß auf diese Weise auch jede Hoffnung auf einen Ausgleich für sie geschwunden war, und als sie dazu noch einsehen mußten, daß ihnen jede Fluchtmöglichkeit genommen war, weil es ja schon an den Lebensmitteln zu fehlen begann, da überkam sie eine rechte Trübsal, und sie ließen den Mut sinken. So gut sie es vermochten, boten sie natürlich alles auf, um ihre Rettung zu erlangen: An den Einbruchstellen übernahmen die bewährtesten Leute den Wachdienst, während die anderen die noch intakten Teile der Mauer besetzten. Da machten die Römer aber die Dämme noch stärker und probierten es nochmals mit einem Sturmangriff, und nun verließen die meisten fluchtartig die Stadt, teils durch die unpassierbaren Schluchten, wo sich keine römischen Wachen postiert hatten, teils durch die unterirdischen Gänge. Es blieben aber auch einige zurück aus Furcht, dabei den Feinden in die Hände zu fallen; sie aber fielen alle dem Hungertod zum Opfer, da die Lebensmittel, die man überall zusammensuchte, nur an die kämpfende Truppe verteilt wurden.

8. So hielten sich denn die Bewohner von Gamala in dieser mißlichen Lage, während sich Vespasian neben der eigentlichen Belagerung von Gamala auch noch gegen die Rebellen wandte, die den Berg Tabor besetzt hielten. Dieser Berg liegt genau auf halbem Wege zwischen der großen Ebene und Skythopolis. Er ist drei Stadien hoch, und man kann ihn vom Norden her kaum besteigen. Oben ist ein Plateau, das sich 26 Stadien weit ausdehnt und rundum mit einer Mauer umgeben ist. Trotz ihres gewaltigen Ausmaßes hatte Josephus sie in ganzen 40 Tagen errichtet, und dabei mußte man neben dem sonstigen Baumaterial auch noch das Wasser

von unten heraufschaffen; denn die Leute hier oben haben nur Regenwasser. Nun hatten sich hier zahlreiche Menschen eingefunden, und Vespasian sandte deshalb den Placidus mit 600 Reitern dorthin. Er aber konnte mit seinen Leuten nicht hinaufgelangen und bemühte sich deshalb, die Menschenmenge herauszulocken, wobei er von der Möglichkeit eines Vergleichs und eines Friedensschlusses sprach. Tatsächlich kamen die Juden herab, allerdings auch sie nicht ohne einen hinterhältigen Plan. Placidus hatte nämlich nur deshalb eine so milde Sprache gesprochen, weil er sie in der Ebene in seine Hand bekommen wollte; die Juden aber kamen herab und taten so, als wären sie bereit, sein Angebot anzunehmen, in Wirklichkeit jedoch wollten sie sich auf den Römer stürzen, der so ungedeckt dastand. Placidus aber war doch noch der Schlauere; denn als die Juden ihn angreifen wollten, da tat er so, als ergreife er die Flucht, und veranlaßte seine Verfolger auf diese Weise, tief in die Ebene vorzustoßen. Mit einem Schlag aber ließ er seine Reiter wenden und drängte die Juden zurück. Die Mehrzahl konnte er töten, dem Rest schnitt er den Rückweg auf den Berg ab. Und diese Soldaten, die vom Tabor herabgekommen waren, flohen gen Jerusalem; wer noch oben war, folgte nun dem Anerbieten des Placidus namentlich wegen des Wassermangels, und man übergab ihm den Tabor und kapitulierte.

9. Von den Leuten in Gamala waren aber die waghalsigeren durch die Flucht entkommen, wogegen die Schwachen dem Hunger erlagen. Die kämpfende Truppe vermochte die Belagerung auszuhalten, bis am 22. Tag des Monats Hyperberetaios drei Angehörigen der 15. Legion um die Morgenwache an den Turm heranschlichen, der ihnen gegenüberlag, und unter ihn einen Stollen hineintrieben, ohne daß jemand etwas davon merkte. Die Wachen, die oben standen, konnten in der Nacht weder ihr Tun noch später ihre Anwesenheit wahrnehmen. Die Leute arbeiteten so still, daß sie sogar fünf außerordentlich starke Quadersteine herausnehmen und sich dann rasch in Sicherheit bringen konnten. Jetzt nämlich stürzte der Turm mit einem Male unter furchtbarem Getöse zusammen und riß die Wachen, die oben gestanden hatten, mit in die

Tiefe. Die Wachen nun, die anderswo aufgestellt waren, erschraken fürchterlich und flohen. Viele, die einen Durchbruch wagten, wurden von den Römern umgebracht, unter ihnen auch Josephus, den einer, als er versuchte, durch die Bresche in der Mauer zu entkommen, mit dem Geschoß traf. Die Leute in der Stadt gerieten durch den Lärm in argen Schrecken und rannten in einer Panik umher, als wären schon alle Feinde in die Stadt eingebrochen. Auch Chares, der krank darniederlag, fand damals den Tod; die Furcht tat noch ein übriges, um seinen Tod herbeizuführen. Die Römer, eingedenk ihrer früheren Niederlage, verschoben ihren Einzug in die Stadt allerdings noch bis zum 23. Tag des erwähnten Monats.

10. Schon aber war Titus zugegen, und er war sehr erbost über die Niederlage, die die Römer in seiner Abwesenheit hatten hinnehmen müssen; so zog er selbst mit zweihundert Reitern und einigen Abteilungen zu Fuß ohne viel Aufhebens in die Stadt ein. Als die Wachen dies bemerkten, schlugen sie Lärm und ergriffen die Waffen; auch die Bewohner bemerkten rasch, daß ein Überfall im Gang war. Teils packten sie ihre Kinder und Frauen und zogen sie mit sich und flüchteten unter Wehklagen und Geschrei nach dem oberen Teil der Stadt; andere wieder stellten sich dem Titus und kamen der Reihe nach um. Jene aber, die nicht nach oben laufen konnten, fielen, ohne daß ihnen jemand helfen konnte, den römischen Wachen zum Opfer. Allenthalben hörte man das entsetzliche Jammern der mit dem Tode Ringenden; das Blut rann den Berg hinunter und ergoß sich über die ganze Stadt. Gegen die Juden aber, die sich nach oben geflüchtet hatten, setzte Vespasian sein gesamtes Heer ein. Der Gipfel aber war allseits felsig, und man konnte nur schwer auf ihn gelangen, so ungeheuerlich türmte er sich in die Höhe. Überall gähnten nur tiefe Schluchten, deren Ränder steile Hänge bildeten. Von hier aus konnten die Juden den anstürmenden Feinden mit allerlei Geschossen und in Bewegung gesetzten Felsbrocken sehr zusetzen, und dabei war es so, daß die Verteidiger selbst für die Geschosse der Angreifer wegen ihrer erhöhten Position nur schwer erreichbare Ziele boten. Da war es eine höhere Macht, die einen Sturm sandte, um die Juden zu vernichten:

Er trug die Pfeile der Römer bis zu ihnen hin, während er die ihren aus der Richtung brachte. Die Gewalt des Sturmes war so, daß es für die Juden unmöglich war, sich auf den Felsmassen zu postieren und den anstürmenden Feind zu sichten. So erklommen die Römer die Höhe und umringten mit ungeheurer Behendigkeit die Juden, von denen die einen sich verteidigten, während andere die Hände erhoben und um Mitleid flehten. Aber das Gedenken an jene, die beim ersten Einbruch ihr Leben eingebüßt hatten, ließ die Römer nur noch wütender unterschiedslos gegen alle in Raserei geraten. Allseits eingeschlossen, sahen die meisten Männer keine Möglichkeit mehr, sich zu retten, und stürzten ihre Kinder und Frauen und darauf sich selbst in die Schlucht hinab, die sich vom Gipfel aus besonders tief nach unten senkt. So kam es, daß die Wut der Römer gemessen am Freitod der verzweifelten Eingeschlossenen noch milde erschien. Denn die Römer töteten 4000 von ihnen, während von jenen, die sich selbst in die Tiefe gestürzt hatten, 5000 aufgefunden wurden. Einzig zwei Frauen hatten sich retten können. Es waren die Töchter der Schwester des Philippus, Philippus jedoch war der Sohn jenes hervorragenden Jakimos, des einstigen Tetrarchen des Königs Agrippa. Die Rettung war ihnen nur möglich, weil sie sich vor der Raserei der Römer bei der Einnahme der Stadt in Schlupfwinkeln hatten verbergen können. Damals nämlich gab es nicht einmal für die Säuglinge Schonung, die Soldaten ergriffen sie vielmehr in großer Menge und warfen sie vom Gipfel in die Tiefe. So fiel am 23. Tag des Monats Hyperberetaios die Stadt Gamala, nachdem der Aufstand am 24. Gorpiaeus begonnen hatte.

2. KAPITEL

1. Einzig das kleine Gischala war nun in Galiläa noch nicht unter der Botmäßigkeit der Römer. Die Mehrzahl der Bewohner stand einer kriegerischen Auseinandersetzung fern, denn die meisten waren Bauern, die alles immer unter dem Blickwinkel der Ernte ansahen. Bei ihnen hatte eine ziemlich große Bande von räu-

berischem Gesindel Fuß gefaßt, das schon soviel wie der Vernichtung preisgegeben war; und diese Leute hatten einige Bürger mit in ihr Unheil ziehen können. Es war Johannes, der Sohn eines Mannens namens Levi, der sie für die Rebellion gewonnen und zusammengeholt hatte. Johannes war ein Betrüger, und sein Charakter war höchst undurchsichtig; ständig war er von großen Hoffnungen erfüllt und wußte auch entsprechend aufzutrumpfen, wenn diese Hoffnungen sich erfüllten. Jedermann war überzeugt, daß er den Krieg wollte, um an die Macht zu kommen. Er war es gewesen, der die Rebellenpartei in Gischala organisiert hatte, die wiederum die ruhigen Elemente, die wohl sonst mit den Römern in Kapitulationsverhandlungen hätten eintreten wollen, dazu brachte, den Angriff der Römer als eine vereinbarte Tatsache und den Krieg als unvermeidlich anzusehen. Vespasian ließ gegen die Rebellen von Gischala Titus mit tausend Reitern vorgehen. Die 10. Legion ließ er nach Skythopolis abziehen. Mit den übrigen Legionen ging er selbst nach Caesarea zurück, daß sie sich nach den unablässigen Mühsalen erholen konnten. Er war auch der Ansicht, die reichen Städte könnten ihm behilflich sein, die körperliche Tüchtigkeit und die Einsatzfähigkeit der Soldaten für die künftigen kriegerischen Auseinandersetzungen wiederherzustellen. Es war ihm nämlich bereits jetzt klar, daß vor Jerusalem noch gewaltige Mühsale auf sie warteten, wo dies doch die alte Königsstadt war, die noch immer bei allen Angehörigen des Volkes in höchstem Ansehen stand und wohin sich alle flüchteten, die den Kämpfen entrinnen konnten. Tatsächlich bereitete ihm die Verteidigungskraft der Stadt – sie war durch ihre natürliche Lage wie durch ihre Befestigungen bedingt – viel Kopfzerbrechen, und es war ihm klar, daß Gesinnung und Kampfgeist die Abwehrmannschaften auch ohne Mauern schwer besiegbar machen würden. Deshalb trainierte er seine Leute schon im voraus wie Athleten vor ihrem Auftreten.

2. Wie nun Titus gen Gischala zu Pferd heransprengte, hätte er die Stadt mit Leichtigkeit im ersten Ansturm einnehmen können. Es war ihm aber klar, daß die große Menge von den Römern im Falle eines Sturmangriffs mitleidlos getötet würde, und dabei war

ihm selbst das Gemetzel über; und so tat er es nicht, und zwar aus Erbarmen, denn andernfalls wäre die Mehrzahl ohne jeden Unterschied mit denen, die Schuld trugen, umgekommen. Er zog es deshalb vor, die Stadt durch eine gütliche Übereinkunft auf seine Seite zu bringen. Nun war aber die Mauer von Leuten besetzt, die großenteils Mitglieder dieser widerwärtigen Räuberbande waren, und so bedeutete er ihnen, er müsse sich darüber wundern, welchen Elementen sie vertrauten, wenn sie schon als einzige noch die kriegerische Auseinandersetzung mit den Römern erwarteten, während alle anderen Städte schon in deren Hände gefallen seien. Sie könnten doch sehen, daß viel stärkere Städte in einem einzigen Sturmangriff unterworfen worden seien, während jene sich in sicherer Ruhe ihres Besitzes erfreuen könnten, die auf das Entgegenkommen der Römer eingingen. Dieses Entgegenkommen wolle er auch ihnen jetzt anbieten, und er wolle über ihre unverschämte Widersetzlichkeit hinwegsehen; denn auf die Freiheit zu hoffen, könne man verzeihen, aber unter untragbaren Voraussetzungen zu trotzen, verdiene kein Erbarmen. Wenn sie nämlich freundliche Worte und das Versprechen einer entgegenkommenden Behandlung abwiesen, dann würde man sie die Erbarmungslosigkeit der römischen Waffen spüren lassen, und man würde dann in einem Ausmaß wie noch nie zuvor Ursache haben, von der Leichtigkeit zu sprechen, mit der die römische Kampfmaschinerie über ihre Mauern obsiegt hätte. Wollten sie darauf vertrauen, so hieße das soviel, wie daß sie als einzige von den Galiläern trotzige Gefangene seien.

3. Keiner der Stadtbewohner konnte es wagen, auf dieses Anerbieten etwas zu erwidern, ja man konnte nicht einmal auf die Mauer steigen. Von Anfang an war diese nämlich in gleichen Abständen von den Räuberbanden besetzt; zudem waren die Tore bewacht, damit sich niemand auf eigenen Entschluß zu einer Verhandlung begeben oder römische Reiter in die Stadt hereinlassen konnte; vielmehr ließ Johannes von sich aus wissen, er billige das Angebot vollauf, und Leute, die dagegen seien, wolle er entweder überzeugen oder zwingen, sich damit abzufinden. Allerdings läge es an Titus, nach dem Gesetz der Juden den gegenwärtigen Tag –

es war nämlich gerade der siebte – als Feiertag zu achten. Wie es nämlich an diesem Tag ein Verstoß gegen das göttliche Gesetz sei, eine Waffe anzurühren, so dürfe man auch keine Unterhandlungen führen; die Römer wüßten ja sehr wohl, wie streng die Juden jeweils mit dem Verzicht auf jegliche Tätigkeit am siebten Tag Ernst machten, und wer einen Zwang ausübe, dagegen zu verstoßen, versündige sich nicht minder, als wer diesem Zwang nachgebe. Für Titus bedeute ein solcher Aufschub ja keinen Schaden. Denn was könne man schon in einer Nacht anderes unternehmen wollen als allenfalls zu fliehen, und das könnten ja die ringsum aufgestellten Wachen mit Leichtigkeit unmöglich machen. Für die Juden aber bedeute es sehr viel, den Gesetzen der Väter die Treue zu halten. Zudem gehöre es sich für jemanden, der überraschenderweise den Frieden anbiete, daß er den auf diese Weise Geretteten gestatte, ihre Gesetze zu beachten. Mit derlei Gründen wußte er den Titus hinters Licht zu führen, und er dachte natürlich nicht in erster Linie an den heiligen Wochenrhythmus als vielmehr an den eigenen Vorteil. Es machte ihm nämlich Unbehagen, gleich bei der Besetzung der Stadt mit seiner Verhaftung rechnen zu müssen, und so hoffte er auf eine Rettung vermittels einer nächtlichen Flucht. Bestimmt war es Gottes Fügung, der den Johannes noch für das Verderben Jerusalems erhalten wollte, daß Titus nicht nur auf den Vorwand des Aufschubs hereinfiel, sondern daß er auch noch sein Lager in ziemlicher Distanz von der Stadt bei Kydyssa aufschlug. Es war dies ein befestigtes Dorf, im Landesinnern gelegen, das tyrischer Besitz war und unablässig mit den Galiläern in Fehde lebte. Es hat viele Einwohner und ist gut befestigt, so daß es für den Kampf gegen die Galiläer eine gute Ausgangsposition bietet.

4. Als nun Johannes in der Nacht rings um die Stadt keine römischen Wachen mehr sah, ergriff er die günstige Gelegenheit und floh nicht nur mit seinen Schwerbewaffneten, sondern noch mit zahlreichen Zivilisten und deren Familien gen Jerusalem. Auf 20 Stadien Entfernung konnte er, der aus Furcht, gefangen zu werden und sein Leben zu verlieren, davoneilte, die vielen Frauen und Kinder auf der Flucht beisammenhalten; auf dem weiteren Weg

aber konnten sie nicht mehr folgen, und es war entsetzlich, wie die Verlassenen nun schrien. Je größer der Abstand zu den Angehörigen erschien, desto näher glaubte man die Feinde, und die Zurückgebliebenen sahen sich schon unmittelbar von den Häschern bedroht und verfielen in eine furchtbare Unruhe: Wenn einer von den eigenen Leuten bei dieser eiligen Flucht irgendein Geräusch verursachte, so wandten sie sich um, als wären die Feinde schon zugegen, vor denen sie flohen. Eine Menge geriet vom gangbaren Weg ab, und im Bemühen darum, auf der Hauptstraße die Spitze zu halten, wurden viele niedergetrampelt. Entsetzliches hatten die Frauen und Kinder auszustehen, von denen einige den Mut hatten, nach ihren Männern und Angehörigen zu rufen, d. h. sie jammernd anzuflehen, sie sollten sie doch noch mitkommen lassen. Aber alles hörte schließlich auf den Befehl des Johannes, der laut verkündete, jeder solle sich nach Möglichkeit retten und dorthin fliehen, wo er an den Römern für seine zurückgebliebenen Angehörigen, wenn diese von den Römern gefangen würden, Rache nehmen könne. So verlief sich die Menge der Fliehenden, jeder eilte nach Kräften und so rasch er konnte.

5. Tags darauf begab sich Titus vor die Stadtmauer, um die vertraglichen Abmachungen einzugehen. Das Volk öffnete ihm die Tore und zog ihm mit Frauen und Kindern entgegen; hoch tönte das Lob, das ihn als Wohltäter pries, der die Stadt von der Besatzung befreit hätte. Dabei erfuhr er auch von der Flucht des Johannes, und man flehte ihn an, die Bürger zu pardonieren und, wenn er in die Stadt eingezogen sei, die zurückgebliebenen Rebellen entsprechend zu bestrafen. Titus maß dieser Bitte der Bevölkerung keine vordringliche Bedeutung bei, sondern schickte Reiter aus, die dem Johannes nacheilen sollten. Da dieser sich gerade noch nach Jerusalem hatte durchschlagen können, bekamen sie ihn selbst wohl nicht mehr in ihre Hände; von denen jedoch, die sich mit ihm auf den Weg gemacht hatten, töteten sie an die 6000; fast 3000 Frauen und Kinder schlossen sie ein und trieben sie zurück. Den Titus ärgerte es, daß er sich an Johannes für die Mißachtung seines Gnadenangebots nicht rächen konnte, aber er sah in der Unzahl der

Gefangenen und Getöteten einen gewissen Ausgleich für seinen ungerächten Zorn und zog unter den Heilrufen der Einwohner in die Stadt ein. Seine Soldaten beauftragte er, ein kurzes Stück der Mauer niederzureißen, so wie es nach der Einnahme einer Stadt üblich ist. Die Rebellen aber, soweit noch welche in der Stadt waren, zwang er mehr durch Drohungen als durch Strafmaßnahmen, sich ruhig zu verhalten. Denn wollte er die Schuldigen herausfinden, so war es möglich, daß Unschuldige etwa aus Privatrache oder wegen persönlicher Streitereien angezeigt würden. Es sei besser, den wirklichen Drahtzieher in Hangen und Bangen zu belassen, als mit ihm zusammen einen einzigen Schuldlosen zu töten. Es bestehe ja auch die Möglichkeit, daß der Schuldige aus Angst zur Vernunft komme und sich durch die Verzeihung seiner Untaten beeindrucken lasse, während die an Unschuldigen vollzogene Todesstrafe nicht rückgängig gemacht werden könne. Allerdings sicherte er die Stadt durch eine Wache, um etwaige Rebellen niederzuhalten und die friedlichen Elemente auch für seine Abwesenheit zu ermuntern. So war also ganz Galiläa niedergeworfen, wobei die Römer Ströme von Schweiß vergossen hatten; aber es war für sie eine Vorübung für das, was vor Jerusalem auf sie wartete.

3. KAPITEL

1. Als Johannes seinen Fuß nach Jerusalem setzte, eilte das ganze Volk auf die Straße, und jeden, der mit ihm die Flucht gewagt hatte, umringte ein großer Haufe von Menschen, die wissen wollten, was draußen alles Entsetzliches vor sich gegangen war. Obgleich ihr Atem immer noch heiß und mühsam ging und so bekundete, was sie alles auszustehen gehabt hatten, so spielten sie sich in ihrer Not doch noch auf und behaupteten, sie wären nicht vor den Römern geflohen, sondern seien hierher gekommen, um von einem festen Punkt aus gegen sie anzutreten. Es verrate nämlich Unvernunft und einen Mangel an Realismus, wenn man für Gischala und

dergleichen schwache Punkte das Leben riskiere; man müsse statt dessen Waffen und Kräfte für die Hauptstadt aufsparen und dürfe sie nicht aufsplittern. Dabei konnten sie freilich den Verlust von Gischala nicht verhehlen, und es wurde den meisten klar, daß das, was sie mit angenehmen Worten als eine ›Absatzbewegung‹ hinstellten, in der Tat eine panische Flucht gewesen war. Als ferner noch genauer bekannt wurde, was sich alles bei der Gefangennahme der Fliehenden zugetragen hatte, ließen die Leute den Mut sinken, mußten sie darin doch deutliche Anzeichen für ihre eigene Gefangennahme sehen. Johannes aber bekümmerte das Schicksal der Gefangenen keineswegs, er machte vielmehr die Runde bei den einzelnen Bürgern und stachelte sie zum Widerstand an, wobei er ihnen alle möglichen Hoffnungen machte; die Römer bezeichnete er als schwächliche Gegner, wogegen er für die eigene Kampfkraft hohe Töne fand, und er machte vollends noch die Dummheit der gutgesinnten Elemente lächerlich, die noch keine Ahnung vom Kriege hätten: Nie würden die Römer, auch wenn sie Flügel hätten, über die Mauern von Jerusalem gelangen, wo ihnen doch die Dörfer in Galiläa solche Schwierigkeiten bereitet und wo sie doch an deren Mauern ihr Kriegspotential aufgebraucht hätten.

2. Durch solche Reden ließen sich die meisten jüngeren Leute den Blick trüben, so daß sie sich für den Krieg begeisterten, während die vernünftigen Elemente und die älteren Leute ausnahmslos wußten, was ihnen bevorstand, und dementsprechend das Schicksal der Stadt bedauerten, als wäre sie schon gefallen. In eine solche Verwirrung gerieten diese Leute, und der offene Zwist stellte sich bei der Masse der ländlichen Bevölkerung noch früher ein als in Jerusalem. Denn mittlerweile war Titus von Gischala nach Caesarea gelangt, Vespasian aber von Caesarea nach Jamnia und Azotos; beide Städte hatte er sich botmäßig gemacht und Besatzungen hineingelegt, worauf er mit einer Menge von Leuten, die sich seinen Kapitulationsbedingungen gefügt hatten, zurückkehrte. Jetzt war es also soweit, daß in jeder Stadt Aufstände und Bürgerzwiste ausbrachen, und je mehr die Gefahr von seiten der Römer nachließ, desto schlimmer wurden die Zwistigkeiten; zwischen der jeweiligen

Kriegspartei und den Friedensanhängern entstanden schwere Reibereien. Vorerst stritten die Familien untereinander, Menschen, die gewöhnlich einer Meinung sind; dann kam es zu Auseinandersetzungen zwischen den besten Freunden, und jeder folgte denen, die seine Meinung vertraten, so daß es zur Ausbildung von zwei großen feindlichen Gruppen kam. Allenthalben regierte der Streit, und die Rebellengruppen gewannen ob ihrer jugendlichen Dynamik überall die Oberhand über die Älteren und Vernünftigen. Zuerst kam es zu Plünderungen im eigenen Dorf, dann bildeten sich militärische Gemeinschaften und zogen raubend durch das ganze Land. Grausamkeit und Niedertracht herrschten dabei in solchem Ausmaß, daß die Opfer keinen Unterschied mehr zwischen den eigenen Leuten und den Römern wahrnahmen, ja, sie sahen sogar in der römischen Gefangenschaft noch einen ansehnlichen Vorteil.

3. Die Besatzungen der Städte ließen den Gequälten teils aus Furcht vor eigenen Nachteilen, teils aus Haß gegen das jüdische Volk keine oder bloß wenig Hilfe angedeihen. Als sie des Raubens und Plünderns genug hatten, sammelten sich die Anführer der allerwärts zerstreuten Haufen und gelangten so, eine Bande von Verbrechern, unbemerkt nach Jerusalem hinein – sehr zum Nachteil der Stadt. Jerusalem verfügte damals über keine einheitliche Führung und ließ nach alter Sitte jeden Angehörigen des Volkes unbekümmert in die Stadt ein. Dazu war man damals allgemein der Ansicht, wer da komme, komme ehrlichen Herzens als Freund. Aber gerade daran sollte die Stadt schließlich, abgesehen von ihrer inneren Zerrissenheit, scheitern. Denn von diesen als Soldaten nicht einsatzfähigen und trägen Elementen wurden die Lebensmittel, die hingereicht hätten, um die Kampftruppen zu versorgen, schon im voraus aufgebraucht. Und neben dem Krieg hatte man dann noch Rebellion und Hunger zu bewältigen.

4. Weitere räuberische Elemente kamen in Scharen vom Land in die Stadt, stießen zu den darin befindlichen noch übleren Gesellen und leisteten sich jeden denkbaren Greuel. In ihrer ungebändigten Tollkühnheit war es ihnen nicht genug, zu rauben und zu plündern, sondern sie mordeten auch, und dies nicht nur nächtlicher-

weile oder im geheimen oder weniger angesehene Leute, sondern in aller Öffentlichkeit, am hellichten Tage, und dabei machten sie den Anfang bei den vornehmsten Leuten. Denn als ersten nahmen sie den Antipas in Gewahrsam, zumal er aus dem Königshaus stammte; er war einer von den angesehensten Männern der Stadt, so daß ihm sogar die Verwaltung öffentlicher Gelder übertragen war. Das Gleiche widerfuhr dann dem Levias, einem besonders ausgezeichneten Mann, und dem Syphas, dem Sohn des Aregetes, die beide ebenfalls königlichen Geblüts waren, und noch anderen Leuten, die weithin im Lande hohes Ansehen genossen. Das Volk war zutiefst betroffen, und jeder dachte nur noch an seine eigene Rettung, gerade als wäre Jerusalem schon gefallen und die Schlacht beendet.

5. Den Verbrechern genügte es aber nicht, daß die Gefangenen gefesselt wurden, sie glaubten auch, es böte keine Sicherheit, wenn so vornehme Männer längere Zeit in dieser Weise gefangengehalten würden, da ihre zahlreichen Verwandten leicht dagegen etwas unternehmen könnten; es wäre auch möglich, daß das Volk sich veranlaßt fühlte, gegen dieses illegale Handeln vorzugehen. So entschlossen sie sich, die Leute zu töten, und beorderten hierfür einen gewissen Johannes, einen Mordspezialisten, der in ihrer Sprache ›Gazellensohn‹ genannt wurde. Mit weiteren zehn Mann begab er sich mit blanker Waffe in das Gefängnis und tötete die Gefangenen. Für dieses Verbrechen verschafften sie sich ebenso fragwürdige Vorwände, indem sie behaupteten, die Opfer hätten mit den Römern wegen der Kapitulation Jerusalems verhandelt und ihr Vorgehen habe nur den Verrätern der gemeinsamen Freiheit gegolten. Ja, sie rühmten sich noch ihres gemeinen Verbrechens und spielten sich als Wohltäter und Retter der Stadt auf.

6. Wie sehr nun das Volk in Erniedrigung und Angst geriet, in solchem Maße wuchs die Tollkühnheit des Räubergesindels, so daß dieses sogar die Wahl der Hohenpriester für sich in Anspruch nahm. Sie taten kund, die Geschlechter hätten kein Anrecht darauf, aus denen jeweils die obersten Priester in der Abfolge ernannt worden waren, und sie brachten an ihrer Stelle kleine Leute von

niedriger Herkunft in diese Ämter, um sich auf diese Weise Spießgesellen ihres heillosen Vorgehens zu sichern. Wenn nämlich Männer, die sich in keiner Weise verdient gemacht hatten und ebensowenig dafür würdig waren, in den Besitz der höchsten Ehren gelangten, dann mußten sie wohl oder übel zu denen halten, die sie dorthin gebracht hatten. Sie verstimmten aber auch die Behörden untereinander durch zahlreiche Winkelzüge und Verleumdungen und hatten aus solchen Äußerungen der Eifersucht wiederum Gewinn von all denen, die ihnen irgendwie hätten hinderlich sein können. Als sie zuletzt genug hatten an ihren Greueltaten gegenüber Menschen, wandten sie ihren Frevel gegen Gott und betraten das Heiligtum mit beschmutzten Füßen.

7. Jetzt aber erhob sich die Menge gegen sie, und zwar unter der Führung des Ananus, des Ältesten aus dem erzpriesterlichen Geschlecht. Ananus war ein sehr vernünftiger Mann, dem vielleicht die Stadt ihre Rettung hätte danken können, wäre es ihm gelungen, den Verfolgungen seiner Feinde zu entrinnen. Diese aber machten aus dem Tempel frevelhafterweise einen befestigten Platz für sich selbst und eine Fluchtburg zum Schutz gegen die Greuel einer Volksrebellion, und der Tempel wurde so eine Art Zwingfeste. Zu all diesen Untaten kam noch der Spott, der noch mehr Schmerzen bereitet als die erlittene Unbill. Um zu sehen, wie terrorisiert das Volk bereits war, und um die Grenzen ihrer eigenen Macht zu erkunden, gingen sie sogar daran, die obersten Priester durch das Los zu ermitteln, obgleich, wie schon gesagt, deren Nachfolge durch die Zugehörigkeit zum Priestergeschlecht geboten war. Das war in der Tat soviel wie eine Beseitigung des besser begründeten Rechts und eine Finte, um durch die eigene Übernahme von Führungsämtern auch die eigene Macht zu unterbauen.

8. So ließen sie denn eines der erzpriesterlichen Geschlechter zusammentreten – es führte den Namen Enjachin –, und es wurde durch das Los ein Hoherpriester ermittelt, das einem Mann zufiel, durch dessen Persönlichkeit der Wahlterror besonders sichtbar wurde. Er hieß Phanni und war der Sohn des Samuel aus der Ortschaft Aphthia. Wegen seiner rustikalen Herkunft hatte er nicht

einmal eine Ahnung vom Wesen des Hohenpriestertums, gar nicht davon zu reden, daß er in keiner Weise der nötigen Abstammung aus einem hohenpriesterlichen Geschlecht entsprach. So mußten sie ihn sogar gegen seinen Willen vom Lande hereinholen und ihn wie im Theater für eine ihm nicht zustehende Rolle kleiden, indem sie ihm nun die heiligen Gewänder anzogen und ihm klarmachten, was er in jedem Fall zu tun hatte. Mit diesem ganzen Sakrileg wollten sie sich nur verlustieren, wogegen den anderen Priestern, die von fern diesem Teufelsspiel mit dem Gesetz zusahen, die Tränen in die Augen traten und sie in Jammern ausbrachen über die Zerstörung des heiligen Ehrenamtes.

9. Ein solcher Frevel ging schließlich dem Volk zu weit, und nun erhoben sich alle, als gelte es, die Tyrannei zu stürzen. Die Vornehmsten von ihnen, Gorion, der Sohn des Joseph, und Simeon, der Sohn des Gamaliel, ermunterten bei den Zusammenkünften des Volkes alle miteinander und auch jeden einzelnen, mit dem sie zusammentrafen, sich endlich an denen zu rächen, die die Freiheit mit Füßen getreten hätten, und den Tempel von den Mordgesellen zu reinigen. Die Ausgezeichnetsten der Hohenpriesterschaft, Jesus, der Sohn des Gamala, und Ananus, der Sohn des Ananus, machten bei diesen Versammlungen dem Volk schwere Vorwürfe wegen seines tatenlosen Zusehens und stachelten es gegen die ›Zeloten‹ auf. Diese Bezeichnung hatten diese Leute sich selbst zugelegt, so als ginge es ihnen um edle Absichten und nicht um das gemeinste Handeln, worin sie einander zu übertreffen suchten.

10. In großen Scharen kamen sie nun zur Volksversammlung, und alle klagten über die Besetzung der hochgeweihten Räume und über die Plünderungen und Mordtaten, ohne ein Blatt vor den Mund zu nehmen. Allerdings reichte es noch nicht aus, um eine offene Rebellion zu organisieren, da mit Recht anzunehmen war, daß die Zeloten große Schwierigkeiten machen könnten. Da aber erhob sich mitten unter ihnen Ananus und sprach, seine tränenfeuchten Augen wiederholt zum Tempel gewandt: »Wahrhaftig, ich wäre besser umgekommen, ehe ich Gottes Tempel mit solchen Verbrechen angefüllt und auf dem heiligen und unbetretbaren

Boden die Füße mordbefleckter Gesellen umherstampfen sehen muß. Aber ich, der Träger des Hohenpriestergewandes und eines Namens, der unter den ehrenvollen Namen am häufigsten genannt wird, ich muß noch am Leben sein und will auch leben statt den Tod zu suchen, der meinem Alter Ruhm und Ehre brächte. Sollte ich nicht, wenn es die Lage fordert, allein hingehen und mich wie in der Wüste für Gott opfern? Was bedeutet schon das Leben in einem Volk, das kein Gefühl mehr hat für das Unglück und das keine Schmerzen mehr empfindet für die Leiden, die seine eigenen Hände quälen? Beraubt man euch, dann nehmt ihr es hin, bekommt ihr Schläge, so verhaltet ihr euch still, ja nicht einmal über die Opfer der Mörder erhebt ihr laut euere Stimme. Was ist das für eine Tyrannei? Doch warum klage ich wider die Tyrannen? Habt ihr sie nicht selber durch euer tatenloses Zusehen mächtig werden lassen? Seid nicht ihr es gewesen, die es damals, als sich noch die ersten in geringer Zahl zusammenschlossen, widerstandslos geschehen ließen, die durch ihr Schweigen die Zahl anwachsen ließen und die dann, als sie unter Waffen standen, noch müßig zuschauten und es litten, daß die Waffen gegen euch selbst erhoben wurden? Den ersten Anfängen hättet ihr widerstehen sollen, als sie den Leuten eures Volkes üble Dinge nachsagten; ihr aber habt sie tatenlos zu Verbrechern und Räubern werden lassen, und als sie schließlich eure Behausungen in Schutt und Asche legten, schwieg ein jeder dazu. So konnte es nicht anders kommen, als daß sie auch noch die Eigentümer selbst ergriffen, und als diese mitten durch die Stadt gezerrt wurden, war niemand da, der dagegen Einspruch erhob. Jene, die ihr verrietet, wurden schändlich in Ketten gelegt, und ich will nicht davon reden, wie viele Leute das waren und was für Leute, doch dies soll gesagt sein: Niemand hat einen Finger gerührt für jene, die ohne Schuld und ohne Prozeß gefangengenommen wurden. Natürlich mußten wir dann zusehen, wie man sie tötete. Und alles haben wir wie eine Herde unvernünftiger Tiere, aus denen die besten zum Opfer ausgesucht werden, geschehen lassen; niemand erhob seine Stimme dagegen, und erst recht keiner wagte eine Tat. Nehmt es also still hin, nehmt es hin, sage ich, wenn ihr

Zeuge sein müßt, wie man das Heiligtum zertrampelt, und sagt nichts dagegen, wo ihr doch selbst den Tätern den Weg ebnetet für ihr gemeines Handeln, sollten sie es auch noch zum Äußersten treiben. Denn bestimmt wären sie jetzt noch weiter gegangen, wenn es noch eine größere Freveltat als die Vernichtung des Heiligtums gäbe. Jetzt sind sie Herren über den am meisten befestigten Platz der Stadt, und den Tempel sollte man jetzt eine ›Zitadelle‹ oder eine ›Festung‹ nennen. Jetzt habt ihr also diese wahnsinnige Tyrannei gefestigt und müßt ansehen, wie der Feind über euch steht. Was nützen da noch Pläne, was soll eure schwindende Hoffnung aufs neue stärken? Wollt ihr etwa von den Römern Hilfe für euren Tempel erwarten? Ist es soweit mit eurer Stadt gekommen, steht es so bitter um uns, daß selbst der Feind mit uns Mitleid haben sollte? Wollt ihr euch denn nicht erheben, ihr Geduldslämmer, wollt ihr nicht, wie es uns die Tiere vormachen, die Hiebe abwehren und euch gegen die Schläge verteidigen? Wollt ihr nicht daran denken, wie jeder von euch ins Unglück geriet, wollt ihr nicht auf eure Leiden blicken, um eure Herzen zum Widerstand anzufeuern? Ist euch denn das edelste und natürlichste Gefühl, der Freiheitsdrang, entschwunden? Freilich, so tief sind wir gesunken, daß wir die Sklaverei lieben und uns nach Tyrannen sehnen, als hätten uns unsere Vorfahren den Geist der Sklaverei vererbt! Sie aber waren standhaft in vielen und gewaltigen Kriegen, die sie um die Freiheit führten, und sie ergaben sich weder den mächtigen Ägyptern noch den Medern, um nicht zu Befehlsempfängern zu werden. Aber wozu meine Worte über die Vorfahren? Was hält man denn für den Anlaß des gegenwärtigen Krieges gegen die Römer – ich schweige über seine Zweckhaftigkeit und über seinen Nutzen oder das etwaige Gegenteil davon. Ist nicht die Freiheit der Anlaß? Wollen wir uns also den Herren der Welt nicht fügen, sollen wir uns lieber von den Angehörigen unseres eigenen Volkes tyrannisieren lassen? Das Schicksal lieferte wenigstens noch einen Entschuldigungsgrund, wenn wir uns vor fremden Herrschern beugten, das Schicksal, das dann eben einmal die Knute über uns geschwungen hätte. Aber vor Verbrechern aus dem eigenen Volk zurückzuweichen, das können sich nur niedrige Elemente leisten, die mit einem solchen Schicksal gern vorliebnehmen. Und weil ich schon die Römer in den Mund nehme, so will ich euch offen sagen, was ich dachte, indem ich sprach, und was mir in den Sinn kam: Auch wenn wir ihnen unterliegen sollten – möchte ich durch die Wirklichkeit zum Lügner werden –, wartet nichts Schlimmeres auf uns, als was wir unter diesen Tyrannen schon ertragen mußten. Ist es nicht beklagenswert, wenn man im Tempel schon einerseits die Weihegeschenke der Römer ansehen muß, andererseits aber die Beraubung durch Angehörige des eigenen Volkes, die die vornehmen Geschlechter Jerusalems ausgeplündert und getötet haben und auf diese Weise Männer auf gemeinste Weise ums Leben gebracht haben, die die Römer geschont hätten, wären sie als Sieger gekommen? Auch ist es bei den Römern nie vorgekommen, daß sie die Barriere, die die Uneingeweihten fernhalten soll, überschritten oder daß sie Hand legten an unser heiliges Brauchtum; sie blickten nur von fern mit Schaudern auf die Mauern des Heiligtums. Im Gegensatz zu ihnen haben es Männer, die in diesem Land geboren sind und im Bannkreis unserer Sitten groß wurden, die sogar den Namen ›Juden‹ tragen, fertiggebracht, sich mitten auf den geheiligten Stätten zu tummeln, die Hände noch warm vom blutigen Mord an den Angehörigen ihres Volkes! Sollte man da noch Angst empfinden vor einem Krieg, der von draußen auf uns zukommt, und vor Feinden, die vergleichsweise mehr Milde kennen als unsere eigenen Hausgenossen? Will man es klar und deutlich sagen, so wird man bald sehen, daß die Römer unsere Gesetze beschirmen, die von unseren inneren Feinden mißachtet werden. Ich bin aber der festen Überzeugung, daß diese Schänder der Freiheit in unseren Augen gemeine Menschen sind und daß für ihre Untaten eine nach unserer Anschauung angemessene Strafe einfach nicht auszudenken ist und daß ihr so dachtet, schon bevor ihr von zu Hause hierher kamt; und schon ehe ich zu sprechen anhob, wart ihr voll Zorn auf sie nach all dem, was sie euch angetan haben. Schrecklich erscheinen aber wohl den meisten von euch die Unzahl und die Tollkühnheit dieser Verbrecher, namentlich weil sie sich frevelhaft zu Herren dieses besonderen Platzes gemacht haben. Doch wie das Übel durch eure Tatenlosigkeit entstand, so kann es sich nur noch verschlimmern, wenn ihr jetzt noch mehr zögert. Denn auch zahlenmäßig werden sie immer mehr jeden Tag, da sich jeder Verbrecher zu seinesgleichen gesellt; und weil ihnen bis jetzt noch kein wirksamer Widerstand geleistet wurde, steigert sich ihre Unverschämtheit ins Unermeßliche. Natürlich werden sie ihre Position dort oben über uns auszunützen wissen, und zwar militärisch, wenn wir ihnen die Zeit geben. Erheben wir uns aber wider sie, dann glaubt mir, wird sie ihr eigenes Gewissen einschüchtern, und unser sinnvolles und überlegtes Handeln wird die Überlegenheit ihrer Höhenstellung aufwiegen. Und es kann auch sein, daß die zürnende Gottheit selbst ihre Geschosse gegen sie zurückwendet, so daß die Gottesschänder an ihren eigenen Pfeilen sterben. Nur müssen wir uns ihnen jetzt zeigen, dann sind sie verloren! Und was die Gefahr anlangt, in die wir uns dabei begeben, so ist es ja ehrenvoll, an der Pforte des Heiligtums den Tod zu finden, und wenn nicht für Frau und Kind, so doch um Gottes und des Heiligtums willen das Leben zu lassen. Ich für meine Person werde euch mit Rat und Tat zur Seite stehen, und von uns soll euch jeder Schutz zuteil werden, der in unsere Hand gegeben ist; und dazu wird es nicht kommen, daß ihr Zeuge seid, wie ich mich etwa selbst schone.«

11. Mit diesen Worten stachelte Ananus die Volksmenge gegen die Zeloten auf; er war sich nämlich vollauf darüber im klaren, daß bei ihnen nur schwer etwas auszurichten war, einerseits wegen ihrer großen Anhängerschaft, ihrer Jugend und ihres Draufgängertums, andererseits aber namentlich deshalb, weil diese Leute wußten, wie sehr sie gefrevelt hatten; deshalb würden sie nie zu hoffen wagen, sie könnten schließlich doch noch glimpflich davonkommen, so daß es einen Wert hätte, wenn sie klein beigäben. Trotzdem wollte er lieber alle schlimmen Konsequenzen auf sich nehmen als den Staat weiterhin derart zugrunde gerichtet sehen. Da schrie das Volk, er solle doch die Gegner, die er verantwortlich mache, zum Kampf führen, und ein jeder wollte sich vor den anderen als erster der Gefahr stellen.

12. So traf denn Ananus eine Auswahl der kriegstüchtigsten Leute, und er formierte sie, und schon stürzten sich die Zeloten, die davon Kunde erhalten hatten – sie verfügten nämlich über Zuträger, von denen sie alles erfuhrten, was im Volk vor sich ging –, unerbittlich in Scharen wie in einzelnen Gruppen aus dem Tempel hervor, und keiner, der ihnen in den Weg kam, wurde verschont. Da organisierte Ananus schnell ein Volksheer, das zahlenmäßig überlegen und deshalb im Vorteil war, sich aber an Bewaffnung und soldatischer Zucht nicht mit den Zeloten messen konnte. Hier wie dort war aber der Kampfesmut so groß, daß die Unzulänglichkeiten wieder ausgeglichen waren; denn das städtische Volksheer kämpfte mit einem Zorn, der den Waffen überlegen war. Die Kämpfer aus dem Tempelbezirk aber zeigten eine Tollkühnheit, die es gestattete, mit jeder Anzahl von Gegnern fertig zu werden. Die einen waren der Meinung, man könne in der Stadt so lange nicht mehr leben, bis das Räubergesindel liquidiert sei, die Zeloten dagegen glaubten, genau zu wissen, daß es für sie im Falle einer Unterlegenheit keinerlei Pardon mehr geben könne. Die Leidenschaften beherrschten den Kampf. Am Anfang warf man mit Steinen von der Stadt und vom Tempelbezirk her, aus größerer Entfernung schoß man auch mit Speeren; zeichnete sich aber irgendwo eine Fluchtbewegung ab, dann zogen die siegreichen Feinde die Schwerter. Beiderseits kam es zu einem Gemetzel, und es gab auch viele Verwundete, von denen die aus dem Volksheer von ihren Angehörigen in ihren Häusern geborgen wurden, während sich verwundete Zeloten nach dem Tempelbereich zurückziehen und so den heiligen Boden mit Blut beflecken mußten. Einzig das Blut dieser Menschen, so möchte man sagen, besudelte den geweihten Platz. Machten die Räuberbanden aus ihren Stellungen einen Ausfall, so waren sie bei jeder Begegnung mit dem Feind siegreich. Da aber das Volksheer mit Leidenschaft kämpfte und immer mehr anwuchs, da hier außerdem jeder, der sich als kampfesmüde erwies, mit Schmähworten bedacht wurde und die Nachdrängenden solchen, die zurückweichen wollten, keinen Platz ließen, stand schließlich das ganze Aufgebot an Kämpfern in Front gegen den

Feind. Dieser konnte sich so nicht mehr länger halten und mußte mehr und mehr in das Tempelgebiet zurückweichen, und die Männer des Ananus brachen dort gleichzeitig mit ihnen ein. Das war ein harter Schlag für die Zeloten, als sie die erste Tempelmauer räumen mußten, worauf sie sich in den inneren Bereich des Tempels zurückzogen und schnell die Tore verriegelten. Noch war Ananus der Meinung, er dürfe sich nicht auf die geheiligten Tore stürzen, denn nicht nur, daß die Feinde ihn von oben beschossen, sondern er hielt es auch für sündhaft, wenn die Volksmenge im Falle eines günstigen Kampfverlaufs in den Tempelbereich eindrang, ohne sich zuvor zu reinigen. Deshalb ließ er aus dem Gesamtheer 6000 Waffenträger durch das Los auswählen und stellte sie als Wachtposten an die Tempelgebäude. An ihre Stelle traten immer wieder neue Wachen, so daß alle sich gegenseitig in dieser Aufgabe ablösten. Allerdings gab es auch zahlreiche Leute von besonderer Stellung, die sich von den Anführern von dieser Aufgabe freistellen ließen, d. h. weniger begüterte Männer anwarben, die als ihre Stellvertreter zu fungieren hatten.

13. Alle diese Leute ereilte schließlich der Tod durch die Schuld jenes Johannes, von dem wir schon hörten, daß er aus Gischala als Flüchtling gekommen war, eine zwielichtige Persönlichkeit voll leidenschaftlicher Gier nach der Alleinherrschaft; schon lange arbeitete er daran, sich an die Spitze des Staates zu setzen. In jenen Tagen nun tat er, als bekümmere ihn das Schicksal des Volksaufgebots, und er heftete sich dem Ananus an die Fersen, wenn dieser am Tage mit den führenden Persönlichkeiten Beratungen abhielt, und bei Nacht, wenn er die einzelnen Wachtposten der Reihe nach aufsuchte. Johannes aber verriet den Zeloten alles, was geheimzuhalten war, und was auch immer die Männer des Volkes in Erwägung zogen, war noch vor der Beschlußfassung den Zeloten hinterbracht. Natürlich tat er alles, um sich nicht verdächtig zu machen, und deshalb überhäufte er den Ananus und die Anführer der Volkspartei mit einer Menge von Aufmerksamkeiten. Doch gerade diese Übertreibungen hatten eine gegenteilige Wirkung; diese allzu großen Schmeicheleien machten ihn nämlich besonders zwie-

lichtig, und der Umstand, daß er überall mit dabei war, ohne daß man ihn darum anging, brachte ihn in den Verdacht des Verrats von Geheimnissen. Es zeigte sich nämlich, daß der Feind über jedes Vorhaben des Volksheeres genauestens unterrichtet war, und niemandem traute man den Verrat eher zu als dem Johannes. Natürlich konnte man sich seiner nur schwer erwehren, da er durch seine Intrigen zu einer mächtigen Persönlichkeit geworden war; außerdem unterstützten ihn viele Männer, die bei der Organisation der militärischen Maßnahmen mitzureden hatten. So einigte man sich darauf, von ihm einen Loyalitätseid für die Volkspartei zu verlangen und ihn aufzufordern, weder ein Vorhaben noch sonst eine geplante Maßnahme den Feinden zu hinterbringen, sondern mit Rat und Tat die Feinde niederwerfen zu helfen. Im Vertrauen auf diesen Eid, den er auch leistete, ließ ihn die Partei des Ananus nun unbedenklich an allen Ratssitzungen teilnehmen, ja, man machte ihn sogar zum offiziellen Gesandten, der mit den Zeloten über eine gütliche Einigung verhandeln sollte. All ihr Bemühen ging nämlich dahin, dem Tempel die Verunreinigung zu ersparen und es unmöglich zu machen, daß einer aus dem eigenen Volke dort zu Tode käme.

14. Johannes trat mitten unter die Zeloten, und als hätte er ihnen seine Hilfe geschworen, nicht etwa der Volkspartei, sprach er folgende Worte: »Schon oft habe ich für euch Gefahren auf mich genommen, daß ihr über alle geheimen Beschlüsse ins Bild gesetzt wurdet, die im Stab des Ananus gegen euch gefaßt wurden. Nun aber gilt es für mich, zusammen mit euch allen die größte Gefahr zu bestehen, wenn uns keine Hilfe von oben kommt. Ananus will jetzt nämlich nicht mehr länger zögern, sondern er hat das Volk dazu gebracht, daß Gesandte dem Vespasian die Bitte überbringen sollen, Jerusalem so schnell wie möglich zu besetzen. Zudem sucht er euch noch dadurch zu treffen, daß er für morgen eine Reinigung angeordnet hat, damit seine Leute entweder zum Gottesdienst in den Tempel gelangen oder sich gewaltsam den Zugang verschaffen und dann mit euch in Kampf geraten. Doch weiß ich nicht, wie lange ihr noch der Belagerung und dem Kampf gegen

eine solche Übermacht standzuhalten vermögt.« Er fügte dann noch hinzu: »Durch Gottes Vorsehung bin ich soeben als Gesandter zu euch geschickt worden, um den Streit zu beenden. Ananus will nämlich dadurch bloß einen Vorwand gewinnen, sich gerade dann auf euch zu stürzen, wenn ihr dies am wenigsten vermutet. So gilt es, entweder, um das eigene Leben zu retten, sich dem Erbarmen der Belagerer anzuvertrauen oder von außen her Hilfe zu holen. Wollte aber jemand hoffen, als Gefangener etwa pardoniert zu werden, so denkt er entweder nicht mehr an seine eigenen Tollkühnheiten oder er rechnet fälschlich damit, daß, wenn der Täter bereue, auch die Geschädigten sofort zur Versöhnung bereit seien. Keineswegs, denn wenn ein Frevler bereut, so erntet er oft schlimmen Haß, und die Beleidigten zürnen häufig noch mehr, wenn sie sich erst einmal durchsetzen konnten. Die Freunde und Verwandten der Ermordeten werden euch sicherlich Schwierigkeiten machen und auch die Mehrzahl der Bevölkerung, die euch die Mißachtung der Gesetze und die Abschaffung der Gerichte nicht verzeihen kann. Sogar dann, wenn eine Anzahl von ihnen zur Nachsicht bereit wäre, würde diese bald zusammenschmelzen angesichts der großen Menge der Zürnenden.«

4. KAPITEL

1. Durch diese Reden machte er sie äußerst nervös, und dabei wagte er doch nicht offen zu sagen, wie er sich diese auswärtige Hilfe vorstelle, wiewohl er insgeheim dabei an die Idumäer dachte. Um vor allem die Anführer der Zeloten auf die Barrikaden zu bringen, log er ihnen vor, Ananus sei ein grausamer Mensch, und eben gegen sie beabsichtige er mit besonderen Maßnahmen einzuschreiten. Diese Anführer waren Eleazar, der Sohn des Gion, der als ein Meister im Erkennen dessen galt, was jeweils zu tun war, und der auch dementsprechend zu handeln wußte, außerdem ein gewisser Zacharias, der Sohn des Amphikalles, die beide dem Priestergeschlecht angehörten. Als diese nun außer den Drohungen, die

alle Zeloten betrafen, noch hörten, was im besonderen auf sie wartete, dazu noch, daß die Leute um Ananus sich an die Römer gewandt hätten, um auf diese Weise zum höchsten Einfluß zu gelangen, wie ihnen Johannes ebenfalls vorgelogen hatte, da wußten sie lange nicht, was im Hinblick auf die so drängende Zeit zu tun war. Sie waren überzeugt, daß sie das Aufgebot des Volkes früher oder später angreifen werde und daß die Zeit bis dahin so kurz sei, daß sie keine Hilfe mehr von außen her organisieren könnten; bevor ein Bündner etwas davon erfuhr, konnte sich nach ihrer Meinung das Unwetter über sie längst entladen haben. Trotzdem entschlossen sie sich, die Idumäer um Hilfe anzugehen. Deshalb teilten sie ihnen brieflich kurz mit, Ananus betrüge das Volk und wolle Jerusalem an die Römer verraten, sie aber wollten die Freiheit retten und hätten sich deshalb von ihm losgesagt und seien nun im Tempel eingeschlossen. Nur wenig Zeit stehe noch zur Verfügung, in der sich ihre Rettung entscheiden könne; eilten die Idumäer nicht schleunigst zu Hilfe, so gerieten sie selbst dem Ananus und ihren Feinden, Jerusalem aber den Römern in die Hände. Die Boten waren auch beauftragt, das Wichtigste mit den Anführern der Idumäer mündlich zu verhandeln. Zwei besonders energische Männer wurden dazu beordert, die die so komplizierten Zusammenhänge am besten darlegen und anderen das Bedrohliche der Situation glaubhaft machen konnten, außerdem waren sie, was ja noch wichtiger ist als diese Eigenschaften, hervorragende Schnelläufer. Man rechnete fest damit, daß die Idumäer leicht dazu gebracht werden könnten; denn sie waren ein temperamentvoller Menschenschlag ohne staatliche Organisation, lauter Leute, die ihren Sinn stets auf Unruhe richteten und sich freuten, wenn es zu Rebellionen kam. Mit ein wenig Schmeichelei würde man sie bestimmen können, die Waffen zu erheben und in die Schlacht zu eilen wie zu einem Fest. Darauf aber kam alles an, daß diese Botschaft so schnell wie möglich auch überbracht wurde. Die Boten, beide mit Namen Ananias, taten alles für den Erfolg und trafen alsbald bei den Anführern der Idumäer ein.

2. Die Idumäer aber waren wie von Sinnen angesichts des Brie-

fes und der mündlichen Nachricht der Boten und liefen wie besessen überall umher, um den Krieg zu proklamieren. Schneller, als der Befehl alle erreichte, liefen sie zusammen und erhoben die Waffen, ging es doch um die Freiheit der Hauptstadt. 20 000 Mann kamen zusammen, und unter vier Anführern ging es in Richtung auf Jerusalem; es waren dies Johannes und Jakobus, der Sohn des Sosas, außerdem Simon, der Sohn des Thakeas, und Phineas, der Sohn des Klusoth.

3. Wohl hatte Ananus ebenso wie seine Wachen das Entweichen der Boten nicht bemerkt, dafür mußte er sehen, wie die Idumäer heranrückten. Da er rechtzeitig davon erfahren hatte, verschloß er die Tore und stellte Wachtposten auf die Mauern. Er wollte die Idumäer nicht gänzlich vor den Kopf stoßen, sondern wollte lieber den Weg der Güte beschreiten, bevor die Waffen sprachen. Da stellte sich Jesus, nach Ananus der älteste der Hohenpriester, auf den Turm ganz nahe bei den anrückenden Idumäern und hielt folgende Rede: »Oftmals mußte unsere Stadt den Wechsel des Glücks erfahren, und launisch, wie es ist, wundert mich jetzt nichts in höherem Grade, als wenn die Frevler nunmehr aus einer so überraschenden Situation Nutzen ziehen können. Da befindet ihr euch also im Angesicht der Stadt, um den übelsten Elementen gegen uns mit einer Leidenschaftlichkeit zu helfen, die kaum denkbar wäre, wollte euch die Hauptstadt gegen die Barbaren zu Bundesgenossen haben. Ja, ich könnte eure Begier verstehen, sähe ich in unserem Heer Männer wie die, die euch gerufen haben; denn einem freundnachbarlichen Verhalten kommt ja nichts so zustatten wie die Verwandtschaft des Charakters. Doch in Wirklichkeit erwiese sich bei einer genauen Nachprüfung eurer Mitstreiter jeder als tausendmal des Todes schuldig. Sie stellen nämlich den Auswurf des ganzen Landes dar, sie, die ihr eigenes Hab und Gut durchgebracht und in den Städten und Ortschaften ringsumher Proben ihres Wahnwitzes gegeben haben, ehe sie insgeheim in die heilige Stadt eingeströmt sind. Die Krone setzen sie ihrem Frevel auf, indem sie sich kein Gewissen daraus machen, den heiligen Boden zu entweihen, so daß man zusehen muß, wie sich dieses Gesindel im Heilig-

tum betrinkt, das gegen alles Recht und Gesetz geraubte Eigentum der Opfer verjubelt und seiner Unersättlichkeit dienstbar macht. Im Gegensatz dazu zeigt euer Volksaufgebot und euere Waffenzier ein solches Bild der Ordnung, als hätte euch die Hauptstadt nach gemeinsamer Beratung als Mitstreiter gegen Angehörige anderer Stämme herbeigerufen. Kann man es etwa anders bezeichnen denn als ein frevelhaftes Spiel des Geschicks, wenn man ein ganzes Volk gemeinsam neben einem solchen Gesindel kämpfen sehen muß? Schon lange ist es mir ein Rätsel, wieso ihr euch veranlaßt fühltet, so schnell hier zu erscheinen, denn ohne einen triftigen Grund hättet ihr ja kaum zugunsten von Räubern und zum Kampf gegen einen verwandten Stamm zu den Waffen gegriffen. Was aber dies betrifft, daß irgendwie von ›Römern‹ oder von ›Verrat‹ die Rede war, wie man es bei euch soeben zu hören bekam zusammen mit dem Argument, daß es gelte, die Hauptstadt zu befreien, so bleibt uns nur zu sagen, daß uns nichts mehr in Staunen versetzt unter den Unverschämtheiten dieses Gesindels als eine solch abgefeimte Lüge. Wer nämlich die Freiheit von Natur aus liebt und wer deshalb ganz besonders darauf eingestellt ist, sie gegen einen Feind von außen zu verteidigen, den hätte man wohl nicht anders gegen uns erzürnen können als durch die Lüge, wir hätten die so geliebte Freiheit verraten. Doch schaut euch einmal diese Lügner an und auch jene, durch welche sie ihre Lügen verbreiteten, und erschließt dann die Wahrheit nicht aus fingiertem Geschwätz, sondern aus der tatsächlichen Lage der Dinge! Denn weshalb hätten wir uns eben in diesem Augenblick an die Römer verkaufen sollen, wo wir doch entweder gleich nicht von ihnen abzufallen brauchten oder aber, da es eben dazu kam, so bald wie möglich uns wieder an sie anschließen konnten, noch bevor das ganze Land im Umkreis in Schutt und Asche lag. Auch wenn wir es wünschten, so bestand jetzt für uns kaum mehr eine Gelegenheit der Versöhnung mit den Römern; denn der Sieg über Galiläa ließ sie sehr stolz werden, und für uns wäre es eine tödliche Schmach, wollten wir ihnen jetzt, wo sie so nahe sind, mit sklavischer Untertänigkeit begegnen. Allerdings wollte ich lieber den Frieden als den Tod, aber da eben Krieg ist und die Klingen aufeinandertreffen, ziehe ich einen ruhmreichen Tod einem Leben in Gefangenschaft vor. Wie ist es denn eigentlich, heißt es, wir, die Anführer des Volkes, hätten insgeheim mit den Römern verhandelt oder das Volk hätte insgesamt einen solchen Schritt beschlossen? Fällt der Verdacht auf uns, dann soll man doch unsere Freunde beim Namen nennen, die wir ausgeschickt haben, jene ›Sklaven‹, die die verräterische Kapitulation aushandeln sollten! Hat man etwa einen auf dem Weg erwischt oder bei der Heimkehr gefangen? Bekam man Briefe zu fassen? Wie hätten wir ein solches Vorgehen ohne Wissen unserer Landsleute bewerkstelligen können, mit denen wir doch ständig zusammenarbeiten, wogegen die Zeloten, eine kleine Zahl von Leuten, die genau bewacht sind und nicht einmal mehr aus dem Tempel zur Stadt herabgelangen können, genau im Bilde sein wollen, was wir insgeheim draußen auf dem freien Land unternehmen? Und gerade jetzt, wo ihnen die Strafe für ihr verbrecherisches Tun droht, sollten sie davon Kunde erhalten haben, während sie niemand von uns für einen Verräter hielten, solange sie glaubten, sicher zu sein? Wollen sie aber das Volk dafür verantwortlich machen, dann muß man doch auf die Öffentlichkeit der Beratungen verweisen, bei denen kein einziger fehlte; dann hättet ihr doch schneller und genauer davon unterrichtet sein müssen als durch diese lügnerische Nachricht von seiten der Zeloten. Ja, hätte man nicht nach dem entsprechenden Kapitulationsbeschluß Gesandte ausschicken müssen, und wer wäre dafür in Frage gekommen? Darauf verlangen wir Antwort! Aber sie geben sich ja nur so, da sie den Tod nicht wünschen und der unabwendbaren Strafe entgehen wollen. Denn soll unsere Stadt vom Verrat betroffen werden, dann nur auf diese Weise, die von euren Verleumdern kommt, denen in der Sammlung ihrer Verbrechen eben nur noch der Verrat fehlt. Ihr jedoch, die ihr nun bewaffnet vor der Stadt steht, solltet allein die Pflicht der Gerechtigkeit erfüllen, nämlich die Hauptstadt zu schützen und zu helfen, die Tyrannen zu beseitigen, die die Gerichte aufgehoben und die Gesetze mit Füßen getreten haben, indem sie nicht die Richter, sondern nur ihre eigenen Waffen urteilen ließen. Ausgezeichnete Persönlichkeiten haben sie ohne Prozeß mitten vom Marktplatz weggeschleppt, qualvoll gefesselt und, ohne ihrer Verteidigung oder ihrer Bitten zu achten, getötet. Nun könnt ihr, freilich nicht nach dem Recht des Krieges, in die Stadt hereinkommen und euch die Beweise für das, was ich vorgebracht habe, ansehen, nämlich die von dem Raubgesindel geplünderten Häuser, die Frauen und Kinder der Niedergemetzelten in ihrer Trauerkleidung, das Jammern überall in der Stadt und das Wehklagen. Jeder hat ja von den Untaten dieser Bande etwas zu spüren bekommen, gingen sie doch so weit in ihrem Wahnwitz, daß sie ihre Räubereien nicht nur von draußen in die Stadt hereintrugen, d. h. auf das Antlitz und das Haupt des gesamten Volkes erstreckten, sondern sogar bis zum Tempel hinauf! Dort haben sie jetzt ihre ›Burg‹ und ihre Zuflucht und zugleich ihr Zeughaus für den Kampf gegen uns; und der Platz, den alle Welt ehrt, den selbst die fernsten Völker am Ende der Welt vom Hörensagen kennen und hochschätzen, wird nun von den vertierten Menschen, die hier geboren sind, mit Füßen getreten. Obgleich ihre Lage aussichtslos ist, stacheln sie in ihrer Verblendung Völker und Stämme gegeneinander auf und bilden aus ihren eigenen Stammesangehörigen Heereshaufen, um sich gegenseitig zu töten. So, wie die Dinge liegen, wäre es, wie gesagt, am besten und am geziemendsten, wenn ihr uns helfen wolltet, diese Verbrecher zu beseitigen und für ihre Verlogenheit zur Rechenschaft zu ziehen, sie, die es wagten, Leute zur Bundeshilfe zu rufen, die sie als Rächer fürchten sollten. Wenn ihr aber noch immer die Gründe respektiert, weshalb euch diese Leute herbeigerufen haben, so könnt ihr ja jederzeit die Waffen ablegen und so, wie es Stammesgenossen zu tun pflegen, in die Stadt kommen und könnt euch dort in die Mitte zwischen Bundesgenossenschaft und Feindschaft stellen, d. h. eine Schiedsrichterrolle übernehmen. Freilich solltet ihr dann beachten, wie gut sie dabei wegkommen, wenn sie trotz ihrer offensichtlichen gemeinen Verbrechen von euch als Schiedsrichtern angehört werden, wo sie selbst völlig schuldlosen Menschen nicht einmal ein Wort der Verteidigung erlauben. Doch sie sollen diesen Vorteil aus eurer Gegenwart ziehen! Solltet ihr aber weder von unserem Zorn noch von eurer Schiedsrichterrolle etwas halten, dann gibt es noch eine dritte Möglichkeit, nämlich beide Gegner zu ignorieren und weder uns in unserem schweren Schicksal zu verstoßen noch euch auf die Seite der Vaterlandsverräter zu stellen. Wenn ihr aber noch immer nicht den Verdacht loswerdet, einige von uns könnten sich mit den Römern in Verhandlungen eingelassen haben, so steht es euch ja frei, die Zugänge zur Stadt unter genaue Kontrolle zu stellen. Sollte sich dann irgendeine der Lügen wirklich widerlegen, dann könnt ihr kommen und die Hauptstadt schützen und die Schuldigen zur Rechenschaft ziehen. Denn da ihr so nahe bei der Stadt euer Lager habt, ist es ja für die Feinde unmöglich, vor euch zur Stelle zu sein. Scheint euch aber nichts von alledem der Vernunft gemäß oder billig zu sein, dann wundert euch nicht, wenn wir die Tore für euch nicht öffnen, solange ihr Waffen tragt!«

4. So sprach Jesus. Die Mehrzahl der Idumäer aber achtete dessen in keiner Weise, sondern war darüber ungehalten, daß der Zugang zur Stadt nicht augenblicklich offenstand, und ihre Anführer ereiferten sich über das Ansinnen, die Waffen niederzulegen, denn sie hielten es für gleichbedeutend mit Kriegsgefangenschaft, wenn man auf Befehl von irgend jemand die Waffen wegwarf. Da gelang es dem Simon, dem Sohn des Kaatha, einem der Anführer, mit Mühe, dem Lärmen seiner Stammesgenossen Einhalt zu gebieten; er stellte sich so auf, daß die Hohenpriester ihn hören konnten und sprach: »Nicht mehr muß ich mich darüber wundern, daß die Kämpfer für die Freiheit als Gefangene im Tempel eingeschlossen sind, wenn da sogar gewisse Leute die gemeinsame Hauptstadt dem eigenen Volk verbieten. Indem sie Vorbereitungen treffen für den Kampf der Römer, ja während sie vielleicht schon Girlanden an den Toren für diesen Zweck angebracht haben, unterhalten sie sich mit den Idumäern von den Türmen herab und muten ihnen zu, die Waffen niederzulegen, die sie um der Freiheit willen erhoben haben. Den Leuten des eigenen Volkes glauben sie den Schutz der Hauptstadt nicht übertragen zu dürfen, doch wollen sie die nämlichen Menschen zu Schiedsrichtern in ihren Händeln machen, und

indem sie einige von ihren Mitbürgern beschuldigen, sie hätten ohne Prozeß Exekutionen vorgenommen, lassen sie selbst das ganze Volk zur Ehrlosigkeit verdammen. Die Stadt, die ihre Tore weit geöffnet hatte für den Dienst an Gott, ist jetzt zum Bollwerk gemacht gegen die Angehörigen des eigenen Volkes. Natürlich sind wir nur darum so schnell gekommen, um eine Metzelei und einen Bürgerkrieg zu entfachen, aber die Wahrheit ist doch, daß wir es deshalb taten, um für euch die Freiheit zu retten. Das nämliche Unrecht mußtet ihr freilich auch von denen hinnehmen, die da oben im Tempel eingesperrt sind, und was die Berechtigung eures Verdachts gegen sie anlangt, so glaube ich, daß es darum ähnlich bestellt ist. Des weiteren haltet ihr die besonders auf das Wohl der Stadt bedachten Bürger in eueren Mauern hinter Schloß und Riegel und verwehrt eueren nächsten Stammesbrüdern den Zugang zur Stadt und findet den Mut, ihnen auch noch unzumutbare Anweisungen zu geben, versteckt euch aber jetzt hinter der Behauptung, selbst geknechtet zu werden, und beschimpft die Opfer eurer Tyrannei als ›Tyrannen‹. Wer könnte eine solche Heuchelei der Rede noch hinnehmen, wenn er sieht, wie dem allem die Wirklichkeit widerspricht? Ist es denn nicht so, daß die Idumäer euch den Zugang zur Hauptstadt verwehren, denen ihr doch in Wirklichkeit das Heiligtum der Väter verriegelt? Man könnte freilich die im Tempel Eingeschlossenen beschuldigen, daß sie zwar den Mut aufbrachten, jene Verräter zu bestrafen, die ihr, deren Spießgesellen, als ausgezeichnete und anständige Männer hinstellt, daß sie aber bei euch mit der Strafe begannen und so von vornherein die aktivsten und gefährlichsten Glieder des Verrats abschlugen. Wenn jene über Gebühr Milde übten, so werden wir Idumäer den Tempel unseres Gottes zu beschützen wissen und den Kampf für unser gemeinsames Vaterland allen voran aufnehmen, indem wir sowohl die Feinde draußen wie die Verräter im Innern niederschlagen. Vor den Mauern hier werden wir so lange mit unseren Waffen nicht von der Stelle weichen, bis es den Römern zu dumm wird, eure Reden zu hören, oder bis ihr selbst euren Sinn wandelt und freiheitlich zu denken versteht.«

5. Mit Beifall nahm die Menge der Idumäer diese Rede auf; Jesus aber kehrte verzweifelt in die Stadt zurück, denn es war ihm klar, daß die Idumäer ganz andere Dinge verfolgten, über die man nicht diskutieren konnte, und daß der Stadt ein Kampf von zwei Seiten drohte. Doch auch bei den Idumäern gab es Unruhe und unsicheres Schwanken. Teils war man nämlich sehr über die Schmach erbittert, aus der Stadt hinausgesperrt zu sein, zum anderen aber tauchten doch Zweifel auf, als man die Unfähigkeit der Zeloten für irgendeine Hilfeleistung feststellte, nachdem man ihre Truppenstärke zuvor für sehr groß gehalten hatte; das ging so weit, daß es viele bereuten, hierher gekommen zu sein. Aber die Scham, ohne einen Finger zu rühren, wieder abzuziehen, war größer als diese Reue, und so blieben die Leute dort, wo sie standen, in dem schlechten Quartier vor der Mauer. In der Nacht nämlich kam es zu einem furchtbaren Unwetter mit starken Stürmen, und sogar die Erde bebte und gab ein ungewohntes Grollen von sich. So zeigte sich deutlich, daß zum Verderben der Menschen die Ordnung des Alls aus den Fugen geraten war, und der Verdacht drängte sich auf, daß es die Vorzeichen eines großen Unheils waren.

6. Die Idumäer und die Juden in der Stadt deuteten die Vorgänge in der gleichen Weise: Jene glaubten, Gott zürne wegen ihres kriegerischen Aufbruchs und sie würden nun unbarmherzig dafür bestraft, daß sie die Waffen gegen die Hauptstadt erhoben hatten; Ananus aber und seine Leute waren der Meinung, der Sieg sei ihnen bereits kampflos geschenkt und Gott sei es gewesen, der sie dabei geführt. Doch sie waren offensichtlich schlechte Deuter der Zukunft, und sie weissagten für ihre Feinde, was auf sie selbst wartete. Die Idumäer nämlich, von denen sich jeder zum anderen hindrängte, wärmten sich gegenseitig, und der Regen schadete ihnen weniger, da sie mit ihren Schilden über sich ein enggefügtes Dach schufen. Die Zeloten jedoch ängstigten sich, wohl nicht so sehr wegen der Gefahr, die sie bedrängte, als wegen jener, die ihre Bundesgenossen bedrohte; sie bildeten also einen dichten Haufen und überlegten, auf welche Weise sich das Schlimmste verhüten lasse. Die Kühneren unter ihnen waren dafür, mit den Waffen die

Wachen auszuschalten, dann mitten in die Stadt einzudringen und ohne Bedenken den Bundesgenossen die Tore zu öffnen. Die Wachen würden durch die überraschenden Maßnahmen wohl in Verwirrung geraten und das Feld räumen, denn die wenigsten von ihnen seien ausreichend bewaffnet und verfügten über irgendwelche Kriegserfahrung. Die Menge der Bürger in der Stadt lasse sich aber nur schwer aufbieten, da sie wegen des Unwetters in den Häusern blieben. Sollte ihnen trotzdem etwas mißlingen, so müßten sie es als Ehrensache ansehen, jegliche Unannehmlichkeit hinzunehmen, statt eine so große Menschenmenge durch die Rücksicht auf sie selber schändlich umkommen zu lassen. Die Leute, die mehr Verstand besaßen, hielten es jedoch für unsicher, daß sich mit Gewalt etwas machen ließ, denn sie wußten, daß nicht nur sie selbst unter gänzlicher Kontrolle der Wachen standen, sondern daß auch die Stadtmauer von den Idumäern mit Nachdruck bewacht werde; auch glaubten sie, Ananus sei über alles im Bilde und kontrolliere stündlich die Wachen. In den vorausgehenden Nächten stimmte das auch wirklich, doch nicht in dieser Nacht, und dies nicht etwa aus einer Nachlässigkeit des Ananus, sondern weil es das Schicksal wollte, daß er mitsamt seinen Wachen umkommen sollte. Die Gewalt des Schicksals fügte es, daß im Fortschreiten der Nacht während der größten Entladung des Unwetters die Wachen auf der Säulenhalle einschliefen und daß sich die Zeloten einfallen ließen, mit einigen Sägen, die sie im Tempel fanden, die Riegel der Tore auseinanderzusägen. Das Rauschen des Windes und das unablässige Getöse des Donners half ihnen dabei insofern, als das Sägegeräusch dadurch übertönt wurde.

7. So gelangten die Zeloten unbemerkt aus dem Tempel an die Mauer und öffneten mit den gleichen Sägen das Tor, wo die Idumäer standen. Diese waren darob zunächst wie von Sinnen, da sie einen Angriff von seiten des Ananus vermuteten, und jeder suchte sich mit dem Schwert in der Rechten zu verteidigen. Bald jedoch erkannten sie die Herauskommenden und drangen in die Stadt ein. Wenn sie sich dort überallhin verstreut hätten, so wäre ihnen wohl, wutentbrannt wie sie waren, widerstandslos das ganze Volk zum

Opfer gefallen. So aber beeilten sie sich, erst die Zeloten von ihrer Bewachung zu befreien, da deren Anhänger, durch die ihnen der Weg in die Stadt freigemacht worden war, sie inständig ersuchten, jene, deretwegen sie unter so viel Schwierigkeiten hereingekommen seien, nicht zu vergessen und auch sich selbst nicht in noch größere Gefahr zu stürzen. Gelänge es ihnen nämlich, vor allem einmal die Wachen auszuschalten, so könnten sie mit Leichtigkeit in die Stadt einrücken; gerate aber erst einmal die Stadt in Bewegung, dann könne man gegen die Wachen nichts mehr ausrichten, da sich diese, sobald sie sähen, was geschehe, sofort für den Kampf rüsten und die Zugänge zum Tempel abriegeln würden.

5. KAPITEL

1. Die Idumäer pflichteten dieser Ansicht bei und eilten durch die Stadt zum Tempel hinauf, wo die Zeloten voll Spannung auf sie warteten. Und nun, da ihre Befreier hereinstürzten, faßten sie wieder Mut, und sie wagten sich aus dem inneren Tempelbereich hervor, mischten sich unter die Idumäer und drangen auf die Wachen ein; einige Posten, die vor den Gebäuden aufgestellt waren und noch schliefen, hieben sie zusammen. Und wie die Erwachten nun laut aufschrien, sprang der ganze Haufe auf und riß voll Schrecken die Waffen an sich, um sich zu verteidigen. Während sie sich noch von den Zeloten allein angegriffen glaubten, ließen sie den Mut noch nicht sinken, da sie sich auf ihre zahlenmäßige Überlegenheit verließen. Als sie aber fremde Truppen von draußen vor dem Tempel hereindrängen sahen, da war es ihnen klar, daß es sich um einen Einfall der Idumäer handelte. Da warfen auch die Mutigsten von ihnen die Waffen weg, um in ein lautes Wehklagen auszubrechen. Nur wenige Jüngere stellten sich tapfer den eindringenden Idumäern entgegen und bildeten so längere Zeit eine Schutzwehr für die verwirrten älteren Kämpfer. Diese schrien so laut, daß die Stadtbewohner das Unheil bemerkten. Doch keiner wagte, etwas zur Hilfe zu unternehmen, als bekannt geworden

war, daß es die Idumäer waren, die in die Stadt einfielen; ihre Reaktion bestand vielmehr in unnützem Schreien und Jammern, besonders bei den Frauen, die alle den einen oder anderen Verwandten bei den Wachen wußten. Die Zeloten aber stimmten in das Kampfgeschrei der Idumäer mit ein, und das Tosen des Sturmes ließ den Lärm allenthalben noch schauriger wirken. Die Idumäer, diese von Natur aus grausamen und mordgierigen Menschen, verschonten keinen, hatte sie doch das Unwetter noch demoralisiert, so daß sie dem Zorn gegen jene, die sie nicht eingelassen hatten, freien Lauf ließen. Sie machten keine Unterschiede, mochte einer um sein Leben jammern oder sich verteidigen, und viele trafen ihre Schwerter in dem Augenblick, da sie die Idumäer daran erinnern wollten, daß sie ja ihre Stammesbrüder waren, und sie anflehten, doch das gemeinsame Heiligtum zu achten. An eine Flucht war nicht zu denken, auf Rettung nicht zu hoffen. Eng zusammengedrängt wurden sie einer nach dem anderen getötet. Und die Menge der Kämpfer geriet dabei in solche Bedrängnis, daß sie nicht mehr zurückweichen konnte; und weil die mordende Meute nachdrängte, stürzten sie sich, ohne einen anderen Ausweg zu finden, in die Stadt hinunter. Ich glaube, dieser Freitod war noch schlimmer als das Schicksal, dem sie auf diese Weise entgingen. Außen am Tempel floß das Blut in Strömen, und der Tag ließ 8500 Leichen sichtbar werden.

2. Doch die Idumäer hatten damit ihren Zorn noch keineswegs gesättigt, sondern sie wandten sich gegen die Stadt, raubten jedes Haus aus und erschlugen jeden, der ihnen in den Weg kam. Sie sahen es dabei als überflüssigen Aufwand an, sich mit dem Pöbel zu befassen, sie suchten vielmehr höhere Priester in die Hand zu bekommen, und ihnen galt das hemmungslose Wüten des größten Teils ihrer Streitmacht. So wurden denn diese Opfer teils gefangen und getötet, und die Sieger stellten sich sogar auf die Leichname und verspotteten den Ananus ob seiner freundlichen Haltung gegenüber dem Volk, den Jesus jedoch wegen seiner Rede, die er von der Mauer aus gehalten hatte. Ja sie gingen in ihrem verbrecherischen Handeln bis zum äußersten und warfen die Leichen unbe-

stattet hinaus, obgleich den Juden so viel daran gelegen ist, ihre Toten beizusetzen, daß sie sogar die Leichen der Gekreuzigten noch vor Sonnenuntergang abnehmen und bestatten. Ich habe wohl recht, wenn ich sage, der Tod des Ananus hatte den Anfang der Eroberung der Stadt bedeutet, und der Einsturz der Mauer, der Zusammenbruch des Judenstaates habe damals begonnen, als die Bürger von Jerusalem zusehen mußten, wie ihr Hohepriester und Anführer, mit dem sie standen und fielen, mitten in der Stadt niedergemetzelt wurde. Er war nämlich wirklich eine ehrenhafte und außerordentlich gerechte Persönlichkeit, und obgleich von hoher Geburt und hohem Rang und trotz seiner Ehrenstellung, die er sich verschafft hatte, verfuhr er auch mit Menschen untersten Ranges gern wie mit seinesgleichen. Die Freiheit liebte er in besonderem Maße und nicht weniger die Herrschaft des Volkes; das Wohl des Staates galt ihm immer mehr als sein eigener Vorteil, und den Frieden zu wahren, dünkte ihn das höchste Ziel in allem, was er tat. Er wußte nämlich wohl, daß der Römer Macht nichts gewachsen war, gehorchte aber doch der Not und rüstete zum Krieg, damit die Juden, wenn der Friede mit Rom schon nicht zu retten war, doch wenigstens in Ehren bestehen konnten. Kurz, wäre Ananus nicht ums Leben gekommen, so wäre es sicherlich zu einem Verständigungsfrieden gekommen. Ananus war nämlich ein erfolgreicher Redner und vermochte das Volk zu überzeugen, und er war schon nahe daran, auch seine Gegner zu gewinnen. Wäre ihm dies nicht gelungen, so hätten die Juden mindestens unter einer solchen Führung den Römern den Sieg sehr lange streitig gemacht. Jesus arbeitete mit ihm zusammen, war aber von geringerer Bedeutung ihm gegenüber, wiewohl er die anderen alle noch übertraf. Doch will ich meinen, Gott habe die Stadt wegen ihrer Befleckung dem Verderben geweiht und habe den Tempel völlig im Feuer reinigen wollen, und deshalb, so glaube ich, hat er jene hinweggeholt, die mit solcher Hingabe diesem Heiligtum dienten. Leute, die noch kurz vorher das heilige Gewand getragen und dem Gottesdienst vorgestanden hatten, wie er aller Welt bekannt ist, Männer, die in hohen Ehren standen bei den Jerusalempilgern aus aller Welt, konnte man sehen, wie sie, ihrer Kleider beraubt, Hunden und wilden Tieren zum Fraß hingeworfen wurden. Es war mir, als beklagte die Tugend das Geschick dieser Menschen und die Tatsache, daß sie auf diese Weise von der Gemeinheit solche Drangsal erfuhren. Doch dies war das Ende des Ananus und des Jesus.

3. Sobald sie getötet waren, stürzten sich die Zeloten und die Menge der Idumäer auf das Volk, als handle es sich um eine Herde unreiner Tiere, und hieben es zusammen. Die einfachen Leute wurden erschlagen, wo man ihrer habhaft wurde. Vornehme dagegen und jüngere Personen nahm man fest und warf sie in den Kerker und verzögerte noch ihre Exekution, weil man damit rechnete, daß sie sich ihnen anschlössen. Keiner aber ließ sich überreden, alle wollten lieber sterben als mit den Verbrechern gegen das Vaterland gemeinsame Sache zu machen. Diese Haltung trug ihnen fürchterliche Martern ein, nämlich Geißelungen und Folterungen, und erst, wenn sie körperlich für die Folterwerkzeuge zu schwach waren, gab man ihnen mit dem Schwert den Gnadenstoß. Wer bei Tag festgenommen wurde, empfing nachts den Todesstreich, und die Leichen wurden beseitigt und auf die Straße geworfen, um Raum zu schaffen für die nächsten Gefangenen. Das Volk war vom Schrecken so vor den Kopf gestoßen, daß niemand wagte, einen toten Angehörigen öffentlich zu beklagen oder zu beerdigen. Nur im geheimen wurde geweint, und tat man um die Toten einen Seufzer, so blickte man sich zuvor um, ob kein Andersgesinnter mithörte; denn die Trauernden ereilte das gleiche Schicksal wie die Betrauerten. In der Nacht warf man mit beiden Händen etwas Staub auf die Leichen, bei Tag bedeutete dies schon eine besondere Kühnheit. 12 000 junge Männer von adeliger Herkunft fanden so ihr Ende.

4. Schon kam es dazu, daß die Zeloten selbst an dem bedenkenlosen Gemetzel genug hatten und zum Schein Gerichtssitzungen und Prozesse abhielten. Sie hatten die Absicht, Zacharias, den Sohn des Bareis, einen Mann von außergewöhnlichem Ansehen, ums Leben zu bringen. Ihre Anklagen gegen ihn stützten sich auf dessen besonderen Haß gegen jedes Verbrechen und auf seine Liebe zur

Freiheit. Dazu war er noch wohlhabend, so daß die Konfiskation seines Besitzes winkte und die Hoffnung, jemanden loszuwerden, der für sie selbst den Untergang hätte bedeuten können. Sie befahlen also siebzig Männer in den Tempel und übertrugen ihnen wie im Theater die Rolle von Richtern, jedoch ohne eigentliche Gewalt. Vor ihnen verklagten sie den Zacharias, er verrate das Volk an die Römer und verhandle verräterisch mit Vespasian. Es fehlte jedoch an jeder Rechtsgrundlage und jeglichem Beweis für solche Vorwürfe, und deshalb forderten sie, man solle ihre eigene unbedingte Überzeugung als Garantie der Wahrheit ansehen. Zacharias wußte genau, daß er verloren war und daß er nicht vor ein Gericht, sondern hinterlistig in ein Gefängnis geholt worden war. Trotz dieser aussichtslosen Lage glaubte er, nicht schweigen zu dürfen. Und so erhob er sich, verhöhnte die Glaubwürdigkeit der Ankläger und widerlegte kurz die Anklagen. Dann sprach er direkt zu den Anklägern und ging ihre gesetzwidrigen Handlungen im einzelnen durch und wandte sich mit allem Nachdruck gegen die Zerstörung der öffentlichen Ordnung. Die Zeloten jedoch schlugen Lärm und konnten kaum noch davor bewahrt werden, mit dem Schwert vorzugehen, wo sie doch willens waren, den heuchlerischen Schauprozeß bis zum Ende weiterzuspielen. Auch wollten sie die Richter prüfen, ob sie trotz ihrer eigenen Lebensgefahr an der Gerechtigkeit festhielten. Die Siebzig jedoch stimmten alle für den Angeklagten und wollten lieber mit ihm zusammen sterben als seinen Tod verantworten. Auf diesen Freispruch hin schlugen die Zeloten Lärm, und sie ärgerten sich über die Richter, weil diese nicht einsehen wollten, daß sie nur zum Schein mit richterlicher Befugnis ausgestattet waren. Zwei besonders gemeine Subjekte stürzten sich inmitten des Tempels auf Zacharias, schlugen ihn nieder, und indem er zusammenbrach, verhöhnten sie ihn noch: »Das ist unsere Stimme, und damit gelangst du noch sicherer in die Freiheit!« Und gleich warfen sie ihn vom Tempel aus in die Schlucht hinunter. Die Richter aber erhielten Schläge mit den blankgezogenen Schwertern, so groß war der Übermut der Zeloten, und man drängte sie aus dem ummauerten Tempelbereich hinaus; und nur deshalb nahmen die Zeloten noch davon Abstand, sie zu töten, damit sie sich über die ganze Stadt verstreuten und überall die Botschaft von der Knechtung verkündeten.

5. Schon reute es die Idumäer, daß sie nach Jerusalem gekommen waren, denn was dort geschah, wirkte auf sie abstoßend. Da rief sie einer der Zeloten herbei und wandte sich von sich aus zu ihnen, um ihnen zu zeigen, wie sie zusammen mit denen, die sie gerufen hatten, gegen die Gesetze verstießen, und außerdem legte er ausführlich dar, wie es um die Hauptstadt stand: »Ihr seid gekommen im Glauben, Jerusalem werde von den Oberpriestern den Römern in die Hände gespielt, konntet aber den Verrat nicht bestätigt finden, wogegen die angeblichen Beschützer der Stadt unbedenklich zu Krieg und Tyrannei schreiten. Ihr hättet gut daran getan, sie gleich zu Beginn davon abzubringen. Da ihr euch jedoch mit ihnen zusammengeschlossen habt und euch darauf einließet, ihnen bis zur Tötung von Stammesangehörigen Gefolgschaft zu leisten, so solltet ihr wenigstens jetzt Schluß machen mit eueren Verbrechen und nicht fortgesetzt denen eure wirksame Hilfe leisten, die die väterlichen Gesetze untergraben. Und sollten noch einige deshalb unmutig sein, daß euch die Tore versperrt waren und daß man euch nicht gestattete, die Waffen in die Stadt zu bringen, so haben doch jene nunmehr ihre Strafe, die euch hinausgesperrt haben; Ananus ist ja tot, und beinahe wäre in einer einzigen Nacht das ganze Volk umgekommen. Ihr könnt es selbst beobachten, wie sich zahlreiche Männer unter euch von diesen Grausamkeiten distanzieren, daß ihr aber bei euren Auftraggebern nichts als ungeheuerliche Grausamkeit vorfindet, die keine Scham vor denen kennt, die ihnen die Rettung bringen. Sie wagen sogar, vor den Augen ihrer Bundesgenossen die größten Schändlichkeiten zu verüben, und ihre Verbrechen gehen auch so lange zu euren Lasten, als keiner von euch Idumäern etwas dagegen unternimmt oder sich von einem solchen Vorgehen eindeutig distanziert. Nun hat sich gezeigt, daß alles Gerede von Verrat nichts als Verleumdung war, daß mit einem Einmarsch der Römer nicht zu rechnen ist und daß in der Stadt ein Regime fest im Sattel sitzt. Und nun ist es an der Zeit, daß ihr wie-

der nach Hause geht und euch nicht länger mit diesem Gesindel abgebt; das wird für euch eine Rechtfertigung bedeuten, wenn man alles bedenkt, was ihr euch durch diese Täuschung aufgeladen habt.«

6. KAPITEL

1. Die Idumäer konnten sich diesen Darlegungen nicht verschließen und gingen daran, zunächst an die 2000 Bürger zu befreien, die in die Kerker geworfen waren und jetzt gleich aus der Stadt flohen, um sich zu Simon durchzuschlagen, von dem ein wenig später die Rede sein wird. Dann brachen die Idumäer aus Jerusalem auf in ihre Heimat. Dieser Vorgang war für beide Parteien gänzlich überraschend, denn das Volk hatte nichts davon bemerkt, daß die Idumäer anderen Sinnes geworden waren. So faßte es für kurze Zeit wieder Mut, da es sich nicht mehr von einem Feind bedrängt sah. Die Zeloten jedoch trumpften nun erst recht auf, als hätte sie nicht ein Bundesgenosse verlassen, sondern als seien sie von Elementen befreit worden, deretwegen sie sich schämen mußten und die sie von ihrem ungesetzlichen Handeln abbrachten. Jetzt war die Bahn frei, und es gab kein Halten mehr bei ihren Verbrechen, sondern im Nu war jegliche Tat geplant, und die Ausführung ging noch rascher vor sich als das Planen. Ihre Mordgier zielte besonders auf bewährte Männer und solche aus vornehmem Geschlecht; die einen liquidierten sie aus Neid, die Vornehmen jedoch aus Furcht. Denn sie fühlten sich nur dann gänzlich sicher, wenn jeder Mann von Einfluß beseitigt war. Unter vielen anderen fand auch Gurion den Tod, ein hochangesehener Mann aus adeligem Geschlecht, dem besonders die Herrschaft des Volkes ein Anliegen war und der die Freiheit in einem Maße liebte, wie es nur gerade ein Jude kann. Außer seinen sonstigen Vorzügen war es vor allem sein Freimut, der ihm den Tod einbrachte. Nicht einmal von einem Mann wie Niger aus Peräa, einem gefeierten Helden im Kampf gegen die Römer, nahmen sie Abstand. Als sie ihn mitten

durch die Stadt zerrten, schrie er laut und wies auf seine Narben. Und wie er vor die Tore geschleppt war, verzweifelte er an seiner Rettung und erbat sich nur noch, daß man ihn begrabe. Die Büttel aber drohten ihm sogleich, daß sie ihm die so innig erbetene Erde nicht gewähren wollten, und begingen dann den Mord. Sterbend verfluchte sie Niger und rief die Rache der Römer auf sie herab und wünschte ihnen zu den Greueln des Krieges noch Hunger und Pest und daß sie sich gegenseitig mit eigenen Händen umbrächten. Und alles ließ Gott an den Verbrechern in Erfüllung gehen, ja es siegte die Gerechtigkeit, da sie schon bald unter sich in Streit gerarten und die Wirkung ihres Wahnsinns verspüren sollten. Der Mord an Niger bedeutete für sie zwar eine Erleichterung in ihrer Angst, selbst zu stürzen; aber sie hatten doch für jeden Teil des Volkes irgendeinen Vorwand parat, in der Vernichtung fortzufahren. Wer früher irgendwie zu ihren Gegnern gezählt hatte, war bereits liquidiert; jene aber, die ihnen im Frieden nichts in den Weg gelegt hatten, erfuhren jetzt die entsprechenden Anklagen. Wer überhaupt nie etwas mit ihnen zu tun gehabt hatte, dem warf man Hochmut vor; wer sich ihnen mit Freimut genähert hatte, den bezichtigte man der Verächtlichmachung; wer sie schmeichlerisch umwarb, hinter dem vermutete man einen Verschwörer. Und bei den schwersten wie bei den geringsten Vorwürfen gab es nur eine Strafe, den Tod, und keiner konnte entkommen, es müßte denn sein, er wäre von allerniedrigstem Rang gewesen, sei es von Geburt, oder weil ihn das Schicksal entsprechend geschlagen hatte.

2. Bei den Römern waren sämtliche Offiziere der Meinung, der Zwist unter den Feinden bedeute einen günstigen Zufall für sie, und deshalb drängten sie zum Sturm auf die Stadt und forderten ihn mit Nachdruck von Vespasian mit der Begründung, auf ihn komme es jetzt einzig und allein an. Sie argumentierten, Gottes Vorsehung habe ihnen geholfen, da sich die Feinde zerstritten hätten. Natürlich sei es eine schwierige Entscheidung, die Juden könnten sich schnell wieder versöhnen, sei es, daß sie ihren Familienhader satt würden oder daß sie gar Reue darüber empfänden. Vespasian meinte dazu: »Ihr habt keine Ahnung, worum es jetzt

geht, wenn ihr wie im Theater eure persönliche Tüchtigkeit und eure Waffenkunst unter Beweis stellen wollt, was nicht ungefährlich wäre. Es wäre besser, ihr richtetet euren Blick auf das Zweckmäßige, das mit Sicherheit erreichbar ist. Unternehme ich nämlich sofort den Marsch auf die Stadt, so wäre die Folge, daß sich die Feinde wieder versöhnen und ihre ganze Kraft gegen mich selbst aufbieten; bleibe ich aber, wo ich bin, dann gilt es für mich, weniger Feinde zu bestehen, da sie sich in ihrem Bruderzwist bis dahin selbst gegenseitig aufreiben. Mehr als ich versteht sich Gott auf die Feldherrnkunst, Gott, der den Römern, ohne daß diese einen Finger rühren müssen, die Juden ausliefert und uns den Sieg schenkt, ohne daß wir unsere Feldherrnkunst aufs Spiel setzen müssen. So liegt es denn an uns, wenn sich die Feinde gegenseitig selbst zerfleischen und am Bürgerkrieg, dem schlimmsten Übel, zugrunde gehen, uns als Zuschauer zu betätigen, jede Gefahr zu meiden und uns nicht mit Menschen auf einen Kampf einzulassen, die den Tod suchen und sich in Raserei gegeneinander stürzen. Wenn jedoch jemand der Meinung ist, die Herrlichkeit eines kampflosen Sieges sei zur Hälfte erloschen, so sei er überzeugt, daß ein in Ruhe gewonnener Sieg mehr Vorteile birgt als eine bewaffnete Auseinandersetzung, die immer riskant ist. Man sollte auch Sieger, die sich durch ihre Waffentaten auszeichnen, nicht für ruhmeswürdiger ansehen als jene, die das nämliche erreichen, indem sie sich mäßigen und mit Besonnenheit und Überlegung zu Werke gehen. Denn, indem sich die Zahl der Feinde vermindert, wird sich mein eigenes Heer, das ich anführe, von den ständigen Strapazen erholen und an Schlagkraft gewinnen. Außerdem ist es jetzt nicht an der Zeit, nur das eine Ziel zu kennen, nämlich einen möglichst glänzenden Sieg zu erringen; denn die Juden verlegen sich ja gegenwärtig nicht darauf, Waffen zu schaffen, Mauern zu errichten oder Hilfstruppen zu gewinnen – wäre dies der Fall, dann wäre freilich ein Aufschub nicht zu verantworten –, sondern sie geben sich durch ihren inneren Zwist und ihre Uneinigkeit eine Blöße und müssen Tag für Tag viel Schlimmeres erdulden, als was wir ihnen an Leiden zumuten würden, wenn wir siegreich gegen sie ankämpften. Bedenkt man also nur die Sicherheit, so muß man die Juden sich selbst gegenseitig aufreiben lassen; hat man aber den größeren Ruhm eines Waffengangs im Auge, dann darf man sich nicht gegen ein Volk wenden, das innerlich krank ist, denn sonst wird mit Recht gesagt, den Sieg hätten nicht die Angreifer errungen, sondern er sei eine Folge des inneren Zwists bei den Gegnern.«

3. Die Offiziere pflichteten dem Vespasian darin bei, und bald wurde es offensichtlich, wie richtig diese Anschauung des Feldherrn war, denn tatsächlich kamen täglich eine Menge von Überläufern herbei, die den Zeloten entkommen waren. Das war sehr schwierig, weil die Zeloten alle Ausgänge durch Wachen abgesichert hatten und jeden als einen Überläufer zu den Römern töteten, der dort gefaßt werden konnte. Tatsächlich aber war es freilich so, daß jeder fortdurfte, wenn er nur zahlen konnte, und nur die Habenichtse sah man als Verräter an, so daß sich also die Reichen die Flucht für Geld erkaufen konnten, während man die Armen erschlug. Auf allen Heerstraßen lagen die Toten zuhauf, und viele, die schon im Begriff waren zu fliehen, zogen es daraufhin vor, in der Stadt zu sterben, war es doch die Hoffnung, beerdigt zu werden, die den Tod in der Heimatstadt weniger schlimm erscheinen ließ. Die Zeloten jedoch gingen so weit in ihrer Grausamkeit, daß sie weder jenen, die in der Stadt, noch denen, die auf den Heerstraßen den Tod gefunden hatten, Anteil gaben an der Erde, als hätten sie es untereinander vereinbart, daß sie mit den Gesetzen der Heimat auch die Gesetze der Natur zerstörten; und als wollten sie nicht nur an den Menschen, sondern auch an der Gottheit ihre schändlichen Grausamkeiten verüben, ließen sie die Toten vermodern im Angesicht der Sonne. Wer es wagte, einen Verwandten zu bestatten, verfiel der gleichen Strafe wie die Überläufer, nämlich dem Tod. Und wer einen anderen begrub, der mußte gleich selbst dieser Gunst entbehren. Kurz, kein menschliches Gefühl war in jenen düsteren Tagen so völlig entschwunden wie das Mitleid. Was eigentlich ein Erbarmen hätte hervorrufen müssen, das reizte diese Verbrecher noch mehr zu Untaten, und im Wechsel übertrugen sie bald ihre Zorngefühle von den Lebenden auf ihre Opfer und alsbald

wieder von den Ermordeten auf die noch Lebenden. So sehr fürchteten sie sich vor künftigem Unheil, daß die Überlebenden die vor ihnen Getöteten glücklich priesen, weil sie ihre Ruhe hatten; und jene, die in den Kerkern ihre Martern zu erdulden hatten, sahen das Schicksal der Unbestatteten als günstig an im Vergleich zu ihrem eigenen. Jedes menschliche Gesetz wurde mißachtet, und die Gottesfurcht wurde verhöhnt, auch die Sprüche der Propheten erfuhren Spott, als handle es sich um Gaukeleien. Die Propheten hatten nämlich einstmals vieles von Tugend und von Bosheit vorhergesagt, und die Zeloten, die zuwiderhandelten, boten alles auf, daß sich die Prophezeiungen gegen ihre eigene Heimat bewahrheiteten. Es war nämlich ein altes Wort, das von gotteserfüllten Männern stammte, daß Jerusalem fallen und daß das Allerheiligste nach Kriegsgesetz in Brand aufgehen werde, wenn ein Aufstand darüber hereinbreche, und wenn das, was Gottes war, von den Händen der Einheimischen befleckt würde. Die Zeloten standen diesen Prophezeiungen nicht etwa ungläubig gegenüber, aber sie sorgten doch, soviel an ihnen lag, dafür, daß sie sich erfüllten.

7. KAPITEL

1. Johannes wollte eine Tyrannenherrschaft errichten und war schon darüber empört, wenn man ihm nur die gleiche Ehrerbietung entgegenbrachte wie seinen Spießgesellen. Es gelang ihm, einige wenige von den verworfensten Elementen auf seine Seite zu bringen, und so konnte er sich von den großen Haufen absondern. Stets opponierte er dem, was die anderen wollten, machte aber seine eigenen Ansichten nach Tyrannenart streng verbindlich, und es war kein Zweifel, daß er nach der Alleinherrschaft strebte. Einige gaben ihm aus Angst nach, andere, weil sie ihm wirklich zugetan waren; er war nämlich ein Meister darin, sich Menschen durch Lüge und großspuriges Geschwätz geneigt zu machen. Dazu kam, daß viele sich sicherer fühlten, wenn einen einzigen die Schuld an den kühnen Verbrechen traf und nicht viele dafür einzustehen

hatten. Es war verständlich, daß ihm seine physische und geistige Kraft eine große Zahl von Anhängern verschaffte. Aber es blieb ihm doch auch eine stattliche Anzahl von Menschen feindlich gesinnt. Die kleinere Zahl von ihnen ließ sich dabei durch den Neid bestimmen, da es einfach untragbar schien, sich jemandem unterzuordnen, der bisher auf gleicher Stufe stand. Die meisten aber hatten Angst vor der Alleinherrschaft, denn man mußte befürchten, den Tyrannen nicht leicht wieder loszuwerden, sobald er im Besitz der Macht war, und es war klar, daß er ihnen dann ihre anfängliche Gegnerschaft übel ankreiden würde. Jeder Angehörige dieser Gruppe wollte lieber als Kämpfer in den Krieg ziehen und alle möglichen Schwierigkeiten hinnehmen, statt sich aus freien Stücken zum Knecht zu machen und unwürdig wie ein Sklave ums Leben zu kommen. So trennte sich also diese Partei, und Johannes verhielt sich seinen Gegnern gegenüber wie ein haßerfüllter Alleinherrscher. In den alltäglichen Beziehungen jedoch ließ man es dabei, sich gegenseitig abzusichern, und nur selten oder gar nicht kam es zu einer bewaffneten Begegnung. Dafür aber gab man sich Mühe, den anderen in der Knechtung des Volkes zu übertreffen, und es bestand auch ein gewisses ehrgeiziges Streben nach der jeweils größeren Beute. So war also die Stadt den drei schlimmsten Übeln ausgeliefert, dem Krieg, der Tyrannei und dem Aufruhr, und die Bürger mußten im Krieg gemessen an den anderen Plagen noch das kleinere Übel sehen. Die Folge war, daß sie die Stadt verließen und zu den Fremden überliefen und bei den Römern jenes Schutzes für wert befunden wurden, der ihnen von den eigenen Stammesangehörigen verweigert wurde.

2. Dann aber erhob noch ein viertes, ganz anderes Übel sein Haupt, um das Volk zu verderben. Ganz nahe bei Jerusalem befand sich nämlich ein sehr stark befestigter Platz, der von den früheren Königen angelegt worden war, um während der Unsicherheit des Krieges das königliche Eigentum zu bergen und den Königen persönliche Sicherheit zu gewährleisten. Diese Festung hieß Masada. Hier hatten sich die sogenannten Sikarier festgesetzt, die sich bislang mit kleinen Vorstößen in die umliegenden Gegenden

begnügt hatten und sich nur die nötigsten Lebensmittel hatten beschaffen wollen, da sie aus Angst vor größeren Raubunternehmungen zurückschreckten. Erst auf die Kunde, daß das römische Heer nichts unternehme, wogegen bei den Juden in Jerusalem durch Aufstand und Tyrannei in der Stadt eine Parteiung entstanden sei, gingen sie zu größeren und kühneren Operationen über. Und als man das Fest der ungesäuerten Brote feierte – dies tun die Juden aus Dankbarkeit seit dem Tage, da sie frei von der Knechtschaft der Ägypter nach Hause zurückkehren durften –, da begaben sich die Sikarier nachts und von keinerlei Wachen behelligt aus ihrer Festung und machten einen Überfall auf die kleine Stadt Engedi, wo sie alle waffenfähigen Männer in die Flucht jagten, noch ehe sie die Waffen zur Hand nehmen und sich in militärische Ordnung begeben konnten. Die Sikarier spielten sich jetzt als die Sieger auf, und wer nicht in der Lage war, die Flucht zu ergreifen – es waren mehr als 700 Frauen und Kinder –, wurde getötet. Sodann wurden die Häuser geplündert, die vollreifen Früchte wurden geraubt und alles nach Masada hinauftransportiert. In gleicher Weise überfielen sie auch alle anderen Ortschaften im Umkreis und verheerten das ganze Land, und von überallher bekamen sie zahlreichen Zuzug von Leuten, die sich in den gleichen Wahnwitz hineinziehen ließen. Doch auch anderswo in Judäa traten die Räuberbanden auf, von denen man bislang nichts zu spüren bekommen hatte. Es war wie in einem Körper, in dem alle Glieder erkranken, wenn sich das wichtigste entzündet. Angesichts des Aufstandes und der allgemeinen Konfusion in Jerusalem fühlten sich die üblen Gesellen auf dem freien Lande ermuntert, auf Raub auszugehen, und jede Rotte machte sich zuerst über die Ortschaften im nahen Umkreis her, um sich dann in die Wüste zu verflüchtigen. Dort scharten sie sich zusammen, schworen gemeinschaftliches Handeln und stürzten sich nun in Abteilungen, die wohl kleiner als ein Heer waren, aber auch wieder größer als herkömmliche Räuberbanden, auf die Heiligtümer und Städte. Wer ihnen zum Opfer fiel, dem erging es einerseits so, als wäre er vom Kriegsgeschehen empfindlich getroffen worden, zum anderen jedoch war für solche Leute von vornherein an eine Rache nicht zu denken, da sich ihre Feinde samt ihrem Raub eben wie Räuber wieder davonmachten. So war in Judäa kein Bezirk vom Verderben verschont, das über die Hauptstadt hereingebrochen war.

3. Vespasian erfuhr durch Überläufer von diesen Vorgängen. Wohl hatten die Aufrührer alle Ausgänge besetzt und töteten jeden, der sich, weshalb auch immer, näherte. Aber trotzdem konnten sich einige unbemerkt zu den Römern durchschlagen. Und diese waren es dann, die den Feldherrn bestürmten, doch der Hauptstadt beizustehen und wenigstens die Reste der Bevölkerung am Leben zu erhalten. Wegen ihrer Hinneigung zu den Römern seien nämlich die meisten getötet worden, und wer noch lebe, schwebe in höchster Gefahr. Vespasian hatte Mitleid mit ihrem unglücklichen Schicksal, und er brach auf, dem Anschein nach zur Belagerung von Jerusalem, in Wirklichkeit jedoch, um den Zustand der Belagerung zu beenden. Natürlich blieb es ihm nicht erspart, zuvor das westliche Gebiet zu unterwerfen, um bei der Belagerung nicht allenfalls im Rücken bedroht zu sein. Er wandte sich zunächst gegen Gadara, die stark befestigte Hauptstadt von Peräa. Am vierten Tag des Monats Dystros hielt er Einzug in die Stadt. Das war möglich, weil dort gerade die führenden Persönlichkeiten ohne Wissen der Aufrührer zu Vespasian Gesandte schickten und die Kapitulation anboten, und zwar aus Liebe zum Frieden und aus Besorgnis um ihr Eigentum; denn in Gadara gab es viele reiche Leute. Ihre Feinde hatten von der Gesandtschaft nichts bemerkt, und sie kamen der Sache erst auf die Spur, als Vespasian schon in der Nähe war. An eine Möglichkeit, die Stadt aus eigener Kraft zu halten, glaubten sie selbst nicht mehr, da ihre Gegner drinnen die Übermacht hatten und weil sie die Römer schon in der Nähe der Stadt auftauchen sahen. Eine Flucht, ohne daß Blut vergossen wurde, und einen Verzicht auf Rache an den Schuldigen hielten sie freilich auch für ruhmlos. Und so nahmen sie den Dolesos fest; das war nicht nur nach Rang und Herkunft die führende Persönlichkeit der Stadt, sondern sie sahen in ihm auch den Mann, der die Gesandtschaft ausgeschickt hatte; und deshalb töteten sie ihn und ließen sich zu

einem solchen Zornausbruch hinreißen, daß sie sich sogar an seiner Leiche vergingen. Dann räumten sie die Stadt. Als nun das Römerheer herannahte, nahmen die Bewohner von Gadara den Vespasian mit herzlichem Willkomm auf; er versicherte sie daraufhin seines Vertrauens und legte eine Besatzung von Reitern und Fußsoldaten in die Stadt für den Fall, daß die Geflüchteten ihre Angriffe erneuerten. Denn schon bevor die Römer ein solches Ansinnen stellten, hatten sie die Mauer abgetragen, und so garantierten sie gewissermaßen den Römern ihre Friedensliebe durch die Unmöglichkeit, in Zukunft von sich aus einen Krieg zu führen, selbst wenn sie es wollten.

4. Zur Verfolgung jener, die aus Gadara geflohen waren, setzte Vespasian den Placidus ein, und zwar mit 500 Reitern und 3000 Fußsoldaten, während er selbst mit dem größeren Teil des Heeres nach Caesarea zurückkehrte. Als die Flüchtigen plötzlich die Reiter sichteten, die ihre Verfolgung übernommen hatten, gingen sie noch vor der Feindberührung in wilder Panik auf das Dorf Bethennabris zurück. Dort stießen sie auf eine große Anzahl von jungen Leuten, die sie eiligst – gleich ob mit oder gegen deren Willen – mit Waffen versahen, um dann gegen die Abteilung des Placidus einen Ausfall zu machen. Diese wich beim ersten Anprall etwas zurück, um damit gleichzeitig die Juden etwas von der Mauer abzuziehen. Als ihnen das hinreichend gelungen war, umgingen die Römer ihre Gegner und schleuderten die Lanzen auf sie. Wenn von den Juden einige das Heil in der Flucht suchten, wurden sie von den Reitern abgeschnitten, wogegen die Fußtruppe mit machtvollem Einsatz dem dichtgedrängten Gegner zusetzte. Das bedeutete die Vernichtung der Juden, die allerdings dabei lediglich die Fähigkeit, einen kühnen Einsatz zu wagen, unter Beweis gestellt hatten. Sie fielen nämlich über die römischen Truppen her, die sich eng zusammengeschlossen und sich mit ihren Waffen wie mit einer Mauer umgeben hatten, und fanden hier keinen unbewehrten Angriffspunkt für ihre Geschosse, und natürlich waren sie auch nicht stark genug, um in die Schlachtreihe einzubrechen. Die Geschosse der Römer hagelten vielmehr auf sie, und wie wilde Tiere liefen sie auf

die schwerbewaffneten Feinde zu. So fielen die Juden, indem sie entweder im Nahkampf mit dem Schwert erschlagen oder von den Reitern auseinandergetrieben wurden.

5. Placidus war nämlich besonders darauf bedacht, den Juden, die in die Ortschaft zurückwollten, den Weg zu versperren, und so brachte er fortwährend seine Reiterei zum Einsatz. Dann befahl er plötzlich die Umkehr und ließ auf die nachfolgenden Feinde, die leichter zu treffen waren, die Wurfspeere schleudern, während die weiter entfernten durch die Angst in Schach gehalten wurden. Zuletzt gelang es den tüchtigsten Juden doch, gewaltsam durchzubrechen und sich in Richtung auf die Mauer zurückzuziehen. Die Wachen gerieten darob vollends in Verlegenheit, denn sie brachten es natürlich nicht über sich, den Leuten aus Gadara den Zugang zu verwehren, da sich ihre eigenen Angehörigen unter ihnen befanden. Auf der anderen Seite stand zu befürchten, daß sie mit ihnen umkamen, wenn sie diesen den Zugang gewährten, wie es dann auch tatsächlich geschah. Während nämlich die Juden zur Mauer herangedrängt wurden, wäre es beinahe den römischen Reitern gelungen, mit ihnen in die Stadt hereinzugelangen. Allerdings konnte man gerade noch vorher die Tore schließen. Aber Placidus setzte den Angriff fort, schlug sich bis zum Abend aufs Tapferste, brachte die Mauer in seine Hand und bemächtigte sich des Dorfes. Die waffenlose Menge wurde niedergemetzelt, wer sich noch besser wehren konnte, schaute, wie er davonkam. Die Römer plünderten die Häuser und legten das Dorf in Asche. Jene aber, die hatten entweichen können, entfachten nun eine Unruhe unter den Leuten auf dem Lande, wobei sie die eigenen Leiden erheblich übertrieben und behaupteten, das ganze Römerheer nahe heran; und so konnten sie alle durch den gewaltigen Schock aus ihren Behausungen auf die Beine bringen. Und es schloß sich eine riesige Menschenmenge zusammen, die nach Jericho floh, wo allein noch die Hoffnung auf Rettung bestand, da diese Stadt doch wenigstens über eine sehr zahlreiche Einwohnerschaft verfügte. Placidus aber setzte sein Vertrauen in seine Reiter, und im Hinblick auf das vorangegangene Kriegsglück nahm er ihre Verfolgung auf, und bis er an den

Jordan gelangte, bekam er zahlreiches Kriegsvolk zu fassen, das er niedermetzeln ließ. Den größeren Teil aber drängte er bis zum Fluß hin, der wegen des Regens Hochwasser führte und mit einer starken, unüberwindbaren Strömung den Weg versperrte; und nun ließ der Feldherr sein Heer vor den Gegnern in Schlachtordnung antreten. Eine Flucht war für die Juden unmöglich, und so veranlaßte sie ihre schwierige Lage, im Kampf das Beste zu geben. Hart am Ufer entlang bildeten sie eine möglichst weit gezogene Kette und empfingen so den Geschoßhagel und den Reiterangriff. Viele wurden verwundet und in den reißenden Fluß geworfen. 15 000 Juden fielen den Römern zum Opfer, und außerordentlich viele stürzten sich gezwungenermaßen auf eigene Gefahr in die Wogen des Flusses. Es gab etwa 2200 Gefangene, außerdem wurde von den Römern eine Menge von Eseln, Schafen, Kamelen und Rindern erbeutet.

6. Diese Katastrophe, die hinter der vorangegangenen nicht zurückstand, hielten die Juden sogar für noch größer, als sie sich in Wirklichkeit erwies; denn es häuften sich nicht nur im ganzen Land, das sie auf ihrer Flucht durcheilten, die Leiber der Niedergemetzelten, und es war nicht nur der Jordan unpassierbar durch die Leichen, sondern auch der Asphaltsee war voll von den Toten, die der Fluß in ihn hineintrug. Placidus nützte seinen Erfolg und attackierte in rascher Folge die nahen kleinen Städte und Dörfer, eroberte so Abila, Julias, Besimo und sämtliche Ortschaften bis zum Asphaltsee und legte in jede eine Wache, die er aus den Überläufern bildete, denen er sein Vertrauen schenkte. Dann ließ er von seinen Soldaten einige Kähne besteigen, um jene einzufangen, die sich auf den See geflüchtet hatten. So geriet ganz Peräa mit Ausnahme von Machaerus teils freiwillig, teils gewaltsam in die Hände der Römer.

8. KAPITEL

1. Damals traf auch die Nachricht vom gallischen Aufstand ein. Vindex war nämlich samt den einflußreichen Leuten dieser Gegenden von Nero abgefallen, worüber in gesonderten Darstellungen anderweitig Genaueres berichtet wird. Den Vespasian veranlaßten diese Nachrichten zu einer härteren Kriegführung, da er schon damals mit künftigen Bürgerkriegen rechnete sowie mit Schwierigkeiten für das ganze Römerreich, und weil er der Ansicht war, durch eine Stabilisierung der Verhältnisse im Osten die Angst um Italien verringern zu können. So sicherte er den Winter über die eroberten Ortschaften und die kleineren Städte durch Besatzungen. Dabei machte er in den Dörfern Manipelführer, in den Städten Centurionen zu örtlichen Militärbevollmächtigten; ferner ließ er zahlreiche zerstörte Ortschaften wieder aufbauen. Sofort bei Frühlingsbeginn zog er mit dem größeren Teil seines Heeres nach Antipatris und konnte dort in zwei Tagen die Verhältnisse wieder stabilisieren. Am dritten Tag zog er weiter, zerstörte die Ortschaften in der Umgegend und legte sie in Schutt und Asche. Sodann brachte er das Gebiet um die Toparchie von Thamna in seine Hände und machte sich nach Lydda und Jamnia auf den Weg, die er beide schon früher eingenommen hatte, und siedelte dort eine hinreichende Anzahl von Leuten an, die sich ihm ergeben hatten. Sodann rückte er bis Emmaus vor, besetzte die Höhenwege nach der Hauptstadt, schlug ein festes Lager auf, verlegte die 5. Legion hierher und begab sich dann mit den restlichen Truppen nach Bethleptepha. Diesen Landstrich und den unmittelbar daran grenzenden brannte er nieder, während er den um Idumäa militärisch günstig gelegenen Stützpunkten Verstärkung zuführte. Die mitten in Idumäa befindlichen Ortschaften Betabris und Kaphartoba unterwarf er, wobei 10 000 Menschen umkamen und 1000 in Gefangenschaft gerieten; die restlichen Bewohner verjagte er und verlegte eine ansehnliche Menge seines Heeres als Besatzung dorthin. Diese Truppen kontrollierten das ganze Gebirge und richteten große Verwüstungen an. Mit dem verbleibenden Teil des Heeres ging er nach

Emmaus zurück und rückte von dort nach Samaria, vorbei an Neapolis, das in der Landessprache Mabartha heißt, nach Koreai hinunter, wo er am zweiten Tag des Monats Daesius sein Lager aufschlug. Tags darauf ging er nach Jericho, wo er auf Trajan stieß, einen seiner Heerführer, dem die Truppen unterstellt waren, die aus Peräa herbeikamen. Das Land über dem Jordan drüben war jetzt nämlich ganz von den Römern unterworfen.

2. Die meisten Bewohner aber konnten sich vor Annäherung der Römer noch aus Jericho in die Jerusalem gegenüberliegenden Berge flüchten. Freilich fanden dabei zahlreiche Menschen, die auf der Flucht zurückblieben, den Tod. Die Römer aber zogen in eine leere Stadt ein. Dieses Jericho ist in der Ebene gelegen, aber es erhebt sich darüber ein kahler und unfruchtbarer Gebirgszug von erheblichem Ausmaß, der sich nach Norden bis gegen Skythopolis und nach Süden bis in die Gegend von Sodom und an das äußerste Ufergebiet des Asphaltsees hinzieht. Es ist ein gänzlich zerklüftetes Land ohne Bewohner, denn es gibt dort keine Vegetation. Gegenüber diesem Höhenzug erstreckt sich entlang dem Jordan ein weiterer, der im Norden bei Julias seinen Ausgang nimmt und sich dann parallel zu dem anderen Gebirgszug südlich bis nach Somorra hinzieht, das an Petra in Arabien grenzt. Hier ist auch der sogenannte Eisenberg gelegen, der bis in das Land der Moabiter reicht. Das Land zwischen den beiden Gebirgszügen hat den Namen ›Große Ebene‹ und erstreckt sich vom Dorf Ginnabris bis zum Asphaltsee in einer Länge von 1200 und in einer Breite von 120 Stadien. Mitten hindurch fließt der Jordan, und es finden sich dort auch zwei Seen gänzlich verschiedener Art, nämlich der Asphaltsee und der See von Tiberias. Der Asphaltsee enthält Salzwasser und duldet kein Leben im Gegensatz zum See von Tiberias. Im Sommer ist diese Ebene gänzlich ausgedörrt, und die Luft dort ist wegen der großen Hitze ungesund, gibt es doch abgesehen vom Jordan nirgends Wasser; und daher kommt es auch, daß an den Ufern wohl die Palmenwälder herrlich gedeihen und außerordentlich viel Früchte bringen, wogegen sie in weiterem Abstand vom Wasser ziemlich verkümmern.

3. Es gibt aber in der Gegend von Jericho eine Quelle, die viel Wasser führt und sich sehr gut eignet, die umliegenden Felder zu bewässern. Sie entspringt nahe der alten Stadt, die Jesus, der Sohn des Nave, der militärische Führer der Hebräer zuerst vor allen anderen Städten des Landes Kanaan eroberte. Es geht die Sage, diese Quelle habe in früheren Zeiten nicht nur die Früchte der Erde und der Bäume am Wachstum behindert, sondern sie habe auch schwangeren Frauen Schaden zugefügt, ja sie habe so lange allenthalben Krankheit und Verderben verbreitet, bis ihr ein Prophet namens Elisa die unheilbringende Wirkung nahm und sie ins Gegenteil verwandelte, so daß sie Gesundheit und Lebenskraft verbreitete. Dieser Elisa, ein Schüler und Nachfolger des Elia, wurde damals von den Bewohnern Jerichos als Gastfreund aufgenommen und erfuhr dazu noch ihre größte Freundlichkeit, und diese Behandlung vergalt er ihnen und dem ganzen Land mit einer Wohltat, die ewig währen sollte: er ging nämlich zu der Quelle und warf in die Strömung ein irdenes Gefäß mit Salz, streckte seine Rechte zum Himmel aus und vergoß ein Trankopfer auf die Erde, das Sühne und Beruhigung bewirken sollte. Zur Erde betete er, sie möchte die Quelle mildern und ihr süßeres Wasser zuführen, zum Himmel aber, er möchte ihr fruchtbarere Lüfte beimischen und den Anwohnern des Landes reiche Früchte und zahlreiche Nachkommen bescheren und dieses doppelt lebenspendende Wasser so lange sprudeln lassen, als sie in Gerechtigkeit verharrten. Zu diesen Gebeten vollzog er vielerlei besondere Riten, und so wandelte er die Natur der Quelle; und das Wasser, das bislang den Kindersegen verhindert und Hunger gebracht hatte, wurde zur Ursache einer zahlreichen Nachkommenschaft und allgemeiner Sättigung. Es wohnt ihm nämlich eine solche Kraft inne, die Erde zu befruchten, daß es sogar bei nur kurzer Einwirkung mehr nützt als gewöhnliches Wasser, das ja stehenbleiben muß, bis der Boden völlig davon vollgesogen ist. Das gewöhnliche Wasser bietet zudem nur geringen Nutzen, selbst wenn es in größerer Menge zur Verfügung steht, während diese Quelle selbst bei sparsamstem Gebrauch eine reiche Ernte einbringt. Sie spendet auch tatsächlich für viel mehr Land Feuchtigkeit als andere Quel-

len, denn sie bewässert ein Gebiet von 70 mal 20 Stadien, in dem besonders schöne und üppig wuchernde Gärten gedeihen. Die Dattelpalmen, die von ihr die Feuchtigkeit bekommen, sind sehr verschieden im Geschmack und erweisen sich auf vielerlei Art als heilkräftig. Zerstampft man die fettesten Datteln, so entquillt ihnen auch eine große Menge Honig, der dem gewöhnlichen Honig kaum nachsteht. Auch der Imkerei ist das Land sehr erträglich, sodann gedeihen dort die saftreichen Balsamstauden, die kostbarsten unter den dort wachsenden Pflanzen, ferner Kyprosblüte und der Myrobalanos. Es wäre also durchaus in der Ordnung, diesen Landstrich im Hinblick auf die reiche Menge der dort vorkommenden seltensten und herrlichsten Pflanzen ein Geschenk Gottes zu nennen. Denn auch die anderen Früchte, die dort wachsen, finden sich kaum anderswo in solcher Art auf Erden, daß sie einen Vergleich mit den dortigen aushielten, in solcher Vielfalt gibt hier die Erde zurück, was man in sie aussät. Ich glaube, das liegt an der warmen Luft und an dem kraftspendenden Wasser, d. h., die warme Luft lockt die Pflanzen aus dem Boden und läßt sie üppig wuchern, während die Feuchtigkeit bewirkt, daß sie gut einwurzeln, und sie gegen die Sommerhitze widerstandsfähig macht; denn hier ist es so heiß, daß fast niemand das Haus zu verlassen wagt. Holt man aber vor Sonnenuntergang Wasser aus der Quelle und läßt es im Freien stehen, dann wird es ganz kalt im Gegensatz zur Lufttemperatur der Umgebung; im Winter dagegen wird es lau, und es ist dann zum Baden sehr bekömmlich. Dies ist auch die Zeit des milden Klimas, und die Einwohner tragen dann Kleidungsstücke aus Linnen, während es im übrigen Judäa zu Schneefällen kommt. Von Jericho bis Jerusalem sind es 150 Stadien, bis zum Jordan 60; der Landstrich um Jerusalem ist unbewohnt und steinig, das Land, das sich zum Jordan und zum Asphaltsee erstreckt, ist wohl flacher und tiefer gelegen, aber dennoch ohne Menschen und ohne Vegetation. Dies soll nun genug sein über Jericho und seine paradiesische Umgebung.

4. Auch über die Natur des Asphaltsees muß ich wohl einiges berichten. Er enthält, wie schon gesagt, zwar bitteres Wasser, dem

keine lebenfördernde Kraft innewohnt, aber, da es leichttragend ist, läßt es auch die schwersten Dinge, die man hineinwirft, wieder nach oben gelangen; man kann selbst dann kaum untertauchen, wenn man sich alle Mühe gibt. Als Vespasian diesen Dingen auf den Grund gehen wollte und zum See kam und einige Nichtschwimmer mit auf den Rücken gebundenen Händen in eine tiefe Stelle werfen ließ, geschah es tatsächlich, daß alle oben schwammen, so als wären sie von einem Wind gewaltsam nach oben gedrängt worden. Dazu kommt, daß auch der Wechsel der Farbe wundersam ist; dreimal am Tag ändert nämlich das Wasser seine Farbe und reflektiert die Sonnenbestrahlung jedesmal in anderer Weise. Hinsichlich des Asphalts ist zu berichten, daß der See mehrfach schwarze Brocken nach oben kommen läßt, die dann an der Oberfläche schwimmen und nach Aussehen und Größe einem Stier ohne Kopf ähneln. Die Arbeiter am See fahren auf ihren Nachen heran, ergreifen die kompakte Masse und bringen sie in die Boote. Sind diese voll, dann kann man die Last nur sehr schwer wieder daraus loslösen, denn diese haftet so fest und so lang darin, bis der Asphalt mehrmals vermittels Menstruationsblutes von Frauen und mit Hilfe von Urin, wodurch er sich allein lockern läßt, von der Wandung getrennt wird. Man kann ihn nicht nur zum Abdichten von Wasserfahrzeugen, sondern auch gegen körperliche Leiden verwenden, weshalb er zahlreichen Arzneien beigegeben wird. Der See ist 580 Stadien lang, reicht er doch bis nach Zoar in Arabien; in der Breite mißt er 150 Stadien. Unmittelbar an den See reicht das Gebiet von Sodom heran, früher eine paradiesische Gegend wegen ihrer Fruchtbarkeit und ihrer reichen Städte, heute aber restlos ausgebrannt. Es heißt, die Landschaft sei wegen ihrer gottlosen Bewohner durch Blitze in Schutt und Asche gelegt worden. Tatsächlich findet man noch Spuren eines solchen Feuers von oben, und man sieht auch noch die schattenhaften Umrisse von fünf Städten. Außerdem bildet sich immer wieder Asche in den Früchten, die wohl äußerlich von einer Schale wie die eßbaren Früchte umgeben sind; nimmt man sie aber von der Pflanze, so zerfallen sie einem in der Hand zu Rauch und Asche. So kommt denn all den Sagen über das Land von Sodom durch die augenscheinlichen Tatsachen Glaubwürdigkeit zu.

9. KAPITEL

1. Vespasian legte nun einen Belagerungsring um Jerusalem und seine Bewohner, errichtete ein Lager in Jericho und Adida und versah beide Orte mit Wachtruppen aus römischen Einheiten und solchen von Bundesgenossen. Auch beorderte er den Lucius Annius samt Reitern und einer großen Menge von Fußvolk nach Gerasa. Lucius konnte die Stadt im ersten Ansturm nehmen, ließ dabei 1000 Leute töten, die nicht im rechten Augenblick hatten fliehen können, machte die Familien zu Gefangenen und erlaubte den Soldaten, deren Eigentum zu plündern. Sodann zündete er ihre Häuser an und zog gegen die Dörfer in der Umgebung. Wer über ausreichende Kräfte verfügte, ergriff die Flucht, während die Schwächeren den Schwertern zum Opfer fielen und ihr hinterlassenes Hab und Gut verbrannte. Nun waren die Berge und die Ebene insgesamt zum Kriegsgebiet geworden, und den Bewohnern von Jerusalem blieb kein Ausweg mehr offen. Die Zeloten hatten nämlich jeden möglichen Überläufer fest im Auge, und wer sich noch nicht als Freund Roms ausgewiesen hatte, wurde vom Heer bewacht, das einen Ring um die Stadt gelegt hatte.

2. Nach seiner Rückkehr von Caesarea und während seiner Vorbereitungen für den Marsch nach Jerusalem mit seinem ganzen Heer erfuhr Vespasian, daß Nero gewaltsam ums Leben gekommen war. Dieser hatte dreizehn Jahre und acht Tage die Kaiserherrschaft innegehabt. Über die Art und Weise, wie er mit seiner Macht Mißbrauch trieb, wobei er den niedrigsten seiner Freigelassenen, einem Nymphidius und einem Tigellinus, die Staatsführung überließ, wissen wir hinlänglich Bescheid, und nicht minder darüber, wie ihn seine sämtlichen Leibwächter verließen, als die Genannten gegen ihn eine Verschwörung anzettelten, wie er dann mit vier Freigelas-

senen, die ihm die Treue hielten, floh und sich draußen vor der Stadt selbst den Tod gab und wie seine Verderber kurz darauf ihre Strafe ereilte. Bekannt ist auch, wie der gallische Krieg zu Ende gebracht wurde, wie Galba, zum Kaiser ausgerufen, aus Spanien nach Rom zurückkehrte und wie ihn dann seine Soldaten wegen seines kriegerischen Wesens anschuldigten und ihn inmitten des Forums hinterrücks erschlugen, und wie darauf Otho zum Kaiser ausgerufen wurde. Dieser unternahm einen mißlungenen Feldzug gegen die Heerführer des Vitellius, worauf es unter Vitellius zu Aufstandsbewegungen kam und um das Kapitol gekämpft wurde. Antonius Primus und Mucianus konnten dann den Vitellius und seine germanischen Truppen vernichten und so den Bürgerkrieg beendigen. Ich wollte nicht im einzelnen auf all dies eingehen, denn es ist ja allgemein bekannt, und zudem haben viele Griechen und Römer darüber geschrieben. Aber um den inneren Zusammenhang zu wahren und damit die anschließende geschichtliche Darstellung nicht bruchstückartig in der Luft hängt, schildere ich nun jeden einzelnen dieser Vorgänge in zusammenfassenden Bemerkungen.

Deshalb ließ Vespasian zuerst einmal den Feldzug gegen Jerusalem verschieben und verhielt sich abwartend, auf wen die Nachfolge des Nero im Kaisertum fallen werde. Und wie er dann vernahm, Galba sei Kaiser geworden, weigerte er sich, irgend etwas in Angriff zu nehmen, ehe dieser ihn beauftragte, den Krieg fortzuführen, und er schickte seinen Sohn Titus zu ihm, um ihm seinen Gruß zu entbieten und weitere Weisungen bezüglich der Juden zu holen. In derselben Absicht begab sich zusammen mit Titus auch König Agrippa zur See, um zu Galba zu gelangen. Und während sie nun mit Kriegsschiffen entlang der Küste fuhren und Achaia durchquerten, und zwar mitten im Winter, war Galba bereits das Opfer eines Mordanschlags geworden, nachdem er sieben Monate und dreizehn Tage die Herrschaft geführt hatte. Ihm folgte Otho in der höchsten Befehlsgewalt, der im Bemühen, Kaiser zu werden, bereits mit Galba in Streit gelegen hatte. Agrippa beschloß nun, seine Reise nach Rom fortzusetzen, da er sich durch die überraschende Änderung der Situation keineswegs beeinflussen ließ. Titus dagegen folgte einer göttlichen Stimme und fuhr von Griechenland nach Syrien zurück und gelangte bald nach Caesarea zu seinem Vater. Beide waren im Hinblick auf die Erschütterung der römischen Vorherrschaft sehr bekümmert wegen des Staates und ließen deshalb den Zug gegen die Juden zunächst auf sich beruhen, hielten sie doch den gegenwärtigen Augenblick, in dem man hinsichtlich des eigenen Vaterlands in Sorge sein mußte, für ungeeignet, ein fremdes Volk anzugreifen.

3. Aber Jerusalem wurde noch von einem anderen Krieg bedroht. Veranlaßt war dieser durch einen gewissen Simon, den Sohn des Giora, der aus Gerasa gebürtig war. Der noch jugendliche Mann konnte sich, was seine Schlauheit anbetraf, mit Johannes nicht messen, der sich zum Herrn von Jerusalem gemacht hatte, aber er war ihm überlegen an Körperkraft und Kühnheit, derentwegen ihn der Hohepriester Ananus aus der Toparchie Akrabatene, die er damals innehatte, verjagte, worauf er gemeinsame Sache mit den Räubern machte, die Masada in ihre Hände bekommen hatten. Anfänglich waren diese gegen ihn sehr vorsichtig und erlaubten ihm nur, mit den Frauen, die er mit sich gebracht hatte, den unteren Teil des Bollwerks zu betreten, während sie oben wohnten. Später dann brachte er es, da er sich so, wie er war, gut zu ihnen fügte und für zuverlässig angesehen wurde, dahin, daß er im Verein mit ihnen Ausfälle auf das Land machte, um dieses zu plündern und das Gebiet um Masada zu verwüsten. Allerdings hatte er kein Glück, wenn er größere Aktionen von ihnen verlangte, denn sie waren gewohnt, in der Festung zu leben, und sie hatten geradezu Angst, sich allzu weit von ihrem Höhlenbau zu entfernen. Doch ihn verlangte nach der Herrschaft eines Tyrannen, und er wollte hoch hinaus; und als er nun Kunde erhielt vom Tod des Ananus, zog er in die Berge, ließ den Sklaven die Freiheit und den Freien Geschenke in Aussicht stellen und konnte so von überallher die schlimmen Elemente an sich ziehen.

4. Auf diese Weise hatte er es schon zu einer erheblichen Streitmacht gebracht, mit der er die Ortschaften in den Bergen durchkämmte. Und da nun sein Heer immer größer wurde, war er wag-

halsig genug, auch in das weiter unten gelegene Gelände vorzustoßen. Weil er aber schon für die befestigten Städte äußerst gefährlich war, folgten ihm viele angesehene Leute wegen seiner Truppenstärke und seines unablässigen Kriegsglücks ins Verderben. Nun war es also soweit, daß sein Heer nicht mehr ausschließlich Sklaven und Freibeuter aufwies, sondern daß sich auch zahlreiche Bürger darunter befanden, die ihm wie einem König ergeben waren. Und nun durchzog er auch die Toparchie Akrabatene und das ganze Land bis nach Großidumäa. Bei dem Dorf Nain ließ er eine Art Befestigungsanlage bauen, die er als Rückhalt für seine eigene Sicherheit benützte: In der Schlucht Pheretai ließ er viele Höhlen erweitern und konnte noch zahlreiche andere finden, die ihm als natürliche Räume und Verstecke für seine Schätze und für seine Beute dienten. Darin häufte er auch die Feldfrüchte an, die er geraubt hatte, und die Mehrzahl seiner Einheiten hielt sich dort auf. Es war ein offenes Geheimnis, daß er seine Truppen frühzeitig für das Unternehmen um Jerusalem in Bereitschaft brachte und die entsprechenden Vorbereitungen traf.

5. Da die Zeloten von seiner Seite einen heimlichen Überfall befürchteten und schneller sein wollten als er, dessen wachsende Stärke sie bedrohte, rückten sie mit ihren Kerntruppen vollbewaffnet aus der Stadt hinaus. Simon zog ihnen entgegen, stellte sich zum Kampf, tötete viele von ihnen und jagte die restlichen wieder in die Stadt zurück. Er glaubte jedoch, noch nicht stark genug zu sein für einen Sturm auf die Mauern, und nahm deshalb davon Abstand. Dafür aber wollte er erst einmal Idumäa niederzwingen und rückte deshalb mit 20 000 Schwerbewaffneten gegen die Grenzen dieses Landes. Die Anführer der Idumäer boten schnell die Waffenfähigen auf, ungefähr 25 000 Mann, ließen jedoch die Mehrzahl zum Schutz ihres Eigentums zurück und wollten Simon an ihren Grenzen entgegentreten. Dieser stellte sich ihnen dort tatsächlich zum Kampf, der einen ganzen Tag lang währte, ließ aber dann wieder von ihnen ab, ohne daß das Treffen zu einer Entscheidung gekommen wäre. Er begab sich dann nach Nain, die Idumäer aber kehrten wieder nach Hause zurück. Bald darauf aber wiederholte

Simon mit einem stärkeren Aufgebot den Einfall in ihr Land und konnte in dem Ort Thekoa ein festes Lager errichten. Darauf schickte er zur Wachtruppe des nahen Herodeion den Eleazar, um diese zur Kapitulation aufzufordern. Diese Leute hatten keine Ahnung, weshalb er kam, und nahmen ihn freundlich auf. Als er aber von Kapitulation zu reden begann, zogen sie die Schwerter und verfolgten ihn, bis er, mangels jeder anderen Fluchtmöglichkeit, von der Mauer in die darunter liegende Schlucht stürzte und dabei sofort den Tod fand. Die Idumäer ängstigten sich ob der Stärke Simons und waren der Meinung, man müsse das feindliche Heer ausspionieren, bevor man sich allenfalls in einen Kampf einließ.

6. Für diese Aufgabe erbot sich Jakobus, einer der Anführer, gern als Helfer an; er spielte nämlich mit dem Gedanken an Verrat. Deshalb brach er schnell von dem Dorf Alurus auf, wo die Streitmacht der Idumäer versammelt lag, und begab sich zu Simon. Mit ihm kam er überein, ihm zuerst seine Vaterstadt in die Hand zu spielen, wobei er sich freilich schwören ließ, daß er stets darin eine hohe Stellung bekleiden dürfe. Dazu aber erbot er sich sogar noch zur Hilfeleistung bei der Niederzwingung von ganz Idumäa. Simon verhielt sich deshalb sehr gastfreundlich zu ihm und spornte ihn noch durch glänzende Versprechungen an. Zu den Seinen zurückgekehrt, machte er zunächst falsche, erheblich übertriebene Angaben über die Streitmacht des Simon; dann besprach er sich insgeheim mit den Offizieren und in kleineren Abteilungen auch mit dem ganzen Heer und brachte es schließlich dahin, daß man bereit war, den Simon zu empfangen und ihm die Obergewalt ohne Kampf zu überlassen. Gleichzeitig während dieser Aktion sandte er an Simon Boten mit der Forderung heranzukommen und mit dem Versprechen, die Idumäer auseinanderzujagen, was er auch tat. Schon war nämlich Simon mit seinem Heer ganz in der Nähe, da bestieg Jakobus als erster sein Pferd und floh mit seinen Spießgesellen. Die ganze Schar geriet darob in große Verwirrung, und noch ehe es zu einem Nahkampf kam, lösten sie sich aus der Schlachtordnung und machten sich auf den Weg in die Heimat.

7. Auf diese Weise konnte Simon überraschend und ohne Blutvergießen nach Idumäa gelangen, wo er dann in schnellem Angriff zuerst die kleine Stadt Hebron in seine Hand bekam; dabei machte er außerordentlich viel Beute, namentlich Getreide in reicher Menge fiel ihm in die Hand. Nach Aussage der Anwohner ist Hebron nicht nur die älteste Stadt des Bezirks, sondern es ist auch älter als Memphis in Ägypten, und man errechnet 2300 Jahre. Außerdem heißt es, Hebron sei der Wohnsitz des Abraham gewesen, des Stammvaters der Juden, nachdem er von Mesopotamien hierhergekommen sei, und von hier aus hätten dann seine Nachfahren den Zug nach Ägypten angetreten. Die Grabmäler dieser Leute werden noch heute in dem Städtchen gezeigt, und sie sind aus prächtigem Marmor gefertigt und auf das Herrlichste ausgestattet. Sechs Stadien vor der Stadt befindet sich eine gewaltige Terebinthe, von der es heißt, sie stehe schon seit Erschaffung der Welt an diesem Platz bis auf den heutigen Tag. Von hier aus zog Simon durch ganz Idumäa, Dörfer und Städte verwüstend, aber auch das Land nicht verschonend, verfügte er doch neben den Schwerbewaffneten über 40 000 Mann, so daß nicht einmal die Lebensmittel für eine solche Menge ausreichten. Zu seinen vielfachen Bedürfnissen dieser Art kam noch seine Grausamkeit und sein Haß gegen die Idumäer, die Anlaß gaben zur Verwüstung des Landes. Wie nämlich nach einem Heuschreckeneinfall ganze Wälder abgefressen zu sehen sind, so ließ auch Simons Heer eine Wüste hinter sich. Manche Ortschaften gingen in Flammen auf, andere wurden dem Erdboden gleichgemacht, und alles, was im Land umher wuchs, fiel dem Krieg zum Opfer; denn entweder wurde es niedergetrampelt oder aber für die Lebensbedürfnisse verbraucht. Der fruchtbare Boden wurde unter ihrem Marschtritt härter als unfruchtbarer Boden; ja von den verheerten Städten blieb nicht einmal mehr eine Spur zurück, die von ihrem einstigen Vorhandensein Zeugnis gäbe.

8. Durch all diese Geschehnisse fühlten sich die Zeloten wieder aufgerufen. Da sie aber Angst hatten, mit Simon offen die Klingen zu kreuzen, stellten sie ihm zunächst bei den Bergübergängen eine Falle und raubten die Gattin des Simon samt vielen aus ihrem Ge-

sinde und kehrten voll Freude in die Stadt zurück in der Erwartung, er werde jetzt sogleich klein beigeben und darum bitten, daß man ihm seine Frau zurückgebe. Aber der Raub seiner Frau erfüllte Simon nicht etwa mit Mitgefühl, sondern mit Zorn. Er zog bis unmittelbar vor Jerusalem und belästigte jeden, dem er begegnete, so wie es verwundete Tiere machen, wenn sie nicht imstande sind, ihre Peiniger zu fassen. Jeder, der etwa gewagt hatte, vor den Toren Gemüse oder Holz zu holen, waffenlose und alte Menschen, wurde gefaßt, gefoltert und zu Tode gebracht, und es fehlte wenig, daß er bei seiner ungeheuren Wut noch Leichen verschlungen hätte. Zahlreichen anderen ließ er die Hände abschlagen, die er dann in die Stadt zurücksandte, damit seine Feinde in Angst gerieten; dazu wollte er mit einem solchen Gebaren auch das Volk von seinen Rädelsführern trennen. Wer in dieser Weise die Botschaft in die Stadt zu bringen hatte, mußte dort verkünden, Simon schwöre bei Gott, der über alles Geschehen wache, er werde, wenn ihm nicht auf der Stelle seine Frau zurückgegeben werde, die Mauer in Stücke schlagen und alle Einwohner ohne jede Rücksicht auf Alte, auf Schuldige und Unschuldige genauso massakrieren. Solche Drohungen brachten nicht nur über das Volk, sondern auch über die Zeloten eine ungeheure Aufregung, und sie gaben ihm deshalb seine Frau zurück. Dadurch ließ er sich beruhigen, und für kurze Zeit unterbrach er das pausenlose Massaker.

9. Aufstände und Bürgerkriege wüteten jedoch nicht allein in Judäa, sondern auch in Italien. Galba ereilte nämlich mitten auf dem Forum sein Todeslos, und Otho, den man zum Kaiser ausrief, hatte gegen Vitellius zu kämpfen, der für seine Person die Kaiserherrschaft anstrebte. Den Vitellius hatten nämlich die Legionen in Germanien zum Kaiser gemacht. Bei Betriacum in Gallien stießen die Generale des Vitellius, nämlich Valens und Caccina, mit Otho zusammen. Am ersten Tag war Otho siegreich, am folgenden aber das Heer des Vitellius. Und es war ein solches Blutbad, daß sich Otho auf die Kunde von seiner Niederlage in Brixellum selbst den Tod gab; er war drei Monate und zwei Tage Kaiser gewesen. Sein Heer unterstellte sich den Generalen des Vitellius, und dieser

wandte sich nun mit seiner ganzen Truppenmacht gegen Rom. Gleichzeitig war Vespasian am fünften Tag des Monats Daesius von Caesarea aufgebrochen, um gegen die noch nicht niedergezwungenen Landstriche von Judäa vorzugehen. Er zog in die Berge hinaus und konnte dort die zwei Toparchien gewinnen, die ihren Namen nach Gophna und Akrabeta führen, und unmittelbar darauf die kleinen Städte Bethel und Ephraim, die er durch Wachtruppen absicherte. Dann zog er mit seinen Reitern bis vor die Mauern Jerusalems. Auf dem Weg dorthin ließ er viele, deren er zufällig habhaft wurde, umbringen und nahm auch zahlreiche gefangen. Cerealius, einer seiner Offiziere, der eine Reiterabteilung und eine Einheit von Fußsoldaten befehligte, verheerte außerdem das sogenannte obere Idumäa und brachte gleich beim ersten Ansturm Kaphethra in seine Hand, das man fälschlicherweise als ›Städtchen‹ bezeichnet, und legte es in Schutt und Asche. Darauf erstürmte er noch Kapharabin und belagerte es. Dieser Ort verfügte über eine so starke Mauer, daß er schon damit rechnete, hier länger zu tun zu haben; da aber öffneten ihm die Bewohner auf einmal die Tore und liefen ihm als Bittflehende mit Ölbaumzweigen entgegen und kapitulierten vor ihm. Hernach zog Cerealius vor das uralte Hebron in der Nähe von Jerusalem in den Bergen, von dem wir schon gehört haben. Mit Gewalt durchbrach er die Tore, ließ alle Waffenträger unter den noch dort befindlichen Einwohnern umbringen und äscherte die Stadt ein. So waren nunmehr fast alle befestigten Ortschaften unterworfen mit Ausnahme der Festungen Herodeion, Masada und Machaerus, die die Zeloten besetzt hielten. Jerusalem war jetzt das einzige Ziel, das die Römer im Auge hatten.

10. Nun hatte Simon seine Frau den Zeloten entreißen können, und wiederum wandte er sich jetzt den Ruinen von Idumäa zu und veranlaßte zahlreiche Idumäer zur Flucht nach Jerusalem, da er sich bei ihnen allenthalben zeigte. Bis unmittelbar vor die Stadt blieb er selbst ihnen auf den Fersen, legte wieder einen Ring um die Mauer und ließ jeden töten, der beim Verlassen, etwa wenn er Landarbeit verrichten wollte, aufgegriffen wurde. So wartete denn

Simon draußen, ein Mensch, der für das Volk noch furchtbarer war als die Römer, während sich drinnen die Zeloten noch entsetzlicher gebärdeten als Simon und die Römer; und unter den Zeloten wiederum waren es die Truppen aus Galiläa, die das Verbrechen und die Tollkühnheit auf die Spitze trieben. Sie hatten ja dem Johannes so starken Rückhalt gegeben, und dieser revanchierte sich nun in seiner auf diese Weise erlangten Machtstellung, indem er ihnen gestattete, nach Herzenslust zu schalten und zu walten. Unstillbar war ihre Gier nach Beute, und es bedeutete für sie einen Zeitvertreib, die Häuser der Wohlhabenden zu durchsuchen, die Männer zu morden und die Frauen zu vergewaltigen. Vom Blute triefend opferten sie alles, was sie zusammengeraubt hatten, ihrer Trunksucht und pflegten, weil sie nicht mehr wußten, was sie anfangen sollten, weibische Vergnügungen: Sie legten sich das Haar nach Frauenart, sie putzten sich mit Frauenkleidern auf, beschütteten sich mit wohlriechenden Essenzen und bemalten sich die Augenlider, um sich ein schöneres Aussehen zu verschaffen. Aber nicht nur die äußere Aufmachung, sondern auch die Leidenschaftlichkeit der Frauen ahmten sie nach und dachten sich Übertreibungen der Liebeslust aus, die durch das Gesetz verboten sind. Wie in einem Freudenhaus trieben sie sich in der Stadt umher und beschmutzten diese allenthalben durch ihr gemeines Treiben. Aussehen wollten sie wie Frauen, aber ihre Rechte war dem Mord ergeben. Wie kokettierende Dirnen tänzelten sie an die Leute heran und gaben sich plötzlich als rauhe Landsknechte, zogen aus ihren purpurfarbenen Umhängen das Schwert hervor und erschlugen, wer ihnen in den Weg kam. Wer dem Johannes entkommen wollte, wurde zur Beute des Simon, der noch mehr nach Mord gierte, und konnte einer dem Tyrannen drinnen in der Stadt entkommen, so wurde er von dem, der draußen wartete, zu Tode gebracht. Schließlich war es absolut unmöglich, noch einen Weg zu finden, um zu den Römern überzulaufen.

11. Die Streitmacht des Johannes aber erhob sich gegen ihren Anführer, und alle idumäischen Elemente, die darunter waren, lösten sich los und wollten gegen den Tyrannen vorgehen; denn

seine Machtstellung erweckte Neid und sein grausames Gebaren reizte zum Haß. Und als die Parteien nun aufeinanderstießen, da töteten die Idumäer zahlreiche Zeloten und trieben alle übrigen in den Königspalast, den Grapte, eine Verwandte des Königs Izates von Adiabene, hatte bauen lassen. Dorthin folgten die Idumäer den Fliehenden auf den Fersen und verdrängten sie wieder von dort in den Tempelbezirk hinaus, um dann über die von Johannes zusammengerafften Gelder herzufallen. Johannes hielt sich nämlich für gewöhnlich in diesem Palast auf und verbarg dort auch den Schatz, den er durch seine Tyrannei hatte gewinnen können. Mittlerweile aber hatten sich die Zeloten, die sich über die Stadt verstreut hatten, mit denen vereinigt, die im Tempel Zuflucht gesucht hatten, und schon traf Johannes Vorbereitungen, um mit ihnen gegen das Volk und gegen die Idumäer herabzustoßen. Diese aber waren ihnen militärisch überlegen und brauchten folglich nicht den Angriff der Gegner zu fürchten, um so mehr jedoch den Wahnwitz der Zeloten; denn diese konnten nächtlicherweile heimlich den Tempel verlassen, ihre Feinde töten und die Stadt einäschern. So kamen sie bei dem Oberpriester zusammen und gingen darüber zu Rate, auf welche Weise man einem Angriff vorbeugen könne. Gott aber ließ ihre Beschlüsse zum Unheil ausschlagen, denn was ihnen die Rettung hätte bringen sollen, war noch übler als ein schneller Untergang. Um über Johannes Herr zu werden, beschlossen sie, den Simon hereinzulassen und mit den Ölzweigen einem weiteren Tyrannen das Geleit zu sich zu geben. Das tat man auch, und vermittels des Oberpriesters Matthias, den sie hierzu beorderten, bearbeiteten sie Simon, den Schrecken aller, doch hereinzukommen; diese Bitten wurden noch verstärkt von den vor den Zeloten aus Jerusalem Geflüchteten, die jetzt mehr und mehr Verlangen nach ihrem Heim und ihrem Besitz bekamen. Simon erklärte sich mit stolzer Miene dazu bereit, ihre Führung zu übernehmen und begab sich in die Stadt, um diese von den Zeloten zu befreien, und das Volk jubelte ihm zu als seinem Retter und Beschützer. Sobald er sich jedoch mit seiner gesamten Streitmacht in der Stadt befand, ging es ihm einzig darum, seine Macht zu stärken, und er erblickte in den Leuten, die ihn hereingebeten hatten, nicht minder Gegner wie in denen, gegen die er gerufen war.

12. Auf diese Weise war dem Simon im dritten Kriegsjahr, im Monat Xanthikos, Jerusalem in die Hände gefallen. Johannes und die große Menge der Zeloten konnten nun den Tempel nicht mehr verlassen und dazu hatten sie noch ihren Besitz in der Stadt eingebüßt, den die Soldaten Simons sofort plünderten, so daß es unmöglich schien, daß sie noch Rettung fänden. Mit Hilfe der Bürger setzte Simon nun zum Sturm auf den Tempelbezirk an, aber die Gegner verteidigten sich von den Hallen und von den Mauerkronen herab, wo sie in Stellung gegangen waren. In der unmittelbaren Umgebung des Simon fanden viele den Tod, und zahlreiche Verwundete mußten abtransportiert werden, denn die Zeloten konnten ihre Feinde leicht von oben herab treffen, und sie konnten sogar den Vorteil, den ihnen das Gelände bot, noch vergrößern, indem sie außerdem noch vier große Türme aufbauten, um aus noch größerer Höhe herabschießen zu können. Ein solcher Turm war an der Nordwestecke, ein weiterer oberhalb des Xystos und ein dritter an einer anderen Ecke, die gegenüber der Unterstadt lag. Den letzten hatten sie auf dem Dach jener Räume errichtet, wo sich von altersher einer der Priester aufstellte und am Rüsttag ein Zeichen mit der Trompete gab, das am Mittag den Anbruch des Sabbats und in gleicher Weise am übernächsten Abend dessen Ende anzeigte, so daß das Volk wissen konnte, wann das Arbeitsverbot begann und wann die Arbeit wieder aufgenommen werden konnte. Oben auf die Türme wurden Maschinen gestellt, die spitze Geschosse und Steine schleuderten, außerdem Bogenschützen und Steinschleuderer. Jetzt war der Zeitpunkt gekommen, von dem an Simon seine Angriffe etwas abbremste, namentlich auch weil seine Leute großenteils den Mut verloren hatten. Trotzdem aber war er an Truppenzahl so überlegen, daß er seine Stellung wahren konnte; freilich hatte er wegen der weithintreffenden Geschosse der Kriegsmaschinen zahlreiche Verluste unter seinen Kampftruppen zu beklagen.

10. KAPITEL

1. Zur gleichen Zeit war auch Rom von einem schweren Unheil heimgesucht worden. Vitellius war nämlich aus Germanien gekommen und hatte mit seinem Heer auch eine große Anhängerschaft mitgebracht; und weil er die vielen Leute nicht in den für die Soldaten bestimmten Behausungen hatte unterbringen können, machte er ganz Rom zu einem einzigen Heerlager und belegte jedes Haus bis zum Äußersten mit Schwerbewaffneten. Diese aber erlebten nun den für sie unfaßbaren Anblick des Reichtums der Römer und sahen sich allenthalben von Gold und Silber umgeben, so daß sie kaum ihre Gier so weit zurückhalten konnten, daß sie auf eine Plünderung verzichteten, und jeden, der ihnen dies verwehrte, umbrachten. So stand es in Italien.

2. Vespasian hatte nun das ganze Land im Umkreis von Jerusalem in seine Hand bekommen und kehrte jetzt nach Caesarea zurück, wo er Kunde erhielt von den unleidigen Vorgängen in Rom und von der Thronbesteigung des Vitellius. Obgleich er nicht minder zu gehorchen als zu befehlen verstand, war er über diese Kunde ungehalten: In seinen Augen war nämlich ein Herrscher fehl am Platz, der mit der Gier eines Wahnsinnigen nach der herrenlosen Herrschaft griff, und zutiefst erschüttert von den unheilvollen Vorgängen glaubte er es nicht ertragen zu können, sich Kriegen mit fremden Völkern zu widmen, während das eigene Vaterland dem Untergang geweiht war. Aber ebenso, wie er in seiner Erschütterung das Schlimmste abzuwehren suchte, erschien ihm die ungeheure Entfernung von Rom als eine Tatsache, die sich seiner Absicht entgegenstellte. Dem Schicksal war es ja in die Hand gegeben, ihm noch vor seiner Ankunft in Italien einen Strich durch die Rechnung zu machen, besonders, da es eine winterliche Fahrt über das Meer gewesen wäre. Dieser Umstand war es schließlich, der seinen zum Handeln drängenden Zorn noch zurückzuhalten vermochte.

3. Seine militärischen Führer aber und seine Soldaten ergingen sich im engeren Kameradenkreis bereits ganz offen über die Aus-

sichten einer Revolte und scheuten sich nicht, ihre Ungehaltenheit laut zu äußern: Die in Rom befindlichen Truppen in ihrem üppigen Wohlleben bekämen schon Angst, wenn nur gerüchtweise von einem bevorstehenden Krieg die Rede sei, aber sie wählten nach ihrem Belieben den Herrn des Staates, und schon die Hoffnung auf einen kleinen Profit bringe sie dazu, Kaiser auszurufen. Wir selbst jedoch, die wir so zahlreiche Strapazen durchgemacht haben und denen unter den Helmen das Haar vor der Zeit grau geworden ist, sollen zusehen, wie andere dieses Recht für sich in Anspruch nehmen und noch dazu trotz der Tatsache, daß wir bei uns eine Persönlichkeit haben, die viel würdiger wäre, das Herrscheramt zu übernehmen? Können wir uns jemals für sein Wohlwollen gegen uns noch besser revanchieren, wenn wir von dem jetzt in unsere Hände gegebenen Gegendienst keinen Gebrauch machen? Denn im Vergleich zu Vitellius ist doch Vespasian viel eher würdig, an die Spitze des Staates zu treten, und in gleichem Maße sind auch wir eher berechtigt, ihn zu wählen als jene, die den Vitellius ausgerufen haben. Die Kriege, die wir zu überstehen hatten, waren doch keineswegs harmloser als die Kriege jener Truppen, die aus Germanien kommen, und sie, die von dort ihren Tyrannen nach Italien mitgebracht haben, sind uns doch keinesfalls militärisch überlegen. Außerdem muß es durchaus nicht zum Kampf kommen, da weder der Senat noch das Volk von Rom den Luxus des Vitellius im Hinblick auf die Mäßigkeit des Vespasian auf die Dauer hinnehmen wird und dann statt eines guten Herrschers einen entsetzlichen Tyrannen und einen Mann ohne Kinder statt eines Vaters zu seinem Herrn machen wird. Denn der Friede läßt sich dann am besten sicherstellen, wenn die Thronfolge auf Grund des Erbrechts gewahrt bleibt. Und wenn die Erfahrung des Alters eine Voraussetzung für das Wirken eines Herrschers ist, dann haben wir den Vespasian, ist es aber die Energie der Jugend, die einen Herrscher ziert, dann verfügen wir über den Titus, und so ließe sich der Vorteil, den beide Generationen zu bieten haben, ausnützen. Dazu kommt, daß sich unsere Kandidaten nicht nur auf unsere drei Legionen stützen können, sondern es werden auch militärische Einheiten im Osten tapfer mit ans Werk gehen, und auch jene in Europa, wenigstens jene, die genügend Abstand haben vom Terrorregime des Vitellius. Und mit unseren Bundesgenossen in Italien steht es nicht anders, dem Bruder des Vespasian und seinem zweiten Sohn. Gerade der letztere wird zahlreiche angesehene junge Leute auf seiner Seite haben, während der Vater sogar von Amts wegen die Hauptstadt zu schützen hat, was ein äußerst wichtiger Faktor ist, wenn es gilt, an der Staatsführung zu rütteln. Kurz: tragen wir selbst Bedenken, so wird wohl der Senat kraft seiner Vollmacht jenen Mann zu rufen wissen, dem wir dann, die in Ehren grau geworden sind, nicht die gebührende Ehre erwiesen haben.

4. Solcherlei Gedanken wurden von den Soldaten ausgesprochen, wenn sie sich in einzelnen Gruppen zusammenfanden. Schließlich aber hielten sie eine allgemeine Versammlung ab, sprachen einander Mut zu und riefen in aller Öffentlichkeit den Vespasian zum Kaiser aus und betrauten ihn mit der Aufgabe, das gefährlich ins Wanken geratene Reich zu retten. Vespasian hatte sich schon lange um den Staat Sorge gemacht, hatte aber niemals daran gedacht, in eigener Person die Staatsführung zu übernehmen. Er hielt sich wohl im Hinblick auf seine Verdienste einer solchen Aufgabe für würdig, wollte aber die Sicherheit des Privatlebens nicht gern mit der Unsicherheit einer verantwortungsvollen Position vertauschen. Als er sich aber dem Ansinnen der Soldaten widersetzte, da bearbeiteten ihn seine Offiziere um so heftiger, und die Soldaten zückten ihre Schwerter und bedrängten ihn, indem sie ihm sogar mit dem Tode drohten, falls er auf ein Leben verzichten wolle, wie es für ihn angemessen sei. Vespasian versuchte, ihnen eindringlich die zahlreichen Gründe für seine ablehnende Haltung darzulegen; als er aber sah, daß er damit nicht durchdrang, gab er denen nach, die ihn zum Kaiser ausgerufen hatten.

5. Und sogleich boten Mucianus und die anderen Offiziere ihre ganze Überredungskunst auf, daß er nun, da er auch den alleinigen Oberbefehl über das restliche Heer besaß, die ganze Anhängerschaft des Gegners bekriege. Vespasian aber wollte sich zuerst

Alexandrias bemächtigen, wußte er doch, daß das kornreiche Ägypten eine Hauptgrundlage für die Ausübung der Herrschaft war. Hatte er dieses Land in seiner Hand, so rechnete er damit, bei einer langen Dauer des Krieges den Vitellius mit Gewalt beseitigen zu können, weil die ungeheure Bevölkerungsmenge von Rom nicht in der Lage wäre, eine lange Hungerperiode zu ertragen. Dazu ging es dem Vespasian noch darum, die zwei Legionen, die in Alexandria lagen, für sich zu gewinnen; und nicht zuletzt trug er sich mit dem Gedanken, Ägypten zu einer Art Festung gegenüber dem, was das Schicksal noch alles verborgen hielt, auszubauen. Ägypten ist nämlich auf dem Landweg schwer zu erreichen und besitzt an der Seeseite keinen Hafen. Im Westen sind ihm die wasserlosen Wüsten Libyens vorgelagert, im Süden ist es gegenüber Äthiopien fest begrenzt durch Syene und die Stromschnellen des Nils, die für Schiffe unpassierbar sind; im Osten aber liegt das Rote Meer, das sich bis Koptos hin ausdehnt. Im Norden besitzt Ägypten eine feste Grenze in dem Gebiet, das sich bis Syrien erstreckt, und in dem sogenannten ägyptischen Meer, dessen Küste keinen einzigen Hafen aufzuweisen hat. So ist Ägypten allenthalben wie von einer Mauer umschirmt. Es mißt von Pelusium bis nach Syene 2000 Stadien, fährt man von Plinthine nach Pelusium zu Schiff, so hat man 3600 Stadien zu bewältigen. Der Nil ist schiffbar bis zur sogenannten Elephantenstadt, darüber hinaus machen die besagten Stromschnellen die Schiffahrt unmöglich. Auch der Hafen von Alexandria ist sogar in Friedenszeiten für Schiffe nur schwer zu befahren; denn der Zugang ist schmal, und unter dem Wasser befinden sich Klippen, so daß man keine gerade Strecke zurücklegen kann, sondern sich in Windungen bewegen muß. Der linke Teil der Einfahrt ist durch künstlich angelegte Dämme gesichert, rechter Hand liegt die Insel Pharos, auf der sich ein ungeheurer Turm befindet, der den Schiffen, die in den Hafen gelangen wollen, auf eine Strecke von 30 Stadien sein Licht entgegenschickt, damit sie nachts wegen der schwierigen Zufahrt weiter draußen ankern. Die Insel wird rundum von gewaltigen künstlichen Molen umgeben, und weil das Meer an sie heranbrandet und sich auch überall an den gegenüberliegenden Dämmen bricht, macht sie die Durchfahrt schwierig und gefährlich wegen der Enge. In seinem Innern ist der Hafen freilich ganz sicher; er hat einen Durchmesser von 30 Stadien. Hier werden alle Ladungen gelöscht, die für das Wohl des Landes notwendig sind, und was in dem Land über den eigenen Bedarf hinaus produziert wird, geht von hier aus in alle Welt hinaus.

6. So konnte man es also vollauf verstehen, daß Vespasian zur Sicherung des gesamten Reiches danach trachtete, Herr dieses Landes zu werden. Und so schrieb er sogleich an Tiberius Alexander, den Statthalter von Ägypten und Alexandrien, und meldete ihm, was das Heer von ihm forderte, und außerdem, daß er, nachdem er gezwungenermaßen die Last der Führung des Reiches übernommen habe, ihn zum Mitarbeiter und Helfer gewinnen möchte. Alexander gab den Brief öffentlich bekannt und legte den Legionen und den Einwohnern nachdrücklich nahe, auf Vespasian den Eid abzulegen. Alle waren von Herzen dabei, denn die Tüchtigkeit des Vespasian war durch den Feldzug, der in der Nähe stattgefunden hatte, allgemein bekannt. Tiberius, dem jetzt die Regierung oblag, tat alles, um die Ankunft des Vespasian vorzubereiten, und rascher, als man einen Gedanken fassen konnte, brachten Gerüchte die Kunde von dem neuen Herrscher des Ostens in alle Welt, und jede Stadt brach in Jubel darüber aus und opferte für den Kaiser. Die Legionen in Moesien und Pannonien, bei denen es noch vor kurzem zu Unruhen gekommen war wegen der gewagten Maßnahmen des Vitellius, legten auf Vespasian den Eid mit noch mehr Herzlichkeit ab. Vespasian jedoch zog nun von Caesarea nach Berytos, wo ihm viele Gesandtschaften aus Syrien und nicht weniger aus anderen Provinzen entgegengingen, die von allen Städten Kränze und Glückwünsche brachten. Dorthin begab sich auch der Statthalter dieser Eparchie, Mucianus, und meldete ihm die Loyalität der einzelnen Völkerschaften und berichtete davon, wie die Städte jeweils die Treue geschworen hätten.

7. Da sich nun aber allenthalben Vespasians Glück ganz nach seinem Willen mehr und mehr entfaltete, mußte er daran denken, daß er sein hohes Amt nicht ohne Zutun der göttlichen Vorsehung

bekommen habe, sondern daß es eine gerechte Fügung war, die ihn in den Besitz der Weltherrschaft gebracht habe. Darum erinnerte er sich neben anderen Vorzeichen, wie sie ihm häufig die künftige Staatsführung vorher angezeigt hatten, auch an das, was ihm Josephus einst gesagt hatte, als dieser sich erkühnte, Vespasian noch bei Lebzeiten des Nero als Kaiser zu bezeichnen. Der Kaiser erschrak nun darüber, daß sich Josephus noch in Fesseln in seiner Umgebung befand, und so ließ er den Mucianus mit anderen Offizieren und Freunden kommen und verwies erst einmal darauf, wie energisch Josephus damals gehandelt hatte und daß er es gewesen sei, der die Belagerung von Jotapata so mühevoll gemacht hatte. Dann aber sprach er von seinen Prophezeiungen, die er damals als Fiktionen verdächtigt habe, wie sie eben aus der bloßen Furcht zustande kämen, von denen aber nunmehr durch die Zeit und den Gang der Dinge klar erwiesen sei, daß sie von Gott stammten. Er sprach: »Es wäre eine Schande, wenn der Mann, der mir das Kaisertum prophezeite und so der Stimme Gottes Ausdruck verlieh, noch immer wie ein Kriegsgefangener gehalten würde und das Schicksal eines Menschen in Fesseln ertragen müßte.« Dann ließ er den Josephus rufen und gab Befehl, ihm die Bande zu lösen. Die anwesenden Offiziere dachten, auch sie würden nun glänzende Ehrungen erfahren, nachdem dieser Angehörige eines fremden Volkes in dieser Weise belohnt worden war; Titus dagegen, der neben seinem Vater stand, sprach: »Vater, es ist nicht mehr als recht und billig, daß mit den Fesseln auch die Schande von Josephus genommen wird. Wenn wir nämlich seine Fesseln nicht nur lösen, sondern zerschlagen, so ist er als ein Mann anzusehen, der gar nicht gefangen war.« In solcher Art verfährt man nämlich mit denen, die ungerechterweise Fesseln tragen. Der Vorschlag gefiel, und einer kam herbei, der die Fessel mit einem Beil zerhieb. Auf diese Weise wurden dem Josephus nunmehr zum Lohn für seine Prophezeiung sämtliche Rechte zuteil, und er war künftig von dem Nimbus eines zuverlässigen Propheten umgeben.

11. KAPITEL

1. Vespasian empfing nun die einzelnen Gesandtschaften und verteilte die Regierungsaufgaben gerecht und entsprechend der Verdienste der Kandidaten; sodann reiste er nach Antiochien. Und wie er sich nun sein nächstes Ziel überlegte, dachte er, es sei doch richtiger, die Dinge in Rom im Auge zu behalten, als nach Alexandrien zu reisen, da er diese Stadt für ungefährdet hielt, wogegen Vitellius in Rom eine ungeheure Verwirrung stiftete. So schickte er Mucianus mit einem großen Heer von Reitern und Fußsoldaten nach Italien. Mucianus aber wollte wegen des tiefen Winters von einer Reise zu Wasser nichts wissen und führte deshalb sein Heer zu Lande nach Kappadokien und Phrygien.

2. In der Zwischenzeit hatte Primus die Führung der 3. Legion übernommen und tat ebenfalls alles, um den Vitellius zum Kampf zu stellen. Diese Legion gehörte zu der Abteilung in Moesien, wo Antonius gerade das Oberkommando innehatte. Vittelius ließ den Caecina Alienus mit einem großen Aufgebot dem Antonius entgegentreten. Caecina erschien ihm wegen seines Sieges über Otho äußerst vertrauenswürdig, und dieser verließ Rom und vermochte den Antonius nach einem Eilmarsch bei Cremona in Gallien einzuholen; Cremona liegt an der Grenze Italiens. Dort nun mußte er feststellen, daß das Heer des Feindes sehr zahlreich war und sich in bester Ordnung befand, weshalb er es nicht wagte, sich auf eine Schlacht einzulassen. Er trug sich vielmehr, da ihm ein Rückzug voll Gefahren schien, mit dem Gedanken an Verrat. So versammelte er denn seine Centurionen und Tribunen und suchte sie zu überreden, sich dem Antonius anzuschließen. Er argumentierte besonders mit der Schwäche des Vitellius, während er von Vespasians Stärke große Worte machte. Vitellius, so sagte er, sei nur dem Namen nach Herrscher, Vespasian aber besitze wirklich die Macht, und so sei es für sie besser, wenn sie sich gleich von Anfang an entschließen könnten, aus der Not eine Tugend zu machen und sich der Gefahr gegenüber klug zu verhalten, da ihnen bei einem Waffengang die Niederlage sicher sei. Vespasian könne sich nämlich

auch ohne ihre Hilfe verschaffen, was ihm noch abgehe, wogegen Vitellius nicht einmal seine gegenwärtige Position halten könne, wenn sie ihm ihre Hilfe liehen.

3. Mit diesen und ähnlichen Argumenten von großer Zahl vermochte Caecina sie zu überreden, daß sie mit ihm zusammen mit dem Heer zu Antonius überschwenkten. Noch in der nämlichen Nacht aber reute es seine Soldaten, denn sie fürchteten, der Kaiser, der sie ausgesandt habe, könne am Ende doch als Sieger hervorgehen, und so drangen sie mit den blanken Schwertern auf Caecina ein, um ihn zu töten, was auch tatsächlich geschehen wäre, wären nicht die Tribunen herbeigestürzt und hätten ihre Leute flehentlich gebeten, es nicht zu tun. So kam er zwar mit dem Leben davon, aber man fesselte den Verräter und traf Vorkehrungen, ihn dem Vitellius zu überstellen. Auf die Kunde davon ließ Primus sofort seine Soldaten Aufstellung nehmen, um sie vollbewaffnet gegen die Abgefallenen zu führen, die den Kampf annahmen, jedoch nur kurze Zeit Widerstand leisten konnten; sie wandten sich vielmehr zur Flucht nach Cremona. Primus aber hinderte sie mit seiner Reiterabteilung, in die Stadt einzumarschieren, schloß vielmehr den größeren Teil von ihnen vor der Stadt ein und ließ sie umbringen, und gleichzeitig mit dem Rest derer, die hatten entkommen können, drängte auch er in die Stadt hinein, die er seinen Soldaten zur Plünderung überließ. Bei diesen Vorgängen kamen viele Händler von auswärts und eine Menge Bürger ums Leben und außerdem noch das ganze Heer des Vitellius, im ganzen 30 200 Soldaten. Von den Truppen aus Moesien hatte Antonius 4500 Mann verloren. Den Caecina, den er befreien konnte, schickte er zu Vespasian mit der Kunde über das Vorgefallene. Bei seiner Ankunft empfing ihn der Kaiser freundlich, und es gelang ihm, den Schimpf des Verrats hinter den Ehrungen zu verbergen, die ihm reichlich zuteil wurden.

4. Auf die Kunde vom Herannahen des Antonius faßte auch Sabinus in Rom wieder Mut, versammelte die Einheiten, die die Nachtwachen hatten übernehmen sollen, und besetzte mit ihnen nächtlicherweise das Kapitol. Als es Tag wurde, stellten sich ihm noch zahlreiche vornehme Persönlichkeiten zur Verfügung, unter

ihnen auch sein Neffe Domitian, der als der besondere Garant des Sieges angesehen wurde. Vitellius sorgte sich nicht so sehr um Primus, zürnte aber aufs heftigste jenen, die am Aufstand des Sabinus teilgenommen hatten; und grausam, wie er von Natur aus war, dürstete er nach dem Blut der Vornehmen, und so befahl er jener Heeresabteilung, die ihn nach Germanien begleitet hatte, das Kapitol zu stürmen. Von dieser Abteilung und jenen Leuten, die sie vom Tempel aus abzuwehren suchten, wurden allerlei Heldentaten vollbracht, bis schließlich die an Zahl überlegenen Legionen aus Germanien die Anhöhe nehmen konnten. Wohl wußte sich Domitian mit vielen vornehmen Römern wie durch ein Wunder in Sicherheit zu bringen, aber alle übrigen kamen um. Sabinus wurde dem Vitellius überstellt, der ihn töten ließ, die Soldaten aber raubten noch die Weihegeschenke und ließen dann den Tempel in Flammen aufgehen. Kaum einen Tag darauf rückte Antonius mit seinem Heer in die Stadt. Die Leute des Vitellius stellten sich ihm entgegen, und an drei Plätzen der Stadt kam es zu Gefechten, wobei sie alle das Leben verloren. Da trat Vitellius betrunken aus dem Kaiserpalast, nachdem er im Hinblick auf das bevorstehende Ende noch einmal besonders reichlich an seinem lasterhaften Tisch gezecht hatte. Er wurde durch die Reihen des Volkes gezerrt, wobei viele ihren Mut an ihm kühlten, und mitten in Rom ereilte ihn dann das Ende. Acht Monate und fünf Tage hatte er die Herrschaft ausgeübt, und wäre es ihm gegeben gewesen, noch länger zu leben, so hätte, glaube ich, seine Gier nach Luxus die Kraft des ganzen Reiches überstiegen. Dazu kamen noch über 50000 Menschen ums Leben. All das ging am dritten Tag des Monats Apellaios vor sich. Tags darauf rückte Mucianus mit seinem Heer in die Stadt ein und beendigte das Blutbad, das Antonius und seine Soldaten veranlaßt hatten. Denn auch jetzt noch durchstöberten viele die Häuser und töteten nicht nur zahlreiche Soldaten des Vitellius, sondern auch eine Menge von Bürgern, von denen sie glaubten, sie stünden auf dessen Seite. Ihre Wut hinderte sie dabei, eine genauere Prüfung vorzunehmen. Mucianus stellte dann den Domitian der Menge vor und gab bekannt, daß er bis zur Ankunft seines Vaters den Staat regieren solle. Das Volk, das jetzt von all den Schrecknissen aufatmen konnte, begrüßte den Vespasian als Kaiser und hielt eine Doppelfeier ab, einerseits, weil Vespasian in seinem Amt bestätigt war, und andererseits, weil Vitellius gestürzt worden war.

5. Nach seiner Ankunft in Alexandria erhielt Vespasian die frohe Kunde aus Rom, und es kamen aus allen Gegenden der Welt, deren Herr er geworden war, Gesandte, um ihn zu beglückwünschen. Obgleich Alexandria die zweitgrößte Stadt nach Rom ist, konnte es eine solche Menschenmenge nicht fassen. Da es nun zur endgültigen Tatsache geworden war, daß sich ihm das Gesamtreich fügte, und da die Stadt Rom entgegen den Befürchtungen gerettet war, wandte sich Vespasian wiederum den Teilen von Judäa zu, die noch nicht unterworfen waren. Was ihn selbst betraf, so wollte er natürlich gleich nach Winterende nach Rom aufbrechen, und deshalb beeilte er sich, alle Angelegenheiten in Alexandria in Ordnung zu bringen. Mit einer Elitetruppe schickte er seinen Sohn Titus aus, um Jerusalem zu erobern. Zu Lande zog Titus dann nach Nikopolis, das 20 Stadien von Alexandria entfernt ist, ließ dort seine Truppen auf Kriegsschiffe bringen, fuhr dann nilaufwärts in das Gebiet von Mendes bis zur Stadt Thmuis. Dort verließ er die Schiffe, setzte seinen Zug zu Land fort und nächtigte in dem Städtchen Tanis. Der nächste Tag sollte ihn bis zur Stadt Herakleopolis bringen, der übernächste nach Pelusium. Dort gönnte er den Soldaten eine Erholungspause von zwei Tagen; am dritten Tag setzte er über das Delta von Pelusium, um dann einen Tag lang durch die Wüste zu marschieren. In der Nähe des Tempels des Zeus Kasios lagerte er sich dann, tags darauf bei Ostrakine; dieses Marschziel entbehrte freilich des Wassers, und die Anwohner mußten es anderwärts herbeiholen. Dann schaltete er wieder in Rhinokorura eine Ruhepause ein, von wo er zur vierten Rast nach Raphia gelangte. Hier, bei dieser Stadt, nimmt die Provinz Syrien ihren Anfang. Zum fünftenmal lagerte er sich dann in Gaza, zog hierauf nach Askalon und von hier nach Jamnia und dann nach Joppe. Von da ging es nach Caesarea, das er als Sammelpunkt für sämtliche anderen Truppenkontingente bestimmt hatte.

BUCH V

1. KAPITEL

1. In der vorher erwähnten Weise durchquerte nun Titus die Wüste, die sich über Ägypten hinaus bis Syrien hinzieht, um schließlich nach Caesarea zu gelangen, das er als Sammelpunkt seiner Truppen vor dem Feldzug bestimmt hatte. Noch während er in Alexandria seinem Vater half, die ihm kurz zuvor von Gott übertragene Herrschergewalt nach Recht und Gesetz zu übernehmen, kam es dazu, daß die inneren Streitigkeiten in Jerusalem von neuem aufloderten und eine dreifache Richtung nahmen: In einer der beiden Parteien kam es zu gegenseitigen Reibereien, was freilich, wenn es unter gemeinen Elementen vor sich geht, einen Vorteil schafft und als eine Wirkung der Gerechtigkeit anzusehen ist. Hinsichtlich des Vorgehens der Zeloten gegen das Volk, das für die Stadt im wahrsten Sinne den Anfang ihres Untergangs bedeutete, haben wir schon darauf hingewiesen, welche Ursache dahinterstand und zu welch ungeheuerlichem Unwesen es gedieh. Man urteilt völlig richtig, wenn man behauptet, daß hier eine Rebellion die andere hervorgebracht habe und daß sich hier gewissermaßen eine wilde Bestie mangels anderer Nahrung sogar ins eigene Fleisch biß.

2. Eleazar nämlich, der Sohn des Simon, der schon bei Beginn die Zeloten von den Bürgern getrennt und in den Tempelbereich gebracht hatte, verließ diese Truppe angeblich erbost über die täglichen Verwegenheiten des Johannes, der das Morden immer noch nicht lassen konnte, in Wirklichkeit jedoch, weil er es nicht über sich brachte, sich dem Tyrannen zu fügen, der erst nach ihm emporgekommen war; er wollte vielmehr selbst an die Macht und verlangte für sich die Herrschaft. Außerdem gewann er von den angesehenen Persönlichkeiten Judas, den Sohn des Chelika, und Simon, den Sohn des Esron, des weiteren den ebenfalls einflußreichen Ezechias, den Sohn des Chobar. Jedem dieser Männer schloß

sich noch eine ansehnliche Zahl von Zeloten an. Diese neue Partei setzte sich im inneren Bezirk des Tempels fest und stellte ihre Wache außerhalb der Tempeltore an den Vorderwänden des Heiligtums auf. Lebensmittel hatten sie in reicher Fülle, und so waren sie guter Hoffnung, gab es doch dort eine große Menge Weihegaben für die Leute, die in nichts eine Blasphemie zu erblicken vermochten. Freilich fürchteten sie auf der anderen Seite für ihr Leben, da sie so wenige waren, und verhielten sich meistens ganz ruhig auf dem Platz, an dem sie sich eben befanden. Für Johannes dagegen tat es seiner zahlenmäßigen Überlegenheit Abtrag, daß er geländemäßig so ungünstig daran war. Weil er nämlich die Feinde über sich hatte, konnte er keinen Angriff wagen, ohne daß er selbst in Gefahr geriet, andererseits konnte er sich aber auch wegen seiner Ungehaltenheit nicht ruhig verhalten. Obgleich seine Verluste empfindlicher waren als jene, die er Eleazar und dessen Leuten zufügen konnte, gab er nicht nach; so kam es dauernd zu Ausbrüchen und Schußwechsel, und allenthalben wurde der heilige Boden durch Blutvergießen befleckt.

3. Auf der anderen Seite gelang es aber dem Simon bar Giora – das hoffnungslos gequälte Volk hatte ihn hereingelassen, daß er ihm helfe, hatte sich aber in ihm einen Tyrannen geschaffen –, die obere Stadt und zum großen Teil auch die untere in seinen Besitz zu nehmen. Er setzte nämlich den Leuten des Johannes mit um so größerer Energie zu, als er gewahr wurde, wie man sich auch von oben her gegen sie wandte. Dabei mußte er natürlich von unten her genauso gegen sie ankämpfen wie diese auf die Gegner über ihnen. Bei diesem zweiseitigen Kampf erging es dem Johannes so, daß er nicht weniger leichte Verluste hinnehmen mußte, als er sie seinen Feinden zufügen konnte; denn den Nachteil seiner tieferen Stellung gegenüber den Leuten des Eleazar machte der Vorteil seiner höheren Position gegenüber Simon wieder wett. So vermochte er sich im Kampf nach unten erfolgreich zu wehren, wogegen er die Gegner von oben, die vom Heiligtum aus kämpften, durch Kriegsmaschinen unter Beschuß nahm; er verfügte ja über eine Menge von Schnellschußmaschinen, Katapulten und Steinschleudern, mit

denen er sich nicht nur kämpfende Soldaten fernhielt, sondern auch eine Reihe von Leuten tötete, die dabei waren, ihre Opfer darzubringen. Obgleich nämlich die Rebellen in ihrer rasenden Wut zu jeder Gemeinheit fähig waren, ließen sie doch Leute, die Opfer darbringen wollten, in den Tempelbezirk herein, wenn auch nicht ohne sie zu verdächtigen, die Einheimischen jeweils unter Aufsicht, die Fremden aber nach genauer Kontrolle. Auch wenn die Hereinkommenden an den Zugängen der unerbittlichen Grausamkeit der Wachmannschaften durch ihr Flehen die Spitze nehmen konnten, so fielen sie gerade dann unnötigerweise dem inneren Streit zum Opfer. Denn die Wurfmaschinen trafen bei ihrer Schußkraft bis zum Altar und zum Tempel und töteten die Priester wie die Opfernden. Und sehr viele, die von den äußersten Enden der Welt zu diesem hochberühmten und allen Menschen weihevollen Ort herbeigekommen waren, fielen, noch bevor ihre Opfertiere hinsanken, und befleckten mit ihrem Blut den Altar, den alle Griechen und Barbaren heilig halten. Bei den Leichen der Einheimischen lagen die der Fremden, bei den toten Priestern die toten Laien durcheinandergewürfelt, und das Blut von Getöteten verschiedenster Art sammelte sich in Pfützen im Umkreis des Heiligtums.

Du Unseligste aller Städte, haben dir denn die Römer solches Leid angetan, die bei dir einzogen, um dich durch Feuer von den Entsetzlichkeiten zu säubern, mit denen die Einheimischen dich verunreinigt hatten? Du warst ja nicht mehr die Stadt Gottes und konntest es auch nicht länger mehr sein, da du zum Totenacker deiner eigenen Leute geworden warst und den Tempel zum Grab der vielen Toten des Bürgerkriegs werden ließest! Es könnte dir wohl wieder besser ergehen, wolltest du dich mit Gott versöhnen, der es zuließ, daß du so verheert wurdest. Aber das Gesetz der Geschichtsschreibung verlangt es, jede Regung der Leidenschaft zum Schweigen zu bringen, denn hier hat das persönliche Leid keinen Platz, sondern nur die Kunde von den historischen Ereignissen. So will ich denn berichten, wie sich der Aufstand weiter entwickelte.

4. Als nun die heimtückischen Gegner der Stadt in drei Par-

teien aufgespalten waren, machten Eleazar und seine Leute, denen die heiligen Erstlingsgaben anvertraut waren, in ihrem Rauschzustand einen Angriff auf die Abteilung des Johannes, die wiederum unter dessen Führung die Bürger ausplünderte und sich gegen die Leute des Simon aufstacheln ließ. Und auch dieser sah in der Stadt ein Vorratshaus, vermittels dessen er den Kampf gegen die Aufständischen richten konnte, die wider ihn standen. Jedesmal, wenn also Johannes von beiden Seiten her angegriffen wurde, führte er seine Leute gegen Gegner, die ihrerseits auf entgegengesetzten Seiten kämpften. Die von der Stadt her Angreifenden nahm er von den Hallen aus unter Beschuß, jene aber, die vom Tempel aus nach unten schossen, hielt er mit seinen Wurfmaschinen in Distanz. Und ließ einmal die Bedrängnis von oben nach, was öfters geschah, wenn die Kämpfer wegen Betrunkenheit oder aus Müdigkeit pausierten, dann verstärkte er seinen Angriff und machte um so tollkühnere Ausfälle gegen die Abteilung des Simon. Und allenthalben in der Stadt, wo er bei dieser Gelegenheit hingelangen konnte, ließ er jedesmal die mit Getreide und anderen Lebensmitteln angefüllten Vorratshäuser in Flammen aufgehen. Wenn jedoch Johannes zurückwich, dann machte Simon seine Angriffe und verhielt sich genauso. Es schien, als wollten sie zum Vorteil der Römer mit Absicht das zerstören, was die Stadt für die Belagerung vorgesehen hatte und als wollten sie so den Nerv ihrer eigenen Verteidigungskraft durchschneiden. Auf diese Weise kam es dazu, daß um den Tempel herum alles in Schutt und Asche sank, daß die Stadt hier zu einem Wüstenstreifen des Bürgerkriegs wurde, daß außerdem die ganzen Getreidevorräte mit geringen Ausnahmen zusammenbrannten, die im Falle einer Belagerung für eine nicht geringe Anzahl von Jahren hätten ausreichen können. Die Belagerten fielen ja dann auch wirklich dem Hunger zum Opfer, was man durchaus nicht zu befürchten brauchte, wenn sie sich dies nicht schon vorher selbst angetan hätten.

5. Die Stadt wurde also allenthalben zum Kampfplatz heimtückischer Gegner und jener schlimmen Elemente, die sich zu ihnen gesellten, und inmitten davon wurde das Volk wie ein großer Leib

zerfleischt. Alte Leute und Frauen flehten hilflos, wie sie waren, im Hinblick auf diese inneren Wirren für die Römer zum Himmel und wünschten sich den Krieg mit dem Feind von außen herbei, damit sie von den Übeln im Innern durch ihn befreit würden. Eine furchtbare Mutlosigkeit und tiefe Furcht überkam die rechtmäßigen Bewohner der Stadt; sie waren weder imstande, sich über einen Wandel der Situation zu beraten, noch konnten sie auf eine versöhnliche Haltung hoffen oder an Flucht denken, wenn diese jemand wollte. Jede Regung wurde nämlich überwacht, und die Rädelsführer der ganzen Vorgänge, sonst in allem zerstritten, töteten alle, die mit den Römern fliehen wollten oder als mögliche Überläufer verdächtigt wurden, als handle es sich um gemeinsame Feinde, und sie waren nur darin eines Sinnes, jene ums Leben zu bringen, die das Leben verdient hätten. Ohne Unterlaß ertönte der Kampfeslärm Tag und Nacht hindurch, aber noch entsetzlicher erschollen die ängstlichen Klagen der Trauernden. Unter den Peitschenhieben des Schicksals war immer neue Ursache zu solchen Klagen gegeben; wer aber davon geschlagen ward, dem unterdrückte die schwere Trauer im Herzen den Klageruf, und da sie so ihre Not verschwiegen, entrangen sich ihnen qualvoll, mit gebrochener Stimme ihre Seufzer. Die Mitglieder der eigenen Familie konnten sich nicht um die Lebenden kümmern und ebensowenig um die Bestattung der Toten, was die totale Verzweiflung unmöglich machte, die jeden überkam. Denn wer sich am Aufstand nicht beteiligte, ließ vollends jeden Mut sinken, und diesen Leuten war es, als könnte ihnen jeder Moment den Untergang bringen. Die Rebellen balgten sich währenddessen und postierten sich auf den Leichenbergen und schlugen immer grausamer um sich, als empfingen sie die Kraft ihres Wahnsinns gewissermaßen aus den reglosen Körpern unter ihren Füßen. Immer wieder erfanden sie etwas Neues zur gegenseitigen Vernichtung, und da sie alle ihre Einfälle bedenkenlos verwirklichten, entging ihnen keine Form der Folter und der Grausamkeit. Johannes verstieg sich sogar dazu, aus dem Tempelholz Belagerungsmaschinen anzufertigen. Einst hatten nämlich das Volk und die Hohenpriester den Beschluß gefaßt, den Unterbau des Tempels zu festigen und auf dem Tempel zwanzig Ellen aufzustocken, und König Agrippa hatte seinerzeit unter größten Opfern und Anstrengungen das passende Holz aus dem Libanon herbeischaffen lassen, nämlich selten lange und gerade gewachsene Stämme. Als nun der Krieg dazwischenkam, ließ Johannes die Stämme zerschneiden und aus ihnen Belagerungstürme errichten, da er das Holz gerade für lang genug befand, um die Angreifer auf dem Tempel in Schach zu halten. Er brachte die Türme von hinten her an die Tempelmauer heran und brachte sie gegenüber der westlichen Halle in Stellung. Einzig dort war dies möglich, da die Mauer sonst überall durch lange Stufenreihen abgeteilt war.

6. Und so vertraute Johannes darauf, daß er mit diesen so frevlerisch zustande gekommenen Kriegsmaschinen über seinen Feind Herr werden könne; doch noch hatte er nicht einen einzigen Kämpfer auf den Türmen postiert, da tat ihm Gott die Nichtigkeit seiner ganzen Mühe kund, indem er die Römer heranführte. Denn gerade im gegenwärtigen Augenblick brach Titus von Caesarea auf, nachdem er einen Teil des Heeres bei sich zusammengezogen und dem Rest befohlen hatte, sich bei Jerusalem mit ihm zu vereinigen. Er stand an der Spitze von drei Legionen, die zuvor unter seinem Vater Judäa zur Wüste gemacht hatten, außerdem verfügte er noch über die einstmals unter Cestius geschlagene 12. Legion, die überall im Ruf besonderer Tapferkeit stand und eben damals in der Erinnerung an das Vorgefallene um so kampfbereiter zur Rache auszog. Von diesen Legionen beauftragte er die 5. Legion, sich auf der Straße über Emmaus mit ihm zu vereinigen, während er der 10. Legion befahl, durch Jericho nach Jerusalem hinaufzumarschieren. Mit dem Rest, zu dem sich noch die beachtlich verstärkten Hilfstruppen der Könige und zahlreiche Söldner aus Syrien gesellten, machte er sich selbst auf den Weg. Vespasian hatte aber aus den vier Legionen Leute ausgesucht und sie mit Mucianus nach Italien geschickt; an ihre Stelle traten nun die Truppen, die Titus heranführte. Es waren 2000 Mann von den Truppen in Alexandrien für ihn ausgewählt worden, und dazu kamen noch 3000 Mann jener

Schutztruppen, die sich am Euphrat befanden. Von seinen Freunden war der ergebenste und klügste bei ihm, nämlich Tiberius Alexander. Er hatte bislang in Ägypten die Belange des Kaisers wahrgenommen. Man hielt ihn deshalb für wert, Truppen des Titus zu kommandieren, da er der erste war, der das neue Regime begrüßt und sich ihm auf Gedeih und Verderben verschrieben hatte, obgleich es für ihn in seiner unklaren Situation ein Risiko bedeutete. Und so folgte er dem Titus, den er an Alter und Erfahrung übertraf, um ihm in allen Fragen des Krieges seinen Rat zu leihen.

2. KAPITEL

1. Als Titus gegen das Feindesland vorrückte, befanden sich die königlichen Truppen und das ganze Heer der Bundesgenossen an der Spitze des Zuges; ihnen folgten die Straßenbautrupps und jene, die die Vermessung des Lagers vorzunehmen hatten, schließlich die Gepäckträger der obersten Heeresleitung. Nach den Hopliten, die diesen zugeteilt waren, kam Titus selbst, den neben anderen Elitetruppen auch die Lanzenträger umgaben, während er nach hinten von den Reitern der Legion gedeckt wurde. Die eigentliche Legion marschierte vor den Kriegsmaschinen, hinter denen die Chiliarchen und die Kohortenführer wieder mit Eliteeinheiten folgten. Hinter diesen wurde der Adler einhergetragen, umgeben von den Feldzeichen, und davor marschierten die Trompeter, die zu den Feldzeichen gehören. Es folgte nun die kämpfende Truppe, angeordnet in Reihen bis zu je sechs Mann; dahinter kam der Troß der jeweiligen Legion mit den Lasttieren, und das Ende des ganzen Zuges bildeten die Söldner, deren Sicherung die Nachhut zu übernehmen hatte. Wie bei den Römern üblich, mußte das Heer in voller Ordnung marschieren, und so gelangte Titus quer durch Samaria schnell nach Gophna, das vormals schon sein Vater eingenommen und mit einer Besatzung versehen hatte. Er kampierte dort eine Nacht im Freien, zog gegen Morgen weiter, um nach einem regelrechten Tagesmarsch im ›Tal der Dornen‹ – so nennen es die Juden in ihrer

Sprache – das Lager aufzuschlagen, nahe bei dem Dorf ›Gibea des Saul‹, d. h. ›Hügel des Saul‹, etwa 30 Stadien vor Jerusalem. Von hier begab sich Titus zu Pferde mit etwa 600 Reitern der Elite noch weiter vor, um die Stadt genau in Augenschein zu nehmen, vor allem um die Stärke ihrer Befestigung und die Einstellung der Juden kennenzulernen, d. h. zu sehen, ob diese etwa aus Furcht, noch bevor es zum Kampf käme, kapitulierten. Es war ihm nämlich zu Ohren gekommen, was auch tatsächlich der Fall war, das Volk von Jerusalem füge sich wohl aus Angst dem Druck der Rebellen und Banditen, sehne aber den Frieden herbei und verhalte sich nur deshalb still, weil seine Kräfte für eine Gegenrebellion zu schwach seien.

2. Während Titus nun geradewegs die Hauptstraße entlangritt – man gelangt auf ihr bis zur Stadtmauer –, war niemand vor den Toren zu sehen; sobald er jedoch abseits dieses Weges seine Richtung auf den Psephinosturm nahm und die Reiter nach der Seite ausschwärmen ließ, da erfolgte völlig überraschend ein Ausfall einer großen Anzahl von Juden, und zwar bei den sogenannten Frauentürmen, aus dem Tor gegenüber dem Grabstein der Helena. Sie konnten die Linie der Reiter durchbrechen und nahmen quer über die Straße Stellung, auf der diese einhersprengten, und konnten sie so daran hindern, mit ihren seitwärts ausgeschwärmten Kameraden Fühlung zu nehmen. Die Folge war, daß Titus mit einer kleinen Gruppe abgeschnitten wurde. Nach vorne war ihm der Weg versperrt, denn soweit die Mauer reichte, waren Gärten angelegt mit Gräben und Trennmauern und Verzäunungen. Sich an die Seinen anzuschließen, war jedoch, wie er feststellen mußte, unmöglich, da sich dazwischen eine Menge von Feinden befand und da seine eigenen Reiter auf der Hauptstraße zurückgewichen waren. Die Gefahr, die ihrem königlichen Herrn drohte, kam den meisten gar nicht zum Bewußtsein, glaubten sie doch, er sei auch umgekehrt, so daß sie ebenfalls die Flucht ergreifen könnten. Titus aber war sich darüber klar, daß er sich nur durch seine eigene Energie zu retten vermochte, und so wendete er sein Pferd, rief den anderen zu: »Mir nach!«, sprengte frontal den Feinden entgegen,

um sich mit seinem ganzen Einsatz zu den Seinen durchzuschlagen. Bei dieser Gelegenheit mußte man wohl oder übel zu dem Glauben kommen, daß Gott in den entscheidenden Momenten der Kriege und bei den Gefährdungen der Könige seine Hand im Spiel habe. Obgleich nämlich auf Titus ein Geschoßhagel niederging – er war ohne Helm und Panzer, da er ja nicht als Kämpfer, sondern als Kundschafter ausgezogen war –, berührte doch kein einziges Geschoß seinen Körper, sondern alle flogen an ihm vorbei, ohne ihn zu verletzen, gerade als ob eine Absicht dahintergesteckt hätte, daß sie nicht trafen. Titus selbst aber konnte sich seitwärts mit dem Schwert alle Angreifer vom Leibe halten, und viele von denen, die ihn frontal zu fassen suchten, trampelte er mit dem Pferd zu Boden und sprengte über sie hinweg. Wohl schrien die Juden vor Wut über das Husarenstück des Caesars laut auf und spornten sich gegenseitig an, sich auf ihn zu stürzen, doch wo sein Pferd auftauchte, da ergriffen sie in Scharen die Flucht. Die Begleiter des Titus waren genauso bedroht und hielten sich dicht an ihn, obgleich sie rückwärts und seitwärts schwerem Beschuß ausgesetzt waren; denn ein jeder konnte nur dann auf Rettung hoffen, wenn er sich zusammen mit Titus durchschlagen konnte, bevor sie restlos umringt waren. Und wirklich wurde der eine von zwei etwas abseits geratenen Reitern samt seinem Pferd eingeschlossen und mit Lanzenstichen getötet, während der andere, der vom Pferd herabgesprungen war, von den Juden erschlagen wurde; sein Pferd nahmen die Juden mit. Zusammen mit den übrigen Reitern konnte sich Titus schließlich ins Lager retten. Dieser erste Erfolg veranlaßte die Juden zu einer trügerischen Hoffnung, und was ihnen der Zufall des Augenblicks hatte gelingen lassen, ließ sie vertrauensvoll in die Zukunft blicken.

3. In der Nacht vereinigte sich nun die von Emmaus heranrükkende Legion mit den Truppen des Caesars, und so verließ er denn am folgenden Tag das Lager, um gegen den sogenannten Skopus vorzurücken, von wo aus sich ein Blick auf die Stadt und auf die ganze Herrlichkeit des Tempels eröffnet. Deshalb heißt dieses nördliche Hochplateau vor der Stadt mit Recht ›Skopus‹. Im Ab-

stand von sieben Stadien von der Stadt ließ Titus dann für seine zwei Legionen zusammen eine Lagerumwallung errichten, ebenso für die 5. Legion noch drei Stadien weiter zurück. Er war nämlich der Auffassung, die durch den Nachtmarsch strapazierten Soldaten sollten sich ausruhen, um dann desto besser Schanzarbeiten verrichten zu können. Sie hatten aber noch nicht angefangen, das Lager zu errichten, da war auch schon die 10. Legion aus Jericho zur Stelle, wo eine Gruppe von Schwerbewaffneten in Stellung war, die jenes Einfallstor in das Gebirge absichern sollte, das Vespasian einst erobert hatte. Diese Gruppe war beauftragt worden, sechs Stadien vor Jerusalem, auf dem sogenannten ›Ölberg‹, ein Lager zu beziehen; der Ölberg aber ist östlich der Stadt gegenüber gelegen, von der ihn die genau in der Mitte des Abstandes verlaufende tiefe Kidronschlucht trennt.

4. Dadurch, daß nunmehr von draußen her der Krieg so überraschend und so ungestüm hereinbrach, fand der Zwist innerhalb der Stadt, wo die Gruppen der Streitenden ohne Unterlaß gegeneinander wüteten, erstmals ein Ende. Die Rebellen mußten zu ihrem großen Schrecken mitansehen, wie die Römer an drei Plätzen Lager aufschlugen, und so schlossen sie sich denn zu einem schlechten Bund zusammen und stellten sich gegenseitig die Frage, worauf sie eigentlich noch warteten und was mit ihnen denn geschehen sei, daß sie zusähen, wie drei Mauern um sie gelegt würden, die ihnen den Atem benehmen sollten, und wie der Feind, ohne auf Gegenwehr zu stoßen, sich gegen sie rüste, während sie wie die Zuschauer bei einem guten und nützlichen Unternehmen tatenlos dasäßen, ohne an ein kriegerisches Aufgebot zu denken. »Nur wenn es gegen uns selbst geht«, riefen sie, »sind wir also tapfer, während die Römer wegen unseres Zwists ohne ein Blutopfer unsere Stadt gewinnen.« Unter solchen Reden scharten sich die Gegner zusammen und stachelten einander auf. Und schnell nahmen sie die Waffen zur Hand, machten einen überraschenden Ausfall gegen die 10. Legion, durchbrachen den Abgrund und warfen sich mit furchtbarem Geschrei auf die Feinde, die gerade mit Schanzarbeiten beschäftigt waren. Um ihre Arbeiten leichter ver-

richten zu können, waren diese in mehrere Abteilungen aufgeteilt, und die meisten hatten ihre Waffen beiseite gelegt, dachten sie doch nicht im mindesten daran, daß die Juden einen Ausfall riskieren würden; und außerdem hielten sie die Juden für stark demoralisiert durch ihre inneren Zwistigkeiten, wenn sie schon einen Ausfall wagten. So machte sie der Überraschungsangriff vollends konfus, und sie ließen alles stehen und liegen, teils wandten sie sich eiligst nach rückwärts; viele jedoch holten die Waffen, aber noch bevor sie gegen die Feinde etwas ausrichten konnten, kamen diese hinter ihnen her und schlugen sie nieder. Das Gelingen dieses ersten Angriffs machte die Juden kühn, und es gesellten sich immer noch mehr Streiter zu ihnen, und da alles gut ging, glaubten sie selbst und auch die Römer, es seien ihrer viel mehr, als es in Wirklichkeit waren. Namentlich Soldaten, die gewöhnlich in der Schlachtreihe operieren und geordnet nach Kommandos zu kämpfen wissen, verlieren gern den Kopf, wenn ihre Ordnung ins Wanken gerät. So kann man es begreifen, daß die Römer auch damals in ihrer Überraschung vor den Angriffswellen zurückwichen. Doch jedesmal, wenn sie eingeholt wurden, wandten sie sich rückwärts, brachten die Juden zum Stehen und fügten ihnen Verwundungen zu, da diese sich in ihrer Kampfeswut zu wenig schützten. Schließlich aber nahm der Ausfall aus der Stadt immer größere Formen an, was den Legionssoldaten auch immer mehr die rechte Überlegung benahm, so daß sie schließlich völlig vom Lager abgedrängt wurden. Es hat den Anschein, daß damit die ganze Legion verloren gewesen wäre, hätte nicht Titus davon erfahren und eiligst Hilfe gebracht. Mit lauten Worten zieh er sie der Feigheit, befahl den Fliehenden, augenblicklich zu wenden, und stieß selbst mit den herbeigeführten Elitesoldaten in die Flanke der Juden, tötete viele und verwundete noch mehr, so daß alle kehrtmachten und in die Schlucht hineingedrängt wurden. Dabei hatten die Juden wegen des stark abschüssigen Geländes viele Verluste, doch erreichten sie die andere Seite, wandten sich wieder gegen den Feind und kämpften weiter gegen die Römer, obgleich die Schlucht dazwischen lag. Bis zum Mittag währte so der Kampf, doch als es ein wenig darüber war, ließ Titus die Truppen, die mit ihm gekommen waren und die er aus den Kohorten entnommen hatte, gegen die aus der Stadt herauskommenden Juden als Sicherungstruppen Aufstellung nehmen und schickte die restliche Legion zu den Schanzarbeiten auf den Berg zurück.

5. Die Juden deuteten dies als eine Fluchtbewegung, und schon gab ihr Beobachter auf der Mauer mit seinem Mantel, den er in der Luft schwenkte, das entsprechende Zeichen, worauf eine neue Angriffswelle mit solcher Heftigkeit hervorbrach, daß es schien, als seien es die wildesten Bestien, die da heransprengten. Die römischen Sicherungstruppen jedoch, die dagegen eine Deckung hätten bieten sollen, ließen es in keinem Falle zu einer Kampfberührung kommen, sondern, wie wenn ein Katapultgeschoß eingeschlagen hätte, zerrissen sie selbst ihre Aufstellung, wandten sich um und flüchteten sich nach oben. Einzig Titus blieb mit wenigen seiner Leute auf dem Berg zurück, und seine Freunde, die aus Furcht vor dem Feldherrn, ohne auf die Gefahr zu achten, bei ihm geblieben waren, suchten ihn eindringlichst zu bereden, er solle doch vor den Juden, die sich dem Tod geweiht hätten, zurückweichen und sich nicht Gefahren aussetzen für Leute, die seinethalben hätten die Stellung halten müssen; und er solle doch daran denken, wie ihn das Glück bislang begünstigt habe, und nicht den Platz eines einfachen Soldaten auszufüllen suchen, wo ihm doch die Leitung des Krieges und die Beherrschung des Erdkreises obliege; es sei nicht zu verantworten, daß er sich in eine solche Gefahr begebe, da ja von ihm alles abhänge. Aber er schien kein Ohr zu haben für diese Vorstellung, denn er stellte sich den Juden, die gegen ihn bergauf eilten, entgegen und erschlug im Nahkampf, wer an ihn herankam, warf sich dann gegen die dichtgescharte Menge und konnte sie den Berg hinunterjagen. Die Juden waren wie vor den Kopf gestoßen ob dieser tapferen Gegenwehr, flüchteten sich aber jetzt nicht in die Stadt, sondern umgingen den Titus auf beiden Seiten und hefteten sich an jene, die sich weiter nach oben abzusetzen suchten. Nun aber stieß er in ihre Flanke, um sie so am Weiterstürmen zu hindern. Währenddessen aber ergriff jene Römer, die oben beim

Schanzen waren, die Furcht, als sie sahen, wie die Sicherungstruppen unten kopflos in großen Scharen flohen, und die ganze Legion fiel auseinander, schien doch der Ausfall der Juden nicht aufgehalten werden zu können. Auch glaubte man, Titus selbst sei außer Gefahr, da doch sonst, solange er seinen Platz behauptete, niemand zu fliehen wagte. Und wie es bei einer Panik zu geschehen pflegt, stürzten sie nach allen Richtungen auseinander, bis einige den Feldherrn sichteten, wie er mitten im Kampf um sich schlug. Und da überkam sie die Furcht, es könnte ihm etwas passieren, und sie verkündeten es laut der ganzen Legion, in welcher Gefahr er sich befand. Nun war es die Scham, die die Wendung herbeiführte: Sie riefen einander Schmähungen zu, daß es noch über die Schande einer Flucht gehe, wenn man den Caesar im Stich lasse; und mit aller Kraft gingen sie nun gegen die Juden vor, und sobald es ihnen gelang, sie einmal den Hang hinunterzutreiben, da jagten sie auch schon alle miteinander talwärts. Die Juden aber gingen nur schrittweise unter heftiger Gegenwehr zurück, doch die Römer, im Vorteil ihrer Höhenstellung, konnten sie schließlich alle in den Abgrund drängen. Titus aber teilte heftige Schläge aus gegen jene, die ihn selbst umringten. Dann gab er Befehl, daß sich die Legion wieder zum Schanzen begeben solle, wogegen er selbst mit den gleichen Leuten wie vorher die Deckung bildete und die Feinde in Distanz zu halten suchte. Um die Wahrheit zu sagen und ohne aus Verehrung etwas zu übertreiben oder aus Neid etwas zu verringern: Der Caesar selbst war es gewesen, der zweimal die ganze Legion vor dem sicheren Untergang rettete und so dafür sorgte, daß sie ohne Furcht ihr Lager aufschlagen konnte.

3. KAPITEL

1. Nun, da der Kampf beim Stadttor an Heftigkeit nachließ, kam es im Innern der Stadt aufs neue zum Streit. Es nahte sich nämlich der Tag der ungesäuerten Brote, der 14. Tag des Monats Xanthikos, an dem die Juden das Andenken an den Beginn der Be-

freiung von den Ägyptern begehen. Eleazar und seine Leute ließen nun die Tore etwas öffnen, um die Angehörigen ihres Volkes zur Teilnahme an der Gottesverehrung hereinzulassen. Johannes aber benützte das Fest als Deckmantel für einen Überfall. Er steckte nämlich den weniger bekannten Leuten aus seiner Umgebung heimlich Waffen zu und brachte sie, wiewohl die meisten sich nicht im Zustand der Reinheit befanden, mit äußerster Vorsicht mitten unter den anderen Festgästen herein, damit sie den Tempel zunächst in ihre Hand bekämen. Sobald sie sich im Innern befanden, warfen sie ihre Obergewänder weg, und mit einem Schlag waren aus ihnen Schwerbewaffnete geworden. Sogleich kam es beim Tempel zu einem großen Tumult und zu einem furchtbaren Lärm, denn soweit das Volk nicht an der Rebellion beteiligt war, war es der Meinung, der Angriff gelte allen in gleicher Weise, während sich die Zeloten darüber im klaren waren, daß sie allein damit gemeint waren. Deshalb blieben sie nicht länger auf Wache an den Toren, sondern sie sprangen von der Mauerkrone herab, und noch ehe es zu einem Nahkampf kommen konnte, waren sie in den unterirdischen Gelassen des Tempels verschwunden. Die Leute aus dem Volk, die zum Fest gekommen waren, warfen sich am Altar nieder und befanden sich dicht gedrängt beim Tempel; sie wurden niedergetrampelt, und erbarmungslos wurde mit Holzprügeln und Schwertern auf sie eingeschlagen. So wurden zahlreiche friedliche Leute von ihren Gegnern aus Privatrache und persönlicher Gehässigkeit niedergeschlagen, als seien sie Gegner des Aufstandes. Hatte einer einmal früher mit einem der Rebellen einen Zusammenstoß gehabt und wurde jetzt wiedererkannt, dann wurde er wie ein Zelot zur Folterung weggebracht. Und während so völlig unschuldige Leute viel Ungemach hinzunehmen hatten, wurde den tatsächlich Schuldigen eine Waffenruhe zugestanden, und jene, die aus den unterirdischen Gängen wieder herauskamen, wurden weiter nicht behelligt. Nun, da sie auch das Innere des Tempelbereichs samt allen Vorräten darin in Händen hatten, versetzte sie Simon nicht mehr in Furcht. Die Rebellion, die bislang aus drei Richtungen bestand, vereinigte sich jetzt auf deren zwei.

2. Titus hatte sich nun in den Kopf gesetzt, das Lager vom Skopus weg an die Stadt heranzuverlegen, weshalb er aus Reitern und Fußsoldaten eine Kampfgruppe bildete, die ihm ausreichend schien. Sie benützte er als Deckung gegen etwaige Ausfälle der Juden, während er dem restlichen Heer auftrug, den Zwischenraum bis zur Stadtmauer hin einzuebnen. Jede Verzäunung, jede Steinmauer, wie sie die Einwohner um ihre Gärten und Staudenpflanzungen angelegt hatten, wurde niedergelegt, jeder Obstbaum dazwischen ausgehauen, und die Wannen und Vertiefungen wurden ausgefüllt. Und sogar die hervorstehenden Felsen gingen die Römer mit ihren Eisenwerkzeugen an, so daß das ganze Gelände vom Skopus bis zu den Grabmälern des Herodes hin nahe beim sogenannten Schlangenweiher abgetragen wurde.

3. Es war etwa in diesen Tagen, daß die Juden folgende List gegen die Römer ins Werk setzten: Die kühnsten Rebellen kamen über die sogenannten Frauentürme aus der Stadt heraus und stellten sich, als hätten die Anhänger des Friedens sie mit Gewalt vertrieben und als hätten sie nun vor den Römern Angst, weshalb sie sich dicht zusammenscharten und aneinanderdrängten. Andere jedoch, die sich als Anhänger der Friedenspartei gaben, waren mittlerweile da und dort auf der Mauer aufgetaucht und riefen nach einem Friedensschluß, verlangten, man solle einen Vertrag schließen, und machten sich den Römern laut vernehmbar. Auch versprachen sie, die Tore zu öffnen. Und indem sie so schrien, schleuderten sie Steine auf ihre eigenen Leute, so als wollten sie diese von den Toren verjagen. Jene aber, die schon außerhalb der Mauer waren, stellten sich, als wollten sie unbedingt wieder in die Stadt hinein, um ihre Volksgenossen drinnen mit Bitten zu bewegen. Unablässig eilten sie auf die Römer zu, um gleich wieder umzukehren, und so schien es, als hätten sie jede Fassung verloren. Diese List verfing tatsächlich bei den Leuten des Titus, die schon einen Teil der Juden zur Bestrafung in ihrer Gewalt wähnten und hofften, die anderen würden ihnen die Tore öffnen. Und schon wollten sie entsprechende Maßnahmen treffen. Dem Titus jedoch kam diese unerwartete Zugänglichkeit verdächtig vor, hatte er

doch soeben am Vortag durch Josephus die Juden zu einem Übereinkommen aufgefordert, was die Juden zurückwiesen, ohne das geringste Anzeichen einer maßvollen Haltung. Er befahl also den Soldaten, ihren augenblicklichen Platz nicht zu verlassen; doch hatten einige, die ganz vorne beim Schanzen waren, seinen Befehl nicht abgewartet, sondern hatten die Waffen genommen und eilten zu den Toren. Zuerst wichen die nur scheinbar aus der Stadt Hinausgestoßenen etwas zurück, sowie sich aber die Römer zwischen den Tortürmen befanden, stoben sie auseinander, bildeten einen Kreis und fielen sie von hinten an. Die Juden auf der Mauer oben warfen eine Menge von Steinen und sonstigen Geschossen herab, so daß viele den Tod fanden und die Mehrzahl Wunden empfing. Denn einerseits war es wegen der von hinten her andrängenden Juden nicht gut möglich, aus dem Mauerbereich zu entweichen, andererseits aber schämten sie sich wegen ihres Versagens und hatten Angst vor den Heerführern, so daß ihnen nichts blieb, als in ihrer üblen Lage zu verharren. Und erst nachdem es zum Einsatz zahlreicher Speere gekommen war und nachdem sie den Juden viele Wunden beigebracht hatten, die diese allerdings in gleicher Menge heimzahlten, konnten sie die Umzingelung durchbrechen. Aber die Juden ließen während ihres Rückzuges bis zu den Grabmälern hin nicht von ihnen ab und hörten nicht auf, sie mit Geschossen einzudecken.

4. Dann aber leisteten sich die Juden einen gemeinen Frevel wider das Schicksal, indem sie die Römer verspotteten, da sie sich von ihnen hatten täuschen lassen. Sie reckten ihre Schilde empor, führten einen wilden Tanz auf und schrien laut vor Freude. Die römischen Soldaten jedoch wurden von ihren Centurionen mit Drohungen empfangen, und der Caesar war voll Zorn gegen sie und sprach: »Die Juden, die sich einzig von der Tollkühnheit leiten ließen, tun alles mit Vorsicht und Bedacht. Sie legen Hinterhalte und arbeiten mit List, und ihre Heimtücke hat auch Erfolg, weil sie gehorsam sind und einander beistehen und weil sie sich aufeinander verlassen können. Die Römer jedoch, denen ob ihrer Disziplin und ob ihres zuchtvollen Verhaltens gegenüber den militärischen Füh-

rern auch ständig das Kriegsglück treu blieb, tun zur Zeit das Gegenteil und müssen deshalb Schläge einstecken wegen ihres disziplinlosen Kampfeseifers, und was das Unerhörteste ist, sie kämpfen in Gegenwart des Caesars ohne Feldherrn! Ja«, so sprach er, »da müssen sich die Gesetze der Kriegskunst allerhand gefallen lassen, und erst mein Vater, wenn er von diesem Verfahren hört, wo er doch, obgleich er bis in sein hohes Alter im Kampf steht, noch nie eine derartige Niederlage erlitten hat! Stets sind es die Gesetze selbst, die schon ein geringfügiges Abweichen von der Norm ihrer militärischen Vorschriften mit dem Tode bestrafen, und diesmal mußten sie sogar Zeuge sein, wie eine ganze Armee sich außerhalb dieser Norm stellte. Aber die selbstgefälligen Eiferer werden es bald zu spüren bekommen, daß bei den Römern auch ein Sieg ohne Auftrag nur Schande einbringt.« Diese deutlichen Worte in Gegenwart der militärischen Führer gaben zu erkennen, daß Titus jedem gegenüber die Kriegsgesetze in Anwendung bringen werde. Und jene, die es betraf, gaben sich schon verloren, als würden sie alsbald gerechterweise hingerichtet werden. Die Legionen aber scharten sich eng um Titus und baten für ihre Kameraden und bestürmten ihn, er möge die Kopflosigkeit von einigen wenigen durch die hervorragende Disziplin aller anderen aufgewogen sein lassen. Was jetzt schlecht gemacht worden sei, werde künftig durch tapferes Handeln wieder ausgeglichen.

5. Wegen dieser Bitten und aus Erwägungen der Zweckmäßigkeit erklärte sich der Caesar einverstanden, war er doch der Auffassung, man müsse zwar eine Strafe, die über einen einzelnen verhängt werde, auch tatsächlich vollziehen, während bei einem Versagen einer solchen Menge Drohungen genügen müßten. So übte er denn Nachsicht, ermahnte seine Soldaten jedoch mit allem Nachdruck, in der gleichen Lage künftig den Kopf nicht zu verlieren. Er selbst jedoch sann nach einem Mittel, wie sich die hinterhältigen Operationen der Juden vermeiden ließen.

Es dauerte vier Tage, bis das Geländestück bis zu den Mauern hin eingeebnet war; und nun gab Titus, der den Troß und die übrigen

Heereseinheiten ungefährdet zur Stadt heranbringen wollte, den Befehl, daß sich die stärksten Abteilungen seiner Heeresmacht gen Norden und gen Westen in Richtung gegen die Stadt aufstellen sollten. Die Schlachtreihe sollte sieben Linien tief sein mit den Fußsoldaten vorn und den Reitern hinten, jedesmal in drei Reihen gestaffelt, während die siebte Reihe die Bogenschützen zwischen den beiden anderen Formationen bilden sollten. Diese gedrängte Aufstellung machte etwaige Ausfälle der Juden unmöglich, und so konnten die Zugführer der drei Legionen samt dem dazugehörigen Bedienungspersonal ungefährdet ihres Weges ziehen. Titus selbst schlug sein Lager in einem Abstand von ca. zwei Stadien von der Mauer, und zwar an der Ecke gegenüber dem sogenannten Psephinosturm, wo die Mauer aus der nördlichen Richtung in die westliche abbiegt. Das übrige Heer schuf sich beim sogenannten Hippikosturm eine Umwallung, auch zwei Stadien abseits der Stadt. Die 10. Legion blieb am Ölberg, wo sie gelegen hatte.

4. KAPITEL

1. Die Mauern bildeten die Befestigung der Stadt, soweit sie nicht unpassierbare Abgründe umgaben; an diesen Stellen reichte eine einzige Ringmauer. Jerusalem lag auf zwei gegenüberliegenden Hügeln, die durch eine Schlucht getrennt waren, an der die sonst sehr dichte Bebauung unterbrochen war. Von den Bodenerhebungen ist jene, die die Oberstadt trägt, die weitaus höhere, und sie erstreckt sich auch der Länge nach geradliniger. König David, der Vater Salomos, der erstmals den Tempel erbaut hatte, bezeichnete sie als ›Burgfeste‹, während wir vom ›oberen Markt‹ sprechen. Die andere Erhebung heißt ›Akra‹; auf ihr liegt die Unterstadt, und sie bildet auf beiden Seiten einen Bogen. Ihr gegenüber gab es eine dritte Erhebung, weniger hoch als die Akra und in früheren Zeiten durch eine breite Schlucht davon getrennt. Die Hasmonäer haben später, als sie an der Regierung waren, diese Schlucht aufgefüllt, weil sie eine Verbindung zwischen der Stadt und dem Tempel schaf-

fen wollten, und sie trugen auch den oberen Teil der Akra ab, daß das Heiligtum höher zu stehen kam. Die Schlucht jedoch heißt das ›Käsemachertal‹ und, wie wir schon sagten, sie bildete die Trennungslinie zwischen dem Berg mit der Oberstadt und dem anderen mit der Unterstadt und zieht sich hin bis zum ›Siloah‹, womit eine süße, wasserreiche Quelle bezeichnet wird. Die beiden Erhebungen, die die Stadt trugen, waren von tiefen Abgründen umringt, und weil beiderseits das Terrain steil abfiel, war die Stadt allseits ohne Zugang.

2. Von den drei Mauern war die alte wegen der Abgründe des Berges, der sich darüber türmte und auf dem sie angelegt war, kaum zu nehmen. Sie verfügte nicht nur über den Vorzug ihrer natürlichen Lage, sondern sie war auch stark gebaut, weil David und Salomo und die nachfolgenden Könige den Ausbau der Mauer als ihre Ehrensache angesehen hatten. Diese Mauer nahm ihren Anfang beim Hippikosturm im Norden und zog sich hin bis zum Xystos, um dann das Rathaus zu erreichen und an der Säulenhalle im Westen des Tempels zu enden. Drüben auf der Westseite erstreckte sie sich vom nämlichen Ausgangspunkt über das sogenannte Gebiet von Bethso bis zum Tor der Essener, bog dann südwärts um und zog sich über dem Teich Siloah weiter, bildete dann ostwärts eine Längsfront in Richtung auf den ›Teich des Salomo‹, erstreckte sich schließlich weiter bis zum sogenannten Ophel und erreichte dann die Säulenhalle im Osten des Tempels. Die zweite Mauer begann an einem Tor in der ersten Mauer, dem sogenannten Gennath-Tor, und sie legte sich nur um den Norden der Stadt bis hin zur Antonia. Die dritte Mauer begann wieder beim Hippikosturm und führte dann in nördlicher Richtung zum Psephinosturm, dann gegenüber den Denkmälern der Helena – der Königin von Adiabene und der Tochter des Königs Izates – weiter durch die Königshöhlen, umlief dann den Eckturm beim sogenannten ›Tuchmachermonument‹ und erreichte dann die alte Mauer, um schließlich im Kidrontal zu enden. Diese Mauer hatte Agrippa um die völlig unbewehrte neue Stadt gelegt; die Stadt war nämlich zu klein geworden für die Größe ihrer Bevölkerung, und so war sie mit

der Zeit über die Mauern hinausgewachsen. Und der Teil im Norden des Tempels unmittelbar am Tempelberg wurde in die Stadt einbezogen. Diese Ausweitung hatte aber zur Folge, daß auch noch eine vierte Erhebung gänzlich mit Häusern bebaut wurde; sie heißt Bezetha und liegt gegenüber der Antonia, von der sie jedoch durch einen tiefen künstlichen Graben geschieden ist. Der Graben wurde notwendigerweise angelegt, damit nicht die unteren Gebäudeteile der Antonia unmittelbar mit dieser Bodenerhebung zusammenhingen, so daß man leicht zu ihnen gelangen konnte und das Ganze zu wenig Höhe hatte, während die Tiefe des Grabens die Türme stark heraustreten ließ. Dieser neue Stadtteil wurde von den Bewohnern Bezetha genannt, was im Griechischen etwa ›Neustadt‹ bedeutet. Als aber der Vater des gegenwärtigen Königs, der gleichfalls Agrippa hieß, feststellte, daß die Leute, die hier wohnten, eine Schutzwehr brauchten, da begann er, die erwähnte Mauer zu errichten. Aus Angst jedoch, Kaiser Claudius könnte im Hinblick auf die Größe dieses Werkes vermuten, daß es ihnen um eine Revolution oder um einen Aufstand gehe, stand er von dem Vorhaben wieder ab, als gerade die Grundmauern fertiggestellt waren. Tatsächlich wäre die Stadt niemals einzunehmen gewesen, wenn der Mauerbau nach diesem Plan weitergeführt worden wäre. Das Fundament war nämlich aus Quadern von 20 Ellen Länge und 10 Ellen Breite in einer solchen Stärke in sich verbunden, daß es weder mit Eisenwerkzeugen hätte untergraben noch durch Belagerungsmaschinen hätte ins Wanken gebracht werden können. Auch die eigentliche Mauer war 10 Ellen breit, und sie wäre natürlich noch höher geworden, wäre der Ehrgeiz des Bauherrn nicht abgebremst worden. Allerdings wurde sie dann später von den Juden mit einem gewaltigen Arbeitsaufwand doch noch errichtet, und zwar bis zu einer Höhe von 20 Ellen; dazu kamen noch zwei Ellen hohe Laufgänge und Zinnen mit drei Ellen Höhe, so daß sich im ganzen eine Höhe von 25 Ellen errechnete.

3. Die Mauer wurde von Türmen überragt, deren jeder 20 Ellen breit und 20 Ellen hoch war; sie waren viereckig und in Massivbauweise errichtet genau wie die Mauer selbst. Die Steine waren

so sorgfältig geschichtet und so schön gestaltet, daß sie denen des Tempels nichts nachgaben. In 20 Ellen Höhe über dem Sockel der Türme waren prachtvolle Wohnungen eingebaut, und nach oben folgten noch Oberräume und Zisternen, um das Regenwasser aufzunehmen. In jedem Turm war eine breite Wendeltreppe. Die dritte Mauer wies 90 solche Türme auf, die jeweils 200 Ellen voneinander entfernt waren, die mittlere Mauer 14, die alte 60 Türme. Der Umfang der Stadt betrug im ganzen 33 Stadien. Die dritte Mauer war also überhaupt ein Wunderwerk, doch noch mehr konnte man über den Psephinosturm in der nordwestlichen Ecke staunen, bei dem ganz nahe Titus sein Lager aufgeschlagen hatte. Er hatte eine Höhe von 70 Ellen, und wenn die Sonne aufging, konnte man von ihm aus bis Arabien sehen und bis zum Meer hin, d. h. bis zu den fernsten Grenzen des Landes, das den Hebräern gehörte. Der Turm bildete ein Oktogon, und König Herodes hatte ihm gegenüber den Hippikosturm erbauen lassen und in dessen nächster Nähe noch zwei weitere Türme in der alten Mauer. Es gab auf der Welt keinen Turm, so groß, so schön und von solcher Stärke. Der König, der von Natur aus hochherzig und ehrgeizig war, was die Ausstattung Jerusalems anbetraf, wollte sich mit diesen Wunderbauten auch noch in seiner leidenschaftlichen Art seinen Liebsten gefällig erweisen und benannte sie deshalb nach den drei Menschen, denen er am meisten zugetan war, nämlich nach seinem Bruder, seinem Freund und seiner Frau. Diese hatte er freilich, wie wir bereits wissen, aus Liebe ermordet, die anderen hatte er nach tapferem Kampf im Krieg verloren. Nach seinem Freund war der Hippikosturm benannt, ein viereckiger Bau je 25 Ellen breit und tief, 30 Ellen hoch und durch und durch massiv angelegt. Über diesem Massivbau aus Felsgestein war eine Zisterne von 20 Ellen Tiefe angebracht, die das Regenwasser auffangen sollte, und darauf türmte sich noch eine Wohnanlage mit zwei Dächern, 25 Ellen hoch, mit verschieden ausgestatteten Wohnräumen. Überragt wurde das Ganze noch rundum von zwei Ellen hohen Türmchen, auf denen sich wieder drei Ellen hohe Zinnen befanden, so daß eine Gesamthöhe von 80 Ellen erreicht wurde. Der zweite Turm war von Herodes nach seinem Bruder Phasael benannt und hatte einen quadratischen Grundriß von 40 Ellen Seitenlänge; der massive Unterbau maß ebenfalls 40 Ellen. Darüber zog sich ein Säulengang von 10 Ellen Höhe rings um die vier Seiten, durch Schilde und Mauervorsprünge abgedeckt. Mitten in diesem Säulengang war ein weiterer Turm errichtet mit prachtvollen Zimmern, ja sogar mit einem Bad, womit das Abbild eines Königspalastes gegeben war. Oben zogen sich ringsherum Zinnen und kleinere Türme. Etwa 90 Ellen war dieser Turm hoch, und er ähnelte dem Leuchtturm auf der Insel Pharos, der den in Richtung Alexandrien segelnden Schiffen sein Licht sendet; an Umfang war er freilich bedeutend größer. Gegenwärtig hatte der Tyrann Simon darin seinen Befehlsstand aufgeschlagen. Der dritte Turm hieß nach der Königin »Mariamne«, und war bis zu einer Höhe von 20 Ellen massiv gebaut; das gleiche Kantenmaß wies auch sein quadratischer Grundriß auf. Die oben eingebaute Wohnung war noch herrlicher ausgestattet als die Wohnräume in den beiden anderen Türmen, war es doch die Ansicht des Königs, daß der Turm, der den Namen einer Frau trug, mehr Zierat aufweisen müsse als die nach Männern benannten Türme, wogegen diese wiederum stärker gebaut waren als der Frauenturm. Dieser hatte eine Höhe von insgesamt 55 Ellen.

4. Diese drei Riesentürme erschienen wegen ihrer Lage noch viel höher. Die alte Mauer nämlich, in die sie eingefügt waren, befand sich selbst hoch oben auf einer Bodenerhebung und stieg darüber noch zu einer Höhe von 30 Ellen an wie ein Kamm von ansehnlicher Höhe. Und darüber stiegen nochmals die Türme an, die auf diese Weise noch sehr viel höher wirkten. Auch die verwendeten Quader waren von staunenswerten Ausmaßen; es waren nämlich nicht die üblichen Feldsteine oder Felsbrocken, wie sie ein Mensch noch schleppen kann, sondern es handelte sich um weißen Marmor, der zugehauen war. Jedes Stück war 20 Ellen lang, 10 Ellen breit und 5 Ellen hoch; dazu waren sie so dicht aneinandergereiht, daß jeder Turm aussah wie ein einziger sich auftürmender Naturstein, den erst hinterher die Steinmetzen poliert haben konnten, so daß er Ecken und Kanten bekam; so unmöglich war es auch,

irgendwo die Mörtelfugen festzustellen. Die Türme auf der Nordseite gingen nach Süden in den Königspalast über, für dessen Pracht keine Worte ausreichen. Denn die verwendeten Baustoffe und die Art, wie sie bearbeitet waren, hatten nicht ihresgleichen. Ringsum war er durch eine Mauer von 30 Ellen Höhe befestigt, an der in gleichem Abstand zur Zierde Türme angebracht waren; außerdem verfügte er über riesige Säle und Gasträume mit 100 Betten. Die Herrlichkeit des Mosaiks im Innern läßt sich mit Worten nicht schildern, da von überallher viel seltenes Gestein zusammengeholt ward, und prachtvoll waren auch die Decken anzusehen mit ihren langen Balken und dem wundervollen Zierat. Es gab eine Menge von Gemächern, die in unendlicher Vielfalt ausgestattet und mit allem möglichen Hausrat versehen waren. Zumeist waren es Arbeiten aus Silber und Gold, die sich in jedem Raum befanden. Außen waren ringsum Säulenhallen angeordnet, die miteinander verbunden waren und deren jede wieder andere Säulen aufwies. Die Innenhöfe lagen unter freiem Himmel und waren über und über mit Grün bewachsen; ja sogar die verschiedensten Baumgruppen standen hier, und lange Wege zum Lustwandeln zogen sich hindurch, begleitet von tiefen Kanälen, denen durch eherne Rohre allenthalben reichlich Wasser zufloß; und die Wasser waren umsäumt von vielen Türmen, in denen zahme Tauben nisteten. Aber Worte reichen nicht aus, um den Königspalast der Wahrheit gemäß zu schildern, und die Erinnerung an ihn bringt nur Schmerzen, da sie das ungeheure Ausmaß des von den Banditen verursachten Brandes ins Bewußtsein bringt. Denn nicht die Römer waren es, die das Bauwerk in Schutt und Asche legten, sondern, wie wir schon hörten, die verbrecherischen Elemente aus dem eigenen Volk damals beim Beginn des Aufstandes; das Feuer begann in der Antonia und griff dann auf den Königspalast über, um sich schließlich über die Dächer der drei Türme auszuweiten.

5. KAPITEL

1. Wohl war der Tempel, wie gesagt, auf einer starken Anhöhe erbaut, aber diese bot in ihrem oberen Teil anfänglich kaum eine ausreichende Grundlage für den Tempel und den Altar, da sie von steil abfallenden Schluchten umgeben war. König Salomo jedoch, der den Tempel erstmals erbaute, befestigte den östlichen Teil durch eine Mauer, und auf dem aufgeschütteten Gelände wurde zunächst eine einzige Halle errichtet. Nach den anderen Seiten hin gab es noch keinen Schutz für den Tempel. Aber in der Folgezeit führten die Leute immer mehr Erdreich heran, so daß die Anhöhe ein ebenes Plateau erhielt und breiter wurde. Auch wurde die nördliche Mauer wieder abgetragen, wodurch man so viel Gelände hinzugewann, wie es später von der Hauptmauer um den Tempel umfaßt wurde. Zuerst errichtete man am Unterteil der Anhöhe auf drei Seiten Stützmauern, ein über Erwarten großartiges Werk. Das nahm natürlich viel Zeit in Anspruch und verschlang alle heiligen Schätze, die aus den Beiträgen stammten, die der bewohnte Erdkreis für Gott leistete. Das nächste war eine Mauer um die oberen Höfe und um den Sockel des Heiligtums. Diese Ringmauer maß an der niedrigsten Stelle der Grundfeste eine Höhe von 300 Ellen, verschiedentlich aber war sie noch höher. Die Tiefe der Grundmauern konnte man freilich gar nicht feststellen, da die Abgründe ringsum zumeist aufgefüllt worden waren, damit es möglich wurde, die schmalen Wege zur Stadt in einer Ebene verlaufen zu lassen. Die Stützmauern bestanden aus Felsbrocken im Ausmaß von 40 Ellen. Die ungeheuren Gelder, die zur Verfügung standen, und der Ehrgeiz des Volkes ließen ein unvorstellbares Werk entstehen, und obgleich kein Ende dieses Unternehmens abzusehen war, wurde es doch durch die Beharrlichkeit seiner Schöpfer im Laufe der Zeit zu einem Abschluß gebracht.

2. Auf diesem gewaltigen Untergrund erhoben sich aber auch die entsprechenden Bauten. Alle Säulenhallen wiesen doppelte Säulenreihen auf, und das Dach lag jeweils auf 25 Ellen hohen Monolithen aus glänzend weißem Marmor, und den Abschluß bildeten

Decken aus Zedernholz. Obgleich diese Säulenhallen außen nicht etwa bemalt oder durch Plastiken geschmückt waren, gaben doch der wundervolle Baustoff, die kunstvolle Arbeit und die Wohlproportioniertheit einen köstlichen Anblick. Die Kolonnaden waren 30 Ellen breit, ihre Gesamtlänge betrug sechs Stadien, die Antonia mitgerechnet. Der unbedachte Innenhof hatte ein buntes Mosaikpflaster, und wenn man dieses zum ›zweiten Heiligtum‹ hin überquerte, so stieß man zunächst auf eine Steinpalisade, von der es umgeben war, drei Ellen hoch und wieder eine ausgezeichnete Arbeit. In regelmäßigen Abständen waren darauf Steintafeln angebracht, auf denen in griechischer wie in lateinischer Schrift das Gesetz verkündet ward, das die Heiligkeit des Ortes gewährleisten sollte, daß nämlich kein Angehöriger eines anderen Volkes das Innere des Heiligtums betreten dürfe; denn dieses zweite Heiligtum hieß ›das Heilige‹. Auf vierzehn Stufen gelangte man vom ersten Heiligtum heraus, und oben fand man ein Viereck vor, um das sich eine eigene Mauer schloß. Diese maß außen in der Höhe 40 Ellen, wurde aber durch die Stufen dem Blick entzogen; auf der Innenseite betrug die Höhe 25 Ellen. Weil das Plateau des Innenhofs nach einem höher gelegenen Geländestück ausgerichtet war, sah man die Mauer von innen nicht in der ganzen Höhe, sie verschwand vielmehr unten in der Anhöhe. Nach den 14 Stufen waren es noch 10 Ellen bis zur Mauer, und hier erstreckte sich ein vollkommen ebenes Plateau, von dem aus eine weitere Treppenanlage auf fünf Stufen zu den Toren emporführte, deren es im Norden und Süden je vier, also im ganzen acht gab. Im Osten befanden sich aus Zweckmäßigkeitsgründen zwei Tore. In dieser Himmelsrichtung war nämlich für die Frauen ein besonderer Kultraum abgetrennt, der noch ein zweites Tor, gerade gegenüber dem ersten in der Mauer, erforderlich machte. Auch aus den anderen Himmelsrichtungen, vom Süden her und vom Norden, eröffnete je ein Tor den Zugang in den Frauenhof. Die Frauen durften nämlich die anderen Tore nicht benützen, es war ihnen sogar verwehrt, bei ihrem Tor über die Scheidewand hinauszugehen; denn dieser Vorhof war wirklich dazu bestimmt, den ansässigen wie den fremden jüdischen

Frauen gleichermaßen als Kultraum zu dienen. An seiner westlichen Seite gab es kein Tor, die Mauer war hier durchgehend gebaut. Die Säulenhallen zwischen den Toranlagen innerhalb der Mauern bis vor die Schatzkammern hin wurden von schönen großen Säulen getragen, und zwar in einer Reihe; sie entsprachen, wenn man von der Größe absieht, ganz und gar den Säulen unter dem unteren Plateau.

3. Von den Toren waren neun mit Gold und Silber beschlagen, und zwar auch die Pfosten und die oberen Querbalken; außen am Tempel befand sich jedoch eines, das aus korinthischem Erz gefertigt war und viel wertvoller war als jene zwei mit Silber und Gold beschlagenen. Jede Toranlage hatte zwei Flügel, jeder 30 Ellen hoch und 15 Ellen breit. Diese Toranlagen erweiterten sich aber auf der Innenseite des Eingangs: beiderseits befanden sich nämlich turmartige Hallenbauten, je 30 Ellen breit und lang und über 40 Ellen hoch und beide von zwei Säulen getragen mit einem Umfang von 12 Ellen. Die Tore waren im übrigen gleich groß, nur das eine, das jenseits des korinthischen Eingangs lag, war noch erheblich größer; es war nämlich vom Hof der Frauen aus zu betreten, auf der Ostseite gegenüber dem Eingangstor des Tempels. Es erhob sich zu einer Höhe von 50 Ellen, außerdem waren die Türen 40 Ellen hoch und außerordentlich kostbar ausgestattet, nämlich mit recht starken Silber- und Goldauflagen. Alexander, des Tiberius Vater, hatte die neun Tore in dieser Weise schmieden lassen. Von der Zwischenmauer des Frauenhofes stieg man auf 15 Stufen zu diesem größeren Tor hinauf; ihre Steighöhe war nämlich geringer als die der fünf Stufen der anderen Tore.

4. Der Tempel selbst lag in der Mitte des Ganzen; er war das eigentliche Heiligtum, das man auf 12 Stufen erreichte. Seine Fassade war ebenso hoch wie breit, nämlich je 100 Ellen, dahinter war das Gebäude um 40 Ellen schmaler, da der Vorderbau beiderseits flügelförmig je 20 Ellen darüber hinausragte. Das erste Tor des Tempels maß in der Höhe 70 Ellen, in der Breite 25; Türflügel hatte es nicht. Das sollte symbolisieren, daß der Himmel wohl verborgen, jedoch nicht verschlossen sei. Die gesamte Vorderfront war

mit Gold überzogen. Sah man durch die Tür, dann erblickte man den ersten Saal von außen in seiner gewaltigen Größe, und dem Auge bot sich des weiteren der Anblick der goldstrotzenden Umfassung des Innentors. Der Tempel wies nämlich innen zwei Stockwerke auf, und einzig der Vorraum war in seiner ganzen Höhe zu sehen, nämlich 90 Ellen hoch, 50 lang und 20 breit. Das Tor, welches in den Raum führt, war, wie gesagt, über und über mit Gold bezogen, ebenso auch die ganze Wand, in die es sich fügte. Darüber waren auch die goldenen Weinstöcke angebracht, von denen mannshohe Trauben herunterhingen. Weil also der Tempel zweigeschossig war, wirkte er innen weniger hoch als außen. Er hatte goldene Türflügel, 55 Ellen hoch und 16 Ellen breit; und vor diesen war ein Vorhang von der gleichen Länge angebracht, eine babylonische Webarbeit mit buntem Muster, nämlich aus blauem und scharlachfarbenem Woll- und Leinenzeug, sowie aus Purpur, ein wahres Wunderwerk; und die Mischung war nicht etwa willkürlich vorgenommen, sondern sie sollte irgendwie das All symbolisieren. Die Scharlachfarbe sollte nämlich auf rätselhafte Weise das Feuer andeuten, das weiße Linnen die Erde, das Blaue die Luft und der Purpur das Meer. Der Vergleich beruhte dabei zweimal auf der Farbe, beim weißen Leinen jedoch und beim Purpur auf der Entstehung, da jenes aus der Erde kommt, während letzterer aus dem Meer gewonnen wird. In das Gewebe war die Gesamtansicht des Firmaments eingewirkt mit Ausnahme des Tierkreises.

5. Ging man nach innen, dann empfing einen das Untergeschoß des Tempels. Es war je 60 Ellen hoch und lang, 20 Ellen breit. Die Länge war wieder aufgeteilt: im vorderen Saal, der 40 Ellen maß, standen jene drei besonders herrlichen und bei allen Menschen hochgepriesenen Arbeiten, nämlich Leuchter, Tisch und Rauchaltar. Die sieben Lampen symbolisierten die Planeten, in solcher Zahl verzweigten sie sich nämlich aus dem Sockel des Leuchters; die zwölf Brote auf dem Tisch deuteten den Tierkreis an und das Jahr. Der Rauchaltar war von dreizehn Arten von Räucherwerk gänzlich zugedeckt; diese kamen teils vom Meer, teils von der unbewohnten, teils von der bewohnten Erde und sollten Gott als Ur-

sprung und Ziel aller Dinge symbolisieren. Der am weitesten innen befindliche Raum in einer Größe von 20 Ellen war gleichfalls durch einen Vorraum nach außen abgetrennt, und er war vollkommen leer; niemand durfte seinen Fuß hineinsetzen, niemand durfte mit der Hand daran rühren oder auch nur hineinschauen. Man nannte ihn das ›Allerheiligste‹. An den Seiten des Untergeschosses befanden sich zahlreiche dreigeschossige miteinander verbundene Räumlichkeiten, die beiderseits vom Tor aus betreten werden konnten. Das Obergeschoß jedoch wies keine solchen Einzelräume auf und war deshalb schmaler. Über das Untergeschoß erhob es sich noch um 40 Ellen, und es war weniger prunkvoll als dieses. Addiert man diese Höhe zu den 60 Ellen des Untergeschosses, dann kommt man auf eine Gesamthöhe von 100 Ellen.

6. Das Äußere des Tempels wies alles auf, was Herz und Augen staunen läßt. Denn über und über war der Tempel mit dikken Goldplatten umhüllt, und wenn die Sonne aufging, dann gab er einen Glanz wie Feuer von sich, so daß der Beschauer, auch wenn er absichtlich hinsah, sein Auge wie vor den Strahlen der Sonne abwandte. Tatsächlich hatten die Fremden, die sich Jerusalem näherten, den Eindruck eines Schneegipfels; denn wo er des Goldes entbehrte, da war er leuchtend weiß. Ganz oben auf dem Dach waren zugespitzte goldene Stangen angebracht, damit sich dort kein Vogel einnistete und das Dach verunreinigte. Die beim Tempelbau verwendeten Steine waren zum Teil 45 Ellen lang bei einer Höhe von fünf und einer Breite von sechs Ellen. Vor dem Tempelgebäude befand sich der Altar mit der Höhe von 15 Ellen und der Breite und Länge von je 50 Ellen, ein quadratisches Gebilde, dessen Ecken wie Hörner aufwärtsgerichtet waren. Von Süden her zog sich den sanften Abhang zu ihm ein Weg hinauf. Der Altar wurde ohne jede Zutat von Eisen errichtet, und auch später kam er niemals mit Eisen in Berührung. Um den Tempel und den Altar war eine schöne Schranke gelegt aus wundervollem Gestein, etwa eine Elle hoch, die die Priester von dem außerhalb befindlichen Volk schied. Wer an Samenfluß oder Aussatz litt, durfte sogar die Stadt grundsätzlich nicht betreten. Der Zutritt zum Hei-

ligtum war Frauen verwehrt, die gerade menstruierten; auch nach ihrer Reinigung durften sie nicht über die vorerwähnte Schranke hinausgehen. Männer, die nicht ganz und gar den Vorschriften der Heiligung entsprachen, durften den inneren Hof nicht betreten; das gleiche galt von jenen Priestern, die eben eine Reinigung vornahmen.

7. Männer priesterlichen Geschlechts, die sich wegen einer körperlichen Verstümmelung an der liturgischen Handlung nicht beteiligen konnten, durften zusammen mit den körperlich Vollkommenen innerhalb der Schranken hereintreten und bekamen auch den Opferanteil, wie er ihnen kraft ihrer Herkunft zustand; doch durften sie nur die private Kleidung tragen, da es nur jenen Priestern erlaubt war, heilige Gewänder anzuziehen, die unmittelbar am Opferdienst mitwirkten. Zum Opferaltar und zum eigentlichen Tempel begaben sich nur die körperlich unversehrten Priester, und zwar in weißes Linnen gehüllt. Aus Achtung vor ihrem heiligen Dienst verzichteten sie auf den Genuß von ungemischtem Wein, bevor sie kultische Handlungen verrichteten; denn sie wollten dabei jeglichen Fehler vermeiden. Auch der Hohepriester begab sich mit ihnen nach oben, freilich nicht jedesmal, sondern am Sabbat und wenn Neumond war, auch dann, wenn eines der alten Feste gefeiert wurde oder wenn eine festliche Zusammenkunft des ganzen Volkes abgehalten wurde, wie es dem jahreszeitlichen Gebrauch entsprach. Wenn der Hohepriester eine gottesdienstliche Handlung verrichtete, dann umhüllte er seine Oberschenkel bis zur Scham mittels eines Lendentuchs. Darunter hatte er ein Unterkleid aus Linnen, darüber ein violettes, bis zu den Füßen reichendes Obergewand, dessen Ränder in Fransen ausliefen, die wiederum teils mit goldenen Glöckchen, teils mit Granaten behängt waren. Die Glöckchen symbolisierten den Donner, die Granaten den Blitz. Das Obergewand wurde durch ein Band an der Brust festgehalten, das fünf Streifen aus verschiedenen Farben und schönen Schmuck aufwies, nämlich Gold, Purpur, Scharlach, weißes Linnen und Violett, also jene Farben, aus denen, wie gesagt, die Tempelvorhänge gewebt waren. Die gleichen bunten Bestandteile zeigte auch der Schulter-

umhang des Hohenpriesters, nur daß bei ihm noch mehr Gold angebracht war. Er glich nämlich äußerlich einem Panzerhemd, das festgehalten war durch zwei Schildspangen aus Gold, die wiederum besetzt waren mit herrlichen großen Sardonyxsteinen. Darauf waren die Namen jener Männer eingraviert, nach denen die einzelnen Stämme des Volkes benannt waren. Vorn befanden sich in vier Reihen zu je drei Steinen zwölf weitere Steine, nämlich ein Karneol, ein Topas und ein Smaragd, ferner ein Karfunkel, ein Jaspis und ein Saphir, dann ein Achat, ein Amethyst und ein Ligurer, und schließlich ein Onyx, ein Beryll und ein Chrysolith, und jeder trug wieder einen Stammesnamen. Auf dem Kopf hatte der Hohepriester einen Bund aus Byssos, den violette Streifen umzogen; er wiederum war umgeben von einem weiteren Goldkranz, dem die heiligen Lettern aufgeprägt waren, nämlich die vier Vokale. Allerdings war das nicht die gewöhnliche Gewandung des Hohenpriesters, er kleidete sich vielmehr auch schlichter, vor allem, wenn er sich in das Allerheiligste begab. Dies aber geschah nur ein einzigesmal während des Jahres, und niemand durfte ihn dabei begleiten; das war an dem Tag, an welchem sich alle Gott zu Ehren der Speise enthielten. Über Stadt und Tempel, über das Brauchtum und die Gesetze wollen wir uns noch eingehender äußern; denn hierüber läßt sich außerordentlich viel sagen.

8. Die Feste Antonia lag an der Ecke, wo zwei Säulenhallen des ersten Vorgebäudes, nämlich jenes im Westen und jenes im Norden, zusammenstießen. Auf einem Felsen von 50 Ellen Höhe war sie errichtet, der überall von Steilabstürzen umgeben war. König Herodes hatte sie erbauen lassen als besonderes Dokument seines ihm von Natur aus eigenen Stolzes. Denn fürs erste war der natürliche Fels von unten herauf mit polierten Steinplatten belegt, der ästhetischen Wirkung halber, aber auch um jeden ausgleiten zu lassen, der daran den Aufstieg oder den Abstieg wagte. Sodann war direkt vor dem Festungsbau eine Mauer von drei Ellen Höhe angebracht, hinter der das Gesamtbauwerk der Antonia 40 Ellen in die Höhe ragte. Innen glich alles einem Palast samt der Einrichtung. Es fanden sich nämlich Räumlichkeiten jeder Art und auch

jeglichen Zweckes: Da gab es einen überdachten Gang, Bäder und weite Hofräume, um den Soldaten als Biwak zu dienen. Wer etwa genau nachsah, ob auch alles da war, was zum Leben notwendig ist, dem kam die Antonia wie eine Stadt vor, während sie ihre herrliche Ausstattung als Palast erscheinen ließ. Das Ganze freilich sah aus wie eine Burg, in deren Ecken wiederum vier Türme angebracht waren, drei mit 50 Ellen Höhe, jener in der südöstlichen Ecke jedoch 70 Ellen hoch, so daß man von ihm aus einen Rundblick über das gesamte Tempelgebiet hatte. Wo aber die Antonia eine Verbindung mit den Säulengängen des Tempelhofs hatte, dort konnten die Wachen auf Stufen zu den zwei Hallen hinuntergelangen. Die Feste war nämlich ständig von einer römischen Kohorte besetzt, und die einzelnen Soldaten mußten sich an Festtagen in voller Rüstung über die Säulengänge verteilen und das Volk bewachen, um jegliche Aufstandsbewegung unmöglich zu machen. Der Tempel ragte als eine Burg über die Stadt, die Antonia aber erhob sich noch über den Tempel, und die Truppen, die dort lagen, hatten die Stadt, den Tempel und die Antonia zu bewachen. Die obere Stadt besaß ihr eigenes Bollwerk im Königsschloß des Herodes. Wie schon erwähnt, war die Bezethahöhe von der Antonia geschieden. Das war nämlich die höchste Erhebung von allen, und sie war mit der Neustadt teilweise verbunden, und einzig sie überragte den Tempel im Norden. Das soll nun für den Augenblick genügen; denn ich will ja über die Stadt und ihre Befestigungsanlagen in anderem Zusammenhang noch genauer berichten.

6. KAPITEL

1. Die Masse der Rebellen in Jerusalem, die sich um Simon geschart hatten, belief sich auf 10 000 Mann, ausgenommen die Idumäer, und sie unterstand 50 Befehlshabern, denen Simon als Oberherr gebot. Die Idumäer auf seiner Seite verfügten über zehn Befehlshaber mit 5000 Mann. Als die führenden Persönlichkeiten un-

ter ihnen sah man Jakobus an, den Sohn des Sosas, und Simon, den Sohn des Kathla. Johannes, der den Tempel in seine Gewalt gebracht hatte, war Herr über 6000 Schwerbewaffnete mit 20 Unterführern. Zu ihm gesellten sich seinerzeit auch die Zeloten, die jetzt keine eigene Gruppe mehr darstellten. Es handelte sich dabei um 2400 Mann, die wie schon früher von Eleazar und Simon, dem Sohn des Arinos, geführt wurden. Diese zwei Richtungen standen, wie gesagt, miteinander in Streit, und das Volk gab dabei den Kampfpreis ab, und jene Bürger, die sich nicht mitschuldig machen wollten an den Ungerechtigkeiten, wurden von beiden ausgeraubt. Simon war Herr der oberen Stadt und der großen Mauer bis zum Kidron, ferner jenes Teils der alten Mauer, der sich am Teich Siloah nach Osten wendete bis an den Punkt, wo sie sich in den Hof des Monobazos hinabzog. Monobazos gebot als König über das Land Adiabene jenseits des Euphrat. Simon hatte außerdem noch die Quelle in seiner Hand und von der Akra, also der Unterstadt, das Gebiet bis zum Palast der Helena hin, der Mutter des Monobazos, während Johannes das Tempelgebiet und einen großen Teil ringsum beherrschte, den Ophel und die sogenannte Kidronschlucht. Was zwischen ihnen lag, hatten sie niedergebrannt und als Gelände für ihre kriegerische Auseinandersetzung benützt. Denn nicht einmal, als die Römer direkt vor den Mauern ihr Lager hatten, fand innerhalb derselben der Streit ein Ende, sondern schon gleich, nachdem der erste Ausfall eine andere Haltung verursacht hatte, war diese Krankheit wieder zum Ausbruch gekommen; d. h. die beiden Gegner gebärdeten sich feindselig gegeneinander und taten in jeder Hinsicht genau das, was im Interesse der Belagerer gelegen war. Es war wirklich so, daß weder sie selbst von den Römern Schlimmeres erfuhren, als was sie einander zumuteten, noch der Stadt ein Übel zustieß, das ihr etwa nach der Auseinandersetzung dieser Gegner noch neu gewesen wäre; nein, schon vor ihrem Untergang hatte sie allerhand Leid durchzumachen, und jene, die sie schließlich zu Fall brachten, taten dabei noch eher ein gutes Werk an ihr. Ich möchte nämlich sagen, daß die Stadt dem inneren Zwist zum Opfer fiel, während die Römer es waren, die diesen inneren Zwist beendeten, der viel hartnäckiger war als die Mauern. Und man könnte wohl für das düstere Verhängnis die eigenen Bewohner verantwortlich machen, das Handeln der Römer jedoch als eine gerechte Tat bezeichnen. Doch mag jeder darüber denken, wie es ihm die Tatsachen nahelegen.

2. So also stand es im Innern von Jerusalem, und derweilen wählte Titus draußen vor der Stadt einige Reiter aus und ritt rundherum, um den Punkt zu finden, von wo aus sich die Mauer erstürmen ließ. Nirgends wollte es ihm recht passen, da man dort, wo sich die Schluchten um die Stadt zogen, nicht herankonnte, während andererseits der erste Mauerring für die Belagerungsmaschinen zu stark erschien. So entschloß man sich denn, beim Grabmal des Hohenpriesters Johannes den Angriff zu wagen. Hier war nämlich die erste Mauer nicht so hoch, und die zweite war nicht mit ihr verbunden, da man es für unnötig gehalten hatte, die Neustadt ob ihrer geringen Bevölkerungszahl in die Befestigung miteinzubeziehen. Dazu kam, daß man hier leicht zur dritten Mauer gelangen konnte, und Titus beabsichtigte, sie zu durchbrechen und über die Antonia den Tempelbereich zu erobern. Beim Ritt um die Mauern erlitt Nikanor, einer seiner Freunde, an der linken Schulter eine Pfeilwunde, da er mit Josephus der Mauer zu nahe gekommen war; er hatte nämlich den Versuch gemacht, mit den Juden auf der Mauer, die ihn kannten, wegen eines Friedensschlusses ins Gespräch zu kommen. Der Caesar konnte daraus ersehen, von welcher Leidenschaft die Juden beseelt waren, wenn sie sich nicht einmal enthalten konnten, Boten, die zu ihrem Besten herankamen, zu attakkieren. Daraufhin war er so erbittert, daß er sich entschloß, die Belagerung aufzunehmen. Augenblicklich überließ er den Legionen das ganze Gebiet vor der Stadt zur Verwüstung und gab Befehl, Holz zusammenzutragen und Wälle aufzuschütten. Zu diesem Zweck teilte er das Heer in drei Gruppen: In die Mitte zwischen den Wällen postierte er die Wurfschützen und die Bogenschützen und vor diesen die Scharfschützen, die Katapulte und Steinschleudergeräte, um etwaige Ausfälle der Juden gegen die Belagerungsvorbereitungen unmöglich zu machen, und ebenso, um dagegen ein-

zugreifen, wenn die Feinde versuchten, diese von der Mauer aus zu stören. Durch das Fällen der Bäume wurde das Gelände vor der Stadt schnell abgeholzt; aber indes die Römer das Holz für die Wälle zusammentrugen und das gesamte Heer vollauf beschäftigt war, wurde auch bei den Juden einiges unternommen. Dieser Umstand hatte wiederum zur Folge, daß das Volk inmitten von Raub und Mord wieder Mut schöpfen konnte. Da nämlich seine Bedrükker mit den Feinden draußen zu tun hatten, schien es, als könne man aufatmen und von den Schuldigen Rechenschaft fordern, wenn sich die Römer durchsetzen könnten.

3. Obgleich Johannes von seinen Leuten bestürmt wurde, gegen die Feinde draußen etwas zu unternehmen, wich er doch nicht aus seiner Stellung aus Furcht vor Simon. Dieser jedoch sah keineswegs tatenlos zu, befand er sich doch viel näher an den Belagerern; er ließ die von Cestius eroberten Wurfmaschinen und jene, die man damals den Verteidigern der Antonia abgenommen hatte, in gewissen Abständen auf der Mauer in Stellung bringen. Allerdings nützten diese Maschinen der Mehrzahl der Soldaten nichts, da sie nicht in der Lage waren, sie zu bedienen. Einige jedoch waren darüber von Überläufern unterrichtet worden und konnten recht und schlecht damit umgehen. Jedenfalls ließ man einen Stein- und Pfeilhagel auf die vor der Mauer arbeitenden Pioniere niedergehen, auch fanden Ausfallsversuche kleiner Abteilungen statt, die sich dann in Gefechte mit den Römern verwickelten. Diese wiederum benützten bei ihrer Tätigkeit Geflechte, die sie über entsprechende Gestelle hängten, um gegen die Geschosse Schutz zu finden; gegen die Ausfälle der Juden aber boten sie ihre Wurfmaschinen auf. Alle Legionen verfügten über außerordentlich kunstvolle Kriegsmaschinen, voran die 10. Legion; sie hatten noch wirksamere Scharfschußvorrichtungen und noch gewaltigere Steinschleudern, so daß man damit nicht nur die Ausfälle bekämpfen, sondern auch den Juden auf der Mauer beikommen konnte. Es wurden Steine im Gewicht von einem Talent geschleudert, die dann ein oder zwei oder noch mehr Stadien weit flogen und nicht nur in den vorderen Reihen der Gegner, sondern auch viel weiter hinten allerhand

Schaden anrichteten. Anfänglich konnten sich die Juden vor den abgeschleuderten Felsbrocken schützen, da diese weiß waren und deshalb nicht nur das Rauschen des Wurfes, sondern auch der weiße Schimmer des Geschosses das Nahen ankündigte. Deshalb gaben die Beobachtungsposten auf den Türmen schon vorher ein Zeichen, wenn es zu einem Abschuß kam und der Stein seinen Flug begann. In ihrer heimischen Mundart riefen sie dann: »Achtung, der Sohn kommt!« Und jene, denen der Schuß zugedacht war, verteilten sich dann und ließen sich niederfallen, und wenn sie so in Deckung gingen, konnte es sein, daß der Fels wirkungslos seinen Weg zwischen ihnen hindurch nahm. Die Römer dachten sich nun als Gegenmittel aus, die Steine mit schwarzer Farbe zu versehen, und nun konnte man diese nicht mehr wie zuvor erspähen, so daß sie ihr Ziel erreichten und schon ein einziger Schuß zahlreiche Opfer forderte. Doch trotz dieser Verluste verzichteten die Juden nicht darauf, die Römer bei ihrer Schanzarbeit zu stören, sondern sie boten ihre ganze Überlegung und ihre ganze Kühnheit auf, um ihnen bei Tag und bei Nacht zuzusetzen.

4. Nach Abschluß der Pionierarbeiten stellten die technischen Truppen den Abstand zur Mauer fest, indem sie eine Bleikugel an einer Schnur festbanden und sie von den Wällen aus zur Mauer warfen, das war die einzige Möglichkeit wegen des Beschusses von oben. Es war nun klar, daß die Mauerbrecher den Abstand bewältigen konnten, und so brachte man sie herbei. Dazu zog Titus auch die Wurfmaschinen noch etwas näher heran, daß die Gegner nicht von der Mauer aus den Rammböcken Schwierigkeiten machen könnten; und nun gab er das Kommando, mit dem Rammen zu beginnen. Als nun mit einem Schlag aus drei Richtungen her ein ungeheures Getöse durch die Stadt hallte, da begannen die Bewohner zu schreien, und auch die Rebellen wurden von der gleichen Panik erfaßt. Jetzt war es endlich soweit, daß die zwei feindlichen Gruppen in der Stadt die gemeinsame Gefahr wahrnahmen und folglich auch an eine gemeinsame Verteidigung dachten. Laut schrien sie einander zu, sie handelten nur im Interesse des Feindes, wo sie doch, selbst wenn ihnen Gott nicht für immer die Eintracht gewähre,

wenigstens jetzt ihren inneren Hader verschieben und gemeinsam gegen die Römer kämpfen müßten. Simon verkündete Straffreiheit für jene, die aus dem Tempel zur Mauer kommen wollten, und Johannes gab seine Zustimmung, wiewohl nicht ganz ohne Bedenken. So ließen die Gegner dann ihren Haß und ihren Hader vergessen sein und bildeten auf diese Weise einen einzigen Organismus. Sie postierten sich im Kreis auf der Mauer und bewarfen von dort aus die Belagerungsmaschinen mit einer Masse von Feuerbränden und nahmen ohne Unterlaß die Bedienungsmannschaften unter Beschuß, die diese Maschinen an der Mauer zum Einsatz bringen mußten. Jene, die besonders kühn waren, bildeten kleine Gruppen, drangen vorwärts, rissen das Schutzgeflecht von den Maschinen und warfen sich auf die Mannschaften, so daß sie weniger durch ihre Kriegskunst als durch ihre Tollkühnheit zum Erfolg kamen. Jedesmal, wenn es Schwierigkeiten gab, griff Titus selbst helfend ein und postierte beiderseits der Maschinen seine Reiter und seine Bogenschützen, so daß er die Juden, die mit ihren Feuerbränden herandrängten, abwehren, den Beschuß von oben behindern und die Maschinen einsatzbereit halten konnte. Aber die Mauer wankte nicht unter den Stößen. Einzig der Widder der 15. Legion hatte die Ecke eines Turms lockern können, freilich ohne die Mauer zu beschädigen, die durch die Erschütterung des Turmes nicht gefährdet war, denn dieser war ziemlich weit vorgebaut und konnte deshalb kaum einen Teil der Mauer in Mitleidenschaft ziehen.

5. Daraufhin verzichteten die Juden für kurze Zeit auf ihre Ausfälle, behielten aber die Römer scharf im Auge, die nunmehr meinten, die Juden hätten sich aus Angst oder Erschöpfung zurückgezogen, weshalb sie sich bei den Belagerungswerken wie im Lagergelände zerstreuten. Aber die Juden machten nun beim Hippikosturm durch ein getarntes Tor einen Ausfall, und jeder brachte Feuer an die Maschinen heran; und es war ihre Absicht, bis zu den Verschanzungen der Römer zu gelangen. Auf ihr Kampfgeschrei hin formierten sich die Römer in der Nähe schnell zu einer Kampfeinheit, und wer sich weiter weg befand, eilte herbei. Die Tollkühnheit der Juden war jedoch der römischen Disziplin überlegen;

sie konnten die Mannschaften, auf die sie zuerst stießen, zum Weichen bringen und wandten sich nun gegen jene, die noch zusammeneilten. Es wurde furchtbar um die Belagerungsmaschinen gekämpft; die Juden setzten alles daran, sie anzuzünden, und die Römer strengten sich genauso an, dies unmöglich zu machen. Hüben wie drüben war das Geschrei so heftig, daß kein Befehl mehr zu hören war, und es gab unter den Vorkämpfern zahlreiche Verluste. Die Juden in ihrer blinden Leidenschaft setzten sich durch, schon ergriff das Feuer die Belagerungsvorrichtungen, und es wäre auch alles, selbst die Kriegsmaschinen, ein Raub der Flammen geworden, hätte nicht der größte Teil der Elitetruppen aus Alexandria die Abwehr übernommen und sich dabei noch tapferer geschlagen, als es bei ihnen ohnehin zu erwarten stand. Diesmal nämlich überragten sie sogar die noch berühmteren Einheiten. Das ging so lange, bis der Caesar die stärksten Reiter heranzog und sich mit ihnen auf die Feinde warf. Mit eigener Hand schlug er zwölf Gegner der ersten Reihe nieder, und darüber waren die übrigen so verdutzt, daß sie zurückwichen. Titus setzte ihnen nach, jagte sie in die Stadt, und so konnten die Belagerungswerke vor dem Feuer gerettet werden. Dabei kam es auch zur Gefangennahme eines Juden, und Titus ließ ihn vor der Mauer kreuzigen, hoffte er doch, dieser Anblick werde die anderen so demoralisieren, daß sie kapitulierten. Nach dem Zurückweichen der Juden geschah es auch, daß Johannes, der Befehlshaber der Idumäer, als er gerade mit einem Soldaten, den er kannte, vor der Mauer sprach, von einem Araber mit einem Pfeil tödlich in die Brust getroffen wurde. Die Idumäer waren darüber sehr betroffen, und den Rebellen bedeutete sein Tod einen empfindlichen Verlust; denn in Rat und Tat hatte sich Johannes immer besonders hervorgetan.

7. KAPITEL

1. Es folgte nun eine Nacht, in der auch die Römer von einer unerwarteten Angst befallen wurden. Titus hatte ja drei Türme

von je 50 Ellen Höhe errichten lassen, um auf jedem Wall einen von ihnen aufzustellen, damit er von ihnen aus die Gegner vor der Mauer verjagen könne. Nun aber geschah es, daß einer dieser Türme mitten in der Nacht von selbst zusammenstürzte. Das gab ein fürchterliches Getöse; das Heer geriet in Schrecken, glaubte es doch an einen feindlichen Angriff, und alle stürzten zu den Waffen. Bei den Legionen kam es zu einer Panik, und Lärm erscholl, und weil niemand die eigentliche Ursache feststellen konnte, liefen sie in ihrer Verlegenheit wirr durcheinander; und da auch kein Feind sichtbar wurde, steckten sie einander in ihrer Verwirrung an und jeder verlangte vom Nächststehenden die Parole, gerade als wären die Juden schon ins Lager eingedrungen. Es war, wie wenn sich ein panischer Schrecken verbreitet, bis Titus erfuhr, was sich eigentlich zugetragen hatte, und es allen sagen ließ. Aber auch dann noch konnte die Ruhe kaum hergestellt werden.

2. Die Juden hatten sehr unter dem Einsatz der Türme zu leiden, so sehr sie alle anderen Angriffe auszuhalten vermochten. Von den Türmen aus wurden sie nämlich auch mit den leichteren Maschinen unter Beschuß genommen, weiterhin auch noch von den Speer- und Bogenschützen und von den Steinschleuderern. Da diese sich nun weit oben befanden, konnte man sie nicht erreichen, zumal es unmöglich war, den Türmen selbst beizukommen; denn man konnte sie weder wegen ihres Gewichts leicht zum Einsturz bringen, noch konnte man Feuer an sie legen, da sie mit Eisen beschlagen waren. Die Juden mußten also den Geschossen auszuweichen suchen und konnten so nichts mehr gegen die Stöße der Widder unternehmen, die jetzt ungeheuerlich arbeiteten und mit jedem Schlag ein kleines Stück weiterkamen. Schon wollte die Mauer dem ›Nikon‹ nachgeben. Die Juden selbst hatten diesen Namen für den größten Mauerbrecher der Römer aufgebracht, da dieser sich allen Widerständen gegenüber als siegreich erwies. Längst schon waren sie auch durch die Kämpfe ermattet und durch die Wachen, die sie zwangen, in weitem Abstand vor der Stadt zu nächtigen. Außerdem war die Mehrzahl aus Unbekümmertheit und wegen ihrer Neigung, die Dinge nur oberflächlich zu betrachten, der Ansicht, die Mauer sei

unnötig, da ja dahinter noch zwei weitere standen; und so gaben sie ihrer Ermattung nach und zogen sich zurück. Der ›Nikon‹ aber hatte schließlich doch eine Einbruchstelle geschaffen, und als die Römer nun durch sie hineinstürmten, wichen alle Juden von ihren Plätzen und gingen zur zweiten Mauer zurück. Die Römer aber, die die Mauer durchbrochen hatten, öffneten jetzt die Tore, und das ganze Heer konnte hereinströmen. So nahmen die Römer die erste Mauer am 15. Tag der Belagerung, dem 7. Tag des Monats Artemisios; einen großen Teil davon legten sie gleich nieder, ebenso die Stadtteile im Norden, die schon zuvor dem Cestius zum Opfer gefallen waren.

3. Titus verlegte nun das Lager in den Stadtteil, der das ›Assyrerlager‹ heißt, und ließ das ganze Zwischenstück bis zum Kidron besetzen; von der zweiten Mauer jedoch hielt er so viel Abstand, daß ihn Geschosse nicht erreichen konnten. Sofort aber begann er mit dem Angriff. Die Juden, die sich in gewissen Abständen postiert hatten, setzten alles an die Verteidigung der Mauer. Jetzt kämpften die Leute des Simon von der Antonia und von der Halle im Norden des Tempels aus, schließlich auch am Grabmal ihres Königs Alexander. Die Abteilungen des Simon jedoch nahmen die Abwehr bei der Einbruchstelle am Grab des Hohenpriesters Johannes auf und errichteten Verschanzungen bis zu dem Tor hin, durch das die Wasserleitung zum Hippikosturm führte. Oft machten die Juden an den Toren Ausfallversuche, um sich dann im Nahkampf mit den Römern zu messen. Wenn sie jedoch zurückweichen mußten, dann setzten sie den Kampf von der Mauer aus fort. Im Nahkampf zogen sie den kürzeren, weil es ihnen an der Spezialausbildung der Römer fehlte; bei der Mauer jedoch kämpften sie mit mehr Erfolg. Die Römer schöpften ihre Zuversicht nicht nur aus ihrer zahlenmäßigen Überlegenheit, sondern vor allem aus ihrer Erfahrung, die Juden dagegen waren im Vorteil durch ihren tollkühnen Wagemut, den ihnen die Angst einflößte, und durch ihre natürliche Bereitschaft, mit dem Unglück fertig zu werden. Außerdem glaubten die Juden immer noch an Rettung, die Römer jedoch setzten ihre ganze Hoffnung auf einen schnellen Sieg. Weder hier noch dort

zeigte sich eine Ermattung, sondern den ganzen Tag über währten die Sturmangriffe, die Kämpfe bei der Mauer und die ständigen Ausfallversuche kleiner Einheiten; auf keine Form des Kampfes wurde verzichtet. Die Nacht bedeutete kaum mehr eine Pause, da man schon frühmorgens wieder begann. Den Gegnern war kein Schlaf gegönnt, und die Nacht war schließlich noch unangenehmer als der Tag, bei den Juden deshalb, weil man sich ängstlich überlegte, wie lange es noch dauern würde, bis die Mauer genommen werde, bei den Römern, weil das Lager ständig von einem jüdischen Angriff bedroht war. So mußten beide Gegner nachts unter Waffen bleiben und schon beim ersten Sonnenstrahl wieder gefechtsbereit sein. Unter den Juden kam es zum Streit, da sich jeder zuerst der Gefahr aussetzen wollte, um so die Anerkennung der Offiziere zu finden. Am meisten Scheu und Furcht hatte man vor Simon; denn jeder fühlte sich ihm in solchem Maße verpflichtet, daß er sich auf seinen Befehl auch das Leben genommen hätte. Die Römer jedoch fühlten sich deshalb zur Tapferkeit verpflichtet, weil sie gewohnt waren, immer zu siegen und nie den kürzeren zu ziehen, außerdem wegen ihres unablässigen Kriegsdienstes, ihres ununterbrochenen Exerzierens und wegen der Größe ihres Reiches, namentlich jedoch wegen Titus, der ständig allenthalben hilfreich zur Stelle war. Sich vor den Augen des mitkämpfenden Caesars schwach zu zeigen, galt ihnen als eine entsetzliche Schande, und wenn man tapfer kämpfte, dann war der, von dem man eine Auszeichnung zu erwarten hatte, in eigener Person Zeuge. Es galt schon als ein Gewinn, wenn der Caesar einen als einen wackeren Streiter sehen konnte, und so konnte man beobachten, wie sich viele vor lauter Einsatzbereitschaft noch über ihre Kräfte hinaus anstrengten. Als beispielsweise in jenen Tagen die Juden vor der Mauer in großer Zahl zum Kampf angetreten waren und die beiden Kampfgruppen noch von weitem ihre Speere warfen, da sprengte einer aus der Reiterei, Longinus mit Namen, aus der römischen Schlachtreihe heraus und mitten in die Aufstellung der Juden hinein, die sich durch dieses Überraschungsmanöver auseinanderjagen ließen. Die beiden tüchtigsten Juden konnte er töten, den einem mit einem Stoß ins Gesicht, als dieser sich dem Gegner zu stellen versuchte, den anderen, indem er ihn von der Seite durchbohrte, als dieser eben im Begriffe war, auszuweichen; und er tat es mit der gleichen Lanze, die er aus dem anderen herausgezogen hatte. Und mitten aus dem feindlichen Haufen gelangte er unverwundet wieder zu den Seinen zurück. Das war allerdings eine außerordentliche Tapferkeit, aber vielen war es doch ein Ansporn, es ihm hierin gleichzutun. Mochten die Juden noch so viele Schläge einstecken, so war doch auch ihnen nur daran gelegen, den Feinden Schwierigkeiten zu machen, und der Tod dünkte sie eine Leichtigkeit, wenn er sie ereilte, nachdem sie einen Gegner unschädlich gemacht hatten. Für Titus jedoch spielte die Sicherheit seiner Leute keine geringere Rolle als die Erringung militärischer Vorteile. Ein Angriff ohne vorsichtige Planung war in seinen Augen eine Tollkühnheit, und als Tapferkeit galt es ihm nur, wenn die eingesetzten Soldaten vorsichtig und mit entsprechendem Schutz zu Werke gingen; deshalb gab er den Befehl, sich tapfer zu erweisen, gleichwohl jedoch jede Lebensgefahr zu vermeiden.

4. Den Mauerbrecher ließ er dann selbst an den Turm in der Mitte der nördlichen Mauer heranschaffen; dort hatte sich nämlich ein jüdischer Gaukler namens Kastor verschanzt, die anderen hatten aber vor den Bogenschützen die Flucht ergriffen. Diese wiederum verhielten sich anfangs still und duckten sich hinter ihre Palisaden; als aber der Turm ins Wanken kam, sprangen sie heraus, und Kastor streckte die Hand aus wie ein Schutzflehender und rief den Caesar an und bat mit wehleidiger Stimme um Nachsicht. Titus schenkte ihm ohne jeden Verdacht Glauben und hoffte, nun würden auch die anderen Juden ihren Sinn ändern. Deshalb ließ er die Arbeit des Mauerbrechers einstellen und ebenso auch den Beschuß der Kapitulierenden; dann hieß er den Kastor sein Anliegen vorbringen. Dieser nun sagte, er wolle herabkommen, wenn ihm freies Geleit zugesichert würde; Titus aber entgegnete, er freue sich genauso wie er über dieses Zeichen des guten Willens und er freue sich auch, wenn sich alle seiner Einstellung anschlössen, und er sei dann bereit, der Stadt eine entsprechende Zusicherung zu geben. Von den

zehn folgten fünf dem Kastor in seiner gespielten Unterwürfigkeit, während die anderen laut verkündeten, sie würden nie den Römern als Knechte dienen, solange sie noch in der Lage waren, in Freiheit den Tod zu wählen. Und indem sie sich ihrem Streit widmeten, wurde der Angriff hinausgeschoben. Kastor aber ließ dem Simon kundtun, er solle ganz ruhig die nächsten Maßnahmen überlegen, indes er selbst noch eine Zeitlang den Römerfeldherrn hinhalten wolle. Und zugleich, während er den Boten abschickte, rief er so, daß es alle sehen konnten, auch die widerstrebenden Kameraden zur Kapitulation auf. Diese jedoch waren aufgebracht über eine derartige Forderung, und der Reihe nach zogen sie ihre Schwerter und hielten sie hoch über die Palisaden, stießen damit gegen ihren Panzer und ließen sich wie zu Tode getroffen zu Boden sinken. Da waren Titus und die Leute um ihn sehr erstaunt über das entschiedene Handeln dieser Männer, und es ergriff sie förmlich eine gewisse Ehrfurcht vor ihnen wegen ihrer Tapferkeit, und Mitleid überkam sie ob ihres Geschickes, hatten sie doch von unten aus nicht richtig sehen können, was in Wirklichkeit vor sich gegangen war. Auf einmal traf einer den Kastor neben der Nase, und dieser entfernte gleich das Geschoß, hielt es dem Titus hin und beklagte sich ob dieses Unrechts. Der Caesar tadelte den Soldaten, der den Schuß abgegeben hatte, und versuchte, den Josephus, der dabei stand, hinzuschicken, daß er dem Kastor die Rechte biete. Josephus aber weigerte sich mit der Begründung, die Schutzflehenden beabsichtigten etwas Schlimmes, und er gab sich Mühe, auch einige Freunde zurückzuhalten, die hingehen wollten. Ein Mann namens Aeneas jedoch, der zu ihnen übergelaufen war, zeigte sich dazu bereit. Und als Kastor rief, es solle einer das Geld in Empfang nehmen, das er mit sich führe, da beeilte sich Aeneas noch mehr und er breitete schon sein Obergewand aus. Nun aber nahm Kastor einen Felsbrocken und schleuderte ihn auf Aeneas hinab, konnte ihn zwar nicht treffen, weil er vorsichtig gewesen war, brachte aber einem anderen Soldaten, der auch noch mitgefolgt war, eine Wunde bei. Jetzt war sich der Caesar klar, daß er einer Täuschung zum Opfer gefallen war, und jetzt wußte er, daß im Krieg kein Erbarmen am Platze sei, weil man durch starrsinnige Unerbittlichkeit noch den geringsten Schaden von der Tücke des Feindes zu gewärtigen habe. Empört über diesen Hohn gab Titus Weisung, den Rammbock nunmehr in verstärktem Maße einzusetzen. Als dann der Turm ins Wanken kam, legten Kastor und seine Leute Feuer an ihn und sprangen durch den Brand in den verborgenen Raum unter dem Turm. Auf diese Weise gaben sie den Römern wiederum Anlaß, ihre Tollkühnheit zu bewundern; denn für die Römer sah es so aus, als hätten sie sich selbst in die Flammen gestürzt.

8. KAPITEL

1. An diesem Platz konnte der Caesar die zweite Mauer fünf Tage nach der Einnahme der ersten Mauer einnehmen; und als die Juden vor ihm zurückgewichen waren, begab er sich mit 1000 Schwerbewaffneten und mit der Elite, die seine persönliche Garde bildete, dort hinein, wo auch die Buden der Wollhändler, der Schmiede und der Kleiderhändler der Neustadt waren und wo sich die engen Gassen seitlich zur Mauer hin erstreckten. Wenn er nun augenblicklich den Großteil der Mauer niedergelegt hätte oder wenn er entsprechend dem Gesetz des Krieges, nun da er in die Stadt hineingekommen war, den eroberten Teil zerstört hätte, dann wäre, glaube ich, dieser Erfolg ohne jeden Schaden für ihn abgegangen. Titus aber war der Hoffnung, er werde die Juden beschämen, wenn er auf ein solches Vorgehen verzichtete, obgleich es in seiner Hand gelegen hätte; und so versäumte er es, die Einbruchstelle hinlänglich zu verbreitern, daß er sich ohne Schwierigkeiten wieder zurückziehen konnte. Er wollte es ja nicht glauben, daß jene ihn attackieren würden, denen er sich eben entgegenkommend zeigte. Kaum war er nämlich eingezogen, da untersagte er es sofort, Gefangene zu töten und Häuser einzuäschern. Ja, er versprach den Rebellen, falls sie, ohne die Zivilbevölkerung in Mitleidenschaft zu ziehen, draußen den Kampf fortsetzen wollten, freien Abzug, dem Volk jedoch die Rettung seiner Habe. Er war ja

außerordentlich daran interessiert, daß ihm die Stadt und der Tempel für die Stadt erhalten bleibe. So hatte sich Titus wohl das Volk geneigt gemacht, seine längst gemachten Vorschläge anzunehmen; die Kriegstreiber aber legten diese Menschlichkeit als Schwäche aus und bildeten sich ein, Titus sei jetzt zu geschwächt, um den Rest der Stadt zu erobern, und versuche es deshalb mit einem derartigen Angebot. Sie drohten den Bürgern mit Hinrichtung, wenn einer auch nur daran denke, zu kapitulieren, und jene, die das Wort Frieden in den Mund nahmen, schlugen sie auf der Stelle nieder. Und als nun die Römer in die Stadt eindrangen, stürzten sie sich gleich auf sie; ein Teil eilte die Gassen hinunter, um sich ihnen zu stellen, ein anderer Teil führte den Kampf von den Häusern aus, wieder andere stießen durch die oberen Tore in das Gelände außerhalb der Mauer vor, so daß die Wachsoldaten an der Mauer ohne jede Überlegung von den Türmen heruntersprangen und sich ins Lager zurückwandten. Ungeheuer war der Lärm auf der Innenseite der Mauer dort, wo die Römer überraschend von den Feinden umringt waren, und auch außerhalb, wo man das Übelste befürchten mußte für jene, die man sich selbst hatte überlassen müssen. Die Zahl der Juden wuchs ständig an, und weil sie durch ihre Ortskundigkeit in den engen Gassen im Vorteil waren, konnten sie den Römern hart zusetzen, sich auf sie werfen und sie bedrängen. So mußten sich die Römer in der Mehrzahl wohl oder übel zur Wehr setzen, denn bei dem dichten Gedränge konnte niemand durch die schmale Bresche an der Mauer den Ausweg finden. Tatsächlich wären wohl alle, die durch die Mauerlücke eingedrungen waren, den Juden zum Opfer gefallen, hätte nicht Titus helfend eingegriffen. Rasch postierte er die Bogenschützen jeweils dort, wo die Gassen endeten, begab sich in das dichteste Getümmel und schoß so, daß die Gegner zurückweichen mußten; unterstützt wurde er dabei von Domitius Sabinus, einem hervorragenden Soldaten, der sich auch diesmal aufs tapferste schlug. Ohne Unterlaß entsandte der Caesar seine Pfeile, und die Juden konnten so nicht mehr herankommen; und er hielt so lange durch, bis allen seinen Männern der Rückzug gelungen war.

2. So wurden die Römer, nachdem sie schon die zweite Mauer in der Hand hatten, wieder hinausgejagt, und die Kriegstreiber wurden nun in der ganzen Stadt wieder siegesbewußter, hatte sie der günstige Verlauf doch zuversichtlich gemacht. Daß die Römer einen zweiten Vorstoß in die Stadt unternehmen würden, dünkte sie ebenso unmöglich wie daß sie selbst, wenn die Römer nochmals kämen, den Krieg verlieren würden. Tatsächlich hatte sie Gott wegen ihrer Abkehr vom Gesetz mit Wahnsinn geschlagen, und so hatten sie kein Auge mehr für die restlichen Streitkräfte der Römer, die um ein Vielfaches zahlreicher waren als jene Einheit, die sie hatten zum Weichen bringen können; sie dachten auch nicht an den Hunger, der sie unvermerkt überkam. Denn noch hatten sie ja die Möglichkeit, sich vom Unglück der Bürger zu nähren und das Blut der Stadt zu trinken, und dabei befanden sich die guten Elemente schon längst in Not, und zahlreiche Menschen fielen der Hungersnot zum Opfer. Die Rebellen jedoch sahen im Elend des Volkes eine Erleichterung für sich, da sie vermeinten, nur jene dürften gerettet werden, die jedem Gedanken an Frieden fernstanden und nur das eine Ziel kannten, ein Leben im Kampf gegen die Römer zu führen; und wenn dann die Andersgesinnten massenweise umkamen, dann hatten sie ihre Freude daran, als wären es Menschen minderer Ordnung. In dieser Weise verfuhren sie also mit den Leuten in der Stadt. Gegen die Römer jedoch verbarrikadierten sie sich an der Mauer und stoppten ihren Ansturm, als sie aufs neue zum Einbruch ansetzten. Und mit ihren Leibern schufen sie an der Einbruchstelle einen Wall und leisteten so drei Tage Widerstand in rücksichtslosem Verteidigungswillen, waren aber am vierten Tage nicht mehr imstande, den heldenmütigen Angriff des Titus aufzuhalten. Am nämlichen Platz wie schon einmal ereilte sie das Schicksal, und sie mußten zurückweichen. Als sich aber nun Titus zum zweitenmal der Mauer bemächtigt hatte, ordnete er sofort an, den nördlichen Abschnitt in seiner ganzen Ausdehnung niederzulegen; wo die Mauer nach Süden verlief, ließ er in die Türme Besatzungstruppen einrücken, um sich dann mit dem Sturm auf die dritte Mauer zu befassen.

9. KAPITEL

1. Man wollte jedoch die Belagerung erst einmal etwas verschieben, um den Rebellen Gelegenheit zu geben, darüber Klarheit zu finden, ob der Fall der zweiten Mauer oder die Angst vor der Hungersnot nicht Anlaß genug wären, zu kapitulieren; denn der zusammengestohlene Proviant würde ja nicht für lange Zeit ausreichen, und Titus konnte die Pause wohl gebrauchen. Es war nämlich der Termin gekommen, an dem die Soldaten ihre Löhnungen empfingen, und so traf Titus die Anordnung, daß die Anführer der Heeresgruppen die Legionäre unmittelbar unter den Augen der Feinde in voller Ordnung antreten ließen, um jedem Mann seinen Sold hinzuzählen. Die Soldaten traten also, wie sie es gewohnt waren, feldmarschmäßig an und zeigten dabei unverhüllt ihre Waffen; die Reiter führten ihre großartig aufgeputzten Pferde am Halfter. Weit im Umkreis der Stadt sah man es von Gold und Silber blinken, ein Schauspiel, das für die eigenen Leute ebenso ermutigend wie für die Feinde deprimierend war. Die gesamte alte Mauer nämlich wie auch der Nordrand des Tempels waren dicht mit Zuschauern besetzt, und man konnte gut beobachten, wie auch von den bis zum Bersten gefüllten Hausdächern heruntergesehen wurde; ja, überall in der Stadt wimmelte es von Menschen. Und wie sie da nun das gesamte Heer an einem einzigen Platz vor Augen sahen und das Glänzen der Waffen und die großartige Disziplin der Truppen, da ließen auch die kühnsten Schreier den Mut sinken. Ich möchte glauben, auch die Rebellen hätten angesichts dessen, was sie sahen, zur Vernunft kommen müssen. Da sie aber die Stadt in eine solche Katastrophe verstrickt hatten, wagten sie nicht mehr, Nachsicht von den Römern zu erwarten. Eine Kapitulation hielten sie für gleichbedeutend mit ihrer Bestrafung, und so zogen sie es vor, in der Schlacht zu fallen. Außerdem war es auch eine Fügung des Schicksals, daß die Schuldlosen zusammen mit den Schuldigen untergehen sollten und daß die Rebellion das Ende der Stadt bedeutete.

2. Es dauerte vier Tage, bis alle Römer, Legion für Legion, ihre

Löhnung bekommen hatten. Als aber die Juden am fünften Tag immer noch kein Ersuchen um Frieden übermitteln wollten, da formierte Titus aus den Legionen zwei Gruppen und fing an, gegenüber der Antonia und beim Grabmahl des Johannes Dämme aufschütten zu lassen. Er hatte die Absicht, hier in die Oberstadt einzubrechen, in den Tempel jedoch von der Antonia her. Denn wenn er diesen nicht in der Hand hatte, war es auch nicht möglich, die Stadt gefahrlos zu besetzen. An jedem Teil wurden zwei Dämme aufgeschüttet, jede Legion hatte einen übernommen. Da machten aber die Idumäer und die gutgerüsteten Truppen des Simon den Versuch, die beim Denkmal schanzenden Römer durch Überraschungsausfälle zu beunruhigen, während gleichzeitig die Mannschaften des Johannes und die Menge der Zeloten den Römern bei der Antonia zusetzten. Hier waren sie nicht nur deswegen im Vorteil, weil sie mit der Hand von oben her kämpfen konnten, sondern weil sie in der Zwischenzeit auch gelernt hatten, mit Kriegsmaschinen umzugehen. Die tägliche Übung hatte sie nämlich hierin mehr und mehr geschickt gemacht. Sie verfügten über 300 Katapulte und 40 Steinschleudervorrichtungen, mittels deren sie den Römern bei den Schanzarbeiten ernstliche Schwierigkeiten machen konnten. Aber Titus war sich völlig darüber im klaren, wie wichtig es für ihn war, ob die Stadt erhalten blieb oder dem Untergang anheimfiel. Deshalb unterließ er es auch während der emsigen Belagerungsvorbereitungen nicht, den Juden gut zuzureden, und neben den kriegerischen Maßnahmen gingen seine Friedensbemühungen einher. Er traute dem Wort großenteils eine stärkere Wirkung als den Waffen zu, und so forderte er sie immer wieder persönlich auf, die Stadt, die doch eigentlich schon gefallen sei, durch die Kapitulation zu retten. Und schließlich schickte er den Josephus aus, der sie in ihrer einheimischen Sprache anreden sollte, hoffte er doch, sie würden sich einem Angehörigen ihres eigenen Volkes gegenüber weniger verschließen.

3. So machte sich Josephus auf den Weg um die Stadtmauer, und er gab sich Mühe, möglichst nicht in Schußweite zu kommen, aber doch in Hörweite zu bleiben; und immer wieder bot er seine

ganze Überredungskunst auf, die Juden dazu zu bringen, daß sie Mitleid hätten mit sich, mit dem Volk, mit ihrer Vaterstadt und dem Tempel und daß sie all dem gegenüber nicht weniger Respekt aufbrächten als die Angehörigen eines fremden Volkes. Die Römer hätten keinen Teil an ihrem Kult, aber sie achteten das Heiligtum ihrer Gegner und hätten bis zum gegenwärtigen Augenblick mit keinem Finger daran gerührt. Sie aber, die darin bisher ihr Leben verbracht hätten und deren Eigentum es auch sei, wenn es erhalten bliebe, seien im Begriff, ihn dem Untergang zu weihen. Sie seien ja selbst Zeugen, daß wirklich die stärksten Mauern bereits geborsten und nur noch die schwächsten von den dreien übrig seien. Außerdem kennten sie ja die unüberwindliche Kraft der Römer, und es sei ihnen auch nichts Neues, deren Oberherrschaft anzuerkennen. Freilich sei es schön und ehrenvoll, für die Freiheit einzustehen, aber das müßte man gleich tun. Wenn sie aber jetzt, nach ihrer früheren Unterwerfung und nachdem sie lange den Zustand ertragen hätten, die Fesseln brechen wollten, so handelten sie wie Mörder, nicht wie Freiheitshelden. Man könne wohl Herrschern von geringerem Format seine Verachtung zeigen, jedoch nicht solchen, denen die ganze Welt untertan sei. Was hätte sich denn dem Zugriff der Römer zu entziehen vermocht, wenn man von den Gegenden absehe, die wegen der Hitze oder der Kälte unnütz seien? Überall hätte sich das Unglück ihnen beigesellt, und Gott, der den Wechsel der Herrschaften unter den Völkern zulasse, befinde sich eben jetzt auf seiten Italiens. Es sei eben ein unabdingbares Gesetz im Tierreich wie bei den Menschen, daß man dem Mächtigeren nachgeben müsse und daß nur jene über wirkliche Macht verfügten, die am besten bewaffnet seien. Das sei der Grund, warum schon ihre Vorväter, obgleich sie ihnen an Geist und Körperkraft wie auch in sonstiger Hinsicht überlegen gewesen seien, das römische Joch auf sich hätten nehmen müssen, womit sie sich sicherlich nicht abgefunden hätten, wären sie nicht überzeugt gewesen, daß Gott es mit den Römern halte. Und was gebe ihnen denn das Vertrauen bei ihrer starrsinnigen Gegenwehr, wo die Stadt doch großenteils bereits gefallen sei und wo ihnen doch für den Fall, daß die Mauern ihren

Dienst täten, weitaus größere Übel innerhalb der Stadt bevorstünden, als wenn sie erstürmt werde? Die Römer hätten nämlich genaue Kunde von der Hungerkatastrophe in der Stadt, der erst einmal das Volk, alsbald aber auch die kämpfende Truppe zum Opfer fallen werde. Für den Fall also, daß die Römer die Belagerung nicht fortsetzten und nicht mit blanker Waffe einen Einbruch machten, würden die Eingeschlossenen immer noch von diesem unbesiegbaren Feind bekriegt, der von Stunde zu Stunde an Macht gewinne, wenn sie nicht etwa auch dem Hunger mit dem Schwert in der Hand zu Leibe rücken und so als einzige seine Folter beendigen könnten. Josephus fügte hinzu, es wäre doch gut, wenn sie ihren Sinn noch änderten, bevor ein irreparables Unglück entstehe, und wenn sie an ihre Rettung dächten, solange noch die Möglichkeit dazu bestehe. Die Römer würden ihnen bestimmt Nachsicht schenken für das, was hinter ihnen liege, wenn sie nur nicht bis zum Äußersten in ihrer Unbeugsamkeit verharrten; sie seien nämlich von Natur aus so geartet, daß sie sich als Sieger milde erwiesen und mehr auf ihre Interessen bedacht seien als auf die Befriedigung ihres Zornes. Weder eine entvölkerte Stadt noch eine verbrannte Erde könnten ihnen von Nutzen sein, und darum gebe ihnen der Caesar auch jetzt nochmals Gelegenheit zur Kapitulation; denn wenn er sich der Stadt gewaltsam bemächtige, dann würde wohl niemand am Leben bleiben, vor allem dann nicht, wenn sie auch in der kritischsten Lage seine Mahnung mißachtet hätten. Daß auch die dritte Mauer über kurz oder lang zum Bersten käme, dafür sei die Einnahme der beiden anderen ein Beweis. Aber selbst wenn diese Befestigung uneinnehmbar wäre, so kämpfe doch der Hunger auf seiten der Römer gegen sie.

4. So suchte Josephus ihnen zuzureden, aber noch während er sprach, schmähten ihn viele von der Mauer herab und riefen ihm Schimpfworte zu, und einige suchten ihn auch mit Geschossen zu treffen. Und da sein überzeugender Rat bei ihnen nicht verfing, argumentierte er mit der Geschichte des Judenvolks und rief: »Ihr Ärmsten, nicht mehr denkt ihr an eure wirklichen Bundesgenossen, und mit Waffen und mit den bloßen Händen wollt ihr euch mit

den Römern in den Kampf einlassen! Wo sind sie denn, die auf diese Weise unterlegen wären? Wann aber war Gott, der uns geschaffen, nicht immer auch unser Rächer, wenn wir Juden Unrecht hinnehmen mußten? Seht euch doch um, werdet ihr nicht gewahr, von wo aus ihr den Kampf aufnehmt und welch mächtigen Bundesgenossen ihr vor den Kopf gestoßen habt? Denkt ihr nicht daran, was Gott alles durch die Hände unserer Väter fügte und welch mächtigen Feinden dieser heilige Platz einst den Untergang brachte? Wohl wird mir bang, über Gottes Taten vor Unwürdigen zu sprechen. Gleichwohl aber hört es und wißt es, daß ihr nicht nur die Römer, sondern auch Gott betrügt! Einst brach der Ägypterkönig Nechao – er heißt auch Pharao – mit einer gewaltigen Streitmacht bei uns ein und raubte Sarah, die Mutter unseres Geschlechts aus fürstlichem Geblüt. Wie aber verhielt sich nun ihr Gatte Abraham, unser Vorvater? Kühlte er mit Waffen seine Rache an dem Verbrecher, wo er sich doch auf 318 Paladine verlassen konnte, von denen jeder Herr über zahllose Truppen war? Mitnichten, das alles bedeutete ihm nichts, wenn er Gottes Hilfe ermangelte, und er streckte seine reinen Hände hin zu diesem Platz, den ihr besudelt habt, um sich Gott zum unüberwindbaren Helfer zu machen! Noch ehe der nächste Abend herankam, wurde die Prinzessin, ohne daß ihr Gewalt geschehen war, ihrem Gatten zurückgeschickt; der Ägypter aber warf sich an diesem Platz nieder, den er mit dem Blut eurer eigenen Leute befleckt hatte, und als ihn dann nachts Traumbilder bedrängten, da war er voll Angst und ergriff die Flucht zurück in sein Land und hinterließ den Hebräern, da Gott sie liebte, Geschenke von Gold und Silber! Soll ich auch noch im einzelnen daran erinnern, wie unsere Vorväter in Ägypten ansässig wurden? Mit Gewalt wurden sie niedergehalten, und 400 Jahre lang waren sie Knechte fremder Könige, und obgleich sie mit Waffen und Händen dagegen ankämpfen konnten, hielten sie sich an Gott. Wer weiß nicht, wie Ägypten angefüllt ward von allem möglichen Getier, wie es von allen Krankheiten geschlagen war, wie das Land unfruchtbar wurde und der Nil kein Wasser mehr führte, wie die zehn Plagen nacheinander einfielen und wie dann unsere

Väter unter Bewachung aus dem Lande geführt wurden, ohne daß es zum Blutvergießen und anderen Gefahren kam ... denn Gott selbst führte sie an, sie, die künftig seinen Tempel bauen sollten! Ja, einst hatten es Palästina und das Götzenbild Dagon bitter zu büßen, daß die Syrer unsere heilige Bundeslade geraubt hatten. Das gesamte Volk der Räuber brach in Jammer aus, da ihnen das Gemächte in Fäulnis überging und so die Eingeweide samt der Nahrung den Körper verließen, und mit ihren eigenen Händen brachten sie die Lade wieder zurück und gaben sich Mühe, mit Zymbeln und Pauken und Opfergaben aller Art das Allerheiligste wieder zu versöhnen. Gott war es eben, der unseren Vätern solches gelingen ließ, da sie die Finger von den Waffen ließen und Gott das Urteil anheimstellten. Ereilte etwa Sennacherim, den Assyrerkönig, als er ganz Asien aufbot, um diese Stadt zu belagern, der Tod aus Menschenhand? Entglitten seinen Händen nicht die Waffen, damit sie sich zum Gebete falteten, während Gottes Engel in einer einzigen Nacht diese ungeheure Kriegsmacht vernichtete? Und wie dann der Assyrer am Morgen aufstand und 185 000 Leichen vorfand, ergriff er mit den übrigen die Flucht vor den Hebräern, die keine Waffen hatten und denen jede Verfolgung unmöglich war. Auch von der Knechtschaft in Babylon habt ihr Kunde, wo unser Volk 70 Jahre lang in der Verbannung lebte, ohne etwas dagegen zu unternehmen, bis Cyrus es Gott zu Gefallen die Freiheit gewinnen ließ! Er entließ es, und es betreute aufs neue den Tempel seinem Rettergott zu Ehren. Es gibt überhaupt kein Beispiel dafür, daß unsere Väter mit Waffen etwas erreicht hätten oder daß sie durch den Verzicht auf Waffen unterlegen wären, wenn sie ihr Schicksal in Gottes Hand gaben. Verharrten sie auf dem Platz, wo sie standen, dann siegten sie, wenn der Richter es zuließ, wagten sie aber den Kampf, dann bedeutete dies jedesmal ihre Niederlage. So war es auch damals, als der Babylonierkönig diese Stadt belagerte. Unser König Sedekias handelte damals entgegen den Weissagungen des Jeremias und ließ sich auf den Kampf ein; er selbst geriet dabei in Gefangenschaft und wurde Zeuge, wie die Stadt mit dem Tempel zerstört ward. Doch wie viel besonnener als eure Führer handelte jener König, wie viel maßvoller verhielt sich sein Volk als ihr! Als Jeremias verkündete, das Volk sündige wider Gott und verfeinde sich mit ihm, und es werde in Gefangenschaft ziehen müssen, wenn es die Stadt nicht übergebe, da tat weder der König noch das Volk dem Jeremias etwas zuleide. Und was tut ihr? Ich schweige über das, was sich innerhalb eurer Mauern abspielt, denn es fehlt mir an Worten, eure Sünden wider das Gesetz ausreichend darzustellen; ihr beschimpft mich, ihr richtet eure Geschosse auf mich, während ich euch einen Weg weisen will zu euerem Heil; ihr schäumt vor Wut, wenn man euch eure Verfehlungen vorhält, und könnt es nicht hören, wenn man das in Worte faßt, was ihr euch Tag für Tag zuschulden kommen laßt. Oder damals, als Antiochus Epiphanes wider Gott aufstand und die Stadt belagerte, ergriffen unsere Vorväter die Waffen gegen ihn; doch sie fielen in der Schlacht, der Feind plünderte die Stadt, und der Tempel war drei Jahre und sechs Monate unbenutzt. Wozu soll ich noch mehr erzählen? Die Frage ist doch, wer denn die Römer gegen unser Volk ins Feld geführt hat! War es nicht etwa die Gottlosigkeit der Bewohner? Wann begann denn unsere Knechtschaft? War es nicht damals, als unsere Vorfahren gegeneinander rebellierten, als der Wahnsinn eines Aristobulos und Hyrkanos und deren Hader den Pompeius gegen die Stadt führte und als Gott den Römern jenes Volk zu Knechten machte, das die Freiheit nicht mehr verdiente? Drei Monate dauerte die Belagerung, dann mußten die Eingeschlossenen kapitulieren, obgleich sie sich nicht in solchem Maße wie ihr gegen das Heiligtum und gegen das Gesetz vergangen hatten und für den Krieg weitaus besser gerüstet waren. Wissen wir denn nicht, wie Antigonos, des Aristobulos Sohn, ums Leben kam, unter wessen Herrschaft Gott gegen das pflichtvergessene Volk aufs neue den Fall der Stadt verhängte? Und Herodes, der Sohn des Antipater, war es, der den Sossius, Sossius aber, der das Römerheer ins Land brachte. Die Folge war, daß die Juden umzingelt und sechs Monate belagert wurden, bis sie ihre Sünden durch ihre Niederlage büßten und ihre Feinde die Stadt einäscherten. So waren denn niemals für unser Volk die Waffen bestimmt, sondern jeglichem Krieg folgte die Knechtschaft. Ich glaube, die Hüter des heiligen Ortes haben die Pflicht, alles dem Urteil Gottes zu überlassen und jedesmal, wenn sie selbst mit einer Bitte vor den Richter da oben treten, auf die Betätigung menschlicher Kraft zu verzichten. Was habt ihr denn bis jetzt getan, worauf der Segen des Gesetzgebers gelegen hätte? Oder was habt ihr nicht getan, worauf nicht sein Fluch lag? Wieviel gottloser seid ihr doch als jene, die einst so rasch die Beute des Feindes wurden? Die geheimen Sünden, ich meine Diebstahl, Heimtücke und Ehebruch, habt ihr wohl auch nicht verachtet, aber ihr wetteifert förmlich in Raub und Mord, ja ihr betätigt euch als Bahnbrecher einer neuartigen Verworfenheit! Und das alles spielt sich im Heiligtum ab, und es waren die Hände unserer eigenen Stammesangehörigen, die den heiligen Platz besudelten, dem sogar die Römer aus der Ferne ihre Verehrung erwiesen, obgleich sie damit wider zahlreiche Bräuche ihres Volkes verstießen, um euer Gesetz zu achten. Und da habt ihr noch die Stirn, von Gott tatsächlich die Rettung zu erhoffen, gegen den ihr so gesündigt? Ja freilich, ihr seid wirklich gerechte Beter und mit ›reinen Händen‹ fleht ihr zu euerem Helfer! Doch mit ebensolchen Händen hat wohl seinerzeit auch unser König um Beistand gegen die Assyrer gefleht, als Gott jene gewaltige Streitmacht in einer einzigen Nacht zu Fall brachte. Haben jedoch die Römer genauso sündhaft gehandelt wie die Assyrer, daß ihr eine gleiche Rache Gottes erwarten dürft? Ließ sich nicht der Assyrer damals Geld geben von unserem König und versprach er nicht, dafür unsere Stadt zu verschonen, worauf er dann den Eid brach und den Tempel in Schutt und Asche legte? Nein, alles, was die Römer verlangen, ist der übliche Tribut, den schon unsere Vorväter an ihre Väter jederzeit entrichteten; und wenn ihr ihn bezahlt, dann verwüsten sie weder die Stadt, noch berühren sie unseren Tempel, sondern sie schenken euch auch noch alles andere, worum es geht, nämlich die Freiheit für unsere Familien und das ungeschmälerte Recht auf eure Habe und den Schutz für die heiligen Gesetze. Doch kein Zweifel, es wäre Wahnsinn, von Gott zu erwarten, daß er den Gerechten genauso begegne, wie er sich den Ungerechten gab, und seine Rache tritt ja in dem

Augenblick ein, da es nötig ist. So hatte er die Assyrer schon in der ersten Nacht, als sie die Stadt eingeschlossen hatten, zu Fall gebracht. Wäre also unser Volk nach Gottes Urteil auch in unserer Generation der Freiheit würdig, oder hätten die Römer Gottes Rache auf sich gezogen, dann hätte Gott wohl gleich zugeschlagen und so wie bei den Assyrern, also schon damals, als Pompeius die Hand gegen uns erhob, oder als Sossius ihm folgte oder auch damals, als Vespasian Galiläa zur Wüste machte, spätestens aber, als Titus an die Stadt heranrückte. Aber weder Pompeius Magnus noch Sossius geschah ein Leid, mit Gewalt konnten sie sich sogar der Stadt bemächtigen, ja Vespasian wurde sogar Kaiser unmittelbar, nachdem er uns besiegt hatte, und für Titus vollends sprudeln jene Quellen noch reicher, die euch zuvor das Naß verweigerten. Ihr wißt ja, wie damals, ehe er kam, der Siloah und alle Quellen vor der Stadt austrockneten, so daß man das Wasser in Gefäßen kaufen mußte. Nunmehr aber spenden sie euren Feinden eine solche Fülle, daß nicht nur sie selbst und ihre Tiere reichlich davon haben, sondern daß sie auch noch die Gärten damit bewässern können. Schon früher einmal, als die Stadt eingenommen wurde, geschah dieses Zeichen, nämlich seinerzeit, als der genannte König von Babylon mit dem Heer anrückte und Stadt und Tempel einäscherte, obgleich nach meiner Überzeugung damals niemand eine solche Sündenlast auf sich geladen hatte wie ihr. So glaube ich denn mit aller Entschiedenheit, daß Gott das Heiligtum verlassen hat, daß er sich zu jenen schlug, gegen die ihr kämpft. Bedenkt doch, jeder gute Mensch meidet das Haus eines Sünders und verachtet seine Bewohner; glaubt ihr denn, daß Gott, der jedes Geheimnis kennt und um jeden verborgenen Gedanken weiß, noch in einem solch verruchten Hause wohnen bleibt? Was ist denn bei euch noch geheim, was liegt noch verborgen? Wovon hätten denn eure Feinde nicht schon seit langem Kunde? Ihr bildet euch ja noch etwas ein auf eure Verstöße wider das Gesetz, und ihr frevelt ja um die Wette, denn ihr kommt euch noch herrlich vor ob eurer Verruchtheit, so als handeltet ihr edelmütig!

Gleichwohl aber gibt es für euch noch einen Weg der Rettung, wenn ihr es wollt, und die Gottheit schenkt euch wieder gern ihre Huld, wenn ihr euren Frevel bekennt und bereut. Ihr Männer mit Herzen aus Eisen, werft eure Waffenausrüstung weg, erbarmt euch der Vaterstadt, die schon verwüstet am Boden liegt, blickt nach hinten und schaut, was für eine Herrlichkeit ihr dahingebt, welches Kleinod von einer Stadt, welch prächtigen Tempel, welchen Reichtum an Weihegaben, die zahlreiche Völker angehäuft haben! Wer wollte all das dem Feuer überantworten, wer will, daß es nicht mehr bestehe? Was sollte denn überhaupt noch der Existenz würdig sein, ihr Hartherzigen, die ihr gefühlloser seid als Stein? Wenn ihr all das schon nicht mit sehenden Augen betrachten könnt, dann habt doch wenigstens Mitleid mit euren Angehörigen, und jeder werfe einen Blick auf seine Kinder, auf sein Weib, auf seine Eltern, die schon in Kürze dem Hunger oder dem Krieg zum Opfer fallen werden! Ja, auch meine Mutter und meine Gattin sind in Gefahr und auch noch ein ruhmreiches Geschlecht von altem Glanz, und es wird wohl mancher glauben, mein Rat entspringe der Rücksicht auf sie. Nein, tötet sie, nehmt mein Blut dafür, daß ihr gerettet werdet; auch ich bin bereit zu sterben, wenn ihr dann zur Besinnung kommt!«

10. KAPITEL

1. Obgleich Josephus die Tränen kamen, als er solches den Rebellen zurief, verharrten diese in ihrem Starrsinn; denn sie sahen auch in einer Änderung ihrer Haltung keine Garantie für ihre Sicherheit. Das Volk jedoch ließ sich solchermaßen dazu bewegen, zu den Römern überzulaufen. Teils verkauften die Leute ihre Besitzungen um einen ganz geringen Preis, teils ihre bedeutenderen Wertsachen, und die erlösten Goldmünzen verschluckten sie, um diese vor etwaigen Räubern zu verbergen. Hatten sie sich dann zu den Römern durchgeschlagen und das Gold wieder zutage gefördert, dann waren sie doch in der Lage, das Lebensnotwendige dafür zu kaufen. Titus ließ nämlich viele aufs Land gehen, wohin

ein jeder gerade wollte; und schon allein deswegen liefen die Juden in immer größerer Menge über, da sie sich so vor der Not in der Stadt in Sicherheit bringen konnten, ohne den Römern Knechtsdienst zu verrichten. Aber Johannes und Simon samt ihrem Anhang wendeten im ganzen Umkreis der Stadt den Überläufern ihr Augenmerk in noch höherem Grade zu als einem etwaigen Heranrücken der Römer, und wer nur in den geringsten Verdacht geriet, wurde auf der Stelle getötet.

2. Die reichen Leute waren übrigens nicht minder verloren, wenn sie blieben; denn unter der Beschuldigung, ein Überläufer zu sein, konnte ein jeder allein schon wegen seines Reichtums zu Tode gebracht werden. Der Hunger ließ den Wahnsinn der Rebellen noch wachsen, und von einem Tag zum anderen wurde diese dreifache Not noch schlimmer. Da Getreide überhaupt nicht mehr offen angeboten wurde, stürzten sie plötzlich in die Behausungen, um diese danach zu durchwühlen. Stieß man auf Eßbares, dann wurden die Bewohner gequält, weil sie zuvor ihren Besitz abgestritten hatten; fand man aber nichts, dann wurden sie mißhandelt, weil sie diesen allzu gut verborgen hätten. Dabei konnte man doch den Ärmsten schon äußerlich anmerken, ob sie etwas hatten oder nicht. Wer noch irgendwie über Kräfte verfügte, besaß offensichtlich noch etwas zu essen; jene aber, die körperlich schon am Ende waren, gingen unbehelligt aus, weil es ja Wahnwitz gewesen wäre, Menschen zu töten, die ohnehin bald an Nahrungsmangel zugrunde gingen. Viele gaben ihre ganze Habe hin um ein Weizenmaß; das waren dann aber die Reicheren, denn die Ärmeren konnten allenfalls nur noch ein Maß Gerste einhandeln. Dann schlossen sie sich zuinnerst im Hause ein, und es gab welche, die vor Hunger die Körner roh verschlangen; andere verarbeiteten sie wenigstens noch zu Brot, wie es gerade die Not oder die Angst noch nahelegte. Nirgends mehr wurde das Mahl am Tische eingenommen, man holte die Speisen halbfertig vom Feuer und würgte sie hinunter.

3. Es war ein erbärmliches Essen, ja ein Anblick zum Weinen, wie sich die Robusteren zu helfen wußten, während die Schwächeren in Jammern ausbrachen. Es gibt kein Gefühl, das den Hunger

an Intensität übertrifft; und kein Gefühl bringt der Hunger so absolut zum Schweigen wie das Gefühl für das Schickliche. Was sonst einem noch ans Herz rührt, das läßt ihn gleichgültig, sobald er hungert. Es gab Frauen, die den Männern, Kinder, die ihren Eltern, und – was am furchtbarsten ist – Mütter, die ihren Kindern den Bissen aus dem Munde raubten. Dahin war sogar die letzte Hemmung, wenn es galt, einem Liebsten noch einen Tropfen wegzunehmen, der das Leben bedeutete, mochte der Beraubte dem Räuber unter den Händen verschmachten! Doch diese kläglichen Mahlzeiten konnte man nicht einmal einnehmen, ohne beobachtet zu werden; denn allenthalben waren die Rebellen auf der Lauer, um auch das Wenige noch zu rauben. Stießen sie nämlich auf ein verschlossenes Haus, so bedeutete das für sie, daß im Innern eine Mahlzeit stattfand. Gleich wurden die Türen aus den Pfosten gesprengt, und man drang in das Haus ein und raubte alles aus; es fehlte wenig, und man hätte noch die Brocken aus der Kehle der Essenden geholt. Ältere Leute, die sich an die Nahrung klammerten, empfingen Hiebe, Frauen wurden an den Haaren umhergerissen, wenn sie in den Händen etwas verschwinden lassen wollten; weder Greisenhaar noch Kinderlallen fanden Mitleid. Die Räuber zogen die Kinder an dem, was sie gerade im Munde hatten, in die Höhe und ließen sie zappeln, bis sie niederstürzten. Hatte aber jemand schon vor dem Eindringen der Räuber alles verschluckt, was diese wegnehmen wollten, dann gebärdeten sie sich noch toller, gerade als seien sie die Beraubten. Entsetzliche Qualen erfanden sie, um Nahrung ausfindig zu machen: In die Schamöffnungen preßten sie den Ärmsten Erbsen, und in die Gedärme trieben sie ihnen spitze Pfähle. Man kann es nicht hören, ohne zu schaudern, was da mancher erleiden mußte, nur damit er ein Stück Brot oder eine Handvoll Gerstenmehl verriet. Die Büttel aber brauchten nicht zu hungern, und es wäre wohl weniger grausam zugegangen, hätte es sich nur darum gehandelt, die Not zu lindern; sie aber machten aus ihrem Wahnwitz einen Sport und verschafften sich schon für die künftigen Tage ihr Essen. Konnte jedoch einmal einer in der Nacht an die römischen Wachen heranschleichen, um Wildgemüse und

Kräuter zu sammeln, dann wurde er just in dem Augenblick gepackt, da er glaubte, vor den Feinden sicher zu sein, und er mußte dann alles hergeben, was er mit sich brachte. Nichts, aber auch gar nichts wurde ihm belassen, mochte er noch so bitten und mochte er den furchterregenden Namen Gottes anrufen, um doch wenigstens etwas von dem behalten zu dürfen, was er auf so gefährliche Weise erhalten hatte. Er kam gut weg, wenn er nur beraubt und nicht gleich auch ermordet wurde.

4. Solche Scheußlichkeiten mußten sich also die kleinen Leute von denen gefallen lassen, die die Waffen trugen, während die Angesehenen und Wohlhabenden vor die Tyrannen gezerrt wurden. Ein Teil davon wurde aufgrund falscher Anschuldigungen wegen Hochverrats getötet, andere erlitten das gleiche Schicksal, weil es hieß, sie wollten die Stadt den Römern in die Hand spielen. Am einfachsten war es, durch einen falschen Zeugen bestätigen zu lassen, daß einer überlaufen wollte. Wer von Simon bis auf die Haut ausgeraubt war, den schickte er zu Johannes und umgekehrt. So tranken sie im Wetteifer das Blut ihrer Volksgenossen und teilten sich den Leichenhaufen ihrer Opfer. Hinsichtlich der Oberherrschaft lagen sie sich in den Haaren, in ihren Greueln aber waren sie sich einig. Entzog nämlich einer dem anderen die Teilhabe an seinen Freveln gegen die Fremden, dann wurde er als Schurke angesehen, der nur an sich denkt, und wem irgendeine Greueltat entging, der fühlte sich beleidigt, als wäre er um eine Annehmlichkeit gekommen.

5. Dieses gesetzwidrige Treiben im Detail darzustellen, ist nicht möglich. Um es kurz zu sagen: Derartiges hat wohl keine andere Stadt gelitten, und keine Generation hätte wohl im Umlauf der Zeiten solche Verbrechen zu begehen vermocht. Schließlich kam es noch dazu, daß die Rebellen das Hebräervolk schmähten, um selber weniger schändlich zu erscheinen, so als hätten sie sich nur an Fremden vergriffen. Aber dadurch wiesen sie sich selbst als diejenigen aus, die sie waren, nämlich als Sklaven, als hergelaufene Lumpen, als Bastarde und als Hefe des Volkes. Sie waren es, die die Stadt zerstörten, die die Römer dazu zwangen, daß sich dieser

finstere Sieg gegen ihren Willen mit ihrem Namen verband, die der Brand, der erst nur mühsam schwelen wollte, in Richtung auf den Tempel geradezu gewaltsam entfachten. Und wie sie dann von der Oberstadt aus ihr Werk sahen, da war es ihnen nicht leicht, da kamen ihnen nicht etwa die Tränen, nein, wenn man solche Gefühle finden wollte, dann bei den Römern! Darüber aber wollen wir später Genaueres erzählen.

11. KAPITEL

1. Titus konnte die Schanzarbeiten merklich beschleunigen, obgleich ihm die Soldaten auf der Mauer schwer zusetzten; er gab auch Anweisung, daß eine Reitereinheit die Juden auffangen sollte, die die Stadt verließen, um in den Abgründen ringsum nach Lebensmitteln zu suchen. Unter ihnen befanden sich jetzt auch einige Rebellen, und zwar unter Waffen, da ihnen das Geraubte nicht mehr ausreichte. Größtenteils jedoch waren es arme Leute aus dem Volk, die nur deshalb nicht zu den Römern überliefen, weil sie um ihre Angehörigen in Sorge sein mußten. Denn eine Aussicht, dem Zugriff der Rebellen zu entgehen, wenn sie mit Frauen und Kindern flohen, bestand nicht, und ihre Angehörigen zurückzulassen und diese an ihrer Stelle den Mordbrennern auszuliefern, das ging doch über ihre Kräfte. Einzig der Hunger öffnete ihnen den Weg aus der Stadt; und hatten sie diese unbehelligt verlassen können, dann waren da immer noch die Feinde, denen sie in die Hände fallen konnten. Wurden sie jedoch ergriffen, dann verteidigten sie sich, wie es ihnen die Not eingab; denn wenn es bereits zu Kampfhandlungen gekommen war, dann schien es doch nicht mehr am Platz, um Milde zu flehen. So wurden sie dann gegeißelt und auf jede Art gequält, ehe man sie tötete, und zuletzt wurden sie im Angesicht der Mauer ans Kreuz geschlagen. Allerdings blieben Titus diese erbarmungswürdigen Schicksale nicht verborgen, da tatsächlich 500 und noch mehr Gefangene auf diese Art gemacht wurden. Aber es war ihm auch klar, daß gegenüber diesen gewaltsam einge-

brachten Leuten Vorsicht am Platze war und daß er sie nicht einfach laufen lassen konnte. Wollte man aber eine so große Anzahl bewachen lassen, dann war das soviel, als wenn man die Wächter unter Bewachung stellen mußte. Vor allem aber ging er noch wegen eines anderen Umstandes nicht von den Kreuzigungen ab; er hoffte nämlich, die Juden könnten unter dem Eindruck dieses Schauspiels doch noch kapitulieren, da ihnen ja das gleiche Schicksal drohte, wenn sie bei ihrem Starrsinn blieben. Die Soldaten aber waren so wütend und haßerfüllt, daß sie ihre Opfer noch verspotteten und jeden in einer anderen Weise kreuzigten, und schließlich war gar kein Platz mehr vorhanden für die Kreuze, und auch die Kreuze reichten nicht mehr aus für die Menge von Körpern.

2. Die Rebellen aber ließen sich durch die entsetzlichen Bilder nicht nur nicht umstimmen, sondern sie waren schlau genug, eine List daraus zu machen und so das restliche Volk umzustimmen. Die Angehörigen der Überläufer wurden nämlich von ihnen auf die Mauer gebracht, ebenso auch Anhänger der Friedenspartei; und dann mußten sie sehen, was denen geschah, die bei den Römern Schutz suchten, wobei ihnen klargemacht wurde, daß es tatsächlich Schutzflehende seien und nicht etwa Kriegsgefangene, mit denen man so verfuhr. Dadurch wurden viele, die daran dachten, überzulaufen, zurückgehalten, bis dann aber doch die Wahrheit durchsikkerte. Einige aber ergriffen trotzdem entschlossen die Flucht, wenn ihnen auch dieses Schicksal bevorstand; denn sie sahen in einem Tod aus Feindeshand ein geringeres Übel als in den Hungerqualen. Titus ließ auch zahlreichen Gefangenen die Hände abschlagen, damit sie nicht als Überläufer erschienen, sondern als Selbstverstümmler, denen zu trauen war. In diesem Zustand schickte er sie dann wieder zu Simon und Johannes nach Jerusalem zurück, um diese auffordern zu lassen, ein Ende zu machen und ihn nicht zu zwingen, daß er die Stadt gänzlich zerstöre, sondern daß sie noch in letzter Minute ihre Haltung aufgaben und ihr Leben und ihre wundervolle Stadt und den Tempel retteten, der ja auch künftig einzig ihr Eigentum bleiben sollte. Und währenddessen ging er an den Schanzen entlang und ermunterte die Soldaten zu rascher

Arbeit, damit auf das Wort nicht in allzu großem Abstand erst die Taten folgten. Die Juden aber beschimpften ihn und seinen Vater von der Mauer aus und taten mit lauter Stimme kund, daß sie den Tod verachteten und daß sie entschlossen seien, ihm den Vorzug zu geben vor der Knechtschaft, daß sie aber den Römern bis zu ihrem letzten Atemzug nach Kräften Schaden zufügen wollten. Die Vaterstadt bedeute für sie nichts mehr, denn Titus selbst habe ja gesagt, daß sie schon dem Untergang geweiht sei; wenn dies auch auf den Tempel zutreffe, so verfüge Gott noch über einen herrlicheren als über diesen, nämlich über das All. Doch werde der, der in ihm wohne, auch diesen Tempel hier noch retten, und da dieser mit ihnen verbündet sei, so hohnlachten sie nur all ihrer Drohungen, die niemals in die Tat umgesetzt würden; denn das Ende sei in Gottes Hand. Unter Schmähungen schrien sie solches laut hinaus.

3. Mittlerweile war auch Antiochus Epiphanes zur Stelle, der neben einer ansehnlichen Zahl von Schwerbewaffneten auch eine Einheit von sogenannten Makedonen als Leibwache bei sich hatte. Sie standen alle im gleichen Alter, waren von hoher Gestalt und kaum dem Knabenalter entwachsen. Ihre Bewaffnung war makedonisch, ebenso ihre Ausbildung. Deshalb hießen sie so, obgleich die wenigsten diesem Volk angehörten. Der König von Kommagene war nämlich sicherlich von allen den Römern unterstellten Königen der vom Glück am meisten begünstigte, bis auch er den Wandel der Dinge kennenlernen mußte. Als Greis wurde er dann noch ein Beispiel dafür, daß niemand vor dem Tod glücklich zu preisen ist. Doch noch während es ihm ausgezeichnet ging, traf sein Sohn im Lager der Römer ein und tat sehr verwundert darüber, daß die Römer mit dem Sturm auf die Mauer immer noch zögerten. Er war nämlich eine Kampfnatur und ein verwegener Kerl, und er war so stark, daß er sich selten in seiner Tollkühnheit verrechnete. Titus gab ihm lachend zur Antwort: »Das geht aber alle an!« Und jetzt warf sich Antiochus mit einem Schlag samt seinen Makedonen auf die Mauer. Er selbst war freilich kräftig und erfahren genug, um den Geschossen der Juden zu entgehen und ihnen selbst mit Pfeil und Bogen zuzusetzen; aber seinen jungen Leuten wurde übel mit-

gespielt mit Ausnahme von wenigen, die den Kampf aus ehrgeizigem Festhalten an ihrem Treueversprechen fortsetzten. Und als sie dann doch zurückweichen mußten, waren viele verwundet, und so hatten sie denn doch einsehen müssen, daß auch die wirklichen Makedonen Alexanders Glück brauchten, wenn sie siegen wollten.

4. Die Römer hatten am 12. Tag des Monats Artemisios mit den Erdaufschüttungen begonnen und hatten nun alle Mühe, daß sie damit am 29. Tag zu Ende kamen, also nach einer ununterbrochenen Arbeit von siebzehn Tagen; denn die vier Wälle waren außerordentlich hoch. Den einen bei der Antonia hatte die 5. Legion inmitten des sogenannten Struthionteichs aufgeschüttet, den anderen die 12. Legion etwa 20 Ellen weit davon entfernt. Noch weiter weg, nördlich davon, und zwar am sogenannten Amygdalosteich, hatte die 10. Legion und davon wiederum 30 Ellen entfernt die 15. Legion beim Grabdenkmal des Hohenpriesters ihren Auftrag ausgeführt. Und nun wurden die Belagerungsmaschinen in Stellung gebracht; aber mittlerweile hatte Johannes das Gelände zwischen der Antonia und den Erdaufschüttungen von der Innenseite der Mauer her mit unterirdischen Stollen versehen, und zwar mit Abstützvorrichtungen aus zahlreichen Pfählen. Nunmehr ließ er das Holz hineinschaffen, das mit Pech und Teer bestrichen war, und zündete es an. Und als nun die Pfähle unten verbrannten, da senkte sich plötzlich der Boden, und gleichzeitig versanken die Wälle mit ungeheurem Lärm in die Tiefe. Zuerst erhob sich eine dunkle Rauch- und Staubwolke, da das Feuer durch den Einsturz erstickt wurde; als jedoch die zusammengeborstenen Holzmassen vom Feuer verzehrt wurden, da loderte wieder der helle Brand auf. Die Römer waren durch den unerwarteten Vorfall wie vor den Kopf gestoßen; und als sie schließlich erkennen mußten, daß es sich um eine Feindeslist handelte, da ließen sie noch mehr den Mut sinken. Weil sie dazu noch den Sieg bereits in ihren Händen geglaubt hatten, wurden eben durch dieses Ereignis die Hoffnungen für das künftige Geschehen noch besonders erschüttert. Dem Feuer zu wehren, erschien ihnen sinnlos; denn die Aufschüttungen waren ohnehin vernichtet, auch wenn das Feuer gelöscht wurde.

5. Nach zwei weiteren Tagen griffen Simon und seine Leute auch die anderen Wälle an; die Römer brachten nämlich gerade hier die Widder in Stellung, und schon machten sie Anstalten, die Mauer zu rammen. Da stürzten sich ein gewisser Tephtheus aus Garis in Galiläa und Magassaros, einer von den königlichen Bediensteten der Mariamne, außerdem ein Adiabener, ein Sohn des Nabataeus – er hieß auch wegen eines Körperschadens Agiras, d. h. der Krüppel – mit Feuerbränden auf die Belagerungsmaschinen. Es gab, solange dieser Krieg dauerte, niemanden in der Stadt, der kühner gewesen wäre und mehr Schrecken verbreitet hätte als diese Leute. Denn wie drei Freunde stürzten sie gegen die Feinde und durchbrachen ohne Furcht und Zagen die gegnerische Front in der Mitte und legten Feuer an die Maschinen. Obgleich es von überallher Geschosse auf sie hagelte und allenthalben mit dem Schwert gegen sie vorgegangen wurde, verließen sie den gefährlichen Ort nicht, ehe die Maschinen hell aufflammten. Erst als das Feuer in die Höhe loderte, kamen die Römer vom Lager her zu Hilfe; doch die Juden verstellten ihnen von der Mauer her den Weg und ließen sich mit den Soldaten, die löschen wollten, in einen furchtbaren Nahkampf ein ohne jede Rücksicht auf Leib und Leben. Wenn die Römer die Widder, über denen bereits das Flechtwerk in hellen Flammen stand, aus dem Brand herausholen wollten, dann griffen die Juden sogar in das Feuer, um eher noch die glühenden Eisenteile festzuhalten als die Widder preiszugeben. Und wie es nun überall um sie her brannte, da hielten es die Römer nicht mehr für nötig, die Belagerungsvorrichtungen zu retten, und sie setzten sich gegen ihr Lager hin ab. Die Juden aber bekamen ständig Zuwachs von der Stadt her und setzten ihnen deshalb hart nach. Ja, ihr Glück machte sie noch mutiger, so daß sie vor Kampfgeist überschäumten und bis zur Lagerverzäunung vorstießen, um sich dort gleich mit den Wachen auf Kampfhandlungen einzulassen. Vor dem Römerlager stehen nämlich ständig Einheiten, die sich gegenseitig ablösen, auf Wache, und für sie ist es strenges römisches Gesetz, daß jeder, der, sei es aus welchem Grunde auch immer, von der Stelle weicht, die Todesstrafe zu gewärtigen hat. So gaben

diese Leute natürlich dem Tod auf dem Felde der Ehre den Vorzug vor der Exekution und harrten aus; und zahlreiche Römer, die schon im Begriff waren, die Flucht zu ergreifen, schämten sich nun, da sie die Ihren in dieser Notlage sahen, und wandten sich wieder gegen den Feind. Dann gelang es den Soldaten doch, die Katapulte auf dem Wall in Stellung zu bringen, und nun konnten sie die feindlichen Haufen abwehren, die aus der Stadt herausdrangen, ohne an Sicherheit und Schutz zu denken. Die Juden gerieten nämlich sofort mit denen, auf die sie stießen, ins Handgemenge und warfen sich ohne Bedenken mitten in die feindlichen Lanzen, so daß sie mit ihren Körpern die Feinde niederrissen. Daß sie sich halten konnten, war eher eine Folge ihrer Kühnheit als dessen, was sie wirklich auszurichten vermochten, und die Römer wichen mehr vor ihrem Wagemut zurück als wegen ihres tatsächlichen Versagens.

6. Doch da war schon Titus von der Antonia zur Stelle; dorthin hatte er sich deshalb begeben, weil er einen Platz aussuchen wollte, an dem die neuen Wälle angelegt werden konnten. Voll Erbitterung wandte er sich nun an die Soldaten, ob sie nun nach der Einnahme der feindlichen Mauern ihre eigenen Befestigungen preisgeben wollten und sich in die Rolle von Belagerten drängen ließen, da sie die Juden wie aus einem Gefängnis heraus gegen sich losgelassen hätten. Mit einer Eliteabteilung machte er dann ein Umgehungsmanöver und faßte die Feinde in der Flanke, er selbst allen voran. Nun gerieten die Feinde an der Front in Schwierigkeiten, aber sofort wandten sie sich gegen Titus, ohne auch nur einen Fußbreit nachzugeben. Es kam jetzt zu einem Getümmel, daß der aufgewühlte Staub jede Sicht benahm, und die Kämpfer erhoben ein derartiges Geschrei, daß kein Wort mehr verständlich war. Beiderseits war es unmöglich, Freunde und Feinde zu unterscheiden. Noch wichen die Juden nicht zurück, aber schon nicht mehr so sehr aus Heroismus als mit dem Mut der Verzweiflung. Aber auch die Römer schöpften Kraft aus der Erinnerung an ihren Waffenruhm und aus der Handlungsweise des Caesar, der sich allen voran den Gefahren aussetzte. Ja, ich habe den Eindruck, daß sie in ihrem Kampfgeist schließlich noch die Mehrzahl der Juden geopfert hät-

ten, hätten sich diese nicht rasch in die Stadt zurückgezogen, um so dem entscheidenden Schlag zu entgehen. Die Vernichtung der Erdaufschüttungen wirkte freilich sehr deprimierend auf die Römer, da in einer einzigen Stunde eine so gewaltige Anstrengung zunichte gemacht worden war; und vielen kamen tatsächlich Bedenken, ob die Stadt mit den herkömmlichen Mitteln eingenommen werden könne.

12. KAPITEL

1. Nun beriet sich Titus mit den Heerführern, und die energischeren Elemente unter ihnen waren der Ansicht, man müsse jetzt die gesamte Streitmacht zum Einsatz bringen, um den Versuch zu machen, die Mauer gewaltsam zu nehmen; bislang hätte man ja nur mit kleineren Einheiten gegen die Juden gekämpft, setze man aber das Gesamtheer ein, dann wären sie schon beim ersten Ansturm erledigt, da sie von den Geschossen geradezu begraben würden. Es gab jedoch auch einige, die zur Sicherheit mahnten und teils dafür waren, nochmals Wälle zu errichten, teils auf Wälle verzichten und dafür in der Belagerung fortfahren wollten und nur die Ausfallstraßen, d. h. die Möglichkeiten einer Verproviantierung von außen, unter strenger Kontrolle zu nehmen rieten. Die Stadt sollte also ausgehungert werden, ohne eine unmittelbare Feindberührung zu riskieren. Es sei nicht ratsam, sich mit Verzweifelten in einen Kampf einzulassen, die mit dem Leben bereits abgeschlossen hätten und deshalb förmlich gezwungen seien, den Todesstreich zu begehren, da sie sonst nur Übleres zu erwarten hätten. Was Titus betraf, so sah er als unrühmlich an, mit einem solchen Riesenheer nichts zu unternehmen, obgleich es auch wiederum nicht nötig erschien, sich mit Feinden einzulassen, die ihren Untergang gegenseitig selbst besorgten. Er versuchte aber auch nachzuweisen, daß für eine Wiederaufrichtung der Wälle das Holz fehle und daß es noch größere Schwierigkeiten mache, alle Ausfallswege genau im Auge zu behalten, da es schwer sei, die Stadt bei ihren großen Ausmaßen und

wegen des ungünstigen Geländes mit Truppen zu umzingeln; Überraschungsausfälle könnten dabei auch sehr gefährlich werden. Bewache man nur die allbekannten Straßen, so fänden die Juden in ihrer Not und bei ihrer genauen Ortskenntnis Nebenwege, und wenn es ihnen dann doch gelinge, heimlich Proviant in die Stadt zu bringen, dann müsse man diese um so länger belagern. Aber er habe starke Bedenken, daß dieses ständige Hinausziehen doch noch den Ruhm seines Erfolges beeinträchtigen könne. Die Länge der Zeit ermögliche ja jeden Erfolg, der Ruhm aber verlange, daß ein Ziel schnell erreicht werde. Wolle man Schnelligkeit mit Sicherheit vereinen, so gehe es natürlich nicht anders, als daß man um die gesamte Stadt eine Mauer lege, die es einzig ermögliche, alle Ausgänge zu verriegeln; die Juden hätten dann nur noch zu entscheiden, ob sie von der letzten Hoffnung ablassen und kapitulieren sollten oder ob sie ohne ihr Zutun im Zustand der Aushungerung eine leichte Beute ihrer Feinde werden wollten. Auch er werde nicht müßig sein, sondern dafür sorgen, daß wiederum Erdwälle aufgeschüttet würden, solange die Behinderung von seiten der Gegner geringer sei. Halte aber jemand diese Aufgabe für zu schwer und für nahezu unmöglich, dann solle er bedenken, daß es den Römern nicht anstehe, sich mit leichten Aufgaben zu befassen, und daß nicht einmal ein Gott imstande sei, mühelos etwas Gewaltiges zu leisten.

2. Auf diese Weise konnte er die Offiziere überzeugen, und nun gab er Befehl, die Soldaten zur Arbeit einzuteilen. Das war wie die Wirkung einer göttlichen Kraft, die jetzt die Soldaten überkam; und sowie sie rings um die Stadt verteilt waren, wetteiferten nicht nur die Legionen untereinander, sondern auch innerhalb der Legionen die Kohorten, und der Soldat suchte sich vor dem Unteroffizier, dieser wieder vor dem Hauptmann und dieser vor dem Obersten hervorzutun; der Ehrgeiz der Obersten aber bemühte sich um die Anerkennung durch die Heerführer, über deren Wetteifer dann durch den Caesar entschieden wurde. Dieser machte nämlich täglich in eigener Person seine Runde, um zu sehen, wie gearbeitet wurde. Er ließ die Mauer vom Assyrerlager aus, wo er selbst seinen

Gefechtsstand hatte, zum unteren Teil der Neustadt hinunterlegen, von hier durch das Kidrontal zum Ölberg hinauf, worauf sie nach Süden abbog und die Höhe bis zum sogenannten Taubenschlagfelsen umzog und ebenso auch die nächste Erhebung bis zum Abgrund an der Siloah; von hier aus ließ er sie dann westwärts verlaufen bis an die Vertiefung, in der sich die Quelle befindet. Am Grabmal des Hohenpriesters Ananus ging es dann wieder nach oben, wo die Mauer den Berg umschloß, an dem Pompeius sein Lager gehabt hatte; dann zog sie sich zum nördlichen Abhang hin bis zu dem Dorf ›Erbsenheim‹. Hernach umschloß sie das Grab des Herodes, um dann in östlicher Richtung wieder auf das Quartier des Feldherrn zu stoßen, wo sie angefangen hatte. Sie war 39 Stadien lang, und auf ihrer Außenseite befanden sich dreizehn Wachstationen, die zusammen einen Umfang von zehn Stadien hatten. In drei Tagen war alles fertig, d. h. eine Arbeit, die sonst Monate verlangt, war unvorstellbar rasch geleistet worden. So hatte also Titus die Stadt ummauert, hatte die Wachstationen mit Truppen versehen, und er machte selbst während der ersten Nachtwache ununterbrochen die Runde, um alles zu inspizieren; die zweite Nachtwache übertrug er dem Alexander, die dritte wurde unter den einzelnen Legionsführern verlost. Auch die Wachen losten untereinander, wer schlafen durfte und wer nicht; und befehlsgemäß patrouillierten sie während der ganzen Nacht an den Mauerstrecken zwischen den einzelnen Wachstationen.

3. Der Verlust der Ausgänge aus der Stadt hatte den Juden jede Hoffnung auf Rettung entschwinden lassen, und immer mehr breitete sich der Hunger aus, so daß ihm das Volk häuser- und familienweise zum Opfer fiel. Auf den Dächern lagen in Massen die dem Hungertode nahen Frauen und Kinder, die engen Gassen waren angefüllt mit Leichen von alten Leuten. Knaben und junge Männer, aufgedunsen wie gespenstische Erscheinungen, drängten sich an den Plätzen und brachen zusammen, wo sie gerade das Unheil überkam. Niemand war vor Ermattung noch in der Lage, den eigenen Familienangehörigen ein Grab zu geben, und wer noch die Kraft dazu gehabt hätte, nahm davon Abstand, weil es zu viele

Tote gewesen wären und weil es durchaus unsicher war, wie es einem selbst ergehen würde. Da kam es zum Beispiel oft vor, daß welche tot umfielen über den Leichen, die sie gerade bestatten wollten, und viele krochen schon zu ihren Gräbern, noch ehe das unabwendbare Ende über sie kam. In diesen Fällen gab es keine Totenklage, keine Trauer, vor dem Hunger verstummten alle anderen Affekte. Mit trockenen Augen und entstelltem Mund blickten die Menschen in ihren Todesqualen auf jene, die schon in die Ruhe hinübergegangen waren. Eine tiefe Stille legte sich über die Stadt, und die Nacht des Todes verhüllte alles. Doch schlimmer noch als dies war das Unwesen der Räuber, die wie Leichenschänder in die Häuser drangen, die Toten beraubten und dann, wenn sie an sich gerissen hatten, was die Toten noch umhüllte, unter wildem Gelächter abzogen. An den Leichen erprobten sie, ob ihre Waffen gut geschärft waren, ja, um dies nachzuweisen, durchbohrten einige sogar solche, die wohl zusammengebrochen waren, aus denen jedoch das Leben noch nicht entwichen war, während sie andere hohnlachend dem Hungertod überantworteten, wenn sie von ihnen um den Gnadenstoß gebeten wurden. Und wenn einer in den letzten Augenblicken seines Lebens sein brechendes Auge dem Tempel zuwandte, dann tat er es, um den Anblick der Rebellen zu vermeiden, denen ein längeres Dasein gegönnt war. Anfänglich hatten diese wohl befohlen, die Toten auf Kosten des Staates zu bestatten, denn sie konnten den Verwesungsgeruch nicht mehr ertragen; später jedoch war auch dies nicht mehr durchführbar, und so gaben sie Weisung, die Leichen von der Mauer in den Abgrund zu werfen.

4. Als nun Titus seine Runde machte, da sah er die Menge der Toten in den Abgründen und den tiefen Schlamm von verwesenden Exkrementen, die aus den verfaulenden Leibern hervordrangen; er stöhnte auf, hob seine Hände gen Himmel und beteuerte vor Gott, daß er daran unschuldig sei.

So traurig lagen die Dinge in der Stadt; die Römer jedoch waren guter Dinge, da nun keiner der Rebellen mehr einen Ausfall wagte. Auch ihnen war ja der Mut entschwunden, und schon bekamen sie auch den Hunger zu spüren, während die Römer Getreide und alle anderen Speisen in Menge aus Syrien und aus den Nachbarprovinzen bezogen. Jetzt kam es oft vor, daß sich Römer nahe bei der Mauer aufstellten und den Überfluß an Nahrungsmitteln zeigten, damit das Begehren der Feinde noch besonders gereizt würde. Aber während die Rebellen trotz dieser Not von ihrem Starrsinn nicht abließen, erbarmten den Titus die traurigen Reste des Volkes, und so tat er denn noch alles, um wenigstens die Überlebenden dem Untergang zu entreißen. Und wiederum ging er daran, Erdaufschüttungen zu errichten, obgleich das nötige Holz kaum mehr aufzutreiben war. Rund um die Stadt war nämlich schon für die vorausgehenden Belagerungsmaßnahmen alles kahl geschlagen worden, und die Soldaten mußten das Holz anderweitig über eine Strecke von 90 Stadien herbeischaffen. Die Aufschüttungen wurden jedoch diesmal nur an vier Punkten in Richtung auf die Antonia hin vorgenommen, erreichten jedoch einen viel größeren Umfang als die vorangegangenen. Der Caesar besuchte nacheinander die Legionen und sah auf einen raschen Vollzug der Arbeiten, um den Banditen deutlich zu machen, daß sie sich bereits in seiner Hand befänden. Diese Elemente waren die einzigen, in denen kein Funken von Reue glomm; sie hatten gewissermaßen Leib und Seele zu trennen vermocht und verfuhren mit beiden, als hätten sie nichts miteinander zu tun: Da war kein Schmerz, der auf ihre Seele Eindruck machte, keine Wunde, die dem Körper zusetzte; denn wie Hunde rissen sie den Kadaver des Volkes in Stücke und füllten die Kerker noch mit jenen Gestalten, aus denen schon jegliche Kraft entwichen war.

13. KAPITEL

1. Simon trieb es sogar so weit, daß er nicht einmal dem Matthias die Todesmarter erließ, dem er es zu verdanken hatte, daß er sich zum Herrn der Stadt hatte machen können. Matthias war der Sohn des Boethos und gehörte einem hohepriesterlichen Geschlecht an; das Volk hielt sehr große Stücke auf ihn und zollte ihm hohe Ehre. Als die Menge schon von den Zeloten drangsaliert wurde –

unter ihnen war damals bereits auch Johannes –, hatte dieser Matthias das Volk zu überreden verstanden, daß es Simon als einen Helfer hereinließ, und dies sogar ohne jede vorherige Garantie und ohne jedes Bedenken ihm gegenüber. Simon hatte kaum den Fuß in die Stadt gesetzt und diese in seine Gewalt bekommen, da sah er im nämlichen Matthias, der ihm geholfen hatte, genauso wie in den anderen einen Feind, da er die Ansicht vertrat, Matthias habe dem Volk seinen Rat nur aus lauter Dummheit gegeben. Matthias wurde schließlich der Prozeß gemacht, und zwar wegen angeblicher Freundschaft mit den Römern; und dabei verwehrte ihm Simon jegliche Verteidigung und ließ ihn samt drei Söhnen zum Tode verurteilen, während der vierte Sohn mit Mühe noch zu Titus fliehen konnte. Nach dem Urteilsspruch bat Matthias den Simon, er möchte ihn doch vor seinen Söhnen umbringen lassen; er glaubte sich zu dieser Bitte berechtigt, da er ihm, dem Simon, einst die Stadt geöffnet hätte. Der Tyrann aber befahl jetzt erst recht, ihn zuletzt zu töten. So mußte Matthias die Ermordung seiner Kinder mitansehen, bevor ihn selbst über ihren Leichen der Tod ereilte, nicht ohne daß man ihn dabei an einen Platz brachte, den die Römer einsehen konnten. Diesen Befehl hatte nämlich Simon dem Ananus gegeben, dem Sohn des Bagadates, der an Grausamkeit alle seine anderen Leibwächter überragte; und voll Hohn ließ er dabei an Matthias die Frage richten, ob ihm nun wohl die Römer zu Hilfe kämen, zu denen er hätte überlaufen wollen. Er untersagte es auch, den Leichen ein Grab zu geben. Nach ihnen ereilte den Ananias sein Schicksal, den Sohn des Masbalos, einen sehr angesehenen Mann, außerdem den Ratssekretär Aristeus aus Emmaus und noch weitere fünfzehn ausgezeichnete Bürger. Der Vater des Josephus aber wurde in den Kerker geworfen und unter strengste Bewachung gestellt. Schließlich erging durch öffentliche Bekanntmachung der Befehl, daß in der ganzen Stadt jegliche Zusammenkünfte und Zusammenrottungen zu unterbleiben hätten . . . so groß war die Furcht vor verräterischen Handlungen. Wenn jemand in die Totenklage eines anderen miteinstimmte, dann wurde er ohne Prozeßverfahren zu Tode gebracht.

2. Zeuge von all dem war Judas, des Judas Sohn, einer von den Unterführern des Simon, der von diesem auch beauftragt worden war, einen Turm zu bewachen. Er empfand nun freilich Mitleid ob des Entsetzlichen, das über die grausam Hingeschlachteten gekommen war; noch mehr aber war er für sich selbst besorgt, weshalb er die zehn Getreuesten aus seinen eigenen Leuten zu sich kommen ließ und sprach: »Wie lange noch sollen wir diesen Wahnsinn gewähren lassen? Oder wie können wir noch auf unsere Rettung hoffen, wenn wir noch länger einem Verbrecher gefügig sind? Verspüren nicht auch wir schon den Hunger und haben die Römer nicht schon fast die Innenstadt erreicht? Simon aber bricht die Treue sogar seinen Freunden, denen er einiges zu danken hat, und so muß man nun gewärtig sein, daß er einen bestraft, wogegen man sich auf das Angebot der Römer verlassen kann. Los, übergeben wir die Mauer und retten wir uns und die Stadt! Simon jedoch geschieht es recht, wenn ihn schon eher sein Schicksal ereilt, wo er doch ohnehin an keine Rettung mehr denkt!« Diese Argumentation verfehlte bei den Leuten ihre Wirkung nicht, und so entsandte er am folgenden Tag frühmorgens den Rest der ihm unterstellten Truppe mit Aufträgen in verschiedene Richtungen, so daß die Aktion geheim blieb, während er selbst um die dritte Stunde vom Turm aus die Römer anrief. Diese aber antworteten ihm teils mit Verachtung, teils mit Mißtrauen, in der Mehrzahl jedoch hielten sie sich zurück, da ihnen die Stadt ohnehin bald ohne Risiko in die Hände fallen würde. Und wie dann Titus Anstalten traf, mit Hopliten gegen die Mauer zu rücken, hatte Simon schon davon erfahren und besetzte noch im letzten Augenblick den Turm, ließ die Leute packen und im Angesicht der Römer niedermetzeln und die zerfetzten Leichen vor die Mauer hinauswerfen.

3. Während dieser Tage machte Josephus wieder einmal seinen Rundgang, um wie immer die Juden zur Vernunft zu mahnen; da wurde er von einem Stein am Kopf getroffen und brach gleich ohnmächtig zusammen. Als die Juden dies sahen, machten sie sofort einen Ausfall, und sie hätten Josephus wohl in die Stadt ge-

zerrt, hätte der Caesar nicht augenblicklich Leute zu seiner Dekkung entsandt. Und während diese mit den Juden fochten, wurde Josephus, der von dem Vorgefallenen kaum etwas wahrnahm, weggebracht; die Rebellen aber schrien laut vor Freude, glaubten sie doch endlich den zur Strecke gebracht, um den ihnen so sehr zu tun war. Dieses Gerücht machte nun in der Stadt seine Runde, und das restliche Volk war daraufhin sehr niedergeschlagen, da es den Mann verloren glaubte, der sie bislang zum Überlaufen ermutigt hatte. Als jedoch des Josephus Mutter im Kerker vom Tod ihres Sohnes erfuhr, sagte sie zu ihren Wächtern, sie habe damit schon seit der Einnahme von Jotapata gerechnet, denn auch wenn er noch am Leben wäre, so hätte sie doch nichts davon. Insgeheim jedoch jammerte sie zu ihren Dienerinnen hin, das habe ihr ihre große Kinderzahl eingebracht, daß sie nicht einmal ihren Sohn begraben könne, von dem sie erwartet hatte, daß er einst sie begrabe. Aber die Falschmeldung quälte sie nicht länger und ließ das Räubergesindel nicht länger jubilieren; denn rasch kam Josephus wieder zu sich, und dann stellte er sich vor die Stadt, um seinen Feinden mit lauter Stimme kundzutun, daß sie für die Wunde, die er erlitten, bald die Rache zu spüren bekämen. Dem Volk aber rief er wiederum eindringlich zu, es solle das Angebot annehmen. Das machte den Leuten wieder Mut, die Rebellen aber waren wie vom Blitz getroffen, als sie seiner ansichtig wurden.

4. Die unmittelbare Not veranlaßte nun den einen oder den anderen Überläufer, ohne Zögern von der Mauer herunterzuspringen, andere wiederum taten, als wollten sie mit Steinen bewaffnet hinausstürzen, um zu kämpfen, flüchteten sich aber dann zu den Römern hinüber. Sie aber ereilte ein Geschick, das noch bei weitem die Greuel in der Stadt übertraf; denn sie bekamen es zu spüren, daß der Überfluß bei den Römern für sie noch viel gefährlicher war als die Hungersnot bei ihnen. Wegen ihres Nahrungsmangels fanden sie sich nämlich im Lager der Römer mit starken Ödemen ein, so als hätten sie die Wassersucht; dann füllten sie den leeren Leib mit einer Überfülle an Speisen, so daß ihre Eingeweide barsten. Nur wenige waren klug genug, ihr Verlangen zu zügeln und

nur nach und nach etwas zu sich zu nehmen, waren sie doch ganz und gar jeder Nahrungsaufnahme entwöhnt. Hatten sie diese Gefahr bestanden, dann traf sie ein anderer Schlag. Bei den Syrern war nämlich ein Überläufer erwischt, der aus seinem Kot gerade Goldstücke herausholte. Bekanntlich verschluckten die Juden Goldstücke, ehe sie die Flucht ergriffen; denn die Rebellen kontrollierten jeden genau. In der Stadt gab es ja so viel Gold, daß man jetzt schon für 12 attische Drachmen Goldmünzen erstehen konnte, die vordem 25 Drachmen gekostet hatten. Nun aber war diese kluge Vorsichtsmaßnahme bei einem einzigen ans Licht gekommen, und schon hieß es in den Lagern überall, die Überläufer hätten bei ihrer Ankunft lauter Gold in ihrem Innern. Die Menge der Araber und Syrer schlitzte nun den um Gnade Flehenden die Bäuche auf, um ihre Mägen zu durchsuchen. Dies erscheint mir doch als der Gipfel des Unheils, das die Juden traf. In einer einzigen Nacht wurden nämlich etwa 2000 Menschen der Leib aufgeschnitten.

5. Als der Caesar von diesen Untaten erfuhr, hätte er beinahe die Verbrecher von den Reitern einkreisen und mit Pfeilen umbringen lassen. Es waren aber viel zu viele, die davon betroffen worden wären, und die Zahl der Verbrecher hätte die der Opfer mehrfach überstiegen. So beschied er denn die Kommandeure der Hilfstruppen und der Legionen zu sich, denn auch von seinen eigenen Truppen waren einige angeschuldigt, und gab beiden Abteilungen seinem Zorn darüber Ausdruck, daß einige von seinen eigenen Kameraden eines zweifelhaften Gewinnes wegen derartige Untaten begingen ohne Rücksicht auf die goldenen und silbernen Embleme an ihren Waffen. Über die Araber und Syrer jedoch sei er empört, einmal, weil sie sich in einem Krieg, der sie als Nation nichts anging, nach Belieben ihren Leidenschaften hingaben, sodann aber, weil sie durch ihre entsetzlichen Schlächtereien und durch ihren fanatischen Haß gegen die Juden den römischen Schild beschmutzten; denn auch auf einige von seinen Soldaten falle jetzt schon ein übles Licht. So drohte er ihnen denn die Todesstrafe an, wenn sich wieder einer finde, der sich Derartiges erlaube. Den Befehlshabern der Legionen jedoch befahl er, gegen die Verdächtigen eine Untersu-

chung in die Wege zu leiten und diese vor ihn zu bringen. Aber offenbar ließ sich die Geldgier durch keinerlei Strafe Zügel anlegen, wohnt doch dem Menschen von Natur aus eine übermächtige Gier nach Gewinn inne, und es läßt sich ja keine Leidenschaft irgendwie mit der Habgier in Vergleich setzen. Gewiß, sie hat sonst auch ihre Grenze, und die Angst vermag sie sonst schon niederzuhalten; aber in diesem Falle hatte eben Gott selbst über das ganze Volk sein Urteil gesprochen und ließ ihm jeden Versuch einer Rettung zum Unheil ausschlagen; d. h. was der Caesar unter Strafe untersagt hatte, das praktizierte man doch insgeheim an den Überläufern. Und noch ehe die Flüchtigen von allen gesehen wurden, waren sie schon mit den Barbaren zusammengeraten, die sie auf der Stelle töteten, wobei sie sich nach allen Seiten gegen Beobachter unter den Römern sicherten; dann schnitten sie ihren Opfern den Leib auf und holten den grausigen Gewinn aus den Eingeweiden. Freilich waren es nur wenige, bei denen etwas zu finden war, die Mehrzahl starb einzig wegen der bloßen Hoffnung auf Gewinn. Diese schauderhafte Praktik veranlaßte viele der Überläufer, wieder umzukehren.

6. Dann kam aber das Stadium, in dem die Beute, die Johannes dem Volk abgenommen hatte, dahinschmolz, und nun wandte er sich dem Tempelraub zu, und er ließ eine Menge von Weihegeschenken einschmelzen, aber auch viele Kultgeräte wie Mischkrüge, Teller und Tische; ja nicht einmal von den Gefäßen für den ungemischten Wein, die ein Geschenk des Augustus und seiner Gattin waren, ließ er seine Finger. Die Römerkaiser hatten nämlich dem Heiligtum stets Ehre erwiesen und hatten es mit Gaben ausgestattet, aber der Jude plünderte damals sogar die Geschenke von Angehörigen fremder Völker. Und er tat es, indem er zu den Leuten seiner Umgebung sagte, es bestünden keine Bedenken, Gottes Güter im Interesse Gottes zu gebrauchen, und so sei es nur gerecht, wenn die Verteidiger des Heiligtums auch von ihnen lebten. Das veranlaßte ihn auch, den heiligen Wein und das Öl auszuleeren, das die Priester im Innern des Heiligtums für die Brandopfer verwahrten, um es darüber zu schütten. Er verteilte Öl und Wein unter die

Menge, und nun salbten sich die Leute ohne Bedenken mit mehr als einem Hin-Maß und sie tranken auch daraus. Ich brauche mir wohl keinen Zwang aufzuerlegen und darf es wohl sagen, was mir der Schmerz zu sagen befiehlt: Hätten die Römer noch länger gezögert, gegen diese Verworfenheit vorzugehen, dann hätte sich meines Erachtens wohl die Erde aufgetan, um die Stadt zu verschlingen, oder sie wäre wohl von einer Flutwelle hinweggespült oder wie Sodom von himmlischem Feuer verzehrt worden; denn gemessen an den Menschen, die einst so entsetzlich bestraft wurden, war das Geschlecht Jerusalems noch viel gottloser. Und sein Wahnwitz war es, der das gesamte Volk mit in den Untergang riß.

7. Wozu aber muß ich die ganze Katastrophe im Detail darstellen? Es war ja gerade in diesen Tagen, daß sich Mannaeus, der Sohn des Lazarus, zu Titus flüchtete und die Kunde brachte, daß durch das eine Tor, das ihm anvertraut war, 115 880 Leichen aus der Stadt gebracht worden seien, und zwar vom Tag des Belagerungsbeginns, dem 14. Xanthikos, bis zum Neumond des Panemus. Diese Zahl umfaßte jedoch nur die armen Leute. Mannaeus hatte diese Zählung übrigens nicht aus eigenem Entschluß vorgenommen, sondern er war offiziell dafür bestellt, da er die Totengräber aus der Staatskasse zu entlohnen hatte. Die anderen Toten wurden durch ihre Familien bestattet. Aber das ging nur so vor sich, daß man die Leichen vor die Stadt brachte und sie dort hinwarf.

Nach dem Mannaeus entkamen noch zahlreiche andere Leute von Rang und Ansehen, und sie wußten zu berichten, daß sich die Zahl der vor den Toren hingeworfenen armen Leute auf insgesamt 600 000 belief, während die Zahl der restlichen Toten nicht zu ermitteln gewesen sei. Als es dann soweit war, daß die Kräfte nicht mehr reichten, um die Armen auf diese Weise zu bestatten, da habe man ihre Leichen in den größten Häusern bestattet und die Zugänge verriegelt. Ein Maß Weizen habe damals ein Talent gekostet, und später, da man wegen der Ummauerung der Stadt nicht einmal mehr auf Kräutersuche gehen konnte, seien manche so in Not geraten, daß sie die Kloaken durchwühlten und aus deren Unrat alten Rindermist herausholten; und was ehedem beim bloßen Anblick

Ekel hervorgerufen habe, das habe damals als Nahrung gedient. Allein die Kunde davon erregte bei den Römern Mitleid, aber die Rebellen, die das als Augenzeugen mitansahen, ließen sich nicht umstimmen, sondern warteten, bis auch sie selbst davon betroffen waren; denn das Schicksal hatte sie erblinden lassen, das Schicksal, das bereits über die Stadt wie über sie selbst hereingebrochen war.

BUCH VI

1. KAPITEL

1. Täglich verschlimmerte sich nun die Lage in Jerusalem, denn das Unheil erbitterte die Rebellen immer mehr, und der Hunger, der schon im Volk so schreckliche Opfer forderte, begann auch ihre Reihen mehr und mehr zu lichten. So türmten sich denn alsbald in der Stadt die Leichen zu Haufen, und es war ein furchtbarer Anblick; sie verbreiteten einen pestartigen Geruch, wodurch sich sogar die Kämpfer bei ihren Ausfallmanövern behindert fühlten. Diese nämlich waren gezwungen, ihren Weg über die Leichen zu nehmen, als hätten sie sich für ihren Kampf durch ein entsetzliches Blutbad Bahn brechen müssen. Aber die Verbrecher kannten weder Regungen des Schauderns noch des Erbarmens, wenn sie darüber mit den Füßen hinwegschritten, und sie sahen auch keinerlei schlimmes Vorzeichen ihres eigenen Unheils, wenn sie die Toten schändeten; nein, mit ihren vom Brudermord besudelten Händen warfen sie sich den Fremden entgegen in einer Weise, daß man hätte glauben mögen, sie machten Gott dafür verantwortlich, daß seine Strafe so lange auf sich habe warten lassen. Doch von einer Siegeshoffnung konnte bei ihrer entschlossenen Fortsetzung des Krieges schon nicht mehr die Rede sein, sondern einzig vom Mut der Verzweiflung.

Die Römer jedoch konnten den Bau der Wälle, wenngleich es für sie schwierig war, das Bauholz herbeizuschaffen, in 21 Tagen vollenden. Bei dieser Gelegenheit schlugen sie freilich, wie wir schon hörten, das Land um die Stadt im Radius von 90 Stadien völlig kahl. Nun bot die Gegend einen kümmerlichen Anblick, denn wo zuvor Bäume und Parkanlagen einen herrlichen Schmuck abgegeben hatten, da war jetzt alles verwüstet und abgeholzt. Hätte ein Fremder, der das frühere Judäa und die großartigen Vorstädte Jerusalems kannte, diese Wüstenei erblickt, so hätte er wohl weinen und seufzen müssen über diesen Wandel, der hier vor sich gegangen war; hatte doch der Krieg auch jedes Zeichen von Schönheit zerstört, und wäre jemand, der den Platz von früher kannte, hierhergekommen, so hätte er sich nicht mehr ausgekannt, sondern hätte wohl nach der Stadt erst suchen müssen, obgleich er vor ihr stand.

2. Die Römer wie die Juden waren übrigens um die Vollendung des Walles in gleicher Weise besorgt. Die Juden mußten nämlich mit der baldigen Eroberung der Stadt rechnen, falls sie die Wälle nicht wieder durch Brand zerstören konnten. Die Römer jedoch mußten die Hoffnung auf eine Einnahme Jerusalems aufgeben, wenn auch diese Arbeit wieder vernichtet wurde, denn in Zukunft hatten sie erstens einmal kein Baumaterial zur Verfügung, zweitens aber waren die Soldaten von den Mühen zermürbt und durch das fortgesetzte Unglück demoralisiert. Bei den Römern herrschte fast noch größere Mutlosigkeit wegen der furchtbaren Verhältnisse in der Stadt als bei den Bewohnern in Jerusalem selbst. Diese waren nicht nur trotz ihrer fürchterlichen Nöte noch hartnäckiger geworden, sondern sie machten auch immer wieder die Hoffnungen der Römer zunichte, wenn sie gegen die Wälle ihre List aufboten und gegen die Belagerungsmaschinen durch ihre festen Mauern, im Nahkampf aber durch ihre Verwegenheit einen Sieg nach dem anderen buchen konnten. Vor allem aber war es den Römern nun klar geworden, daß die Juden über einen Mut verfügten, der sie über innere Streitigkeiten, über Hunger und Krieg und viele andere Nöte triumphieren ließ, und daß deshalb die Kampfkraft der Gegner so wenig zu demoralisieren war wie ihre Standhaftigkeit in der Not. Es blieb ihnen nur zu fragen, was diese Menschen erst im Glück vermochten, wenn sie das Unglück schon immer hartnäckiger werden ließ.

3. Und so blieb den Römern nichts, als ihre Dämme mit noch stärkeren Pfosten zu versehen als vorher. Johannes aber und seine Leute in der Antonia suchten sich nun auch für die künftige Entwicklung zu sichern, für den Fall, daß die Mauer nachgab, und noch bevor die Rammböcke eingesetzt wurden, gingen sie zum Angriff auf die Belagerungswerkzeuge über. Dies brachte ihnen freilich diesmal keinen Erfolg, denn wohl machten sie mit Brandfak-

keln einen Ausfall, aber noch bevor sie an den Wällen waren, mußten sie ihre Hoffnung begraben und umkehren. Es scheint, daß ihre Absicht vor allem daran krankte, daß ihr kein einheitlicher Plan zugrunde lag, denn sie machten ihren Ausfall in kleinen zusammenhanglosen Haufen und zögerten dabei voll Angst, wie es die Juden sonst nie zu tun pflegten; es fehlte ihnen eben an allen ihren sonstigen Tugenden, an Kühnheit, an Schnelligkeit, an Entschlossenheit im Vorgehen und an der Technik, sich rückwärts abzusetzen. Dazu mußten sie gewahr werden, daß die Römer, während sie selbst in ihrer Entschlußkraft nachgelassen hatten, in einer ungewöhnlich starken Stellung waren. Mit ihren Leibern und ihren Rüstungen hatten sie nämlich die Wälle völlig abgedeckt, so daß nirgends durchzukommen war, um einen Brand entfachen zu können, und jeder einzelne hatte sich fest vorgenommen, sich lieber töten zu lassen, als vom Platze zu weichen. Denn wurden diese Belagerungswerke auch ein Raub der Flammen, dann waren ja alle ihre Hoffnungen dahin; außerdem war es für das Ehrgefühl der Soldaten unerträglich, sich vorzustellen, daß unablässig die List über die Tapferkeit, die Tollkühnheit über die Kriegskunst, die zahlenmäßige Überlegenheit über die Erfahrung, daß stets Juden über die Römer siegen sollten. Die Kriegswerkzeuge, die den Angreifern nahe waren, halfen übrigens nachdrücklich mit; denn fiel einer der Angreifer, so war er ein Hindernis für den, der ihm folgte, und die Gefahr, die weiter vorne auf ihn wartete, ließ ihren Mut gänzlich sinken. Kamen nun einige auf Schußweite heran, so wandten sich die einen, noch bevor es zum Nahkampf kam, vor lauter Angst vor den gut disziplinierten Reihen der Feinde zur Flucht, andere wiederum wurden von Wurfspeeren getroffen und suchten sich zurückzuziehen. Am Ende aber kehrten alle wieder um, ohne etwas ausgerichtet zu haben, und dabei ziehen sie sich noch gegenseitig der Feigheit. Dieser Angriff fiel auf den Neumond des Monats Panemus.

Kaum waren nun die Juden zurückgewichen, da brachten die Römer ihre Widder zum Einsatz, obgleich sie von der Antonia aus mit Felsen, Brandfackeln, eisernen und sonstigen Geschossen, deren die Juden in ihrer Not gerade habhaft werden konnten, bombardiert wurden. Es ging eben den Juden trotz ihres großen Vertrauens auf die Mauern und trotz ihrer Geringschätzung der römischen Belagerungsmaschinen doch darum, es unmöglich zu machen, daß diese zum Einsatz kamen. Die Römer jedoch erklärten sich die Energie, mit der die Juden die Antonia vor dem Arbeiten der Widder zu bewahren suchten, mit der Schwäche der Mauern, und in der Annahme, der Unterbau möchte wohl schadhaft sein, boten sie alle Kraft auf. Gleichwohl rührte sich nichts an den gerammten Teilen der Mauer. Trotz ständigen Beschusses wichen die Römer vor der Gefahr von oben nicht zurück, sondern betätigten unablässig die Rammböcke. Freilich waren sie immer noch unterlegen, und vor allem der Steinhagel verursachte ihnen arge Ausfälle, und so bildeten einige von ihnen mit ihren Schilden ein Schutzdach, gruben mit Händen und Hebelwerkzeugen Löcher unter die Grundmauern und konnten endlich nach ungeheurer Anstrengung vier Quader herausbrechen. In der Zwischenzeit war es Nacht geworden, und beiderseits hatte nun der Kampf ein Ende. Während der Nacht aber brach plötzlich die von den Rammböcken erschütterte Mauer dort zusammen, wo Johannes einen unterirdischen Gang gegen die früheren Umwallungen vorgetrieben hatte; die Hohlstelle war nämlich eingesunken.

4. Auf beiden Seiten hatte dieser Vorfall, was die erwartete moralische Stärkung betraf, eine gegenteilige Wirkung. Die Juden, die eigentlich durch den plötzlichen Einbruch, der für sie völlig unerwartet gekommen war, in ihrer Hoffnung hätten erschüttert sein müssen, waren im Gegenteil guten Mutes, weil die Antonia selbst doch standgehalten hatte. Bei den Römern jedoch wurde die überraschende Freude über das Bersten der Mauer gleich wieder gemindert, da sie eine zweite Gefahr gewahr wurden, die die Leute des Johannes hinter der geborstenen Mauer verursacht hatten. Wohl schien die Mauer leichter zu nehmen als die erste, vor allem weil man über deren Trümmer leichter emporsteigen konnte, sodann aber, weil anzunehmen war, daß sie viel schwächer sei als die Antonia und nur improvisiert und folglich rascher vernichtet werden

könne. Trotzdem wagte niemand hinaufzusteigen, weil die ersten, die es versuchten, dem sicheren Tode geweiht waren.

5. Überzeugt, daß der Kampfesmut der Soldaten hauptsächlich einer hoffnungsvollen Ermunterung bedürfe und daß Zuspruch und Versprechungen sie oftmals die Gefahr mißachten, ja zuweilen den Tod geringschätzen ließen, versammelte Titus die Tapfersten von seinen Kriegern, um ihren Mut auf die Probe zu stellen, und sprach zu ihnen: »Kameraden! Einen zu einer ungefährlichen Aktion zu ermuntern, kommt nicht nur einer Verächtlichmachung dessen gleich, den man ermuntert, sondern belastet auch den, der die Ermunterung ausspricht, mit dem Vorwurf der unmännlichen Haltung. Ich glaube, man braucht einem doch nur zu gefährlichem Tun Mut zuzusprechen, denn jedes andere Tun vollzieht man ja von sich aus. Deshalb will ich selbst unverblümt sagen, daß die Ersteigung der Mauer tatsächlich schwierig ist; und näher eingehen will ich bloß darauf, daß es gerade denen gut ansteht, gegen Schwierigkeiten anzukämpfen, denen am Ruhm der Tapferkeit etwas gelegen ist, daß es herrlich ist, den Tod des Helden zu sterben, daß jede Heldentat denen, die sie als erste wagen, eine Belohnung einbringen wird. Vor allem sollt ihr euch durch das ermuntert fühlen, was andere wohl abschrecken könnte, nämlich durch die Zähigkeit der Juden und ihre Beharrlichkeit im Unglück. Es wäre fürwahr schändlich, wenn ihr, die ihr Römer seid und unter meiner Führung kämpft, die ihr im Frieden die Kriegführung gelernt habt und im Kriege nichts anderes kennt als den Sieg, wenn ihr an Stärke oder Tapferkeit von den Juden übertroffen würdet, noch dazu im gegenwärtigen Augenblick, da ihr schon beinahe die Sieger seid und Gott zum Helfer habt. Die Schläge, die uns trafen, waren ja nur verursacht durch den verzweifelten Kampfesmut der Juden; was sie aber an Leiden hinnehmen müssen, wird durch eure Tapferkeit und durch das Eingreifen der Gottheit noch schwerer. Denn daß Bürgerkrieg, Hungersnot, Belagerung und das Bersten der Mauern, ohne daß wir mit unseren Maschinen daran rütteln – daß all das über sie kommt, das ist doch offensichtlich durch Gottes Zorn verursacht und dadurch, daß Gott auf unserer Seite steht.

Wir werden uns doch wohl nicht nachsagen lassen, daß wir Schwächeren zurückweichen mußten und Gottes Hilfe ausgeschlagen hätten? Die Juden, die in einer Niederlage nichts besonders Schändliches sehen, weil sie sich schon oft in die Knechtschaft fügen mußten, mißachten dennoch den Tod, um nicht wieder Knechte werden zu müssen, und sie wagen immer wieder Ausfälle mitten in unsere Heere hinein, nicht etwa, weil sie auf Sieg hoffen, sondern nur, um ihre Tapferkeit zu beweisen. Wäre es da nicht schmachvoll, wenn wir, die wir fast alle Länder und Meere beherrschen, für die es schon schändlich ist, nicht jedesmal den Sieg zu gewinnen, wenn wir mit einem so ungeheuren Heer tatenlos zusähen und warteten, bis Hunger und Not unsere Feinde zermürbt haben, ohne daß wir auch nur ein einziges Mal einen energischen Schlag gegen sie wagten, wo wir doch schon mit geringer Anstrengung alles haben können? Erklimmen wir die Antonia, so ist die Stadt unser; denn sollte es auch im Innern der Stadt noch zu leichten Kämpfen kommen, was nicht anzunehmen ist, so garantiert uns doch unsere Höhenstellung, durch die wir den Feind erdrücken können, einen schnellen und glänzenden Sieg. Nicht will ich jetzt den Tod im Kampfe rühmen und die Unsterblichkeit jener, die in der Hitze des Kampfes den Tod finden; aber ich möchte jenen, die anders denken, wünschen, daß sie ruhig an einer Krankheit sterben können, so daß zusammen mit dem Leib auch die Seele ins Grab wandert. Denn wer wüßte nicht, daß die Seelen der Tapferen, die in der Schlacht durch das Schwert vom Leibe erlöst werden, der reinste Stoff, nämlich der Äther, in sich aufnimmt und unter die Gestirne versetzt, und daß sie von dort aus als freundliche Geister und wohlwollende Heroen ihren Nachkommen zur Seite sind, wogegen jene, die mit kranken Körpern dahinschwinden, sollten sie noch so rein sein von Sünde und Schmutz, die Nacht der Unterwelt umfängt, wo sie in den Abgrund des Vergessens versinken und Leib und Leben und das Gedenken an sie in gleicher Weise einbüßen? Wenn schon das Schicksal über den Menschen unausweichlich den Tod verhängt hat und wenn das Schwert ein viel leichter zu ertragender Helfer dieses Schicksals ist als jedwede Krankheit, wäre es da nicht schändlich, wenn wir das Opfer unseres Lebens nicht einem guten Zweck bringen wollten, jenes Lebens, das wir ja doch dem Schicksal einmal hingeben müssen? Bisher habe ich so gesprochen, als kämen jene, die den Angriff wagten, nicht mit dem Leben davon. Jetzt aber müssen wir auch an die andere Möglichkeit denken, daß nämlich tapfere Helden sogar der größten Gefahr entrinnen können. Da sind einmal die Trümmer, die ja nicht schwierig zu erklimmen sind; haben wir das hinter uns, dann wird die neue Mauer leicht vernichtet werden können. Wenn also mehrere von euch mutig den ersten Schritt wagen, so werdet ihr euch gegenseitig Ermunterung und Hilfe sein, und euer energisches Handeln wird dann rasch den Hochmut der Feinde brechen. Vielleicht braucht ihr bei dem ganzen Unternehmen kein Blut zu vergießen, wenn ihr es richtig anpackt. Freilich werden sie alles tun, um euch schon beim Hinaufsteigen abzuwehren. Hat euch aber einmal List oder Gewalt nach oben gebracht, dann werden sie euch nicht mehr widerstehen, auch wenn ihr zunächst nur wenige seid. Was mich betrifft, so wird es mir eine Ehre sein, jenen von euch, der als erster hinaufgelangt, so zu belohnen, daß man ihn beneidet: kommt er mit dem Leben davon, dann soll er über jene befehligen, die jetzt ihm gleichgestellt sind. Aber auch das Gedenken derer, die dabei ums Leben kommen sollten, werde ich in allen Ehren zu halten wissen.«

6. Während Titus sprach, war das Heer immer noch voll Angst vor der ungeheuren Gefahr; lediglich einer aus den Kohorten, ein Syrer namens Sabinus, zeigte sich tapfer und mutig, obgleich man ihn seiner äußeren Erscheinung nach gar nicht für einen richtigen Soldaten angesehen hätte. Er war nämlich von schwarzer Hautfarbe, aber schmächtig und sehnig; doch in diesem hageren, für seine ungeheure Kraft viel zu kleinen Körper fand sich die Seele eines echten Helden. Er also stand vor allen auf und sprach: »Gern, Caesar, will ich mich für dich opfern, und als erster will ich die Mauer ersteigen, nur wünschte ich mir zu meiner Tapferkeit und meinem Willen noch dein Glück! Sollte mir mein Unternehmen nicht gelingen, so glaube mir, daß ich über den Fehlschlag nicht

überrascht wäre, sondern daß ich freiwillig für dich den Tod gewählt habe!« Sprach's und hielt dann mit der Linken den Schild über den Kopf, griff mit der Rechten nach dem Schwert und begab sich – es war ungefähr die sechste Stunde des Tages – zur Mauer hin. Von den restlichen begleiteten ihn nur elf Männer, die ihm an Mut nicht nachstehen wollten; er jedoch stürzte allen voran, als wäre er von einer höheren Macht getrieben. Die Wächter auf der Mauer schleuderten ihre Lanzen auf die Gruppe und deckten sie allseits mit einem Geschoßhagel ein; dazu wälzten sie noch gewaltige Felsblöcke auf sie herunter, die einige von den elf Männern mit sich rissen. Sabinus aber stürmte mutig den Geschossen entgegen, und obgleich man ihn fast nicht mehr sah, so dicht hagelten auf ihn die Pfeile, so gab er doch nicht eher nach, als bis er auf der Mauerkrone stand und die Feinde verscheucht hatte. Erschrocken über seine Stärke und Schlagkraft ergriffen die Juden die Flucht, waren sie doch auch der Meinung, es seien noch mehr mit ihm nach oben gekommen.

Damals jedoch mochte man wieder einmal dem Schicksal gram sein, weil es die Tapferkeit mit seinem Neid verfolgt und einem besonderen Heroismus in den Arm zu fallen sucht. Denn als dieser tapfere Soldat glücklich oben war, glitt er aus, stolperte über einen Stein und stürzte kopfüber unter lautem Getöse darauf. Nun kehrten die Juden wieder zurück, sahen ihn hilflos daliegen und deckten ihn von allen Seiten mit Geschossen ein. Doch er stützte sich auf sein Knie und wehrte noch einige Zeit mit dem Schild alles ab, und mehrere, die sich zu nahe an ihn heranwagten, empfingen sogar Schläge von ihm; aber schließlich ließ er, von Wunden übersät, seinen Arm sinken, und förmlich begraben von Geschossen, gab er seinen Geist auf, ein Mann, der ob seiner Tapferkeit ein freundlicheres Schicksal verdient hätte, wenngleich seine Tat seinem Heldentod entsprach. Von den anderen töteten die Gegner noch drei, die ebenfalls bereits oben angelangt waren, durch Steinwürfe, die restlichen acht konnten, freilich verwundet, weggeschafft und ins Lager gebracht werden. Das geschah am 3. Tag des Monats Panemus.

7. Zwei Tage später schlossen sich einige der Wachtposten auf den Wällen zusammen, gewannen noch den Adlerträger der 5. Legion, zwei Mann aus den Reiterabteilungen und einen Trompeter und rückten in der neunten Nachtstunde in aller Stille über die Trümmer an die Antonia heran, töteten die vordersten Wachtposten, ergriffen von der Mauer Besitz und ließen den Trompeter das Signal blasen. Nun standen sofort die anderen Wachen auf, flohen und vergewisserten sich gar nicht erst, von wie vielen sie angegriffen wurden, waren sie doch vor lauter Schreck über das Signal in solche Verwirrung geraten, daß sie glaubten, die Feinde seien in großer Menge nach oben gekommen. Kaum hatte der Caesar das Signal vernommen, als er auch schon das Heer eiligst zu den Waffen befahl und samt den Offizieren einer Eliteabteilung voran den Anstieg in die Festung begann. Und weil sich nun die Juden in den Tempel zurückzogen, stießen die Römer ihnen nach, und zwar vermittels eines unterirdischen Ganges, den Johannes gegen die Dämme der Römer errichtet hatte. Obgleich die Rebellen in zwei gegnerischen Parteien gespalten waren, nämlich unter Johannes und Simon, so handelten sie in der Abwehr doch gemeinsam, und zwar mit einer unübertrefflichen Stärke und größter Tapferkeit, war es ihnen doch klar, daß in dem Augenblick, da das Heiligtum von den Römern besetzt war, die Stadt endgültig gefallen wäre; und auch die Römer sahen darin den Beginn der Einnahme der Stadt. Deshalb kam es an den Eingängen zu einem harten Kampf, indem sich die Römer den Zugang zum Heiligtum und damit zu dessen Besitz erzwingen wollten, wogegen sich die Juden bemühten, die Römer in die Antonia abzudrängen. Beiderseits war es unmöglich, mit Geschossen und Speeren etwas auszurichten, im Nahkampf war vielmehr nur das Schwert zu gebrauchen. Dann war es bald nicht mehr zu unterscheiden, wer in diesem Kampf gegen wen stritt. Denn die Soldaten bildeten ein einziges Wirrsal, und indem sie sich gegenseitig bedrängten, kamen die Reihen durcheinander, und bei dem allgemeinen Lärm waren die Rufe der zusammengehörigen Kameraden nicht mehr vernehmbar. Beiderseits gab es ein großes Blutvergießen, und im Kampf zertrampelten die Krieger

den Gefallenen die Leiber und die Rüstungen. Je nachdem sich das Kriegsglück hier oder dort einstellte, schrien die Begünstigten den anderen Mut zu, während die Unterlegenen in ein Wehgeschrei ausbrachen. Es gab auch weder eine Möglichkeit zur Flucht noch zur Verfolgung, und so wurde die Situation immer verwirrter, und der Kampf ging ergebnislos hin und her. Wer weit nach vorne gedrängt wurde, dem blieb nichts anderes, als daß er tötete oder sich töten ließ, denn an Flucht war nicht zu denken. Die Nachstoßenden drängten nämlich ihre Leute immer mehr nach vorn, und es gab zwischen den Kämpfenden keinerlei Raum mehr. Schließlich aber siegte das wilde Draufgängertum der Juden über die Kriegskunst der Römer, und allenthalben ging der Kampf zu Ende, der sich von der neunten Nachtstunde an bis zur siebten Tagesstunde hingezogen hatte. Die Juden hatten ihr gesamtes Heer, das wegen der bedrohlichen Lage in der Stadt wahre Wunder an Tapferkeit vollbrachte, im Einsatz, während auf seiten der Römer nur eine Abteilung des Heeres mitgekämpft hatte, weil die Legionen, denen alles Hoffen der Kämpfer galt, die Burg noch nicht erklommen hatten. Das war auch der Grund, weshalb es die Römer zunächst bei der Einnahme der Antonia bewenden ließen.

8. Als nun der Centurio Julianus aus einem bithynischen Verband, ein Mann mit nicht unbedeutendem Namen und an Kriegserfahrung und Körperkraft wie an Geistesgegenwart alle überragend, die Römer weichen sah und ihre geringe Abwehrkraft beobachtete, da machte er von der Antonia aus, wo er zusammen mit Titus gestanden hatte, einen Satz nach vorne und drängte die Juden, die den Sieg schon in Händen hatten, allein in eine Ecke des Tempelinneren zurück. Vor ihm wich nun die ganze Masse der Feinde, denn seine Kraft und seine Tollkühnheit schienen ohne Grenzen. Julianus aber stieß unter die Auseinandergestobenen nach allen Seiten hin, und wer ihm in den Weg kam, wurde niedergeschlagen, ein Anblick, so überraschend für den Caesar wie schreckenerregend für die anderen. Aber auch den Julianus ereilte das Schicksal, dem kein Mensch zu entgehen vermag. Wie die anderen Soldaten hatte er Schuhe an, deren Sohlen dicht mit scharfen Nägeln besetzt waren; und als er

nun über das Kopfsteinpflaster eilte, glitt er aus und fiel rückwärts nieder. Durch den Lärm, den seine Rüstung verursachte, wurden die Fliehenden aufmerksam und kehrten um. Gleich aber begannen die Römer auf der Antonia zu schreien, da sie für den Mann fürchteten, während die Juden ihn jetzt dicht umringten und von überallher mit Lanzen und Schwertern auf ihn einstachen. Mit dem Schild konnte er einiges auffangen, und immer wieder wollte er aufstehen; aber die Überzahl derer, die auf ihn eindrangen, konnte ihn immer wieder niederschlagen. Doch sogar im Liegen brachte er noch vielen seiner Feinde mit dem Schwert Wunden bei, und erst nach längerer Zeit empfing er den Todesstreich, da er seinen Nacken einzog und alle Körperstellen, an denen er tödlich verletzt werden konnte, durch seinen Helm und Panzer geschützt waren. Erst als sie ihm die Glieder abgeschlagen hatten und niemand mehr wagte, ihm zu helfen, verschied er. Der Caesar war von tiefem Mitleid ergriffen, als er Zeuge sein mußte, wie dieser Held vor den Augen so zahlreicher Soldaten seinen Tod fand. Er hätte ihm gern selbst geholfen, aber aus seiner Stellung heraus vermochte er es nicht; und jene, die es hätten tun können, waren vor Schreck handlungsunfähig. Endlich war es soweit, daß Julianus, als er fast alle seine Gegner verwundet und nachdem er lange um sein Leben gekämpft hatte, gänzlich zu Tode gebracht war. Nicht nur bei den Römern und beim Caesar, sondern auch bei seinen Gegnern hinterließ er ein ruhmvolles Gedenken. Die Juden brachten die Leiche weg und konnten die Römer nochmals zum Weichen bringen, so daß sich diese auf die Antonia zurückziehen mußten. Bei den Juden hatten sich in diesem Kampf besonders ausgezeichnet Alexas und Gyphthaeus aus der Abteilung des Johannes, Malachias aus der Abteilung des Simon, ebenso Judas, der Sohn des Merton, und Jakobus, der Sohn des Sosas, der die Idumäer befehligt hatte, aus der Schar der Zeloten schließlich noch zwei Brüder, Simon und Judas, die Söhne des Ari.

2. KAPITEL

1. Der Caesar befahl nun den Soldaten seiner unmittelbaren Umgebung, die Grundfesten der Antonia zu schleifen, damit das Gesamtheer leichter zum Tempel gelangen könne. Weil er außerdem an diesem Tage, dem 17. des Monats Panemus, die Kunde erhalten hatte, das tägliche Opfer für die Gottheit sei aus Mangel an Menschen zum großen Leid des jüdischen Volkes nicht abgehalten worden, ließ er den Josephus kommen und gab ihm den Auftrag, er solle wie schon früher dem Johannes begreiflich machen, er möge doch, wenn ihn die Kampfeswut allzu sehr bedränge, mit einer Anzahl von Gegnern herauskommen, so daß Stadt und Tempel nicht in Mitleidenschaft gezogen würden; und er möge doch endlich mit der Befleckung des Heiligtums und dem Gottesfrevel aufhören. Den eingestellten Opferdienst könne er nach Belieben durch Juden seiner Wahl wieder vornehmen lassen. Josephus nahm nun eine solche Stellung ein, daß ihn nicht nur Johannes allein, sondern auch die Volksmenge hören konnte, und so tat er den Auftrag des Titus kund, und zwar auf hebräisch; und er bat dazu noch inständig, sie sollten sich doch ihrer Vaterstadt erbarmen, sollten das Feuer, das gewissermaßen schon in den Tempel hineinlodere, löschen und Gott wiederum täglich opfern. Das Volk hatte darauf nur ein trauererfülltes Schweigen, während der Tyrann in fürchterliche Schmähungen und Flüche auf Josephus ausbrach und laut rief, wegen der Eroberung sei ihm nicht bange, die Stadt werde von Gottes Hand beschützt. Josephus antwortete darauf laut: »Natürlich, du bist es ja, der diese Stadt für die Gottheit rein erhielt, und das Allerheiligste ist noch immer unbefleckt! Gegen Gott, auf dessen Hilfe du baust, hast du dich nicht zum wenigsten vergangen, und er bekommt ja sein alltägliches Opfer! Du Frevler, wenn dir jemand dein tägliches Brot streitig macht, dann ist er für dich dein Feind; und da glaubst du, Gott, dem du sein althergebrachtes Opfer verweigerst, sei dein Helfer in der Schlacht; und dein sündhaftes Verhalten willst du den Römern aufbürden, die noch im gegenwärtigen Augenblick unsere Gesetze respektieren und wünschen, daß die

Opfer wieder gehalten werden, die du beseitigt hast? Wer sollte über einen solch widernatürlichen Wandel der Dinge in der Stadt nicht klagen und jammern? Freunde und Feinde wollen zusammen deine Frevel gegen die Gottheit sühnen, du selber aber, ein Jude, der im Gesetz aufgewachsen ist, gehst entsetzlicher mit diesem Gesetz um, als es ein Feind fertigbrächte. Doch, Johannes, selbst wenn du erst im letzten Moment umkehrst und von deinem Frevel abläßt, ist es keine Schande; das herrliche Beispiel unseres Königs Jechonias sollte dir ein Ansporn sein: Damals, als die Babylonier mit ihrem gewaltigen Heer gegen sie heranrückten, ging er aus freiem Entschluß aus der Stadt heraus, um mit seinen Familienangehörigen freiwillig die Kriegsgefangenschaft auf sich zu nehmen, damit er nicht diese altehrwürdige Stadt den Feinden übergeben und das Heiligtum den Flammen überlassen mußte. Deshalb preisen ihn auch alle Juden in heiligem Gesang, und sein Andenken währt in alle Ewigkeit und bleibt unsterblich bis zu den fernsten Nachkommen. Das ist ein großartiges Vorbild, Johannes, auch dann, wenn es nicht ungefährlich wäre! Nun aber bin ich noch dein Bürge, daß die Römer dir Gnade gewähren! Bedenke doch, daß ich dein Stammesgenosse bin, der so zu dir redet, daß ich dir als Jude all dies verspreche, und achte doch, wer dir also rät und welcher Sinn ihn dabei lenkt! Nein, niemals werde ich mich so gänzlich als Kriegsgefangener fühlen, daß ich mein Volk verriete und mein Vaterland verleugnete! Doch wieder läßt du deinen Zorn gegen mich aufwallen und überschüttest mich mit Beleidigungen! Natürlich, es soll mir noch schlimmer ergehen, weil ich des Schicksals nicht achtend euch ermahne und alles aufbiete, euch zu raten, die Gott schon verworfen hat! Wer kennt nicht die Aufzeichnungen der alten Propheten und die Weissagungen über diese unheilvolle Stadt, die jetzt sich erfüllen sollen? Dann wird Jerusalem sein Ende finden, so heißt es darin, wenn der Anfang gemacht ist mit dem Blutbad im eigenen Volke. Häufen sich denn nicht in der Stadt überall im Tempel die Leichen jener, die durch eure Hand fielen? Gott, ja Gott selbst hat die Römer mit dem Feuer herangeführt, den Tempel zu reinigen, und er selbst vernichtet die Stadt, die von furchtbarem Frevel befleckt ist!«

2. Das waren des Josephus Worte, die er unter Tränen und im Ton der Klage vorbrachte, bis er vor innerer Bewegung nicht mehr weiterzusprechen vermochte. Die Römer erbarmte sein Schmerz, und sie respektierten seinen guten Willen. Johannes aber und seine Helfershelfer gaben sich nur noch mehr verhärtet gegen die Römer und brannten förmlich vor Gier, den Josephus selbst in ihre Hand zu bekommen. Vielen vornehmen Juden aber griff seine Rede ans Herz. Einige unter ihnen zogen es vor, in der Stadt zu verharren, obgleich sie ihren eigenen Untergang wie den der Stadt vor Augen hatten; andere aber fahndeten nach einer Möglichkeit, ohne Gefahr zu fliehen, und liefen zu den Römern über. Darunter waren die Hohenpriester Josephus und Jesus, deren Väter ebenfalls von hohepriesterlichem Stand waren, außerdem drei Söhne eines Mannes namens Ismael, der in Kyrene durch Enthauptung hingerichtet worden war, vier Söhne des Matthias und ein Sohn des anderen Matthias, der, wie oben erwähnt, allein am Leben geblieben war, als sein Vater und seine drei Brüder dem Simon, dem Sohn des Giora, zum Opfer gefallen waren. Zusammen mit den Hohepriestern gingen auch noch zahlreiche andere Leute zu den Römern über. Der Caesar empfing sie nicht nur von Anfang an entgegenkommend, sondern gab ihnen sogar die Erlaubnis, nach Gophna zu ziehen, weil ihm klar war, daß ihnen der Aufenthalt unter einem Volk mit anderen Sitten schwerfiel. In Gophna sollten sie zunächst bleiben, und wenn ihn der Krieg nicht mehr so sehr bedrängte, wollte er jedem sein Hab und Gut zurückgeben lassen. Guten Mutes und völlig ungefährdet reisten sie in die kleine Stadt, die ihnen zum Aufenthaltsort zugewiesen worden war. Da sie nun aus dem Blickfeld entschwunden waren, verbreiteten die Rebellen – einzig zu dem Zweck, den anderen eine Flucht zu verleiden – wiederum das Gerücht, die Feinde hätten die Überläufer getötet. Einige Zeit erfüllte diese Täuschung wie schon früher ihren Zweck; denn die Einwohner wagten tatsächlich aus Angst nicht mehr zu den Römern überzulaufen.

3. Dann jedoch ließ Titus die Männer aus Gophna zurückholen und zusammen mit Josephus unmittelbar vor den Augen des Volkes um die Stadtmauer herumspazieren, und jetzt flohen wiederum ganze Scharen von Juden zu den Römern. Nun bildeten sie eine große Ansammlung und stellten sich alle vor der römischen Front auf und jammerten und baten die Rebellen flehentlich, doch die ganze Stadt für die Römer zu öffnen und die Heimatstadt nochmals zu retten, zum wenigsten jedoch den Tempel gänzlich frei zu machen und ihn für das Volk zu bewahren, da die Römer nur in der äußersten Not sich getrauten, das Heiligtum einzuäschern. Darüber jedoch gerieten die Rebellen noch mehr in Zorn, und sie antworteten auf die Zumutung der Überläufer mit den größten Gemeinheiten und brachten auf den heiligen Toren die Scharfschußgeräte, Katapulte und Steinschleudergeräte in Stellung, so daß der Tempel selbst einem Bollwerk glich und die heiligen Hallen ringsum wie ein Leichenfeld aussahen von der Masse der Toten, die dort zuhauf lagen. Im Tempel, ja, im Allerheiligsten selbst, tummelten sich die bewaffneten Juden, die Hände noch besudelt vom Blut ihrer umgebrachten Stammesgenossen. Und sie trieben mit einer solchen Scheußlichkeit ihr Unwesen, daß sich die Römer mit Grausen von ihnen abwandten, da sie in solcher Weise gegen sich selbst frevelten; sie empfanden einen Widerwillen, wie ihn die Juden nicht in höherem Grade hätten empfinden können, wären die Römer mit gleicher Grausamkeit gegen sie selbst vorgegangen. Denn selbst unter den einfachen Soldaten gab es keinen, der nicht ehrfurchtsvoll erschauernd sein Knie gebeugt hätte, wenn er zum Tempel emporblickte, und der nicht wünschte, daß die Banditen noch ihren Sinn änderten, bevor ein Unglück geschah, das nicht mehr gutzumachen war.

4. Da überkam den Caesar eine tiefe Gefühlsregung, und im Ton des Vorwurfs rief er dem Johannes und seinen Spießgesellen nochmals zu: »Seid nicht ihr es gewesen, ihr verdammten Frevler, die jene Schranken um das Heiligtum legten, die daran jene Säulen aufrichteten, auf denen griechisch und römisch das Verbot angebracht ist, über die Schranken vorzudringen? Haben nicht wir euch

die Erlaubnis gegeben, jeden Zuwiderhandelnden, auch wenn es ein Römer war, zu töten? Jetzt aber trampelt ihr frevlerischerweise darin auf den Leichen herum und beschmutzt den Tempel mit Blut von Fremden wie von Angehörigen eures eigenen Volkes! Zum Zeugen rufe ich die heimischen Götter und ihn, der wohl einst über diese Stadt wachte – jetzt, glaube ich, hat er sich von ihr abgekehrt –, zu Zeugen rufe ich mein Heer, die Juden auf unserer Seite und euch selbst, daß nicht ich solchen Zwang auf euch ausübe, dieses Heiligtum zu entweihen. Und wenn ihr eine andere Walstatt wählt, dann wird kein Römer seinen Fuß in den Tempel setzen oder ihm Schmach antun, nein, ich will ihn euch erhalten, auch wenn ihr es nicht wollt!«

5. Josephus verkündete ihnen dies im Auftrag des Caesars, aber jetzt verstiegen sich die Banditen und ihr Tyrann zu frevlerischem Hohn, waren sie doch dem Wahn verfallen, diese Worte kämen nicht aus einer freundlichen Gesinnung, sondern aus einem feigen Herzen. Das war der Augenblick, da Titus die Überzeugung gewann, daß die Juden weder mit sich selbst Mitleid hatten, noch daß es ihnen irgendwie um den Tempel ging; und deshalb wandte er sich, so schwer es ihm fiel, wieder kriegerischen Maßnahmen zu. Natürlich war es nicht möglich, das gesamte Heer gegen sie zum Einsatz zu bringen, weil der Tempel sie alle ja nicht hätte fassen können. Deshalb wählte er aus jeder Hundertschaft die Tapfersten aus, übergab je 1000 einem Tribunen, unterstellte diese wiederum der Führung des Cerealis und gab den Befehl, um die neunte Nachtstunde einen Überfall auf die Wachen zu unternehmen. Auch Titus selbst zog die Rüstung an, denn er war entschlossen, am Kampf teilzunehmen, obgleich ihn seine Freunde zurückzuhalten suchten – die Offiziere unterstützten sie dabei –, indem sie auf die Größe der Gefahr hinwiesen. Sie waren der Ansicht, er könne mehr nützen, wenn er sich auf der Antonia halte und gewissermaßen vor den Soldaten als Kampfrichter fungiere, als wenn er herabkomme und sich an die Spitze der Kämpfer stelle; denn vor den Augen ihres Feldherrn würden ja alle Krieger ihr Bestes geben. Titus erklärte sich bereit, diesen Argumenten Rechnung zu tragen, und

verkündete, er wolle einzig deshalb zurückbleiben, um zuzusehen, wie sie sich hielten, damit jeder Tapfere belohnt und jeder Feigling bestraft werden könne; weil er die Macht habe, zu strafen und zu belohnen, so müsse er selbst ein Bild davon gewinnen, wie sie kämpften. Und so entsandte er sie zur festgesetzten Stunde und begab sich selbst zu dem Beobachtungspunkt auf der Antonia, um auf die Entwicklung der Dinge zu warten.

6. Die Wachen jedoch wurden von der ausgesandten Mannschaft nicht schlafend vorgefunden, wie sie gehofft hatten, sondern sie sprangen laut schreiend in die Höhe und eröffneten sofort den Nahkampf. Auf den Hilferuf der Vorposten stürmten auch die anderen in dichten Scharen aus dem Tempelinnern hervor. Dem ersten Anprall konnten die Römer widerstehen, dann aber warfen sich die nachstürzenden Juden über ihre eigenen Leute, und zahlreiche erlitten von ihren eigenen Kameraden das Schicksal der Feinde. Auf beiden Seiten erhob sich ein wildes Geschrei, so daß man sich am Schlachtruf gegenseitig nicht mehr erkennen konnte, während die Nacht die Sicht verwehrte, wozu noch kam, daß die einen der Zorn, die anderen die Angst blind machte. So schlug man einfach drauflos, ungeachtet, wer getroffen wurde. Die Römer fügten ihre Schilde zusammen und gingen in ordentlicher Schlachtreihe vor, so daß sie durch diese Verwirrung weniger litten, besonders da jeder die Parole wußte. Die Juden jedoch stoben ständig auseinander und drängten ohne Überlegung bald nach vorn, dann wieder nach hinten, und es geschah oft, daß sie sich untereinander für Feinde hielten, so daß mancher in der nächtlichen Dunkelheit einem flüchtigen Freund wie einem angreifenden Römer entgegenstürzte. So kam es, daß die Juden häufiger von ihren eigenen Leuten als von den Feinden Wunden empfingen, bis es endlich dämmerte und die Kämpfenden einander erkannten. Jetzt entwirrten sie sich wieder zu Gefechtseinheiten, und Angreifer und Verteidiger arbeiteten wieder in strategischer Ordnung. Hüben wie drüben wurde nun ausdauernd und zäh gekämpft. Die Römer unter den Augen des Titus wetteiferten im einzelnen wie in ganzen Abteilungen, und jeder hoffte, sich an diesem Tag durch seinen tapferen

Kampf emporarbeiten zu können. Die Tollkühnheit der Juden aber ward angefeuert nicht nur durch die Sorge um ihr eigenes Leben und um das Heiligtum, sondern auch durch die Gegenwart des Tyrannen, der ihnen bald zuredete, bald mit der Peitsche auf sie einschlug und ihnen alles Mögliche androhte. Auf diese Weise blieb das Kampfgeschehen fast auf den einen Platz konzentriert, und es weitete sich nur selten über eine kleinere Strecke aus, gab es doch für keinen Teil raummäßig die Möglichkeit, zu fliehen oder die Verfolgung aufzunehmen. Jedesmal, wenn sich der Kampf irgendwie wendete, schrien die Römer laut von der Antonia herunter, um ihren Kameraden zuzujubeln, sobald es ihnen gut ging, oder sie zu ermuntern, wenn sie zurückwichen. Es war wie ein Schaukampf, denn der Caesar und seine Leute konnten jede Einzelheit des Kampfgeschehens beobachten. Endlich war es soweit, daß die Kämpfer voneinander abließen, die in der neunten Nachtstunde begonnen und ihn bis zur fünften Tagesstunde weitergeführt hatten, ohne daß die einen über die anderen Herr geworden wären, so daß der Kampf unentschieden endete. Bei den Römern hatten sich viele hervorragend geschlagen; bei den Juden hatten sich aus der Abteilung des Simon Judas ausgezeichnet, der Sohn des Merton, ferner Simon, der Sohn des Josias, bei den Idumäern Jakobus, der Sohn des Sosas, und Simon, der Sohn des Kathla, in der Abteilung des Johannes namentlich Gyphthaeus und Alexas, bei den Zeloten Simon, der Sohn des Ari.

7. Inzwischen war es dem Rest des Römerheeres in sieben Tagen gelungen, die Grundfesten der Antonia zu zerstören und zum Tempelplateau hinauf eine breite Straße anzulegen. So war man nahe an die erste Umfassungsmauer herangekommen; und nun fingen die Legionen an, Dämme zu bauen, den einen gegenüber der Nordwestecke des inneren Tempelbezirks, einen zweiten nahe bei der nördlichen Halle, zwischen den beiden Toren, von den beiden weiteren den einen bei der Halle im Westen des äußeren Vorhofs und den anderen draußen bei der Halle im Norden. Diese Unternehmungen kosteten jedoch viel Mühe und machten allerhand Schwierigkeiten, wenn man bedenkt, daß das Baumaterial 100 Sta-

dien weit herbeigeschafft werden mußte. Es kam auch vor, daß die Römer im Gefühl ihrer Überlegenheit zu unvorsichtig waren und dann in feindliche Fallen gerieten, während die Juden immer noch mehr Wagemut aufbrachten. Wenn beispielsweise Reiter zum Holz- oder Futterholen draußen waren, so ließen sie inzwischen ihre Pferde abgehalftert weiden, und dann kam es vor, daß Scharen von Juden einen Ausfall machten und die Pferde abfingen. Da dies wiederholt passierte, machte der Caesar, was auch richtig war, in höherem Grade die Fahrlässigkeit seiner Soldaten dafür verantwortlich als die Tapferkeit der Juden, und er entschloß sich deshalb, gegen seine Leute streng vorzugehen, damit sie besser auf ihre Pferde achteten. Als wieder einmal ein Soldat auf diese Weise sein Pferd eingebüßt hatte, ließ er ihn hinrichten und brachte es so dahin, daß die anderen aus Furcht ihre Pferde besser bewachten. Jetzt ließ man sie nämlich nicht mehr frei weiden, sondern die Reiter vollführten ihre Aufträge, als wären sie mit ihren Pferden fest verwachsen. So also belagerten die Römer den Tempel und schütteten Wälle auf.

8. Einen Tag, nach dem die Römer die Antonia in Besitz genommen hatten, scharten sich die Rebellen in großer Zahl, vom Hunger gedrängt, zusammen; denn das Plündern hatte nicht mehr so viel eingebracht, daß sie davon hatten satt werden können, und zur elften Tagesstunde machten sie einen Ausfall gegen die römischen Wachen am Ölberg. Da sie glaubten, die Soldaten seien nicht darauf vorbereitet, weil sie gerade ihre Körper pflegten, rechneten sie mit einem leichten Durchbruch. Die Römer hatten sie aber rechtzeitig nahen bemerkt und eilten rasch von den Wachen in der Nähe zusammen; so konnten sie die Gegner daran hindern, den Wall zu übersteigen und mit Gewalt durchzubrechen. Es kam zu einem heftigen Zusammenstoß, bei dem hüben und drüben mehrfach heldenmäßig gekämpft wurde; die Römer setzten ihre Stärke und ihre Kriegserfahrung ein, die Juden ihren ungezügelten Kampfesmut und ihren grenzenlosen Zorn. Die einen fühlten sich durch Ehrgeiz angetrieben, die anderen durch die Not. Die Römer hätten es für außerordentlich schmachvoll gehalten, wenn sie diesmal die

Juden hätten entkommen lassen, die schon wie in einem Netz gefangen waren, während sie einzig dann noch zu retten waren, wenn sie die Ummauerung gewaltsam durchbrachen. Hierbei schlug sich besonders ein Reiter namens Pedanius ganz hervorragend. Als nämlich die Juden sich bereits zur Flucht wandten und talwärts getrieben wurden, ritt dieser jählings von der Seite heran, packte einen flüchtenden Feind, einen starken und gut bewaffneten jungen Mann, an der Ferse und sprengte mit ihm davon . . . so tief hatte er sich von seinem galoppierenden Pferd heruntergebeugt und auf diese Weise nicht nur die ungeheure Kraft seiner Arme und seines ganzen Körpers, sondern auch seine hohe Reitkunst unter Beweis gestellt. Als hätte er einen Schatz geraubt, so brachte er seine Beute zu Caesar. Titus aber bewunderte den ›Räuber‹ ob seiner Kraft, den ›Geraubten‹ jedoch ließ er hinrichten, da er beim Angriff auf die Mauer mitgeholfen hatte. Dann aber widmete sich der Caesar wieder denen, die beim Tempel kämpften und an den Wällen schafften.

9. Da nun die Juden unablässig in den Kämpfen den kürzeren zogen und die Not des Krieges sich dem Gipfelpunkt näherte – schon war ja die Schlacht bis unmittelbar vor den Tempel gedrungen –, so hieben sie denn, wie es bei einem Körper, der in Fäulnis übergeht, gemacht wird, die davon ergriffenen Teile ab, um das Weiterfressen der Krankheit unmöglich zu machen: Sie steckten nämlich die Halle im Nordwesten des Tempels in Brand, dort, wo sie mit der Antonia in Verbindung stand, und legten sie noch auf eine Länge von 20 Ellen nieder. So waren es also die Juden, die mit eigenen Händen das Heiligtum einzuäschern begannen. Zwei Tage darauf, am 25. Tag des erwähnten Monats, legten die Römer Feuer an die unmittelbar benachbarte Halle, und als es bereits in einem Umkreis von fünfzehn Ellen um sich gegriffen hatte, rissen die Juden das Dach ein und vernichteten alles, was in dem Raum zwischen ihnen und der Antonia gelegen war; und wiewohl sie den Brand hätten eindämmen können, ließen sie sein zerstörendes Umsichgreifen ungerührt zu, brachte es ihnen doch einen Vorteil. Inzwischen nahmen aber die Kämpfe beim Tempel kein Ende, son-

dern es kam unablässig zu Reibereien mit kleineren Einheiten, die Ausfälle machten.

10. In diesen Tagen nun trat aus der Schar der Juden beim Grabmal des Hohenpriesters Johannes ein Mann auf namens Jonathan; er war von gedrungener Gestalt und nicht sehr ansehnlich, auch hinsichtlich seiner Herkunft und seiner sonstigen Verhältnisse nicht bedeutend. Er wetterte in frevlerischen Worten gegen die Römer und forderte, daß sich der Tapferste von ihnen ihm zum Zweikampf stelle. Die meisten Soldaten, die sich dort befanden, achteten seiner nicht; einige hatten wohl Angst vor ihm, andere überlegten ganz richtig, daß man einen Kampf mit einem Gegner vermeiden solle, der den Tod suche, da die Verzweiflung einem das rechte Maß und die Ehrfurcht vor der Gottheit benehme. Außerdem sei es nicht so sehr ein Zeichen von Mut als von Tollkühnheit, sein Leben im Kampf gegen einen Gegner einzusetzen, dessen Niederzwingung nicht rühmlich sei, wogegen eine etwaige Niederlage nicht nur Schande, sondern auch Gefahr verursachen könne. Es dauerte lange, bis ihm jemand entgegentrat; erst als dieser Prahler und Erzfeind alles Römischen seine Gegner mit Hohn und Spott übergoß und sie der Feigheit zieh, da stürzte sich ein gewisser Pedanius auf ihn. Er gehörte zu den Reiterabteilungen und war wohl empört über die Großsprecherei und den anmaßenden Stolz des Juden, wahrscheinlich aber war er auch zu unbesonnen, um den Zwerg richtig zu beurteilen. Jedenfalls hatte er bei dem nun stattfindenden Zweikampf trotz seiner allgemeinen Überlegenheit kein Glück: Er fiel nieder, und Jonathan stürzte sich auf ihn und tötete ihn. Dann trat er auf die Leiche, schwenkte mit der Rechten das noch blutige Schwert, mit der Linken den Schild und bekundete laut schreiend vor dem Heer seine Freude; er prahlte mit dem Tod seines Gegners und verhöhnte die Römer, die das alles mitansehen mußten, bis ihn schließlich während seines Freudentanzes und seiner dummen Protzerei der Centurio Priscus mit einem Pfeil durchbohrte. Die Juden wie die Römer begannen nun laut zu schreien, wiewohl aus verschiedenen Gründen; Jonathan aber fiel

nun schmerzgekrümmt auf die Leiche seines Feindes nieder, ein Beispiel dafür, wie rasch im Kriege auf ein sinnloses Glück die Wende folgt.

3. KAPITEL

1. Inzwischen setzten die Rebellen nicht nur täglich ihren offenen Kampf gegen die auf den Dämmen postierten Truppen fort, sondern wandten auch wieder eine Kriegslist an; es war am 27. Tag des erwähnten Monats. Sie stopften nämlich zwischen das Gebälk und das Dach der westlichen Halle getrocknetes Holz, Erdpech und Teer und täuschten dann einen Rückzug vor, als wären sie kriegsmüde. Einige Römer waren nun so unvorsichtig, ihnen voll Kampfeslust nachzustoßen und mittels Leitern auf die Halle zu steigen. Andere waren jedoch vorsichtiger und blieben zurück, da sie dem überraschenden Rückzug der Juden nicht trauten. Kaum aber hatten die Römer die Halle gefüllt, da entfachten die Juden den Brand, soweit das Gebäude reichte. Mit einem Male flammte nun überall das Feuer auf, so daß die Römer, die sich außerhalb der Gefahr befanden, in Panik gerieten, während die von der Feuersbrunst Überraschten eine echte Verzweiflung erfaßte. Vom Feuer umringt, stürzten sie sich teils in die Stadt hinter ihnen, teils mitten in die Feindesschar hinunter, andere wollten sich durch einen mutigen Sprung zu den Ihren durchschlagen, brachen sich aber dabei die Gliedmaßen; die Mehrzahl konnte wegen des Feuers nicht mehr fliehen, und wenn einige durch den Freitod dem Feuer zuvorzukommen suchten, so wurden doch auch jene, die bereits auf andere Weise ums Leben gekommen waren, von den Flammen erbarmungslos verzehrt. So sehr nun der Caesar über diese Verluste zürnte, da die Leute ohne einen Befehl auf die Halle gestiegen waren, so erbarmten sie ihn doch auch wieder, zumal eine Rettung unmöglich gewesen wäre. Freilich mag es für die Todgeweihten tröstlich gewesen sein, den Schmerz dessen noch zu sehen, für den sie sich aufopferten; denn sie konnten es ja beobachten, wie er heranzukommen suchte, um sich mit ihnen zu verständigen, und wie er

die Leute, die ihn umringten, aufforderte, alles zur Hilfeleistung aufzubieten. Diese Rufe des Feldherrn und seine Niedergeschlagenheit war für jeden von ihnen wie eine glanzvolle Totenfeier, und ein jeder ging so guten Mutes in den Tod. Einige konnten übrigens dem Brand dadurch entkommen, daß sie auf das Plateau zurückwichen, das die Wandmauer der Halle bildete. Doch hier wurden sie von den Juden eingekreist und fanden nach längerem heftigen Widerstand schließlich alle miteinander den Tod.

2. Als letzter kam ein Jüngling ums Leben namens Longus, dessen Haltung die Katastrophe irgendwie verklärte; und mögen auch alle Opfer ein erhabenes Andenken verdient haben, so bedeutete seine Tapferkeit doch gewissermaßen den Gipfelpunkt. Ob seiner außerordentlichen Körperstärke und weil sie ihm anders nicht beizukommen vermochten, hatten ihn die Juden aufgefordert, herabzukommen und sich zu ergeben, während ihn gleichzeitig vom gegenüberliegenden Platz aus sein Bruder Cornelius beschwor, dem Soldatenruhm des römischen Heeres doch einen solchen Schimpf zu ersparen. Dem fügte er sich, und vor den Augen beider Gegner schwang er das Schwert und gab sich damit den Tod. Ein gewisser Sertorius, ebenfalls einer der Römer, die vom Feuer umschlossen waren, konnte sich durch eine List retten, indem er seinem Zeltgenossen Lucius laut zurief: »Du sollst all mein Hab und Gut erben, wenn du herkommst und mich auffängst!« Lucius sprang bereitwillig herbei, und indem er den anderen, der auf ihn heruntersprang, rettete, fiel er selbst mit solcher Wucht auf das Steinpflaster, daß er sofort tot war. Wohl waren die Römer im Moment darüber wie vor den Kopf gestoßen, aber sie verhielten sich nun künftig auch vorsichtiger, hatten sie doch nun gelernt, sich der Hinterlist der Juden zu erwehren, die ihnen bislang manchen Streich gespielt hatte, vor allem weil sie die Örtlichkeit und die charakterliche Eigenart ihrer Feinde zu wenig kannten.

Die Halle brannte nieder bis zu dem Turm hin, den Johannes im Kampf gegen Simon über den Toren erbaut hatte, die aus dem Säulengang herausführen. Den Rest der Ruine brachten die Römer vollends zum Einsturz, wobei die Leichen der umgekommenen

Römer von den Trümmern zugedeckt wurden. Am anderen Tag äscherten die Römer auch die ganze Halle im Norden ein bis dorthin, wo sie auf die östliche Halle stieß, also da, wo die Hallen über dem Kidrontal einen Winkel bildeten und wo dieses Tal eine schaurige Tiefe erreicht.

3. Während es nun um die unmittelbare Umgebung des Tempels so stand, fielen in der Stadt unzählige Menschen dem Hunger zum Opfer, und es herrschte eine unvorstellbare Not. Wo in einem Hause auch nur eine Spur von einer Nahrung zu finden war, da rauften sich die besten Freunde, um ihr Leben mit den kümmerlichsten Brosamen fristen zu können. Man traute sogar den Sterbenden nicht zu, daß sie nichts mehr zu nagen und zu beißen hätten, und so wurden alle, die mit dem Tode rangen, noch von räuberischen Händen mißtrauisch durchwühlt, ob sie irgendeinen Speisenrest in den Gewandfalten verborgen hätten. Wie tollwütige Hunde, den Mund vor lauter Gier weit aufgerissen, rannten sie umher, und wo ihre Füße sie hintrugen, da schlugen sie die Türen ein wie die Betrunkenen und fielen in ihrer Verzweiflung auch zweimal oder dreimal über dasselbe Haus her. Die Not machte für sie alles eßbar; was selbst die widerlichsten unter den vernunftlosen Tieren verschmähen, das nahmen sie an sich, um es bedenkenlos aufzuessen. Sogar Gürtel und Schuhe verschonten sie nicht und zerkauten sie genauso wie das Leder, das sie von den Schilden abrissen. Es gab einige, die sich von den Resten getrockneten Viehfutters nährten, denn von Fleischresten, die manche noch aufzutreiben vermochten, kostete die kleinste Menge die Summe von vier Attiken! Doch wozu soll ich die Hemmungslosigkeit darstellen, die der Hunger gegenüber leblosen Dingen verursacht, muß ich doch einen Vorfall berichten, der bei den Griechen wie bei den Barbaren kein Beispiel hat, so unglaublich ist er! Um bei unseren Nachbarn nicht als Gespensterseher zu gelten, wollte ich gern darüber schweigen, könnten ihn nicht zahllose Zeitgenossen bezeugen. Außerdem käme es auch meiner Vaterstadt keineswegs zustatten, wollte ich es nicht dem Wort anvertrauen, was sie in der Tat auszuhalten hatte.

4. Eine Frau aus dem Gebiet jenseits des Jordans, Maria, die

Tochter des Eleazar aus dem Ort Bethezob (das bedeutet so viel wie ›Ysop-Haus‹), eine reiche Frau von bester Abkunft, war mit den anderen nach Jerusalem geflohen, wo sie sich mit unter den Belagerten befand. Ihre übrige Habe, die sie aus Peräa nach Jerusalem mitgenommen hatte, war ihr durch die Tyrannen schon geraubt worden, und was sie noch an Juwelen besaß oder was etwa an Lebensmitteln bei ihr zu finden war, das raubten ihr die Helfershelfer der Tyrannen, die täglich ihr Haus heimsuchten. So war die Frau aufs äußerste erbittert, und häufig versuchte sie, die Räuber durch Schmähworte und Flüche gegen sich zu reizen. Als jedoch keiner soviel Zorn oder Mitleid aufbrachte, um ihr den Gnadenstoß zu geben, und als sie es satt war, für andere auf Nahrungssuche zu gehen, zumal jegliches Suchen jetzt auch vergeblich war, da übermannte sie der Hunger, noch mehr aber der Zorn. Einzig ihrer Verbitterung und ihrem Elend gehorchte sie noch, und sie tat nun etwas Widernatürliches, faßte ihr Kind – es war noch ein Säugling – und sprach: »Armes Kind, in all dieser Kriegs- und Hungersnot, mitten im Aufruhr, wofür soll ich da dein Leben erhalten? Was wir von den Römern zu erwarten haben, falls sie uns noch leben lassen, ist die Knechtschaft; vor der Knechtschaft jedoch hat sich schon der Hunger eingestellt, und die Rebellen wüten noch entsetzlicher als diese beiden Übel! Nun denn, so diene mir zur Nahrung, für die Tyrannen aber werde zum Rachegeist und für die Lebenden eine Sage, die einzig noch fehlt, das entsetzliche Geschehen um die Juden zu vollenden!« Sprach's, schlachtete das Kind, briet es und aß die eine Hälfte auf; die andere deckte sie zu und verwahrte sie. Sofort aber waren nun die Rebellen wieder zur Stelle und überschütteten sie, als sie den entsetzlichen Bratengeruch wahrnahmen, mit Drohungen, sie auf der Stelle zu töten, wenn sie die bereitete Speise nicht vorwies. Mit den Worten: »Hier habe ich euch noch ein schönes Stück aufgehoben«, deckte sie den Rest des Kindes auf. Schauriges Entsetzen befiel die Banditen, und wie versteinert standen sie bei diesem Anblick. Die Frau aber sprach weiter: »Mein leibliches Kind habe ich hier, das ist mein Werk! Nun eßt, auch ich habe ja gegessen, und habt kein größeres

Erbarmen als ein Weib und kein größeres Mitleid als eine Mutter! Läßt es aber euer Gewissen nicht zu, sollt ihr euch abwenden von diesem meinem Opfer, dann soll der Rest mein sein, so wie auch die andere Hälfte!« Zitternd machten sich die Räuber davon, die für dieses eine denn doch zu feige waren, und so überließen sie, wenn auch widerstrebend, der Mutter die entsetzliche Mahlzeit. Bald hörte man überall in der Stadt von diesem furchtbaren Vorfall, und jeder, der es bedachte, geriet darob in Entsetzen, als hätte er es selbst getan. Die vom Hunger gepeinigten Menschen wetteiferten nun förmlich zu sterben, und sie priesen jene glücklich, die ein solches Elend nicht mehr hatten hören und sehen müssen.

5. Auf schnellstem Wege hatten auch die Römer davon erfahren. Die einen wollten es nicht glauben, die anderen ergriff ein Gefühl des Erbarmens, die meisten aber überkam jetzt ein noch größerer Haß gegen das Judenvolk. Der Caesar glaubte sich darob vor Gott verantworten zu müssen und sprach: »Frieden, eine selbständige Regierung und Nachsicht für alle ihre Vergehen habe ich den Juden in Aussicht gestellt; aber statt der Eintracht wollten sie den Streit, statt des Friedens den Krieg, statt Sattheit und Wohlstand wollten sie den Hunger, und so steckten sie mit eigenen Händen das Heiligtum in Brand, das wir bewahren wollten, und sie haben auch dieses entsetzliche Mahl zu verantworten. Nun aber will ich den Wahnsinn des Kinderfraßes mit den Ruinen ihrer Heimat verhüllen, und die Sonne soll nicht länger mehr auf eine Stadt herniederschauen, in der sich Mütter auf solche Weise Nahrung verschaffen. Freilich, den Vätern hätte es besser angestanden, solche Nahrung zu sich zu nehmen, als den Müttern, da sie nach all diesem grenzenlosen Elend immer noch die Waffen tragen.« Und indem er so sprach, wurde er mehr und mehr Zeuge der totalen Verzweiflung der Rebellen; er war der Meinung, nun hätten sie doch alles durchgekostet und würden deshalb wohl weiter in ihrer Gesinnung verharren, wogegen sie vielleicht ihren Sinn geändert hätten, wenn sie solches nicht in der Tat erlebt hätten.

4. KAPITEL

1. Als nun die zwei Legionen am achten Tag des Monats Loos die Dämme vollendet hatten, ließ der Caesar die Widder an den westlichen Säulengang im inneren Bezirk des Tempels heranschaffen. Schon vorher war jedoch der stärkste Rammbock sechs Tage lang unaufhörlich ohne jeden Erfolg gegen die Mauerwand zum Einsatz gebracht worden, und so konnten die zusätzlich herangeschafften Werkzeuge auch jetzt gegen die Quader wegen deren Größe, und weil sie so stark vermauert waren, nichts ausrichten. Andere suchten in der Zwischenzeit, die Fundamente des Tores im Norden zu unterhöhlen, und konnten in härtestem Bemühen die vordersten Steine lockern, wogegen das Tor selbst stehenblieb, da das innere Mauergefüge standhielt. Die Römer aber gaben jetzt nichts mehr auf ihre Maschinen und Hebelvorrichtungen und schafften jetzt Leitern an die Hallen heran. Die Juden versuchten gar nicht, sie daran zu hindern; sobald jedoch die Römer oben waren, stürzten sie sich ihnen entgegen und stießen sie teils rückwärts zur Mauer hinab, teils drängten sie sie zur Brüstung und töteten sie auf diese Weise. Viele ereilte der Tod auch in dem Augenblick, als sie von den Leitern gingen und sich noch nicht mit den Schildern hatten decken können. Wieder andere kamen dadurch um, daß die Juden einige Leitern, auf denen in Haufen die Schwerbewaffneten standen, von oben aus umwarfen. Auch die Juden hatten starke Verluste. Der Träger der Feldzeichen verteidigte diese mit besonderer Hingabe, galt es doch für die größte Schande, diese einzubüßen. Am Ende aber bekamen die Juden auch die Feldzeichen in ihre Hand und schlugen alle zusammen, die heraufgestiegen waren, so daß die anderen Römer voll Entsetzen über die Leichen der Gefallenen den Rückzug antraten. Jeder Gefallene der Römer hatte seine Pflicht voll und ganz erfüllt, und unter den Rebellen ragten wiederum jene besonders durch Tapferkeit hervor, bei denen dies schon früher der Fall gewesen war; zu ihnen gesellte sich auch noch Eleazar, der Neffe des Tyrannen Simon. Der Caesar aber war sich jetzt darüber im klaren, daß es seinen Soldaten

nur den Untergang brachte, wenn er die fremden Heiligtümer schonte, und so gab er Befehl, die Tore in Brand zu stecken.

2. Es war um die gleiche Zeit, da Ananus von Emmaus, der schlimmste Mordgeselle des Simon, und Archelaos, der Sohn des Magadatus, zu den Römern übergingen in der Hoffnung, Gnade zu finden, weil sie die Juden in einem Zeitpunkt im Stich gelassen hatten, da deren Lage günstig war. Der Caesar aber hielt nichts von ihrer Schlauheit, und da er zudem noch in Erfahrung brachte, wie entsetzlich sie gegen die eigenen Juden gewütet hatten, ließ er keinen Zweifel, daß er sie am liebsten hinrichten wollte. Er stand auf dem Standpunkt, sie hätten sich nur durch ihre Notlage auf die Seite der Römer drängen lassen, und da sie somit nicht freiwillig gekommen wären, verdienten sie keine Gnade, zumal sie ihre Vaterstadt hinter sich gelassen hätten, die sie mit eigenen Händen den Flammen überantwortet hätten. Trotzdem stellte er seinen Zorn gegenüber seinem Ehrenwort zurück und ließ sie laufen, freilich ohne sie genauso entgegenkommend zu behandeln wie die anderen.

Inzwischen hatten die Soldaten schon die Tore angezündet, und die schmelzenden Silberbeschläge eröffneten dem Feuer den Weg zum Holzgebälk, von wo aus es mit einem Mal hervorflammte, um auf die Hallen überzugreifen. Nun, da die Juden sahen, wie der Brand aufloderte, verließ sie die physische Kraft ebenso wie die moralische, und voll Entsetzen wagten sie keine Abwehr mehr, sondern sie standen wie versteinert da und sahen tatenlos den Dingen zu. So sehr sie aber durch den Brand demoralisiert wurden, so wenig waren sie eines vernünftigen Gedankens fähig hinsichtlich der Rettung dessen, was noch zu retten war. Sie gaben sich statt dessen so, als wäre der Tempelbrand nunmehr unabänderlich, und ihre Verbitterung gegen die Römer wurde nur noch größer. Den ganzen Tag und die ganze Nacht wütete der Brand, denn die Römer konnten die Hallen nur eine nach der anderen einäschern, nicht alle auf einmal.

3. Anderntags beauftragte Titus einen Teil seines Heeres mit Löscharbeiten, und gleichzeitig ließ er bei den Toren einen Weg

schlagen, der es den Legionen erleichtern sollte, hinaufzugelangen. Dann kamen sechs Offiziere zusammen, nämlich Tiberius Alexander, der Oberkommandierende des Gesamtheeres, Sextus Cerealis, der Kommandant der 5. Legion, Larcius Lepidus, der Kommandant der 10. Legion, Titus Phrygius, der Kommandant der 15. Legion, außerdem Liternius Fronto, der Präfekt der beiden Legionen von Alexandria, und Marcus Antonius Julianus, der Statthalter von Judäa. Ihnen folgten die anderen Statthalter und Kriegstribunen, und Titus beriet sich nun mit ihnen wegen des Tempels. Die einen waren der Ansicht, das Recht des Krieges solle in vollem Umfang angewendet werden; denn solange der Tempel stehenbleibe, dieser allgemeine Sammelpunkt der Juden, würde ihr Aufstand kein Ende nehmen. Andere waren dafür, daß man den Tempel erhalten solle unter der Voraussetzung, daß die Juden ihn verließen und kein Schwert mehr gezogen werde, um ihn zu verteidigen, daß man ihn jedoch einäschern solle, wenn sie den Widerstand nicht aufgäben; in diesem Falle handle es sich nämlich nicht mehr um einen Tempel, sondern um eine Feste, und dann verhielten sich nicht die Römer gottlos, sondern ausschließlich jene, die sie zu einem solchen Vorgehen nötigten. Titus aber meinte, selbst wenn die Juden auf den Tempel stiegen und sich von dort aus zur Wehr setzten, solle man sich nicht an leblosen Dingen statt an Menschen dafür rächen, und auf keinen Fall dürfe dieses prachtvolle Bauwerk dem Feuer überantwortet werden, würden doch auch die Römer den Verlust zu spüren bekommen, wie ja auch der Tempel, wenn man ihn erhalte, ein Schmuckstück des Römerreiches sein werde. Fronto, Alexander und Cerealis pflichteten ihm hierin rückhaltlos bei. Der Caesar schloß nun die Beratung und befahl den Kommandanten, ihren Truppen eine Ruhepause zu gewähren, damit sie in den künftigen kriegerischen Auseinandersetzungen um so besser bei Kräften seien; lediglich aus den Kohorten wählte er einige aus, die sich durch den Trümmerhaufen einen Weg suchen sollten, um das Feuer zu löschen.

4. Die Juden waren nun so ermüdet und demoralisiert, daß sie an diesem Tag nicht mehr angriffen; am folgenden Tag jedoch

sammelten sie ihre Mannschaft wieder, und mit neuem Kampfesmut machten sie um die zweite Stunde durch das Tor im Osten einen Ausfall gegen die im äußeren Tempelbezirk postierten Wachen. Diese wehrten sich aufs heftigste und hielten ihre Schilde nach vorn, so daß sie dicht wie eine Mauer standen. Trotzdem war es klar, daß diese Abwehr nicht lange dauern konnte, denn die Angreifer waren ob ihrer Kampfmoral in der Übermacht. Der Caesar sah sich von der Antonia aus alles mit an, und noch ehe das Gefecht unglücklich verlief, kam er rasch den Seinen mit einer Reiterelite zu Hilfe, gegen die die Juden nichts ausrichten konnten. Als die Juden der vordersten Reihe umgekommen waren, flohen die übrigen zum größten Teil. Aber sofort, als die Römer wieder abgezogen waren, kehrten sie um und attackierten sie vom Rücken her; und nun wandten sich auch die Römer wieder um und verjagten die Angreifer ein zweites Mal, so daß um die fünfte Stunde des Tages alle zu Paaren getrieben und in das Innere des Tempels hineingedrängt waren.

5. Jetzt kehrte Titus auf die Antonia zurück mit dem Entschluß, am kommenden Tage frühmorgens mit seiner gesamten Streitmacht vorzugehen und einen Ring um den Tempel zu legen.

Aber Gott hatte es schon längst gefügt, daß dieser ein Raub der Flammen werden sollte; außerdem war ja im Lauf der Zeit jener Tag gekommen, der 10. Tag des Monats Loos, an dem einstmals schon der Tempel vom König von Babylon niedergebrannt worden war. Freilich entzündeten diesmal die Einwohner selbst den Brand, und sie waren es, die den Tempel durch ihre Schuld in Schutt und Asche sinken ließen. Titus war nämlich kaum weggegangen, da wandten sich die Rebellen nach kurzer Pause wieder gegen die Römer, und jetzt kam es zum Nahkampf zwischen der Tempelbesatzung und jenen Männern, die zum Löschen des Feuers im Innern des Tempelbezirks beordert waren. Und als nun die römischen Soldaten den Juden, die sich absetzen wollten, nachdrängten, und zwar bis zum Tempelgebäude selbst, da packte einer von ihnen ohne Befehl und ohne Rücksicht auf die Tragweite seines Handelns, wie von einer höheren Macht getrieben, eine Brandfackel, ließ sich von einem anderen in die Höhe heben und warf sie durch das goldene Fenster, wo von Norden her der Weg in die äußeren Tempelräume führt. Und als jetzt die Flammen emporschlugen, da schrien die Juden so furchtbar auf, wie es dieses Unheil verständlich machte, und jetzt gab es für sie keine Gefahr mehr, sondern sie eilten von überallher herbei, um zu löschen; denn nun stand das Heiligtum vor dem Untergang, wovon sie bisher das Schlimmste hatten abwenden wollen.

6. Ein Bote lief rasch zu Titus mit der Kunde davon. Dieser erhob sich schnell von seinem Bett im Zelt, wo er gerade nach der Schlacht der Ruhe pflegte, und eilte so, wie er war, zum Tempel, um den Brand zu verhindern. Ihm folgten alle Offiziere samt den Legionen, die durch die Wirrnis aufgescheucht waren. Und wie es zu geschehen pflegt, wenn sich eine Menge ohne Ordnung in Bewegung setzt, kam es zu einer entsetzlichen Panik, die von einem ohrenbetäubenden Lärm begleitet war. Der Caesar versuchte durch Zurufe und entsprechende Gesten den Kämpfenden Anweisung zu geben, sie sollten löschen; aber sie vernahmen ihn nicht, denn die anderen schrien noch lauter und übertönten ihn, und seine Handbewegungen beachteten sie nicht, da sie einerseits ganz den Anstrengungen des Kampfes hingegeben, andererseits völlig in ihren Zorn verstrickt waren. Die Legionen ließen sich weder durch freundliches Zureden noch durch Drohungen von ihrem mächtigen Vorwärtsdrängen abhalten; der Zorn lenkte und leitete sie alle. An den Toren war das Gedränge so entsetzlich, daß viele von ihren eigenen Kameraden zertrampelt wurden. Zahlreiche kamen auch auf den Ruinen der Hallen, die noch glühten und rauchten, zu stehen, und so ereilte sie das Schicksal nicht anders als die Unterlegenen. Sobald sie nahe an den Tempel herangekommen waren, taten sie, als könnten sie die Befehle des Feldherrn nicht mehr vernehmen, und riefen den Leuten vor ihnen zu, sie sollten doch die Brandfackeln in den Tempel werfen. Die Rebellen hatten zudem keine Hoffnung mehr, über den Brand Herr zu werden. Denn allenthalben wurden sie getötet oder verjagt. Sogar eine Menge von Bürgern, schwächliche Leute, die sich nicht verteidigen konnten, san-

ken unter den Schwerthieben der Feinde, wo sie diesen in den Weg kamen. Namentlich beim Altar lagen die Gefallenen zuhauf, von Blut trieften die Straßen, und die Leichen derer, die oben den Tod fanden, schlugen unten auf.

7. Der Caesar war nun nicht mehr in der Lage, seine in Raserei geratenen Soldaten zu zügeln, das Feuer breitete sich immer weiter aus. Und nun war der Augenblick gekommen, da er mit den Offizieren das Allerheiligste betrat und schaute, was darin verhüllt war. Alles, was er zu sehen bekam, übertraf an Erhabenheit die Erzählungen der Fremden und entsprach gänzlich der nahezu übertriebenen Anschauung, die die Einheimischen davon hatten. Weil sich nun das Feuer noch nicht bis in das Innerste gefressen hatte, sondern erst die benachbarten Räume verheerte, war er der richtigen Meinung, das erhabene Werk könne noch gerettet werden, und er sprang hinzu und tat nicht nur alles, um die Soldaten zum Löschen zu veranlassen, sondern er gab auch dem Centurio Liberalis, der zu seinen Leibwächtern gehörte, den Auftrag, jedem, der sich weigerte, Stockhiebe zu versetzen und ihn so dazu zu zwingen. Aber die Wut, der Haß gegen die Juden und der kämpferische Schwung waren wirksamer als die Rücksichtnahme auf den Caesar und die Furcht vor seiner Strafe. Der größte Teil fühlte sich auch durch die Hoffnung auf Raub angestachelt, glaubten sie doch mit aller Sicherheit, das Tempelinnere strotze von Schätzen aller Art, nachdem schon das Äußere aus lauter Gold bestand. Und indem der Caesar hinzusprang, den Soldaten zu wehren, hatte schon einer von den Eingedrungenen in der Dunkelheit unter die Türangeln den Brand gelegt; als nun aber mit einem Mal auch von innen der Brand aufloderte, verließen die Offiziere mit dem Caesar den Schauplatz, und die Soldaten, die außen um das Heiligtum strichen, konnten ungehindert dem Feuer weitere Nahrung geben. So wurde der Tempel gegen den Willen des Titus ein Raub der Flammen.

8. Nun ist freilich die Zerstörung eines Bauwerks beklagenswert, das alle anderen vom Schauen und vom Hören berühmten Gebäude an Herrlichkeit und Größe überhaupt, besonders aber

durch den Wert der Details und durch die Erhabenheit des Allerheiligsten weit übertraf; doch gleichwohl hat der Gedanke noch reichlichen Trost, daß das Schicksal weder etwas Lebendiges, noch ein Werk aus Menschenhand, mag es sein wo immer, verschont. Eigenartig ist es, wie genau das Schicksal sich an die Zeit hält, fügte es doch, wie schon gesagt, daß der Tempel am gleichen Tag und im gleichen Monat zerstört ward, da ihn auch einst die Babylonier in Flammen hatten aufgehen lassen. Von der ersten Errichtung des Tempels durch König Salomo bis zu seiner Vernichtung in unserer Zeit – es war das zweite Regierungsjahr des Vespasian – zählt man 1130 Jahre, 7 Monate und 15 Tage; von seiner zweiten Errichtung, die im zweiten Regierungsjahr des Cyrus der Prophet Haggai veranlaßte, bis zu seinem Ende unter Vespasian errechnen sich 639 Jahre und 45 Tage.

5. KAPITEL

1. Während nun der Tempel in Asche sank, raubten die Soldaten alles, dessen sie habhaft werden konnten, und metzelten jeden Juden nieder, der ihnen in die Hände geriet; es waren ihrer Tausende. Es gab keinen Pardon für das Alter, keine Ehrfurcht vor der Würde. Kinder und Greise, Laien und Priester fielen den Schwerthieben der Feinde ohne Unterschied zum Opfer, und der Krieg tobte unter allen Schichten des Volkes, einerlei ob man um Erbarmen flehte oder ob man Widerstand leistete. Das Lodern der Flammen überall verband sich mit dem Stöhnen der Niedergeschlagenen. Man hätte glauben mögen, die ganze Stadt sei vom Brand erfaßt ob der Höhe des Berges und dem Umfang des brennenden Bauwerkes. Entsetzlicher aber und eindringlicher in seiner Wirkung läßt sich nichts vorstellen als das Geschrei der Menge. Indes nämlich die römischen Legionen, die in voller Schlachtordnung vordrangen, ihren Siegesjubel erhoben, ertönte zugleich das Wehklagen der vom Feuer und von den Waffen eingeschlossenen Rebellen, und von oben her gesellte sich dazu das Stöhnen des verlasse-

nen Volkes, das voll Furcht bei den Feinden Zuflucht nahm und über sein Schicksal jammerte. Und mit dem Geschrei auf der Höhe vermischte sich das der Volksmasse in der Stadt, wo zahlreiche der Ärmsten, die schon der Hunger hatte verdorren und verstummen lassen, wie sie den Tempel brennen sahen, ihre letzten Kräfte für eine kaum hörbare Klage aufboten ... und dann zu alledem noch das Echo von Peräa und den Bergen im Umkreis, das den Lärm noch furchtbarer anzuhören machte, während das tatsächliche Geschick der Unterlegenen noch entsetzlicher war als alles Kampfgetümmel. Man konnte meinen, die Tempelhöhe stehe von unten nach oben in einer einzigen Glut, denn der Brand hüllte sie gänzlich ein. Aber noch verschwenderischer als das Feuer flossen die Ströme von Blut, und die Zahl der Hingeschlachteten war wohl noch größer als die der Schlächter. Vor lauter Leichen bot sich nirgends mehr der Erdboden den Blicken, und über Berge von Toten drängten die Verfolger den Fliehenden nach. Das Räubergesindel konnte mit Mühe die römischen Abteilungen durchbrechen, um in den äußeren Hof des Tempels und dann in die Stadt zu gelangen, indes das restliche Volk in der äußeren Halle Zuflucht suchte. Einige Priester rissen zuerst vom Tempel die Speere samt ihrer Bleifassung herab, und sie warfen sie auf die Römer; und als das keine Wirkung hatte und das Feuer sie bedrohte, da gingen sie zur Tempelmauer zurück, die acht Ellen in der Breite mißt, und suchten hier zu bleiben. Aber zwei angesehene Juden, die durch einen Übergang zu den Römern ihr Leben hätten retten können, zogen es vor, mit den anderen umzukommen, warfen sich in den Brand und wurden samt dem Tempel vom Feuer verzehrt; es waren dies Meir, der Sohn des Belgas, und Josephus, der Sohn des Dalaeus.

2. Die Römer waren nunmehr der Anschauung, nach dem Brand des Tempels sei es sinnlos geworden, die Baulichkeiten im Umkreis noch zu schonen, und so legten sie an alles Feuer, was noch übrig war, nämlich an die Reste der Hallen und an alle Tore mit Ausnahme von zweien, nämlich des östlichen und des südlichen; doch wurden diese später auch noch vernichtet. Dann äscherten sie auch die Schatzkammern ein, wo ungeheure Mengen

geprägten Goldes, zahllose Stoffe und andere Wertsachen, kurz, sämtliche Schätze der Juden zuhauf gelagert waren, weil die reichen Leute dort ihre Habe in Sicherheit gebracht hatten. Darauf kam die noch unzerstörte Halle am äußeren Tempelhof an die Reihe, wo Frauen, Kinder und eine Menge von allerlei Volk, an die 6000 Menschen, Unterschlupf gefunden hatten. Noch ehe aber der Caesar sich darüber klar wurde, was er mit ihnen anfangen sollte, und noch ehe die Offiziere einen Befehl dazu gaben, legten die Soldaten in ihrer Wut auch an diese Halle Feuer. Und nun fand ein Teil in den Flammen den Tod, die anderen kamen um, als sie daraus einen Ausweg suchten, und von allen konnte nicht ein einziger sein Leben retten. Die Verantwortung für ihren Tod fällt übrigens auf einen falschen Propheten, der an jenem Tag verkündet hatte, Gott befehle den Bewohnern, sie sollten sich zum Tempel hinaufbegeben, wo sie die Zeichen ihres Heils empfangen würden. Von den Tyrannen waren nämlich damals zahlreiche solche Propheten unter das Volk gebracht worden, um zu verbreiten, es solle auf Gottes Hilfe warten, einmal, damit weniger zu den Feinden überliefen, sodann auch, damit jene, die sich vor den Waffen nicht fürchteten, sich durch die Hoffnung zurückhalten ließen. Im Unglück lassen sich die Menschen ja rasch überzeugen, und wenn noch dazu ein Betrüger die Befreiung von einem elenden Schicksal an die Wand malt, dann überläßt sich der, den es betrifft, gänzlich der Hoffnung.

3. So suchten damals gewissenlose Betrüger, die sich als Sendboten Gottes ausgaben, das geschundene Volk zu betören, während die Ärmsten für Vorzeichen, die eindeutig die bevorstehende Katastrophe anzeigten, nicht zugänglich waren; sie hörten gar nicht darauf, so als wären sie von Sinnen und hätten weder Augen noch Verstand. So war es beispielsweise, als ein Gestirn in der Gestalt eines Schwertes über der Stadt stand und ein Komet sich ein Jahr über am Himmel zeigte; ferner damals, als kurz vor der Rebellion und vor den ersten militärischen Handlungen – das Volk war gerade beim Fest der ungesäuerten Brote, am achten Tage des Monats Xanthikos – zur neunten Stunde ein so gewaltiges Licht den Altar und den Tempel erhellte, daß es schien, als sei heller Tag, und die-

ses Schauspiel dauerte nahezu eine halbe Stunde. Die Toren legten es natürlich als ein günstiges Zeichen aus, während die Schriftgelehrten sofort auf die kommenden Ereignisse verwiesen. Am gleichen Fest brachte eine Kuh, die der Hohepriester gerade als Schlachtopfer zum Altar führte, mitten im Tempel ein Lamm zur Welt. Außerdem war da noch das Tor an der Nordseite des inneren Vorhofes; es war aus Erz und hatte ein ungeheures Gewicht, so daß zwanzig Männer Mühe hatten, wenn sie es abends schlossen; es war zusammengehalten von eisenbeschlagenen Querbalken, und seine Riegel waren tief in die Schwelle eingemauert, die aus einem einzigen Felsblock gefertigt war: Dieses Tor sah man um Mitternacht plötzlich von selbst aufgehen. Die Tempelwächter berichteten es sofort ihrem Vorgesetzten, der gleich herbeikam, aber kaum die Kräfte mobilisieren konnte, um es zu schließen. Wiederum waren es die Laien, die darin ein gutes Vorzeichen sahen und glaubten, Gott wolle ihnen das Tor des Heils öffnen, während die Schriftgelehrten es so deuteten, daß der Tempel zweifellos untergehen werde, da sich das Tor für die Feinde öffne, was auf eine Katastrophe hinweise.

Kurz nach dem Fest, am 25. Tag des Monats Artemisios, war eine Erscheinung zu sehen, die kaum zu fassen war. Man könnte meine Erzählung für ein Ammenmärchen halten, gäbe es nicht Augenzeugen, die sie bestätigten können, und wäre nicht auch jenes Unglück eingetroffen, das durch derlei Vorzeichen angekündigt wird: Im ganzen Lande sah man nämlich vor Sonnenuntergang in der Luft Wagen und bewaffnete Kampftruppen durch die Wolken dahinjagen und die Städte umkreisen. Ferner bezeugen die Priester, sie hätten am sogenannten Pfingstfest – es war Nacht, und pflichtgemäß mußten sie sich in den inneren Vorhof begeben – zuerst ein Lärmen und Toben und später von zahlreichen Stimmen den Ruf vernommen: »Nur fort von hier!« Noch unheimlicher aber war folgendes: Ein Mann namens Jesus, der Sohn des Ananus, kam vier Jahre vor Beginn des Krieges – die Stadt lag in tiefstem Frieden, und überall herrschte großer Wohlstand – zu jenem Fest, an dem nach altem Brauch alle Juden zur Ehre Gottes nahe beim Tempel Laubhütten aufschlagen; da mit einem Male begann er laut aufzuschreien: »Wehe vom Aufgang, wehe vom Untergang, wehe von den vier Winden, wehe über Jerusalem und über den Tempel, wehe über alle, die Bräutigam und Braut sind, wehe über das ganze Volk!« Und er schrie es Tag und Nacht und lief dabei in der ganzen Stadt umher. Einige angesehene Bürger ärgerten sich über das Wehgeschrei, ergriffen den Mann und schlugen ihn heftig. Er aber suchte sich keineswegs zu rechtfertigen und äußerte auch nichts gegen jene, die ihn schlugen, sondern wiederholte nur immer wieder die nämlichen Worte. Die verantwortlichen Führer des Volkes vermuteten zu Recht, der Mann fühle sich bei seinem Tun von einer höheren Macht getrieben, und so führten sie ihn zum römischen Statthalter. Dort wurde er gegeißelt, bis ihm das Fleisch von den Knochen gerissen war, aber er bat nicht um Milde und vergoß keine Träne, sondern antwortete auf jeden Schlag nur, indem er – freilich mit kläglichen Lauten – den Ruf hervorpreßte: »Wehe über Jerusalem!« Als Albinus, das war der Name des Statthalters, ihn fragte, wer er sei und woher er komme, beantwortete er die Frage nicht, sondern setzte nur seine Klagerufe über die Stadt fort, bis Albinus überzeugt war, daß er es mit einem Verrückten zu tun habe, und ihn freiließ. Während der ganzen Zeit bis zum Kriegsausbruch pflegte er keinerlei Umgang mit seinen Mitbürgern, und man sah ihn auch nicht sprechen, sondern einen Tag wie den anderen erhob er seinen Klageruf, als handle es sich um eine gewohnte Verfluchung: »Wehe über Jerusalem!« Dabei sagte er zu keinem, der ihn schlug – und das passierte jeden Tag –, ein böses Wort; aber er dankte auch niemandem, der ihm Speise reichte, und er kannte nur die eine Antwort, eben jene Unglücksbotschaft; und besonders dann, wenn ein Fest gefeiert wurde, schrie er sie laut hinaus. Obgleich er damit sieben Jahre und fünf Monate fortfuhr, wurde er weder heiser, noch ließ ihn sonst seine Stimme im Stich, so lange, bis er schließlich bei der Belagerung seine Klagerufe bestätigt sah und damit aufhörte. Als er nämlich einmal wieder mit durchdringender Stimme beim Umgang um die Mauer rief: »Wehe der Stadt, wehe dem Volke und dem Tempel«, und schließlich hinzufügte:

»Wehe auch mir«, da ward er von einem Stein aus einer Wurfmaschine getroffen und verstarb alsbald, während er nochmals seinen Klageruf erheben wollte.

4. Denkt man über diese Dinge nach, so wird man bestätigt finden, daß Gott für die Menschen Sorge trägt und ihnen auf vielfache Weise andeutet, was ihnen zum Besten gereicht, während sie sich aus Unwissen und aus selbstverschuldetem Unheil in die Vernichtung reißen lassen. So haben ja auch die Juden nach dem Fall der Antonia ihren Tempel viereckig gestaltet ganz entgegen der Vorschrift ihrer heiligen Bücher, wo es heißt, der Tempel werde dann samt der Stadt den Feinden zum Opfer fallen, wenn er viereckig angelegt würde. In besonderem Maße fühlten sie sich jedoch zum Krieg durch einen zweideutigen Orakelspruch veranlaßt, der sich gleichfalls in ihren heiligen Büchern befand und der besagte, um diese Zeit werde einer aus ihrem Lande zum Herrn der Welt aufsteigen. Sie deuteten dies auf einen Angehörigen ihres Volkes, und auch viele Schriftgelehrte legten den Spruch falsch aus. Das Orakel meinte jedoch das Kaisertum des Vespasian, der in Judäa den Herrschertitel empfing. Aber die Menschen sind nicht imstande, ihrem Schicksal zu entgehen, sogar auch dann nicht, wenn sie es vorherschauen. Die Juden deuteten diese Vorzeichen teils zu ihren Gunsten, während sie andere mißachteten, bis ihnen durch die Einnahme ihrer Stadt und durch ihre eigene Katastrophe ihre Torheit bestätigt wurde.

6. KAPITEL

1. Nun waren die Rebellen in die Stadt geflohen, und der Tempel samt seiner ganzen Umgebung war ein Raub der Flammen geworden. Jetzt verbrachten die Römer ihre Feldzeichen in die heiligen Räume, stellten sie gegenüber dem Osttor auf, ehrten sie dort mit ihren Opfern und begrüßten Titus unter lauten Beifallsrufen als Imperator. Die Soldaten hatten alle so viel erbeutet, daß das Maß Gold nur noch halb soviel wert war wie zuvor.

Während nun die Priester immer noch auf der Tempelmauer ausharrten, flehte ein Knabe, den es dürstete, die römischen Wachen um Wasser an, wobei er ihnen deutlich zu machen suchte, wie sehr ihn der Durst quälte. Die Soldaten hatten Erbarmen mit seiner Jugend und mit seiner Not und sicherten ihm freies Geleit zu; daraufhin kam er herab, löschte aber nicht nur selbst seinen Durst, sondern füllte ein Gefäß, das er bei sich hatte, mit Wasser und machte sich eiligst wieder fort zu den Seinen. Die Wachen konnten ihn nicht mehr fassen und riefen ihm wegen seines Wortbruchs viel Übles nach. Der Knabe erwiderte jedoch, er habe keine Abmachung gebrochen, denn er habe sie nur um freies Geleit gebeten, doch nicht um zu ihnen überzulaufen, sondern um herabzukommen und Wasser zu holen. Beides habe er getan, und er glaube, sein Wort gehalten zu haben. Die getäuschten Soldaten waren erstaunt über die Finte, denn der Knabe war ja noch sehr jung. Am fünften Tage kamen dann auch die Priester von Hunger getrieben herunter und wurden von den Wachen zu Titus geführt; sie flehten ihn an, er möge ihnen das Leben schenken. Titus erwiderte aber, es sei jetzt nicht mehr Zeit, Nachsicht walten zu lassen; da auch der Tempel, dessentwegen man sie noch am Leben hätte lassen können, nicht mehr existiere, so sei es doch nicht mehr als billig, daß sie mit ihm untergingen; und so ließ er sie alle töten.

2. Nun war es endlich so weit, daß die Tyrannen und deren Helfershelfer den Caesar um Verhandlungen baten, zumal ihnen allenthalben von den Römern zugesetzt wurde und ihnen durch die äußere Mauer jede Zuflucht unmöglich gemacht war. Titus war von Natur aus ein Menschenfreund und wünschte sehnlichst, daß die Stadt gerettet würde, zumal da auch seine Freunde ihm darin beipflichteten, freilich unter dem Vorbehalt, daß die Banditen jetzt nachgaben. So trat er denn an die Westseite des äußersten Vorhofs, wo sich oberhalb des Säulengangs ein Tor befand, durch das man über eine Brücke vom Tempel zur Oberstadt gelangen konnte, und diese Brücke lag nun in der Mitte zwischen den Tyrannen und dem Caesar. Zu ihnen hatten sich beiderseits die Leute dicht geschart, nämlich um Simon und Johannes die Juden voll Angst ob ihrer

Hoffnung auf Verzeihung, um den Caesar die Römer, neugierig sein Urteil erwartend. Titus gab nun Befehl, den Zorn zu mäßigen und die Kampfhandlungen einzustellen; dann befahl er einen Dolmetscher zu sich und begann als erster zu reden, was soviel bedeutete, wie daß er sich als Sieger fühlte: »Seid ihr nun endlich gesättigt mit den Schmerzen eurer Heimat, ihr Männer, die ihr ohne Rücksicht auf unsere Kraft und auf eure Schwäche in törichtem Zorn und dummer Kühnheit das Volk, die Stadt und den Tempel der Zerstörung überantwortet habt? Er wäre durchaus in der Ordnung, wenn auch ihr noch mit dem Tod bezahltet, wo ihr doch seit eurer Unterwerfung durch Pompeius ohne Unterlaß die Rebellion betrieben habt, um schließlich offen mit den Römern Krieg anzufangen? Worauf setzt ihr denn eure Hoffnung? Auf eure Vielzahl? Schaut doch, welch geringer Teil der römischen Streitmacht genügte, um euch zu besiegen! Auf die Zuverlässigkeit eurer Bundesgenossen? Doch welches Volk, das nicht zum Römerreich gehört, wäre so töricht, sich an die Juden statt an die Römer zu halten? Auf eure Körperkraft? Es ist euch doch bekannt, daß sogar die Germanen uns als Sklaven dienen! Auf die Stärke eurer Mauern? Wo gäbe es eine stärkere Schutzwehr als den Ozean? Und doch beugen sich die Britannier trotz dieses Schutzes den römischen Waffen! Auf eure Seelenstärke und auf die Schlauheit eurer militärischen Führer? Ihr müßt es doch wissen, daß selbst die Karthager im Kampf mit uns den kürzeren zogen! So war es also einzig die Menschenfreundlichkeit der Römer, die euch gegen sie in den Kampf führte? Wir haben euch das Land zu eigen gegeben, haben Könige aus eurem eigenen Volk über euch gesetzt, wir respektierten eure althergebrachten Gesetze und gestatteten euch ein Leben nach eurem Willen nicht nur daheim, sondern auch auswärts. Ja, was am meisten bedeuten will, wir erlaubten euch, für euren Gottesdienst Abgaben zu erheben und Beiträge zu sammeln; wir ließen es ruhig durchgehen, daß diese freiwillig gespendet wurden, legten euch nichts in den Weg, daß ihr als unsere Feinde mehr Reichtümer aufhäuftet als früher, und zwar zu dem Zweck, gegen uns zu rüsten! Dieses außerordentliche Entgegenkommen hat euch das rechte Maß genommen, und so seid ihr gegen jene, die es euch gewährten, aufgestanden, und spieet wie die ungezähmten Schlangen euer Gift gegen die, die euch Freundlichkeiten erwiesen. Es mag noch zu verstehen sein, daß ihr Neros Leichtfertigkeit mit Verachtung erwidert habt! Doch während ihr vorher, wiewohl aus unlauteren Motiven, wie abgebrochene und weggerissene Glieder eines Körpers wenigstens Ruhe hieltet, habt ihr bei zunehmender Schwäche des Reichs eure wahre Natur sehen lassen und habt frevlerische Hoffnungen genährt und eure Gier ins Maßlose gesteigert. Da kam mein Vater in euer Land, nicht um für euer Verhalten gegenüber Cestius Rache zu nehmen, sondern lediglich, um euch zur Vernunft zu bringen. Wäre er nämlich gekommen, um euer Volk zu vernichten, so hätte er ja bei der Wurzel beginnen und gleich diese Stadt vom Erdboden tilgen müssen. Aber er richtete nur gegen Galiläa und dessen Umgebung seine Strafgerichte, um euch Zeit zu geben, daß ihr euch besännet. Ihr aber legtet seine Menschenfreundlichkeit als Schwäche aus, und unsere Milde hatte zur Folge, daß ihr nur immer noch unverschämter wurdet. Nach dem Tode Neros handeltet ihr, wie es eben die Art von Schurken ist: Unsere inneren Schwierigkeiten haben euch ermutigt, und als ich mit meinem Vater nach Ägypten gezogen war, benütztet ihr die Gunst der Stunde, um zum Krieg zu rüsten, und machtet bedenkenlos jenen Persönlichkeiten, die über euch gesetzt waren, Schwierigkeiten, obgleich ihr in ihnen vorher menschenfreundliche Feldherrn hattet kennenlernen dürfen. Und als dann die Herrschaft über das Reich in unsere schützenden Hände gelegt ward, als überall wieder Ruhe einkehrte und die fernsten Völker uns durch ihre Gesandten beglückwünschen ließen, da hatten wir wiederum nur einen einzigen Feind, die Juden! Über den Euphrat hinaus schicktet ihr Boten, um dort die Menschen zur Rebellion aufzuwiegeln; um die Städte herum legtet ihr Mauerringe, Aufstände, Tyrannenstreit und Bruderkrieg flammten auf, Erscheinungen, wie sie eben für ein solches Gesindel bezeichnend sind. Da kam ich selbst vor die Stadt, nachdem mir mein Vater freilich gegen seinen Willen jene schlimmen Aufgaben übertragen hatte. Jetzt hörte ich, das Volk wünsche den Frieden und frohlockte schon. Ehe der Krieg begann, rief ich euch dazu auf, von ihm abzusehen; und als er sich schon lange hinzog, da ließ ich Milde walten, pardonierte die Überläufer, gab den Flüchtigen Sicherheit, hatte Nachsicht mit den vielen Gefangenen, hielt strenge Strafgerichte über ihre Bedrücker, brachte nur gezwungenermaßen meine Kriegsmaschinen zum Einsatz gegen eure Mauern, zügelte die Mordgier meiner Soldaten und erklärte mich nach jedem Sieg zum Frieden bereit, gerade als wäre ich der Unterlegene! Und als ich dann in der Nähe des Tempels stand, wollte ich wiederum nichts von der Anwendung des Kriegsrechts wissen, bat euch, doch euer eigenes Heiligtum zu retten, sagte euch freien Abzug zu und versprach, euer Leben zu schonen oder, falls es euer Wille wäre, den Kampfplatz anderswohin zu verlegen ... doch nichts von all dem hat bei euch etwas gefruchtet: Den Tempel habt ihr mit eigenen Händen eingeäschert, und jetzt habt ihr die Unverschämtheit, mich zu Verhandlungen aufzufordern! Was ist es denn, was noch zu retten wäre, was auch nur einen schwachen Vergleich mit dem Zerstörten aushielte? Nun, da der Tempel zerstört ist, was wollt ihr denn jetzt noch leben? Aber gleichwohl erscheint ihr noch in Waffen vor uns und gebt nicht einmal in der schlimmsten Not zu erkennen, daß ihr unseres Erbarmens bedürft! Ihr Elenden, worauf setzt ihr denn noch eure Hoffnung? Ist nicht euer Volk tot, ist nicht der Tempel verloren, gehört die Stadt nicht mir, halte nicht ich eure Lebensschicksale in meinen Händen ...? Und da erscheint es euch noch richtig, dem Tod zu fliehen? Aber mit eurem Wahnsinn lasse ich mich auf keinen Streit ein; legt die Waffen nieder und kapituliert, dann will ich euch das Leben gönnen! Und wie ein freundlicher Hausvater will ich dann nur die Unbelehrbaren zur Rechenschaft ziehen, allen anderen aber soll von mir aus das Leben geschenkt sein!«

3. Die Antwort der Rebellen lautete, sie seien nicht imstande, von ihm Nachsicht anzunehmen, ihr Schwur hindere sie daran. Doch baten sie für sich und ihre Frauen und Kinder um freien Abzug aus dem Mauerring; sie wollten nämlich in die Wüste gehen und ihm die Stadt überlassen. Titus aber geriet in heftigen Zorn darob,

daß sie als die Unterlegenen ihm noch Bedingungen stellen wollten, als hätten sie gesiegt, und er ließ ihnen deshalb mitteilen, es solle keiner mehr wagen, zu ihm überzulaufen, und niemand solle mit seinem Erbarmen rechnen, denn es gebe für niemanden mehr Schonung. Nein, jetzt sollten sie alles aufbieten, sich zu verteidigen, und sie sollten sich nach Kräften in Sicherheit zu bringen suchen; für ihn gelte fortan nur noch das Kriegsrecht. Dann gab er seinen Leuten Befehl, die Stadt einzuäschern und zu plündern. Noch sahen sie den gegenwärtigen Tag über zu; dann aber ließen sie das Regierungsgebäude, die Oberstadt, das Rathaus und den Stadtteil Ophel in Flammen aufgehen, und das Feuer breitete sich aus bis zum Palast der Helena mitten in der Oberstadt. Auch die engen Gassen und Straßen, die von den Leichen der Verhungerten strotzten, brannten sie nieder.

4. Das war der Tag, an dem die Söhne und die Brüder des Königs Izates mit vielen angesehenen Bürgern zum Caesar kamen und um Erbarmen flehten. Und obgleich Titus allen Juden, die noch am Leben waren, aufs heftigste zürnte, so konnte er doch seinen Charakter nicht verleugnen und gestattete den Männern, vor ihn zu treten. Zunächst stellte er sie alle unter Bewachung, die Söhne des Königs jedoch und seine anderen Verwandten ließ er später in Fesseln nach Rom bringen, um sie dort als Geiseln zu halten.

7. KAPITEL

1. Nun fielen die Rebellen über den Königspalast her, denn dorthin hatten viele Juden, weil er als äußerst stark befestigt galt, ihre Wertsachen gebracht. Sie konnten die Römer daraus vertreiben, töteten das ganze Volk, das sich dort zusammengeschart hatte, an die 8400 Menschen, und raubten den Geldschatz. Zwei Römer, einen Reiter und einen Fußsoldaten, konnten sie lebend in ihre Hand bekommen. Den Fußsoldaten töteten sie sofort und schleiften ihn durch die Stadt, als wollten sie durch diese Maßnahme an

allen Römern Rache nehmen. Den Reiter jedoch, der sich erbot, ihnen zu ihrer Rettung behilflich zu sein, führten sie zu Simon. Aber er hatte nichts Wichtiges zu sagen, und so übergab man ihn einem der Offiziere, einem gewissen Ardalas, zur Hinrichtung. Dieser ließ ihn, die Hände auf den Rücken gebunden, mit verbundenen Augen zur Enthauptung an einen Platz führen, den auch die Feinde einsehen konnten. Indessen jedoch der Jude das Schwert zog, entfloh der Gefangene und schlug sich zu den Römern durch. Da er den Feinden hatte entkommen können, sah Titus davon ab, ihn hinzurichten. Weil er es aber als eine Schande ansah, wenn ein Römer lebend in die Gefangenschaft geriet, so ließ er ihm die Waffen nehmen und stieß ihn aus dem Heer, was für einen Mann mit Ehrgefühl schlimmer ist als der Tod.

2. Am nächsten Tag reinigten die Römer die Unterstadt von den Banditen und brannten alles nieder bis zum Siloah. Obwohl sie mit Genugtuung hatten zusehen können, wie die Stadt in Schutt und Asche sank, mußten sie doch jeglicher Beute entsagen, da die Rebellen alles weggeholt und in die Oberstadt mitgenommen hatten. Denn sie kannten keine Reue ob ihrer Frevel, sondern rühmten sich noch, als hätten sie rechtmäßig gehandelt. Im Anblick der brennenden Stadt erklärten sie, sie wollten frohen Herzens und lachend auf den Tod warten, nachdem das Volk getötet, der Tempel eingeäschert sei, die Stadt in Flammen stehe und für die Feinde nichts mehr zu holen sei.

Josephus gab sich auch jetzt noch, wo alles verloren schien, jede Mühe, es mit Bitten durchzusetzen, daß die restliche Stadt verschont würde. Aber sosehr er die Verteidiger der Grausamkeit und der Sünde gegen Gott zieh, sosehr er sie zu ihrer eigenen Rettung aufrief, er konnte nichts anderes ernten als Verhöhnung. Nun wollten sie einerseits wegen ihres Schwures nicht vor den Römern kapitulieren, andererseits aber konnten sie auch nicht weiterkämpfen, da sie wie in einer Falle gefangen waren; deshalb begaben sie sich – denn nimmer konnten ihre Hände vom Morden lassen – einzeln vor die Stadt hinaus, um in den Ruinen jenen Juden nachzustellen, die jetzt den Versuch machten, zu den Römern überzulaufen. Tatsächlich konnten sie zahlreiche fassen, die, durch den Hunger geschwächt, der Flucht nicht gewachsen waren; sie töteten alle und überließen ihre Leichen den Hunden zum Fraß. In ihrem Elend galt ihnen übrigens jede Art des Todes erträglicher als der Hungertod, und so liefen sie nicht nur zu den Römern über, obgleich sie dort keine Nachsicht zu erwarten hatten, sondern ergaben sich auch ohne Gegenwehr den mordgierigen Rebellen. In der Stadt gab es nun bald keinen Ort mehr, wo nicht die Verhungerten und die Opfer des Aufstands zuhauf lagen.

3. Einen Funken Hoffnung sahen die Tyrannen und ihre Spießgesellen noch in den unterirdischen Gängen, in denen sie erwarten konnten, vor Entdeckung gesichert zu sein. Sie glaubten, die Römer würden nach der völligen Einnahme der Stadt wieder abziehen und sie könnten dann die Gänge verlassen und fliehen. Aber das war letzten Endes nur ein Traum, denn es sollte ihnen nicht gelingen, sich vor Gott oder vor den Menschen zu verbergen. So vertrauten sie auf diese unterirdischen Räume und brannten von der Stadt noch mehr nieder als die Römer. Und wenn dann die Bewohner der brennenden Gebäude nach unten fliehen wollten, dann zögerten sie nicht, diese zu töten und auszurauben; fanden sie aber etwas Nahrung, dann würgten sie es in sich hinein, auch wenn es von Blut durchtränkt war. Schon bekämpften sie sich auch gegenseitig, um einander ausrauben zu können, und ich glaube, sie hätten auf dem Gipfel ihrer Bestialität auch die Leichen verzehrt, wäre nicht die Einnahme der Stadt vorher erfolgt.

8. KAPITEL

1. Die Oberstadt konnte ohne Dämme nicht erobert werden, da sie ringsum stark abschüssig war. Deshalb gab der Caesar am 20. Tag des Monats Loos Befehl, die Schanzarbeiten aufzunehmen. Schwierig war es dabei, das Holz zu beschaffen, und wie schon erwähnt, war die gesamte Umgebung der Stadt in einem Radius von 100 Stadien beim früheren Wallbau völlig kahlgeschlagen worden.

Nun schütteten die vier Legionen im Westen der Stadt gegenüber dem Königspalast Wälle auf, die Mehrzahl der Hilfstruppen dagegen und die restlichen Mannschaften schanzten beim Säulengang, bei der Brücke und beim Turm des Simon, den dieser im Kampf gegen Johannes für seine Zwecke erbaut hatte.

2. In diesen Tagen nun versammelten sich die militärischen Führer der Idumäer in aller Heimlichkeit, um darüber zu beraten, ob sie kapitulieren sollten, und schickten fünf Leute aus ihrer Mitte zu Titus mit der Bitte, ihnen Pardon zu gewähren. Da nun der Caesar hoffte, die Tyrannen würden nach einem Ausfall der kampfstarken Idumäer endlich doch aufgeben, versprach er den Gesandten nach langem Überlegen tatsächlich Schonung und schickte sie zurück. Simon aber hatte von diesem Plan erfahren und ließ augenblicklich die fünf, die bei Titus waren, hinrichten, während die Anführer der Idumäer, worunter sich auch der höchst angesehene Jakobus befand, der Sohn des Sosas, verhaftet und in den Kerker geworfen wurden. Die Idumäer aber, die ohne Führung handlungsunfähig waren, ließ er scharf bewachen, indem er noch mehr Posten auf die Mauer beorderte. Diese aber konnten dennoch nicht die Abfallsbewegung verhindern, und so viele auch dabei das Leben verloren, jene, denen die Flucht gelang, waren doch in der Mehrzahl. Die Römer nahmen sie alle auf, und es war nicht nur so, daß der Caesar, menschenfreundlich wie er war, seine früheren Befehle unbeachtet ließ, sondern auch die Soldaten wollten vom Töten nichts mehr wissen, sei es, daß es sie ekelte, sei es aus Gewinnsucht. Während sie nämlich jene Bürger, die einzeln daherkamen, ihres Weges ziehen ließen, verkauften sie die anderen mit ihren Frauen und Kindern in die Sklaverei, und zwar bei dem großen Angebot und der geringen Nachfrage zu billigsten Preisen. Obgleich Titus bekanntgegeben hatte, niemand solle allein zu den Römern überlaufen, sondern jeder solle seine Familie mitbringen, nahm er doch auch Einzelflüchtlinge auf. Durch eine besondere Kommission ließ er allerdings unter ihnen jene feststellen, die sich des Todes schuldig gemacht hatten. Eine große Anzahl mußte in die Sklaverei gehen. Von den eigentlichen Bürgern aber fanden

über 60 000 Gnade, und der Caesar gewährte ihnen freien Abzug, wohin sie wollten.

3. In den gleichen Tagen traf auch ein Priester namens Jesus ein, der Sohn des Thebuthi. Diesem hatte der Caesar nämlich eidlich Schonung zugesichert, wenn er ihm einige der heiligen Geräte ausliefere. Jesus holte aus der Tempelmauer zwei Leuchter heraus, die nämlichen, wie sie im Tempel selbst aufbewahrt wurden, außerdem Tische, Mischkrüge und Schalen, alles aus purem, massivem Gold. Dazu lieferte er auch noch die Tempelvorhänge aus, ferner den Ornat der Hohenpriester samt den Steinen und zahlreiche andere Gerätschaften, wie sie beim Gottesdienst gebraucht wurden. Auch Phineas, der Schatzmeister des Tempels, konnte aufgegriffen werden und zeigte die Gewänder und die Gürtel der Priester, eine große Menge an Purpur- und Scharlachgeweben, die aufbewahrt wurden, um allenfalls zur Ausbesserung der Tempelvorhänge zu dienen, außerdem eine Menge Zimt und Kasia und viele andere wohlriechende Essenzen, wovon alltäglich eine Mischung zur Ehre Gottes abgebrannt wurde. Auch noch andere Wertsachen und heilige Kleinodien gab er in großer Menge preis und konnte es so erwirken, daß man ihn, der sich bei der Gefangennahme aufs Erbittertste zur Wehr gesetzt hatte, dennoch genauso gut behandelte wie die anderen Überläufer.

4. Als nun die Erdaufschüttungen nach achtzehn Tagen am siebten Tag des Monats Gorpiaeus fertig waren, brachten die Römer ihre Belagerungswerkzeuge heran. Ein Teil der Rebellen gab jetzt die Hoffnung auf Rettung der Stadt auf, und diese zogen sich die Mauer entlang in die Oberstadt zurück, während andere in den unterirdischen Räumen Zuflucht suchten. Viele aber bildeten nun eine Kette, um die Feinde abzuwehren, wenn diese ihre Maschinen in Stellung bringen wollten. Aber auch sie konnten gegen die Römer, die ihnen an Kraft und Zahl überlegen waren, nichts ausrichten, zumal da diese mit frischem Mut gegen einen verzagten und ermüdeten Gegner zu kämpfen hatten. Kaum hatte die Mauer an einer Stelle dem Rammbock nachgegeben, da ergriffen die Verteidiger sofort die Flucht. Auch die Tyrannen bekamen

es jetzt in einem Ausmaß mit der Angst zu tun, daß sie die tatsächliche Gefahr noch überschätzten; denn noch bevor ein Feind diesseits der Mauer stand, waren sie schon vor Schreck ratlos und wußten nicht, ob sie fliehen oder ihre Stellung behaupten sollten. Jetzt konnte man diese einstigen Prahler, die sich ihres Frevels gerühmt hatten, gebrochen und zitternd sehen und so ganz anders als früher, da sie trotz ihrer Bosheit noch eher Mitleid erweckten. Wohl versuchten sie, die Ringmauer zu attackieren, um die Wachen zu durchbrechen und auf diese Weise hinauszugelangen. Als sie aber ihre Anhänger, von denen jeder seiner persönlichen Lage entsprechend geflohen war, nirgends erblicken konnten, als dann noch einige herbeiliefen mit der Kunde von der totalen Zerstörung der Mauer im Westen, und als andere ihnen zuriefen, die Römer seien schon eingedrungen, und wieder andere, sie suchten den Gegner aufzuspüren und befänden sich schon in der nächsten Nähe, und als dann noch einige von der Angst geblendet beteuerten, man könne die Feinde schon auf den Türmen sehen, da warfen sie sich auf das Antlitz nieder und wehklagten ob ihrer Sinnesverblendung. Und gerade als wenn ihnen die Sehnen durchschnitten worden wären, waren sie nicht mehr in der Lage, die Flucht aufzunehmen. Das war der Moment, wo sich die Macht Gottes über die Ruchlosen ebenso offenbarte wie das Glück der Römer. Die Tyrannen nämlich dachten jetzt nicht mehr an ihre Sicherheit, und sie kamen von den Türmen herunter, wo ihnen die bloße Gewalt niemals etwas hätte anhaben können, nur der Hunger! Die Römer aber, die ihre Not gehabt hatten mit den schwächeren Mauern, konnten sich nun jener, denen keine Belagerungsmaschine gewachsen war, vom Glück begünstigt, bemächtigen; denn die drei Türme, von denen oben die Rede war, waren für jede Maschine uneinnehmbar.

5. Als nun die Rebellen diese Türme verlassen hatten, oder besser, als Gott sie daraus vertrieben hatte, da flüchteten sie eiligst in die Schlucht unten am Siloahgewässer und stürzten sich dort gegen den Mauerring, als sie sich von ihrer Angst etwas erholt hatten. Aber ihre Tollkühnheit war der tatsächlichen Not schon nicht mehr gewachsen, denn Furcht und ihre Mißerfolge hatten sie de-

moralisiert. Die Wachen konnten sie sogleich abwehren, und jetzt zerstreuten sie sich in alle Winde und suchten in den unterirdischen Gängen Unterschlupf. Inzwischen jedoch hatten sich die Römer der Mauern bemächtigt, hatten die Feldzeichen auf den Türmen aufgestellt und mit viel Lärm den Siegesgesang angestimmt, war ihnen die Beendigung des Kampfes doch viel leichter gefallen, als es der Anfang hatte befürchten lassen. Sie konnten es selbst kaum glauben, daß sie, ohne einen Tropfen Blut zu vergießen, die letzte Mauer nehmen könnten, und sie kamen sich vor wie vor den Kopf gestoßen, als sie keine Feinde sichten konnten. Mit gezückten Schwertern ergossen sie sich nun in die engen Gassen, und wen sie erwischten, den schlugen sie nieder. In die Häuser warfen sie Brände, wo die Juden Zuflucht gesucht hatten, und legten sie in Schutt und Asche mit allem, was sie bargen. Oft, wenn sie bei ihrem Zerstörungswerk in ein Haus eingebrochen waren, stießen sie auf ganze Familien, die tot dalagen, und die Dächer lagen voll von den Leichen der Hungertoten, ein Anblick, der sie so erschrecken ließ, daß sie die Häuser wieder verließen, ohne etwas anzurühren. Sosehr sie jedoch die auf diese Weise ums Leben Gekommenen bemitleideten, so wenig galt dies gegenüber den Lebenden: Wer ihnen begegnete, empfing den Todesstreich, und so waren die Gassen unpassierbar vor lauter Leichen, und das Blut floß in Strömen in der Stadt, so daß es manches Feuer löschte! Erst gegen Abend war des Mordens ein Ende, die Feuersbrunst aber raste die Nächte hindurch. Am achten Gorpiaeus ging die Sonne über dem schwelenden Jerusalem auf, über der Stadt, die während der Belagerung solche Qualen auszustehen hatte, daß sie tatsächlich zu beneiden gewesen wäre, hätte sie seit ihrer Gründung ein gleiches Maß von Glück genießen dürfen. Das Mißgeschick aber hatte sie durch nichts anderes auf sich gezogen als dadurch, daß sie eine Generation hervorbrachte wie diese, die ihr zum Verderben war.

9. KAPITEL

1. Titus zog nun in die Innenstadt ein und war erstaunt, wie fest sie angelegt war; ganz besonders aber bewunderte er die starken Türme, die die Tyrannen in ihrer Verblendung aufgegeben hatten; und da besah er sich ihre gewaltige Höhe und die Größe der einzelnen Quader, und wie genau sie zusammengefügt waren, ihre Breite und ihre Länge, und sprach: »Gott stand im Kampf auf unserer Seite, und Gott war es, der die Juden aus diesen Bollwerken herausholte; denn was hätten schon Menschenhände oder Maschinen gegen solche Türme zu bestellen?« Viele derartige Äußerungen tat er noch in Gegenwart seiner Freunde. Dann aber ließ er die Gefangenen der Tyrannen frei, die in den Kerkern der Türme aufgefunden wurden, und gab Befehl, auch den Teil der Stadt zu vernichten, der noch stand, und die Mauern umzulegen; die drei Türme jedoch ließ er als Mahnmal seines Glücks stehen, da es ihm zur Seite gestanden hatte, diese unbezwingbaren Bollwerke zu nehmen.

2. Die Soldaten waren es nun müde, weiter zu morden. Aber es zeigte sich doch immer wieder eine große Menge von Juden, und so befahl der Caesar, nur jene zu töten, die Waffen trugen oder Widerstand leisteten, den Rest aber lebend in die Gefangenschaft zu führen. Trotzdem hielten sich die Soldaten nicht an die Anweisung des Titus, sondern töteten auch noch die Alten und die Schwachen; die Jüngeren jedoch, die noch zu etwas nütze waren, jagten sie auf die Tempelhöhe und sperrten sie dort in den ›Weiberhof‹ ein. Mit dem Amt des Wächters beauftragte der Caesar einen Freigelassenen; Fronto jedoch, der zu seinen Freunden zählte, sollte über jeden entscheiden, welche Behandlung er verdient habe. Die Rebellen und die Banditen, die sich samt und sonders gegenseitig beschuldigten, ließ er umbringen. Die schönsten und größten Jünglinge jedoch wählte er sich aus, um sie beim Triumphzug zu verwenden. Von den restlichen Gefangenen schickte Titus jene, die schon über siebzehn Jahre alt waren, in die Bergwerke von Ägypten, den größeren Teil aber machte er den einzelnen Provinzen

zum Geschenk, wo sie dann bei Theaterspielen durchs Schwert oder durch wilde Tiere ihr Ende finden sollten. Wer noch nicht siebzehn Jahre alt war, wurde verkauft. An den Tagen, an denen Fronto sein Ausleseverfahren durchführte, gingen übrigens noch 11 000 durch Hunger zugrunde, weil sie vielfach von den Wächtern aus Haß nichts zu essen bekamen; doch gab es auch Fälle, wo die zugestandene Nahrung zurückgewiesen wurde, abgesehen davon, daß das vorhandene Getreide für die Menge nicht ausreichte.

3. Im ganzen waren in diesem Kriege 97 000 Juden in die Gefangenschaft geraten, während 1 100 000 im Verlauf der Belagerung das Leben lassen mußten. Die Mehrzahl davon waren der Herkunft nach Juden, doch stammten sie zumeist nicht aus Jerusalem. Anläßlich des Festes der ungesäuerten Brote waren nämlich die Menschen aus dem ganzen Lande in die Hauptstadt gekommen, und weil sie hier jählings vom Krieg überrascht wurden, war es nicht zu vermeiden, daß bei den eng zusammengedrängten Volksmassen die Pest ausbrach, zu der sich später noch der Hunger als das noch größere Übel gesellte. Daß die Stadt für eine solche Anzahl von Menschen ausreichte, läßt sich nachweisen aus jener Volkszählung des Cestius, der die Hohenpriester beauftragt hatte, möglichst die Bevölkerungszahl zu ermitteln; er wollte damit dem Nero, der von den Juden eine sehr geringe Meinung hatte, zeigen, wie großartig es um Jerusalem bestellt war. Da aber gerade das sogenannte Passahfest gefeiert wurde, an dem die Juden von der neunten bis zur elften Stunde Opfer darbringen – dabei schart sich um jede Opferhandlung eine kleine Gemeinde, und zwar nicht weniger als zehn Leute, denn von einem allein darf das Opfermahl nicht eingenommen werden, und es sind viele, die da zusammenkommen, im ganzen wohl zwanzig Leute –, so wurden 256 500 Opfertiere gezählt. Rechnet man auf jedes Tier nur zehn Leute, so ergibt dies an die 2 700 000, und zwar durchweg reine und für die heilige Handlung bereite Menschen; denn die Teilnahme war den Aussätzigen verwehrt, ebenso Geschlechtskranken, menstruierenden Frauen und solchen, die anderweitig nicht rein waren, natür-

lich auch den Angehörigen anderer Völker, die etwa zum Gottesdienst herbeigekommen waren.

4. So waren denn die meisten von auswärts in die Stadt geströmt, und das Schicksal wollte es, daß gerade damals das gesamte Volk wie in einem Pferch zusammengesperrt war, so daß sich der Krieg um eine Stadt legte, die bis zum Rande mit Menschen gefüllt war. Deshalb gab es auch mehr Opfer als bei jeder anderen Katastrophe, die, sei es von Menschen oder von einer höheren Macht, über eine Stadt verhängt wurde. Von jenen, die jetzt noch auftauchten, wurden die einen von den Römern umgebracht, die anderen zu Gefangenen gemacht; wer sich in den unterirdischen Gängen verborgen hielt, wurde aufgespürt; denn die Römer durchbrachen den Erdboden und töteten alle, deren sie habhaft werden konnten. Und man fand hier noch über 2000 Tote, die sich entweder selbst das Leben genommen oder sich gegenseitig umgebracht hatten, größtenteils jedoch verhungert waren. Und als die Römer in die Gänge vorstießen, da drang ihnen deshalb ein entsetzlicher Verwesungsgeruch entgegen, so daß viele wieder umkehrten, während die anderen, die sich durch ihre Besitzgier leiten ließen, über ganze Berge von Leichen gehen mußten. Tatsächlich aber fand man dort zahlreiche Wertsachen, und die Gier rechtfertigte jedes Mittel, um in ihren Besitz zu gelangen. Außerdem konnten hier viele Gefangene der Tyrannen herausgeholt werden, die noch bis zum Ende nicht von ihrer Grausamkeit abließen. Beide Tyrannen wurden aber von Gott nach Gebühr bestraft. Johannes, der mit seinen Brüdern dort unten hungerte, mußte die Römer schließlich doch um Gnade bitten, was er so oft von sich gewiesen hatte. Simon jedoch, der in seiner Notlage Furchtbares hatte durchmachen müssen, kapitulierte schließlich auf eine Art, wie wir sie später darstellen werden. Man verwahrte ihn nämlich als Schlachtopfer für den Triumph, während über Johannes lebenslange Kerkerhaft verhängt wurde. Die Römer aber überantworteten nun auch noch die äußersten Stadtteile den Flammen und schleiften die Mauern vollends.

10. KAPITEL

1. Das war also der Fall Jerusalems, der sich im zweiten Jahr der Regierung Vespasians am achten Tag des Monats Gorpiaeus ereignete, nachdem es schon früher fünfmal erobert und einmal zerstört worden war. Der Ägypterkönig Asochaeus, später dann Antiochus, ferner Pompeius und nach ihm Sossius zusammen mit Herodes hatten die Stadt erobert, aber nicht zerstört. Vor ihnen hatte sie der Babylonierkönig erobert und zerstört, 1468 Jahre und 6 Monate, nachdem sie gegründet worden war. Der erste Gründer war ein Herrscher aus Chananaea, der in der einheimischen Sprache als der ›gerechte König‹ bezeichnet wird. Diesen Namen führte er zu Recht. So war er denn auch der erste, der das Amt eines Priesters versah. Er errichtete auch erstmals den Tempel und nannte die Stadt ›Hierosolyma‹, nachdem sie zuvor ›Solyma‹ geheißen hatte. Schließlich aber verjagte der Judenkönig David die Chananaeer und besiedelte den Platz mit den Angehörigen seines eigenen Volkes. 477 Jahre und 6 Monate nach ihm wurde die Stadt von den Babyloniern zerstört. Von König David, dem ersten Judenkönig in Jerusalem, bis zur Katastrophe unter Titus vergingen 1179, von der ersten Gründung bis zur letzten Einnahme 2177 Jahre. Aber weder ihr hohes Alter noch ihr gewaltiger Reichtum noch die Tatsache, daß ihre Bevölkerung über die ganze Erde verbreitet ist, noch das hohe Ansehen des dort gebräuchlichen Gottesdienstes konnten sie vor dem Untergang retten. So endete die Belagerung von Jerusalem.

BUCH VII

1. KAPITEL

1. Da es nun für das Heer mit dem Morden und Plündern vorbei war und da der Zorn eigentlich kein Ziel mehr hatte, gegen das er sich richten konnte – denn aus Erbarmen hätten die Soldaten wohl niemanden geschont –, gab der Caesar Befehl, die ganze Stadt und den Tempel zu schleifen. Einzig die Türme Phasael, Hippikos und Mariamne, die höher waren als die anderen, sowie der westliche Teil der Umfassungsmauer sollten erhalten bleiben; die Mauer, um die Anlage eines Lagers für eine künftige Besatzung zu erleichtern, die Türme jedoch, um den späteren Geschlechtern eine Vorstellung zu geben, wie großartig und wie kolossal die Stadt befestigt war, die den tapferen Römern zum Opfer fiel. Den Rest der Stadtmauer ebneten die Sieger so nachhaltig ein, daß fremde Besucher keine einstige menschliche Siedlung dort mehr erkannt hätten. So kläglich endete diese großartige, in aller Welt berühmte Stadt Jerusalem wegen des Wahnwitzes ihrer Einwohner.

2. Der Caesar entschloß sich, als Besatzung die 10. Legion, außerdem einige Reiterabteilungen und kleinere Einheiten Fußvolk zurückzulassen. Nach dem Abschluß aller Kriegshandlungen fühlte er nun das Bedürfnis, das Gesamtheer ob seiner ausgezeichneten Leistungen zu belobigen und jenen, die sich besonders bewährt hatten, entsprechende Belohnungen zuzuerkennen. Er errichtete dazu mitten im einstigen Lager eine gewaltige Tribüne, auf die er sich mit den Offizieren begab. Dort hielt er dann, weithin hörbar, an das ganze Heer folgende Ansprache: »Ich sage euch Dank für eure anständige Haltung, die ihr mir gegenüber allezeit beweist. Loben muß ich auch euren Gehorsam, den ihr den ganzen Krieg hindurch inmitten von zahlreichen schweren Gefahren zugleich mit eurer Tapferkeit an den Tag gelegt habt, auch daß ihr helfen konntet, die Herrschaft unseres Vaterlands zu mehren und der Welt zu beweisen, daß weder eine Überzahl von Feinden noch eine starke Be-

festigung noch gewaltige Stadtanlagen noch wahnwitzige Tollkühnheit und Bestialität für die Waffen Roms unüberwindlich sind, auch dann nicht, wenn das Kriegsglück manchmal zu den Feinden neigt. Diesen langen Krieg haben wir nun so ruhmreich beendigt, wie wir es an seinem Anfang wünschen mochten. Aber es steigert noch unseren Ruhm und unser Ansehen, daß der Herr des Römerreichs, den ihr dazu erwählt und ins Vaterland vorangeschickt habt, allenthalben mit Freuden begrüßt wird, daß man unseren Entschluß überall freundlich aufnimmt und euch darob Dank abstattet, daß ihr diese Wahl getroffen habt. Dafür gebührt euch allen meine Bewunderung und mein Lob, wo ich doch weiß, daß jeder von euch seinen guten Willen einsetzte, um zu erreichen, was zu erreichen war. Jenen aber, die, an Kraft des Körpers überlegen, besonders tapfer gekämpft haben, die ihr Leben mit ruhmreichen Taten geziert und das Ansehen des Heeres durch hervorragendes Handeln gemehrt haben, sollen jetzt die gebührenden Ehrungen zuteil werden, und niemand, der sich mehr anstrengte als die anderen, soll auf das entsprechende Lob verzichten müssen. Darum geht es mir nämlich in besonderem Maße, da ich doch grundsätzlich lieber die Tapferkeit meiner Kameraden belohne als sie ob ihrer Fehler zur Rechenschaft ziehe.«

3. Und auf der Stelle ließ er dann durch Beauftragte die Namen jener verlesen, die sich im Krieg irgendwie besonders bewährt hatten. Und während sie jetzt an ihm vorbeizogen, nannte er jeden bei seinem Namen, lobte sie und zeigte sich so von Glück erfüllt, als wäre er es gewesen, der jeweils eine Ruhmestat vollbrachte. Gleichzeitig verabreichte er ihnen goldene Kränze, goldene Halsketten, gewaltige Speere aus Gold und Feldzeichen aus Silber; außerdem wurde ein jeder befördert. Aus der übrigen Kriegsbeute verschenkte er dazu noch Gold, Silber, wertvolle Kleidung und anderes mehr in reicher Fülle. Und als er auf diese Weise alle nach Verdienst ausgezeichnet hatte, beglückwünschte er das Heer, verließ unter Heilrufen das Podest und wandte sich den Siegesopfern zu. Schon standen vor den Altären viele Stiere bereit, die man jetzt schlachtete; das Fleisch wurde ausgeteilt, daß sich das

Heer daran labte. Er selbst zechte mit den Offizieren drei Tage hindurch, um dann die fremden Truppen zu entlassen, wohin sie wollten. Die 10. Legion wurde mit der Bewachung Jerusalems betraut und nicht mehr an ihren früheren Standort am Euphrat geschickt. Die 12. Legion – er gedachte immer noch ihres Zurückweichens vor den Juden unter Cestius – zog er ganz aus Syrien zurück, wo sie einst in Raphanaea ihren Standort gehabt hatte, und verlegte sie nach Melitene am Euphrat, an der Grenze zwischen Armenien und Kappadokien. Zwei Legionen, nämlich die 5. und die 15. Legion, sollten bei ihm bleiben bis zu seiner Ankunft in Ägypten.

Dann begab er sich mit seinem Heer nach Caesarea am Meer und ließ dort auch die ungeheure Beute bergen sowie ein Lager für Kriegsgefangene errichten. Nach Italien konnte er wegen des Winters noch nicht aufbrechen.

2. KAPITEL

1. Während des Höhepunkts der Belagerung Jerusalems durch Titus begab sich Vespasian in Alexandria auf ein Handelsschiff und fuhr nach Rhodos. Von hier ging es mit Dreiruderern weiter, und er stattete allen Städten auf seinem Weg einen Besuch ab und erntete überall Glück- und Segenswünsche. Dann führte ihn seine Fahrt von Ionien nach Griechenland, ferner von Kerkyra nach dem japygischen Vorgebirge und von da aus bis zu seinem Ziel zu Lande. In der Zwischenzeit zog Titus von Caesarea am Meer nach Caesarea Philippi, hielt sich dort einige Zeit auf und ließ vielerlei Spiele veranstalten. Dabei wurden viele Kriegsgefangene zu Tode gebracht, d. h. sie wurden entweder den wilden Tieren vorgeworfen oder mußten in einzelnen Haufen gegeneinander kämpfen. An diesem Ort erhielt Titus auch die Kunde, daß Simon, der Sohn des Giora, gefangen ward; das war so zugegangen: Wie wir uns erinnern, hatte Simon während der Belagerung der Stadt die Ober-

stadt besetzt. Als nun aber die Römer die Mauern durchbrochen hatten und die ganze Stadt zerstörten, nahm Simon seine besten Freunde und einige Steinarbeiter mit den entsprechenden Eisenwerkzeugen, ferner Lebensmittel für mehrere Tage und schlüpfte mit ihnen in eines der dunklen Verliese. Sie benutzten den früheren Gang, so weit er führte; als dann aber fester Boden kam, hoben sie Erdreich aus, da sie annahmen, sie könnten, wenn sie weiter vordrangen und einen sicheren Ausstieg schufen, emportauchen, um sich zu retten. Als sie diesen Plan in die Tat umsetzen wollten, mußten sie bald einsehen, daß dies unmöglich war: Sosehr sich nämlich die Arbeiter abgemüht hatten, waren sie doch kaum weitergekommen, und nun gingen auch trotz aller Sparsamkeit die Lebensmittel zu Ende. Um Schrecken zu erregen und dadurch die Römer zu täuschen, hüllte sich Simon in einen weißen Leibrock, zog ein purpurfarbenes Obergewand darüber und stieg genau dort, wo früher der Tempel gestanden hatte, nach oben. Im ersten Augenblick erschraken die Soldaten, die es bemerkten, und sie blieben wie angewurzelt stehen; dann aber kamen sie doch heran und fragten ihn nach seinem Namen. Simon antwortete nicht darauf, sondern bat, man möchte den Feldherrn holen. So eilten sie dann zu Terentius Rufus, der gleich zur Stelle war, da er als Kommandant der Heeresabteilung zurückgeblieben war. Er hörte sich von Simon die ganze Wahrheit an, ließ ihn dann in Ketten legen und stellte ihn unter Bewachung; dem Caesar aber berichtete er den Hergang der Gefangennahme. So überlieferte Gott Simon für seine Greueltaten an seinen Mitbürgern, über die er sich als grausamer Tyrann aufgespielt hatte, den Händen derer, die ihn am meisten haßten, und er sollte ihnen nicht durch Gewalt erliegen, sondern sollte aus freiem Entschluß bei ihnen Bestrafung suchen und auf diese Weise genauso handeln wie jene, die er grausam hatte niedermetzeln lassen, weil er sie fälschlich beschuldigte, sie hätten es mit den Römern gehalten. Ja, die Schlechtigkeit kann dem Zorn Gottes nicht entrinnen, und seine Gerechtigkeit entbehrt nicht der Kraft, sondern sie wendet sich im Laufe der Zeit immer gegen jene, die sie mit Füßen getreten haben, und sie hat immer für die Bösen ihre Strafe, die um so furchtbarer ist, weil die Betroffenen glauben, sie wären ihr schon entronnen, wenn sie nicht der Tat auf dem Fuße folgte. Dies bekam auch Simon zu spüren, als ihn die Rache der Römer ereilte. Daß er aus der Erde nach oben stieg, hatte zur Folge, daß damals auch noch eine Menge anderer Rebellen in den unterirdischen Gängen aufgespürt wurde.

Der Caesar war inzwischen nach Caesarea am Meer zurückgekehrt, und nun brachte man den Tyrannen in Fesseln vor ihn; er gab Befehl, ihn für den Triumph aufzubewahren, den er in Rom feiern wollte.

3. KAPITEL

1. Während nun Titus in Caesarea weilte, feierte er anläßlich des Geburtstags seines Bruders ein prächtiges Fest und ließ zu seinen Ehren wieder an zahlreichen gefangenen Juden die Todesstrafe vollziehen. Es waren über 2500, die seinerzeit teils im Kampf mit wilden Tieren, teils als lebende Fackeln und teils Mann gegen Mann fechtend ums Leben kamen. Doch all dies und zahllose andere Todesarten dünkten die Römer noch eine zu geringe Strafe für die Juden.

Dann zog der Caesar nach Berytos in Phönizien, einer römischen Kolonie, und hielt sich dort länger auf; er feierte nämlich den Geburtstag seines Vaters und ließ deshalb großartige Spiele veranstalten und dabei unter ungeheurem Aufwand die größte Pracht entfalten. Auch hier kam es wieder in der nämlichen Weise wie vorher zur massenweisen Hinschlachtung von Gefangenen.

2. Zur gleichen Zeit geschah es auch, daß den Juden in Antiochia, denen bisher die Kriegsnot erspart geblieben war, schwere Vorwürfe gemacht wurden, die sie in Lebensgefahr brachten. Die Bewohner der Stadt waren nämlich äußerst erbost, teils wegen Vorwürfen, die erst kürzlich gegen die Juden erhoben worden waren, teils wegen gewisser weiter zurückliegender Ereignisse, die ich in

Kürze darstellen muß, um die Schilderung der darauffolgenden Ereignisse begreiflich zu machen.

3. Das Judenvolk lebt ja in großer Zahl unter der Bevölkerung der ganzen Erde verstreut; zahlenmäßig am meisten aber ist es entsprechend der benachbarten Lage mit den Syrern vermischt und hier wieder besonders – wegen der Größe dieser Stadt – mit den in Antiochia lebenden Menschen. Die auf Antiochus folgenden Könige hatten nämlich den Juden gestattet, sich dort frei anzusiedeln. Es war dies jener Antiochus mit dem Beinamen Epiphanes, der Jerusalem zerstört und den Tempel ausgeraubt hatte. Seine Nachfolger im Königtum hatten jedoch alle Weihegeschenke, soweit sie aus Erz waren, den Juden in Antiochia zurückerstattet zur Aufbewahrung in der Synagoge und hatten den Juden die gleichen Rechte zugestanden wie den Griechen. Auch die folgenden Könige verfuhren mit ihnen nicht anders, und weil ihre Bevölkerungszahl auf diese Weise stark zunahm, vermochten sie ihren Tempel durch kunstreiche und wertvolle Weihegaben erheblich zu verschönern; so aber veranlaßten sie auch zahlreiche Griechen, zu ihrem Glauben überzutreten, und auf diese Weise wurden diese Griechen gewissermaßen zu Mitgliedern der Judengemeinde. Zur Zeit nun, da der Krieg ausgerufen wurde, als Vespasian wieder in Syrien gelandet war und der Judenhaß allenthalben seine Blüten trieb, trat ein Angehöriger der Judengemeinde, Antiochus – er stand wegen seines Vaters, der der Vorsteher der Juden von Antiochia war, in großem Ansehen –, im Theater vor die Einwohner, die sich dort zusammengefunden hatten, und beschuldigte seinen eigenen Vater und alle Juden, sie beabsichtigten, in einer bestimmten Nacht die ganze Stadt einzuäschern. Außerdem behauptete er noch von einigen fremden Juden, sie hätten teil an diesem Anschlag, und er überantwortete auch sie den Versammelten. Diese gerieten außer sich vor Zorn und ließen für die Angeschuldigten sofort einen Scheiterhaufen errichten, auf dem diese den Feuertod starben. Dann aber gingen die Griechen gegen die Juden vor, denn nach ihrer Meinung gab es für ihre Vaterstadt nur eine Rettung, wenn sie an ihnen möglichst rasch die Rache vollzögen. Und Antio-

chus steigerte noch ihren Zorn, und um seine eigene Umkehr und seinen Haß gegen die jüdische Lebensart zu dokumentieren, veranstaltete er ein Opfer, wie es bei den Griechen üblich ist. Außerdem gab er Anweisung, auch die anderen zu zwingen, seinem Beispiel zu folgen; an der Bereitschaft dazu werde es sich erweisen, wer zu den Attentätern gehöre. Tatsächlich stellten die Bewohner von Antiochia diese Probe an, doch nur wenige unterzogen sich ihr, und wer sich weigerte, wurde getötet. Dem Antiochus wurden nun vom römischen Statthalter Truppen zugeteilt, mit denen er seine Mitbürger aufs gemeinste drangsalierte: Sie durften nicht mehr den Sabbat begehen und mußten an diesem Tag alle Arbeiten verrichten wie an den anderen Tagen. Er übte dabei einen derartigen Zwang aus, daß nicht nur in Antiochia, sondern nach dem Beispiel dieser Stadt auch anderswo der Sabbat einige Zeit nicht mehr gefeiert wurde.

4. Nicht lange nach diesem Unheil kam über die Juden von Antiochia noch ein anderes, das man nur versteht, wenn man die vorangehenden Ausführungen kennt. Es ereignete sich nämlich, daß das viereckige Forum, das Rathaus, das Archiv und der Königspalast in Flammen aufgingen; dabei bedurfte es aller Mühe, um zu verhindern, daß das Feuer die ganze Stadt erfaßte. Antiochus beschuldigte nun die Juden, das Feuer gelegt zu haben; und hätten sich die Bewohner von Antiochia auch nicht schon vorher den Juden gegenüber feindselig verhalten, so wäre diese Verleumdung geeignet gewesen, durch die Aufregung über den Vorfall noch eine viel schlimmere Wirkung zu erzielen, als es die vorangegangenen Anschuldigungen des Antiochus vermocht hatten. Diese erschienen jetzt so glaubwürdig, daß die Bewohner von Antiochia, gerade als hätten sie selbst die Juden bei der Brandstiftung ertappt, wie die wilden Tiere über die Verleumdeten herstürzten. Der Legat Gnaeus Collega hatte Mühe, sie zu beschwichtigen, indem er forderte, daß der Vorfall zuerst nach Rom gemeldet würde. Vespasian hatte nämlich den Caesennius Paetus, den Oberkommandierenden von Syrien, dorthin geschickt, doch dieser war noch nicht eingetroffen. Collega hielt übrigens eine Untersuchung ab und konnte

die Wahrheit ermitteln: Kein einziger der von Antiochus angeschwärzten Juden hatte mit der Sache etwas zu tun, sondern die ganze Schandtat war von einigen gemeinen Elementen in Szene gesetzt worden, von Leuten, die tief in Schulden steckten und geglaubt hatten, durch die Vernichtung des Forums und des städtischen Archivs würde es unmöglich sein, gegen sie noch irgendwelche Forderungen zu erheben. Die Juden aber waren in der Erwartung der kommenden Maßnahmen in drückender Ungewißheit, solange die Untersuchung noch im Gange war.

4. KAPITEL

1. Als nun der Caesar Titus davon Kunde erhielt, mit welcher Sehnsucht alle Städte Italiens seinen Vater erwartet hatten und wie er gar in Rom aufs herzlichste und prächtigste empfangen ward, da freute er sich sehr und empfand große Genugtuung, waren doch nunmehr seine Besorgnisse um den Vater zu seiner großen Erleichterung behoben. Selbst als Vespasian noch weit entfernt war, waren ihm alle Menschen in Italien aufs herzlichste zugeneigt, gleichsam als wäre er schon bei ihnen zugegen; denn man sehnte sich so nach ihm, daß die Erwartung allein schon das Gefühl seiner tatsächlichen Gegenwart bewirkte, und all diese freundliche Zuneigung war völlig zwanglos und freiwillig. Der Senat, noch in der frischen Erinnerung des raschen Thronwechsels, fühlte sich glücklich darob, nunmehr einen Imperator von ehrwürdigem Alter zu besitzen, der sich durch den Glanz seines Kriegsruhms auszeichnete, einen Mann, der mit Sicherheit seine hohe Stellung nur zum Wohl seiner Untertanen einnehmen würde. Das Volk vollends, das durch die Bürgerkriege aufgerieben war, verlangte noch mehr nach seinem Kommen, hoffte es doch, sein Elend mit einem Leben in Sicherheit vertauschen zu können, und glaubte es doch, Ordnung und Wohlstand erwarten zu dürfen. Das Heer endlich setzte seine ganze Zuversicht in höchstem Grad auf ihn, war es sich doch am besten darüber im klaren, was die glückliche Beendigung der von

ihm geführten Kriege bedeutete. Dazu kam, daß die Soldaten, die so vielfach die Unfähigkeit und Feigheit der anderen Feldherrn hatten ertragen müssen, aufs heftigste danach verlangten, sich von mancher Schande aus der Vergangenheit zu reinigen, und in ihm die Persönlichkeit ersehnten, die allein in der Lage war, Macht und Ansehen des Heeres wiederherzustellen. So waren es wirklich alle Schichten des Volkes, die für ihn eine freundliche Gesinnung aufbrachten, so daß die führenden Männer es nicht für zumutbar erachteten, ihn in Rom zu empfangen, sondern ihm weit vor die Stadt hinaus entgegenkommen wollten. Doch auch die anderen Bürger wollten nicht noch länger warten, ihm zu begegnen, und so eilten sie scharenweise hinaus. Und weil es sie angenehmer und leichter dünkte, ihm entgegenzugehen als zu bleiben, empfand die Stadt damals erstmals so etwas wie ein angenehmes Gefühl der Menschenleere; denn es zogen ihm viel mehr Menschen entgegen, als zu Hause blieben. Als aber nun endlich sein Nahen verkündet wurde und jene, die vorausgezogen waren, sein freundliches Wesen gegen jedermann rühmten, da begehrte auch der Rest des Volkes, ihn schon auf dem Wege zu begrüßen, und wo er sich zeigte, war die Masse hocherfreut ob seiner Freundlichkeit und der Milde seines Gesichtsausdrucks. Und allenthalben wurden Rufe laut, die ihn als Wohltäter, als Retter und als einzig würdigen Beherrscher Roms feierten. Kränze und Räucherwerk gab es in solcher Fülle, daß sich die Stadt wie ein einziger Tempel ausnahm. Es kostete den Caesar Mühe, vor der Volksmenge, die sich um ihn drängte, den kaiserlichen Palast zu erreichen, wo er sofort den Hausgöttern Opfergaben für seine glückliche Ankunft darbringen ließ. Die Volksmassen aber begaben sich jetzt zu den Zechgelagen, und zwar sonderten sich die Bewohner der Stadt nach Stämmen, Sippen und Nachbarschaften, um so die Mahlzeiten einzunehmen. Und man brachte Trankopfer dar und flehte zu den Göttern, Vespasian möchte noch lange Jahre der Herrschaft Roms erhalten bleiben und seinen Söhnen und deren entferntesten Nachkommen diese Herrschaft unbestritten vererben.

Und dieses Rom, das den Vespasian so freundlich aufgenommen hatte, sollte fortan zu blühendem Wohlstand heranwachsen.

2. Noch ehe sich all dies ereignete, zu einer Zeit, da sich Vespasian noch in Alexandria aufhielt und Titus mit der Belagerung Jerusalems beschäftigt war, machte ein großer Teil der Germanen einen Aufstand, und die Gallier, die ihnen benachbart waren, schlossen sich ihnen an, setzten sie doch alle Hoffnung darein, sich von der Römerherrschaft befreien zu können. Die Ursache für den Abfall und die kriegerischen Umtriebe der Germanen muß man vor allem in ihrer natürlichen Eigenart sehen, die sie für Vernunftgründe unzugänglich macht und die sie veranlaßt, schon bei geringer Hoffnung auf Erfolg sich bereitwillig Gefahren auszusetzen. Außerdem ist dabei noch der besondere Haß gegen ihre Überwinder im Spiel, da ihnen bewußt ist, daß ihr Volk bislang einzig von den Römern besiegt wurde. Der wichtigste Faktor ihres Auftriebs war aber für sie doch die allgemeine Situation. Wegen des rasch aufeinanderfolgenden Thronwechsels in Rom war in ihren Augen die Herrschaft der Römer ins Wanken gekommen, und als sie nun erfuhren, daß sich überall in dem großen Reich Wirrnisse und Erschütterungen bemerkbar machten, glaubten sie, aus dieser für die Römer ungünstigen Lage Nutzen ziehen zu können. Ihre Berater und Antreiber waren die bei ihnen weilenden Feldherren Classicus und Vitellius, die den Aufstand offensichtlich schon lange geplant hatten, die aber erst im gegenwärtigen Augenblick angesichts der Gesamtsituation ihre Absicht kundtaten. Jetzt wollten sie die Sache mit Hilfe der Massen versuchen, die schon von sich aus für die Rebellion waren. Der größte Teil der germanischen Stämme war bereits in den Aufstand eingetreten, und auch die anderen gaben zu erkennen, daß sie sich alsbald anschließen wollten. Da geschah es wie durch einen Akt der Vorsehung, daß Vespasian dem einstigen Statthalter in Germanien, Petilius Cerealis, einen Brief übermittelte, in dem er ihn zum Konsul ernannte und ihm befahl, nach Britannien überzusetzen, um dort die Herrschaft zu übernehmen. Während sich nun Cerealis auf dem Weg dorthin befand, erfuhr er von der germanischen Abfallsbewegung, und da sich die Rebellen

schon versammelt hatten, stürzte er sich auf sie, fügte ihnen in einer regelrechten Schlacht starke Verluste zu und zwang sie auf diese Weise, von ihrem tollkühnen Unterfangen abzulassen und sich wieder zur Vernunft zu bekehren. Selbst wenn Cerealis nicht so rasch zur Stelle gewesen wäre, hätten sie sich nicht lange der Strafe entziehen können; denn sowie man in Rom von ihrer Rebellion Kenntnis hatte, machte sich der Caesar Domitianus sofort an seine Aufgabe und rückte gegen die Barbaren aus. Dabei zauderte er nicht lange, wie es wohl ein anderer in seinen jungen Jahren getan hätte, sondern er handelte entsprechend der Tapferkeit, die er vom Vater geerbt hatte, und seiner Kriegskunst, über die er in einem Maße verfügte wie kaum einer in seinem Alter. Schon die Kunde von seinem Herannahen ließ bei den Rebellen den Mut sinken, und aus Angst kapitulierten sie und waren allein schon froh, daß sie sich ohne besondere Verluste wieder wie einst der römischen Herrschaft fügen durften.

Domitianus sorgte nun in Gallien dafür, daß jeglicher Aufstandsversuch unmöglich wurde, und begab sich dann nach Rom zurück, ruhmgekrönt und angesehen ob seiner Taten, die zwar nicht seinem jugendlichen Alter, wohl aber der Tatsache entsprachen, daß er von einem solchen Vater stammte.

3. Gleichzeitig mit der Kunde von dem erwähnten Germanenaufstand traf auch die Nachricht von einer Rebellion im Skythenland in Rom ein. Die sogenannten Sarmatenskythen, die über eine starke Volkszahl verfügten, waren nämlich heimlich über die Donau nach Moesien vorgestoßen und hatten sich dann mit ungeheurer Gewalt und gänzlich überraschend, was ihre Aktion besonders furchtbar machte, auf die Römer gestürzt, hatten die dort befindlichen Besatzungstruppen zum großen Teil umgebracht, dabei den Legaten Fonteius Agrippa nach heftiger Gegenwehr getötet und das ganze Land unter der Herrschaft der Römer ausgeraubt und verwüstet. Als nun Vespasian davon Kunde erhielt, insbesondere von der Verwüstung Moesiens, schickte er den Rubrius Gallus aus zu einer Strafexpedition gegen die Sarmaten. Tatsächlich gelang es diesem, zahlreiche Rebellen in der Feldschlacht zu töten, so

daß die restlichen vor Schrecken in ihre Heimat flüchteten. Das war das Ende des Krieges, und der Feldherr sorgte auch dafür, daß dort in Zukunft sichere Verhältnisse herrschten; er legte namentlich mehr und stärkere Besatzungstruppen dorthin, so daß die Barbaren künftig nicht mehr über die Donau herüberkommen konnten. Damit war der Kampf um Moesien rasch zur Entscheidung gekommen.

5. KAPITEL

1. Der Caesar Titus weilte einige Zeit, wie schon gesagt, in Berytos. Von hier aus zog er dann weiter und veranstaltete in allen Städten Syriens, die er passierte, großartige Spiele, und er benützte dabei jüdische Kriegsgefangene, um durch deren Tod die Schaulust zu befriedigen. Anläßlich dieser Reise besichtigte er auch einen Fluß, der wegen seiner natürlichen Eigenart erwähnt werden muß. Er fließt nämlich zwischen Arkaea im Königreich des Agrippa und Raphanaea und weist eine merkwürdige Eigenschaft auf. Er führt nämlich viel Wasser und hat ein ziemlich starkes Gefälle, solange er fließt, doch versiegt er sechs Tage lang von der Quelle an, so daß sein Bett völlig trocken liegt. Dann aber, als gebe es diese Versickerung gar nicht, strömt er am siebten Tag wieder ganz gleichmäßig dahin. Diese Eigenart behält er stets unverändert bei, weshalb er auch entsprechend dem heiligen siebten Tag der Juden als ›Sabbatfluß‹ bezeichnet wird.

2. Als das Volk von Antiochia erfuhr, daß Titus nahe sei, waren die Leute vor lauter Freude nicht mehr innerhalb der Mauern zu halten, sondern sie eilten ihm eine Strecke von über 30 Stadien entgegen, und zwar nicht nur die männlichen Bewohner, sondern auch eine Menge von Frauen und Kindern. Da sie ihn von weitem sahen, stellten sie sich zu beiden Seiten des Weges auf, streckten ihm zum Gruß die Rechte entgegen und geleiteten ihn unter herzlichen Jubelrufen in die Stadt. Unablässig fügten sie übrigens ihren Glückwünschen die Bitte an, er möchte doch die Juden aus der Stadt vertreiben. Titus verhielt sich aber in diesem Punkt

ablehnend und hörte sich nur in aller Ruhe ihre Bitten an. Trotzdem waren die Juden in großer Angst, was er mit ihnen anfangen würde, war es doch bislang noch völlig unsicher, wie er sich verhielt. Titus machte nämlich in Antiochia nicht halt, sondern begab sich gleich weiter nach Zeugma am Euphrat, wo die Gesandten des Partherkönigs Vologeses zur Stelle waren, um ihm anläßlich seines Sieges über die Juden einen goldenen Kranz zu überreichen. Er nahm die Auszeichnung an, ließ die königlichen Gesandten bewirten und begab sich dann wieder zurück nach Antiochia. Dort baten ihn der Rat und das Volk, er möchte in das Theater kommen, wo ihn die versammelte Menge begrüßen wolle, und er fügte sich auch dieser Bitte. Und als sie nun dort in ihn drangen und stürmisch von ihm verlangten, daß er die Juden aus der Stadt vertreibe, da gab er ihnen die wahrhaft treffende Antwort: »Aber die jüdische Metropole, wohin man die Juden verweisen müßte, existiert ja nicht mehr, und nirgendwo dürften sie sonst Aufnahme finden!« Als sie also damit kein Glück hatten, versuchten es die Bewohner von Antiochia mit einer zweiten Bitte: Sie muteten ihm nämlich zu, die Erztafeln, auf denen das Judenrecht aufgezeichnet war, zu beseitigen. Aber auch dafür hatte er kein Ohr, sondern er ließ hinsichtlich der Juden in Antiochia alles so, wie es war, und begab sich dann nach Ägypten.

Und als er auf seinem Zug an Jerusalem herankam und die traurige Öde mit der früheren Herrlichkeit der Stadt verglich, und als er sich an die Gewaltigkeit der geschleiften Mauern und deren einstige Herrlichkeit erinnerte, da erbarmte ihn die zerstörte Stadt, und er rühmte sich nicht etwa, wie es ein anderer wohl getan hätte, der Eroberung einer so gewaltigen und so volkreichen Stadt, sondern er fluchte wiederholt auf jene, die die Rebellion verursacht und dadurch das entsetzliche Strafgericht über die Stadt gebracht hatten; auch dokumentierte er auf diese Weise, daß es durchaus nicht seine Absicht gewesen sei, an dem Unheil, das die Bestraften ereilte, seine eigene Tüchtigkeit unter Beweis zu stellen. Vom einstigen gewaltigen Reichtum der Stadt fand sich auch in den Ruinen noch allerhand. Die Römer hatten davon wohl schon vorher viel ausgraben können; aber auf Grund der Gefangenenaussagen ließen sich doch immer wieder neue Schätze an Gold und Silber und anderen Wertsachen entdecken, die die einstigen Besitzer angesichts der Unsicherheit, die ein Krieg mit sich bringt, unter der Erde geborgen hatten.

3. Nun unternahm Titus die Reise nach Ägypten, die er geplant hatte, suchte eiligst durch die Wüste zu gelangen und kam dann nach Alexandria, von wo er nach Italien aufzubrechen gedachte. Die beiden Legionen, die bei ihm waren, schickte er in ihre einstigen Garnisonen, die 5. nach Moesien, die 15. nach Pannonien. Sodann ließ er aus den Kriegsgefangenen die Anführer Simon und Johannes und noch 700 Mann, die sich besonders durch Größe und Schönheit auszeichneten, auswählen, um sie sofort nach Italien zu schicken, wo er sie im Triumphzug mitführen wollte. Er selbst gelangte wohlbehalten übers Meer, und die Stadt Rom traf Vorbereitungen, ihn wie seinen Vater zu empfangen und ihm entgegenzueilen. Aber der Empfang war für Titus insofern noch großartiger, als ihm sein Vater selbst entgegenging und ihn hereingeleitete. Für die Masse der Bürger aber bedeutete es geradezu eine göttliche Freude, die drei Imperatoren miteinander vereint zu sehen. Nur wenige Tage später beschlossen die Gefeierten, den Triumph für ihre Leistungen gemeinsam zu begehen, obgleich der Senat jedem einzelnen einen eigenen Triumph zuerkannt hatte. Und da der Tag der geplanten Siegesfeier vorher bekanntgegeben wurde, blieb auch nicht einer aus der so großen Volksmenge Roms daheim, und wo man gerade noch einen Fuß hinsetzen konnte, da stand auch schon jemand, und es war nur so viel Raum frei gelassen, wie man unbedingt brauchte, um den Festzug sehen zu können.

4. Noch in der Nacht war das Heer in seiner vollen Stärke in regelmäßiger Ordnung unter seinen Anführern aufgebrochen, um vor den Toren Aufstellung zu nehmen, jedoch nicht vor denen des oberen Palasts, sondern nahe beim Tempel der Isis; denn dort pflegten die Imperatoren in jener Nacht der Ruhe. Sobald sich aber der Morgen rötete, kamen Vespasian und Titus, ein jeder mit dem Lorbeerkranz auf dem Haupt und angetan mit dem herkömm-

lichen Purpurgewand, heraus und begaben sich zur Säulenhalle der Octavia. Dort wurden sie vom Senat, den höchsten Beamten und von den vornehmsten Rittern erwartet. Davor war eine Tribüne aufgestellt mit Sesseln aus Elfenbein für die Triumphatoren. Und als sie nun dort waren und sich gesetzt hatten, begann das Heer ein Freudengeschrei, und die Soldaten legten allesamt mit lauter Stimme Zeugnis ab von ihren hervorragenden Taten. Auch sie hatten die Waffen abgelegt und trugen Gewänder aus Seide und Lorbeerkränze. Zuerst empfing nun Vespasian ihre Glückwünsche, dann gab er ein Zeichen, sie sollten sich ruhig verhalten, wodurch er ihre Gefühlsäußerungen beendigte. Und als es nun allenthalben ruhig ward, da stand er auf, verbarg sein Haupt fast gänzlich mit seinem Gewand und sprach das Gebet nach Recht und Gesetz. Genauso betete auch Titus. Hierauf hielt Vespasian an alle Versammelten eine kurze Rede und entließ dann die Soldaten zu dem in herkömmlicher Weise von den Imperatoren gewährten Morgenmahl. Er selbst begab sich zu dem Tor, das nach den Triumphzügen benannt ist, die nach altem Brauch durch dasselbe hindurchführen. Hier nahmen sie ein Mahl zu sich, hüllten sich in die Triumphgewänder, opferten den Göttern in deren Tempeln in der Nähe des Tores und eröffneten dann den Triumphzug, der seinen Weg durch die Theater nahm, damit die Volksmenge ihn besser sehen konnte.

5. Es ist nicht möglich, in gebührender Weise zu schildern, welche Unzahl von Sehenswürdigkeiten dabei vorgeführt wurde, welch prachtvolle Kunstwerke, welche Reichtümer, welche Naturseltenheiten, lauter Dinge, wie sie sich der menschliche Geist kaum vorzustellen vermag. Denn nahezu alle Wunder und Köstlichkeiten, wie sie reiche Leute jemals einzeln besessen haben und wie sie je nach der Volkszugehörigkeit verschiedenster Art sind, hatten sich an diesem Tage in ungeheurer Fülle zusammengefunden, um die Gewaltigkeit des Römerreiches zu dokumentieren. Silber, Gold und Elfenbein in verschiedensten Bearbeitungsformen gab es zu sehen, nicht so sehr als Prunkstücke der beim Festzug mitgeführten Gegenstände, sondern es war, als ob sie sozusagen in einem Fluß daherströmten. Webstücke aus seltensten Purpurarten oder äußerst

kunstvoll nach babylonischer Art mit bildlichen Darstellungen versehen, glitzerndes Edelgestein, teils auf goldenen Kronen, teils auf andere Kunstwerke aufgesetzt, wurden in großen Mengen mitgetragen, so daß es uns scheinen will, als sei es nicht angebracht, bei diesen Dingen von Seltenheit zu sprechen. Auch Götterbilder wurden gezeigt, von einer Größe, wie sie selbst dortzulande ungewöhnlich ist, alle aus wertvollen Stoffen und mit größter Kunst gefertigt. Dann folgten auch Tiere aller Art, jedes in der Weise geschmückt, wie es seinem Herkunftsland entsprach. Und auch jene, die all das vorzuführen hatten, waren mit erlesenen, golddurchwirkten Gewändern angetan. Und jene, die ausgewählt waren, den Festzug zu bilden, waren ausgestattet mit einer überraschenden Menge reichsten Schmucks. Nicht einmal die Menge der mitgeführten Kriegsgefangenen entbehrte des Zierats, sondern durch die bunte Vielfalt und Herrlichkeit der Gewänder wurden die unerfreulichen Elendsgestalten vor den Augen der Beschauer verhüllt. Höchstes Staunen aber galt den gewaltigen Aufbauten der tragbaren Gerüste; wo diese nämlich auftauchten, fürchtete man, sie möchten ihrer Belastung nicht standhalten, waren doch manche drei und vier Stockwerke hoch, und es blieb einem nur ein verzücktes Staunen bei solcher Herrlichkeit. Einige waren mit golddurchwirkten Webstoffen behangen, überall waren kunstreiche Verzierungen aus Gold und Elfenbein angebracht. Vielerlei deutlich erkennbare Abbildungen hatten den Krieg in seinen verschiedenen Erscheinungsformen zum Gegenstand: Da war etwa zu sehen, wie ein reiches Land der Verwüstung zum Opfer fiel, wie eine Masse von Feinden den Tod findet, wie andere die Flucht ergreifen, wieder andere in Gefangenschaft geraten, wie gewaltige Mauern unter den Stößen der Rammböcke bersten, wie starke Befestigungen genommen und die Ummauerungen volkreicher Städte bestiegen werden, wie das Heer nach innen strömt und überall ein Blutbad anrichtet. Man erkannte die wehrlosen Menschen, wie sie mit erhobenen Händen um Gnade bitten, wie die Brandfackeln in die Tempel geschleudert werden, wie zusammenbrechende Häuser ihre Bewohner unter sich begraben. Schließlich aber sah man neben so viel Entsetzlichem und Traurigem auch Ströme von Wasser, die nicht etwa bebautes Land bewässern, oder Mensch und Tier erquicken, sondern wie sie über ein Land dahinströmen, das noch an allen Ecken und Enden brennt . . . hatten doch die Juden all diese Greuel durch den von ihnen verursachten Krieg entfesselt. Die Kunst und die erhabene Schönheit dieser Bilder gab den Laien vom Kriegsgeschehen einen so deutlichen Begriff, daß sie glauben konnten, selbst Zeuge aller dieser Vorgänge gewesen zu sein. Jedem Schaugerüst folgte der Kommandant der jeweils eroberten Stadt im gleichen Zustand, wie er in die Gefangenschaft geraten war; sogar Schiffe wurden in großer Zahl mitgeführt. Und in großer Menge kam nun die Kriegsbeute, worunter besonders jene Stücke Staunen verursachten, die aus dem Tempel von Jerusalem stammten: ein Tisch aus Gold im Gewicht von mehreren Talenten und ebenso ein goldener Leuchter, doch von einer Art, wie sie bei uns nicht bekannt ist; in der Mitte eines Sockels war nämlich ein Schaft in der Form einer Säule befestigt, aus dem dünne Stengel sproßten, die jeweils eine Form hatten ähnlich wie ein Dreizack, und an jedem war am Ende eine eherne Lampe angebracht, also sieben im ganzen, wodurch die Heiligkeit, die diese Zahl bei den Juden genoß, symbolisiert wurde. Zuletzt kam noch unter der Kriegsbeute das jüdische Gesetz. Und nun folgten noch Männer, die Statuen der Nike trugen, alle aus Gold und Elfenbein. Dann folgte Vespasian selbst hoch zu Roß, hinter ihm Titus und ihm zur Seite Domitianus, prachtvoll aufgeputzt auf schönen Pferden.

6. Der Festzug bewegte sich zum Tempel des Jupiter Capitolinus, wo man sich dann aufstellte. Nach altem Brauch wird nämlich dort so lange gewartet, bis ein Bote die Nachricht vom Tode des feindlichen Feldherrn bringt. Damals also war es Simon, der Sohn des Giora, der im Triumphzug unter den anderen Gefangenen mitgeführt ward. Man warf ihm einen Strick um und zerrte ihn auf einen Platz über der Versammlungsstätte, und schon während dies geschah, wurde er von denen gegeißelt, die ihn dorthin brachten. Das ist der Ort, an dem nach römischem Gesetz die zum Tode Verurteilten hingerichtet werden. Und als nun die Kunde von seinem

Tod laut wurde, da erscholl lauter Jubel, und die Opfer nahmen ihren Anfang, die unter den rituellen Gebeten glückverheißend verliefen. Dann kehrten die Imperatoren in den Palast zurück. Einige Persönlichkeiten luden sie zu sich zur Tafel, während für alle anderen zu Hause üppige Mahlzeiten bereitet wurden. Denn diesen Tag feierte Rom zum Dank für den Sieg über die Feinde, aber auch als Ende der Bürgerkriege und als Anfang für die Erfüllung der Hoffnungen auf Glück und Wohlfahrt.

7. Als der Triumph vorüber und die Sicherheit des Reiches hergestellt war, beschloß Vespasian, zu Ehren der Friedensgöttin einen Tempel zu errichten. Der Bau war mit größter Schnelligkeit vollendet und geriet weit schöner, als menschliche Voraussicht es erwarten konnte. Er benützte nämlich hierfür nicht nur die Möglichkeiten, die ihm sein eigener sagenhafter Reichtum bot, sondern er stattete den Tempel auch mit alten Prachtwerken der Malerei und Bildhauerkunst aus. In diesem Tempel war alles zusammengetragen, für dessen Besichtigung ehedem, solange sich jedes Stück anderswo befand, eine Weltreise nötig gewesen wäre. Hier stellte er auch die goldenen Schaustücke aus dem Tempel der Juden aus, auf deren Erbeutung er besonders stolz war. Das Gesetz der Juden aber und die Purpurvorhänge aus dem Heiligtum ließ er in seinen Palast bringen, um sie dort zu verwahren.

6. KAPITEL

1. Nach Judäa aber hatte man den Lucilius Bassus als Legaten geschickt; er hatte von Cerealis Vitellianus die Streitmacht übernommen und konnte die Feste Herodeion mitsamt ihrer Besatzung ausheben. Dann vereinigte er sich mit dem gesamten, großenteils aufgesplitterten Heer und mit der 10. Legion, um einen Zug gegen Machaerus zu unternehmen. Diese Feste zu schleifen, war eine unbedingte Notwendigkeit; denn sie war so stark, daß sie für die Juden immer wieder eine Versuchung zum Abfall gewesen wäre, zumal da schon ihre natürliche Lage jeder Besatzung Mut einflö-

ßen, allen Angreifern aber Furcht und Angst verursachen konnte. Von Natur aus ist dieser Platz nämlich durch einen ziemlich hohen Felsen befestigt und schon allein dadurch schwer zu erobern. Dazu hat ihn die Natur noch vollends uneinnehmbar gemacht, da er allenthalben von außerordentlich tiefen Schluchten umgrenzt wird, die weder leicht zu passieren sind noch mit Erde ausgefüllt werden können. So ist die Talsenke im Westen, die sich bis zum Asphaltsee hinzieht, 60 Stadien lang, und Machaerus wird gerade in dieser Richtung vom höchsten Berggipfel überragt. Im Süden und Norden sind die Einschnitte wohl nicht so tief, aber sie verhindern doch jeden Angriff auf diesen Punkt, und im Osten vollends verbindet sich die Senke – etwas weniger als 100 Ellen tief – sofort wieder mit der Höhe, die Machaerus gegenüberliegt.

2. Der Judenkönig Alexander hatte zuerst die vorzügliche Lage dieses Platzes erkannt und ihn zur Anlage einer Festung benützt, die aber später von Gabinius während des Krieges gegen Aristobulos geschleift wurde. Als nun Herodes König geworden war, hielt er die Örtlichkeit für ausnehmend wert, daß man ihr besondere Aufmerksamkeit zuwandte und sie möglichst stark befestigte, vor allem weil sie unmittelbar an das Araberland grenzt, gegen das die Festung eine besonders günstige Lage aufweist. Das war der Grund, warum er einen großen Platz mit Mauern und Türmen umgab und dort eine Stadt gründete, durch die man hindurch mußte, wenn man zur eigentlichen Festung gelangen wollte. Trotzdem umgab er auch noch die oberste Kuppe selbst mit einer Mauer, an deren Ecken er noch Türme errichten ließ, von denen jeder 160 Ellen hoch war. Inmitten dieser Festungsanlage erbaute er dann einen Palast mit gewaltigen und reich ausgestatteten Innenräumen; und überall, wo die Voraussetzungen dafür am günstigsten waren, ließ er Zisternen anlegen für die Wasserversorgung, die der ganzen Umgebung in reichem Maße zugute kam. Es war gewissermaßen ein Wettstreit mit der Natur, da er die von ihr bewirkte Uneinnehmbarkeit noch durch sein Zutun zu übertreffen suchte. Er brachte darüber hinaus noch eine Menge Kriegsmaterial, Geschosse und Maschinen auf die Burg und tat alles, um die Bewohner in

jeder Hinsicht für eine noch so lange Belagerung widerstandsfähig zu machen.

3. Innerhalb des königlichen Palastes hatte einst eine Raute gestanden von seltener Größe, da sie weder an Höhe noch an Dicke des Stammes hinter einem Feigenbaum zurückblieb. Man sagte, sie stamme aus der Zeit des Herodes, und sie hätte wahrscheinlich noch lange dort gestanden, wenn sie nicht von den Juden, als sie den Platz übernahmen, beseitigt worden wäre. In der im Norden anschließenden Talsenke liegt der Ort Baaras, wo eine Wurzel wächst, die den gleichen Namen hat. Sie ist feuerrot, und am Abend entsendet sie Strahlen, und kommt man ihr nahe und will nach ihr greifen, so ist sie nicht zu fassen, da sie sich wegbewegt und nicht eher stehenbleibt, bis man sie mit Urin oder mit dem Menstruationsblut einer Frau begießt. Aber auch dann kann man sie nicht berühren, ohne mit Sicherheit den Tod zu finden, falls man sie nicht so trägt, daß sie einem von der Hand nach unten hängt. Sie läßt sich aber auch anders, und zwar ohne Gefahr nehmen; man muß nur in ihrem Umkreis die Erde durch Graben so auflockern, daß nur noch ein kleiner Teil der Wurzeln darin haftet, und einen Hund daran anbinden. Wenn dann das Tier seinem Herrn rasch folgen will, wird sie leicht ganz herausgezogen, wobei freilich der Hund sofort verendet, gewissermaßen zum Ersatz für den, der in den Besitz der Pflanze kommen will. Und nunmehr braucht sich dieser nicht mehr zu ängstigen. Trotz der gefährlichen Prozedur bei der Gewinnung dieser Wurzel wird sie begierig gesucht, und zwar wegen einer einzigen besonderen Eigenschaft: Die sogenannten Dämonen nämlich, also jene Geister von schlechten Menschen, die in die Lebenden eindringen und diese töten, wenn keine Hilfe gebracht wird, werden durch diese Wurzel sofort ausgetrieben, sobald sie auch nur in die Nähe des Befallenen gebracht wird.

Es entspringen dort auch einige warme Quellen, die einen sehr verschiedenen Geschmack aufweisen, d. h., die einen sind bitter, die anderen fast ganz süß. Weiter draußen in der Ebene gibt es viele Kaltwasserquellen auf engstem Raum beieinander. Aber noch eigenartiger ist folgendes: Ganz nahe ist eine nicht sehr tiefe Höhle zu sehen, über die ein Felsen hereinragt. Darüber, in geringer Entfernung voneinander, erheben sich zwei Kuppen in der Art einer Frauenbrust, und aus der einen ergießt sich eine eiskalte, aus der anderen eine heiße Quelle; und wo sich beide mischen, da entsteht ein angenehmes, heilkräftiges und besonders für die Nerven zuträgliches Bad. Es finden sich dort weiterhin noch Schwefel- und Alaungruben.

4. Bassus sah die Festung auf allen Seiten genau an und entschloß sich dann, die Schlucht im Osten auszufüllen, um auf diese Weise an sie heranzukommen: Sofort ließ er mit der Arbeit beginnen, um raschestens Wälle zur Verfügung zu haben, die dem Fortgang der Belagerungsvorbereitungen zustatten kämen. Die im Innern eingeschlossenen Juden sonderten sich nun von den Fremden ab und zwangen diese, die in ihren Augen ohnehin nur Banditen waren, in der unteren Stadt zu bleiben, um hier den ersten Ansturm der Feinde aufzufangen. Sie selbst begaben sich auf den oberen Teil der Burg, weil dieser sehr stark befestigt war und weil sie hier am ehesten ihre Rettung erlangen konnten, hofften sie doch auf Gnade, wenn sie den Römern die eigentliche Burganlage auslieferten. Zunächst freilich wollten sie doch versuchen, die Belagerung überhaupt zu verhindern. So machten sie tagtäglich mit großer Einsatzbereitschaft Ausfälle, und wo sie mit den Römern zusammenstießen, ließen sie es zum Nahkampf kommen; dabei erlitten sie wohl große Verluste, konnten aber doch auch den Römern großen Schaden zufügen. Der Sieg war jeweils davon abhängig, wie die einen oder anderen eine günstige Gelegenheit zu nützen wußten: So siegten die Juden, wenn sie sich überraschend auf die Römer stürzten, während diese sich als Sieger behaupten konnten, wenn sie von den Wällen her im rechten Moment den Angriff wahrnahmen und sich eng zusammenschlossen, um ihn aufzufangen. Aber es blieb während der Belagerung nicht bei solchen Scharmützeln, sondern es war ein Zufall, der die Juden zur Kapitulation veranlaßte: Da befand sich nämlich unter ihnen ein tollkühner, äußerst tapferer junger Mann namens Eleazar, der sich bei jedem Ausfall vor allen auszeichnete, indem er die Menge zu ermuntern

verstand, den Kampf aufzunehmen und den Römern beim Schanzen Schwierigkeiten zu machen. Und in den verschiedenen Gefechten hatte er den Feinden viel Schaden zugefügt, während er seinen Gefährten, die sich zusammen mit ihm hinausbegaben, den Sturm erleichterte, sie jeweils im Rücken absicherte und als letzter vom Kampfplatz wich. Einmal nun – das Gefecht war schon zu Ende, und auf beiden Seiten zog man sich zurück – hielt sich Eleazar noch vor dem Tore, einerseits, um der Feinde zu spotten, andererseits, weil nach seiner Ansicht keiner mehr den Kampf aufs neue beginnen würde, und er begann mit den Juden auf der Mauer zu plaudern und war ganz darein versunken. Und das war der Augenblick, den ein Ägypter namens Rufus im Römerheer benutzte, um überraschend herbeizuspringen; er packte den jungen Mann, der in voller Rüstung dastand, und trug ihn unter dem lähmenden Entsetzen der Zuschauer ins Lager der Römer. Dort ließ ihn der Feldherr seiner ganzen Bekleidung berauben und gab Befehl, ihn nackt auszupeitschen, daß es die Leute in der Stadt möglichst gut sehen konnten. Nun erbarmte die Juden die Marter des jungen Menschen, und alles jammerte und klagte in einer Weise, wie es kaum noch angesichts dessen verständlich war, was der Betroffene auszuhalten hatte. Und als Bassus diese Vorgänge bei den Feinden wahrnahm, knüpfte er eine Kriegslist daran, indem er ihren Schmerz so zu steigern suchte, daß sie um der Errettung des Mannes willen kapitulierten. Und er sah sich in seiner Absicht nicht getäuscht. Er ließ also ein Kreuz im Boden befestigten, so als wollte er den Eleazar sofort daran kreuzigen lassen. Die Juden aber hatten dies kaum von der Festung aus wahrgenommen, da übermannte sie der Schmerz noch mehr, und unter Wehklagen riefen sie, dieses Leid könnten sie nicht auf sich nehmen. Dazu begann auch Eleazar noch sie anzuflehen, sie möchten ihn doch nicht des grausamsten Todes sterben lassen, sondern sie sollten sich selber retten, indem sie sich der Stärke und dem Glück der Römer fügten, wo sich diese doch sonst schon alles untertan gemacht hätten. Mit diesen Beteuerungen konnte er auf sie tiefsten Eindruck machen, und da auch zahlreiche Bewohner der Burg für ihn baten – Eleazar hatte nämlich eine große und zahlreiche Verwandtschaft –, so ließen sie sich entgegen ihrer wirklichen Einstellung zum Mitleid bestimmen und sandten auf der Stelle Boten ab, um wegen der Kapitulation der Burg zu verhandeln, einzig gegen die Bedingung des freien Abzugs und der Freilassung des Eleazar. Die Römer und deren Offiziere gingen darauf ein. Als nun aber die vielen Einwohner der Unterstadt davon erfuhren, daß die Juden auf eigenen Entschluß ein Übereinkommen mit den Feinden getroffen hätten, da beschlossen sie, in der Nacht heimlich zu fliehen. Kaum aber hatten sie die Tore geöffnet, da erfuhr es Bassus und mit ihm auch jene, die die Übereinkunft getroffen hatten. Vielleicht waren sie den Menschen neidisch wegen ihrer Rettung, vielleicht auch fürchteten sie, für deren Flucht verantwortlich gemacht zu werden. Die Tapfersten unter ihnen konnten übrigens entkommen; von jenen aber, die in der Stadt aufgegriffen wurden, mußten 1700 Männer sterben, während die Frauen und Kinder in die Sklaverei verkauft wurden. Bassus aber war der Ansicht, der mit den Juden geschlossene Kapitulationsvertrag habe Gültigkeit, und er ließ sie tatsächlich abziehen und übergab ihnen den Eleazar.

5. Nach Erledigung dieser Dinge begab er sich eilends zu dem Waldtal, das Jardes heißt. Es war ihm gemeldet worden, es habe sich hier eine Menge Juden zusammengefunden, die bei der Belagerung von Jerusalem und Machaerus hatten flüchten können. Als er dort eintraf, verhielt es sich wirklich so. Deshalb umzingelte er zuerst den ganzen Ort mit seiner Reiterei, die den etwa Fliehenden den Weg verlegen sollte. Das Fußvolk jedoch bekam den Auftrag, den Wald abzuholzen, in dem sich die Feinde versteckt hatten. Diese Maßnahmen veranlaßten die Juden zu einer tollkühnen Tat, glaubten sie doch, sich vielleicht durch ein gewagtes Spiel noch retten zu können. Sie brachen in großer Zahl unter lautem Kriegsgeschrei heraus und stürzten sich auf die Römer ringsum. Diese aber wichen nicht vom Platz, und der Mut der Verzweiflung auf der einen Seite und die zähe Kampfesweise auf der anderen ließen es zu einem langen Kampf kommen, der schließlich recht verschieden für beide Parteien endete: Die Römer hatten zwölf Tote und einige

Verwundete zu beklagen, während nicht ein einziger Jude den Kampf überlebte. Es fielen ihrer 3000 im ganzen, unter ihnen Judas, der sie geführt hatte, der Sohn des Ari, von dem schon gesagt wurde, daß er bei der Belagerung Jerusalems eine jüdische Gruppe befehligte und durch unterirdische Gänge hatte entwischen können.

6. Eben während dieser Vorgänge ließ Vespasian dem Bassus und dem Liberius Maximus, dem ehemaligen Provinzialstatthalter, den Befehl überbringen, das gesamte Judenland zu verkaufen. Er dachte damals nicht daran, eine neue Stadt zu gründen, aber er achtete darauf, daß ihm das Eigentumsrecht an dem Land verblieb. Er bedachte lediglich 800 Veteranen mit Landzuteilungen in der Gegend von Emmaus, 30 Stadien von Jerusalem entfernt. Alle Juden aber mußten fortan, sie mochten wohnen, wo sie wollten, alljährlich zwei Drachmen pro Kopf an Steuer entrichten, die dem Kapitol zufließen sollte, so wie sie früher für den Tempel in Jerusalem aufzubringen war.

7. KAPITEL

1. So übel war es damals um das Judenvolk bestellt. Als Vespasian bereits vier Jahre das Kaisertum innehatte, da ereilte Antiochus, den König von Kommagene, und seine gesamte Familie ein entsetzliches Unheil, und zwar aus folgendem Grund: Caesennius Paetus, der seinerzeitige Provinzialstatthalter von Syrien, gab damals – es ist unsicher, ob der Wahrheit entsprechend oder aus Haß gegen Antiochus – die Meldung nach Rom, Antiochus und sein Sohn Epiphanes beabsichtigten den Abfall von den Römern und sie hätten deshalb bereits mit dem Partherkönig ein Übereinkommen getroffen. Es sei also notwendig, ihnen zuvorzukommen, damit sie nicht schon eher in Aktion treten könnten und etwa das gesamte Römerreich in einen Krieg hineinzögen. Vespasian mußte natürlich, sobald ihm die Nachricht zugekommen war, dazu Stellung nehmen, da die Nachbarschaft der beiden Könige besondere Vorsicht verlangte. Denn Samosata, die Hauptstadt von Komma-

gene, ist am Euphrat gelegen, und wenn die Parther einen solchen Plan hegten, dann hätte ihnen diese Stadt den Übergang über den Fluß erheblich erleichtert und eine wichtige Operationsbasis abgegeben. Paetus wurde also vom Kaiser ernst genommen, und dieser beauftragte ihn, nach freiem Ermessen zu handeln. Paetus machte sich gleich an die Arbeit und fiel überraschend – Antiochus und seine Leute dachten nicht an eine solche Möglichkeit – mit der 6. Legion und einigen Kohorten und berittenen Einheiten in Kommagene ein. Es waren auch noch die Könige Aristobulos von Chalkidike und Soëmus von Emesa bei ihm. Ihrer Aktion stellte sich niemand entgegen, da keiner von den Anwohnern wagte, irgendwelche Gegenwehr zu leisten. Und als Antiochus die schlimme Nachricht erfuhr, lag ihm alles ferner, als mit Rom einen Krieg zu beginnen, er entschloß sich vielmehr, so wie er war, sein Reich zu verlassen und mit Frau und Kindern in aller Stille zu verschwinden; so hoffte er, den Römern am besten darzutun, daß sie ihn zu Unrecht verdächtigten. Er begab sich also aus der Stadt in eine Ebene, die 120 Stadien davon entfernt ist, und schlug dort ein Lager auf.

2. Paetus jedoch ließ gleich durch eine Heeresgruppe Samosata besetzen, und er selbst wandte sich zwischenzeitlich mit dem restlichen Heer gegen Antiochus. Aber auch jetzt noch nicht ließ sich der König in seiner Notlage herbei, gegen die Römer irgendwie kriegerisch vorzugehen, sondern indem er sein Geschick bejammerte, wartete er auf das, was kam. Epiphanes aber und Kallinikos, seine jungen, kriegserfahrenen und außerordentlich starken Söhne, wollten sich nicht so einfach ohne Gegenwehr dem Schicksal fügen, und sie trafen Maßnahmen, um die Feinde abzuwehren. Vom Morgen bis zum Abend währte der heftige Kampf, in dem sie sich durch große Tapferkeit auszeichneten, und gegen Abend zogen sie sich ohne wesentliche Verluste zurück. Antiochus aber hielt es sogar nach diesem Erfolg noch für besser zu fliehen, und er flüchtete sich mit seiner Frau und seinen Töchtern nach Kilikien. Gerade dies aber war es, weshalb seine Soldaten den Mut sinken ließen; sie glaubten, er verzichte auf seine Herrschaft, und verließen ihn des-

halb, um zu den Römern überzugehen, wobei sie deutlich zu erkennen gaben, in welcher Verzweiflung sie das taten. So mußten denn Epiphanes und seine Leute, bevor sie alle Kameraden verlassen hatten, schauen, wie sie sich vor den Feinden retteten. Ganze zehn Reiter waren es noch, die ihn über den Euphrat geleiteten und schließlich, jeglicher Gefahr enthoben, mit ihm zum Partherkönig Vologeses flohen. Dieser behandelte sie übrigens nicht etwa mit Verachtung, weil sie geflüchtet waren, sondern er erwies ihnen alle Ehren, als befänden sie sich noch genau wie ehedem in glücklichen Verhältnissen.

3. Als Antiochus nach Tarsus in Kilikien gekommen war, schickte Paetus einen Centurio zu ihm und ließ ihn in Ketten nach Rom bringen. Vespasian jedoch brachte es nicht über sich, daß der König in diesem Zustand vor ihm erscheine, und zog es vor, die alte Freundschaft in Ehren zu halten, statt ihm unnachsichtig wegen einer vorgeblichen Rebellion zu zürnen. Deshalb ließ er ihm auch schon während der Reise die Fesseln lösen und legte ihm nahe, die Ankunft in Rom zu verschieben und sich einstweilen in Lakedämonien aufzuhalten. Er bedachte ihn auch mit so reichen Geldmitteln, daß er nicht nur ein anständiges, sondern sogar ein königliches Leben führen konnte. Als Epiphanes und seine Leute – sie hatten bislang für den Vater das Übelste gefürchtet – dies hörten, waren sie von schwerer Sorge befreit. Und nun begannen sie auch ihrerseits zu hoffen, Vespasian werde ihnen vergeben, hatte doch auch Vologeses in diesem Sinn nach Rom geschrieben. Denn wenngleich es ihnen nicht schlecht ging, so fiel es ihnen doch schwer, außerhalb des Römerreichs zu leben. Tatsächlich gewährte ihnen Vespasian freundliche Nachsicht; und gleich kamen sie nach Rom, und als sie nur wenig später mit ihrem Vater zusammentrafen, blieben sie dort, und es wurden ihnen zahlreiche Ehrungen zuteil.

4. Das Volk der Alanen – ich habe wohl schon früher irgendwie dessen Erwähnung getan, daß es sich dabei um einen Skythenstamm in der Gegend von Tanais und am Maeotis-See handelt – traf damals Vorbereitungen für einen Raubzug in das Land der Meder und noch darüber hinaus, und zu diesem Zweck verhandelte

es mit dem König der Hyrkaner; denn dieser beherrschte den Zugang auf der Paßstraße, den König Alexander durch zwei eiserne Tore zum Verschließen eingerichtet hatte. Der Hyrkanerkönig erlaubte ihnen zu passieren, und nun stürzten sich die Alanen in Scharen völlig unerwartet auf die Meder und raubten das volkreiche Land, in dem es viel Vieh gibt, völlig aus, ohne daß auch nur irgend jemand dagegen anzukämpfen wagte. Der einheimische König Pakorus flüchtete sich voll Schrecken in unwegsame Gegenden und überließ den Angreifern alles, ja er hatte noch Mühe, mit 100 Talenten seine Frau und seine Nebenfrauen auszulösen, die in Gefangenschaft geraten waren. So hatten die Alanen mühelos und ohne Blutvergießen ihre Raublust stillen können, weshalb sie bis nach Armenien, das von König Teridates beherrscht wurde, vordrangen und dabei alles verwüsteten. Teridates aber stellte sich ihnen in den Weg und ließ es zum Kampf kommen; und beinahe wäre er lebendig in die Hände der Feinde geraten. Ein Alane hatte nämlich aus der Ferne eine Schlinge über ihn geworfen, und er hätte ihn auch hinweggezerrt, hätte der König nicht gerade noch den Strick mit seinem Schwert durchschnitten und sich dadurch gerettet. Der Kampf aber machte die Barbaren noch wilder, und so verwüsteten sie das ganze Land, um schließlich mit einer Menge Gefangener und sonstiger Beute aus den zwei Königreichen in ihre Heimat zurückzukehren.

8. KAPITEL

1. Nach dem Tode des Bassus wurde Flavius Silva Provinzialstatthalter von Judäa. Er konnte feststellen, daß das gesamte Land nunmehr unterworfen war, ausgenommen eine einzige Festung, die immer noch in der Rebellion verharrte; gegen sie wollte er nun militärisch vorgehen, nachdem er von überallher Truppen zusammengezogen hatte. Es war die Festung Masada, die sich in den Händen von Sikariern befand. Diese standen unter der Führung eines angesehenen Mannes mit Namen Eleazar, der von Judas abstammte; dieser wiederum – wir haben schon davon gehört – hatte

damals, als Quirinus zur Volkszählung nach Judäa beordert war, zahlreiche Juden dazu gebracht, daß sie sich weigerten, an der Zählung teilzunehmen. Auch im gegenwärtigen Zeitpunkt hatten sich die Sikarier gegen alle verbündet, die sich der Römerherrschaft fügen wollten, und benahmen sich gegen sie in jeder Hinsicht wie gegen Feinde, nahmen ihnen ihr Hab und Gut weg und brannten ihre Häuser nieder. Nach ihrer Auffassung bestand zwischen diesen Juden und den Fremden kein Unterschied, hatten sie doch in so würdeloser Weise die umkämpfte Freiheit verraten und der römischen Knechtschaft klar und deutlich den Vorzug gegeben. Diese Argumente dienten jenen aber nur zum Vorwand, um ihre Grausamkeit und Besitzgier zu verbergen, was sich an ihren Taten deutlich zeigte. Jene Juden hatten sich ja am Aufstand beteiligt und gegen die Römer mitgekämpft, und nun mußten sie es erleben, daß ihnen von den Sikariern noch übler zugesetzt wurde. Und wenn man den Sikariern klarmachte, daß ihre Argumentation auf Lüge beruhte, dann verfuhren sie mit denen, die ihnen mit Recht ihre Schlechtigkeit anlasteten, nur noch unverschämter. Irgendwie war jene Zeit besonders anfällig für Verbrechen jeglicher Art, so daß es an keiner Erscheinungsform derselben fehlte; und hätte man sich Mühe gegeben, neue Arten zu entdecken, so wäre es wohl unmöglich gewesen. So war im privaten wie im öffentlichen Bereich alles angekränkelt, und überall wetteiferte man geradezu, sich gegenseitig in der Gottlosigkeit und im Mangel an Gerechtigkeitssinn gegenüber den Mitmenschen zu überbieten. Jene, die die Macht in Händen hatten, setzten dem Volke zu, und dieses bot alles auf, um die Besitzer der Macht ins Verderben zu ziehen: diese wollten wie Tyrannen herrschen, das Volk aber wollte mit Gewalt vorgehen und die Besitzenden berauben. Die Sikarier nun hatten den Anfang gemacht mit dem gesetzlosen Handeln und mit dem grausamen Vorgehen gegen die Angehörigen des eignen Volkes, und sie ließen kein Schmähwort gegen die Betroffenen unausgesprochen, keine Tat zu ihrem Verderben unausgeführt. Aber sogar *sie* zeigten sich noch bescheiden im Vergleich zu Johannes. Dieser nämlich liquidierte nicht nur einen Juden, der ihm gut zuredete und einen freundlichen Rat geben wollte, und verfuhr mit solchen Leuten wie mit den schlimmsten Feinden, sondern er brachte auch über seine Heimat entsetzliches Unglück, wie es eben nur Menschen vermögen, die sich in ihrer Frevelhaftigkeit sogar gegen Gott auflehnen. Man konnte nämlich beobachten, wie er auf seinem Tisch verbotene Gerichte duldete und wie er die vom Gesetz seit alters gebotenen Reinigungsvorschriften mißachtete, so daß man sich nicht zu wundern brauchte, wenn er gegenüber den einzelnen sowie der Gemeinschaft keine Verantwortung kannte, da er so gänzlich mit Gott in seinem Wahnwitz gebrochen hatte. Gab es ferner für Simon, den Sohn des Giora, eine Schändlichkeit, von der er seine Finger ließ? Oder gab es irgendeine Form, freie Menschen zu mißhandeln, die er nicht angewandt hätte, wenngleich gerade sie ihn zum Tyrannen hatten werden lassen? Sogar freundschaftliche und verwandtschaftliche Bindungen verhinderten nicht etwa seinen Blutrausch, sondern ließen ihn von Tag zu Tag schlimmer werden. Denn die Mißhandlung von fremden Menschen war ja nach ihrer Auffassung ein alltägliches und gewohntes Vorgehen, während sie sich besonders großartig vorkamen, wenn sie sich gegen ihre nächsten Angehörigen austobten. Mit ihrem Wahnwitz aber stand noch die Raserei der Idumäer in einem gewissen Wetteifer. Diese Verbrecher brachten es über sich, die Hohenpriester zu ermorden, damit auch jede Spur von Gottesfurcht gelöscht würde. Sie tilgten vollends jeden Rest einer öffentlichen Ordnung und ließen allenthalben die Gesetzlosigkeit triumphieren, die den besten Nährboden für die sogenannten Zeloten abgab, die ihren Namen durch ihr Tun vollauf rechtfertigten. Denn sie suchten jedes Werk der Schlechtigkeit ›nachzuahmen‹ und sie bemühten sich angelegentlich, jedem von der Geschichte überlieferten Verbrechen ›nachzueifern‹. Freilich hatten sie sich den Namen in dem Sinn beigelegt, daß sie um das Gute ›eifern‹ wollten, und zwar wollten sie damit entsprechend ihrem unmenschlichen Wesen jene, denen sie Unrecht antaten, noch mit Hohn überschütten; oder sie waren tatsächlich der Meinung, daß die größten Schändlichkeiten, die sie verübten, gute Werke seien. So hatte denn auch jeder von ihnen das Ende, das er verdiente, da Gott allen die gerechte Strafe auferlegte: Schmerzen mußten sie erdulden, wie die menschliche Natur sie nur immer ertragen kann, bis hin zum Tod, dem letzten Schmerz, der sich ihnen in allen möglichen Qualen darstellte. Und doch waren diese Leiden noch geringer, als ihre Sünden es verdient hätten; denn eine Strafe, die für sie angebracht gewesen wäre, gab es nicht. Die Opfer aber, welche ihrer Grausamkeit erlagen, nach Gebühr zu beklagen, steht hier nicht an. Und so will ich mich denn wieder dem restlichen Teil meiner Darlegungen zuwenden.

2. Der Römerfeldherr führte nun seine Streitmacht gegen Eleazar und gegen die Sikarier, die zusammen mit ihm Masada in Händen hatten. Es war für ihn ein Leichtes, die gesamte Gegend sofort zu unterwerfen. An Plätzen, die hierfür besonders geeignet waren, stationierte er Wachtruppen. Um die Festung selbst aber legte er eine Mauer, auf der er Wachen postierte, damit den Belagerten die Flucht möglichst erschwert würde. Dann suchte er sich einen Platz für das Lager ganz zum Zweck der bevorstehenden Belagerung, und zwar genau dort, wo die Felsen der Burgfeste an den in der Nähe gelegenen Berg herankamen. Freilich war eben dieser Platz denkbar ungünstig für die Verproviantierung. Denn die Juden, die damit beauftragt waren, mußten nicht nur die Nahrung unter den größten Schwierigkeiten von weither bringen, sondern sie mußten auch eine Leitung für das Trinkwasser zum Lager legen, da keine Quelle in der Nähe Wasser spendete. Als Silva mit den Vorbereitungen soweit war, begann die eigentliche Belagerung, die viele technische Fertigkeiten und erhebliche Mühen verlangte wegen der Stärke der Burganlage, die folgende Beschaffenheit aufwies:

3. Einen Felsen von nicht geringem Umfang und ansehnlicher Höhe umgeben allseits gewaltige steile Schluchten, deren Tiefe von oben nicht schätzbar ist und in die weder Menschen noch Tiere hineingelangen können; nur an zwei Stellen erlaubt der Fels einen allerdings sehr unbequemen Zugang. Der eine führt vom Asphaltsee aus nach Osten, der andere, in westliche Richtung weisend, bietet weniger Schwierigkeiten. Der erstere heißt, weil er so schmal ist und zahlreiche Windungen aufweist, der ›Schlangenweg‹. Dort

nämlich, wo der Berg nach vorn springt, macht dieser Weg eine Biegung und kehrt oftmals in der Richtung gegen sich selbst zurück und dehnt sich dann wieder etwas in die Weite, so daß man auf ihm nur mit Mühe vorwärts kommt. Benutzt man diesen Weg, dann muß man sich stets einmal mit diesem, dann mit dem anderen Fuß einstemmen, andernfalls ist einem der Absturz sicher, da beiderseits tiefe Schlünde gähnen, deren entsetzlicher Anblick Kühnheit in Schrecken wandelt. Hat man auf diesem Weg 30 Stadien bergauf zurückgelegt, so steht man vor dem Gipfel, der sich jedoch nicht etwa zu einer scharfen Nadel verengt, sondern ein Plateau bildet. Der Hohepriester Jonathan hatte hier als erster eine Burganlage errichtet, der er den Namen ›Masada‹ gab. Später bot Herodes alles auf, um diese Feste in einen guten Zustand zu bringen; er umgab nämlich den oberen Teil, dessen Umfang sieben Stadien mißt, mit einer Mauer von 12 Ellen Höhe und 8 Ellen Breite aus weißem Gestein und errichtete darauf 37 Türme, jeden 50 Ellen hoch. Aus diesen hatte man einen Zugang zu den Behausungen, die entlang der gesamten Innenseite der Mauer angebracht waren. Das Gipfelplateau selbst mit seinem festen Ackerboden, der an Ergiebigkeit die Ebene übertraf, ließ der König für den Ackerbau frei, damit bei einem etwaigen Mangel an Nahrungszufuhr für jene gesorgt war, die in der Burg ihr Leben zu fristen suchten. Am westlichen Zugang unterhalb der Mauer um den Gipfel errichtete er auch einen Königspalast. Seine Vorderseite war nach Norden gerichtet, und er hatte außerordentlich hohe und feste Mauern, in jeder der vier Ecken einen Turm von 60 Ellen Höhe. Die Innenräume, die Hallen und Bäder wiesen vielfältigen und herrlichen Zierat auf, jede Säule bestand aus einem einzigen Stein, die Wände und die Böden waren aus Mosaik. Überall, wo Behausungen waren, beim Palast oben und bei der Mauer, hatte er außerdem eine nicht geringe Zahl von gewaltigen Zisternen in das Felsmassiv schlagen lassen, damit die Besatzung so gut mit Wasser versorgt war wie durch Quellen. Vom Palast aus gelangte man auf einem in den Stein gehauenen Pfad, der von außen nicht sichtbar war, nach oben. Aber auch die Pfade, die der Sicht offen waren, boten dem

Feind keine Erleichterung. Denn den im Osten liegenden kann man aus den angegebenen Gründen nicht benutzen; den Pfad im Westen hatte der König an seiner schmalsten Stelle durch einen gewaltigen Turm abgesichert, der ganze tausend Ellen von der Burg entfernt war; an ihm mußte man vorbei, und es war auch nicht möglich, ihn etwa mühelos zu nehmen. Sogar jene, die zu friedlichen Zwecken in die Burg gelangen oder sie verlassen wollten, kamen also nur schwer voran.

4. So hatten sich Natur und Technik vereinigt, um die Burg gegen feindliche Angriffe abzusichern. Aber größere Bewunderung verdienten noch die Mengen von Vorräten, die immer aufgespeichert waren, ob ihrer außerordentlichen Haltbarkeit. Da lagerte nämlich eine Menge von Getreide, ein Vorrat für viele Jahre, ebenso gab es Wein, Öl, Datteln und die verschiedensten Hülsenfrüchte. Als Eleazar und seine Sikarier den Platz durch eine List genommen hatten, traf er alles noch in frischem Zustand an, als wäre es eben erst eingelagert worden, dabei war aber seit der Einlagerung bis zur Eroberung durch die Römer nahezu ein Jahrhundert vergangen. Doch auch die Römer fanden den Rest der Früchte noch völlig unverdorben vor. Der Grund hierfür ist wohl in der Luft zu sehen, die wegen der Höhenlage keinerlei Verunreinigung aufweist, wie es weiter unten näher bei der Erde der Fall ist. Weiterhin fanden sich zahlreiche Waffen aller Art, die Herodes dorthin gebracht hatte und die für zehntausend Mann ausreichend waren, außerdem Roheisen, Erz und Blei, alles, um die Sicherheit möglichst zu erhöhen. Es heißt ja, Herodes habe die Burg als Zuflucht für sich selbst gedacht, da er zweierlei Gefahren vor Augen hatte: Einerseits befürchtete er nämlich, das Judenvolk möchte ihn seiner Herrschaft berauben, um das einstige Herrscherhaus wieder an die Macht zu bringen, andererseits sah er eine noch größere und schlimmere Gefahr in der Ägypterkönigin Kleopatra; denn sie zeigte deutlich, wie sie ihm gesonnen war, und bearbeitete den Antonius unablässig, den Herodes beseitigen zu lassen und sie zur Herrin über Judäa zu machen. Es war tatsächlich merkwürdig, daß Antonius, der ihr bis zur Selbstaufgabe verfallen war, dieses

Ansinnen nicht schon erfüllt hatte, zumal alles damit rechnete, daß er ihr diesen Gefallen erweisen würde. Diese Ängste waren für Herodes Grund genug, Masada zu befestigen, und nun sollte er gerade damit den Römern die letzte Aufgabe im Jüdischen Krieg hinterlassen haben.

5. Wie schon dargelegt wurde, umgab der Römerfeldherr den ganzen Platz außen mit einer Mauer und sorgte aufs angelegentlichste dafür, daß keiner von drinnen entweichen konnte. Nunmehr aber ging er an die Belagerung selbst, obgleich er nur einen einzigen Punkt hatte finden können, wo Erdaufschüttungen möglich waren. Hinter dem Turm nämlich, der den Pfad beherrschte, der vom Westen zum Palast und nach dem oberen Teil des Berges führte, war eine sehr breite felsige Erhebung, die einen starken Vorsprung bildete und 300 Ellen unterhalb Masada gelegen war. Diese Erhebung hieß ›der weiße Stein‹, und auf ihn begab sich nunmehr Silva, besetzte ihn und ließ durch die Soldaten Erde heranschaffen. Die vielen Leute arbeiteten eifrig, und so erhob sich alsbald ein starker Damm in Höhe von 100 Ellen; doch war er immer noch nicht fest und hoch genug, um die Belagerungsmaschinen aufzunehmen, weshalb oben auf ihm ein 50 Ellen hoher und breiter Aufbau aus gewaltigen Quadern angelegt wurde. Was die Belagerungsmaschinen anlangt, so waren sie ähnlich gebaut wie jene, die einst Vespasian und später Titus konstruiert hatten. Dazu wurde noch ein 60 Ellen hoher Turm errichtet, der völlig mit Eisen beschlagen war und von dessen Brüstung aus die Römer mit einer Menge von Scharfschußvorrichtungen und Steinschleudern die Verteidiger auf der Mauer rasch zurückschlagen und so verhindern konnten, daß sie sich über die Mauer emporwagten. Außerdem ließ Silva einen gewaltigen Rammbock bereitstellen, der fortwährend gegen die Mauer gestoßen wurde, und obgleich diese fast nicht zu erschüttern war, konnte er sie doch schließlich zum Bersten bringen. Auch die Sikarier im Innern hatten rasch eine zweite Mauer aufgerichtet, gegen die sogar die Belagerungsmaschinen machtlos sein sollten. Damit sie nämlich durch Elastizität die Wucht der Stöße mindere, war sie folgendermaßen konstruiert: Es wurden gewaltige

Balken längsseits aneinandergefügt, so daß je zwei Reihen in einem Abstand von der Breite der Mauer parallel liefen; der Raum dazwischen wurde mit Erde ausgefüllt. Damit jedoch bei weiterer Aufstockung dieser Vorrichtung die Erde nicht nachgab, wurden die Längsbalken jeweils durch Querbalken verbunden, und so ähnelte das Ganze einer Hauskonstruktion. Und nun wurden die durch die Belagerungsmaschinen bewirkten Erschütterungen wirkungslos, weil das Material nachgab, ja es sank durch die Stöße noch mehr zusammen und gewann auf diese Weise an Festigkeit. Als Silva dies sah, vermeinte er, dieser Mauerkonstruktion besser durch Feuer beikommen zu können, und ließ seine Leute eine Menge Brandfakkeln daraufwerfen. Tatsächlich ging diese großenteils hölzerne Mauer gleich in Flammen auf, und da sie nur lose in sich gefügt war, brannte sie alsbald bis zum Boden hin. Schon gleich, wie es zu brennen anfing, erhob sich jedoch zum großen Schrecken der Römer ein Nordwind, der die Flammen von der Burg hinweg gegen die Angreifer jagte. Und schon wollten diese an ihrem Kriegsglück verzweifeln, da die Maschinen in Gefahr waren, vom Feuer ergriffen zu werden, da drehte sich wie durch ein Eingreifen Gottes mit einem Mal der Wind, wurde zum Südwind und nahm an Stärke zu, so daß die Flammen gegen die Mauer zurückschlugen, die schließlich in ihrer ganzen Höhe lichterloh brannte. Das war für die Römer das Zeichen, daß die Gottheit zu ihren Gunsten eingriff, und jetzt kehrten sie fröhlich ins Lager zurück mit dem Entschluß, am nächsten Tag zum Sturmangriff überzugehen. Während der Nacht aber sorgten sie für eine gute Bewachung, damit niemand von den Bewohnern heimlich flüchten konnte.

6. Aber Eleazar wollte weder selbst etwas von Flucht wissen, noch hätte er sie sonst jemandem erlaubt. Nun, da er die Mauer vom Feuer verzehrt sah und sonst nichts mehr denkbar war, was die Rettung oder die Verteidigung ermöglichte, hielt er sich vor Augen, wie die Römer mit den Frauen und Kindern verfahren würden, wenn sie ihrer habhaft wurden, und so faßte er den Entschluß, daß alle den Tod zu wählen hätten. Unter den gegebenen Umständen sah er darin die einzige Möglichkeit, und so rief er die tapfersten

seiner Kameraden zusammen und forderte sie mit folgenden Worten zur Tat auf:

»Ihr tapferen Männer, lange schon ist es für uns eine beschlossene Sache, uns weder von den Römern noch von sonst jemand außer Gott zu Untertanen machen zu lassen; denn Gott ist der einzige wahre und rechtmäßige Herr über die Menschen. Nun jedoch ist es soweit, daß wir den Entschluß in die Tat umsetzen müssen. Wollen wir uns also jetzt nicht selbst Schande bereiten, indem wir, die dereinst nicht einmal in gefahrloser Weise Knechte sein wollten, nunmehr als freiwillige Knechte uns aufs entsetzlichste quälen lassen, womit wir mit Sicherheit rechnen müssen, wenn wir den Römern in die Hände geraten. Denn wie wir uns als erste gegen ihre Herrschaft zur Wehr gesetzt haben, so sind wir nun die letzten, gegen die sie noch zu kämpfen haben. In meinen Augen würdigt uns Gott einer besonderen Gnade, wenn er uns ruhmreich in Freiheit das Leben enden läßt, was andere nicht durften, wenn sie ihnen wider alles Hoffen unterlagen. Uns ist es ja heute schon klar, daß wir uns morgen in der Macht des Feindes befinden, aber noch können wir uns frei dafür entscheiden, mit unseren Liebsten eines ruhmvollen Todes zu sterben. Das können die Feinde uns nicht verwehren, so sehr sie über unser Leben entscheiden möchten. Sie kämpfend zu besiegen, ist uns allerdings nicht mehr vergönnt. Damals nämlich, als unsere Landsleute und noch mehr unsere Feinde gegen unser Freiheitsstreben auftraten, hätten wir wohl Gottes Absicht erkunden und erkennen sollen, daß er die Juden, sein einstiges Lieblingsvolk, für den Untergang bestimmt habe. Denn hätte er uns sein Wohlwollen bewahrt oder wäre sein Zorn gegen uns in Grenzen geblieben, so hätte er nicht eine solche Menge Menschen ruhig untergehen lassen, dann hätte er auch nicht seine ihm hochgeweihte Stadt den Flammen und der Vernichtung durch unsere Feinde überantwortet. Sollen wir da noch hoffen, als einzige von den Juden zu überleben und unsere Freiheit zu retten, als wären wir keine Sünder vor dem Herrn, als hätten wir nicht mitgefrevelt, wo wir doch darin den anderen mit unserem Beispiel vorangegangen sind? Nun seid ihr doch Zeugen, wie Gott unsere eitlen Hoffnungen Lügen straft, da er uns so schrecklich wider alles Hoffen schlägt. Denn daß diese Festung nicht einzunehmen war, was hat es uns schon genützt? War es nicht Gott selbst, der uns jede Hoffnung nahm, obgleich die Vorräte an Lebensmitteln, Waffen und allem anderen unermeßlich waren? Daß jenes Feuer, das erst gegen die Feinde loderte, umschlug gegen unsere Mauer, war kein Werk des Zufalls, sondern Gott hat es gefügt für alle Unbill, die wir in unserer Verblendung unseren Landsleuten zugefügt haben. Die Strafe dafür aber sollen uns nicht unsere Todfeinde, die Römer, auferlegen, sondern Gott soll sie an uns durch unsere eigene Hand vollziehen; er ist nämlich der mildere Rächer. Ohne daß sie geschändet werden, sollen unsere Frauen sterben, ohne das Los der Knechtschaft gekostet zu haben, unsere Kinder! Und nach ihrem Ende wollen wir selbst einander den Liebesdienst des Todes tun, wobei uns die Bewahrung der Freiheit das schönste Denkmal sein wird. Doch zuvor wollen wir unsere Habe und die ganze Festung dem Feuer überantworten. Denn gewiß werden sich die Römer ärgern, wenn sie darauf verzichten müssen, unser Leben in die Hände zu bekommen, und wenn ihnen auch noch die Beute entgeht. Einzig die Nahrung wollen wir ihnen noch lassen, die ihnen nach unserem Hinscheiden bezeugen soll, daß wir nicht dem Hunger zum Opfer fielen, sondern daß wir entschlossen von Anfang an den Tod der Knechtschaft vorzogen!«

7. Das war die Rede des Eleazar, der jedoch bei weitem nicht alle Anwesenden beipflichteten. Es gab zwar einige, die sich beeilten, ihm zu Willen zu sein, ja, die sogar fast von Freude erfüllt waren, da sie diesen Tod für ruhmreich erachteten. Wer jedoch von weniger harter Sinnesart war, den erbarmten die Frauen und die Kinder, und da sie den Tod auch für sich selbst als unausweichlich ansahen, begegneten sie einander mit Tränen in den Augen und bekundeten so, daß sie mit Eleazars Absicht nicht einverstanden waren. Und als dieser ihr Zögern wahrnahm und überzeugt sein mußte, daß sie seinem ungeheuerlichen Ansinnen nicht gewachsen waren, befürchtete er, ihr Wehklagen und ihre Tränen möchten auch auf jene Eindruck machen, die seiner Rede mit mutigem Her-

zen gelauscht hatten. So versuchte er denn, sie weiterhin aufzumuntern, und indem er seine Gestalt hoch emporreckte, hielt er, hingerissen von Begeisterung, eine enthusiastische Rede über die Unsterblichkeit und sprach mit bewegter Stimme, den Blick unverwandt auf die Weinenden geheftet, also:

»So hat mich denn meine Hoffnung schwer betrogen, als ich glaubte, zusammen mit heldenhaften Männern um die Freiheit zu kämpfen, mit Männern, die zum Tod entschlossen sind, wenn es ihnen verwehrt ist, in Ehre zu leben. Nein, es ist nichts, wodurch ihr euch an Mut und Heldentum vor jedem Durchschnittsmenschen auszeichnet, habt ihr doch selbst dann noch Angst vor dem Tod, wenn er euch aus der schlimmsten Not befreit, statt daß ihr ihn ohne Bangen, und ohne daß man euch dazu antreibt, erwartet. Denn vom ersten Augenblick, da sich unser Bewußtsein regte, hatten für uns jene Lehren der Väter, jene Lehren aus göttlichem Ursprung Geltung, wie sie auch das Tun und Denken unserer Vorfahren bestätigten, daß nicht der Tod, sondern das Leben für die Menschen ein Unheil bedeutet. Der Tod nämlich schenkt den Seelen die Freiheit und läßt sie an einen reinen Ort gelangen, wo sie beheimatet sind und wo kein Schmerz mehr auf sie wartet. Solange sie aber an den sterblichen Körper gefesselt sind und an seinen Unzulänglichkeiten mitzutragen haben, sind sie wahrhaftig im Zustand des Todes gefangen. Denn jede Gemeinschaft von Göttlichem und Sterblichem ist wider die Natur. Wohl vermag die Seele auch Gewaltiges, solange sie an den Körper gebunden ist, nämlich insofern sie ihn als fühlendes Werkzeug ihrer selbst gebraucht, wobei sie ihn unsichtbar bewegt und ihn durch entsprechende Taten über seine sterbliche Natur hinausführt. Doch erst, wenn sie frei ist von jener Schwerkraft, die sie zur Erde zieht und an sie bindet, erst wenn sie in ihre Heimat gelangt ist, hat sie Anteil an jener beseligenden Kraft und allseits fessellosen Stärke, für immer unsichtbar dem menschlichen Auge wie Gott selbst. Freilich ist sie auch während ihres Aufenthalts im Körper unschaubar, denn unsichtbar tritt sie in ihn ein, und niemand vermag sie zu sehen, wenn sie ihn verläßt, und obgleich sie in ihrem Wesen unzerstörbar ist, so ist sie doch für den Körper die Ursache seiner Wandlung. Denn womit die Seele eine Bindung eingeht, das hat Leben und Wachstum, wovon sie sich löst, das verkümmert und stirbt ... so groß ist die Urgewalt ihrer Unsterblichkeit. Daß ich damit Recht habe, das beweist euch am besten der Schlaf, während dessen die Seele, ohne daß der Leib sie in seine Bande schlägt, in sich zurücktritt und sich der angenehmsten Ruhe erfreut, wo sie mit Gott, dem sie verwandt ist, Umgang pflegt, wo sie sich frei in allen Richtungen bewegt und vieles Künftige zu schauen vermag. Weshalb also eine Angst vor dem Tod, wenn man die Ruhe liebt, die einem der Schlaf gewährt? Ist es nicht töricht, der Freiheit im Leben nachzujagen, auf die unsichtbare Freiheit aber zu verzichten? Allein ob unserer Erziehung, die uns zuteil ward, sollten wir den anderen ein Beispiel der Todesbereitschaft geben! Bedürfen wir aber noch der Bestätigung anderer Völker, dann laßt uns auf die Inder blicken, die sich bemühen, der Weisheit zu leben! Die Inder sind wirklich edle Männer, und sie ertragen die Zeit ihres irdischen Lebens nur mit Widerwillen wie einen gewissermaßen unausweichlichen Knechtsdienst, sie können nicht schnell genug aus den Fesseln des Körpers befreit werden. Und ohne daß ein Schmerz sie drückt oder drängt, einzig weil sie nach dem unsterblichen Leben begehren, teilen sie den anderen mit, daß sie aus dem Leben scheiden wollen. Niemand steht ihnen dann im Wege, sondern ein jeder preist sie darob glücklich und gibt ihnen Botschaften mit an die Angehörigen drüben, so fest und unabdingbar sind sie davon überzeugt, daß ihre Seelen miteinander verbunden sind. Und wenn sie dann die Botschaften entgegengenommen haben, dann übergeben sie den Leib dem Feuer, daß sich die Seelen möglichst rein aus dem Körper lösen, und sie sterben, während ihr Lob ertönt. Denn ihre Liebsten geleiten sie leichter zum Tod, als anderwärts die Menschen ihre Mitbürger in die fernste Fremde entlassen; und über sich selbst weinen sie, während sie jene glücklich preisen, da sie schon Anteil gewonnen haben am Reich der Unsterblichkeit. Ist es nicht eine Schande für uns, daß wir in unserem Denken hinter den Indern zurückstehen, daß wir durch unser Zaudern die Gesetze der Väter, die allen Menschen erstrebenswert erscheinen, schmachvoll mit Füßen treten?

Doch selbst dann, wenn wir von Anfang an im entgegengesetzten Sinn erzogen worden wären, nämlich so, als ob das irdische Dasein des Menschen höchstes Glück bedeute, und der Tod sein Unglück, so gemahnt uns doch unsere augenblickliche Situation, ihn gern zu ertragen, da wir nach Gottes Willen und nach dem Gesetz der Notwendigkeit sterben müssen. Denn längst schon hat Gott, wie es scheint, über das gesamte Judenvolk dies verhängt, daß wir sterben müssen, weil er sich von uns abgewandt hat. Ihr dürft es ja nicht euch selbst zur Last legen und dürft es nicht als ein Verdienst der Römer ansehen, daß der Krieg gegen sie uns alle ins Verderben riß. Denn nicht ihre Stärke war es, die das bewirkte, sondern eine höhere Macht verbirgt sich dahinter, die sie als Sieger erscheinen läßt. Was waren es denn für römische Waffen, denen die Juden bei Caesarea zum Opfer fielen? Nein, sie wollten durchaus nicht abfallen, und gerade als sie im Begriff waren, den Sabbat zu feiern, stürzte sich die Menschenmenge aus Caesarea auf sie und tötete sie mit Frauen und Kindern, ohne daß sich eine Hand gegen sie rührte, und die Mörder schämten sich nicht einmal vor den Römern, die nur in uns, die wir tatsächlich abgefallen waren, Feinde sahen. Aber da wird man sagen, die Einwohner von Caesarea seien schon immer mit den Juden schlecht ausgekommen und sie hätten nur eine alte Rechnung beglichen, wenn sie den günstigen Augenblick nützten. Doch was sollen wir denn über die Juden von Skythopolis sagen? Um der Griechen willen riskierten sie nämlich den Kampf gegen uns, statt mit uns, ihren Stammesgenossen, gegen die Römer zu ziehen. Wahrhaftig, einen schönen Nutzen hatten sie von ihrer freundlichen Gesinnung und ihrer Vertrauensseligkeit gegenüber ihren Mitbürgern! Mit ihrem ganzen Anhang wurden sie rücksichtslos von ihnen getötet, das war der Dank für ihre Waffenhilfe. Wovor sie die Griechen bewahrt wissen wollten, das mußten sie selbst erleiden, als hätten sie selbst es ihnen antun wollen. Doch es würde zu weit führen, wollte man alles im Detail darlegen; es ist euch ja bekannt, daß es keine einzige Stadt in Syrien gibt, die nicht ihre jüdischen Einwohner hingeschlachtet hätte, obgleich diese uns gegenüber in höherem Grad feindlich gesinnt waren als die Römer. So war es auch, als die Bewohner von Damaskus, ohne daß sie in der Lage waren, den geringsten stichhaltigen Vorwand zu fingieren, ihre Stadt durch das entsetzlichste Blutbad befleckten, da sie 18 000 Juden mit Frauen und Kindern umbrachten. Von Ägypten vollends haben wir gehört, daß eine Menge Juden, nämlich über 60 000, zu Tode gefoltert wurden. Freilich fielen diese in einem fremden Land, ohne daß sie irgendwo Schutz finden konnten, ihren Feinden zum Opfer. Doch auch für jene, die im eigenen Land am Krieg gegen die Römer teilnahmen, fand sich nichts, worauf sich eine sichere Siegeshoffnung hätte gründen können. Wohl gab es Waffen, Mauern, uneinnehmbare Bastionen und eine Gesinnung, die gegenüber den Gefahren um der Freiheit willen unerschütterlich war, und all das verlieh allen die Stärke, den Abfall zu riskieren. Da aber alles nur eine kurze Zeit ausreichte und nur bewirkt hatte, daß wir uns allzu großen Hoffnungen hingaben, stellte es sich nur als der Anbeginn noch größeren Unheils heraus. Alles ward uns nämlich genommen, alles fiel den Feinden in die Hände, als wären alle Zurüstungen nur getroffen gewesen, um den Sieg der Römer noch herrlicher erscheinen zu lassen, statt denen die Rettung zu bringen, die sich darum bemüht hatten. Wer in der Schlacht den Tod gefunden hatte, den mußte man noch glücklich preisen, war er doch in der Verteidigung gestorben und ohne die Freiheit zu verraten. Doch wer hätte kein Mitleid mit jenen vielen, die unter die Knute der Römer gekommen waren? Und wer wollte nicht gern den Tod suchen, ehe ihm ein gleiches Schicksal zuteil wird? Ein Teil von ihnen ward unter Foltern, durch Feuer und unter Peitschenhieben zu Tode gebracht; andere wurden von wilden Bestien zur Hälfte zerfetzt und noch lebend für eine zweite Fütterung aufbewahrt – und all dies zur Belustigung für die Feinde! Am elendesten sind doch jene daran, die noch leben müssen, ohne den Tod zu finden, den sie so sehr ersehnen! Und wo ist nun die gewaltige Stadt, die Hauptstadt des Judenvolks, so vielfach mit Mauern bewehrt, geschützt von so zahlreichen Basteien und von so gewaltigen Türmen, kaum groß genug jedoch, um der Fülle des Kriegsmaterials Platz zu bieten, und so viele Tausende von tapferen Männern in sich bergend, die sich für sie in die Schanze schlugen? Wo ist sie denn nun, die Stadt, auf die Gott so sehr vertraute, daß er darin Wohnung nahm? Von Grund aus ist sie zerstört, einzig das Feldlager ihrer Vernichter, das auf ihren Ruinen steht, erinnert noch an sie. Armselige Greise treiben sich noch in der Asche des Tempels herum und einige wenige Weibspersonen, die noch ihr Leben fristen dürfen, um dem schändlichsten Frevel der Feinde zu Diensten zu sein! Wenn man sich all dies vorstellt, wer von euch wird es da noch über sich bringen, den Tag zu schauen, auch dann, wenn er ohne Gefahr leben könnte? Und wer ist ein solcher Feind des Vaterlandes, wer ist so feige und wer hängt so am Leben, daß er nicht darüber betrübt wäre, daß er den heutigen Tag noch erleben mußte? Wenn wir doch alle den Tod gefunden hätten, ehe die heilige Stadt den Feinden zum Opfer fiel und ehe wir zu Zeugen wurden, wie der geweihte Tempel unter dem Frevel der Feinde dahinsank! Ja, es war die sicherlich nicht verachtenswerte Hoffnung auf eine etwaige spätere Rache am Feind, die uns zögern ließ; aber nun ist sie auch entschwunden, und da wir allein sind in unserer Not, laßt uns einen Tod in Ehren nicht länger hinausschieben! Wollen wir Mitleid haben mit uns selbst, Mitleid mit unseren Frauen und Kindern, solange wir noch freie Hände haben, ein solches Mitleid in die Tat umzusetzen! Denn um zu sterben, waren wir einst geboren, und um zu sterben, haben wir unsere Kinder gezeugt, und dem Tod vermag nicht einmal das glücklichste unter ihnen zu entkommen. Verhöhnung und Knechtschaft zu ertragen und Zeuge zu sein, wie Frauen und Kinder zur Schändung geschleppt werden, das alles sind keine Übel, die wesensmäßig mit der Natur des Menschen verbunden sind, sondern die Menschen müssen sie nur wegen ihrer Feigheit hinnehmen, weil sie nicht sterben wollen, obgleich es ihnen freistünde. Wir aber haben voll Stolz auf unsere Tapferkeit vertraut, als wir den Abfall von den Römern wagten, und erst kürzlich haben wir ihre Aufforderung zu kapitulieren zurückgewiesen. Wer hat da noch Zweifel hinsichtlich der

Rache, die uns erwartet, wenn sie uns lebend in die Hände bekommen? Die armen jungen Männer, deren Körperkraft dann vielen Martern gewachsen sein muß! Die armen Greise, die ob ihres Alters den Qualen erliegen werden! Der eine wird sehen müssen, wie man sein Weib hinwegzerrt, um ihm Gewalt anzutun, ein anderer wird zuhören müssen, wie sein Kind nach dem Vater ruft, dem die Hände gefesselt sind! Nein, noch sind diese Hände frei, noch halten sie das Schwert, und so sollen sie uns dienstbar sein zu edler Tat! Nicht unter der Knute der Feinde wollen wir sterben, in Freiheit wollen wir zusammen mit Kindern und Frauen aus dem Leben scheiden! So befiehlt es uns das Gesetz, und das ist es, was Frauen und Kinder von uns erbitten. Die Notwendigkeit, so zu handeln, hat uns Gott auferlegt, das Gegenteil davon entspräche den Wünschen der Römer; denn sie fürchten, es könnte einer von uns sein Leben beschließen, ehe die Festung fällt. So laßt uns denn eilen, ihnen anstelle der Genugtuung, die sie sich von unserer Gefangennahme erhoffen, den Schrecken des Todes und das Staunen über unseren Mut zu hinterlassen!«

9. KAPITEL

1. Er wollte ihnen noch länger zureden, aber alle fielen ihm ins Wort, und von einer unstillbaren Begeisterung ergriffen, wollten sie handeln und eilten hinweg, als wären sie von überirdischen Kräften erfüllt. Ein jeder wollte der erste sein, und jeder hielt es für einen besonderen Beweis seiner Tapferkeit und seines Willens, wenn er nicht zu den letzten gehörte, eine solche Gier hatte sie befallen, ihre Frauen und Kinder und sich selbst gegenseitig zu Tode zu bringen. Man sollte glauben, daß dieses Begehren nachließ, wenn es in die Tat umgesetzt werden sollte; doch nein, Eleazars Worte hatten sie unerbittlich gemacht, und sie beharrten in diesem Zustande. Und was sie einander antaten, beeinträchtigte nicht im mindesten ihre Bindungen der Freundschaft und Verwandtschaft,

sondern es siegte die Einsicht, daß dies der beste Liebesdienst war, den sie sich erweisen konnten. Und so umarmten sie denn voll Liebe ihre Frauen und vereinten sich traulich mit ihren Kindern und küßten sie unter Tränen ein letztesmal, ehe sie zur Tat schritten, so als bedienten sie sich dazu einer fremden Hand. Die Einsicht in die Martern, die ihnen bei den Feinden bevorstanden, gab ihnen den nötigen Trost bei diesem Morden, das ihnen die Not abverlangte. Tatsächlich ward keiner dafür zu schwach befunden, denn alle handelten so der Reihe nach an ihren Liebsten.

Was war das doch für eine Not, die es ihnen als das geringste Übel erscheinen ließ, Frauen und Kinder von eigener Hand sterben zu lassen! So sehr bedrückte sie das Leid ihres Tuns und der Selbstvorwurf des Unrechts gegenüber den Toten, wenn sie diese auch nur für Augenblicke überlebten, daß sie schnellstens ihre ganze Habe an einem Platz zusammentrugen und alles den Flammen übergaben. Dann wählten sie durch das Los zehn Männer aus, die alle übrigen vollends hinschlachten sollten. Da legte sich jeder an der Seite seiner Frau und seiner Kinder nieder, umfing sie mit den Armen und erwartete bereitwillig den Todesstreich aus den Händen jener zehn, die die traurige Aufgabe zu erfüllen hatten. Und sowie diese furchtlos ihres Amtes gewaltet hatten, da ließen sie das Los in gleicher Weise über sich selber entscheiden: Wen es traf, der sollte die übrigen neun und am Ende sich selber töten. Sie vertrauten nämlich fest darauf, daß sie alle gleich mutig waren im Handeln wie im Erleiden. So boten sich denn die Neun dem Schwertstreich dar. Der letzte jedoch warf noch einen Blick auf die Menge der Gefallenen, ob in dem allgemeinen Blutbad nicht noch einer übrig geblieben war, der seiner Hand bedürfte, und als er sah, daß tatsächlich alle tot waren, steckte er den Palast an zahlreichen Stellen in Brand, nahm noch seine ganze Kraft zusammen, um sich selbst zu durchbohren, und sank neben den Seinen zu Boden. So hatten sie nunmehr den Tod gefunden, überzeugt, daß niemand mehr von ihnen am Leben war, um den Römern in die Hände fallen zu können. Aber eine alte Frau und eine Verwandte des Eleazar, die an Verstand und Bildung allen ihren Geschlechtsgenossinnen weit überlegen war, und mit ihnen fünf kleine Kinder hatten sich in einer unterirdischen Wasserleitung versteckt, derweilen die anderen einzig dafür sorgten, wie sie einander ums Leben bringen konnten. Rechnet man die Frauen und Kinder mit, so waren dabei insgesamt 960 Menschen ums Leben gekommen. Dieses Unheil ereignete sich am 15. Tag des Monats Xanthikos.

2. Die Römer aber rechneten immer noch damit, daß es zu einer Schlacht käme, und so richteten sie sich denn am frühen Morgen darauf ein, schufen eine Verbindung zwischen ihrer Erdaufschüttung und der Mauer mittels der Leiterbrücken und eröffneten den Sturmangriff. Da sie jedoch nirgends einen Feind sahen, sondern eine beklemmende Leere allenthalben herrschte, während im Innern der Festung das Feuer wütete und sonst kein Laut zu vernehmen war, da wußten sie nicht, wie sie das zu deuten hätten. Schließlich erhoben sie, als wollten sie gerade die ersten Schüsse abgeben, das Kampfgeschrei, um allenfalls jemanden von drinnen herauszulocken. Und die Frauen hörten nun das Geschrei, verließen gleich ihre unterirdische Behausung und berichteten genau, wie sich alles zugetragen hatte; namentlich die eine der beiden Frauen konnte jedes gefallene Wort und jede Einzelheit der Handlungen erzählen. Doch die Römer, nicht fähig, an die Ungeheuerlichkeit des Geschehens zu glauben, beachteten sie nur wenig, sondern sie bemühten sich, des Feuers Herr zu werden, und schufen sich rasch einen Weg hindurch ins Innere des Palastes. Als sie nun aber hier die Menge der hingeschlachteten Menschen gewahr wurden, da überkam sie keine Freude wie etwa beim Anblick toter Feinde, sondern es erfaßte sie Bewunderung für den großartig kühnen Entschluß und für die unbeugsame Verachtung des Todes, wie sie diese vielen Menschen durch ihre Tat gezeigt hatten.

10. KAPITEL

1. So war nun Masada gefallen; der Römerfeldherr legte eine Besatzung in die Burg und begab sich dann mit seinen Truppen nach Caesarea. In Judäa war nämlich landauf landab kein Feind mehr übrig, während der langen Dauer des Krieges war es vielmehr in seinem ganzen Umfang restlos unterworfen worden. Der Krieg hatte aber auch zur Folge, daß die Juden allenthalben auch in weiter Ferne die Wirren zu spüren bekamen und in Gefahr gerieten. In Alexandria in Ägypten zum Beispiel kamen bei der Einnahme von Masada zahlreiche Juden zu Tode. Jene Sikarier nämlich, die sich dorthin hatten flüchten können, waren nicht damit zufrieden, daß sie ihr Leben hatten retten können, sondern sie betätigten sich wiederum auf umstürzlerische Weise und beredeten viele von denen, die ihnen das Gastrecht gewährt hatten, einen Aufstand für die Freiheit zu wagen, die Überlegenheit der Römer nicht anzuerkennen und außer Gott niemand als Herrn über sich zu dulden. Einige von den Juden, die den gehobenen Ständen angehörten, waren jedoch dagegen, und diese wurden nun zum Teil liquidiert, zum anderen Teil mit besonderem Nachdruck bearbeitet. Und als nun die Ersten des Rats diesen Wahnwitz mitansehen mußten, da war ihnen klar, daß das Treiben der Sikarier für ihre Sicherheit höchst gefährlich werden konnte, wenn man nicht dagegen einschritt. So versammelten sie denn alle Juden und brachten die Übergriffe der Sikarier offen zur Sprache, wobei klar wurde, daß diese alles Entsetzliche zu verantworten hatten, was die Juden bislang hatten durchstehen müssen. Nunmehr aber, da sie auch nach ihrer gelungenen Flucht nicht mit Sicherheit auf ihre Rettung rechnen konnten – denn die Römer würden jeden, den sie erkannten, umbringen –, wollten sie in ihr verdientes Schicksal auch noch jene verstrikken, die sich niemals etwas hatten zuschulden kommen lassen. Deshalb warnten sie die Menge vor dem Unheil, das den Sikariern auf dem Fuße folge, und schlugen vor, sich durch die Auslieferung der Unruhestifter vor den Römern ins rechte Licht zu setzen. Die Juden sahen ein, in welcher Gefahr sie sich befanden, und ließen

sich durch diese Ausführungen beeindrucken: Mit großem Elan fielen sie über die Sikarier her und setzten sie hinter Schloß und Riegel. 600 von ihnen wurden sogleich verhaftet; andere hatten versucht, nach Ägypten hinein, insbesondere nach Theben zu fliehen, wurden jedoch alsbald ergriffen und zurückgebracht. Man war allgemein verwundert über ihre Hartnäckigkeit, ihre Tollkühnheit oder, wenn man will, über ihre seelische Haltung. Denn obgleich sie alle möglichen Folterungen und Verstümmelungen auszuhalten hatten, einzig damit sie den römischen Kaiser als Herrn anerkannten, wurde nicht ein einziger von ihnen schwach, und keiner sprach das geforderte Wort, sondern sie blieben in ihrer Gesinnung unerschütterlich, als wären sie unempfindlich gegen Martern und Feuersqualen, ja, als freuten sie sich sogar noch darüber. Am meisten Bewunderung zollten die Zuschauer den Knaben, von denen sich keiner bewegen ließ, den Kaiser als seinen Herrn zu bezeichnen, in solchem Maße war ihre Kühnheit Herr über ihren schwachen Körper.

2. Damals war Lupus Statthalter von Alexandria, und er beeilte sich, über diese Vorgänge dem Kaiser zu berichten. Dieser aber war sich völlig darüber im klaren, daß die Neigung der Juden zu Aufständen einfach nicht zu bezähmen war; und da er befürchtete, sie könnten sich wieder zu einer Masse vereinigen und andere zum Anschluß an sie bewegen, gab er dem Lupus Befehl, den Judentempel in dem Landstrich Onias zu zerstören. Es handelt sich dabei um einen Tempelbezirk in Ägypten, der seine Entstehung und seinen Namen von Onias herleitet. Dieser, der Sohn des Simon, einer der Hohenpriester in Jerusalem, hatte vor dem Syrerkönig Antiochus während dessen Krieg gegen die Juden nach Alexandria fliehen können. Wegen seiner feindseligen Haltung gegenüber Antiochus hatte ihn dort Ptolemaeus freundlich aufgenommen, und Onias versprach dem König dafür, ihm das ganze Judenvolk gefügig zu machen, wenn er seinen Worten folge. Ptolemaeus versicherte ihm, er werde sein möglichstes tun, und Onias bat ihn nun, ihm die Errichtung eines Tempels an einem Platz in Ägypten zu gestatten, wo er nach der Vätersitte den Gottesdienst halten dürfe. Unter dieser Voraus-

setzung würden die Juden mit viel mehr Eifer gegen Antiochus kämpfen, der den Tempel in Jerusalem zerstört habe, dem Ptolemaeus jedoch um so mehr geneigt sein und sich in großen Scharen in Ägypten ansiedeln, wo sie in ihrem Kult nicht behindert würden.

3. Ptolemaeus ließ sich tatsächlich gewinnen und wies ihm einen Platz an, 180 Stadien von Memphis entfernt: Es ist der Bezirk von Heliopolis. Onias errichtete hier zunächst ein Kastell, sodann erbaute er den Tempel, aber nicht ähnlich dem zu Jerusalem, sondern mehr nach Art einer Festung, indem er gewaltige Quaderblöcke an die 60 Ellen hoch aufschichten ließ. Den Altar dagegen ließ er nach dem Muster des in Jerusalem befindlichen aufrichten und stattete ihn mit ähnlichen Weihegeschenken aus, jedoch mit Ausnahme des Leuchters. Er brachte nämlich keinen Standleuchter an, sondern ließ eine goldene Lampe schmieden, die ihren Glanz ausstrahlte, und hängte sie an einer Goldkette auf. Um den ganzen Tempelbezirk errichtete er eine Ziegelmauer mit Toren aus Naturstein. Der König stiftete auch noch ein weiteres großes Landstück zum Zweck der wirtschaftlichen Nutzung, damit die Priester ausreichend zu leben hatten und damit für den Kult reichlich Mittel zur Verfügung standen. Die Absicht des Onias war jedoch nicht ganz lauter, stand er doch im Streit mit den Juden in Jerusalem, gegen die er Haßgefühle hegte in der Erinnerung daran, daß sie den Anlaß zu seiner Flucht gegeben hatten. Und jetzt, nachdem er dieses Heiligtum errichtet hatte, glaubte er, die Juden scharenweise aus Jerusalem zum neuen Heiligtum locken zu können. Auf diesen Vorgang bezieht sich auch eine mehr als 600 Jahre alte Weissagung: Jesaja hieß der Prophet, der vorhergesagt hatte, daß ein Jude diesen Tempel in Ägypten errichten werde. Soviel über die Entstehung dieses Heiligtums.

4. Nun aber hatte Lupus, der Kommandant von Alexandria, aus Rom seine Anweisung erhalten, und er begab sich sofort nach dem Heiligtum und ließ den Tempel schließen, nachdem er zuvor einige Weihegeschenke aus ihm entfernt hatte. Kurze Zeit später aber starb er, und sein Nachfolger Paulinus nahm nicht nur die letzten

Weihegeschenke aus dem Tempel fort – wobei er übrigens die Priesterschaft entsprechend bedrohte, wenn sie nicht alles auslieferte –, sondern er untersagte auch den Gottesdienstbesuchern den Zutritt zum Tempelbezirk, ließ alle Tore schließen und machte den Tempel unzugänglich, daß auch keine Spur mehr von dem einstigen Gotteskult an diesem Platz Kunde gab. 343 Jahre waren vergangen von der Erbauung dieses Tempels bis zu seiner Schließung.

11. KAPITEL

1. Auch auf Kyrene und seine Nachbarstädte griff der Wahnwitz der Sikarier wie eine Pest über. Hier hatte nämlich ein gewisser Jonathan, ein Weber, Zuflucht gesucht, ein verkommener Mensch, der es verstand, eine ansehnliche Zahl von Besitzlosen um sich zu scharen. Mit diesen ging er in die Wüste und versprach ihnen dort Wunderzeichen und allerhand Erscheinungen vorzuführen. Wohl ließen sich die Leute von ihm großenteils nichts vormachen, aber die Spitzen der Judenschaft von Kyrene glaubten doch, seinen Auszug in die Wüste und seine Versprechungen dem Statthalter der libyschen Pentapolis, Catullus, anzeigen zu müssen. Dieser entsandte seine Reiter und seine Fußsoldaten, die mit den waffenlosen Scharen leicht fertig wurden. Die meisten kamen im Handgemenge ums Leben, einige gerieten in Gefangenschaft und wurden dem Catullus vorgeführt. Jonathan freilich, der alles angezettelt hatte, war momentan nicht zu fassen, aber man fahndete so lange und so intensiv im ganzen Gebiet nach ihm, daß man ihn schließlich doch verhaften konnte. Vor Catullus gebracht, wußte er die Dinge so darzustellen und vorzubringen, daß er nicht bestraft wurde; es gelang ihm vielmehr, den Statthalter zur größten Ungerechtigkeit zu verleiten, da er die reichen Juden fälschlich verklagte, sie seien die Urheber der ganzen Aktion gewesen.

2. Dem Statthalter aber waren diese Verleumdungen gerade recht, und er machte aus der ganzen Sache möglichst viel Wesens, um so zu tun, als habe auch er gewissermaßen einen Judenkrieg zu beste-

hen gehabt. Was jedoch noch schlimmer war: Er, der an sich schon mehr als leichtgläubig war, gab auch noch den Sikariern Anweisungen für ihre Verleumdungen. Er ließ nämlich durch Jonathan einen Juden namens Alexander – er war ihm schon lange feindlich gesinnt und machte kein Hehl aus seinem Haß gegen ihn – anklagen und gleichzeitig auch dessen Gattin Berenike beschuldigen; das gab ihm die Möglichkeit, zuerst beide hinrichten zu lassen, sodann aber auch alle reichen Juden, und zwar mit einem Schlag 3000 Mann ums Leben zu bringen. Er sah für sich keine Gefahr darin, weil er das Vermögen der Ermordeten zugunsten des Imperators konfiszierte.

3. Damit aber nicht anderwärts irgendwelche Juden sein gesetzloses Treiben anzeigten, trieb er seine Verlogenheit noch weiter und brachte den Jonathan und einige seiner Mitgefangenen dahin, daß sie die angesehensten Juden in Alexandria und Rom der Rebellion anklagten. Diese hinterhältige Bezichtigung bezog sich auch auf Josephus, den Verfasser dieses Buches. Catullus hatte aber mit seiner Verleumdung nicht den erhofften Erfolg. Er nahm Jonathan samt seinen Spießgesellen gefesselt mit nach Rom und rechnete damit, daß die Sache nicht weiter untersucht werde, da die Lügen in seinem Namen und durch seine Person vorgebracht würden. Dem Vespasian jedoch schien das Ganze nicht recht geheuer, weshalb er alles genau untersuchen ließ. Und als er sich dann überzeugt hatte, daß die ganzen Anklagen den Tatsachen widersprachen, ließ er die Gefangenen auf Fürsprache des Titus wieder frei. Den Jonathan aber bestrafte er so, wie er es verdient hatte: Er wurde erst gefoltert und dann bei lebendigem Leib verbrannt.

4. Daß Catullus nur mit einer Rüge davonkam, hatte er der Mäßigung der Imperatoren zu danken. Bald darauf jedoch befiel ihn eine schwere unheilbare Krankheit, und er verstarb schließlich unter vielen Schmerzen, nachdem er nicht nur körperliche Qualen, sondern noch schlimmere seelische Leiden hatte ertragen müssen. Ständig wurde er von schrecklichen Visionen verfolgt, und immer wieder schrie er laut, er sehe die Geister der von ihm Ermordeten neben sich; dann konnte er sich nicht mehr halten und sprang vom

Lager, als brächte man schon die Marterwerkzeuge und Feuer, ihn zu foltern. Dieser Zustand verschlimmerte sich immer mehr, und am Ende verwesten seine Eingeweide und traten ihm aus dem Leib; und so starb er schließlich, eines jener schlagenden Beispiele dafür, daß die göttliche Vorsehung die Übeltäter der gerechten Strafe zuführt.

5. Damit wollen wir die Geschichtsdarstellung beenden, die wir uns mit aller Sorgfalt für jene zu schreiben vorgenommen hatten, die den Verlauf des Krieges zwischen den Römern und Juden kennenlernen wollten. Nun ist es an den Lesern, darüber zu urteilen, wie unsere Darstellung gelungen ist. Ich stehe nicht an, mit aller Entschiedenheit zu behaupten, daß es mir bei Abfassung der ganzen Schrift einzig darum ging, die volle Wahrheit an den Tag zu bringen.

[illegible] Mächte [illegible] Wasser und Feuer ihn [illegible] Zustand [illegible] am Ende [illegible] und [illegible] aus dem Leib [illegible] daß [illegible] Vorstellung des [illegible] der [illegible] führt.

§ 5. Dann [illegible] der Geschlechts[illegible] beachten, die [illegible] [illegible] zu [illegible] haben, [illegible] des Verlauf [illegible] der Romanen und jeden [illegible] in den Lesern [illegible] zu [illegible] unsere [illegible] nicht [illegible] zu behaupten, daß [illegible] Wahrheit an den Tag [illegible]

NACHWORT

Leben und Werk des Flavius Josephus

In seinem Werke über den Jüdischen Krieg beschreibt Flavius Josephus* den Untergang des jüdischen Staates und die Zerstörung Jerusalems im Aufstand gegen Rom 66–70 n. Chr. Vier Jahre einer unaufhörlichen Katastrophe lassen dieses Ende als selbstverständlich und zugleich als selbstverschuldet erscheinen. Zugleich freilich ist diese Katastrophe eine von Gott verhängte Strafe, in deren Verlauf immer deutlicher zu werden scheint, daß Rom und der Kaiser das von Gott benutzte Instrument der Züchtigung sind.

Im Verlaufe der Ereignisse nun aber wird Josephus selbst bis zu einem gewissen Grade zu einem solchen Werkzeug. Damit verbindet sich sein Schicksal eigenartig mit dem allgemeinen und macht seine Darstellung des Krieges von vornherein zu einer Autobiographie. Für seine Umwelt wiederum muß das ein Novum bedeutet haben – die antike Geschichte kennt in der Tat kaum einen Fall, der dem seinen parallel zu setzen wäre, und selbst ein Polybios läßt sich mit Josephus nicht vergleichen. So wird persönliches Erlebnis und persönliche Auseinandersetzung stets auch dort anzunehmen sein, wo von ihm selbst gar nicht die Rede ist; sein Leben in den folgenden Jahren wie auch der Charakter der späteren Werke sind hierfür ein Beweis.

Und wie für das persönliche Schicksal, so fehlen auch die Anhaltspunkte, ihn als Historiker ganz zu erfassen; aber Quellenabhängigkeit, Vorlagenbenutzung und Komposition im einzelnen als die herkömmlichen Mittel der Erforschung eines historischen Werkes mögen auch hier ein Stück weiterhelfen. Wie im großen aber haben im Verlaufe der Josephusforschung gerade sie immer mehr an Unklarem, schwer Durchschaubarem und scheinbar Ungereimtem zutage gefördert und gezeigt, wie schwer mit den üblichen Methoden hier weiterzukommen ist. Und dies, obwohl der Stil des Josephus, an sich klar und der historiographischen Tradition verhaftet, Schwierigkeiten, ihn und seine Absichten zu erfassen, auf den ersten Blick kaum zu machen scheint.

Über sein Leben berichtet Josephus selbst. Seiner gegen das Lebensende zu verfaßten Selbstbiographie nach stammte er aus einer priesterlichen Familie Jerusalems und war mit den Hasmonäern verwandt. Sein Name Ἰώσιππος wurde, als charakteristisch jüdisch, erst in späterer

* Im folgenden kurz „Josephus".

Überlieferung in die gängige Form Ἰώσηφος abgewandelt. 37/38 geboren und früh für den Priesterberuf ausgebildet, will er bereits mit vierzehn Jahren als eine Art Wunderkind in Fragen der Gesetzesauslegung offiziell konsultiert worden sein, was sich nach einem Vergleich mit Lukas 2, 41 ff. vielleicht als beliebte Topik seiner Zeit erweist. Nicht lange danach, mit sechzehn Jahren, verläßt er nach eifrigem Studium der Lehren jüdischer Sekten Jerusalem und führt bei einem Lehrer in der Wüste das Leben eines Anachoreten. Doch wenige Jahre danach begegnet er wieder in der Hauptstadt, wo er sich den Pharisäern anschließt und als ein Mitglied des Sanhedrins deren Protektion genießt. Man schickt ihn 64 nach Italien, damit er dort in Sachen verhafteter, von dem Statthalter Felix nach Rom geschickter Priester an den höchsten Stellen des Imperiums verhandle. Er berichtet von einem Schiffsunglück und von Einkehr bei Bekannten in Puteoli, scheint aber in Rom sein Ziel erreicht zu haben. Die Bekanntschaft mit der Kaiserin Poppaea Sabina erwähnt er selbst. Es könnte sein, daß er den großen Brand Roms erlebte: Daß er die neronische Katastrophe aus nächster Nähe sah, mag seine spätere Rolle mitbestimmt haben.

Im Frühjahr 66 ist er wieder in Jerusalem, wo bald danach der große Aufstand beginnt. Seinen eigenen Angaben zufolge gehört er zur Gruppe um die Hohepriester und Pharisäer, die für ein Einlenken und die friedliche Lösung der Konflikte war. Seit dem Rückzug des Cestius Gallus im Herbst des Jahres indes hatte sich religiöser und zugleich antirömischer Fanatismus offenkundig so gesteigert, daß sich Möglichkeiten einer Beilegung des Krieges nicht mehr abzeichneten. Die Maßnahmen, die man traf, nachdem man die schlimmsten Exzesse abgefangen hatte, waren zugleich doch nichts anderes als der Beginn einer Auseinandersetzung, die Judäa, von religiöser Deutung des politischen Daseins ausgehend, gegen das römische Weltreich zu führen unternahm, und dies von vornherein mit einem Ziel, das mit realpolitischen Erwägungen nichts mehr zu tun hatte.

Noch im gleichen Spätherbst 66, kurz bevor Vespasian den Oberbefehl über eine Armee nicht nur aus Verbänden der Provinz, sondern von weither herangezogenen Legionen zur Niederschlagung des Aufstandes erhielt, wurde Josephus, nicht ganz dreißigjährig, auf Beschluß der Volksversammlung mit anderen Kollegen zusammen, dann aber offensichtlich allein, mit der Leitung Galiläas betraut. Die Landschaft gehörte zum Teil zum Verwaltungsbezirk Judäa, teilweise zum Gebiet Agrippas II., an dessen Loyalität gegenüber Rom es aus vielen Gründen keinen Zweifel gab. Von vornherein bedeutete diese Mission demnach Aggression und Übergriff. Auftrag und Amtsdauer gehen aus der Darstellung des Josephus im einzelnen nicht hervor. Wie er die Dinge berichtet, hatte er ein zum Aufstand neigendes Gebiet zu beruhigen und eine Entwicklung der Dinge wie in Jerusalem zu verhindern, Sicherungsvorkehrungen durch Befestigung einer Reihe von Plätzen zu treffen und stabile, friedliche Zustände zu erhalten, dies alles auch Rom gegenüber, das mit Aktionen vorerst offensichtlich zögerte und bemüht war, Wege der Verständigung offenzuhalten. Stellt er demnach sein Auftreten im vorliegenden Werke wie in der gegen Ende seines Lebens verfaßten Autobiographie als Versuch eines Ausgleichs hin, so ist in anderer, zeitgenössischer Deutung gerade sein Operieren der Anfang des eigentlichen Krieges gewesen. Wie er berichtet, hat er sich eine ansehnliche Streitmacht geschaffen, Vorräte gesammelt und sich um die Herstellung gedeihlicher Verhältnisse bemüht. Dabei freilich sei er von Anfang an heftiger Opposition begegnet. Vor allem einer seiner Gegner, Johannes von Gischala, ein fanatischer Eiferer gegen Rom und später einer der Führer in Jerusalem, setzte ihm zu, trachtete ihm nach dem Leben und verleumdete ihn in Jerusalem als Verräter, vermochte aber nicht, seine Absetzung zu bewirken.

Viel Zeit zum Aufbau einer eigenen Position, zu Kriegsvorbereitung und Stabilisierung blieb überdies nicht. Die Kämpfe, mit denen Vespasian im Frühjahr 67 nach Sammlung seiner Streitkräfte gegen ihn begann, führte schnell zur Auflösung der eigenen Streitmacht und zur Räumung des Gebietes. Josephus zog sich in die Festung Jotapata zurück, deren Belagerung Anfang Juni begonnen haben muß und nach siebenundvierzig Tagen um den 20. Juli endete. Der Rest der Verteidiger, darunter Josephus selbst, verbarg sich nach der Einnahme durch die Römer in einer Zisterne, um sich dort vor der Entdeckung den Tod zu geben. Josephus will vergebens gegen diese letzte Übersteigerung einer falschen Begeisterung geredet haben. Als einer der letzten beiden Überlebenden konnte er zu den Römern fliehen.

Als Rebell eigentlich der Hinrichtung verfallen, verlangte er vor Vespasian geführt zu werden und verkündete diesem die baldige Herrschaft über das ganze Imperium. Beweggründe und reale Voraussetzungen dieser wundersamen Weissagung müssen unklar bleiben; sie lediglich als Verzweiflungsakt zu sehen, das eigene Leben zu retten, reicht für eine Deutung wohl kaum aus; von Weissagungen über einen Herrscher aus dem Osten, der sich der ganzen Welt bemächtigen werde, berichten auch andere zeitgenössische Quellen. Wie er die Ereignisse und sein späteres Schicksal darstellt, muß er sich als Prophet gesehen haben und von seinem göttlichen Auftrag überzeugt gewesen sein. Von Vespasian anfangs wohl eher amüsiert als ein Unikum betrachtet, gewann er jedoch bald die Zuneigung seines Sohnes Titus, der sich als Legat im Lager befand. Zwei Jahre später aber brachte die Erhebung Vespasians zum Kaiser Anfang Juli 69 die Bestätigung seiner Prophetie. Sie bewirkte zwangsläufig, daß man ihn freiließ, worauf er sich den Namen Flavius zulegte.

Er reiste anschließend mit Vespasian nach Alexandria und nahm 70 an der Belagerung Jerusalems teil. Seine Wendung zu Rom hin muß von seinen Glaubensgenossen in Jerusalem freilich von Anfang an als Verrat empfunden worden sein. Daher scheiterten seine Versuche, als Vermittler aufzutreten und die Verteidiger zur Einstellung des Widerstandes aufzufordern, an der allgemeinen Abneigung gegen ihn, so daß er nicht dazu beitragen konnte, die Zerstörung von Stadt und Tempel zu verhindern. Seit der flavischen Machtübernahme Favorit der flavischen Dynastie, wurde ihm erlaubt, nach seiner Übersiedlung (wohl 71) mit vollem Bürgerrecht und dazu festen Einkünften den kaiserlichen Palast in Rom zu bewohnen. Für einen Landbesitz in Jerusalem, der zum Legionsterritorium geworden war, erhielt er mehrfachen Ersatz in Judäa. Seine Angehörigen, darunter die Gattin, scheinen in der Stadt während der Kämpfe umgekommen zu sein, eine zweite Ehe noch im Lager scheiterte, desgleichen eine weitere, in Alexandria geschlossen, aus der drei Söhne hervorgingen. Zwei weitere Söhne (geboren 75 und 77) entstammten der vierten Ehe mit einer Glaubensgenossin aus Kreta.

Es ist nach solchen Tatsachen kaum zu verwundern, daß die Schriftstellerei, mit der er früh begann, im wesentlichen der Rechtfertigung seines Verhaltens zu dienen hatte, dies weniger vor der griechisch-römischen Welt, sondern mehr noch vor den eigenen Glaubensgenossen, denen sein Überlaufen nach wie vor als der Beginn einer Katastrophe erscheinen mußte. Zwar ist ein genauer Zeitpunkt des Beginns seiner schriftstellerischen Tätigkeit nicht mehr zu ermitteln. Trifft zu, daß er das Griechische als Fremdsprache erst zu erlernen hatte, so paßt dazu, daß er als erstes, wohl noch während der Kämpfe, eine aramäische Darstellung der Ereignisse verfaßte, offensichtlich um der Bevölkerung Palästinas, Betroffenen wie Nichtbetroffenen, den römischen Standpunkt in der Auseinandersetzung darzulegen. Die nun unternommene griechische bedeutet dann wohl deren unvermeidliche Erweiterung für das ganze Imperium. Sie muß zwischen 75, dem Bau des Friedenstempels, und 79, dem Tod Vespasians, erschienen sein, ihr genauer Titel ist nicht mehr klar zu erkennen. Wie er schreibt, hatte Josephus Mitarbeiter nötig, die, vom Kaiser gestellt, ihn nicht nur mit Material aus den kaiserlichen Archiven versorgten, sondern weitgehend auch die stilistische Gestaltung des Werkes übernahmen und auf die etwa die Einteilung zurückgeht.

Zwar war die Geschichte des jüdischen Volkes in der Heimat seit der Eroberung 587 v. Chr. fast stets die eines von Fremden unterdrückten Volkes gewesen und lagen demnach die Wurzeln auch des Aufstandes 66 tief in dieser begründet. Allzu weit zurückzugreifen indes war in vorliegendem Falle unmöglich, und so lag nahe, mit den Makkabäern im 2. Jahrhundert zu beginnen. Denn in ihre Zeit fällt der Beginn wieder einer vorübergehenden Freiheit und politischen Selbständigkeit, in sie gehören auch die für ein Land in Palästina auffallend früh beginnenden Beziehungen zu Rom. So behandelt folgerichtig Buch I die Zeit der Makkabäer und Hasmonäer, II Herodes und seine Zeit, III die weitere Entwicklung des jüdisch-römischen Verhältnisses, den Aufstandsbeginn und die Kämpfe bis zur eigenen Gefangennahme, IV die Kämpfe der folgenden Jahre, V und VI die Belagerung und Erstürmung Jerusalems, VII die letzten Kämpfe und die Einnahme von Masada mit dem Selbstmord der Verteidiger als effektvollem Schluß. Dabei ist die Akzentuierung nicht einheitlich; das Phänomen Herodes etwa oder die Ereignisse nach 6 n. Chr. werden nur im Überblick gezeichnet, ohne daß ein einigermaßen erschöpfendes oder chronologisch brauchbares Bild entstünde. Gelegentliche Dubletten und Änderungen etwa in der Namensschreibung lassen auf nicht immer intensive Durcharbeitung der Quellenvorlagen schließen, und überdies hat es den Anschein, daß Josephus für die Darstellung jüdischer Geschichte vorwiegend nichtjüdische Quellen benutzte. Wo er nicht eigenes Erleben verarbeiten konnte, müssen ihm die Berichte anderer gedient haben. Dies gilt für die nicht erhaltenen „Commentarii" von Vespasian wie Titus, die man ihm zur Verfügung stellte, und etwa das Werk des Nikolaos von Damaskus, des Vertrauten eines Herodes, für dessen Zeit. Zweifellos nutzte er eine bestehende Verbindung mit Agrippa II. bis zu dessen Tod für seine Zwecke aus. Die Anerkennung des Werkes als der authentischen Darstellung des Krieges durch Titus, die angeordnete Aufstellung in den öffentlichen Bibliotheken läßt vermuten, daß Josephus allein in kaiserlichem Auftrag schrieb und zumindest für die Ereignisse im Osten die Rolle eines kaiserlichen Hofhistoriographen spielte.

Die Notwendigkeit einer Rechtfertigung auch dieser Rolle und darüber hinaus zugleich noch einmal des eigenen Verhaltens im Kriege, die diese öffentliche Anerkennung nachträglich bedeutete, mochte ihm zugleich Anregung sein, zu dieser Geschichte des Krieges eine Ergänzung zu verfassen und aufzuarbeiten, was er in ihr nicht hatte bringen können. Das heißt, mit der Geschichte des Volkes in größerem Rahmen hatte er die tieferen Hintergründe des Selbsterlebten darzulegen, und vielleicht gelang es ihm so, für sein Volk wie für sich selbst und sein Verhalten das Verständnis zu erweitern. Hatte eine solche Ergänzung aber das Wesen des Volkes, seine Religion und seine Geschichte mit ihrem Einfluß auf Denk- und Lebensformen einer bisher weitgehend verständnislosen Umwelt plausibel zu machen, so blieb nur, von der Weltschöpfung an bis hin zum Kriegsbeginn möglichst alles an Nachrichten zu erfassen und in einen Kausalitätszusammenhang zu bringen, der Existenz und Entwicklung rechtfertigte, anderseits aber zugleich eine Brücke zum griechisch-römischen Kosmos herstellte. Sicher, als Parallelen und Vorbilder für eine solche Zielsetzung von Historiographie mochte sich eine Reihe antiker Darstellungen, allen voran etwa Herodot, anbieten; anderseits freilich mußte gerade hier eine solche Analogie in ihren Möglichkeiten besonders begrenzt bleiben und lag die Gefahr nahe, daß Kritik von verschiedenen, auf jeden Fall kompetenten Seiten dem Werke schnell alle Wirkung nahm, abgesehen davon, daß nach Form wie Inhalt die adäquate Darstellung jüdischer Geschichte schon von den Fakten her Schwierigkeiten für den Autor mit sich brachte, wie sie einem Historiker unbekannt waren, der im eigentlichen Sinn antike Geschichte schrieb. So nimmt nicht wunder, daß die „Jüdischen Altertümer" unter zweifellos erneut wieder besten äußeren Voraussetzungen für den Autor nach langen Studien erst um 93, kurz vor dem Tode Agrippas, erscheinen konnten. Die Vermutung, das Werk sei in zwei Teilen veröffentlicht worden, ist kaum zu bestätigen und ergibt für die Chronologie des Erscheinens wenig. In zwanzig Bücher eingeteilt, ist es einem Epaphroditos gewidmet, wohl nicht dem unter Nero wie den Flaviern einflußreichen Freigelassenen am Hofe, sondern einem gleichnamigen Grammatiker aus Chaironeia, in dessen Buchvertrieb das Werk verlegt worden sein könnte.

In seiner Gestaltung hat Josephus, wo dies möglich war, wohl die gleichen Quellen wie für den „Jüdischen Krieg" verwendet. Doch ist neben gelegentlich fast wörtlichen Parallelen an anderen Stellen eine Umgestaltung des Materials, neue Akzentuierung und die Anpassung an neue, veränderte eigene Absichten unverkennbar. In erster Linie wird dies auf vertiefte Studien zurückgehen, die in diesen zwanzig Jahren Josephus hatte betreiben können. So verarbeitet er Material aus den heiligen Schriften der Juden, von denen ihm Titus übrigens ein Exemplar aus der Beute der Eroberung geschenkt hatte, dazu Anregungen aus den jüdischen Gelehrtenschulen und verstärkt dazu die Ausbeute aus antiken Quellen geographischen, ethnographischen, mythographischen und historiographischen Inhalts. Eine offenkundig erstaunliche Sachkenntnis für Einzelheiten des eigentlich antiken Bereiches braucht dabei freilich keineswegs auf wirklich tiefem Eindringen in diese Welt zu beruhen, sondern könnte dem Literatenbrauch und den sich bietenden Möglichkeiten dieser Epoche entsprechend vordergründig auf die Benutzung von Sammelwerken zurückgehen, die Liste namentlich zitierter Quellenautoren scheint allzu lang.

Daß Josephus Vorlagen aus der hellenistischen Zeit bevorzugt, liegt nahe. Seine Technik etwa in der Einstreuung von Reden zur Auflockerung und Verbesserung der Intensität scheint vervollkommnet, eine kaum zu lösende Frage indes bedeuten Herkunft, Form und Echtheit der zahlreichen Urkunden offiziellen Charakters, die angeführt werden. In der Tat mochten auf diese Weise die „Altertümer" ihren Zweck erfüllen, das Bild der Kräfte, die zum Aufstand und der Katastrophe führten, scheint sich gleich geblieben und in der Tat durch den Blick auf eine Jahrhunderte sich hinziehende Entwicklung deutlicher geworden zu sein.

Unterschiede freilich über das rein Formale hinaus oder aber durch dies allein feststellbar lassen sich nicht übersehen. Sie werden wenigstens zu einem Teil sich nur aus einem Wandel persönlicher Ansichten erklären. So war etwa das Herodesbild des „Jüdischen Krieges", auf die Vorlage Nikolaos zurückzuführen, von einer vorwiegend menschlichen Tragik und Großartigkeit. In dem Herodes der „Altertümer" überwiegt das Grauenhafte, Abstoßende, und dies in ebenfalls allen Bereichen, dem Privaten wie dem Offiziellen. Für das Bild der Hasmonäer gilt Ähnliches. Derartiges nun allein auf Quellenabhängigkeit zurückzuführen wird dem Autor, für den mit dem Stil und den Methoden auch eine Steigerung des Selbstvertrauens in die eigene Autorität und Selbständigkeit gegenüber der Überlieferung anzunehmen ist, kaum gerecht. Wichtiger wohl ist ein Wandel der Anschauung hin zur Kritik am Phänomen selbst. Der Herodes des „Jüdischen Krieges" ist die natürliche Vorbereitung des Judentums auf die Eingliederung ins Imperium, die Josephus selbst als natürlich ansieht, auch vor einem jüdischen Hintergrunde als Ideallösung ausmalt und sogar von der Religion her begründet, um gleichsam als Abschluß einer eigentlich jüdischen Geschichte das Fortleben des Volkes zu ermöglichen. Herodes, der Freund des Kaisers, der Wohltäter seines Volkes und der Untertanen, bedeutet so eine Brücke zwischen Vergangenheit und Gegenwart, und die Gegner, die sein Werk behindern, wie später die Fanatiker gegen Rom, scheinen sich auch an der eigenen Geschichte zu versündigen. Dagegen ist der Herodes der „Altertümer" als Herrscher eher die Verkörperung des Bösen auch im Sinne der gängigen Vorstellungen von Herrscherethik. Manipulation, Lüge, Unehrlichkeit, Rigorosität des Vorgehens und Grausamkeit schaffen nun den Eindruck des Modells einer Gewaltherrschaft, während seine deutlich akzentuierte Konzeption eines Staatswesens hellenistischer Prägung selbst das von ihm aufrecht erhaltene Nebeneinander mit der priesterlichen Hierarchie und seine Beachtung religiöser Gebote als frevelhaften Betrug erscheinen läßt. Wird das Reich des Herodes so zu einem der üblichen römischen Klientelstaaten, so erscheint Vernichtung der politischen Existenz, die er damit nun als Vorwurf gegen ihn und seine Herrschaft schlechthin einleitet, und auch die grauenvollen Exzesse der auf ihn folgenden Jahre haben in ihm ihre Wurzeln.

Das Fazit aus solchen Beobachtungen müßte denn sein, daß der Weg seines Volkes, den Josephus im „Jüdischen Krieg“ noch als Prozeß eines göttlichen Planes feierte, jetzt wenn nicht als Fehlentwicklung, so doch wesentlich differenzierter gesehen wird. Gründe hierfür lassen sich nur vermuten. Es könnte sein, daß persönliche Erfahrungen ihm einiges an Illusionen nahmen. Dazu kam vielleicht der schnelle Verfall des anfangs so sehr begrüßten Herrscherhauses, der auf ursprünglich ideale Vorstellungen von Kaisertum, Rom und Imperium einen katastrophalen Einfluß ausgeübt haben muß. Möglich wäre denn auch, daß er in der erhofften Behandlung seines Volkes in den Jahren nach der Zerstörung Jerusalems sich enttäuscht und vielleicht persönliche Hoffnung bezüglich seines Einflusses auf die einschlägige Reichspolitik getäuscht sah. Sachliche Ungereimtheiten im Vergleich beider Werke haben überdies zur Vermutung geführt, der uns erhaltene Text des „Jüdischen Krieges“ gehe auf das Handexemplar des Josephus zurück, der übrigens am Ende seiner Lebensbeschreibung vom Plan einer Neufassung des Werkes spricht und immer neue Korrekturen anbrachte. Über ihnen müßte er dann hinweggestorben sein. Manches an Überliefertem und besonders an scheinbaren Widersprüchen wäre demnach bereits späterer Eintrag oder schon Konzept der Neufassung. Als einen solchen Eintrag ließ sich früh denn auch eine Passage in den „Altertümern“ unterbringen, die mit ganz anderem Tenor als etwa bei seinen Zeitgenossen sich auf das Auftreten Christi bezog und erstmals von diesem ohne Verächtlichkeit spricht („Testimonium Flavianum“). Origenes scheint die Stelle noch nicht gekannt zu haben, doch wird sie von Eusebius in seiner Kirchengeschichte (I 11, 7) herangezogen. Die Diskussion um ihre Echtheit und ihren Zusammenhang mit dem Gesamtwerk des Josephus indes macht es nicht leichter, die Entwicklung von Persönlichkeit und Werk des Autors zu erfassen. Nicht lange nach den „Altertümern“ verfaßte Josephus eine Selbstbiographie, in der er noch einmal seine Kriegserlebnisse berichtet, jetzt freilich in anderem Blickwinkel und nicht immer so, daß etwa die Nachrichten des „Jüdischen Krieges“ eine brauchbare Bestätigung fänden. Die Biographie wurde durch die Kriegsgeschichte eines anderen jüdischen Mitkämpfers, Justus von Tiberias, ausgelöst. Dieser war als Gefangener durch Agrippa II. freigelassen worden und hatte die Ereignisse von anderer Warte aus dargestellt, wobei er Josephus gerade den Zelotenfanatismus vorwarf und die Ehrlichkeit seines Verhaltens wie auch seine spätere Rolle als Historiker bezweifelte, von mangelnder Qualifikation zu schweigen, die er dem Schriftsteller Josephus vorwarf.

Die Selbstbiographie als Schrift gegen einen Vertrauten Agrippas II. nach dessen Tod (wohl 93 n. Chr.) läßt demnach den Bruch zu Herodes und seiner Dynastie noch stärker hervortreten und wäre demnach Steigerung des in den „Altertümern" Beobachteten. Auch die Tendenz der geplanten Neufassung wäre damit klar. Dabei brauchen die Änderungen sich nicht auf das Imperium und dessen historische Rolle zu beziehen, es wäre wohl die jüdische Geschichte gewesen, die von einem anderen Standpunkt aus gesehen wurde. Das Zeitalter Traians, in dessen Beginn diese Neukonzeption fiel, kennt auch andere Pläne neuer, scheinbar hoffnungsvoller Ansätze in Historiographie und Geschichtsdeutung.

Eine weitere Schrift richtet sich gegen Apion, einen der alexandrinischen Verleumder des Judentums aus den dreißiger Jahren, und ist Abrechnung mit der antijüdischen Literatur, deren Zeugnisse bis auf Manetho im 3. Jahrhundert v. Chr. eine Tradition erkennen lassen. Die Polemik scheint sich auf Äußerlichkeiten zu beziehen, sie sucht das Alter des Volkes, seine historischen Leistungen und damit seine Rolle in der Menschheitsgeschichte darzutun; auch aus ihr wird, bei aller Gelehrsamkeit und Freude am Zitieren antiker wie jüdischer Literatur, Benutzung von Quellen und Expertensammlung, letztlich doch nichts anderes als ebenfalls wiederum die Rückkehr zu einer Grundlage zu entnehmen sein, die 67 verlassen worden war. Von hier aus liegt es nahe, die Schrift als Alterswerk zu sehen. Konflikte, die sich aus seiner Rolle 67 ergaben, blieben nicht aus. Bereits 73 verleumdeten ihn aufständische Juden in Kyrene als Aufwiegler, und später noch hatte ihn Domitian von einer entsprechenden Anklage freizusprechen. Sein Todesjahr ist nicht bekannt. Rom ehrte ihn durch eine Bildsäule, die man am Forum aufstellen ließ.

Das jüdische Volk und sein Weg in die Katastrophe

Historisch gesehen erscheinen Aufstand und Abfall von Rom als Endpunkt und Folge einer langen Entwicklung. Sie vollzieht sich vorwiegend im Politischen und im Religiösen, und an diesem Punkte treffen beide Bereiche eigenartig zusammen, nachdem man Jahrhunderte hindurch sich sehr wohl bemüht hatte, sie voneinander geschieden zu halten.

Nach der babylonischen Gefangenschaft seit Beginn des 6. Jahrhunderts hatte Kyros II. die wichtigen Teile des jüdischen Volkes nach Hause entlassen, seit etwa 520 v. Chr. war mit dem Neubau des Tempels in Jerusalem und zugleich mit der Ummauerung der Stadt begonnen worden. Bei all dem wie bei der politischen Neugestaltung hatte das Gemeinwesen Schwierigkeiten von außen nicht erfahren, ja es ist kaum zu verkennen, daß diese auch im Sinne der achämenidischen Reichpolitik begrüßt worden war und alle Förderung erhielt. Im 5. Jahrhundert durch Nehemia und Anfang des 4. unter Ezra dann hatte durch eine gleichsam forcierte Verwirklichung der Torahgebote der jüdische Staat seine innere Ausrichtung erhalten. Die Isolierung des Volkes in seiner äußeren Umwelt, die damit deutlich wird, mag dabei vorerst nicht zuletzt als Existenznotwendigkeit empfunden worden sein. Freilich, politische Selbständigkeit besaß man nicht, eine Tatsache, die besonders bei dem unverkennbaren inneren Verfall des Achämenidenreiches zur Belastung geworden sein muß: Entsprechende Hoffnung und messianische Erwartung haben ihre Wurzeln bereits in dieser Zeit und münden von hier aus später im Hellenismus in eine gemeinorientalische Selbstdeutung des Hellenismus ein. Vor diesem Hintergrund wirken die Nachrichten über die freudige Begrüßung Alexanders des Großen 332 als echt, das Gleiche gilt auch für dessen Interesse an Religion, Sitten und Bräuchen des Volkes, dies freilich einschließlich des samaritischen, dem er der Überlieferung nach den Bau eines eigenen Tempels auf dem Berge Garizim erlaubte. An der politischen Lage änderte sich allerdings auch im Gefüge der hellenistischen Staatenwelt nichts.

Unseren Nachrichten zufolge hat in den ersten Diadochenkämpfen Ptolemaios I. von Ägypten her das Land durchzogen und eine größere Zahl Menschen hinweggeführt, um sie bei voller Glaubensfreiheit zur Stärkung eines ihm ergebenen Bevölkerungssubstrates in seinem Reiche anzusiedeln. In Alexandria machten die Juden, als fester Bevölkerungsteil registriert und auf zwei von fünf Stadtteilen verteilt, ein wesentliches Element der Einwohnerschaft aus und hatten am allgemeinen Aufschwung des Landes Anteil.

Judäa hingegen, seit Beginn des 2. Jahrhunderts Bestandteil des Seleukidenreiches, gerät erstmals in schwere innere Konflikte, als im Rahmen seines Hellenisierungsprogrammes Antiochos IV. (175–164) mit verstärktem Druck gegen das Volk in seiner Gesetzestreue vorgeht und mit Hilfe von Repressalien zusammen mit der Religion den Nationalcharakter zu zerstören sucht. So wird es auf dem Verordnungswege unternommen, den Gottesdienst im Tempel von Jerusalem in die Reihe der anderen leicht zu synkretisierenden orientalischen Götterkulte einzuordnen, die aus dem göttlichen Gebot sich herleitenden, spezifischen Formen von jüdischer Lebensweise zu verbieten und sie durch griechische zu ersetzen.

Zwar scheint sich besonders innerhalb der jüdischen Oberschicht, ja selbst der hohepriesterlichen Familien eine Gruppe gefunden zu haben, die solchen Forderungen gefügig war. Auf dem Lande indes riefen die Unterdrückungsmaßnahmen eine Welle nationalen Widerstandes hervor, die schnell zu einem erbitterten Partisanenkrieg führten. Von der Familie der Makkabäer in Modein ausgehend und von den Söhnen eines Priesters Mathatias geleitet, erkämpften diese in wenigen Jahren die Befreiung des Landes und erstmals wieder die fast völlige politische Selbständigkeit. Im sichtbaren Verfall des Scheukidenreiches wird dabei seit der Mitte des 2. Jahrhunderts die Verbindung mit Rom und dessen wachsendes Interesse an den Gebieten des östlichen Mittelmeerraumes zur eigentlichen Stütze des Staates.

Zwar hat die Erinnerung an die Königszeit und das Haus Davids nur noch Symbolcharakter. Die monarchische Ausprägung auch des neuen Staates unter Judas und Simon Makkabäus, dann Alexander Hyrkanos (regierte 142–104) und Alexander Jannäus (103–72) erklärt sich indes aus der Notwendigkeit der Selbstbehauptung in einer ebenfalls monarchisch strukturierten Umwelt. Judäa, ursprünglich allein das Gebiet um Jerusalem, expandiert über die Landschaften Galiläa, die Küste Samaria, nach Transjordanien mit der hellenistisch organisierten Dekapolis und schließlich Idumäa im Süden: Neben Zwangsjudaisierung stehen dabei andere Formen gewaltsamer Eingliederung wie Ansiedlung und staatlicher wie wirtschaftlicher Unterordnung in einer Intensität, die von den hellenistischen Staaten bisher kaum praktiziert worden war.

Die Selbstbehauptung freilich zwang die herrschende Dynastie zugleich auch zur Anpassung an die hellenisierte Umwelt. Eine solche wiederum mußte zu erneuten Schwierigkeiten mit der Priesterschaft führen, dies umso mehr, nachdem sich in Fortentwicklung und Vertiefung der Torahtradition wie in wachsender Rigorosität des Rituellen und in Erweiterung des Umkreises ethischer Postulate die Abgrenzung eben von diesen nichtgläubigen Nachbarn in den voraufgehenden Generationen immer mehr verstärkt hatte. Zwar ist die Hohepriesterwürde nach ihrer Übertragung auf Simon den Makkabäer 141 eine Verbindung von religiöser und weltlicher Macht; die Konflikte nehmen zu, als in der Dynastie seit 104 zugleich der Königstitel erblich wird. Mit Hyrkanos II. und Aristobulos, den Söhnen des Alexander Jannäus, aber wird um 70 v. Chr. angesichts der Unvereinbarkeit der Interessen unter Einfluß der Pharisäer bewußt wieder die Trennung durchgeführt: Das Hohepriesteramt, nach dem Ende der Hasmonäer seit dem ungeklärten Tod Aristobulos', des Bruders von Mariamne, 36 wieder in Händen weniger Familien, doch gestützt durch das Beratergremium des Sanhedrin, gewinnt in den politisch turbulenten Jahren, die folgen, schnell Einfluß auch außerhalb religiöser Belange, den später selbst ein Herodes zu respektieren hat. Das Heraufkommen neuer religiöser Strömungen von noch rigoroserer Ausrichtung vermag es freilich nicht zu verhindern.

Unter den letzten beiden Hasmonäern gerät Judäa in den Sog der inneren Entwicklung Roms. Pompeius, Crassus, Caesar, die Caesarmörder, Antonius und schließlich Octavian ergreifen Besitz und bauen das Land in ihr Machtgefüge ein. Die politische Entmachtung der Hasmonäerdynastie und nicht zuletzt die Verbindung ihres letzten Vertreters Antigonos, Sohn des Aristobulos, mit den Parthern führt zur Einsetzung der idumäischen Dynastie 39 als Klientelfürstentum unter Herodes, nachdem bereits dessen Vater Antipater sich Hyrkanos II. und der römischen Politik unentbehrlich gemacht hatte.

In mehr als fünfunddreißigjähriger Herrschaft (39–4 v. Chr.) errichtete Herodes einen Staat, der, von Rom gestützt, zu dessen stärkster Interessenposition im Osten wurde. Bau-, Zivilisations- und Kulturpolitik dieses Königs scheinen Kopie dessen, was sich überall unter römischer Herrschaft abzeichnet, diese zum Teil übertreffend und vorwegnehmend, wobei das hellenistische Modell kaum zu übersehen ist. Von der Priesterschaft wird er geduldet, wobei die Korrektheit in religiösen Dingen, deren er sich stets auffallend befleißigt, ganz im Sinne antiker Toleranz zu verstehen ist und ihm letztlich jene Trennung der Bereiche nunmehr zugute kam. So erbaute er den Tempel in einer Großartigkeit wie nie zuvor, ein Werk, das erst um 64 n. Chr. als vollendet gelten durfte, gestaltete dessen Umgebung entsprechend und führte auch den Mauerbau in Jerusalem fort. Anderseits freilich erscheint sein neuer, festungsartiger Palastbau im Westen der Stadt zugleich als ein Zeichen von Mißtrauen, das nicht weniger berechtigt war. Denn Spannungen, vor allem mit den Pharisäern, die unter anderem den Eid auf den Kaiser verweigern, bleiben nicht aus und entladen sich bei seinem Tod in wilden, revolutionären Ausbrüchen des Hasses. Mehr und mehr konkretisieren sich zugleich messianische Hoffnungen auf ein Eingreifen Gottes in nächster Zeit im Lande zu Bewegungen politischen und sozialen Charakters, die in ihrer Auswirkung das Verhältnis von König und Priesterschaft immer schwieriger machen. Dazu kommt, daß Katastrophen auch innerhalb der Familie des Königs nicht abreißen und die Zeit nach ihm mit schwerer Hypothek belasten. Sie werden aus dem Naturell des Herodes wie den allgemeinen Voraussetzungen zu erklären sein, unter denen er seine Herrschaft angetreten hatte. Nach der aus Mißtrauen und Eifersucht erklärten Tötung seiner zweiten Gattin Mariamne, gleichsam des Bindeglieds zu den Hasmonäern, kam es zur Hinrichtung der für eine Nachfolge prädestinierten Söhne der ersten beiden Ehen Alexander, Aristobulos (Mariamne) und Antipater (Doris), so daß als Nachfolger nur einige aus den späteren (insgesamt noch acht) Ehen übrig blieben: Erbe werden Archelaos, Antipas und Philippos.

Eine Übernahme des vollen Erbes beim Tode des Herodes 4 v. Chr. wäre unter solchen Voraussetzungen denn auch bei größerer Profiliertheit der Nachfolger kaum mehr möglich gewesen. Zwar hatte Rom alles getan, den König zu stützen, ihm nicht nur 39–37 bei der Eroberung seines Landes geholfen, ihm später jede Sicherung mittels der benachbarten Provinz Syrien gewährt. Während seiner Regierungszeit stellte Judäa in der Tat so gleichsam den Musterfall eines römischen Klientelstaates der augusteischen Epoche dar. Seine Loyalität gegen den Kaiser stand außer allem Zweifel, Herodes beteiligte sich mehrfach an militärischen Unternehmungen im Osten, seine Söhne wurden in Rom erzogen, und mehrere Besuche mochten die persönlichen Beziehungen zu Augustus selbst vertiefen. Dieses besondere Verhältnis wird es auch bewirkt haben, daß man die Söhne nach Vollzug der notwendigen Rechtsakte ohne weiteres in die ihnen bestimmten Plätze einwies. Aufstände in Jerusalem 4 v. Chr. ließen sich unschwer, wenngleich nicht ganz ohne Opfer durch P. Quintilius Varus, den Statthalter Syriens, niederschlagen.

Anderseits war Rom sich zweifellos darüber im klaren, daß das herodeische Reich in der bisherigen Form sich keineswegs werde aufrechterhalten lassen. Die Aufteilung in Tetrarchie und Ethnarchien mochte das Ihre tun, in der Kleinräumigkeit der Territorien die Dinge weiter stabil zu halten, wobei die Teilfürsten überdies noch durch das Sanhedrin mit seinen eigenen Verbindungen nach Rom, zumindest aber zum Legaten von Syrien, kontrolliert werden würden. Wie überall, so war überdies auch hier zugleich die Zerschlagung als ein erster Schritt zu weiterer Integration in das Imperium anzusehen, dem leicht weitere folgen konnten. Die Absetzung und Verbannung des Archelaos bereits 6 n. Chr. und die Umwandlung der Gebiete Judäa, Samaria und Idumäa in eine prokuratorische Provinz unter Oberaufsicht von Syrien ist in der Tat als ein solcher Integrationsakt zu erklären. 39 n. Chr. wurde Antipas unter ähnlichen Bedingungen aus seinem Gebiet Galiläa und Peräa verbannt, und nur Philippos in seiner Ethnarchie (Gaulanitis, Trachonitis, Batanea Paneas) mit vorwiegend nomadischer Bevölkerung konnte sich bis zu seinem Tode halten. Ein solcher Prozeß, wie er bereits 7 n. Chr. unter P. Sulpicius Quirinus mit der Durchführung des Reichszensus auch in Palästina begonnen hatte, war trotz seines Zieles, des vollständigen Aufgehens Judäas und seiner Bewohner im Reichskörper, nicht mit formal ähnlichen Absichten hellenistischer Könige zu vergleichen. Denn weder wurde Rom durch die Zeitverhältnisse gedrängt, noch lag ihm an der Zerstörung nationaler Individualität einschließlich der Religion der betroffenen Völker. Worauf es ankam, war nach den bewährten Erfahrungen von Provinzialpolitik vorerst vielmehr allein die Unterordnung im Politischen entsprechend variabler, im ganzen doch überall einander entsprechender Bedingungen und die einheitliche Verwaltung durch die Institutionen des Imperiums: Alles andere durfte man als nebensächlich oder aber als Frage der Zeit betrachten. Es wird solcher Einbeziehung der Zeit in die Berechnungen entsprechen, wenn Ende der dreißiger Jahre Agrippa I., Sohn des hingerichteten Aristobulos und Freund Caligulas, sogar fast das ganze Gebiet des Herodes vorübergehend nochmals vereinigte.

Römischer Verfahrensweise und der ganz zu ihr passenden Fürsorge für das Bestehende entspricht es auch, wenn nicht nur die erwähnte Absetzung der Teilfürsten auf Beschwerden jüdischerseits selbst zurückgeht, und man auch die Übergriffe ahndet, die sich in Verkennung solcher Politik und Zielsetzung römische Statthalter zuschulden kommen ließen. Eines der besten Beispiele ist der durch den Prozeß Jesu bekannte Prokurator C. Pontius Pilatus, den die Klagen der Juden über eine Samaritermetzelei zu Fall brachten.

Nicht zu übersehen freilich ist anderseits bei aller bewußt geübten Toleranz eine nicht weniger charakteristische, gleichsam angeborene Verständnislosigkeit Roms gegenüber dem eigentlichen Wesenszug des jüdischen Volkes, seiner Religion. Sie vor allem bewirkt, daß anfangs vielleicht bestehende Möglichkeiten zur Verwirklichung der angedeuteten Ziele im Laufe der Jahre nach dem Tode des Herodes immer fragwürdiger wurden. Wohl duldet man die jüdische Gottesverehrung wie auch die durch sie bedingten Lebensformen in Judäa selbst und darüber hinaus im ganzen Imperiumsbereich. Daß man für den Kaiser täglich in Jerusalem Opfer darbrachte, mochte genügen. In der um sich greifenden messianischen Bewegung scheint man eine Gefahr ebenso wenig gesehen zu haben wie in dem Proselytentum, in dem sich die jüdische Religion von anderen unterschied. Denn hatte sie sich in der Zeit des Hellenismus als Element der Distanzierung gegenüber ihrer Umwelt herausgebildet, so mochte darin jetzt eine gewisse Garantie liegen, daß die in ihr sich auswirkenden Strömungen auf sie beschränkt bleiben würden, und dies mochte selbst für apokalyptische Gedanken gelten, in deren literarischer Fixierung dennoch sehr wohl ein auch für das Imperium gefährlicher Tenor kaum zu verkennen ist.

Die Aufstände 4 v. und 6 n. Chr. lassen freilich keinen Zweifel, daß um die Zeitenwende eine nicht mehr zu ignorierende religiöse Bewegung den Bereich des Religiösen verlassen hatte. Dabei lag die Schwierigkeit für Herodes wie später für die römische Verwaltung bereits jetzt von vornherein wohl darin, daß sich unter dem Einfluß dieser neuen Bewegung für die bestehenden, bekannten religiösen Gruppen und Sekten, von Josephus mit Philosophenschulen verglichen, Glaubensinhalte, Ziele und Postulate verschoben und mit ihrer Durchschaubarkeit auch die Eindeutigkeit ihres Verhältnisses zur politischen Ordnung verloren. Die Gründe für eine solche innere Umwandlung lassen sich kaum aufspüren, während anderseits der Einfluß schwer nachvollziehbarer Gedankengänge und Ideen auf breite Schichten des Volkes zu wachsender Emotionalität führte und eine Kontrolle der deutlichen Unterwanderung immer schwieriger machte.

Nach wie vor besaßen die Priester und als weitere Gruppe die Schriftgelehrten, im Gegensatz zu ersteren weder an Herkunft noch an Beruf gebunden, ihre Funktionen im allgemeinen Leben und spielten für das ganze Volk wie für den einzelnen eine Rolle, die mit der der Priester der eigentlichen Antike in nichts zu vergleichen ist. Und auch im Sanhedrin mit seinen 71 Mitgliedern als Entscheidungsgremium für alle Fragen religiöser, rechtlicher und damit politischer Art wird für Jerusalem in dieser Zeit sichtbar, was das Judentum charakterisiert. Ihnen allen indes mußte an der Stabilisierung der Verhältnisse nach den längst feststehenden Gesetzen gelegen sein und jede neue religiöse Bewegung, was immer ihr Inhalt und Ziel war, eine Gefährdung auch der Religion selbst bedeuten. Von den bestehenden Gruppen waren die Pharisäer politisch ursprünglich von antimonarchischen Grundgedanken ausgegangen und nach Anerkennung der makkabäischen Freiheitsbewegung in Opposition zur hasmonäischen Monarchie getreten. Ihr Gebot einer Lebensform streng nach den Vorschriften der Torah ließ die volle Unterwerfung unter eine rein weltliche Herrschaft nicht zu. Zugleich freilich hatte diese Rigorosität, die selbst eine dringend notwendige Neuübersetzung der heiligen Bücher verbot, zu einer Absonderung von der breiten Masse der religiös, in der Bewahrung des Gesetzes weniger Zuverlässigen geführt, was den Anhängern der Richtung erst den Namen gab. Doch ermöglichte der Kompromiß, den Alexandra, die Witwe des Alexander Jannäus, für sich und ihre Söhne um 70 v. Chr. herbeiführte, später auch Herodes trotz der verweigerten Eidesleistung ein gewisses Zusammenleben. Dieser Kompromiß ist es auch, der für die spätere Zeit den Pharisäern entscheidenden politischen Einfluß erlaubte. Ähnliches gilt für die Sadduzäer, die sich vor allem in dogmatischen Dingen von den Pharisäern unterschieden, von Josephus merkwürdigerweise mit den Epikureern verglichen. Vom Gedanken der Entscheidungsfreiheit des einzelnen bestimmt, doch ohne die Vorstellung von einer Rechenschaft über das Leben nach dem Tode, erscheint ihre Lehre von einer eigenartigen Liberalität, die sie ihrerseits denn auch der Aufweichung durch neue Gedanken besonders zugänglich gemacht haben muß. Die Essener, die jüngste dieser Gruppen und über die vorhandene Überlieferung hinaus bekannt geworden durch die nach dem zweiten Weltkrieg aufgefundenen Schriften der Sekte von Qumran, scheinen im Gegensatz hierzu von vornherein auf der messianischen Erwartung zu gründen. Mit den Pythagoreern verglichen, verwirklichen die Essener diese Erwartung durch Verzicht auf religiöse Gemeinschaft im bisherigen Sinne, Unterlassen auch des Tempelopfers, Flucht vor der Welt und mönchisches Gemeinschaftsleben.

Das Gemeinsame dieser drei von Josephus beschriebenen Sekten liegt in einem Sichabfinden mit den Zuständen dieser Welt oder deren Ignorierung. Ihre Heilserwartung legt das Heil selbst in die Hände des Messias und ist bereit, in den bestehenden allgemeinen Verhältnissen schon die von diesem eingeleitete Vorbereitung seiner Wiederkunft zu sehen. Seit der Mitte des 1. Jahrhunderts v. Chr. indes erscheint eine weitere Gruppe, von Josephus als Zeloten („Eiferer", „Fanatiker") umschrieben. Sie geht ebenfalls von der messianischen Erwartung aus, deutet aber alles bisher Gültige radikal um. Ihre Wurzeln sind nicht mehr zu erkennen, den Berichten nach rekrutiert sie sich nicht nur im religiösen Bereich. Auch für sie ist die baldige Wiederkunft des Messias und die Erlösung des Menschengeschlechts durch ihn die eigentliche Grundlage. Im Gegensatz zu den anderen aber sieht sie die einzig berechtigte Vorbereitung dieser Wiederkunft darin, alles zu vernichten, was den Geboten der Lehre zu widersprechen scheint. Dazu gehört es denn auch, nun in der Tat keinen anderen Herrn als Gott selbst über sich anzuerkennen und konsequent dazu weltliche Einrichtungen wie Staat und Gerichte abzuschaffen. An ihrer Stelle sollen die religiöse Autorität, verwirklicht in den Willensäußerungen der zelotischen Gemeinde, und eine religiös bestimmte Volksjustiz die Leitung der Dinge übernehmen. Die derart unverkennbaren anarchischen Tendenzen dieser Gruppe, von Josephus als vierte Sekte bezeichnet, müssen es nicht zuletzt gewesen sein, die ihr Zulauf sicherten.

Wie die innere so ist auch die äußere Entwicklung der Zelotenbewegung in ihren Anfängen kaum zu erfassen. Seinen Absichten entsprechend arbeitet Josephus, unsere wichtigste Quelle, von den Folgen ausgehend allzu sehr wohl mit Diffamierung und Verzeichnung. Indem er den religiösen Charakter leugnet und nur das Kriminelle ihres Verhaltens betont, scheint er allzu sehr Erscheinungsform und Wesen miteinander zu vertauschen und die Dinge zu vereinfachen. Das Gleiche wird gelten, wenn er sich für die spätere Zeit auf das in der Tat über Gebühr Inhumane der Bewegung konzentriert. Denn wohl gehörten die Überwindung der menschlichen Existenz und die Verachtung ihrer selbstgeschaffenen Bedingungen wie auch die Gleichgültigkeit gegen das Einzelschicksal mit zu den gleichsam natürlichen Voraussetzungen zelotischer Ethik. Es kann aber nicht nur Rigorosität und Grausamkeit des Terrors gewesen sein, die in Jerusalem oder Masada die von Josephus geschilderte fanatische Begeisterung aller bewirkten.

Schneller als je zuvor indes scheint sich eine solche Form messianischer Erwartung mit vielfältigen Ressentiments verbunden zu haben, so daß die Gewinnung von Anhängern aus anderen Sekten und Gruppen, die Unterwanderung und wohl auch Verformung gültiger Lehren innerhalb dieser unvermeidlich geworden sein müssen. Sicher erkannte man die Gefahr dort früh. Phänomene wie das Jesu oder Johannes' des Täufers konnten nur in solchem Zusammenhang gedeutet werden, und ihre Vernichtung muß demnach als das Gebot der Stunde angesehen worden sein. Die anderweitig überlieferte Diskussion etwa der Pharisäer mit Pontius Pilatus wie auch die beim Prozeß Jesu vorgenommene Änderung gerichtlicher Verfahrenspraktiken ist am ehesten von hier aus zu verstehen. Treffen unsere Nachrichten zu, so hatte bereits in seiner Jugendzeit Herodes einen erbitterten Krieg mit Anhängern dieser Bewegung in Galiläa zu führen, ohne sie ausrotten zu können. Bei seinem Tode und in den folgenden Jahren muß in solchen Kämpfen bereits die römische Armee eingreifen, und nicht uninteressant ist es, daß für mehr als ein Jahrhundert von Hiskia bis Mannaim die Führung der zelotischen Banden in einer Familie zu liegen scheint. Bei ständigen Kämpfen gegen die bestehende Ordnung als religiösem Gebot und der Vielfalt hier sich bietender Möglichkeiten, Schaden zuzufügen oder aber in Einzelaktionen Unsicherheit zu verbreiten, wird es seit dem Tode des Herodes denn auch immer schwerer, auseinanderzuhalten, wie weit es sich in den fast unaufhörlichen Straßenkämpfen bis 66 um bloße Krawalle, Sympathisantenexzesse oder wirklich schon Symptome einer Volksbewegung handelt. Das Auswachsen der Bewegung und eine dem Umfang wie den Verhaltensweisen nach fortlaufende allgemeine Veränderung des Volkes ist in der Darstellung des Josephus nicht zu übersehen. Hatte die ihrerseits gefährdete Priesterschaft in ihrer Bedrohung allen Grund zur Anlehnung an Rom, so bildete sich auf der anderen Seite in diesen Jahren mit den Sikariern ein extremer Zweig der Zelotenbewegung heraus, um über bisherige Methoden hinaus die Zerstörung des Bestehenden mit den Mitteln des Terrorismus voranzutreiben; für Herkunft, Zusammensetzung oder Organisationsform dieses Kreises fehlen ebenfalls Anhaltspunkte. Daß durch ihn sich die Wirkungskraft der Bewegung vervielfacht haben muß, liegt auf der Hand.

Zu all dem freilich kommt für Rom noch das Diasporajudentum, das indirekt die Behandlung der Dinge in Judäa komplizierte. Anhänger jüdischen Glaubens hatten sich längst schon im ganzen Imperiumsbereich angesiedelt, neben Ägypten scheint seit dem 2. Jahrhundert auch Italien und Rom für sie eine zweite Heimat geworden zu sein, wo das Ausgreifen in den Osten einer- wie die günstigen Freilassungsbedingungen und Verdienstmöglichkeiten anderseits Derartiges begünstigt haben müssen. Charakteristisch für sie ist überall neben ausgeprägtem Selbstbewußtsein die Bewahrung ihrer religiösen Organisation mit der Synagoge als Mittelpunkt und eine Intensität der Zusammengehörigkeit, die sich mit schwierigen Verhältnissen in einer fremden Umwelt allein nicht erklären ließ, anderseits aber einzelnen ein Maß von Sicherheit und Geborgenheit vermittelte, das die Antike in solcher Verbreitung sonst nicht kennt. Die Folge scheint denn zusammen mit den aus solchem Rückhalt erklärlichen wirtschaftlichen Erfolgen einzelner ein Proselytentum offensichtlich besonders in unteren Schichten, das nicht unbemerkt blieb und spätestens seit Tiberius zumindest in der Hauptstadt als gefährlich angesehen wurde. Wohl ließ sich jede dieser Gemeinschaften den römischen Gepflogenheiten nach rechtlich als Korporation behandeln und einordnen; zur erwähnten Verbreitung dieser Gemeinden tritt aber zugleich auch die zentrale Ordnung durch die Bindung an den Tempel von Jerusalem. Immerhin duldete Rom die Steuer von zwei Drachmen pro Kopf der männlichen jüdischen Bevölkerung, die man jährlich dorthin abführte.

Die Minderheit, die dadurch gefördert wurde, hatte ihresgleichen im

Imperium nicht, und sie als solche in der herkömmlichen Weise zu kontrollieren war kaum möglich. So lassen sich Repressalien des Tiberius 19 n. Chr. von hier aus als Warnung für die gesamte jüdische Diaspora verstehen. Sie sind zugleich wohl auch Zeichen von Hilflosigkeit. Sicher, Zeugnisse wirklicher Illoyalität und bewußter Imperiumsgefährdung lassen sich für die jüdische Diaspora nirgends nachweisen. Und nicht zuletzt deshalb wird Rom keinen Grund gesehen haben, von seiner Toleranz abzugehen. Indes: Ein starkes jüdisches Bevölkerungselement lebte überdies außerhalb des Imperiums in Babylonien, d. h. im persischen Machtbereich. Bei der Bindung auch dieses Elements an Jerusalem und nachweisbar engen inoffiziellen Beziehungen gewinnt diese römische Toleranz zugleich so den Charakter eines Politicums über die bloße Untertanenbehandlung hinaus. Wie weit die Bewegung in Judäa sich auf diese Minderheiten inner- und außerhalb des Imperiums übertrug, ist schwer zu erkennen: Daß nicht zuletzt deshalb in Jerusalem Behutsamkeit am Platze war, liegt auf der Hand.

Doch nicht nur dies: Was ebenso wenig ignoriert werden durfte, war ein Antisemitismus, dessen Erscheinungsformen analog der Entwicklung in Jerusalem gerade im 1. Jahrhundert offensichtlich einen Steigerungsprozeß durchmachten. Er ist alt, literarisch erstmals faßbar bei dem ägyptischen Historiker Manetho, der die Juden im 3. Jahrhundert als einen Haufen Aussätziger bezeichnet, und in der Folgezeit entwikkeln Pro und Contra eine umfangreiche Diskussion. Dabei wird sich die immer wieder deutliche Kennzeichnung als Fremdkörper ebenfalls aus der erwähnten Verständnislosigkeit für jüdische Lebensform und aus dem Eindruck der erwähnten Solidarität auf Außenstehende erklären. Größere antijüdische Exzesse indes sind anfangs nicht bekannt. Im 1. Jahrhundert nun, unter römischer Herrschaft, fällt auf, daß jüdische Gruppen in einzelnen Gemeinden das bisher ihnen belanglose volle Bürgerrecht fordern und Auseinandersetzungen, Kämpfe und Pogrome immer häufiger werden. Die Energie, mit der diese Gruppen ihre Wünsche durchsetzen oder aber sich der Angriffe erwehren und damit Gewaltaktionen provozieren, muß von den Zeitgenossen als ein Novum empfunden worden sein. Erklären läßt sie sich am ehesten wohl als eine zumindest indirekte Folge der Bewegung, die im gemeinsamen Zentrum Jerusalem neue Verhältnisse zu schaffen sich anschickte und dabei Kräfte an den Tag legte, die sich an anderer Stelle zumindest in gesteigertem Selbstbewußtsein äußerten.

In dieser gespannten Atmosphäre muß die Forderung Caligulas nach göttlicher Verehrung durch die Aufstellung seines Standbildes im Tempel von Jerusalem wie ein Zündfunke gewirkt und dort Vergleiche mit

Antiochus IV. erregt haben. Kam es in Alexandria zu Tumulten, die nach einem antisemitischen Pogrom zum Bürgerkrieg ausarteten und nur mit Mühe beigelegt werden konnten, so hätte in Judäa römisches Beharren bei der kaiserlichen Forderung wohl bereits 39 den Aufruhr bewirkt. Indes gelang es Agrippa I., aufgrund seiner persönlichen Beziehungen den Kaiser zu besänftigen, so daß dieser die Forderung zurücknahm. Daß die entsprechende Argumentation des syrischen Legaten P. Petronius weniger an Durchschlagskraft besaß, ließe sich zugleich als Symptom allgemeiner Verhärtung nun auch auf römischer Seite verstehen.

Von der Reihe der prokuratorischen Statthalter Judäas bis auf Caligula erwähnt Josephus nur zwei, die von da an bis zum Aufstand jedoch werden alle genannt. Was er berichtet, ist eine Kette von Konfrontationen, wachsenden Zerwürfnissen und Mißgriffen der römischen Verwaltung, der es offenkundig nicht mehr gelingt, den Untertanen etwas recht zu machen. Die deutlich wachsende Verbitterung und Steigerung all dessen, was seit Herodes immer wieder an Konfliktstoffen auftauchte, wird nicht zuletzt Rechtfertigung sein und Versuch des Josephus, die Einseitigkeit der Argumentation zu vermeiden. Als Ereigniskette verstanden, kennzeichnet all dies letztlich nur die Unvermeidbarkeit der Katastrophe, für die es angesichts des offensichtlich nunmehr abgeschlossenen zelotischen Unterwanderungsprozesses eigentlich nur noch eines Anlasses bedurfte. Das Judäa unter Herodes und das unter Nero hatten außer dem Namen von hier aus gesehen wenig mehr gemein.

So erscheinen denn die Exzesse um das jüdische Bürgerrecht 66 in Caesarea ähnlich wie die umstrittenen 17 Talente, die Gessius Florus aus der Tempelkasse fordert, im Vergleich zu früher berichteten Ereignissen ähnlicher Art als reine Bagatelle. Doch versetzen sie Palästina binnen weniger Tage in Aufruhr. Während Cestius Gallus noch einen Offizier nicht hohen Ranges in Jerusalem die Gründe des Aufruhrs untersuchen läßt, stürmen bereits zelotische Extremisten die Festung Masada, nicht lange danach scheitert die Intervention des syrischen Legaten, nachdem zwei Kohorten in Jerusalem vorher massakriert worden waren. Neben dem Fanatismus, der alle rationalen Erwägungen außer acht läßt, auf der einen, scheint es immer noch die mangelnde Einsicht in die wirklichen Kräftekonstellationen auf der anderen Seite, die keine andere Möglichkeit offen lassen als die der Gewaltlösung. Beides aber ist angesichts des vorher Berichteten kaum eine Neuigkeit.

Der Krieg selbst, der nun beginnt, ist durch den Gegensatz von überlegener Kriegsmaschinerie, Taktik und Strategie und blindwütigem Fanatismus gekennzeichnet. Diesem gelingt zwar eine Aktivierung des ganzen Volkes, wie sie auch ihrerseits die Antike selten kennt. Seine Ziele indes sind der Ausdruck einer Verkennung der Wirklichkeit, die gerade deshalb eigentlich nur aus dem göttlichen Willen erklärt werden kann. Sie findet Verständnis weder inner- noch außerhalb des Imperiums. Wohl braucht Rom eine gewisse Zeit, um die Streitkräfte zu mobilisieren, die zur gründlichen Bereinigung des Konfliktes nötig sind. Vespasian, nach dem Tod des Anfang 67 gestorbenen Cestius Gallus von Nero als Legatus pro praetore mit der Kriegsführung beauftragt, hat demnach im Frühling jenes Jahres eine Armee zur Verfügung, gegen die auf die Dauer auch die stärkste Entschlossenheit als sinnlos erscheint.

Das Bild Jerusalems in diesen Jahren von 66 bis 70 ist das sich austobender und in ihren Exzessen immer noch steigender Anarchie. Parteikämpfe der in sich gespaltenen Zeloten bewirken Katastrophe auf Katastrophe und dezimieren lange noch vor dem Eintreffen der Römer die Bevölkerung stärker als die Kämpfe selbst. Drastischer lassen sich Verwirrung und Widersinnigkeit kaum darlegen, als es durch Josephus geschieht. Wohl schafft man sofort die Opfer für den Kaiser ab, was den Austritt aus dem Imperiumsverband signalisiert. Die Absendung regionaler Bevollmächtigter, darunter Josephus selbst, nach Galiläa und Idumäa läßt sich wohl als Versuch des gemäßigten Sanhedrins verstehen, dort schlimmere Exzesse zu verhindern; an sich selbst als Beispiel zeigt Josephus, wie auch schon außerhalb Jerusalems Fanatismus und Anarchie um sich greifen und alles an Ansätzen für die Zukunft vernichten, so daß die einzige Möglichkeit des Überlebens nur noch im römischen Lager besteht. Mannaim aus der Dynastie jenes Hiskia war nach der Eroberung Masadas in Jerusalem eingezogen, wobei sich in seinem Verhalten messianische, chiliastische und monarchische Tendenzen wunderlich vereinigten und seine Ermordung als Befreiungstat erscheinen lassen; deutlich sozialrevolutionäre Bestrebungen sind für die folgenden Jahre nicht zu übersehen und scheinen bald die religiösen Anhaltspunkte zur Nebensächlichkeit zu machen, von denen von da an in der Schilderung auch kaum mehr die Rede ist. Wohl treten Sanhedrin und Volksversammlung noch zusammen, versuchen die äußeren Formen eines Staats zu verwirklichen und prägen eigene Münzen, doch eine durch sie gewährte Ordnung wird nicht sichtbar.

Vollends aber bricht jedes innere Gefüge zusammen, als sich Tempel, Außenhof und Unterstadt unter drei Führer aufteilen, Johannes von Gischala, Simon ben Giora und Eleazar ben Simon, die sich untereinander bekämpfen und nur im Angriff von außen gelegentlich zusammenstehen. Dabei ist Jerusalem 67–69 ohne direkte Bedrohung, Pilger und fromme Besucher haben Zuzug, wenngleich auf Hilfe von außen nicht zu rechnen ist.

Für Vespasian bringt nach der Einschließung Judäas durch die Besetzung Galiläas, transjordanischer Gebiete und der Küste die Ermordung Neros einen Stillstand der Operationen (Sommer 68); die Konzentration auf die Verschiebungen in Rom und Italien hat angesichts unklarer Verhältnisse in der Tat berechtigten Vorrang, und auch die Vorbereitung auf die eigene Usurpation fordert die Sammlung aller Kräfte. Erst die Erhebung ein Jahr danach zum Kaiser läßt die schnelle Bereinigung auch des judäischen Konflikts als geraten erscheinen. Sie beginnt nach der Abreise Vespasians im Frühjahr 70 unter Titus mit fünf Legionen. Die Belagerungskämpfe werden von beiden Seiten mit einer Grausamkeit auch gegen die wehrlose Bevölkerung geführt, die bei Josephus als letzte Steigerung des Bisherigen gestaltet ist. Schließlich enden die Kämpfe um den 6. August mit der Erstürmung der letzten Mauer und des Tempels in neuem Gemetzel. Nach Josephus hatte sich Titus bemüht, dessen Bau zu schonen, anderen Berichten nach ist die Zerstörung nach sorgfältiger Abwägung und ausgiebiger Plünderung begonnen worden. Das Verhalten des Siegers entspricht der Grausamkeit der Kämpfe. Ein großer Teil der Gefangenen wird zur Selbstvernichtung in Zirkusspielen verurteilt, Frauen und Kinder in die Sklaverei verkauft. Später tauchen einzelne Sikarier in Ägypten und Kyrene auf, wo es ihnen gelingt, Aufstände anzuzetteln. Judäa selbst wird zur kaiserlichen Provinz mit dem Mittelpunkt in Caesarea, nach 132 vermeidet man in der offiziellen Bezeichnung den Namen. Vereinzelte Zelotengruppen halten sich an schwer zugänglichen Plätzen wie Machaerus und Masada, deren Einnahme noch Jahre in Anspruch nimmt und wohl erst 74 beendet ist. Dabei scheinen die Nachrichten des Josephus über den tragisch-verzweifelten Selbstmord der Besatzung dieser letzten Festung am Toten Meer durch die archäologischen Funde in den letzten Jahrzehnten bestätigt.

Die Judenschaft der Diaspora hatte auf eine Teilnahme am Aufstand Judäas verzichtet. So betrachtet auch Rom nicht generell die Juden als Gegner des Imperiums, Nachrichten etwa über Boykottmaßnahmen in Sardinien aus dieser Zeit haben wohl andere Gründe. Unklar ist auch der genaue Rechtsstatus der Überlebenden. Reihte man sie wie angenommen unter die peregrini dediticii ein, würde dies besagen, daß sie von späterer Erlangung des Bürgerrechtes nicht ausgeschlossen blieben. Im übrigen scheint man auch in Jerusalem selbst, wo eine Garnison ihr Lager hatte, die Weiterbebauung des Bodens gestattet zu haben. Der Tempel blieb indes zerstört und so das Judentum von da an ohne Mittelpunkt; die Gemeinden hatten ihren Beitrag jedoch nun an einen Fonds beim Tempel des Juppiter Capitolinus zu entrichten.

Mit der Zerstörung der Stadt freilich hatte der Tempel auch seinen Sinn verloren. Die jüdische Torahschule hingegen konnte bald nach 70 Johanan ben Zakkai in Jamnia wieder eröffnen, eine neue gründete sich danach in Lydda. In ihnen prägt sich die alte Schriftgelehrtentradition zum eigentlichen Torahjudentum des Talmud in den folgenden Jahrhunderten aus. Und auch die Beziehungen zu Babylon werden wieder aufgenommen. Im 4. Jahrhundert trägt der Patriarch, seit 235 in Tiberias, immerhin den Amtstitel eines Spectabilis. Von den Aufständen im 2. Jahrhundert hat der des Bar Kochva unter Hadrian 132 nochmals messianische Züge mit dem Ziel der Einrichtung eines Gottesstaates. Ausgelöst durch den Plan der Gründung einer Colonia Aelia Capitolina führt er zu einem kurzen Wiederaufleben jener Selbständigkeit von 66 mit sogar nochmals eigener Münzprägung, wird aber nach Anfangserfolgen ohne große Mühe niedergeschlagen. Eine Verbindung von Religion und politischer Existenz wurde von da an in Palästina bis ins 19. Jahrhundert nicht mehr versucht, während sich das Diasporajudentum überall durch Auswanderung aus Judäa und durch erneuten Proselytenzustrom verstärkt zu haben scheint.

Der „Jüdische Krieg“ des Josephus: Inhalt, Absicht, Form

Daß die Darstellung des jüdischen Krieges trotz aller Förderung von offizieller Seite für Josephus ein Dilemma mit sich brachte, aus dem er sich nur schwer, wenn überhaupt, zu befreien vermochte, ergibt sich allein aus seinem Lebenslauf. Sicher, die naheliegende Diffamierung als Opportunist wird ihm ebenso wenig gerecht wie die Anwürfe eines Justus von Tiberias gegen den Literaten und die Schmähreden der Belagerten von Jerusalem. An sich Pharisäer und Angehöriger einer konservativen, d.h. den Umständen seiner Zeit nach pragmatisch orientierten Richtung, muß er zumindest im nachhinein von einer Zwangsläufigkeit der historischen Entwicklung hin zur Zerstörung von Staat und Tempel überzeugt gewesen sein, ohne daß dadurch ein göttlicher Heilsplan in Frage gestellt war. Im Gegenteil: Gläubiger Jude, der er sein Leben lang blieb, und in den Lehren der Torah bewandert, kann er von dieser Tradition aus für die selbst oder aus nächster Nähe erlebten Ausartungsformen von Religiosität und Frömmigkeit weder Verständnis noch eine Erklärung gehabt haben, dahingestellt selbst, daß einiges an Grauen und Unmenschlichkeit übertrieben ist, das er schildert.

Seine Geschichte, nicht lange nach den Ereignissen verfaßt, mag offizielle Pflichtarbeit sein, Roms Vorgehen in Judäa zu erklären. Dieser Zwiespalt zwischen dem damit angenommenen römischen und dem kaum ganz verlassenen jüdischen Standpunkt war indes nicht zuletzt angesichts der oben angedeuteten Verständnislosigkeit der einen für die andere Seite kaum zu überbrücken und konnte nur zu Widerspruch gegen seine Darstellung auf beiden Seiten führen, ohne daß wiederum dieser zu beantworten war.

Sicher, daß er die historischen Hintergründe des Konfliktes aufzuzeigen suchte, war der gangbarste Weg, die Folgen möglicher Mißverständnisse gering zu halten. Jüdische Geschichte allerdings mußte bei solcher Absicht zur jüdischen Geistesgeschichte werden. War dies aber mit den herkömmlichen Mitteln, d. h. mit der griechischen Sprache und den ihr innewohnenden spezifischen Sinngehalten einzelner Worte, Formen und Bezeichnungen, möglich?

Versuchte man, um sie überhaupt verstehbar zu machen, bewußt diese jüdische Geistesgeschichte mit ihrem religiösen Hintergrund als ein Stück antiker Geistesgeschichte darzustellen, so war sie von vornherein verzeichnet. Selbst Theologe, kam Josephus nicht daran vorbei, die jüdische Theologie einem Publikum darzustellen, dem hierfür nicht nur alle Voraussetzungen fehlten, sondern für das längst diese als Aberglaube mit kaum vorstellbaren Riten und Barbarismen feststand. Sein Versuch nun, die Terminologie antiker Religionsdarstellung zu verwenden, läßt zwar erkennen, wie weit er selbst in diese Antike eingedrungen war und sich nun kompetent fühlte, die Verbindung der beiden kaum vereinbaren Welten vorzunehmen. Die Mythologie, die sich damit gestaltete, führte indes allzu augenfällig in die Irre und ließ überdies angesichts der allgemein bekannten Ereignisse des Krieges ihn selbst den Zeitgenossen wohl von vornherein als unglaubwürdig erscheinen.

In den Augen besonders seiner jüdischen Glaubensgenossen wiederum war dieser Versuch Blasphemie und konnte nur die Abneigung gegen den Abtrünnigen von 67 verstärken. Daß er überdies den Wortschatz griechischer Philosophie als ein für seine Aufgabe kaum adäquates Provisorium empfand, deutet er gelegentlich selbst an. Sicher, was unter solchen Voraussetzungen für ein Verständnis jüdischer Geschichte vor dem Hintergrund des Krieges in einer griechisch-römischen Öffentlichkeit getan werden konnte, wurde getan. Unklar freilich bleibt gerade deshalb, wie viel wirklich eigener Auffassung entspricht oder aber auf offizielle Sprachregelung zurückgeht, deren Einfluß überdies schon aus der Art des benutzten Quellenmaterials zu folgern ist und der an völliger innerer oder äußerer Wahrhaftigkeit gar nicht gelegen sein konnte. Den kaiserlichen Hypomnemata widersprach man nicht. Es ist daher wohl nicht nur Unvermögen, wenn Josephus der Zelotenbewegung so wenig gerecht zu werden und über Oberflächliches hier nicht hinauszukommen scheint. Daß er mehr gewußt haben muß, als er sagt, wird seinem eigenen Lebenslauf zufolge anzunehmen sein. Es wäre zu fragen, ob er seine Leserschaft, die um die Umstände der Entstehung wußte, mit dem zufriedenzustellen vermochte, was er in seinem Werke bot, und welcher Art man diese Leserschaft sich vorzustellen hat. Vieles wird als Rechtfertigung seiner selbst bewußt oberflächlich gestaltet worden sein, auch wo es ihn selbst nicht unmittelbar betraf. Daß er nicht alles verarbeitete, was er an Material besaß, zeigt die Auseinandersetzung mit Justus in der Selbstbiographie. Doch bleiben unsere Bemühungen um seine Auswahlkriterien Spekulation. Daß er sich, etwa in der Höhe der Zahlenangaben, bei der Schilderung der Ereignisse und Kämpfe, in taktischen und technischen Fragen wie auch in der Gestaltung von Exkursen und Reden, an die traditionellen Gepflogenheiten hielt, verlangte sein Publikum.

Anderes fehlt, und auch diese Lücken erklären sich im wesentlichen aus dem Zeitgeschmack. Nirgends etwa wird die Verbindung von Zelotentum und messianischer Erwartung wirklich klar. Persönliche Animosität mag gerade hier besonders eng mit der offiziellen Deutung der Dinge zusammengehen, der an nachträglicher Komplikation auch solcher Art sicher wenig gelegen war. Das Bild von Bandenwesen, Demagogie, Zauberei und Volksbetrug als treibender Kraft allein aber konnte zur Erklärung der Ereignisse weder den Zeitgenossen noch der Nachwelt genügen. Es wäre möglich, daß es das Bedürfnis war, hier nachzutragen, wenn ein Christ später in den „Jüdischen Altertümern" an passend erscheinender Stelle das Testimonium Flavianum einzufügen versuchte. Doch wird es den Intentionen des Josephus kaum gerecht, ihm Unredlichkeit vorzuwerfen und in ihm nichts als einen Verfälscher der Dinge zu sehen. Freilich, wenn er etwa dem Vespasianbild messianische Züge verleiht, dann sicher nicht zuletzt, um mit diesem Bild die eigene, scheinbar so verräterische Rolle zu rechtfertigen. Die Vorstellung von dem neuen Herrscher, der aus dem Osten kommend die ganze Welt sich unterwirft, um sie ein gesegnetes, in göttlichem Plan vorgesehenes Zeitalter beginnen zu lassen, hat, wie Tacitus und Sueton zeigen, offenkundig früh verschiedene Versionen gefunden. Ob diese Umdeutung römischer Geschichte ins Religiöse auf Josephus zurückgeht, ist allerdings fraglich, die Dinge scheinen von allzu großer Tragweite hierfür.

Es war sicher nicht schwer, das, was dem jüdischen Messias zugehörte, auf den römischen Imperator zu übertragen. Josephus hatte nur den

Kreis des spezifisch Jüdischen zu durchbrechen und uralte mit neuen religiösen Vorstellungen in einen neuen Traditionszusammenhang zu bringen. Selbst die Einzelzüge des neuen, messianischen Kaiserbildes einschließlich politischer wie selbst theologischer Konsequenzen hatten spätestens seit dem Hellenismus ihre Tradition. Bringt man aber die römischen Quellen mit dem vorliegenden Bericht von der Weissagung zusammen, so widerspricht dennoch nichts der Annahme, daß im Augenblick dieser Weissagung Josephus selbst an diese glaubte und sich als Propheten in der Tradition des Alten Testaments fühlte. Denn nicht nur, daß sein Bericht unbeabsichtigt eine ganze Reihe von – wenngleich immer wohl fragwürdig bleibenden – psychologisch faßbaren Kriterien und Anhaltspunkten für entsprechende Analogien zur Erklärung liefert – nicht zuletzt die Art, wie er diese Weissagung an anderer Stelle behandelt bzw. schweigend übergeht, läßt vermuten, daß er selbst immer an sie geglaubt hat.

Im übrigen bleibt sein Vespasianbild merkwürdig vage. Weit mehr als Vespasian entspräche wohl Titus den messianischen Vorstellungen und vereinigt in seiner φιλανθρωπία Jüdisches mit antiker Herrscherideologie sichtbar und gleichsam als Programm. Daß spätere jüdische Deutung diesen Kaiser ganz anders sieht, scheint dabei ebenso bezeichnend wie die Tatsache, daß sie einen Josephus ignoriert. Es wäre sehr wohl denkbar, daß neben eigenen Erfahrungen und historischen Kenntnissen es einfach echte Gläubigkeit war, die, vielleicht am Ende eines Erkenntnisprozesses, nun zur Neudeutung eigener Geschichte und Religion drängt und sich an einem bestimmten Punkt dieses Prozesses, auf einen anderen Teil psychischer Existenz übergreifend, zur Weissagung verdichtet. Dann freilich wäre, zumindest für diesen Augenblick, seine Zustimmung zu Rom echt und das allmähliche Eingehen des jüdischen Volkes in das Imperium die Vorbereitung eines Heilsgeschehens, wie sie sich über einzelne, von ihm deutlich hervorgehobene Etappen vollzog und diesen einen weit über das Faktische hinausgehenden eigenen Sinn gibt.

Der Aufstand aber, wie immer durch rationale Gründe motiviert, müßte dann den Abfall von einem Plane Gottes bedeuten. Und in der Tat, wie Josephus die Akzente für Krieg und Vorkriegszeit verteilt, scheinen für ihn die Dinge weder vom Militärischen noch vom Politischen her allein zu begreifen. Doch ist es nicht allein die Rolle des Kaisers in seiner Darstellung, die den Aufstand gegen Rom zum Frevel macht. Die weitere Rechtfertigung für seine Deutung gibt Josephus offenkundig in den drei wichtigen Reden des Werkes, die als Glieder einer Klimax einander analog der jeweiligen Situation ergänzen, in der sie gehalten werden, bei aller Steigerung in Umfang und Intensität indes aber nur als Ganzes zu verstehen sind.

So ist in der Rede Agrippas vor dem Ausbruch des Aufstandes die römische Stärke, in Exkursen dargelegt und in ihrem militärischen Bereich wohl nach dem Vorbild des Polybios gezeichnet, an und für sich bereits Ausdruck einer von Gott übertragenen Funktion. Als Ergebnis römischer Geschichte erscheint sie demnach entsprechend dem nunmehr erteilten Auftrag als Teil eines göttlichen Planes. Wird aber damit unverkennbar die Unterordnung unter diese Macht gefordert, die ja selbst sich den göttlichen Geboten beugte, stets tat, was Gott verlangte und u. a. die jüdische Gottesverehrung gefördert hatte, so erhalten die zelotischen Freiheitsvorstellungen mitsamt ihren scheinbar religiösen Implikationen den Charakter antizipierter Gottlosigkeit. Nach dem Fall Jotapatas spricht Josephus selbst zu seinen Getreuen, um sie vom Selbstmord abzuhalten. Er tut dies seiner eigenen Darstellung nach bezeichnenderweise vergebens. Die Rede selbst kennzeichnet sich als nächste Stufe der Klimax, indem sie die des Agrippa in einen anderen Bezug stellt und variiert. In ihrem Rahmen mögen die geschichtszyklischen Spekulationen auf den ersten Blick als eigenartig unvollkommen wirken und deshalb Gefahr laufen, als rein literarische, undurchdachte Effekthascherei allzu schnell abgetan zu werden. Wichtig ist in erster Linie wohl die nunmehr erneut, diesmal geradezu flehentlich ausgesprochene Mahnung zur Unterwerfung. Sie wird, nachdem der Tempel befleckt ist und Gott sichtbar seine Hand von den Juden abgezogen hat, jetzt als Akt der Buße hingestellt und ist zugleich die letzte Möglichkeit einer Rückkehr, nachdem Gott seine Parteiergreifung für die Römer seit der Agripparede überdies durch deutliche Beweise bekräftigt hatte.

Dabei könnte diese Forderung selbst, in solcher Weise formuliert, der Rede überdies einen nicht nur literarischen, sondern für die Abfassungszeit vielleicht sogar aktuellen Sinn geben. An der auch für die Abfassungszeit der Stelle gültigen Absicht eines Selbstbekenntnisses ist für Josephus nicht zu zweifeln. Mit der Verkündigung des eigenen Traumbildes verquickt aber erhält das Bild der Römer als Werkzeug und Züchtigungsinstrument nach göttlichem Willen alttestamentliche Züge und er selbst die eines Propheten, dessen Auftrag mit der Erfüllung seiner Prophezeiung noch keineswegs zu Ende sein kann, sondern nunmehr in der Einleitung des Läuterungsprozesses für die Überlebenden bestehen muß. Es könnte diese Art von Selbstdeutung sein, die Josephus als wirksamste Rechtfertigung seinen Gegnern und Kritikern entgegenhielt.

Den eigentlichen Schluß des Werkes aber bildet die Rede des Eleazar in Masada kurz vor dem selbstgewählten Untergang von Kämpfenden, Frauen und Kindern. Die letzte Zelotengruppe beschließt nach einem fanatisch geführten, aussichtlosen und dem Vorausgehenden nach fehlgeleiteten Abwehrkampf kurz vor dem römischen Sturm den gemeinsamen Selbstmord, und schon von hier aus ergibt sich eine wirksame, wenngleich äußerliche Beziehung zur Rede des Josephus in Jotapata von selbst. Wie weit das Ereignis, in dem die Konsequenz innerer Haltung einer ganzen Gemeinschaft auf die Nachwelt den Eindruck düsterer Grandiosität ausübt und zugleich zu einem Vorbild unbeugsamer Tapferkeit bis zum letzten wird, von den Zeitgenossen gewürdigt wurde, ist durch weitere Zeugnisse nicht zu erhellen. Die offizielle Deutung wird darauf Wert gelegt haben, daß man in ihr nicht mehr sah als einen letzten Höhepunkt an Perversität. Für Josephus ist die Entscheidung dazu angetan, noch einmal den Sinn des ganzen Krieges vor Augen zu stellen und an dieser Stelle noch einmal gleichsam die Quintessenz des ganzen Werkes zu ziehen. Den Worten Eleazars nach war es nicht die messianische Hoffnung selbst, sondern deren falsche Auslegung, die in die Verblendung geführt hatte. Trotz unverkennbarer Zeichen göttlichen Willens und göttlicher Absicht hatte sich das Volk zu Abfall und Ungehorsam verleiten lassen und sich in diese immer mehr hineingesteigert. So war denn das erwartete Eingreifen Gottes zu seiner Rettung ausgeblieben, weil er diese gar nicht wollte. Nunmehr aber sei die Zeit gekommen, einzusehen, daß in der Tat die andere Seite in seinem Auftrag handelte.

Hatte demnach Gott selbst die Dinge so herbeigeführt, wie sie geschahen, so sei damit endgültig klar geworden, daß er auch es war, gegen den sich der Aufstand richtete. Die verkündete eigene Freiheit aber hatte sich als eine Freiheit in Gottlosigkeit und damit als die Ablehnung seiner Herrschaft erwiesen. Konnten aber Aufstand, Blutvergießen, Entweihung des Tempels und die eigenen Grausamkeiten nur in die Verdammnis führen, so bleibe als Sühne nur noch der Tod. Zwar züchtige und liebe Gott zugleich: Für die vollbrachten Taten und Verbrechen aber sei eine Buße nicht mehr möglich. So ist vor allem der zweite Teil der Rede die Begründung des Sterbens als das Ergebnis einer Ausweglosigkeit und wird damit an solcher Stelle als letzte Steigerung in der Reflexion über den eigentlichen Sinn der Ereignisse zur Grundlage, von der aus der ganze Krieg im nachhinein noch einmal durch den Leser überdacht werden soll. Daß Josephus mit einer solchen Rechtfertigung römischer Geschichte keineswegs impliziert, das römische Weltreich sei das Reich Gottes, hatte er bereits in der eigenen Rede mit den Weltaltergedanken angedeutet, die auf diese Weise, wenngleich erst am Ende, ihren Sinn in der Komposition des Ganzen erhalten. Aus dem Munde eines Eleazar wären sie Absurdität gewesen. Doch scheint dieses Weltreich für ihn in seiner Zeit die Lösung, die Gott vorerst für sein Volk vorgesehen hat.

Zur Überlieferung

Das Interesse an Josephus in der späteren Antike war groß, was sich indes eher aus dem spätestens im 3. Jahrhundert in die „Altertümer“ eingefügten Testimonium Flavianum und dessen Rolle für die Interpretation des frühen Christentums als aus den Ereignissen etwa des jüdischen Krieges erklärte. So ist auch die Geschichte der Textüberlieferung bereits früh kompliziert. Früh auch geht die Tradition für die einzelnen Werke dabei auseinander. So nimmt für den „Jüdischen Krieg“Niese in seiner Ausgabe zwei sich vielleicht bereits im 3. Jahrhundert herausbildende Handschriftentraditionen an, von denen die eine, vertreten durch die Codices Parisinus 1425 und Ambrosianus D 50 die bessere zu sein scheint, obwohl ihr Wert verhältnismäßig spät erkannt wurde. Eine klare Scheidung freilich ist nicht mehr möglich. Auch die bereits erwähnte These, beide gingen auf ein von Josephus selbst redigiertes und für eine Neuausgabe vorbereitetes Handexemplar zurück, ist nicht vollständig zu beweisen.

Die Verbreitung der Werke des Josephus hatte eine besonders große Fülle von Zitaten, Exzerpten und Anspielungen noch in der Kaiserzeit, der Spätantike und in Byzanz zur Folge. Fraglich indes bleibt, ob Chronisten, Lexikographen, Historiker und Theologen bis in die Humanistenzeit stets jeweils das Original einsahen oder aber bereits Florilegien und Stellensammlungen benutzten. Die rabbinische Literatur ignoriert ihn. Doch entstand, wohl im 10. Jahrhundert, eine hebräische Paraphrase, von der sich in der Folgezeit einige neue Versionen abspalteten. Von ihr leitet sich eine arabische Bearbeitung her. Eine zum Teil erhaltene sehr freie lateinische Übersetzung des „Jüdischen Krieges“ in fünf Büchern unter dem Namen eines Hegesippus wird dem Kirchenvater Ambrosius zugeschrieben; unklar ist, ob sie mit der identisch ist, die im 6. Jahrhundert Cassiodor kannte. Eine lateinische Übersetzung muß auch bereits Tertullian im 3. Jahrhundert benutzt haben. Aus dem 5. Jahrhundert stammen Teile einer syrischen Version, die sicher unabhängig von dem aramäischen Text entstand, den Josephus noch vor der griechischen Ausgabe verfaßte. Die erste altrussische Version stammt aus dem 11. Jahrhundert. In ihr finden sich Zusätze, die sich in der

Entwicklung eines eigenen Traditionszweiges in der Folgezeit noch vermehrten. Die erste Drucklegung unternahm Peraxylus Arlenius, Basel 1544.

Gerhard Wirth

ZEITTAFEL

Daten	Palästina	Rom	
171 v. Chr.		3. Makedonischer Krieg (171 bis 168 v. Chr.).	
168 v. Chr.	Eroberung Jerusalems durch Antiochus IV. Epiphanes (175 bis 163 v. Chr.).	Schlacht bei Pydna. Ende des Königreichs Makedonien. Römische Provinz Macedonia.	
167 v. Chr.	Aufstand unter Führung des Hasmonäers Mattathias († 166) und seiner Söhne Judas Makkabaeus († 160), Jonathan († 142) und Simon († 135) gegen die Seleukiden (Glaubenskrieg). Niederlage der hellenistischen Kultur gegenüber dem Judentum.		
166 v. Chr.	Judas Makkabaeus besiegt die Syrer bei Emmaus.		
165 v. Chr.	Einnahme Jerusalems (außer der Burg) und Tempelreinigung durch Judas Makkabaeus.		
163 v. Chr.	Lysias, Reichsverweser unter Antiochus V. Eupator (163 bis 162 v. Chr.), belagert den Tempel. Friedensschluß mit den Juden.		

Daten	Palästina	Rom	
160 v. Chr	Judas fällt. Jonathan Haupt der makkabäischen Partei.		
153 v. Chr.	Ernennung Jonathans zum Hohenpriester.		
150 v. Chr.	Jonathan auch als Strategos von Judäa durch den Seleukidenkönig Alexander Balas (150–145 v. Chr.) anerkannt.		
149 v. Chr.		3. Punischer Krieg (149–146 v. Chr.).	
146 v. Chr.		Zerstörung von Karthago und von Korinth. Schaffung der Provinzen Africa und Achaia.	
143 v. Chr.	Hinrichtung Jonathans durch Tryphon.		
142 v. Chr.	Simon (142–135 v. Chr.) begründet unter der Oberhoheit der Seleukiden die jüdische Dynastie der Hasmonäer. Bildung von religiösen Gruppen: Pharisäer, Sadduzäer, Essener.		

Daten	Palästina	Rom	
134 v. Chr.	Hyrkanos I. (134–104 v. Chr.) unterwirft die Idumäer und Samariter.		
133 v. Chr.		König Attalos III. von Pergamon hinterläßt durch Testament sein Reich den Römern (Provinz Asia). Fall von Numantia in Spanien.	
133–121 v. Chr.		Reformbewegung der Gracchen.	
121 v. Chr.		Massilia erbittet Roms Hilfe gegen die gallischen Stämme (Provinz Gallia Narbonensis).	
113 v. Chr.		Krieg gegen die Cimbern und Teutonen (113–101 v. Chr.).	
111 v. Chr.		Jugurthinischer Krieg (111–105 v. Chr.).	
107 v. Chr.		1. Konsulat des Marius.	
104 v. Chr.	Aristobulos I. (104–103 v. Chr.) Hoherpriester und König.	2. bis 6. Konsulat des Marius (104–100 v. Chr.).	
103 v. Chr.	Alexander Jannaeus (103–76 v. Chr.).		

Daten	Palästina	Rom	
86 v. Chr.		Tod des Marius während des 7. Konsulats.	
82 v. Chr.		Diktatur des Sulla (82–79 v. Chr.).	
76 v. Chr.	Alexandra, die Witwe des Jannaeus, Königin (76–67 v. Chr.); ihr Sohn Hyrkanos II. Hoherpriester.		
70 v. Chr.		Konsulat des Pompeius und Crassus.	
67 v. Chr.	Thronstreit Hyrkanos II./ Aristobulos II. († 49 v. Chr.).		
66 v. Chr.	Aristobulos II. (66–63 v. Chr.).		
64 v. Chr.		Neuordnung des Ostens durch Pompeius. Ende des Seleukidenreichs. Römische Provinzen werden: Pontus, Syria und Cilicia; Klientelstaaten Armenia, Cappadocia, Galatia, Colchis, Judäa.	

Daten	Palästina	Rom	
63 v. Chr.	Eroberung Jerusalems durch Pompeius. Eingliederung Palästinas in das römische Reich. Gefangennahme des Aristobulos. Hyrkanos II. Hoherpriester und Ethnarch.		
62 v. Chr.		Aemilius Scaurus Statthalter in Syrien.	
61–60 v. Chr.		Marcius Philippus Statthalter in Syrien.	
60 v. Chr.		1. Triumvirat des Pompeius, Crassus und Caesar.	
59 v. Chr.		Konsulat Caesars.	
59–58 v. Chr.		Lentullus Marcellinus Statthalter in Syrien.	
57–55 v. Chr.		Aulus Gabinius Statthalter in Syrien.	
55 v. Chr.		Konsulat des Pompeius und Crassus. Provinzverteilung: Caesar erhält Gallien auf weitere fünf Jahre, Pompeius Spanien, Crassus Syrien.	

Daten	Palästina	Rom	
54–53 v. Chr.		Licinius Crassus Statthalter in Syrien.	
53 v. Chr.		Niederlage und Tod des Crassus bei Carrhae gegen die Parther.	
53–51 v. Chr.		Cassius Longinus Statthalter in Syrien.	
51–50 v. Chr.		Calpurnius Bibulus Statthalter in Syrien.	
49 v. Chr.		Q. Metellus Scipio Statthalter in Syrien.	
49–48 v. Chr.		Sextus Iulius Caesar Statthalter in Syrien.	
49–46 v. Chr.		Bürgerkrieg gegen Pompeius.	
48 v. Chr.		Niederlage des Pompeius bei Pharsalus. Pompeius flieht nach Ägypten und wird dort ermordet.	
48–47 v. Chr.		Alexandrinischer Krieg. Sieg Caesars am Nil.	
		Einsetzung der Kleopatra als Königin.	

Daten	Palästina	Rom	
47 v. Chr.	Einsetzung des Idumäers Antipater, des Vaters des Herodes, als Prokurator Palästinas durch Caesar. Herodes Statthalter von Galiläa. Kampf mit Antigonos II., dem letzten Makkabäer.		
46 v. Chr.		Sieg Caesars bei Thapsus über die Pompejaner (Selbstmord Catos).	
45 v. Chr.		Sieg Caesars bei Munda in Spanien über die Söhne des Pompeius. Caesar wird Diktator auf Lebenszeit und Imperator, Konsul auf zehn Jahre, Oberbefehlshaber des Heeres, Pontifex maximus und Träger tribunizischer Gewalt.	
44 v. Chr. (Iden des März)		Ermordung Caesars durch Senatorenverschwörung unter C. Cassius und M. Iunius Brutus.	

Daten	Palästina	Rom	
44 v. Chr.		M. Brutus geht in die Provinz Macedonia, Cassius in die Provinz Syria.	
43 v. Chr.	Ermordung des Antipater.	2. Triumvirat: Antonius, Lepidus und Octavian.	
42 v. Chr.		Doppelschlacht bei Philippi: Cassius und M. Brutus von Antonius geschlagen.	
40 v. Chr.	Gefangennahme des Hyrkanos († 30) durch die Parther. Antigonos Mattathias (40–37 v. Chr.).	Vertrag von Brundisium: Antonius erhält den Osten, Octavian den Westen, Lepidus Afrika.	
38–37 v. Chr.		Sossius Statthalter von Syrien.	
37 v. Chr.	Regierungsantritt Herodes' des Großen, von Antonius als König von Judäa eingesetzt. Ausrottung der Hasmonäer.		
36 v. Chr.		Vermählung des Antonius mit Kleopatra VII.	
31 v. Chr.		Schlacht von Actium. Sieg Octavians über Antonius.	

Daten	Palästina	Rom	Leben Jesu, Anfänge d. Christentums
30 v. Chr.		Einnahme Alexandrias. Selbstmord des Antonius und der Kleopatra. Ägypten wird römische Provinz. Octavian Herrscher im ganzen römischen Reich.	
27 v. Chr.		Quintus Didius Ventidius Statthalter in Syrien. Augustus (Octavian) Kaiser.	
6–4 v. Chr.		P. Quintilius Varus Statthalter in Syrien.	
um 6 v. Chr.			Geburt Jesu.
4 v. Chr.	Tod Herodes' des Großen. Aufteilung des Reiches unter seine Söhne: Archelaos Ethnarch von Judäa, Samaria, Idumäa (4 v. Chr. 6 n. Chr.), Herodes Antipas Tetrarch von Galiläa und Peräa (4 v. Chr. bis 39 n. Chr.); Philippus Tetrarch von Ituräa, Trachonitis, Auranitis und Batanäa (4 v. Chr.–34 n. Chr.).		

Daten	Palästina	Rom	Leben Jesu, Anfänge d. Christentums
0			Beginn der christlichen Zeitrechnung.
6 n. Chr.	Simon, Sohn des Boethus, Hoherpriester. Verbannung des Archelaos. Coponius Statthalter, Hannas Hoherpriester (6–15 n. Chr.).		Jesus unter den Schriftgelehrten.
9 n. Chr.	Marcus Ambivius Statthalter.		
12 n. Chr.	Annius Rufus Statthalter.		
14 n. Chr.		Tod des Augustus. Regierungsantritt des Tiberius.	
15 n. Chr.	Valerius Gratus Statthalter.		
18 n. Chr.	Kaiphas Hoherpriester.		
26 n. Chr.	Pontius Pilatus Statthalter.		
27 n. Chr.			Beginn des Wirkens Jesu.
28 n. Chr.			Predigttätigkeit Jesu, vor allem in Galiläa.
29 n. Chr.			Märtyrertod Johannes' des Täufers.
			Jesu kommt nach Jerusalem.
30 n. Chr.			Prozeß und Passion Jesu.
32 (34) n. Chr.			Bekehrung des Paulus.

Daten	Palästina	Rom	Leben Jesu, Anfänge d. Christentums
33 n. Chr.			Märtyrertod des hl. Stephanus.
36 n. Chr.	Marullus Statthalter.		
37 n. Chr.	Herennius Capito Statthalter. Josephus in Jerusalem geboren.	Tod des Tiberius. Regierungsantritt des Gaius (›Caligula‹).	
39 n. Chr.	Absetzung des Herodes Antipas.		
40 n. Chr.	Verbannung des Herodes Antipas nach Lugdunum (Lyon) durch Caligula.		
41 n. Chr.	Wiederherstellung des Königreiches durch Agrippa I. (41–44).	Tod des Gaius. Regierungsantritt des Claudius.	Verfolgung der Urgemeinde durch Agrippa.
44 n. Chr.	Cuspius Fadus Statthalter.		Hinrichtung des Jakobus, des Zebedaeus Sohn.
46 n. Chr.	Tiberius Alexander Statthalter.		
46–47 (49–50) n. Chr.			Erste Missionsreise des Paulus nach Cypern und Südgalatien.
48 n. Chr.	Ventidius Cumanus Statthalter.		
48 (51) n. Chr.			Apostelkonzil in Jerusalem. Anerkennung von Paulus' Lehre.

Daten	Palästina	Rom	Leben Jesu, Anfänge d. Christentums
49–51 (51–53) n. Chr.			Zweite Missionsreise des Paulus über Südgalatien, Troas nach Philippi, Thessalonike, Beroia, Athen und Korinth (1. und 2. Brief an die Thessalonicher).
50 n. Chr.		Ummidius Quadratus Statthalter in Syrien.	
51–56 (53–58) n. Chr.			Dritte Missionsreise des Paulus. Aufenthalt in Ephesus (Brief an die Galater, 1. und 2. Korintherbrief) und Korinth (Römerbrief).
52 n. Chr.	M. Antonius Felix Statthalter.		
54 n. Chr.		Tod des Claudius. Regierungsantritt des Nero.	
56 (58) n. Chr.			Verhaftung des Paulus in Jerusalem.
56–58 (58–60) n. Chr.			Gefangenschaft in Caesarea.
59 (61) n. Chr.			Reise nach Rom (Briefe an die Philipper, Kolosser und Epheser).

Daten	Palästina	Rom	Leben Jesu, Anfänge d. Christentums
59–61 (61–63) n. Chr.			Gefangenschaft in Rom.
60 n. Chr.	Porcius Festus Statthalter.		
61 (63) n. Chr.			Freilassung (?) des Paulus.
62 n. Chr.	Clodius Albinus Statthalter.		
63 n. Chr.		Cestius Gallus Statthalter in Syrien.	
63 od. 64 (66 od. 67) n. Chr.			Zweite Gefangenschaft (?)
64 n. Chr.	Gessius Florus Statthalter.	Brand von Rom.	Christenverfolgung Neros in Rom.
64 (67) n. Chr.			Enthauptung des Paulus und Kreuzigung des Petrus.
65–70 n. Chr.			Entstehung des Markusevangeliums.
66–73 n. Chr.	Jüdischer Krieg.		
66 n. Chr.	Josephus Befehlshaber der Truppen in Galiläa.		Tod des Jakobus, des Bruders Jesu, in Jerusalem.
67 n. Chr.	Einnahme der Festung Jotapata durch die Römer. Gefangennahme des Josephus.		
68 n. Chr.		Tod des Nero. Ende der Julisch-Claudischen Dynastie.	

Daten	Palästina	Rom	
68–69 n. Chr.		Vierkaiserjahr: Galba, Otho, Vitellius und Vespasian. C. Licinius Mucianus Statthalter in Syrien.	
69 n. Chr.	Freilassung des Josephus († 100).	Flavische Dynastie (69–96): Kaiser Vespasian (69–79)	
70 n. Chr.	Eroberung und Zerstörung Jerusalems durch Titus, den Sohn Vespasians.		
73 n. Chr.	Masada fällt als letzte jüdische Festung in die Hände der Römer. Zerstörung des Tempels in Leontopolis.		

ANMERKUNGEN

I Einleitung 1: Seine Aufgabe, die Darstellung des Krieges in griechischer Sprache zu geben, wird sich für Josephus aus der Rolle des Griechischen als Kommunikationsmittel für alle Gebildeten innerhalb des Imperiums erklären. Die verbindende Sprache der Völker des Vorderen Orients auch in Palästina und selbst Judäa war das Aramäische, in der Josephus seine erste Darstellung verfaßte.

I Einleitung 2: Die Einleitung gibt einen allgemeinen Überblick im Sinne der Methoden antiker Historiographie. Wie auch später werden als Revolutionspartei die verschiedenen, ursprünglich stärker, als bei Josephus deutlich wird, religiös orientierten Gruppen bezeichnet und damit die Akzente in eine für die antike Leserschaft begreifbare Begriffswelt verlagert. Unterdrückt scheint auch der außerhalb der Judenschaft unverständliche Hintergrund messianischer Erwartungen, die den Aufstand mit auslösten: Die Beziehung der Zukunftsdeutung auf Vespasian ist nur eine der damit zu verbindenden Möglichkeiten und muß relativ spät aufgekommen sein. – Eine Hoffnung der Juden auf parthische Hilfe war von vornherein illusorisch: Der Partherkönig stellte sich sofort auf Seite Vespasians. – Der Übertritt des Herrscherhauses von Adiabene am oberen Tigris zur jüdischen Religion nicht lange zuvor bedeutete keine Verstärkung für Jerusalem. – Mit den Galliern verweist Josephus auf den 68 gegen Nero ausbrechenden, sich aber 69 unter Civilis mit neuen Zielen fortsetzenden Aufstand in Gallien. Mit dem jüdischen steht er in keinem direkten Zusammenhang.

I Einleitung 3: Die Bemerkung über die Römertruppen widerspricht an sich der späteren Darstellung. Sie verweist indes wohl auf die Belastungen einer besonders erschwerten Situation.

I Einleitung 4: Mit Tyrannen sind die Führer der kämpfenden jüdischen Gruppen gemeint.

I Einleitung 5: In seiner Kritik an der Geschichtsschreibung trifft sich Josephus mit Tacitus, der ihren Verfall auf die allgemeine geistige Veränderung durch die Kaiserherrschaft und das Absterben allen Freiheitsgefühls zurückführt. Die Benutzung des Josephus durch Tacitus, Sueton und Dio Cassius ist möglich, doch reichen die einschlägigen Stellen nicht aus, ein klares Bild der Abhängigkeit zu gewinnen.

I Einleitung 6: Josephus spielt indirekt auf seine Absicht an, die jüdische Geschichte in einem eigenen Werk zu behandeln und damit die Autoren des Alten Testaments wie auch der hellenistischen Zeit zu ersetzen.

I Einleitung 7: Antiochus IV. Epiphanes, Herrscher des Seleukidenreiches 175–164; die Eroberung Jerusalems fällt auf 170, scheint indes ohne Gewalt vor sich gegangen zu sein. – Die Hasmonäer sind die Mitglieder der Makkabäerfamilie, nach ihrem Stammvater benannt; die Dynastie regierte bis zur Machtergreifung des Herodes und vereinigte das königliche mit dem hohepriesterlichen Amt. – L. Quinctilius Varus, gefallen 9 n. Chr. im Teutoburger Wald, verwaltete 4 v. Chr. die Provinz Syrien und hatte in die Wirren nach dem Tode des Herodes einzugreifen. Der in Judäa amtierende Prokurator unterstand seiner Aufsicht.

I Einleitung 8: Mit den beiden Galiläa sind das obere und das untere Galiläa gemeint.

I Einleitung 9: Vespasian, seit Anfang 67 mit der Niederschlagung des jüdischen Aufstandes beauftragt, scheint bei der Nachricht vom Tode Neros (Sommer 68) die Operationen eingestellt und ein Jahr lang abgewartet zu haben. Nach seiner Ausrufung zum Kaiser (Anfang Juli 69) führte sein Sohn Titus im Sommer 70 den Krieg mit der Eroberung Jerusalems zu Ende.

I Einleitung 10: Die sieben Reinigungen erwähnt der Talmud (Mischna, Kelim 1, 8); Josephus drückt sich offensichtlich bewußt vage aus. Die Stelle könnte sich auf Teile der Stadt beziehen.

I 1, 1: Ptolemaeus (Ptolemaios) VI. regierte 174–147. Die Ereignisse fallen in die Zeit zwischen 170 und 168. Der Streit geht um Palästina, das Gebiet zwischen Orontes und der ägyptischen Grenze: Es hatte unter ägyptischer Oberhoheit gestanden, war aber durch einen strittigen Ehevertrag Ptolemaios' IV. mit den Seleukiden unter deren Herrschaft geraten.

I 1, 2: Die geschilderten Ereignisse fallen in das Jahr 170, Hellenisierungsversuche Antiochus' IV. erst in die Zeit nach 168; für sie besaß Antiochus eine starke Gruppe von Sympathisanten unter den Juden und selbst der Priesterschaft.

I 1, 3: Matthias (Matathias) ist der Urenkel eines Hasmonäus; Modein heute el Medje östlich von Lydda. Als Getöteten nennt Josephus andernorts einen Apelles. Zu den Ereignissen siehe das erste Buch der Makkabäer. – Judas ist der dritte Sohn des Matthias, dessen Gestalt freilich legendär bleiben muß. Seine Machtübernahme fällt in das Jahr 161. Es scheint, daß ein Partisanenkrieg der ärmeren Landbevölkerung gegen Steuerpächter und Obrigkeiten schon früher eingesetzt hat.

I 1, 4: Eine erste Vereinbarung mit Rom kam offensichtlich schon 161 zustande (1. Makk. 3, 16ff.; 2. Makk. 4, 11ff.), doch blieb sie wegen römischen Desinteresses und vielleicht auch wegen römischer Verpflichtungen gegen die Seleukiden ohne konkretes Ergebnis. Eine Erneuerung (1. Makk. 14, 16) mit Aufnahme Judäas in den Kreis der socii et amici Roms wird in das Jahr 142 fallen. Das in der Literatur erwähnte Bemühen Jerusalems um andere Bundesgenossen wie selbst Sparta dürfte historisch sein und in die gleiche Zeit fallen: Ohne römische Genehmigung freilich ist Derartiges um diese Zeit nicht mehr denkbar.

I 1, 5: Antiochus V. Eupator war beim Tod seines Vaters noch ein Kind. – Die Truppenzahlen erscheinen allzu hoch, werden aber auch übertrieben sein 1. Makk. 6, 30. – Bethzur liegt nahe Bethlehem an strategisch wichtiger Stelle und wurde von Judas, später auch dessen Gegnern befestigt. – Gophna war Mittelpunkt einer Toparchie, d. h. eines kleinen seleukidischen Verwaltungsbezirkes.

I 1, 6: Zum Tod des Judas siehe 1. Makk. 9, 35. Akedesa ist heute Chirbet adase nördlich Jerusalems. Unklar ist der Ort, wo Judas fiel. Johannes wurde von Arabern getötet (160 v. Chr.).

I 2, 1: Tryphon war der Vormund Antiochus' VI., des Sohnes von Alexander Balas; die Ereignisse fallen in die Zeit nach 145. – Ptolemais ist das spätere Akko.

I 2, 2: Simon (regierte wohl erst ab 143 bis 139) ist der älteste und wichtigste der Söhne des Matthias. – Mit Antiochus ist Antiochus VII. Sidetes gemeint, dessen Partherkrieg mit der Gefangennahme seines Bruders Demetrius II. 130 nach Vernichtung des Tryphon begann. Die geschilderten Ereignisse fallen demnach in die dreißiger Jahre. – Dora ist eine phönikische Stadt (heute wohl Dandor) am Karmel. – Die Zahl 170 bezieht sich auf die seleukidische Ära, die 312 begann.

I 2, 3: Die Ermordung Simons fällt in das Jahr 134.

I 2, 4: Philadelphia ist das heutige Amman; der Name wurde in ptolemäischer Zeit verliehen. – Das alle sieben Jahre gefeierte Sabbatjahr verbot Ackerbau und Geschäfte. Es scheint auch in römischer Zeit eingehalten worden zu sein, wobei Rom selbst das Eintreiben von Steuern unterließ.

I 2, 5: Nach anderen Quellen zog sich die Belagerung Jerusalems durch

Antiochus VII. über mehrere Jahre hin und hatte Johannes Hyrkanos 700 Talente zu bezahlen; die Mauern Jerusalems wurden geschleift. Dem Wert nach umfaßte das syrische Talent ein Viertel des griechischen.

I 2, 6: Medaba lag im ostjordanischen Gebiet, Samaga (heute Samik) östlich davon. Sikima (alttestamentlich Sichem, heute Tel bleta) liegt am Berg Agarizein (Garizim) mit dem Heiligtum der Samariter.

I 2, 7: Skythopolis (heute Beth sean, Beisân) liegt westlich des Jordan. – Antiochus IX. Kyzikenos (Aspendios wohl Verwechselung), Sohn Antiochus' VII. und in Kyzikos erzogen, herrschte seit 111 über Koilesyrien und griff in die Auseinandersetzungen des Johannes Hyrkanos mit Samaria ein, um seine Macht zu erweitern. Zugleich in dynastische Streitigkeiten verwickelt, starb er 95 durch Selbstmord.

I 2, 8: Nach anderen Nachrichten ging der Aufstand von den Pharisäern aus. Doch bedeutet die lange Regierungszeit des Johannes (134–104) eine Stärkung des Staates wie der Dynastie, allerdings auch den Wandel von Volksführern zu Herrschern, was die Opposition besonders der Pharisäer hervorgerufen haben muß.

I 3, 1: Aristobulos regierte nur ein Jahr. Münzen weisen ihn lediglich als Hohepriester aus. – Die zu errechnende Zahl von 471 + 104 = 575 ist hingegen schwer zu deuten: Sie könnte sich auf die Eroberung Jerusalems durch Nebukadnezar beziehen (585). Die Rückkehr aus der Babylonischen Gefangenschaft wird für 539 angenommen.

I 3, 2: Das Laubhüttenfest, ursprünglich ein Erntedankfest, fällt in den Herbst.

I 3, 3: Die Burg, an der Nordseite des Tempels gelegen und mit diesem verbunden, wurde durch Herodes nach M. Antonius benannt und war Standort einer römischen Truppe.

I 3, 5: Die Sekte der Essener wird von Josephus an anderer Stelle erstmals unter Johannes Hyrkanos erwähnt.

I 4, 1: Salome Alexandra stammte aus einer angesehenen Rabbinerfamilie; sie heiratete nach dem Tode Aristobulos' Alexander Jannäus und übte nach dessen Tod die Herrschaft bis zu ihrem Tode aus.

I 4, 2: Ptolemaios IX. Lathyros regierte über Ägypten 116–107 und 88–80, in der Zwischenzeit über Cypern. – Asochis lag nahe Sepphoris in Galiläa, Gadara und Amathus sind Plätze im Ostjordangebiet.

I 4, 3: Gaaditer und Moabiter: arabische Stämme im südlichen Ostjordangebiet. – Gaulana: nicht mehr feststellbarer Mittelpunkt des Gebietes der heutigen Golanhöhen nordöstlich des Sees Genezareth. – Sikima = Sichem. – Obaidas ist König des Nabatäerreiches. – Demetrios, eigentlich Eukairos (III.), war 95–87 Herrscher des restlichen Seleukidenreiches, geriet aber dann in ptolemäische Gefangenschaft.

I 4, 6: Bemeselis: unklar, wohl nahe Jerusalem gelegen.

I 4, 7: Antiochos Dionysos (regierte 86–85) ist der vorletzte Seleukidenherrscher, Bruder des Demetrios (siehe I 4, 3). – Antipatris: Siedlung nordöstlich Jaffa, ursprünglich Chabarzaba.

I 4, 8: Aretas: König der Nabatäer. – Ptolemaeus war Herrscher von Chalkis (heute Andshar am Libanon) 86–40. – Pella: heute Fahil im mittleren Ostjordangebiet; Benennung durch die Seleukiden, der Ort war durch heiße Quellen berühmt. – Gerasa liegt etwa 20 km südöstlich. – Alexander Jannaeus starb 76 v. Chr.

I 5, 1: Der Amnestieerlaß läßt die Stellung Alexandras zwischen den politischen Fronten erkennen. Sie müßte 69 gestorben sein. Die Aussöhnung mit den Pharisäern bedeutet die Gewinnung einer auch politischen Anhängerschaft.

I 5, 3: Tigranes II., König von Armenien, war zeitweiliger Bundesgenosse Mithridates' VI. von Pontus gegen Rom. – Die Belagerung Antiochias fällt bereits auf 84; Kleopatra Selene, Tochter Ptolemaios' VII., Gattin des Seleukiden Antiochus VIII., wurde bei einem zweiten Einfall (wohl 72) von Tigranes gefangen und getötet. – Der Einmarsch des Lucullus in Armenien fällt auf 69.

I 6, 2: Idumäa: Edom, Landschaft südlich Judäas zwischen Totem Meer und Mittelmeer. – Petra, südöstlich des Toten Meers, war der Mittelpunkt des Nabatäerreiches und Handelszentrum, dessen Blüte indes erst um diese Zeit beginnt. – Die Statthalterrolle und die Herkunft des Vaters von Antipater aus Judäa wird von Josephus bezweifelt. – M. Aemilius Scaurus wurde wohl 65 von Pompeius nach Judäa geschickt.

I 6, 3: Die Lage von Papyron ist unbekannt, nach anderer Deutung handelt es sich um einen Ort bei Jericho (Kapyrona).

I 6, 4: Dion, östlich von Pella, ist Straßenknotenpunkt auf dem Wege zum Roten Meer.

I 6, 5: Die Lokalisierung des wohl nahe bei Koreai gelegenen Alexandreion ist nicht gesichert.

I 6, 6: Mithridates endete 64 durch Selbstmord. – A. Gabinius, Caesaranhänger, Consul 58, war ab 57 Statthalter in Syrien.

I 7, 1 ff.: Der Bericht in den „Jüdischen Altertümern" des Josephus (Buch XIV) geht offensichtlich auf andere Quellen zurück.

I 7, 2: Der Tempel wurde nach anderen Berichten an einem Sabbat erobert.

I 7, 7: Die Provinz Syrien unter dem ersten Statthalter Aemilius Scaurus wurde 62 eingerichtet. Judäa stand unter seiner Oberaufsicht. – Arethusa: nördlich von Jamnia.

I 8, 1: Die Ereignisse fallen auf 61; unklar bleiben die Absichten des Scaurus.

I 8, 2: Den Wiederaufbau der Mauer muß demnach freilich Hyrkanos begonnen haben, vgl. „Jüdische Altertümer" XIV 5, 2; anders ist die Stelle unverständlich.

I 8, 3: M. Antonius ist der spätere Triumvir, 58 Legat des Gabinius. – Die Lage von Gabala ist unklar.

I 8, 5: Die Ereignisse fallen auf 57. – Hyrkaneion: Festung am Ostufer des Toten Meeres. – Hauptort des zweiten Verwaltungsbereiches ist wohl Gazara westlich von Emmaus. – Alexander blieb im Osten, wurde jedoch 49 durch die Pompeianer getötet.

I 8, 6: Von den römischen Befehlshabern ist außer Antonius wenig bekannt.

I 8, 7: Ptolemaios XIII. Auletes wurde 58 aus Ägypten vertrieben und auf Befehl des Senats 55 nach großen Bestechungen durch Gabinius mit Gewalt zurückgeführt. – Pelusium: Grenzfestung Ägyptens. – Itabyrion: der Berg Tabor (vgl. Matth. 8, 17) in Galiläa (heute Dschebel el tur). – Mithridates und Orsames stehen ohne Zusammenhang, die Stelle ist unklar.

I 8, 8: Crassus kam nach seinem Consulat 55 nach Jerusalem und fiel 53 bei Carrhae gegen die Parther. – Die Plünderung des Tempelschatzes als Auftakt der Katastrophe könnte Topik sein.

I 8, 9: C. Cassius, der spätere Caesarmörder, hatte nach der Katastrophe bei Carrhae 53 als Quaestor des Crassus die Verteidigung der Provinz übernommen. – Gründe für die Eroberung Taricheas sind nicht bekannt. – Die Ehe Antipaters erscheint als Politikum.

I 9, 1: Die Ereignisse, auch die Ermordung des Aristobulos in Kleinasien, fallen auf 49. – C. Caecilius Metellus Scipio, Consul 52, Statthalter in Syrien, war der Schwiegervater des Pompeius und ein fanatischer Caesargegner.

I 9, 3: Mithridates von Pergamon war ein Anhänger Caesars von unbekannter Herkunft. – Ptolemaeus war Herrscher von Chalkis, Jamblichus von Emesa. – Der Bericht Caesars über die Ereignisse enthält über Antipater nichts.

I 9, 4: Onias: wohl Gegend um Leontopolis, wo der gleichnamige Sohn Onias III. im 2. Jahrhundert einen Tempel erbaut hatte.

I 9, 5: Hyrkanos erhielt als Hohepriester den Titel eines Ethnarchen von Judäa, Antipater den eines Procurator. Der letztere Titel ist doppeldeutig, denn er sieht auch eine Wahrung römischer Interessen vor. Die Ordnung des Pompeius war damit aufgehoben.

I 10, 1: Die Ereignisse fallen in die Zeit des Rückmarsches Caesars aus Ägypten 47.

I 10, 4: „Königsamt“: hier wohl falsche Bezeichnung.

I 10, 5: Das Bild des Räubers Ezechias (Hiskia) scheint verzeichnet. Die weitere Entwicklung läßt in Ezechias den Führer einer religiösen Sekte im Sinne der zelotischen Bewegung vermuten. – Sex. Julius Caesar, Verwandter Caesars, war dessen Statthalter in Syrien.

I 10, 7: Die Rettung des Herodes wird verschieden berichtet; nach den „Jüdischen Altertümern“ XIV 9, 4 gab Hyrkanos selbst Herodes den Rat zur Flucht.

I 10, 8: Sextus Julius Caesar hatte in Damaskus wohl Vorbereitungen für den Partherkrieg zu treffen.

I 10, 10: Apamea: südlich von Hutisoch, am Orontes. – Die Rolle des Caecilius Bassus ist unklar. – L. Statius Murcus ist vielleicht der frühere Briefpartner Ciceros. Die Gegner Caesars waren bei seiner Ankunft bereits besiegt.

I 11, 1: Die Ereignisse fallen auf 44; Caesars Regierungszeit scheint vom Sieg bei Pharsalus (Herbst 48) aus berechnet.

I 11, 4: Herodes war Statthalter für Koelesyrien und erhielt jetzt das Amt eines Prokurators. Genauere Umstände und Kompetenzen sind nicht bekannt. Die Ereignisse fallen auf 43.

I 11, 6: Chiliarch ist Umschreibung für den römischen Tribunus militum.

I 11, 7: Laodicea: Stadt an der Orontesmündung.

I 12, 1: Die Ereignisse spielen sich 42 ab. – Helix: sonst nicht bekannter Gegner Roms.

I 12, 4: Die Schlacht bei Philippi fand im Herbst 42 statt, die folgenden Ereignisse fallen in den Winter 42/41.

I 12, 5: Der Tetrarchentitel zeigt, daß eine grundlegende Änderung durch Rom vorerst nicht geplant war, doch bedeutet er wohl eine Rangerhöhung für Herodes. – M. Valerius Messala Corvinus war ein Anhänger des Antonius, dann Octavians.

I 13, 1: Die Ereignisse spielen sich 40 ab, der Krieg bildet die Fortsetzung der durch Crassus vom Zaun gebrochenen Auseinandersetzung. – Pakorus ist der Sohn Orodes' I.; der Beginn der Beziehungen zwischen Lysanias von Chalkis und dem Partherreich ist unbekannt. – Antigonus, der Sohn des Aristobulos, hatte den Persern 1000 Talente und 500 Frauen für den Einfall versprochen („Jüdische Altertümer" XIV 13, 5). An Anhängerschaft unter den Juden ist nicht zu zweifeln.

I 13, 3: Als „Freie" sind Mitglieder der adligen Oberschicht im Heer zu verstehen. – Pfingsten (Pentekoste) ist an sich ein Erntefest (Beginn der Weizenernte), fünfzig Tage nach dem Passahfest.

I 13, 4: Ekdippon: Küstenort bei Akko, heute Ech-zib.

I 13, 6: Mariamne ist eine Enkelin des Hyrkanos; ihre Eltern sind Alexander, der Sohn des Aristobulos, und Mariamne, eine Tochter des Hyrkanos.

I 13, 7: Die Ereignisse sind die Folge schwerer Straßenkämpfe in Jerusalem und der Ausweglosigkeit der Lage für Herodes und Phasael. Ausgrabungen ließen einen späteren systematischen Ausbau der Bergfestung durch Herodes zur Großanlage erkennen.

I 13, 8: Rhesa ist nicht zu lokalisieren; es muß sich um einen Ort nahe des Toten Meeres handeln. – Herodeion wohl heutiges Dschebel el ferdis südlich Bethlehem.

I 13, 9: Die Verstümmelung des Hyrkanos (vgl. „Jüdische Altertümer" XIV 13, 10) geht neben persönlichem Haß auf die Absicht zurück, seine weitere Rolle als Hohepriester nach jüdischem Gesetz zu verhindern. – Marisa: in Idumäa, heute Bet dschibrin.

I 13, 11: Die Gewinnung von Menschen aus den zivilisierten westlichen Territorien ist das vordringliche Ziel persischer Politik in der Auseinandersetzung mit Rom die ganze Antike hindurch.

I 14, 1: Malchos (Malichos), Sohn des Aretas, Nabatäerkönig etwa 50–28 v. Chr. – Zu den Ereignissen siehe „Jüdische Altertümer" XIV 14, 1. Demnach nahm Herodes den Weg über Ägypten nach Rom.

I 14, 2: Rhinokurura: heute El arish auf Sinai. – Die Ereignisse müssen in den Winter 40/39 fallen, in Rom war Herodes im Sommer 39.

I 14, 4: Der Überlieferung nach hatte Herodes nur um das Hohepriesteramt für Aristobulos, den Bruder Mariamnes, gebeten. Seine Erhebung, zweifellos ein Akt der Kräftekonzentration im Sinne römischer Föderatenpolitik, sei für ihn unerwartet gekommen. – Mit dem Vater Octavians ist Caesar gemeint. – L. Sempronius Atratinus, ein bedeutender Redner und Anhänger Octavians, fungierte zeitweilig als Vermittler zwischen diesem und Antonius.

I 15, 2: P. Ventidius Bassus war Heerführer und Anhänger des Antonius, starb aber bereits nach seinem Triumph 38. C. Poppaedius

Silo war Legat des Ventidius, sonst nicht bekannt. Nach den „Jüdischen Altertümern" XIV 14, 5 wurden Ventidius und Silo von Antigonus bestochen. Doch konnte Herodes sich bald eine Position in Galiläa sichern und von da aus Masada entsetzen.

I 15, 3: C. Dellius war Caesarianer, dann Anhänger von Cassius und Antonius, Verfasser eines Geschichtswerkes über seine Zeit.

I 16, 2: Als „Räuber" sind hier wohl wieder religiöse Sektierer bezeichnet; die Höhlensysteme bildeten häufig eine Zuflucht für Dissidenten. – Arbela muß ein Ort bei Tiberias sein (vielleicht das heutige Irbid).

I 16, 4: Antonius hielt sich im Winter 39/38 in Athen auf.

I 16, 7: Samosata am Euphrat war wichtige Grenzstation und gehörte zum römischen Klientelstaat Kommagene; genommen wurde die Stadt nicht, vgl. Dio Cassius XLIX 24. Die Ereignisse fallen auf 38 („Jüdische Altertümer" XIV 15, 8 ff.).

I 17, 2: Die Oberschicht hielt demnach wie überall zu Rom und damit Herodes, doch brachte der Tod des Josephus den vorübergehenden Abfall Galiläas. – Die Lage von Gitta ist unbekannt. – C. Sossius, Consul 32, war Statthalter in Syrien 38/37.

I 17, 4: Das Traumorakel mag Vorbereitung für die Darstellung eigener Erlebnisse sein. Einen etwas anderen Bericht von den Ereignissen gibt Josephus in den „Jüdischen Altertümern" XIV 15, 11.

I 17, 8: Die Eheschließung und die folgenden Ereignisse fallen in die Mitte 37.

I 18, 2: Der Versuch zur Rettung durch Herodes deutet eine Parallele zu Titus an. Nach einem anderen Bericht stellte Herodes den von ihm Belagerten sogar Opfertiere zur Verfügung, siehe „Jüdische Altertümer" XV 16, 1 ff. Zur Belagerung hatte Herodes eine römische Armee von 11 Legionen, 6000 Reitern und syrischen Hilfstruppen.

I 18, 3: In das Allerheiligste des Tempels war Pompeius eingedrungen, für einen Herodes war Derartiges unmöglich.

I 18, 4: Die Hinrichtung wird auch von nichtjüdischen Quellen (Dio Cassius, Strabo) als Novum betont, war indes wohl existenznotwendig für Herodes. So erklärt sich auch seine Unversöhnlichkeit gegen die Anhänger des Antigonos. Nach den „Jüdischen Altertümern" XV 16, 4 übersandte Herodes an Antonius eine Geldsumme, um die Tötung des Antigonos durchzusetzen; „Jüdische Altertümer" XVI 1, 1 stellt auch für Antonius die Tötung als Staatsräson hin. – Das Urteil über Kleopatra scheint gerecht: Klientelherrschaften im bisherigen Sinne paßten zu ihren dynastischen Plänen schwerlich. Herodes scheint sich nach anfänglichen Schwierigkeiten mit Kleopatra ausgesöhnt zu haben.

I 18, 5: Der Partherfeldzug 36 endete mit einem Fiasko; mit Artabazes (Artavasdes) ist der König von Armenien gemeint (gleichnamig jedoch auch ein König von Medien), doch fallen diese Ereignisse erst auf 34. – Eleutherus (heute Nahr el Rebi) ist der Grenzfluß zwischen Syrien und Phönikien, seine Mündung bei Tripolis.

I 19, 1: Die Ereignisse fallen auf 31. Ein Araberkrieg hatte offensichtlich die Operationen im Westen zu flankieren; vgl. „Jüdische Altertümer" XV 5, 1ff. – Hyrkanias: nicht zu lokalisieren.

I 19, 2: Diospolis: wohl Dion. – Kanatha (heute Kannat mit Ruinen aus römischer Zeit): Ort der Trachonitis; Ormiza (heute El mezarn): nahe Kanatha. – Athenion begegnet als Verwalter der Besitztümer Kleopatras in Syrien; sein Verhalten im Araberkrieg („Jüdische Altertümer" XV 5, 4ff.) wird von dieser inspiriert sein.

I 19, 3: Die Ereignisse fallen wohl auf 30. Demnach erscheint die Position des Herodes als keineswegs gesichert. – „Jüdische Altertümer" XV 6, 1ff. setzt die Tötung des Hyrkanos in diese Zeit. – Folgen des Erdbebens glaubt man an den Ruinen von Qumran noch zu erkennen; die Rettung durch Kampieren im Freien könnte Topos sein.

I 20, 1: Die Begegnung mit Octavian fällt in das Frühjahr 30; die Hinrichtung des Hyrkanos fand vorher statt.

I 20, 2: Gladiatoren des Antonius hatten sich von Trapezunt auf Befehl Kleopatras nach Ägypten durchzuschlagen versucht.

I 20, 3: Alexas ist ein auch anderweitig erwähnter Anhänger des Antonius aus Laodicea. – Antonius und Kleopatra begingen Selbstmord im Herbst 30 bei Anwesenheit Octavians in Alexandria. – Die gallische Leibwache hatte Caesar bereits 47 zurückgelassen. – Herodes hatte Octavian auf dem Marsche unterstützt und war 30 in Alexandria („Jüdische Altertümer" XV 7, 4), wo er Samaria und Küstengebiete erhielt. – Hippos ist nördlich von Gadara gelegen.

I 20, 4: Die Aktiaden, Siegesfestspiele in Actium, begannen 28 und wurden in vierjährigem Turnus gefeiert. Die folgenden Ereignisse fallen demnach auf 24. – Trachonitis ist das Gebiet südlich Damaskus, Batanea daran anschließend südwestlich davon. – Als Auranitis wird das Gebiet des Dschebel hauran zwischen Kanatha und Bostra bezeichnet. – Zenodorus: Herrscher im Antilibanon (gestorben um 20 v. Chr.). – Über eine Tätigkeit des M. Terentius Varro als Statthalter ist sonst nichts bekannt. – M. Vipsanius Agrippa (63–12 v. Chr.), Freund, Gehilfe und Schwiegersohn des Augustus; seine Beziehungen zu Herodes werden auch anderweitig erwähnt, vgl. „Jüdische Altertümer" XIV 16, 4; XVI 2, 1.

I 21, 1: Der Beginn der Renovierung des Tempels nach anderer Berechnung im 18. Jahr (21/20 v. Chr.); eine Beschreibung gibt Josephus später (vgl. „Jüdische Altertümer" XV 11, 1ff.), Gleiches gilt für den Palast im Westen der Stadt. Die Bauarbeiten zogen sich bis in die sechziger Jahre hin, ihre Beendigung könnte den Ausbruch des Aufstandes mitbewirkt haben. Die Spiele, der Theaterbau und die Tierkämpfe stießen nach den „Jüdischen Altertümern" XV, 8 1ff. als fremde und den eigenen religiösen Geboten zuwiderlaufende Einrichtungen auf Ablehnung.

I 21, 2: Die Neugründung von Sebaste fällt in die Zeit nach 27; Teile des Augustustempels sind noch erhalten.

I 21, 3: Paneion (Panion): später Caesarea Philippi.

I 21, 4: Die Kyproszitadelle ist nach der Mutter des Herodes benannt. Baureste sind erhalten.

I 21, 5: Caesarea war später (ab 6 n. Chr.) Sitz des römischen Prokurators, Hafen für Judäa wurde Jaffa (Joppe).

I 21, 6: Die angegebene Tiefe des Hafens würde ca. 10 m betragen. – Drusus, der Bruder des Tiberius, starb 9 v. Chr. in Germanien.

I 21, 8: 192. Olympiade = 12–8 v. Chr.

I 21, 9: Antipatris (heute Res el ain) lag nordöstlich Jaffa.

I 21, 10: Herodeion: nicht genau lokalisierbar; die Identifizierung mit einem Platz nahe Bethlehem (vgl. Plinius, „Naturkunde" V 14, 70) wäre möglich.

I 21, 11: Die Anlage von Gymnasien läßt die Überwindung des spezifisch Jüdischen im Sinne neuer Hellenisierungstendenzen erkennen, wie sie das Imperium seit Augustus kennzeichnen. Sie muß von den Vertretern der traditionell orientierten Judenschaft in Jerusalem schon nach ihren Erfahrungen etwa mit Antiochus IV. mit besonderem Argwohn betrachtet worden sein.

I 21, 12: Balamea (Balanea): Hafenstadt in Syrien.

I 22, 1: Grund für die Beseitigung des Hyrkanos ist dessen Verbindung mit Malchos („Jüdische Altertümer" XV 6, 2). Nach den „Jüdischen Altertümern" XV hatte Mariamnes Mutter Alexandra gegen Herodes mit Kleopatra konspiriert.

I 22, 2: Kinder aus der Ehe des Herodes mit Mariamne sind Antipater, Alexander, Aristobulos, dazu die Töchter Salampsio und Kypros. – Die Gründe für die Tötung des zum Hohepriester erhobenen Bruders Mariamnes Jonathan 35 v. Chr. sind dynastischer Art; sie wurde als Unglücksfall hingestellt. Vgl. aber „Jüdische Altertümer“ XV 3, 3.

I 22, 3: Die Schwester des Herodes war Salome, deren Haß auf die Hasmonäerdynastie die Familienpolitik wesentlich bestimmte. – Die Tötung des Malchos fällt in die letzten Jahre Kleopatras, unklar ist, ob es sich um den I 22, 1 erwähnten Nabatäerdynasten oder einen anderen gleichnamigen arabischen Häuptling handelt.

I 22, 4: Mit der Reise ist wohl die Reise nach Laodicea zu Antonius 34 zur Rechtfertigung wegen des Aristobulos gemeint, doch scheint hier eine Vermengung mit der Reise nach Rhodos zu Octavian 29 vorzuliegen. Die Hinrichtung Mariamnes fällt in dieses Jahr (vgl. „Jüdische Altertümer“ XV 3, 6ff.; 6, 55f.; 7, 4), ihre Mutter Alexandra wurde bald danach hingerichtet.

I 23, 1: Für die folgende Zeit berichtet Josephus nur in Auszügen (vgl. „Jüdische Altertümer“ XV ff.) und beschränkt sich auf die Familienaffären des Herodes. Der Aufenthalt des Herodessohnes aus zweiter Ehe in Rom fällt auf 23–18 („Jüdische Altertümer“ XV 10), danach heiratet Alexander Glaphyra, Tochter des römischen Klientelkönigs Archelaos von Kappadokien, Aristobulos Berenike, Tochter der Salome. Zur Entfremdung trug indes nach den „Jüdischen Altertümern“ XVI 3, 1ff. neben Pheroras bewußt gerade Salome bei. Zur weiteren Entwicklung siehe „Jüdische Altertümer“ XVI 7, 2ff.

I 23, 3: Die Ereignisse spielen sich 12 n. Chr. in Aquileia ab.

I 23, 4: Eleusa: Insel vor der kilikischen Küste. – Zephyrium: Name von zwei kilikischen Hafenorten.

I 23, 5: „Verwandte und Freunde“ der Söhne ist hier wohl Umschreibung für Berater und Hofstaat im Sinne hellenistischer Titulierung („syngeneís“, „phíloi“).

I 24, 2: Die Dynastie des Archelaos war zwar jung, doch konnte Glaphyra über ihre aus dem armenischen Fürstenhaus stammende Mutter ihre Familie auf die Achämeniden zurückführen. – Temenos war ein sagenhafter König von Argos, Nachkomme des Herakles: Die erwähnte Verbindung geht über das makedonische Königshaus.

I 24, 4: Die Romreise fällt auf 8 v. Chr.

I 24, 5: Die Übertragung der Tetrarchenrolle für das Gebiet des Phasael muß auf 20 v. Chr. fallen. – Die erwähnte Tochter ist Salampsio, die später mit dem gleichnamigen Sohn des Phasael verheiratet wurde.

I 24, 6: Mit „Königin“ ist Mariamne gemeint. – Die Darstellung verschiebt die zeitlichen Ereignisse. Kostobar, zweiter Gatte Salomes, wurde 25 getötet („Jüdische Altertümer“ XV 7, 9ff.); die Verhandlungen mit Syllaeus fallen auf 10. Sie scheiterten an dessen Weigerung, sich beschneiden zu lassen („Jüdische Altertümer“ XVI 7, 6).

I 26, 1: C. Julius Eurykles, von Augustus für kurze Zeit als Lokalherrscher in Sparta eingesetzt, ist als Erbauer von Bädern (Pausanias II 2, 5) überliefert. Trotz Absetzung ist seine Familie noch später in Sparta nachweisbar. – Herodes scheint bewußt die alten Beziehungen zu Sparta zu erneuern, die man der Überlieferung nach seit dem 2. Jahrhundert pflegte (1. Makk. 12, 2, 5ff.). – Die Darstellung zeichnet das Bild des nunmehr senilen, Intrigen ausgelieferten Königs. Siehe allgemein „Jüdische Altertümer“ XVI 10, 1ff.

I 27, 1: Unterstützung von Aufrührern und später Anklagen des Herodes bei Augustus lassen Syllaeus als gefährlichen Intriganten mit politischen Zielen erscheinen. – Volumnius war Offizier oder Prokurator in der Verwaltung Syriens. – Olympos ist sonst nicht bekannt.

I 27, 2: Für Augustus mochte die Verhandlung in der seit 14 römischen Colonia Berytus vor dem Legaten C. Sentius Sabinus (Statthalter 9–6) Objektivität und gesicherten Verlauf des Prozesses garantieren (siehe auch „Jüdische Altertümer“ XVI 11, 1ff.).

I 27, 3: Nach anderem Bericht geht die Aufschiebung der Hinrichtung auf Nikolaos von Damaskus zurück, der über den ungünstigen Eindruck der Affäre in Rom berichtete.

I 28, 1: Tigranes wurde 11 n. Chr. zum König Großarmeniens ernannt, doch später durch Tiberius hingerichtet. – Alexander, Sohn Glaphyras, wurde durch Nero vorübergehend zum Herrscher Armeniens erhoben. – Herodes, Sohn des hingerichteten Aristobulos, lebte als Privatmann. – Agrippa I. wurde 38–44 Herrscher noch einmal fast des gesamten Herodesreiches. – Gatte Berenikes wurde Theudion, Bruder der geschiedenen Doris.

I 29, 2: Die Gattin des Pheroras mußte als Anhängerin der Pharisäer als besonders gefährlich gelten, nachdem 6000 von diesen den Eid auf den Kaiser und damit auch die Loyalität gegen Herodes selbst verweigert hatten, wofür dieser sie mit einer Geldstrafe belegte. – Die Reise des Antipater nach Rom fällt auf 6 v. Chr.

I 29, 3: Der Streit Herodes-Syllaeus („Jüdische Altertümer“ XVI 9, 1ff.) hatte wegen Syllaeus' Stellung als leitender Minister des Nabatäerkönigs Aretas IV. schwerwiegende politische Hintergründe, die sich mit der Zeit verschärften. Syllaeus gewährte aufständischen Untertanen des Herodes Schutz. – Fabatus war wohl Prokurator am Hof des Herodes. Seine Funktionen sind unbekannt.

I 31, 3: Kelenderis: Hafenort in Kilikien.

I, 31, 5: Die Ereignisse fallen auf 5 v. Chr. – Verheiratet war Antipater mit der Tochter des Hasmonäers Antigonos. Sein Verhalten wird „Jüdische Altertümer" XVII 1, 1 als Haß auf Herodes motiviert. Zu den Ereignissen ebenda XVII 4ff.

I 33, 1: Herodes war um 73 geboren.

I 33, 2: Schriftgelehrte sind kein priesterlicher Stand; sie stehen aber deren Auffassung von Gesetzestreue entsprechend allgemein wohl den Pharisäern nahe, sind die eigentlichen Wahrer der Gesetzestradition und deuten die heilige Schrift. Auf sie geht später die Sammlung der Lehren des Talmud zurück. – Die Reaktion gegen die Abbildung lebender Wesen an Tempeln ist ein Zeichen wachsender Religiosität und entsprechender um sich greifender Fanatisierung, wie sie bald zum Konflikt mit den römischen Behörden führte. Der Adler als ein von den Griechen übernommenes, zugleich aber auch altorientalisches Herrschaftssymbol muß in seiner naheliegenden Beziehung auf Zeus als eine Beleidigung jüdischer Religion empfunden worden sein. – Die Ereignisse fallen auf den März 4 v. Chr. und sind ein Racheakt nach wohl bereits mehrjähriger Duldung. Was Herodes mit solcher Konfrontation beabsichtigte, ist unklar.

I 33, 4: Die Einberufung der Volksversammlung an dieser Stelle fällt auf. Sie hatte es als Institution immer gegeben, doch hatte die Einberufung im Belieben der Herrschenden gestanden und war außer Mode gekommen. Sie wird sich im wesentlichen aus Bewohnern Jerusalems zusammengesetzt haben.

I 33, 5: Das Krankheitsbild läßt ähnlich wie die biblische Darstellung eine Definition nicht zu; deutlich scheinen Symptome von schwerer Lebererkrankung und Alterssklerose. Zum folgenden „Jüdische Altertümer" XVII 6ff. – Die Schwefelquelle von Kallirhoe lag nördlich von Machaerus.

I 33, 6: Die Ereignisse sind wohl Grundlage für den Bericht vom bethlehemitischen Kindermord.

I 33, 8: Die Einsetzung des Herodes 40 ergäbe eine Regierungszeit von 35 Jahren, doch könnte die Berechnung von der Einsetzung als Tetrarch über Galiläa 41 durch Antonius ausgehen.

II 1, 1: Nach römischer Auffassung erlosch jeder Vertrag zwischen Rom und monarchisch regierten Staaten beim Tode des Herrschers. So hatten sich die Nachfolger jeweils um den Neuabschluß der Verträge zu bemühen, wobei Rom besonders bei solcher Gelegenheit deren Inhalt änderte oder aber die Nachfolge gar nicht anerkannte, das Gebiet einzog bzw. eigene Prätendenten auf den Thron brachte. Die Zurückhaltung des Archelaos, das Diadem erst nach eingetroffener Bestätigung Roms anzulegen, entspräche so den Gewohnheiten römischer Klientelstaatspolitik. Herodes hatte für die Arbeitsbeschaffung in seinem Reich gesorgt und sich bei dessen unteren Schichten zweifellos Beliebtheit erworben. Andererseits mußten die Gegensätze zur Priesterschaft neben den innerdynastischen Schwierigkeiten in Rom den Eindruck unhaltbarer Zustände erwecken, die eine energische Neuordnung verlangten.

II 1, 2: In seiner Steuer- und Zollpolitik war Herodes von rücksichtsloser Härte gegen die Untertanen gewesen. Im religiösen Zelotismus äußert sich demnach wohl auch allgemeine Unzufriedenheit. – Den Hohepriester (Joazar) hatte Herodes in Zusammenhang mit der Adleraffäre noch in seinen letzten Tagen eingesetzt.

II 1, 3: Das Passahfest zur Erinnerung an den Auszug der Juden unter Mose aus Ägypten fällt in das Frühjahr. Es dauert eine Woche, zu seinen Riten gehören das Passahlamm, ungesäuerte Brote und ein Tempelbesuch.

II 2, 2: Sabinus war Prokurator für Syrien. Seine Aufgabe war es, die dem Kaiser zugedachten Legate des Herodes in Empfang zu nehmen (u.a. für Augustus 10 Millionen Denare, für Livia 5).

II 2, 3: Antipas wurde zum Tetrarchen ernannt. – Ptolemaeus ist mit dem II 2, 1 erwähnten kaum identisch. – Als Autonomie unter der Statthalterschaft ist die Eingliederung in eine Provinz mit Selbstverwaltung der Provinzbewohner zu verstehen.

II 2, 4: Gaius Caesar, Enkel des Augustus, starb 4 n. Chr.

II 2, 5: Antipater war der Sohn Salomes aus ihrer ersten Ehe mit dem 35 getöteten Joseph. – Von einer Heeresreform des Archelaos ist sonst nichts überliefert.

II 3, 1: Sabinus muß sich zur Durchführung seiner Aufgabe der Legionstruppen bedient haben. – Die Lage der Rennbahn ist nicht genau bekannt.

II 3, 4: Rufus und Gratus: wohl Römer in königlichem Dienst.

II 4, 1: Der Militäraufstand mochte der Sorge der von Entlassung bedrohten Soldaten um die eigene Zukunft entspringen. – Ezechias

(Hiskia) war 46 von Herodes vernichtet worden; der messianische Hintergrund ist auch für die weiteren, offenkundig anarchistisch oder sozialrevolutionär bestimmten Aufstände anzunehmen. Zur Lehre des Judas siehe „Jüdische Altertümer" XVIII 1, 6.

II 5, 1: Eine Bestimmung der drei Legionen ist schwer möglich. Für die Zeit nach dem Tod des Augustus sind für Syrien vier bekannt (VI, X, III, XII). – Der Haß des Aretas, des Sohnes des Obaidas, könnte aus der Syllaeusaffäre resultieren. – Arus (vielleicht das heutige Haris): südlich Samaria; Sampho (heute Saffa) ist ein Ort bei Emmaus.

II 6, 1: Die Zahl 8000 wird die gesamte Judenschaft Roms umfassen. – Der Apollotempel, nach der Schlacht von Actium errichtet, stand in Verbindung mit dem Kaiserpalast und enthielt die bedeutendste Bibliothek der Alten Welt.

II 6, 2: Xerxes scheint mit Kyros verwechselt.

II 6, 3: „Ethnarch" war die unterste Rangstufe monarchischer Herrscher im römischen Föderatensystem, die nächsthöhere war der „Tetrarch"; dennoch bestand ein Kompetenzunterschied oder ein Aufsichtsrecht nicht ohne weiteres. – Zeno regierte das Gebiet um Panion, der Name Innano ist nicht zu erklären. – Das Steuerwesen Judäas stand wohl schon unter Herodes weitgehend unter römischer Kontrolle, doch ist die Höhe der Abgaben an Rom unbekannt. – Als „griechische Städte" bezeichnet Josephus wohl Siedlungen mit überwiegend hellenisierter Bevölkerung. – Name der „unverheirateten Töchter": Salome, Rhoxane. – „Silberlinge": Bezeichnung für Drachmen; die Summe beträgt demnach 8000 Talente. – Statt der erwähnten 1000 spricht Josephus an anderer Stelle von 1500 Talenten („Jüdische Altertümer" XVII 11, 5).

II 7, 3: Die Ereignisse fallen auf 6 n. Chr. – Vienna: heute Vienne. – Archelaos lebte bis 18 n. Chr. – Judäa kam in prokuratorische Verwaltung unter dem Schutz des Legaten von Syrien, damals P. Sulpicius Quirinus, der die Provinz schon 3–2 v. Chr. verwaltet hatte. Seine Verwaltungsneuordnung führte zum Aufstand.

II 8, 1: Von den Prokuratoren gibt Josephus nur eine Auswahl, vgl. dazu die Zeittafel. – Die zelotische Lehre des Judas, Sohnes des Hiskia, bezeichnet Josephus als Philosophie; daß diese auch den pharisäischen Kompromiß mit der weltlichen Macht durcheinanderbringen mußte, lag auf der Hand.

II 8, 2: Der Bericht über die Essener läßt Verständnisschwierigkeiten für ihre Lehre und Lebensform auch bei den Zeitgenossen erkennen. Ihre Rolle in den sich verschärfenden Auseinandersetzungen der folgenden Jahrzehnte ist schwer zu bestimmen, sie für die militanteste Gruppe der Zeloten zu halten und mit den Sikariern zu identifizieren liegt nahe, doch fehlen wirkliche Beweise, die eine Verallgemeinerung rechtfertigen. Die Ehelosigkeit der Essener wird auf eschatologische Vorstellungen zurückgeführt.

II 8, 5: Die essenische Sonnenverehrung gilt dem Ausdruck göttlichen Geistes und vielleicht dem Symbol messianischer Wiederkunft. Sie widerspricht der offiziellen Religion (vgl. Ezechiel 8, 16). Fraglich bleiben Angleichungsversuche an antike Vorstellungen. – Von essenischer Arbeitsamkeit geben die Funde von Qumran Zeugnis: Arbeit wie selbst die Mahlzeiten gelten als heilige Handlung.

II 8, 7: Das weiße Gewand kennzeichnet den Priester. – Engel als Boten der Gottheit gehören zum Requisit altorientalischer Religion und gelangen von da in die antike wie in die christliche Vorstellungswelt.

II 8, 9: Mit „Gesetzgeber“ könnte Mose oder aber der Gründer der essenischen Sekte (nach den Schriften von Qumran „Lehrer der Gerechtigkeit“) gemeint sein.

II 8, 10: Das lange Leben der Essener führt Philon von Alexandria auf die hochentwickelte Altenpflege der Sekte zurück.

II 8, 11: Ein Einfluß pythagoreischer und platonischer Gedanken ist zumindest für die Darstellung des Josephus nicht zu übersehen. – Auf die messianische Vorstellung vom bevorstehenden Ende aller Zeiten weist das Hadesbild hin.

II 8, 13: Zur dreijährigen Bräuteerziehung paßt ein dreijähriges Noviziat der Männer.

II 8, 14: Pharisäer: eigentlich „die Abgesonderten“ wegen ihres Lebens streng nach den göttlichen Vorschriften. – Über die Sadduzäer (der Name abgeleitet von dem von David eingesetzten Priester Zadok) äußert sich Josephus an anderer Stelle mehrfach. Sie stellen bei ihm den Gegenpol zu den Essenern dar und haben ihren Kern im priesterlichen Hochadel. – Der Gedanke von Unsterblichkeit und Wiedergeburt der Seelen ist hier bei Josephus wohl pythagoreisch beeinflußt.

II 9, 1: Der Tod der Salome fällt auf 10 n. Chr. – Nach der Berechnung des Josephus beginnt die Herrschaftszeit des Augustus 44 v. Chr.

II 9, 2: Zu den Ereignissen siehe „Jüdische Altertümer“ XVIII 3, 1ff.;

dort findet sich (3, 3) eine vieldiskutierte Stelle über Jesus Christus (Testimonium Flavianum). Es wird sich indes um eine Fälschung handeln. – Kaiserbilder befanden sich auf den Feldzeichen. Nach ihren Gesetzen war den Juden die Abbildung von Menschen verboten. Das Ereignis fällt in die Zeit unmittelbar nach dem Amtsantritt des Pontius Pilatus.

II 9, 4: Der Bau der Wasserleitung erklärt sich wohl mit dem hohen Wasserverbrauch des Tempels.

II 9, 5: Gaius: der spätere Kaiser Caligula (37–41), geboren 12 n. Chr.

II 9, 6: Philippus starb 33 n. Chr. – Herodes: Herodes Antipas. – Herodias, Tochter des Aristobulos und einer Tochter des Agrippa, ursprünglich Gattin des Herodes, eines Sohnes von Mariamne II, hatte sich von diesem, ihrem Vetter, getrennt und ihren Onkel Antipas geheiratet, nachdem er seine Gattin, Tochter des Nabatäerkönigs Aretas, verstoßen hatte. Ein Araberkrieg 37 ging für Herodes katastrophal aus. In diese zweite Ehe hatte Herodias ihre Tochter Mariamne = Salome mitgebracht. Die Unzulässigkeit dieser zweiten Ehe tadelte Johannes der Täufer, der dafür verhaftet und später getötet wurde (vgl. „Jüdische Altertümer“ XVIII 5, 2). Die Verbannung des Antipas nach Gallien fällt auf 39 n. Chr.

II 10, 1: P. Petronius war 39–42 Legat von Syrien. Die geschilderten Ereignisse fallen in die Jahre 38–40.

II 10, 2: Beim Memnonsdenkmal dürfte es sich um ein hellenistisches Kultbild zu Ehren des trojanischen Helden handeln. Memnon war nach der griechischen Sage ein mythischer König im oberen Ägypten. – Zum Glas siehe Tacitus, „Historien“ V 7.

II 10, 4: Tieropfer wurden im Tempel von Jerusalem täglich zu Ehren des Kaisers dargebracht, der nach anderen Nachrichten selbst die Kosten hierfür trug.

II 11, 1: Caligula wurde am 24. Januar 41 ermordet; seine Regierungszeit dauerte demnach zwei Monate länger als angegeben.

II 11, 5: Das Gebiet des Lysanias um Abila nordwestlich von Damaskus hatte Agrippa schon durch Caligula erhalten. Trachonitis und Auranitis müssen nach dem Tod des Philippus zeitweilig unter römischer Verwaltung gestanden haben. Chalkis: heute Ain el tschur im Libanongebiet.

II 11, 6: Die genaue Lokalisierung der Mauer ist schwierig. – Agrippa I. starb 44 n. Chr., zu den folgenden römischen Prokuratoren siehe die Zeittafel. – Kypros war eine Tochter Phasaels und der Salampsio; von den Töchtern Agrippas heiratete Drusilla den Prokurator

Felix, Bruder des am Hofe Neros einflußreichen Freigelassenen Pallas. Ein Sohn aus dieser Ehe kam 79 beim Vesuvausbruch um.

II 12, 1: Agrippa: Agrippa II., Sohn Agrippas I., 28–100 (?); Herodes von Chalkis starb 48. – Alexander: Tib. Julius Alexander, Neffe des Philosophen Philon aus Alexandria. – Die geschilderten Ereignisse werden in die Zeit kurz nach 48 fallen.

II 12, 2: Die Ereignisse zeigen eine Zunahme zelotischer Aktivität, gegen die römische Zurückhaltung und Korrektheit als Schwäche gedeutet worden sein muß.

II 12, 6: Ananias war Hoherpriester 48–54 (?).

II 12, 8: Zu Felix siehe die Zeittafel. Möglicherweise ging seiner judäischen eine Prokuratorentätigkeit in Samaria voraus. – Varus ist sonst nicht bekannt. – Die Ermordung des Claudius fällt auf den 13. Oktober 54.

II 13, 1: Siehe dazu Tacitus, „Annalen" XII ff.

II 13, 2: Aristobulos: Sohn des Herodes von Chalkis. Er erhielt 54 nach der Herrschaft über Kleinarmenien Chalkis zurück, das Agrippa II. wieder abzugeben hatte.

II 13, 3: Sikarier: von lateinisch „sica" = Dolch. Sie waren die militanteste Gruppe der Zeloten und suchten ihre Ziele, darunter die Abschüttelung der Fremdherrschaft, durch terroristische Methoden zu erreichen. Dabei brachten sie nach Josephus immer weitere Kreise des Volkes unter ihren Einfluß. Ihre soziale Zusammensetzung ist unklar und wohl auch kaum abzugrenzen. Die Identifikation von Sikariern, Zeloten und Räubern findet sich auch in den rabbinischen Schriften.

II 13, 3: Jonathan, Bruder des Ananias, war selbst nicht Hoherpriester.

II 13, 5: Der Aufstand des falschen Propheten hängt mit gesteigerter Messiaserwartung zusammen. Sie beeinflußte auch die Entwicklung der christlichen Gemeinde, die in ihrem Glauben durch Paulus um diese Zeit der veränderten Situation angepaßt wurde. Paulus selbst hatte unter der Verwechslung mit dem Ägypter zu leiden (Apostelgeschichte 21, 28).

II 13, 7: Die Streitgegenstände lassen allgemeine Gereiztheit und zunehmende messianische Erwartung erkennen. Bezeichnend auch die Machtlosigkeit jüdischer Gemeindebehörden gegenüber den starken Äußerungen jüdischen Selbstgefühls.

II 14, 1: Zu M. Porcius Festus und Clodius Albinus siehe die Zeittafel.

II 14, 2: Mit der Steigerung der römischen Unzulänglichkeit, verkörpert durch die Statthalter, wird das spätere Eingreifen des Vespasian begründet. Die Darlegung der geschilderten Ereignisse bildet den Schluß der „Jüdischen Altertümer".

II 14, 3: Cestius Gallus, Legat 63–66, starb Anfang 67 nach seinem Scheitern; Nachfolger wurde L. Mucianus, später Anhänger Vespasians. Die hier geschilderten Ereignisse fallen in die Zeit des Passahfestes 63.

II 14, 4: Die geschilderten Ereignisse fallen in das Jahr 66.

II 14, 5: Das Vogelopfer stand nur Aussätzigen zu und bedeutete besondere Beschimpfung.

II 14, 8: Residenz des Florus war der Herodespalast im Westen Jerusalems, in der Antonia lag eine Wachkohorte.

II 14, 9: „Hochmarkt" ist die Bezeichnung für die obere Stadt im Südwesten.

II 15, 1: Tiberius Julius Alexander fungierte seit 62 als Präfekt von Ägypten. – Berenike, Schwester Agrippas II., war nacheinander mit einem Bruder Alexanders, Herodes von Chalkis und Polemon von Kilikien verheiratet, lebte aber dann bei Agrippa, was zu Gerüchten über Inzest führte. Später wurde sie die Geliebte des wesentlich jüngeren Titus mit zeitweiliger Hoffnung auf Ehe und Kaiserinwürde.

II 15, 2: Artemisios ist nach dem wohl hier gültigen tyrischen Kalender die Zeit zwischen Mitte Mai und Mitte Juni. – Die Hohepriester, deren Amt bis auf die Seleukidenzeit ein lebenslängliches war, behielten auch nach ihrer Amtszeit den Titel bei.

II 16, 3: Agrippa hatte nach Herodes von Chalkis die Oberaufsicht über die Angelegenheiten des Tempels übernommen und in Zusammenhang damit das Recht zur Ansprache.

II 16, 4: Agesilaos: spartanischer König des 4. Jahrhunderts; die Stelle spielt auf seine Kämpfe in Kleinasien gegen Persien 399–395 an. – Philipp II. von Makedonien regierte 359–336, Alexander der Große 336–323. – Euphrat und Donaugrenze waren durch Augustus festgelegt worden; die Eroberung Britanniens, energisch durch Claudius begonnen, wurde 80–84 durch Agricola fortgesetzt, gelang jedoch nie vollständig. – Gadeira: heute Cadiz, lange westlichster Punkt griechischer Ansiedlung. – Sechs Rutenbündel, von Liktoren getragen, sind Zeichen proconsularischer Statthalterwürde. – Macedonia und Asia: Provinzen unter senatorischer Verwaltung. – Heniochen und Kolcher waren mythische Völker des Kaukasus, die Taurier der Krim und nördlich angrenzender Gebiete; Pontus ist hier Bezeichnung für Schwarzes Meer, Maiotis-See für das Asowsche Meer, Bosporus für die Straße von Kertsch. – Unklar sind die Angaben über römische Besatzung. 2000 Mann als Garnison für Thrakien sind nicht nachzuprüfen, in der Provinz Moesia Inferior an der unteren Donau standen zwei Legionen, in Dalmatien eine. – Unklar sind die 305 gallischen Stämme. Plutarch, Zeitgenosse des Josephus, kennt 400 („Caesar“ 15). Nach Josephus hatte der gallische Freiheitskrieg von 132 bis 52 gedauert, römisches Interesse beginnt indes kaum vor der Gründung der Provinz Gallia Narbonensis 122; 1200 Mann machen die Garnison des gallischen Zentrums Lugdunum = Lyon aus. – Iberer ist Sammelname für die Bewohner Spaniens, Lusitaner und Kantabrer einzelne Großstämme. – Die Parther waren zwar unbesiegt, hatten unter Nero aber in der Armenienfrage dem seinem Aufbau nach überlegenen Imperium nachgeben müssen und waren vom römischen Wohlwollen abhängig. – Mit Scipio könnte Scipio der Ältere, Sieger über Hannibal, oder Scipio der Jüngere, Zerstörer Karthagos 146, gemeint sein. – Kyrenäer und Marmariden sind Bewohner der afrikanischen Nordküste, Nasamonen, Mauren und Nomaden Stämme im Innern. – Säulen des Herkules: die Straße von Gibraltar. – Die Dynastie von Adiabene war zum Judentum übergetreten, hielt aber an Rom fest. – Die Hinweise auf bereits vorhandenes Diasporajudentum werden durch andere Zeugnisse inner- wie außerhalb des Imperiumsbereichs bestätigt. Nicht zu überhören sind die Anspielungen auf bereits deutlichen Antisemitismus.

II 17, 1: Mit „Obersten des Volks“ sind wohl die Mitglieder des Synedriums (Sanhedrin) gemeint.

II 17, 2: Die Festung Masada wurde durch Mannaim (Manaim) ben Juda eingenommen, der bald danach nach Jerusalem kam (Herbst 66). Sein Auftreten hatte messianische und zugleich monarchische Züge und gab den entscheidenden Anstoß zum Aufstand. – Die Tempelwache bestand aus Priestern und Leviten.

II 17, 3: Die Lage der „ehernen Pforte“ ist ungeklärt; sie ist im eigentlichen Tempelbezirk zu suchen und könnte Männer- und Frauenhof verbunden haben.

II 17, 5: Da Agrippas Truppen nicht alles Juden waren, mochte man in ihnen gewisse Stabilisierungsmöglichkeiten erkennen. – Tempelschändung besteht für Josephus in der Einstellung der Opfer und in der Verwendung des Bezirks als Operationsbasis.

II 17, 6: Das Fest des Holztragens steht mit der Beschaffung des Materials für die Brandopfer im Tempel in Verbindung. – Die geschilderten Ereignisse fallen in den September 66. – Mit der Archivverbrennung tritt ein sozialrevolutionärer Zug der Bewegung zutage, der in Rom nicht unbemerkt bleiben konnte.

II 17, 8: Manaim wird ein Enkel des Juda sein. Die erwähnten Römer gehören wohl zu den von Florus zurückgelassenen Kohorten; die Türme sind Teil des Herodespalastes.

II 17, 9: Die Vernichtung Manaims erscheint als Notmaßnahme, da die durch ihn entflammte Bewegung schnell außer aller Kontrolle geriet. Für Manaims Anhänger blieb Masada die Basis. – Als „Sophist" bezeichnet Josephus den religiösen Lehrer Manaim.

II 18, 1: Der Aufstand breitete sich vor allem im Ostjordanland aus und griff nach Westen über. Fraglich bleibt, ob die Aktionen von Jerusalem aus geleitet wurden oder ob es sich um spontane Bewegungen in den einzelnen Orten handelte. – Esebon (Essebon) ist die alte Hauptstadt von Moab, gegenüber Jericho in fruchtbarer, dichtbesiedelter Ebene gelegen. – Gaba war eine Siedlung von Veteranen aus den Reitertruppen des Herodes.

II 18, 7: Die Juden Alexandrias besaßen in zwei von fünf Bezirken der Stadt das Wohnrecht. Strittig war indes stets eine von Alexander dem Großen verfügte Rechtsgleichheit mit den Griechen. Sie hatte unter Caligula zu Exzessen, Pogromen und einer ergebnislosen Gesandtschaft der Juden unter Philon an den Kaiser (40) geführt; vgl. dazu die Schrift des Josephus gegen Apion II 35ff.

II 18, 8: Delta: Die Stadtteile Alexandrias waren nach Buchstaben numeriert.

II 18, 9: Die Ereignisse fallen auf den Herbst 66. – In Syrien standen an Legionen: III Gallica, VI Ferrata, X Fretensis, XII Fulminata. – Antiochus IV. (regierte von 38 bis zu seiner Absetzung 72): Herrscher von Kommagene im oberen Mesopotamien.

II 18, 11: Asamon: heute Dschebel ed deideba.

II 19, 2: Monobazus: Bruder des Königs Izates aus der Adiabene. – Simon ben Giora ist später im Aufstand der radikalste Zelotenführer.

II 19, 4: Skopus: Hügel nordwestlich von Jerusalem (heute Saphein). – Der 30. Hyperberetaios: der 19. November 66.

II 19, 9: Der 8. Dios: der 25. November; doch hatte bereits am 13. Oktober Neros dreizehntes Regierungsjahr begonnen.

II 20, 3: Ananus war 62 kurz Hohepriester. Zelotengegner, wurde er von Albinus wegen eigenmächtiger Hinrichtung von Jakobus, dem Bruder Jesu, in Befürchtung neuer Aufstände abgesetzt.

II 20, 4: Ein Hohepriester Neos ist sonst unbekannt, vielleicht Verschreibung für Ananus. – Auffallend ist der Name Niger. – „Essäer": Variation des Essenernamens, geht vielleicht auf Benutzung anderer Quellen zurück. – Thamna (heute Timnath): Ort östlich von Modein. – Die Ernennung des Josephus, des Sohnes des Matthias, unseres Autors, ist eine Maßnahme gemäßigter Politik und der Versuch, Schlimmeres in den Aufruhrgebieten zu verhindern. Spätere Vorwürfe (Justus von Tiberias), mit seiner Amtsübernahme habe der eigentliche Krieg begonnen, treffen Josephus ebenso zu Unrecht wie die Beurteilung als Verräter. Umfang und Sinn seiner Mobilisierungsarbeit in Galiläa sind aus seinem Bericht nicht mehr zu erkennen, doch zeigt die Behandlung der Ereignisse in der später verfaßten Schrift über sein Leben, daß übergroße Schwierigkeiten seine Tätigkeit lähmten. Zu scheinbar radikalen Mobilisierungsmaßnahmen mochte ihn auch die Opposition des zelotischen Fanatikers Johannes von Gischala zwingen. Gegenüber dem Bericht in der vorliegenden Darstellung bringt die Selbstbiographie mehr Einzelheiten, läßt aber eine Kette von Zwistigkeiten und Querelen erkennen, die die Gefangennahme in Jotapata für Josephus als Erlösung sehen läßt.

II 20, 5: Die Zeit, die Josephus für seine Maßnahmen zur Verfügung stand, betrug nur wenige Wochen. Josephus zeichnet sein kurzlebiges Werk als das Idealbild eines Staatswesens.

II 20, 8: Die Zahlen müssen als übertrieben gelten und differieren häufig von denen in der Selbstbiographie. Josephus scheint durch Anheuern von Nomaden sich eine Kampfkraft von freilich fragwürdiger Stärke verschafft zu haben.

II 21, 1: Das Bild des Johannes von Gischala ist bei Josephus nicht einheitlich gezeichnet. In der Lebensbeschreibung als Untergebener hingestellt, wird er als Zelot und ebenfalls mit regionalen, denen des Josephus koordinierten Aufgaben (in Obergaliläa?) betraut zu verstehen sein, der mit den zweideutigen Maßnahmen des Josephus unzufrieden war. Eine offensichtlich von ihm veranlaßte Kommission zur Kontrolle des Josephus blieb erfolglos.

II 21, 2: Die griechische Amphore faßt rund 20 Liter.

III 1, 1: Die geschilderten Ereignisse fallen in den Spätherbst 66. Die Ernennung Vespasians folgte auf den Tod des Cestius Anfang 67.

III 1, 2: T. Flavius Vespasianus, geboren 9 n. Chr. in Reate als Sohn eines ehemaligen Steuereinnehmers, hatte aufgrund der Tatsache, daß ein Onkel mütterlicherseits Prätor war, die senatorische Karriere einschlagen können. 38 Ädil, wurde er Legionslegat in der Provinz Germania superior, später Prokonsul von Africa und erreichte 51 das Consulat. In Britannien, worauf Josephus anspielt, wird er 47 Erfolge errungen haben. Bei seiner Ernennung zum

Legatus pro praetore mit dem Auftrag der Niederschlagung des Aufstandes befand er sich im Gefolge Neros auf dessen Kunstreise in Griechenland. Sein älterer Sohn Titus, geboren 38, war nach ihm Kaiser 79–81. – Claudius wurde Adoptivvater Neros, nachdem er dessen Mutter Agrippina geheiratet hatte (wohl Anfang 49).

III 2, 4: Der Aufbruch der Römer nach umfassenden Vorbereitungen fällt in das Frühjahr 67. Vordringliches Ziel ist die Besetzung des Küstenlandes. – C. Caesennius Gallus war Legat der XII. Legion; der Bericht der Selbstbiographie des Josephus hat an dieser Stelle Cestius Gallus.

III 3, 3: Sebonitis: Landschaft um Esebon.

III 4, 1: Vespasian hatte bei sich die Legionen V Macedonia und X Fretensis, aus Alexandria kam dazu die XV Apollinaris.

III 5, 1: Der folgende Exkurs über die römische Militärmaschinerie scheint nach dem Vorbild von Polybios VI 19ff. gestaltet. Die Darstellung liefert zugleich die Motivierung des eigenen Scheiterns.

III 7, 3: Jotapata (heute Chirbet dschefat nördlich von Sepphoris) war mehr Schlupfwinkel als Festung. – Die Datierung (Anfang Juni) paßt schwer mit einer Belagerungsdauer von 47 Tagen zusammen; möglicherweise übertreibt Josephus, um seine Taten herauszustellen.

III 7, 13: Die List, den Feind durch scheinbaren Überfluß zu täuschen, hat topischen Charakter.

III 7, 29: Griechisches Heu: Bockshornklee mit Ausscheidung öliger Flüssigkeit.

III 7, 31: M. Ulpius Traianus: der Vater des späteren Kaisers. – Die geschilderten Ereignisse müßten auf den 13. Juli fallen.

III 7, 32: Cerealius: Sextus Cerealis Vettulenus. Die Ereignisse fallen auf den 15. Juli.

III 7, 33: Die Einnahme Jotapatas fand nach den Angaben dieses Abschnitts am 20. Juli statt.

III 8, 1: Paulinus: vielleicht M. Valerius Paulinus, 69 Statthalter von Gallia Narbonensis. – Gallicanus ist sonst unbekannt.

III 8, 3: Träume und Traumdeutung als Bestandteile jüdischer Religion lassen sich bis ins Alte Testament zurückverfolgen; das Folgende wäre demnach nicht zuletzt Auseinandersetzung alter Rechtgläubigkeit mit zelotischen Revolutionsgedanken.

III 8, 5: Die Widerlegung des Selbstmordgedankens bedeutet zugleich eine Vorbereitung auf die Katastrophe von Masada als das eigentliche, areligiös-widersinnige Ende des ganzen Aufstandes. Die

Rede des Josephus verwendet Bilder und Vorstellungen griechischer Philosophie, besonders Platons. – Das Abhacken der Hände als Strafe für versuchten Selbstmord war Brauch in Athen.

III 8, 7: Der Abschnitt erweckt Zweifel an der Überlieferung bzw. der Ehrlichkeit des Losverfahrens.

III 9, 1: Der vierte Tag des Monats Panemus entspricht dem 23. Juli.

III 9, 3: Im griechischen Mythos wird die an einen Felsen geschmiedete und von einem Ungeheuer bedrohte Andromeda von Perseus befreit.

III 9, 5: „30 Tage" bezieht sich auf öffentliche Trauer.

III 9, 7: Caesarea Philippi, von dem Sohn des Herodes errichtet und von Agrippa II. weiter ausgebaut, wurde von diesem in Neronias umbenannt. Die Kämpfe spielten sich im Herbst 67 mit den auseinandergelaufenen Truppen des Josephus ab.

III 10, 2: Die Rede des Titus hat das Bild von der göttlichen Sendung Roms zu vertiefen.

III 10, 8: Den Rabenfisch (clarias macracatus) zu essen war den Juden verboten.

III 10, 10: nach dem Isthmus: Nero hatte mit dem Durchstich der Landenge von Korinth begonnen und benötigte Arbeitskräfte. – Der 8. Gorpiaeus: der 26. September (67).

IV 1, 1: Die Ableitung des Ortsnamens Gamala von Kamel ist eigene Etymologie des Josephus. – Semechonitis-See: heute Barae chûla. – Zur goldenen Kuh als Heiligtum siehe 1. Könige 12, 25ff.

IV 1, 6: Die Rede Vespasians ergänzt das Bild von den Qualitäten der römischen Armee. Die Topik des Feldherrn, der Strapazen und Kampf nicht scheut, ist alt.

IV 1, 8: Mit der großen Ebene ist die Ebene von Jesdrelon südlich des Tabor gemeint. An den Angaben über den Berg wird gezweifelt: Eine auf ihm nachweisbare Festung stammt aus der Seleukidenzeit; sie wurde später von Alexander Jannäus erobert.

IV 1, 9: Der 22. Hyperberetaios entspricht dem 9. November (67).

IV 2, 1: Gischala (heute El dschisch) war offensichtlich das Zentrum des Zelotentums in Galiläa.

IV 3, 7: Erlosung des Hohepriesters durch das Volk ist neu, steht aber nicht ganz außerhalb der kultischen Tradition.

IV 3, 8: Die Familie Ejachin ist sonst unbekannt, doch könnte in früherer Zeit das Geschlecht zu den hohepriesterlichen gehört haben. Sie war Teil einer der 24 Priestergruppen, vgl. 1. Chronik 24, 17. – Topik ist das Bild des ungebildeten Bauern (1. Könige 19, 19).

IV 3, 9: Jesus: Hohepriester 63–65.

IV 4, 1: Idumäa, die Heimat des Herodes, war durch Johannes Hyrkanos erobert und die Bevölkerung zur Beschneidung gezwungen worden. Gemeint ist hier sicher kein Volksaufgebot, sondern der militante Teil des Volkes: Die römische Kontrolle war demnach verloren gegangen.

IV 4, 3: Die Klagerede des Jesus dient der Verdeutlichung des Frevels, während die des Simon (4, 4) als Perversion des Freiheitsideals konzipiert ist.

IV 4, 5: Das Unwetter ermöglicht es, die geschilderten Ereignisse im Winter 67/68 anzusetzen. Eine genaue zeitliche Eingrenzung ist jedoch nicht möglich.

IV 5, 2: In Ananus wird das Idealbild pharisäischer Haltung gezeichnet und nach dem Vorbild von Thukydides II 65 (Perikles) stilisiert.

IV 5, 4: Zacharias, Sohn des Bareis, ist sonst nicht bekannt, vgl. aber Matthäus 23, 35, dazu 2. Chronik 24, 19.

IV 6, 1: Gurion: wohl Gorion ben Joseph.

IV 7, 1: Johannes von Gischala ist hier als Tyrann bezeichnet. Er scheint indes die Verteidigung der Stadt eigentlich erst organisiert zu haben.

IV 7, 2: Mit den Heiligtümern sind die Synagogen gemeint.

IV 7, 3: Der 4. Dystros ist der 21. März (68).

IV 7, 4: Als Hauptstadt der Dekapolis wurde Gadara ein Zentrum hellenistischer Kultur. – Bethanabris: heute Beth nium.

IV 7, 6: Abila (heute Abel shittum), Julias (heute Tel rameh) und Besimo (heute Beth Jedimoth) liegen nördlich Jerusalems.

IV 8, 1: Die geschilderten Ereignisse fallen in das Frühjahr 68. – C. Julius Vindex war Statthalter in Gallien. Der Aufstand wurde durch Verginius Rufus niedergeschlagen, der indes Verbindung mit Galba in Spanien aufnahm – Bethleptepha ist vielleicht das heutige Bet netif westlich von Jerusalem; Betabris: heute Dschibrin; Neapolis: heute Nablus; Koreai: heute Qirja. – Der 2. Daesius entspricht dem 20. Juni (68).

IV 8, 2: Bei Skythopolis (vgl. I 2, 7) ist Namensableitung schwer möglich, doch könnte die Bezeichnung auf eine Skythen-Ansiedlung in seleukidischer Zeit zurückgehen. – Somorra: Gomorrha. – Ginnabris: wohl gleichzusetzen mit Sennabris südlich von Tiberias. – Sodom: Ort ursprünglich am Südwestrand des Toten Meeres, dann in diesem versunken. – Nicht zu lokalisieren ist der „Eisenberg“. – „Große Ebene“ ist hier das Land zwischen dem See Genezareth und dem Toten Meer beiderseits des Jordans genannt.

IV 8, 3: Die Quelle liegt am Fuße des Hügels von Jericho, vgl. 2. Könige 2, 18f. – Jesus: der Josua des Alten Testaments. – Balsam als Saft des Strauches wurde als Heilmittel, das Holz selbst als Duftstoff verwendet. – Henna ist ein Färbemittel, aus dem Myrobalanos wurde Öl gewonnen.

IV 8, 4: Zum Asphaltsee (Totes Meer) vgl. Tacitus, „Historien" V 6, und Strabo XVI 763. In den Maßangaben differieren die antiken Quellen. – Der Farbenwechsel führt sich auf verschiedene Erwärmungs- und demnach Verdunstungsgrade des Salzes zurück. – Die Zerstörung Sodoms und Gomorrhas wird auf ein tektonisches Erdbeben zurückgeführt.

IV 9, 1: Mit Gerasa ist wohl nicht der Ort in der ostjordanischen Dekapolis gemeint, sondern Gazara (Gezer). – Ein L. Annius begegnet 52 als Statthalter auf Cypern.

IV 9, 2: Nero wurde am 9. Juni 68 getötet; die Ereignisse müssen Vespasian Anfang Juli bekannt gewesen sein. Nymphidius Sabinus, der Prätorianerpräfekt Neros, und Tigellinus, der Präfekt der Hauptstadt, gelten als Gehilfen Neros bei dessen Lastern und endeten bald danach. – Galba wurde nach vergeblichen Bemühungen um eine Disziplinierung der Truppen wegen Verweigerung des Donativums am 15. Januar 69 in Rom ermordet. – Als Hauptquellen für die Ereignisse sind erhalten Tacitus, „Historien"; Dio Cassius LXIII 27ff.; Sueton, „Kaiserbiographien".

IV 9, 3: Für die Gefährlichkeit des Simon ben Giora als zelotisch-messianischen Volksführers mit sozialrevolutionären Tendenzen spricht dessen Tötung 71 in Rom.

IV 9, 4: Nain: nicht identifizierbarer Ort östlich des Jordan. – Pheretai: vielleicht das heutige Khirbet farah bei Jerusalem.

IV 9, 5: Thekoa (heute Khirbet tequ): Ort nahe Bethlehem.

IV 9, 7: Die Gründungssage Hebrons ist nicht mehr zu rekonstruieren; eine Zahl von 2300 Jahren erscheint auch in den Nachrichten des Historikers Eupolemos (2. Jahrhundert v. Chr.). – Die Terebinthe (terebinthus pistacia), verwandt mit dem Mastix, war wegen ihres Harzes wichtig; sie hatte einen Kult im Hain von Mamre bei Hebron.

IV 9, 9: Die Schlacht bei Betriacum fand im April 69 statt: Otho starb am 17. April in Brixellum (Brescello). – Bethel, Ephraim: nördlich von Jerusalem. – Kaphethra und Kapharabin sind nicht zu lokalisieren.

IV 9, 11: Matthias war 64 Hohepriester. Die Ereignisse fallen in den April und Mai 69.

IV 10, 1: Siehe dazu Tacitus, „Historien" II 89; Sueton, „Vitellius" 11. Der Bericht des Josephus klammert den Winter 68/69 aus, während dessen Vespasian und seine Umgebung ihr Augenmerk auf den Westen konzentriert haben müssen und ihnen an der Schonung der Truppen viel gelegen haben wird.

IV 10, 4: Die Ausrufung Vespasians zum Kaiser fällt in Ägypten auf den 1. Juli 69, in Judäa und Syrien auf den 4. Juli. Daß sie sorgfältig vorbereitet war, ist nicht zu bezweifeln. Anfängliche Bedenken Vespasians (Sueton, „Vespasian" 5), der noch im Mai den Treueid auf Vitellius geleistet hatte, schließt dies nicht aus, obgleich eine solche Weigerung früh zum Requisit römischer Herrschererhebung gehört. Auslösendes Moment für die Haltung der Truppen könnte die Absicht des Vitellius gewesen sein, die im Osten demoralisierten und in ihrer Kampfkraft geschwächten Legionen mit denen am Rhein auszutauschen. Mit einer Armee von nunmehr neun Legionen ohne die Hilfstruppen besaß Vespasian die stärkste Streitmacht im Imperium. Ein Geldgeschenk an die Soldaten zahlte er bei seiner Erhebung auffallenderweise nicht.

IV 10, 5: Syene (heute Assuan): in der Nähe von Elephantine, südlichster Ort unter fester römischer Kontrolle. – Plinthine: westlicher Grenzort Unterägyptens außerhalb des Deltas. – Die Darstellung des Hafens von Alexandria (vgl. Strabo XVII 791 ff.) ist stark vereinfacht.

IV 10, 7: Zu den Vorzeichen siehe Tacitus, „Historien" II 78; Dio Cassius LXVI 1; Sueton, „Vespasian" 5. Josephus erhielt jetzt als Künder dieser Dinge das Bürgerrecht.

IV 11, 1: C. Licinius Mucianus, 57 Statthalter in Lykien und Pamphylien, 58 Legat im Heere des Corbulo gegen die Parther, 65 wie 72 Consul, war eine der wichtigsten Kräfte zur Vorbereitung der Erhebung Vespasians. Später literarisch tätig, ist er der Verfasser einer Kuriositätensammlung und einer Zusammenstellung von Dokumenten zur römischen Geschichte. Daß man ihm den Oberbefehl über die nach Westen vorrückenden Truppen übertrug (Legio VI Ferrata, die seit 30 im Osten garnisonierte, Abteilungen aus den anderen, dazu Leichtbewaffnete), lag nahe; sein Verband umfaßte an die 13 000 Mann, zu denen dann die Truppen aus Moesien und Pannonien kamen.

IV 11, 2: M. Antonius Primus, um 20 in Toulouse geboren, war 61 wegen Testamentsfälschung aus dem Senat gestoßen, doch von Galba rehabilitiert worden. Er stand als Legionslegat in Pannonien und fiel noch vor der Ankunft des Mucianus aus eigener Initiative in Italien ein. Unterstützt wurde er durch germanische, besonders suebische Häuptlinge. – Zum Abfall des A. Caecina Alienus siehe Tacitus, „Historien" III 13ff. – Die Kämpfe in Oberitalien, die im Oktober in der Schlacht von Betriacum und der Erstürmung Cremonas ihren Höhepunkt fanden, wurden mit auffallender Härte geführt.

IV 11, 4: Flavius Sabinus, der ältere Bruder Vespasians, war bereits unter Nero mehrfach Stadtpräfekt gewesen. Die angedeuteten Ereignisse gehören an den Rand des Jüdischen Krieges und fallen in die Zeit zwischen dem 18. und dem 20. Dezember; sie etwa als Pendant zu denen in Jerusalem zu stilisieren hält sich Josephus zurück. Bei den Kämpfen und der Wiederbesetzung durch die Vitellianer wurde ein Teil des Kapitols zerstört. Die Erstürmung der Stadt durch Antonius Primus nach einer schwer erklärbaren Verzögerung des Einmarsches am 20. Dezember kostete 50000 Tote. Antonius erhielt vom Senat die Triumphalinsignien, begab sich aber bald danach zu Vespasian in den Osten. Eine seinen Taten angemessene Beschäftigung fand er nicht mehr.

IV 11, 5: Vespasian kam im November 69 nach Alexandria. – Nikopolis: 24 v. Chr. von Augustus gegründet, westlich des Nildeltas. – Thmuis: Ort nahe Alexandria. – Herakleopolis: Ort im Nildelta. – Der Tempel des Zeus Kasios lag 15 km östlich von Pelusium, Ostrakine rund 80 km weiter.

V 1, 1: Die geschilderten Ereignisse fallen in das Frühjahr 70.

V 1, 3: Nach der geschilderten Verteilung besaß Eleazar den inneren, Johannes den äußeren Tempelvorhof, die Ober- und die Unterstadt waren in Händen Simons. – Das eingeschaltete Klagelied ist persönliches Bekenntnis des Josephus und damit bewußte Selbsteingliederung in die Reihe der Propheten des alten Testaments.

V 1, 5: Die von Agrippa II. geplanten Bauarbeiten am Tempel waren durch eine Senkung des Bodens nötig geworden.

V 2, 1: Die genaue Darstellung des römischen Anmarsches beruht auf Augenzeugenschaft des Josephus. – Das Tal der Dornen ist nicht identifizierbar.

V 2, 2: Die geschilderten Ereignisse spielen sich in der Nordwestecke der Stadt ab. – Helena war eine Königin von Adiabene.

V 2, 3: Der Skopus („Aussichtspunkt") ist die nördliche Verlängerung des Ölberges, etwa 1,8 km vom Tempel entfernt. Die folgenden Kämpfe spielen sich auf und an ihm ab, wobei die römische Führung offensichtlich Kampfkraft und Energie der vorübergehend wieder geeinten Juden unterschätzte.

V 3, 1: Die geschilderten Ereignisse fallen in die Zeit um den 1. April. – Bei den unterirdischen Gelassen muß es sich um Wasserleitungen und Zisternen handeln. – Als Zeloten sind hier die Anhänger Eleazars bezeichnet.

V 4, 3: Die Nachrichten über den Umfang der Stadt differieren zwischen 27 und 40 Stadien.

V 4, 4: Der Herodespalast im Westen der Stadt bildete strategisch einen Gegensatz zum Tempelbezirk, den die Antonia flankierte. Sitz des Prokurators in den kritischen Festzeiten des Jahres, war er Unterkunft einer Auxiliareinheit, wurde aber von den Aufständischen bald nach der Antonia geschleift.

V 5, 3: Alexander: Vater des Tiberius Julius Alexander, Bruder des Philosophen Philon.

V 5, 5: Zum siebenarmigen Leuchter siehe die Darstellung auf dem Titusbogen in Rom; einen Leuchter erhielt Josephus nach der Einnahme von Titus als Geschenk.

V 5, 6: Die Lage des Opferaltars ist nicht klar. – Der Talmud (Middoth) erklärt die Verpönung des Eisens mit dessen lebenzerstörender Kraft. – Mit Samenfluß scheinen Geschlechtskrankheiten gemeint.

V 6, 2: Die Lage des Grabes von Johannes Hyrkanos ist unbekannt, es wird aber im Westen der Stadt zu suchen sein.

V 7, 2: Nikon: (griech.) Sieger. – Der 7. Artemisios entspricht dem 25. Mai (70).

V 7, 3: Das „Assyrerlager" wird sich auf die Belagerung durch Sanherib 701 v. Chr. beziehen (2. Könige 18, 17); gemeint ist ein Platz im Nordwesten der Stadt.

V 8, 1: Die Händlerbuden sind in der Vorstadt nordwestlich des Tempels zu suchen.

V 9, 1: Die Soldzahlung fand zwischen der ersten und der zweiten Mauer statt.

V 9, 4: Im folgenden gibt Josephus Altertumsreminiszenzen mit Legenden vermengt (vgl. 1. Mose 12ff.). – Zu Nechao siehe 2. Könige 23–29; 2. Chronik 35, 20. – Zum Aufenthalt in Ägypten siehe 1. Mose 15. – Zur Bundeslade siehe 1. Samuel 5, 6; zur Vernichtung des Sennacherim 1. Samuel 5, 14, 2. Könige 19, 35, 2. Chronik 32, 60; zu Sedekias 2. Könige 25, 1–10; zum Schicksal des Tempels unter Antiochos IV. 1. Makkabäer 29ff.; Daniel 12, 11; zur Assyrersteuer 2. Könige 18, 14, zur Dürre Jeremias 40, 12.

V 11, 3: Antiochus IV. von Kommagene aus persischem Satrapengeschlecht war bis zur Absetzung 73 treuer Satellit Roms. Sein Staat war 18–38 bereits von Rom eingezogen gewesen und wurde auch danach wieder ein Teil der Provinz Kappadokien. – Die Ausbildung der Truppen, offensichtlich als Phalanx, bedeutete eine Nachahmung frühhellenistischer Verhältnisse und mußte als veraltet gelten.

V 11, 4: Der 12. Artemisios entspricht dem 30. Mai.

V 11, 5: Garis: Ort östlich von Sepphoris. – Mariamne ist wohl eine Schwester Agrippas II.

V 12, 2: Der Taubenschlagfelsen ist nicht zu lokalisieren, ebensowenig das Ananusgrab. – Die römische Armee teilte die Nacht in vier Wachen zu je drei Stunden ein, die jüdische in drei. Anzunehmen ist, daß Titus sich den gegnerischen Gepflogenheiten anpaßte.

V 13, 1: Matthias: wohl der Hohepriester des Jahres 65.

V 13, 7: Die Angabe „vom Tag des Belagerungsbeginns . . . bis zum Neumond des Panemus“ meint die Zeit zwischen dem 1. Mai und dem 20. Juli.

VI 1, 3: Der Neumond des Monats Panemus fällt auf den 20. Juli.

VI 1, 5: Die platonischen Unsterblichkeitsvorstellungen sind in Gegensatz zu den Zeugnissen des jüdischen Fanatismus gestellt.

VI 2, 1: Die Trümmer der Antonia erleichterten den Anstieg zum Tempel. – Die geschilderten Ereignisse fallen auf den 7. August. – Messianische Hoffnungen, von Johannes von Gischala bis zuletzt zur Richtschnur seiner Handlungen gemacht, sind Zeichen stärkster Verblendung. – Das tägliche offizielle Opfer bestand aus einem Lamm morgens und abends, Mehl, Olivenöl und Wein. Daneben sind private Opfer möglich. Beim Sühneopfer wurde Opferblut zusammen mit den Eingeweiden des Tieres auf dem Altar verbrannt. Zu fragen ist, ob Josephus auf einen eingetretenen Mangel an Opfertieren anspielt. – Weissagungen zur Eroberung und Zerstörung der Stadt waren alt und offensichtlich längst zum literarischen Topos geworden (vgl. „Sibyllinische Orakel“ 4, 114 ff.):

„Dich, Armenien, erwartet die unentrinnbare Knechtschaft,
doch auch Jerusalem naht der furchtbare Sturmwind des Krieges
von Italien her, den großen Tempel zerstörend,
wenn sie auf Wahnsinn vertrauend die Ehrfurcht vor Gott von sich werfen
und selbst im Vorhof des Tempels die furchtbarsten Morde begehen.“

VI 2, 5: S. Cerealis Vettulenus war der Legat der V. Legion.

VI 2, 6: Der mit der Peitsche antreibende Zelotenführer gehört in den Bereich der Barbarentopik und muß unter den Lesern des Josephus bestimmte Assoziationen auslösen.

VI 2, 8: Am Ölberg kämpfte die X. Legion.

VI 2, 9: Die Niederlegung der Hallen dient der Gewinnung von Schußfeld. – Mit dem „25. Tag des erwähnten Monats" ist der 12. August gemeint.

VI 3, 3: Bei den Attiken handelt es sich um Drachmen, der im östlichen Imperiumsgebiet wichtigsten Münze.

VI 3, 4: Bethezob (Bethezyba, abgeleitet von Ysop, einem thymianartigen Gewürz) ist sonst nicht bekannt.

VI 4, 1: Der 8. Loos entspricht dem 27. August (70).

VI 4, 3: M. Antonius Julianus, als Prokurator schon für 67 erwähnt, Verfasser eines von Josephus benutzten Geschichtswerkes über den Jüdischen Krieg.

VI 4, 5: Der 10. Loos: der 29. August (70).

VI 4, 8: Die Zahlen sind unklar. Nach der Berechnung des Josephus wäre das zweite Regierungsjahr des Kyros 570; dies ist als Ansatz zu früh. Josephus wird einer jüdischen Chronik folgen. Der Tempelbau Salomos fiele demnach auf 960.

VI 6, 2: Mit „Schwäche des Reichs" sind wohl die Zustände unter Nero und die beginnenden Wirren nach dessen Tode gemeint.

VI 8, 1: Der 20. Loos: der 8. September (70).

VI 8, 3: Kasia: Pflanze aus der Gruppe der Cinnamongewächse, aus Indien und Bengalen eingeführt. Sie wurde zur Zimt- und Weihrauchherstellung verwendet.

VI 9, 3: Die Zahlen sind übertrieben.

VI 10, 1: Der 8. Gorpiaeus: der 26. September. – Zu Asochaeus siehe 1. Könige 14, 25ff., zur Eroberung Jerusalems durch Nebukadnezar 587 v. Chr. 2. Könige 25, zum „gerechten König" (Melchisedek) in der Zeit Abrahams 1. Mose 14, 18. – Hierosolyma in vorliegender Deutung scheint griechische Volksetymologie. Die Bedeutung des Namens (in neuassyrischen Keilinschriften Ursalimmu) ist nicht geklärt, die Jahreszahlen ungenau.

VII 3, 1: Das Geburtsdatum Domitians ist der 25. Oktober 52, der Geburtstag Vespasians der 17. November.

VII 3, 3: Antiochus I., Sohn Seleukos' I., regierte 281–264.

VII 3, 4: Cn. Pompeius Collega fungierte als Legionslegat und Stellvertreter von L. Caesennius Paetus, der für 70 als Legat von Syrien eingesetzt wurde.

VII 4, 2: Der Aufstand des Civilis in Gallien, an sich gegen Vitellius gerichtet und formell 69 von ihm als Anhänger Vespasians begonnen, hatte das Ziel einer Loslösung Galliens und Germaniens von Rom und der Errichtung eines eigenen gallischen Imperiums. Q. Petilius Cerealis als Legat Vespasians konnte den Aufstand in den folgenden Jahren mit Mühe niederschlagen; er begegnet nach 71 als Legat in Britannien.

VII 4, 3: Zum Aufstand an der mittleren und unteren Donau siehe Tacitus, „Historien" IV 56. Einfälle von Dakern und Sarmaten waren ausgelöst durch die unklaren Verhältnisse in Rom und die Schwäche der einzelnen Kaiser. Sie veranlaßten die Statthalter, zu fliehen oder sich auf die Seite Vespasians zu stellen, doch bedeutete das notwendige Eingreifen zur Wiederherstellung der Ordnung für Mucianus Verzögerung auf seinem Marsch nach Westen.

VII 5, 1: Arkaea ist ein Ort im nördlichen Libanongebiet. Agrippa II. hatte in dieser Gegend als Belohnung für seine Loyalität von Vespasian Territorien erhalten.

VII 5, 2: Zeugma ist Übergangsplatz am Euphrat bei Samosata. – Vologaeses I. brauchte als König des Partherreiches römische Hilfe gegen die Bedrohung durch Stämme nördlich des Kaukasus. Militärische Hilfe indes verweigerte Vespasian, was durch die Situation innerhalb des Imperiums mitbestimmt gewesen sein mag.

VII 5, 4: Der Tempel von Isis und Sarapis befand sich auf dem Marsfeld, der Porticus der Octavia an der Westseite des Capitols, die Porta Triumphalis zwischen Capitol und Tiber.

VII 5, 7: Der Friedenstempel war 75 vollendet und ist ein zeitlicher Hinweis für die Abfassung des „Jüdischen Krieges".

VII 6, 1: Cerealis hatte das Kommando über die V. Legion. – Machaerus war um diese Zeit immer noch Basis der Zeloten.

VII 6, 2: Alexander: Alexander Jannäus. – A. Gabinius war Proconsul 57–55 v. Chr.

VII 6, 5: Die Lage von Jardes ist unbekannt.

VII 6, 6: L. Liberius Maximus war Prokurator von Judäa. – Mit dem „Verkauf" des Judenlandes ist die Verpachtung gemeint. Im Zuge dieser Aktion erhielt Josephus ein Stück Land bei Jerusalem als Geschenk. – Zwei Drachmen pro Kopf der männlichen Bevölkerung hatten die Juden bisher alljährlich als Tempelsteuer nach Jerusalem abgeführt.

VII 7, 1: Chalkidike: vielleicht Landschaft am Orontes, doch wäre auch die Gegend um Chalkis im Libanon möglich.

VII 7, 4: Die Alanen waren ein sakisches Reitervolk, mit den Iraniern verwandt. – Hyrkanien: Gebiet an der Südküste des Kaspischen

Meeres; die politische Geschichte ist nicht lückenlos bekannt. Der König Hyrkaniens hatte sich gegen die Parther zu behaupten und war daher in der Kaiserzeit ein natürlicher Bundesgenosse Roms. – Pakorus: König von Medien, Bruder des Vologaeses. Über sein weiteres Schicksal ist wenig bekannt. – Mit den „eisernen Toren“ sind die Pässe des Kaukasus (in spätantiker Darstellung der Paß von Derbent) gemeint.

VII 8, 1: Flavius Silva Nonius Bassus war Legat von Syrien. Unklar ist sein Ernennungsjahr (72 oder 73), von dem die Einordnung der folgenden Ereignisse abhängt.

VII 8, 3: Israelische Ausgrabungen haben auf der Bergspitze einen Komplex von mindestens zwei Palästen zutage gefördert, an denen während der Regierung des Herodes lange gebaut worden sein muß. Von ihnen erstreckte sich der am Nordabhang gelegene über drei Terrassen mit Bädern, Thermen und Vorratshäusern mit 35 m Niveauunterschied und scheint mit allen für diese Zeit erdenklichen Raffinessen ausgestattet gewesen zu sein. Dazu kommen Wirtschafts- und Villenkomplexe wohl für die Umgebung des Königs, auch ein Kolumbarienfriedhof, vielleicht für deren nichtjüdische Mitglieder. Umgeben war die Bergfestung von einer starken Kasemattenmauer, die später von den Zeloten als Unterkunft benutzt worden zu sein scheint, während man die Gebäude zu Vorratslagern machte. Durch die erst in den sechziger Jahren abgeschlossenen Grabungen wurden frühere Rekonstruktionsversuche korrigiert. – Mit Jonathan ist wohl der Makkabäer gemeint.

VII 8, 4: Die Festung war seit 66 ununterbrochen in der Hand der Zeloten, nachdem man die römische Besatzung vernichtet hatte. Die Spuren dieser Zeit lassen primitivere Lebensformen erkennen, die man gerade an dieser Stelle wohl bewußt als Gegensatz zum Luxus des Herodes betonte. In diese Zeit fällt möglicherweise die Anlage eines Tauchbades zu rituellen Zwecken. Funde von Schriftresten lassen auf enge Beziehungen zu den Essenern schließen. Einfach sind auch die Waffen, die auf einen Kampf im wesentlichen mit Pfeil und Bogen hinweisen, gefundene Teile eines Plattenpanzers scheinen eine Ausnahme. Die Ausgrabungen haben zugleich ein klares Bild der römischen Befestigung zur Einschließung des Berges wie auch der angelegten Rampe zur Erstürmung von Westen her ergeben.

VII 8, 7: Die zweite Rede des Eleazar enthält Anklänge an Gedanken griechischer Philosophie. Zur indischen Philosophie siehe auch die Schrift des Josephus gegen Apion (I 179): Sie war durch Alexander den Großen in den Gesichtskreis der antiken Welt gekommen, wurde aber schon angesichts mangelnder Sprachkenntnisse bald zu einem seit dem Hellenismus viel benutzten Medium vorwiegend eigener Selbstdarstellung.

VII 9, 2: Der Tag des Massenselbstmordes war der 2. Mai 73 (oder 74). – Skelettfunde wurden in größerer Zahl gemacht; die Häufung der Skelette an einzelnen Stellen meist unterhalb des Gipfels erklärt sich aus der Bestattung, die die römischen Soldaten vorzunehmen hatten. Desgleichen wurden im nördlichen Teil der Festung 11 Tonscherben gefunden, mit Namen beschrieben. Handelt es sich wie vermutet um die erwähnten Lose, die die Reihenfolge des Selbstmordes bestimmten, so gehören sie zu den erschütterndsten Zeugnissen der Menschheitsgeschichte. Der Platz selbst wurde als römischer Stützpunkt beibehalten. Im 5. Jahrhundert entstand auf dem Areal eine Reihe Mönchszellen, zu denen später eine Kapelle kam.

VII 10, 2: Lupus ist sonst nicht zu identifizieren. – Daß Vespasian im Oniastempel von Leontopolis, dem ehemaligen Gegenpol zu Jerusalem, die Gefahr einer ideologischen Kontinuität mit neuer Zentrenbildung sah, liegt nahe. Anderseits wurde die Bildung einer Rabbinerschule unter Jochanan ben Zakkai in Jamnia nicht behindert. – Mit Ptolemaeus ist Ptolemaeus VI. (regierte 182–146) gemeint.

VII 10, 3: Zu der Weissagung siehe Jesaja 19, 18.

VII 10, 4: Die Zahl 343 ist schwer zu erklären. 170 v. Chr. bis 73 n. Chr. = 243 Jahre. Doch wäre es möglich, daß Josephus auf sieben Jubeljahre anspielt (7 mal 49).

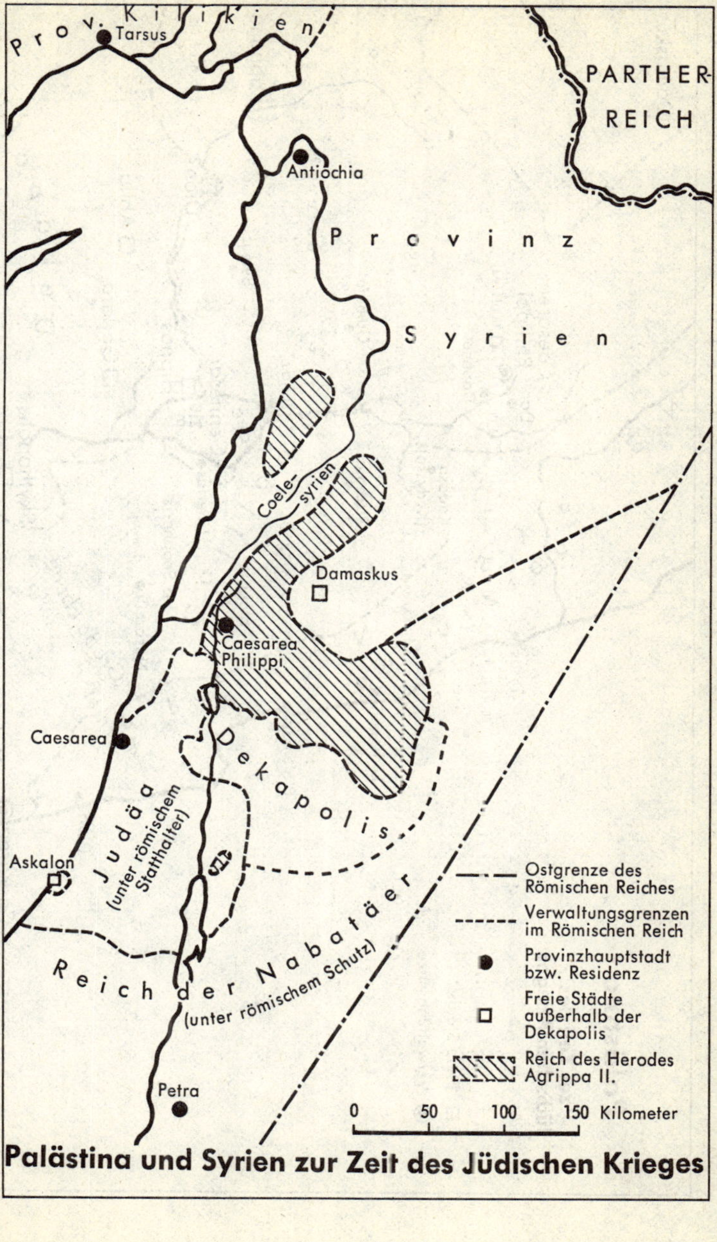

Palästina und Syrien zur Zeit des Jüdischen Krieges

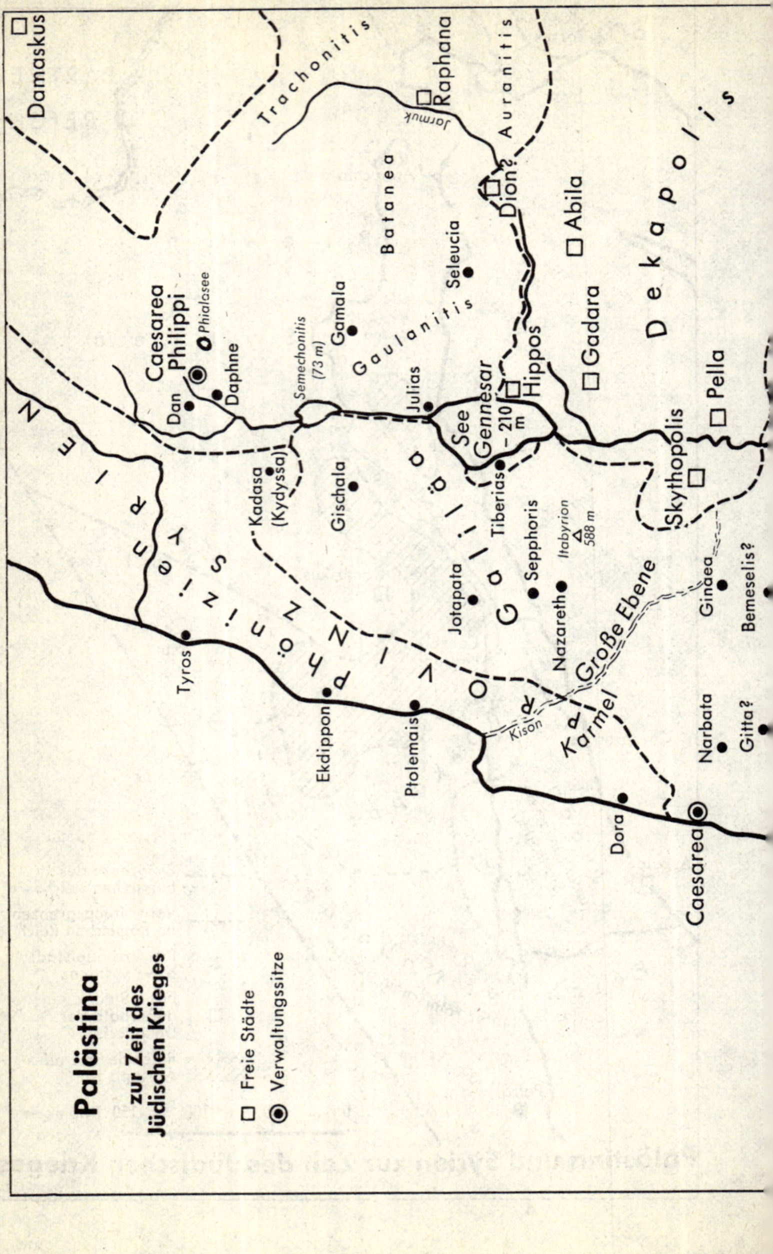
Palästina
zur Zeit des Jüdischen Krieges
Freie Städte
Verwaltungssitze
Damaskus
Trachonitis
Raphana
Jarmuk
Auranitis
Batanea
Dion?
Abila
Dekapolis
Seleucia
Gadara
Pella
Caesarea Philippi
Phialasee
Dan
Daphne
Semechonitis
(73 m)
Gamala
Gaulanitis
Julias
See Gennesar
– 210 m
Hippos
Skythopolis
Kadasa
(Kydyssa)
Gischala
Tiberias
Sepphoris
Itabyrion
588 m
Galiläa
Jotapata
Nazareth
Große Ebene
Gindaea
Bemeselis?
Tyros
Phönizien
Syrien
Ekdippon
Ptolemais
Kison
Karmel
Narbata
Gitta?
Dora
Caesarea

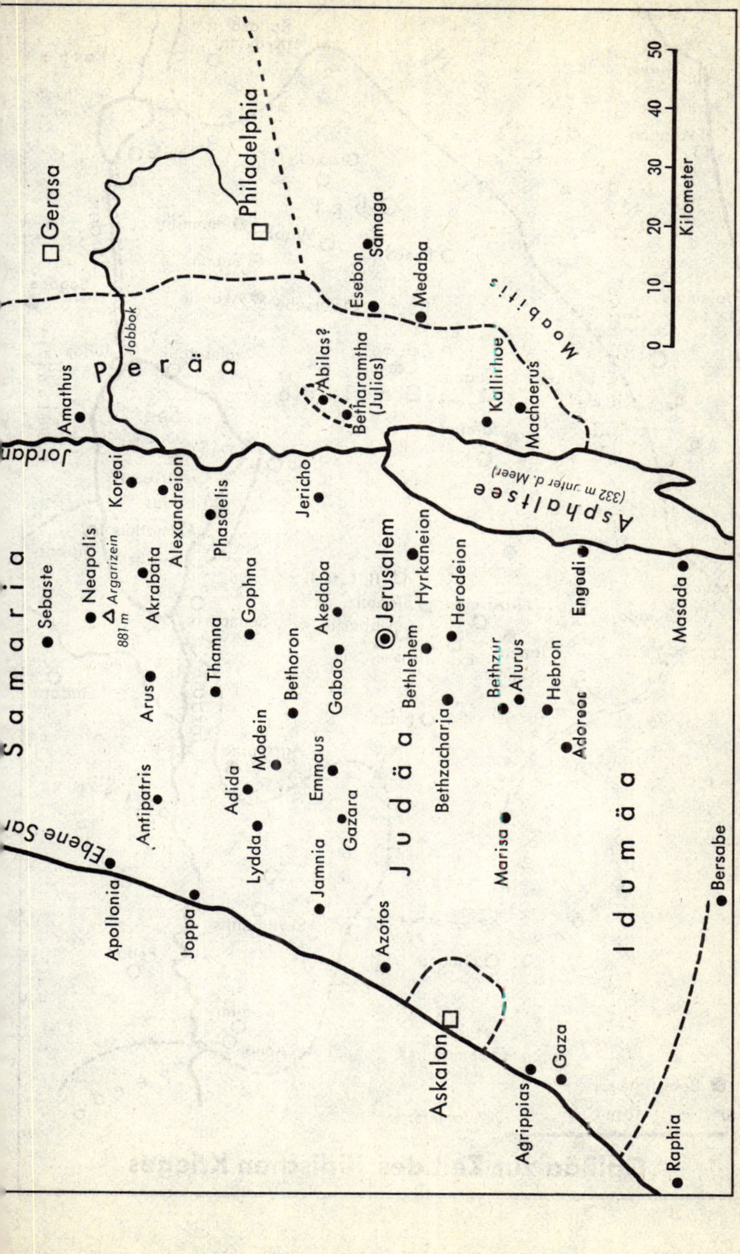
Samaria
Peräa
Judäa
Idumäa
Moabitis
Ebene Sar
Jordan
Jabbok
Asphaltsee
(332 m unter d. Meer)
Gerasa
Philadelphia
Samaga
Esebon
Medaba
Amathus
Abilas?
Betharamtha
(Julias)
Kallirhoe
Machaerus
Koreai
Alexandreion
Phasaelis
Jericho
Sebaste
Neapolis
Argarizein
881 m
Akrabata
Arus
Thamna
Gophna
Betheron
Akedaba
Jerusalem
Hyrkaneion
Herodeion
Bethlehem
Gabao
Modein
Adida
Antipatris
Emmaus
Bethzacharja
Bethzur
Alurus
Hebron
Adoreos
Engadi
Masada
Gazara
Lydda
Jamnia
Apollonia
Joppa
Azotos
Marisa
Askalon
Agrippias
Gaza
Bersabe
Raphia
0 10 20 30 40 50
Kilometer

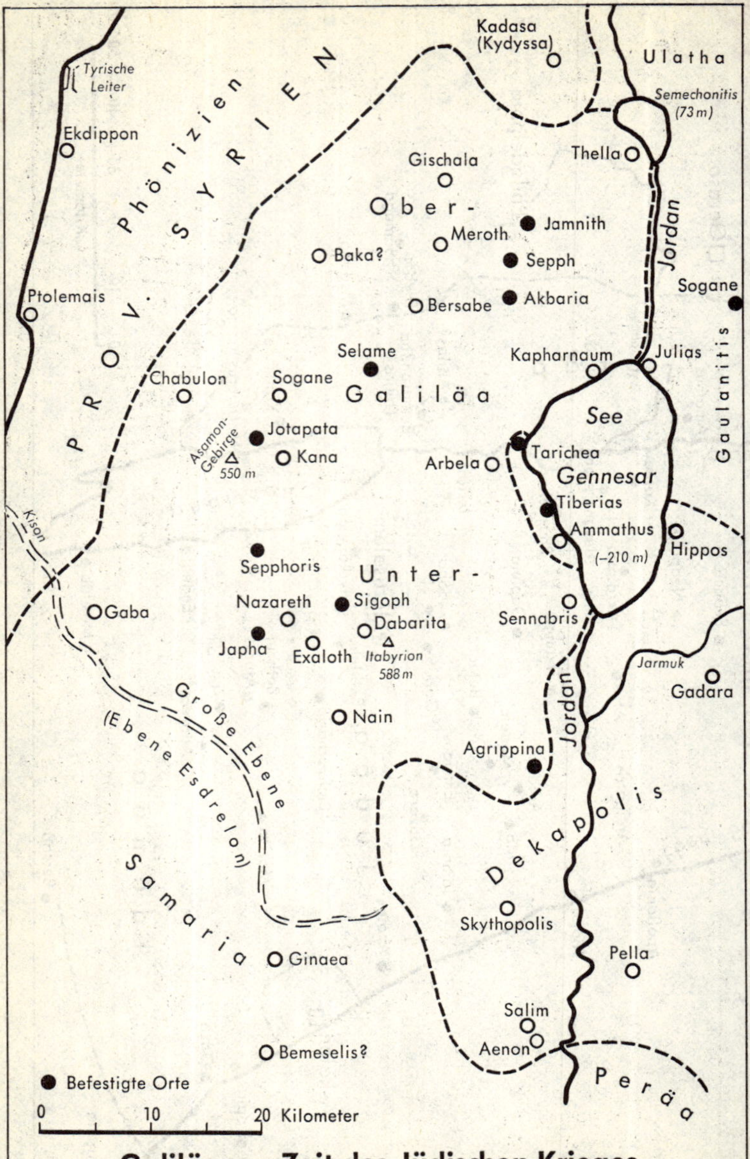

Galiläa zur Zeit des Jüdischen Krieges

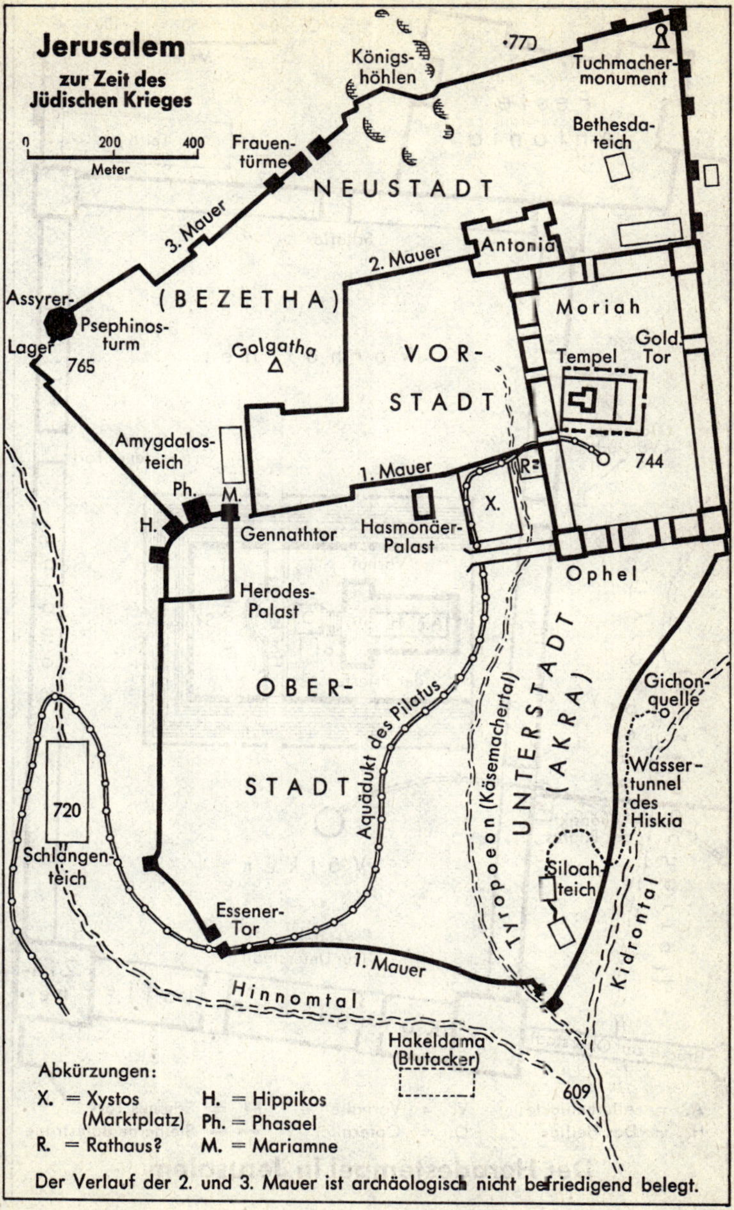
Jerusalem
zur Zeit des Jüdischen Krieges
0 200 400
Meter
Königs-höhlen
770
Tuchmacher-monument
Frauen-türme
Bethesda-teich
NEUSTADT
3. Mauer
Antonia
2. Mauer
Assyrer-
Lager
Psephinos-turm
765
(BEZETHA)
Moriah
Golgatha
VOR-
STADT
Gold. Tor
Tempel
Amygdalos-teich
1. Mauer
R.
744
Ph.
M.
X.
H.
Gennathtor
Hasmonäer-Palast
Ophel
Herodes-Palast
OBER-
STADT
Aquädukt des Pilatus
Tyropoeon (Käsemachertal)
UNTERSTADT
(AKRA)
Gichonquelle
Wasser-tunnel des Hiskia
720
Schlangen-teich
Siloah-teich
Essener-Tor
1. Mauer
Kidrontal
Hinnomtal
Hakeldama (Blutacker)
609
Abkürzungen:
X. = Xystos (Marktplatz)
H. = Hippikos
Ph. = Phasael
R. = Rathaus?
M. = Mariamne
Der Verlauf der 2. und 3. Mauer ist archäologisch nicht befriedigend belegt.

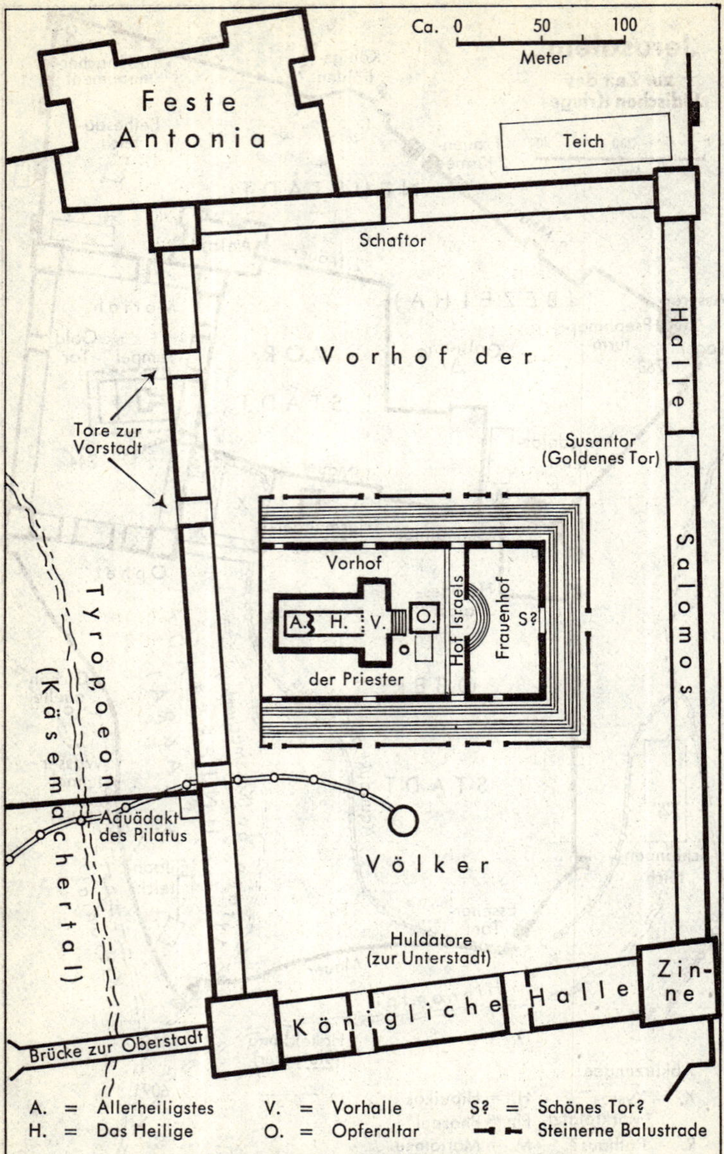

Der Herodestempel in Jerusalem

ERLÄUTERUNGEN
ZU DEN NAMEN DER KARTEN UND PLÄNE

Zahlreiche von Josephus erwähnte Orte hatten neben ihrem griechischen oder lateinischen Namen noch einen solchen hebräischen oder aramäischen Ursprungs. Teils sind sie auch aus der biblischen Geschichte unter anderem Namen bekannt. Josephus selbst belegt mehrfach ein und denselben Ort bei wiederholter Erwähnung mit verschiedenen Namen. Nachstehend sind die wichtigsten derartigen Fälle zusammengestellt. An erster Stelle stehen dabei stets die von Josephus bevorzugten und auch in den vorstehenden Karten verwendeten Namensformen. Wo es zweckmäßig erschien, wurden auch die modernen Namen mit angeführt.

Adoreos: auch Adora, Dora (Idumäa), Dura
Agrippeum, Agrippias: Anthedon
Akedasa: auch Adasa
Akrabata: auch Akrabatta, Acrabbein, Akrabeta
Akrabatene: das Gebiet von Akrabata (heute Aqraba)
Ammathus: auch Hammath oder Emmaus, jedoch nicht das Emmaus des Neuen Testaments. Heute Hammam Tabariyeh (heiße Schwefelquellen)
Amygdalosteich: heutiger Hiskia- oder Patriarchenteich, auch Patriarchenbad (Birket Hammam el-Batrak)
Anthedon: Agrippeum (Agrippias)
Antiochia, Antiochien: das heute türkische Antakya
Antipatris: auch Pegai, Pegae, Kapharsaba
Argarizein: auch Garizim, Gerizim
Askalon: auch Ashkelon
Azotos, Azot: auch Asdod, heute Ashdod
Asphaltsee: auch Salzmeer, heute Totes Meer
Betharamtha, Betharamathus: auch Betharamphtha, das alttestamentliche Beth Haram. Zeitweise auch Livias und Julias.
Caesarea Philippi: ursprünglich Panias, später Neronias und Caesarea Paneas. Beim heutigen Baniyas in Syrien.
Chabulon: auch Kabul, das alttestamentliche Kisloth-Tabor
Dabarita, Dabaritta: auch Dabrath, Daberath oder Dabira. Heute Deburiyeh.
Diospolis: vielleicht Dion

Dora (in Idumäa): auch Adoreos, Adora, Dura
Dora (in Samaria): das heutige Dor
Ekdippon: auch Ekdippa, das alttestamentliche Achsib
Emmaus: lange Nikopolis, heute Imwas oder Amwas. Nicht sicher das neutestamentliche Emmaus.
Engedi, Engaddai: das alttestamentliche Ain Geddi, beim heutigen Eyen-Gedi
Esebon: auch Esbos oder Hesbon
Exaloth: auch Chesulloth, heute Iksal oder Kesullot
Gaba, Gabae: auch Hippeion und Hippeum.
Gabao, Gabaon: das biblische Gibeon
Gazara: auch Gezer oder Geser
Gema: auch Ginaea, das heutige Ed-Dschenin
Gennesar, Genezareth, See: hebräisch Yam Kinnereth, heute am bekanntesten als Tiberiassee
Gichonquelle: auch Gihon, die heutige Marienquelle
Gophna: das alttestamentliche Ophni oder Haophni, heute Jifna oder Dschifna
Große Ebene: die Ebene Esrelon oder Jesreel, in IV 2 jedoch der Jordangraben zwischen Tiberiassee und Totem Meer, das heutige Ghor
Herodeion: der ‚Frankenberg' der Kreuzfahrer
Hippos: auch Susitha
Itabyrion: der Berg Tabor
Japha, Japhia: heute Jafa (nicht zu verwechseln mit Tel Aviv-Jaffa!)
Joppe: auch Joppa, das moderne, seit 1949 mit Tel Aviv vereinigte Jaffa (Yafo)
Jotapata: das alttestamentliche Jotbah
Julias (in der Gaulanitis): Bethsaida (oder unweit von diesem)
Julias (in Peräa): auch Betharamtha, Betharamphtha, Betharamathus. Zeitweise auch Livias.
Kadasa, Kydyssa: auch Kedasa, Kedes, Kydissos, heute Tell Qedesh.
Kapharnaum: hebräisch Kfar Nahum, das biblische Kapernaum
Kidrontal: auch Tal Josaphat, heute Wadi Sitti-Marjam (= Mariental)
Korea = *Koreai*
Lydda: auch Lud, heute Lod
Medaba: auch Madaba, Medeba
Marisa, Maresa: auch Maresha, heute Tell Sandahanna
Neapolis: zeitweise auch Flavia Neapolis und Julia Neapolis, das heutige Nablus (unweit vom ehemaligen Sichem)
Ophel, Ophla: griechisch Ophlas, der Teil des Tempelberges (Moriah) in Jerusalem, auf dem die älteste Siedlung stand

Philadelphia: vorher Rabbath Ammon, auch Rabba und Rabbath, die heutige jordanische Hauptstadt Amman

Ptolemais: das phönizische und heutige Akko, zeitweise auch Akka, Akkon, Acre und Akra

Raphana: auch Raphon, er Rafeh

Raphia: das heutige Rafa

Samaga: auch Samaea, Samoga

Samaria = Sebaste

Schlangenteich: zeitweise Germanusteich, der heutige Sultansteich (Birket es-Sultan)

Sebaste: die griechische Entsprechung zum lateinischen Augusta. Früher Samaria, heute Sabastiya oder Sebastiyeh.

Semechonitis: auch Samcho- oder Simchusee = der heute weitgehend trockengelegte Hulesee einschließlich des ehemals nördlich angrenzenden Sumpflandes. Die früher übliche Gleichsetzung mit dem alttestamentlichen „Wasser von Merom" wird heute meist nicht mehr aufrechterhalten.

Sepphoris: zeitweise Diocaesarea, heute Tsip(p)oris, Zipporis oder Saffuriyeh

Skythopolis: vorher (und heute) Beth Shaan, heute auch Bet Shean oder Beyth Shean, im Mittelalter auch Beisan

Stratonsturm: Ausgangspunkt für die Gründung Caesareas

Tabor: siehe Itabyrion

Tarichea, Taricheae: entspricht dem neutestamentlichen Magdala oder Magadan (Matthäus-Evangelium) bzw. Dalmanutha (Markus-Evangelium). Heute Migdal oder Mejdel.

Thamna: auch Timnath, Thimnath, T(h)imnath Serah

Tyrische Leiter: Eine Wegenge am heutigen Ras (= Vorgebirge) en-Naqura, in römischer Zeit durch ausgehauene Tritte überwunden

Herodes der Große

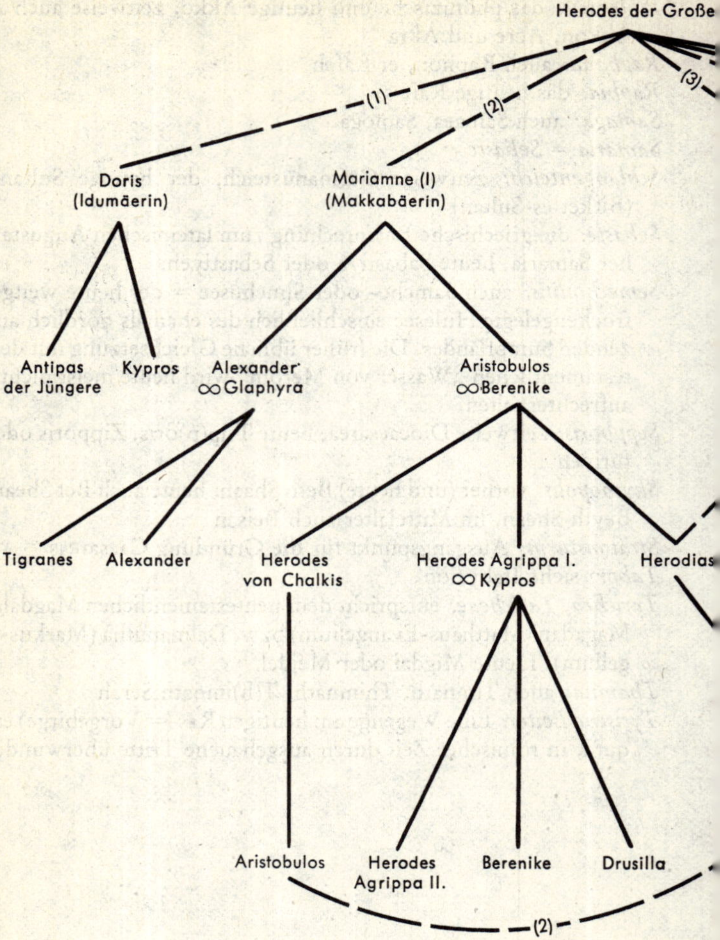

und seine Nachkommen

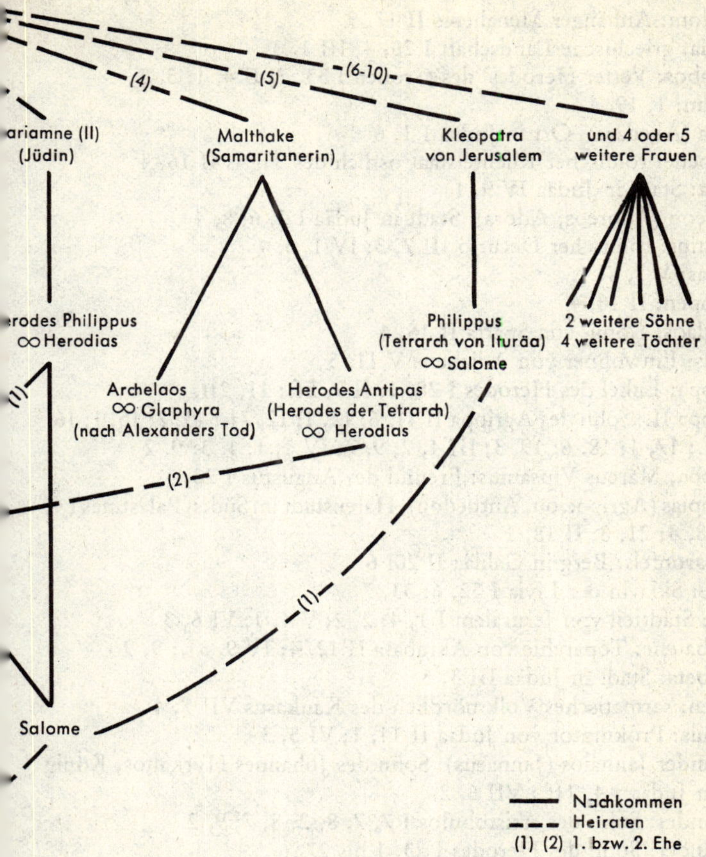

VERZEICHNIS DER EIGENNAMEN

BIBLIOGRAPHISCHE HINWEISE

Ausgaben des „Jüdischen Kriegs“

Flavii Iosephi opera. Edidit et apparatu critico instruxit Benedictus Niese. Band VI: De bello Iudaeo libros VII ediderunt Iustus a Destinon et Benedictus Niese. Berlin 1894. Unveränderter Nachdruck Berlin 1955 [grundlegende kritische Ausgabe]

Flavius Josephus: De bello Judaico – Der jüdische Krieg. Zweisprachige Ausgabe der sieben Bücher. 3 Bände. Herausgegeben und mit einer Einleitung sowie mit Anmerkungen versehen von Otto Michel und Otto Bauernfeind. München 1959–69 [der griechische Text im Anschluß an Niese und Destinon]

Zu Leben und Werk des Josephus

H. Baerwald: Josephus in Galiläa. Sein Verhältnis zu den Parteien, insbesondere zu Justus von Tiberias und Agrippa II. Diss. Breslau 1877

N. Bentwich: Josephus. Philadelphia 1926

L. Bernstein: Flavius Josephus. New York 1938

G. Bertram: Josephus und die abendländische Geschichtsidee. In: Germanentum, Christentum, Juden. Studien zur Erforschung ihres gegenseitigen Verhältnisses, herausgegeben von W. Grundmann. Leipzig 1941. Seite 41ff.

S. J. Cohen: Josephus in Galilea and Rome. His Vita and Development as a Historian. London 1979 (ursprünglich Diss. Columbia-Universität, New York 1975)

M. Gelzer: Die Vita des Josephus. In: Hermes, 1952, Seite 73ff.

R. Laqueur: Der jüdische Historiker Flavius Josephus. Gießen 1926 (Nachdruck Darmstadt 1970)

H. Luther: Josephus und Justus von Tiberias. Diss. Halle 1910

B. Niese: Der jüdische Historiker Josephus. In: Historische Zeitschrift, 1896, Seite 193ff.

H. Petersen: Real and Alleged Projects of Josephus. In: American Journal of Philology, 1958, Seite 259ff.

T. Rajek: Justus of Tiberias. In: Classical Quarterly, 1973, Seite 353ff.

F. Rühl: Justus von Tiberias. In: Rheinisches Museum, 1916, Seite 289ff.

A. Schalit: Die Vita des Josephus. Diss. Wien 1925

A. Schalit: Josephus und Justus. In: Klio, 1933, Seite 63 ff.
H. St. Thackeray: Josephus. The Man and the Historian. New York 1929 (Nachdruck 1967)
W. Weber: Josephus und Vespasian. Untersuchungen zu dem Jüdischen Krieg des Flavius Josephus. Berlin 1921
G. Williamson: The World of Josephus. London 1964

Geschichte von Hellenismus und Judentum bis auf die Kaiserzeit

F. M. Abel: Les Livres des Maccabées. Paris 1945
K. M. Atkinson: The Historical Setting of the Habakuk Commentary. In: Journal of Semitic Studies, 1959, Seite 238 ff.
H. Attridge: The Interpretation of Biblical History in the Antiquities of Flavius Josephus. New York 1976
M. Avi Yonah: Geschichte der Juden in der Zeit des Talmud. Berlin 1962
S. W. Baron: A Social and Religious History of the Jews. New York 1952
S. W. Baron: History and Jewish Historians. Philadelphia 1964
P. Beer: Geschichte der Juden von ihrer Rückkehr aus der babylonischen Gefangenschaft bis zur Zerstörung des zweiten Tempels. Wien 1868
H. J. Bell: Jews and Christians in Egypt. London 1924
C. Bevan: Jews under the High Priests. London 1904
E. Bickerman: The Warning Inscription of Herodes' Temple. In: Jewish Quarterly Review, 1946/47, Seite 387 ff.
H. Bietenhard: Die Dekapolis von Pompeius bis Traian. In: Zeitschrift des deutschen Palästina-Vereins, 1963, Seite 24 ff. (vgl. dazu Aufstieg und Niedergang der römischen Welt. II 8. Berlin 1977. Seite 220 ff.)
A. Bludau: Juden und Judenverfolgung im alten Alexandria. Leipzig 1906
J. Bonsirven: Le judaisme palestinien aux temps de Jésus-Christ. Paris 1934/35
H. Buchheim: Die Orientpolitik des Triumvirn M. Antonius. Heidelberg 1960
V. Burr: Tiberius Julius Alexander. Bonn 1955
Th. Corbishley: The Chronology of the Reign of Herod the Great. In: Journal of Theological Studies, 1935, Seite 22 ff.
S. Davis: Race Relations in Ancient Egypt. London 1941

H. Dessau: Geschichte der römischen Kaiserzeit. Berlin 1924–30

G. Driver: The Judean Scrolls. Oxford 1965

S. Dubnow: Weltgeschichte des jüdischen Volkes II. Berlin 1925

H. Ewald: Geschichte des Volkes Israel (VI³). Göttingen 1868

J. Felten: Neutestamentliche Zeitgeschichte 2/3. Regensburg 1925

W. E. Filmer: The Chronology of the Reign of Herod the Great. In: Journal of Theological Studies, 1966, Seite 283ff.

W. Forster: Palestinian Judaism in the New Testament. Edinburgh 1964

M. Friedländer: Die religiösen Bewegungen innerhalb des Judentums zur Zeit Jesu. Berlin 1905

L. Fuchs: Die Juden Ägyptens in griechischer und römischer Zeit. Wien 1924

M. Gaster: The Samaritans. London 1925

J. D. Gauger: Beiträge zur jüdischen Apologetik. Bonn 1977

M. Ginsburg: Rome et la Judée. Paris 1928

A. Giovannini und H. Müller: Die Beziehungen zwischen Rom und den Juden im 2. Jahrhundert v. Chr. In: Museum Helveticum, 1971, Seite 156

N. Glatzer: Jerusalem and Rome. New York 1960

H. Graetz: Geschichte des Judentums und seiner Sekten I. Leipzig 1857

H. Graetz: Geschichte der Juden III⁵. Leipzig 1905

M. Grant: A Historical Introduction to the New Testament. London 1963

M. Grant: The Jews in the Roman World. London 1973

W. Grundmann: Das palästinensische Judentum im Zeitraum zwischen der Erhebung der Makkabäer und dem Ende des jüdischen Krieges. In: Die Umwelt des Urchristentums. Herausgegeben von J. Leipoldt und W. Grundmann. Berlin 1965, Seite 143ff.

C. Guignebert: Le Monde juif vers le temps de Jésus. Paris 1950

Ch. Habicht: Hellenismus und Judentum in der Zeit des Judas Makkabäus. In: Jahrbuch der Heidelberger Akademie der Wissenschaften, 1974, Seite 97ff.

L. Herzfeld: Handelsgeschichte der Juden des Altertums. Leipzig 1894

H. W. Hoehner: Herod Antipas. London 1972

O. Holtzmann: Neutestamentliche Zeitgeschichte. Tübingen 1906

J. Jeremias: Jerusalem zur Zeit Jesu. Göttingen 1902

J. Jeremias: Die Einwohnerzahl Jerusalems zur Zeit Jesu. In: Zeitschrift des deutschen Palästina-Vereins, 1943, 24ff.

A. H. M. Jones: Claudius and the Jewish Question at Alexandria. In: Journal of Roman Studies, 1935, Seite 228ff.

A. H. M. Jones: The Herods of Judaea. Oxford 1938
J. Juster: Les juifs dans l'empire romain. Paris 1914
W. Keller: Diaspora. London 1971
J. S. Kennard: Judas of Galilea and his Clan. In: Jewish Quarterly Review, 1945/46, Seite 281ff.
S. Klein: Galiläa von der Makkabäerzeit bis 67 n. Chr. Wien 1928
J. Konzelmann: Aufbruch der Hebräer. München 1979
C. H. Kraeling: The Episode of Roman Standards at Jerusalem. In: Harvard Theological Review, 1942, Seite 262ff.
P. Krüger: Hellenismus und Judentum. Leipzig 1908
K. Lake: The Beginning of Christianity. London 1920
S. Liebermann: Greek in Jewish Palestine. New York 1965
B. Lifshitz: Etudes sur l'histoire de la province romaine de Syrie. In: Aufstieg und Niedergang der römischen Welt. II 8. 1977. Seite 3ff.
B. Lifshitz: Jérusalem sous la domination romaine. Histoire de la ville depuis la conquête de Pompée jusqu'à Constantin (63 a.C.–325 p.C.). In: Aufstieg und Niedergang der römischen Welt. II 8. 1977. Seite 444ff.
B. Lifshitz: Césarée de Palestine. Son histoire et ses institutions. In: Aufstieg und Niedergang der römischen Welt. II 8. 1977. Seite 490ff.
J. Lightly: Jewish Sects in the Time of Jesus. London 1925
Y. Meshorer: Jewish Coins of the 2nd Temple Period. Tel Aviv 1967
J. Minkin: Herod. A Biography. New York 1935
A. Momigliano: Ricerche sull' organizzazione della Giudea sotto il dominio Romano. Bologna 1934
A. Momigliano, in: Cambridge Ancient History X. 1934. Seite 316ff.
A. Momigliano: Prime linee di storia della tradizione maccabaica. Turin 1968
G. Moore: Judaism in the first centuries of the Christian era. Cambridge Mass. 1927ff.
A. Negev: The Nabateans and the Provincia Arabia. In: Aufstieg und Niedergang der römischen Welt. II 8. 1977. Seite 520ff.
J. Neusner: A History of the Jews in Babylonia. Leiden 1969ff.
M. Noth: Geschichte Israels. Tübingen 1963
W. Oesterley: A History of Israel II. Oxford 1951
S. Perowne: The Life and Times of Herod the Great. London 1956
S. Perowne: The Later Herods. The political Background of the New Testament. London 1958
L. Poliakow: The History of Antisemitism I. London 1974
G. Prause: Herodes der Große, König der Juden. Hamburg 1977
H. Preisker: Neutestamentliche Zeitgeschichte. Berlin 1937

U. Rapaport: La Judée et Rome pendant le règne d'Alexandre Jannée. In: Revue des Études Juives, 1968, Seite 329ff.

U. Rapaport: Note sur la chronologie des monnaies hérodiennes. In: Revue Numismatique, 1968, Seite 64ff.

B. Reicke: Neutestamentliche Zeitgeschichte. Berlin 1965

Th. Reinach: L'empereur Claude et les Juifs. In: Revue des Études Juives, 1924, Seite 119ff.

G. Ricciotti: Geschichte Israels. Wien 1955

H. Rowley: The Herodians and the Gospels. In: Journal of Theological Studies, 1940, Seite 14ff.

D. S. Russell: The Jews from Alexander to Herod. Oxford 1967

J. Salvador: Histoire de la domination romaine en Judée. Paris 1847

A. Schalit: The Hellenistic Age. Political History of Jewish Palestine from 333 B.C. to 67 A.D. New Brunswick 1972

A. Schalit: König Herodes. Berlin 1969

A. Schlatter: Geschichte Israels von Alexander dem Großen bis Hadrian. Stuttgart 1925

K. Schubert: Die jüdischen Religionsparteien in neutestamentlicher Zeit. Stuttgart 1970

E. Schürer: Geschichte des jüdischen Volkes im Zeitalter Jesu Christi III/IV. Leipzig 1901ff.

V. M. Scramuzza: The Emperor Claudius. Harvard 1946

J. Sevenster: The roots of Antisemitism in the Ancient World. Leiden 1975

E. M. Smallwood: The chronology of Gaius' Attempt to desecrate the Temple. In: Latomus, 1957, Seite 3ff.

E. M. Smallwood: High priests and politics in Roman Palestine. In: Journal of Theological Studies, 1962, Seite 14ff.

E. M. Smallwood: The Jews under Roman Rule. London 1976

F. Stähelin: Der Antisemitismus im Altertum in seiner Entstehung und Entwicklung. Basel 1906

B. Stade: Geschichte des Volkes Israels. Berlin 1888

E. Stauffer: Christus und die Caesaren. Tübingen 1952

E. Stauffer: Jerusalem und Rom in der Zeit Jesu Christi. Bern 1957

E. Stauffer: Zur Münzprägung und Judenpolitik des Pontius Pilatus. In: La Nouvelle Clio, 1949/50, Seite 455ff.

M. Stern: Greek and Latin Authors on Jews and Judaism I. Leiden 1974

R. D. Sullivan: The Dynasty of Emesa. In: Aufstieg und Niedergang der römischen Welt. II 8. 1977. Seite 198ff.

R. D. Sullivan: The Dynasty of Judea in the First Century. In: Aufstieg und Niedergang der römischen Welt. II 8. 1977. Seite 296ff.

R. D. Sullivan: The Dynasty of Commagene. In: Aufstieg und Niedergang der römischen Welt. II 8. 1977. Seite 732ff.
R. D. Sullivan: Papyri reflecting the Eastern Dynastic Network. In: Aufstieg und Niedergang der römischen Welt. II 8. 1977. Seite 908ff.
S. Tracey: Philo Judaeus and the Roman Principate. Williamsport 1933
V. Tscherikower: Hellenistic Civilization and the Jews. Philadelphia 1955
V. Tscherikower: The History of the Jews at Fayûm in the Hellenistic Period. In: Harvard Theological Review, 1958, Seite 59ff.
V. Tscherikower: The Decline and Fall of the Jewish Diaspora in Egypt in the Roman Period. In: Journal of Jewish Studies, 1963, Seite 1ff.
E. G. Turner: Tiberius Julius Alexander. In: Journal of Roman Studies, 1954, Seite 54ff.
B. Wacholder: Nicolaus of Damascus. Berkeley 1962
J. Wellhausen: Israelitische und jüdische Geschichte. Berlin 1904
P. Wendland: Die hellenistisch-römische Kultur in ihren Beziehungen zu Judentum und Christentum. Leipzig 1912
U. Wilcken: Der alexandrinische Antisemitismus. Leipzig 1909
H. Willrich: Caligula. In: Klio, 1903, Seite 85ff., 417ff.
H. Willrich: Das Haus des Herodes zwischen Jerusalem und Rom. Heidelberg 1925
S. Zeitlin: The First Book of the Maccabees. London 1954
S. Zeitlin: The Temple at Worship. In: Jewish Quarterly Review, 1960, Seite 209ff.
S. Zeitlin: Herod. A malevolent Maniac. In: Jewish Quarterly Review, 1963
Th. Zielinksi: L'empereur Claude et l'idée de la domination mondiale des Juifs. In: Revue de l'Université de Bruxelles, 1926/7, Seite 28ff.
H. Zucker: Studien zur griechischen Selbstverwaltung im Altertum. Berlin 1936

Zum Jüdischen Krieg und seinen Voraussetzungen

S. Applebaum: Judea as a Roman Province. In: Aufstieg und Niedergang der römischen Welt. II 8. 1977. Seite 355ff.
S. Applebaum: The Struggle for the Soil and the Revolt of 66–73 E. E. In: Eretz Israel, 1975, Seite 125ff.
S. Applebaum: The Case for Re-Evalution. In: Journal of Roman Studies, 1971, Seite 159ff.
S. Applebaum: Jews and Greeks in Ancient Cyrene. Leiden 1979

M. Auerbach: The Roman-Jewish War 66–70 A.D. Its Origins and Consequences. London 1966

M. Auerbach: The Conflicting Accounts of Josephus and Tacitus Concerning Cumanus' and Felix' Tenure of Office. In: Jewish Quarterly Review, 1949–50, Seite 1ff.

E. Bammel: Die Neuordnung des Pompeius und das römisch-jüdische Bündnis. In: Zeitschrift des deutschen Palästina-Vereins, 1959, Seite 76ff.

W. Baumbach: Zum Freiheitsverständnis der zelotischen Bewegung. In: Theologische Literaturzeitung, 1967, Seite 257ff.

W. Baumbach: Zeloten und Sikarier. In: Theologische Literaturzeitung, 1965, Seite 727ff.

H. Bengtson: Die Flavier. München 1979

F. Benoit: L'Antonia d'Hérode le Grand. In: Harvard Theological Review, 1971, Seite 135ff.

J. Blinzler: Die Niedermetzelung von Galiläern durch Pilatus. In: Novum Testamentum, 1957, Seite 54ff.

M. Borg: The Currency of the Word Zealot. In: Journal of Theological Studies, 1971, Seite 504ff.

S. Brandon: The Fall of Jerusalem and the Christian Church. A Study in the Effects of the Jewish Overthrow of A.D. 70 on Christianity. London 1951

H. Braun: Spätjüdisch-haeretischer und frühchristlicher Radikalismus. Tübingen 1957

H. Braunert: Der römische Provinzialzensus und der Schätzungsbericht des Lukas-Evangeliums. In: Historia, 1957, Seite 192ff.

P. A. Brunt: Charge of Provincial Maladministration under the Early Empire. In: Historia, 1961, Seite 189ff.

A. Büchler: Zur Verproviantierung Jerusalems im Jahre 69/70 n. Chr. In: Gedenkbuch zur Erinnerung an D. Kaufmann. Breslau 1900

J. Crook: Titus and Berenike. In: American Journal of Philology, 1951, Seite 162ff.

O. Cullmann: Die Bedeutung der Zelotenbewegung für das Neue Testament. In: Vorträge und Aufsätze, herausgegeben von K. Fröhlich. Zürich 1966. Seite 292ff.

C. Daniel: Esséniens, Zélots et Sicaires. In: Numen, 1966, Seite 88ff.

A. v. Domaszewski: Die Dislokation des römischen Heeres im Jahre 66 v. Chr. In: Rheinisches Museum, 1892, Seite 207ff.

W. Eck: Die Eroberung von Masada und eine neue Inschrift des L. Flavius Silva Nonius Bassus. In: Zeitschrift für neutestamentliche Wissenschaft, 1969, Seite 292ff.

E. Fascher: Jerusalems Untergang in der urchristlichen und altkirchlichen Überlieferung. In: Theologische Literaturzeitung, 1964, Seite 87ff.
Th. Frankfort: Le royaume d'Agrippa II. et son annexion par Domitien. In: Hommage à Albert Grénier. Brüssel 1962. Seite 659ff.
B. Hallermann: Untersuchungen zu den Truppenbewegungen in den Jahren 68–69 n. Chr. Diss. Würzburg 1963
C. Hawkes: The Roman Siege of Masada. In: Antiquity, 1929, Seite 195ff.
M. Hengel: Judentum und Hellenismus. Tübingen 1969
M. Hengel: Zeloten und Sikarier. Zur Frage der Einheit und Vielfalt der jüdischen Befreiungsbewegung 6–74 n. Chr. In: Josephus-Studien. O. Michel zum 70. Geburtstag gewidmet. Göttingen 1974. Seite 175ff.
M. Hengel: Die Zeloten. Untersuchungen zur jüdischen Freiheitsbewegung in der Zeit des Herodes I. bis 70 n. Chr. Leiden 1978
W. Heilmeyer: Titus und Jerusalem. In: Mitteilungen des Deutschen Archäologischen Instituts (Rom), 1975, Seite 299ff.
S. Hoenig: The Sicarii at Masada. In: Traditio, 1970, Seite 5ff.
S. Hoenig: The Great Sanhedrin. Philadelphia 1953
L. Homo: Vespasien. Empereur du bon sens. Paris 1949
A. M. Hospers-Jansen: Tacitus over de Joden. Hist. V 2–13. Groningen 1949
H. U. Instinsky: Der Ruhm des Titus. In: Philologus, 1948, Seite 370ff.
G. Jossa: Gli Zeloti e i Sicarii. In: Koinonia. Giudei, Pagani e Cristiani. Collana di Studi e Testi. Neapel 1977. Seite 11ff.
L. Kadman: The Coins of the Jewish War. Jerusalem 1960
H. Kingdon: The origins of the Zealots. In: New Testament Studies, 1972/73, Seite 74ff.
H. Kingdon: Who were the Zealots and their Leaders in A. D. 66? In: New Testament Studies, 1970, Seite 68ff.
J. Klausner: The World of the Jewish People (ed. A. Schalit). Tel Aviv 1972ff.
H. Kreißig: Die sozialen Zusammenhänge des Jüdischen Krieges. Berlin 1970
J. Lebram: Der Idealstaat der Juden. In: Josephus-Studien, Seite 233ff.
L. Levine: The Jewish-Greek Conflict in the 1st Century Caesarea. In: Journal of Jewish Studies, 1974, Seite 381ff.
H. Mantel: Studies in the History of the Sanhedrin. Cambridge/Mass. 1961
Th. Mommsen: Eine Inschrift des älteren Plinius. In: Hermes, 1884, Seite 644ff.

H. Montefiore: Sulpicius Severus and Titus' Counsel of War. In: Historia, 1962, Seite 156ff.

S. Morenz: Vespasian, Heiland der Kranken. Persönliche Frömmigkeit im antiken Herrscherkult? In: Würzburger Jahrbücher, 1949–1950, Seite 370ff.

J. Neusner: Development of a Legend. Studies on the Tradition concerning Yohanan ben Zakkai. Leiden 1970

J. Neusner: A Life of Rabbi Yohanan ben Zakkai. Leiden 1962

J. Neusner: The Rabbinic Tradition about the Phariseans before 70. Leiden 1971

J. Nicols: Vespasian and the Partes Flavianae. Wiesbaden 1977

V. Nikiprowetzky: La mort d'Eleazar. In: Hommage à A. Dupont Sommer. Paris 1971. Seite 461ff.

H. Peter: Pontius Pilatus, der römische Landpfleger in Judaea. In: Neue Jahrbücher für Antike und deutsche Bildung, 1907, Seite 1ff.

K. H. Rengstorf: Hirbet Qumran und die Bibliothek vom Roten Meer. Stuttgart 1960

D. Rhoads: Israel in Revolution 6–74. A Political History Based on the Writings of Josephus. Philadelphia 1976

J. A. Richmond: The Roman Siege Works of Masada. In: Journal of Roman Studies, 1962, Seite 14ff.

C. Roth: An ordinance against Image in Jerusalem. In: Harvard Theological Review, 1956, Seite 169ff.

C. Roth: The Jewish Revolt against the Romans in the Light of the Dead Sea Scrolls. In: Palestine Exploration Quarterly, 1958, Seite 104ff.

C. Roth: The Historical Background of the Dead Sea Scrolls. Oxford 1958

C. Roth: The Jewish Revolt against Rome in 66–70 C. E. In: Commentary, 1959, Seite 522ff.

C. Roth: Did Vespasian Capture Qumran? In: Palestine Exploration Quarterly, 1959, Seite 122ff.

C. Roth: The Zealots in the War of 66–73. In: Journal of Semitic Studies, 1959, Seite 332ff.

C. Roth: The Zealots. A Jewish Religious Sect. In: Judaism, 1959, Seite 33ff.

C. Roth: The Zealots and Qumran. In: Revue de Qumran, 1959–60, Seite 81ff.

C. Roth: The Historical Implication of the Jewish Coinage of the 1st Revolt. In: Israel Exploration Journal, 1962, Seite 33ff.

C. Roth: The Phariseans und the Jewish Revolt of 66–73. In: Journal of Semitic Studies, 1962, Seite 63ff.

C. Roth: The Year Reckoning of the Coins of the 1st Revolution. In: Numismatic Chronicle, 1962, Seite 91 ff.

C. Roth: The Constitution of the Jewish Republic of 66–70. In: Journal of Semitic Studies, 1964, Seite 295 ff.

E. Sanford: Nero and the East. In: Harvard Studies in Classical Philology, 1937, Seite 75 ff.

A. Schalit: Der Schauplatz der letzten Kämpfe zwischen den aufständischen Pharisäern und Alexander Jannaeus. In: Josephus-Studien. Seite 300 ff.

A. Schlatter: Der Bericht über das Ende Jerusalems. Gütersloh 1923

W. Schur: Die Orientpolitik des Kaisers Nero. Leipzig 1923

E. M. Smallwood: The Alleged Jewish Tendencies. In: Journal of Theological Studies, 1959, Seite 329 ff.

E. M. Smallwood: Some Comments on Tacitus Ann. 12, 54. In: Latomus 1959, Seite 560 ff.

S. Spero: In Defense of the Defenders of Masada. In: Traditio, 1970, Seite 31 ff.

S. Thoma: Auswirkungen des jüdischen Krieges gegen Rom (66–70/73 n. Chr.) auf das rabbinische Judentum. In: Biblische Zeitschrift, 1968, Seite 44 ff.

I. Weiler: Titus und die Zerstörung des Tempels von Jerusalem. Absicht oder Zufall? In: Klio, 1968, Seite 139 ff.

J. Wellhausen: Die Pharisäer und die Sadduzäer. Hannover 1924

H. Windisch: Der Untergang Jerusalems im Urteil der Christen und Juden. In: Theologische Zeitschrift, 1914, Seite 519 ff.

Y. Yadin: Masada. Herod's Fortress and the Zealots' Last Stand. London 1966 (deutsch Hamburg 1967)

S. Zeitlin: The Political Sanhedrin and the Religious Sanhedrin. In: Jewish Quarterly Review, 1945/46, Seite 169 ff.

S. Zeitlin: The Sicarii and Masada. In: Jewish Quarterly Review, 1957, Seite 251 ff.

S. Zeitlin: Zealots and Sicarii. In: Journal of Biblical Literature, 1962, Seite 395 ff.

S. Zeitlin: The Rise and Fall of the Judean State. Philadelphia 1962

S. Zeitlin: Masada and the Sicarii. In: Jewish Quarterly Review, 1964/5, Seite 299 ff.

S. Zeitlin: The Sicarii and Masada. In: Jewish Quarterly Review, 1966, Seite 251 ff.

Zur Religion des Judentums in Hellenismus und früher Kaiserzeit

A. Adam: Antike Berichte über die Essener. Berlin 1961

I. Amusin: Der Eid der Essener (russisch). In: Vestnik drevnej istorij, 1975, 1, Seite 151ff.

L. Baeck: Die Pharisäer. Berlin 1934

E. Bammel: Die Bruderfolge im Hohepriester-Amt der herodeisch-römischen Zeit. In: Zeitschrift des deutschen Palästina-Vereins, 1954, Seite 147ff.

G. Baumbach: Jesus von Nazareth im Lichte der jüdischen Gruppenbildung. Göttingen 1971

M. Black: The Essene Problem. London 1961

M. Black: Judas of Galilee and Josephus' Forth Philosophy. In: Josephus-Studien, Seite 45ff.

W. Bousset: Die Religion des Judentums im späthellenistischen Zeitalter. Tübingen 1926

S. Brandon: Jesus and the Zealots. Manchester 1947

G. Buchanan: The Eschatologic Expectation of the Qumran Community. Diss. Drew University 1959

G. Buchanan: An Additional Note to Makk. 11, 15–19: Brigands in the Temple. In: Hebrew University College Annual, 1960, Seite 163ff.

A. Büchler: Types of Jewish Palestinian Piety from 70 b. C. to 70 C. E. Oxford 1926

Ch. Burchard: Zur Nebenüberlieferung von Josephus' Bericht über die Essener (Bell. 2, 119–161) bei Hippolyt, Porphyrius, Josippus, Niketas Choniates u. a. In: Josephus-Studien, Seite 77ff.

F. Cumont: Esséniens et Pythagoriciens d'après une passage de Joseph. In: Comptes Rendues de l'Académie des Inscriptions et Belles-Lettres, 1930, Seite 9ff.

M. Dupont Sommer: Les écrits esséniens découverts près de la Mer Morte. Paris 1959 (deutsch Tübingen 1960)

C. Finkelstein: The Pharisees. Philadelphia 1962

M. Gaster: Samarite Eschatology. London 1932

C. Ginsburg: The Essenes. London 1864

J. Gnilka: Die essenischen Taufbäder und die Johannistaufe. In: Revue de Qumran, 1961, Seite 185ff.

I. Hahn: Josephus und die Eschatologie von Qumran. In: Qumran-Probleme. Berlin 1963. Seite 167ff.

R. T. Herford: The Phariseans. Boston ^{2}1962 (deutsch Köln 1961)

G. Hölscher: Der Sadduzäismus. Berlin 1906

G. Hölscher: Geschichte der israelitisch-jüdischen Religion. Gießen 1922
J. Klausner: Die messianische Idee in Israel. New York 1955
E. Kutsch: Der Eid der Essener. Ein Beitrag zu den Problemen des Textes von Jos. Bell. Jud. 3, 8, 7. In: Theologische Literaturzeitung, 1956, Seite 495 ff.
R. Lescynski: Die Sadduzäer. Berlin 1912
J. Lindblom: Prophecy in Ancient Israel. Oxford 1962
R. Marcus: Pharisees, Essenes and Gnostics. In: Journal of Biblical Literature, 1954, Seite 153 ff.
H. del Medico: Les Esséniens dans l'oeuvre de Flavius Joséphus. In: Byzantinoslavica, 1952/53, Seite 1 ff.
H. del Medico: Le mythe des Esséniens. Des origines a la fin du moyen age. Paris 1958
O. Michel: Spätjüdisches Prophetentum. In: Neutestamentliche Studien für R. Bultmann. Berlin 1964. Seite 60 ff.
O. Michel: Der Schwur der Essener. In: Theologische Literaturzeitung, 1956, Seite 189 ff.
O. Michel: Der Tempel der Goldenen Kuh. Bemerkungen zur Polemistik im späten Judentum. In: Zeitschrift für neutestamentliche Wissenschaft, 1958, Seite 197 ff.
O. Michel: Simon ben Giora. In: 4th World Congress of Jewish Studies, 1967, Seite 77 ff.
G. Moore: Judaism in the First Centuries of the Christian Era. Cambridge 1962
H. Ringgren: Israelitische Religion. Stuttgart 1963
D. Rössler: Gesetz und Geschichte. Untersuchungen zur Theologie der jüdischen Apokalyptik und der pharisäischen Theologie. Neukirchen 1962
C. Roth: The debate of Loyal Sacrifices A. D. 66. In: Harvard Theological Review, 1960, Seite 93 ff.
A. Schlatter: Theologie des Judentums nach dem Bericht des Josephus. Gütersloh 1932
J. M. Schmidt: Die jüdische Apokalyptik. Die Geschichte ihrer Erforschung von den Anfängen bis zu den Textfunden von Qumran. Neukirchen 1976
K. Schubert: Die Funde vom Toten Meer. München 1958
M. Simon: Les sectes juifs aux temps de Jésus. Paris 1960 (deutsch Einsiedeln 1964)
M. Smith: The Dead Sea Sect in Revolution to Ancient Judaism. In: New Testament Studies, 1960/61, Seite 347 ff.

M. Smith: Zealots and Sicarii. Their Origin and Relation. In: Harvard Theological Review, 1971, Seite 1ff.

H. Strathmann: Geschichte der frühchristlichen Askese. Leipzig 1914

J. Teicher: The Essenes. In: Studia Patristica, 1957, Seite 540ff.

R. de Vaux: The Judean Scrolls. Essenes or Zealots? In: New Testament Studies 1966, Seite 89ff.

L. Waechter: Die unterschiedliche Haltung der Pharisäer, Sadduzäer und Essener zur Heimarmene nach dem Bericht des Josephus. In: Zeitschrift für Religions- und Geistesgeschichte 1969, Seite 97ff.

S. Wagner: Die Essener in der wissenschaftlichen Diskussion des 18. bis zum Beginn des 20. Jahrhunderts. Berlin 1960

P. Winter: On the Trial of Jesus. Berlin 1961

Y. Yadin: The Message of the Scrolls. London 1957

Josephus, der Autor

O. Betz: Das Problem des Wunders bei Flavius Josephus im Vergleich zum Wunderproblem bei den Rabbinen und im Johannesevangelium. In: Josephus-Studien, Seite 23ff.

A. Bloch: Die Quellen des Josephus in seiner Archäologie. Leipzig 1879

O. Böcher: Die heilige Stadt im Völkerkrieg. Wandlungen eines apokalyptischen Schemas. In: Josephus-Studien, Seite 55ff.

A. Briessmann: Tacitus und das flavische Geschichtsbild. Wiesbaden 1955

B. Brüne: Flavius Josephus und seine Schriften in ihrem Verhältnis zum Judentum, zur griechischen Umwelt und zum Christentum. Gütersloh 1913

B. Brüne: Josephus, der Geschichtsschreiber des heiligen Krieges, und seine Vaterstadt Jerusalem. Wiesbaden 1912

P. A. Brunt: Josephus on Social Conflicts in Roman Judaea. In: Klio, 1977, Seite 143ff.

A. Byatt: Josephus and Population Numbers in Palestine. In: Palestine Exploration Quarterly, 1973, Seite 51ff.

Ph. Chasler: De l'autorité historique de Flavius Josèphe. Paris 1841

C. Colpe: Die Arsakiden bei Josephus. In: Josephus-Studien, Seite 97ff.

P. Collomp: La place de Josèphe dans la technique de la historiographie hellénistique. Paris 1947

P. Corssen: Die Zeugnisse des Tacitus und Ps.-Josephus über Christus. In: Zeitschrift für neutestamentliche Wissenschaft, 1914, Seite 114ff.

D. Daube: Typologie im Werke des Flavius Josephus. In: Sitzungsberichte der Bayerischen Akademie der Wissenschaften, phil-hist. Kl., 1977, Seite 46ff.

G. Delling: Josephus und das Wunderbare. In: Novum Testamentum, 1958, Seite 304ff.

G. Delling: Josephus und die heidnischen Religionen. In: Klio, 1965, Seite 263ff.

G. Delling: Zur Josephus-Forschung um 1700. In: Klio, 1960, Seite 233ff.

A. v. Destinon: Die Quellen des Flavius Josephus in der jüdischen Archäologie 12–17 (Jüdischer Krieg 1). Kiel 1882

H. Drexler: Untersuchungen zu Josephus und zur Geschichte des jüdischen Aufstandes. In: Klio, 1925, Seite 227ff.

H. Drüner: Untersuchungen über Josephus. Diss. Marburg 1896

R. Eisler: 'Ιησοῦς βασιλεύς οὐ βασιλεύσας. Die messianische Unabhängigkeitsbewegung vom Auftreten Johannis des Täufers bis zum Untergang Jakobs des Gerechten nach der neuerschlossenen Eroberung von Jerusalem des Flavius Josephus und den christlichen Quellen dargestellt. Heidelberg 1929ff.

M. Eismann: Dio and Josephus. Parallel Analysis. In: Latomus, 1977, Seite 657ff.

W. Farmer: Maccabees, Zealots and Josephus. New York 1957

L. Feldmann: Scholarship on Philo and Josephus 1937–1962. New York 1963

S. Foakes-Jackson: Josephus and the Jews. The Religion and History of the Jews as Explained by Flavius Josephus. London 1930

E. Gabba: L'impero Romano nel discorso di Agrippa II. (BI 2, 345–401). In: Rivista Storica dell' Antichità 6–7, 1976–77, Seite 76ff.

P. Goukowsky: Flavius Josèphe et le bon usage de la trahison. In: Revue des Études grecques, 1977, Seite 88ff.

W. Grimme: Der Dank für die empfangene Offenbarung bei Jesus und Josephus. In: Das Institutum Judaicum der Universität Tübingen, 1971/72, Seite 69ff.

W. von Gutschmid: Vorlesungen über Josephus' Bücher gegen Apion. In: Kleine Schriften IV. Leipzig 1893

H. Guttmann: Die Darstellung der jüdischen Religion bei Flavius Josephus. Breslau 1928

I. Hahn: Zwei dunkle Stellen in Josephus' Bellum Judaicum VI 311, II 142. In: Acta Orientalia Academiae Scientiarum Hungaricae, 1962, Seite 131ff.

L. Hankoff: The Theme of Suicide in the Works of Flavius Josephus. In: Clio Medica, 1976, Seite 15ff.

G. Hata: Is the Greek Version of Josephus' Jewish War a Translation or a Rewriting of the First Version? In: Jewish Quarterly Review, 1975, Seite 89ff.

R. Helm: Rezension von R. Laqueur: Der jüdische Historiker Flavius Josephus. In: Philologische Wochenschrift 1921, Seite 481 ff., 550 ff.

O. Henning: Römische Stücke aus Josephus. Diss. Tübingen 1922

G. Hölscher: Die Hohepriesterliste bei Josephus. Heidelberg 1940

F. Hölscher: Die Quellen des Josephus vom Exil bis zum Jüdischen Kriege. Diss. Marburg 1904

A. Höcherl: Zur Übersetzungstechnik des altrussischen Jüdischen Krieges des Flavius Josephus. München 1976

S. Hoenig: Synedrion in the Attic Orators, the Ptolemaic Papyri and its Adoption by Josephus. In: Jewish Quarterly Review, 1946, Seite 179ff.

W. Hornbostel: De Flavii Josephi studiis rhetoricis quaestiones selectae. Diss. Halle 1912

F. Jackson: Josephus and the Jews. London 1930

O. Krüger: Philo und Josephus als Apologeten des Judentums. Leipzig 1905

H. Lindner: Die Geschichtsauffassung des Flavius Josephus im Bellum Judaicum. Leiden 1972

H. Lindner: Eine offene Frage zur Auslegung des Bellum-Proömiums. In: Josephus-Studien, Seite 254 ff.

F. Malinowski: Galilean Judaism in the Writings of Flavius Josephus. Diss. Duke University 1973

S. McCasland: Portents in Josephus and in the Gospels. In: Journal of Biblical Literature 1932, Seite 323 ff.

R. Mayer und Ch. Moeller: Josephus – Politiker und Prophet. In: Josephus-Studien, Seite 271 ff.

J. Marchano: La Storia giudaica. Flavius Josephus e i suoi giudizi sugl'imperatori di casa Giulia-Claudia. Neapel 1934

O. Michel: Studien zu Josephus. In: New Testament Studies, 1967, Seite 403 ff.

O. Michel: Ich komme (Josephus, Bellum Judaicum 3, 400). In: Theologische Zeitschrift 1968, Seite 123 ff.

O. Michel und O. Bauernfeind: Die beiden Eleazarreden in Josephus, Bell. Jud. 7, 323 ff. und 7, 341 ff. In: Zeitschrift für neutestamentliche Wissenschaft, 1967, Seite 267 ff.

H. Moehring: Novellistic Elements in the Writings of Josephus. Diss. Chicago 1957

A. Momigliano: The Historians of the Classical World. In: Ann. Scuol. Norm. Sup. di Pisa III 8, 1978, Seite 59 ff.

J. Montgomery: The Religion of Flavius Josephus. In: Jewish Quarterly Review, 1920, Seite 273ff.

H. Montefiore: Josephus and the New Testament. London 1962

F. Moore: Fate and Free Will in the Jewish Philosophy According to Josephus. In: Harvard Theological Review, 1929, Seite 371ff.

W. Morel: Eine Rede bei Josephus. In: Rheinisches Museum 1926, Seite 106ff., 341ff.

E. Nestle: Judäa bei Josephus. In: Zeitschrift des deutschen Palästina-Vereins, 1911, Seite 65ff.

B. Niese: Zur Chronologie des Josephus. In: Hermes, 1893, Seite 194ff.

J. Neusner: Josephus' Pharisees. In: Studia G. Widengren oblata I. Leiden 1972, Seite 224ff.

E. Norden: Josephus und Tacitus über Jesus Christus und eine messianische Prophetie. In: Neue Jahrbücher für antike und deutsche Bildung, 1913, Seite 637ff.

A. Paul: Le concept de prophétie biblique. Flavius Josèphe et Daniel. In: Recueil des Sciences Religieuses, 1975, Seite 367ff.

A. Posner: Römische Persönlichkeiten in Josephus' Bellum. In: Monatsschrift für Geschichte und Wissenschaft des Judentums, 1930, Seite 249ff.

J. Prager: Über das Verhältnis des Flavius Josephus zur Zelotenpartei beim Ausbruch des jüdischen Krieges. Breslau 1873

H. Rasp: Flavius Josephus und die jüdischen Religionsparteien. In: Zeitschrift für neutestamentliche Wissenschaft, 1924, Seite 27ff.

H. W. Ritter: Cluvius Rufus bei Josephus. In: Rheinisches Museum, 1972, Seite 85ff.

E. M. Sanford: Propaganda and Censorship in the Transmission of Flavius Josephus. In: Transactions and Proceedings of the American Philological Association, 1935, Seite 127ff.

A. Schalit: Zur Josephus-Forschung. In: Wege der Forschung 85–197. Darmstadt 1973. Seite VIIff.

A. Schalit: Die Erhebung Vespasians und Flavius Josephus. Talmud und Midrasch. Zur Geschichte einer messianischen Prophetie. In: Aufstieg und Niedergang der römischen Welt. II 2. Seite 282ff.

F. Schemann: Die Quellen des Flavius Josephus in der jüdischen Archäologie B. 18–20. Diss. Marburg 1887

A. Schlatter: Die Theologie des Judentums nach dem Bericht des Josephus. Gütersloh 1932

A. Schlatter: Kleine Schriften zu Flavius Josephus, herausgegeben von K. H. Rengstorf. Darmstadt 1972

W. Schmidt: De Flavii Josephi elocutione observationes criticae. In: Jahrbuch für Classische Philologie, Suppl. XX, 1894, Seite 341 ff.
H. Schreckenberg: Die Flavius-Josephus-Tradition in Antike und Mittelalter. Leiden 1972
H. Schreckenberg: Rezeptionsgeschichtliche und textkritische Untersuchungen zu Flavius Josephus. Leiden 1977
H. Schreckenberg: Bibliographie zu Flavius Josephus. Leiden 1979
A. Schuch: Römisches Kriegswesen nach dem Bellum Judaicum. Programm Mährisch Weißkirchen 1902
R. J. Shutt: Studies in Josephus. London 1961
E. Stein: De Woordenkeuze in et bellum iudaicum van Flavius Josephus. Amsterdam 1937
G. Tachauer: Das Verhältnis des Josephus zu Bibel und Tradition. Diss. Erlangen 1871
E. Täubler: Die nicht bestimmbaren Hinweise bei Josephus und die Anonymushypothese. In: Hermes 1916, Seite 211 ff.
C. Thoma: Die Weltanschauung des Flavius Josephus, dargestellt an Hand seiner Schilderung des jüdischen Aufstandes gegen Rom 66–73. In: Kairos 1969, Seite 39 ff.
D. Timpe: Römische Geschichte bei Flavius Josephus. In: Historia, 1960, Seite 474 ff.
W. van Unnik: Flavius Josephus and the Mysteries. In: Studies in Hellenistic Religion ed. M. Vermaseren. Leiden 1979. Seite 244 ff.
A. Wolff: De Flavii Josephi Belli Judaici scriptoris studiis rhetoricis. Diss. Halle 1908
Z. Yavetz: Reflections on Titus and Josephus. In: Greek, Roman and Byzantine Studies 1975, Seite 411 ff.

Palästina zur Zeit des Josephus

Y. Abaroni: The Land of the Bible. London 1967
F. Abel: Histoire de la Palestine depuis la conquête jusqu'à l'invasion arabe. Paris 1952
F. Abel: Topographie du siège de Jérusalem. In: Revue Biblique 1949, Seite 238 ff.
F. Abel: Géographie de la Palestine. Paris 1933–38
W. F. Albright: Syria, Phoenicia, Palestine. In: Historia Mundi II. München 1953, Seite 331 ff.
M. Avi Jonah: The Archeological Survey of Masada. In: Israel Exploration Journal, 1957, Seite 1 ff.

M. Avi Jonah: The Holy Land from the Persians to the Arab Conquest (536 b. C. to A. D. 640). Grand Rapids 1966

M. Avi Jonah: Encyclopedia of Archeological Excavations in the Holy Land. Englewood Cliffs 1975

B. Bar Kochva: The Fortresses of Josephus in Galilee. In: Israel Exploration Journal, 1974, Seite 10ff.

B. Bar Kochva: Sêron and Cestius Gallus at Beith Horon. In: Palestine Exploration Journal, 1976, Seite 13ff.

G. Boettger: Topographisch-historisches Lexikon zu den Schriften des Flavius Josephus. Leipzig 1879

R. Bultmann: Die Geschichte der synoptischen Tradition. Göttingen 1957

N. P. Clarke: The Four North Walls of Jerusalem. In: Palestine Exploration Quarterly 1944, Seite 193ff.

J. Derenbourg: Essai sur l'histoire et la géographie de la Palestine. Paris 1867

M. Dibelius: Aufsätze zur Apostelgeschichte. Göttingen 1968

G. Gatt: Die Hügel von Jerusalem. Neue Erklärung der Beschreibung Jerusalems bei Josephus BJ 5, 4, 1–2. Freiburg 1897

J. M. Grint: Hebrew as the Spoken and Written Language in the Last Days of the Second Temple. In: Journal of Biblical Literature, 1960, Seite 32ff.

L. Haefeli: Samaria und Peräa bei Josephus. Freiburg 1913

L. Haefeli: Geschichte der Landschaft Samaria. Münster 1922

L. Haefeli: Caesarea am Meer. Topographie und Geschichte der Stadt nach Josephus und der Apostelgeschichte. Münster 1923

F. Hollis: The Archeology of Herod's Temple. London 1934

O. Holtzmann: Tore und Türme des herodeischen Tempels. In: Zeitschrift für neutestamentliche Wissenschaft, 1908, Seite 71ff.

C. Johns: Excavations at the Citadel of Jerusalem 1934–1940. In: Palestine Exploration Quarterly, 1940, Seite 36ff.

J. Kelso: Excavation and New Testament: Jericho and Khirbet en Nida. London 1953

K. Kenyon: Excavations in Jerusalem. In: Palestine Exploration Quarterly 1962, Seite 72ff.; 1966, Seite 73ff.

F. Kirmis: Die Lage der alten Davidstadt und die Mauern des alten Jerusalem. Breslau 1919

L. Levine: Caesarea under Roman Rule. Leiden 1975

B. Lifschitz: Scythopolis. L'histoire, les institutions et les cultes de la ville à l'époque hellénistique et impériale. In: Aufstieg und Niedergang der römischen Welt. II 8. 1977, Seite 262ff.

R. Marcus: A Lexicon to Josephus. Paris 1934
E. Meyen: Galilean Regionalism as a Factor in Historical Reconstruction. In: Bulletin of the American School of Oriental Research, 1976, Seite 93ff.
O. Michel: Zur Methode der Forschung. In: Studies on the Jewish Background of the New Testament. Assen 1969
C. Moeller und G. Schmitt: Siedlungen Palästinas und Flavius Josephus. Wiesbaden 1876
C. Mommert: Topographie des alten Jerusalems. Leipzig 1900ff.
J. Morr: Die Landeskunde von Palästina bei Strabo und Josephus. In: Philologus, 1926, Seite 256ff.
E. Nestle: Judaea bei Josephus. In: Zeitschrift des deutschen Palästina-Vereins, 1911, Seite 65ff.
F. Nötscher: Biblische Altertumskunde. Bonn 1940
C. Norris: New Reasoning Concerning the Fortifications of Jerusalem in the First Century. In: Palestine Exploration Quarterly 1946, Seite 19ff.
W. Nowack: Lehrbuch der hebräischen Archäologie. Freiburg 1894 (Nachdruck Graz 1975)
W. Oehler: Die Ortschaften und Grenzen Galiläas nach Josephus. In: Zeitschrift des deutschen Palästina-Vereins, 1905, Seite 1ff., 49ff.
B. Reicke und L. Rost: Biblisch-historisches Handwörterbuch. Göttingen 1967ff.
K. H. Rengstorf: A Complete Concordance to Flavius Josephus. Leiden 1973ff.
S. Safrai und M. Stern: The Jewish People in the First Century. Amsterdam 1976
A. Schalit: Namenwörterbuch zu Flavius Josephus. Leiden 1968
A. Schulten: Masada. In: Zeitschrift des deutschen Palästina-Vereins, 1933, Seite 1ff.
A. Schlatter: Zur Topographie und Geschichte Palästinas. Calw 1893
A. Schlatter: Die hebräischen Namen bei Josephus. Gütersloh 1913
G. Schmid: Topographische Probleme bei Josephus. In: Zeitschrift des deutschen Palästina-Vereins 1975, Seite 50ff.
M. Aline S. de Sion: La forteresse Antonia à Jérusalem et la question du prétoire. Jerusalem 1955
G. Smith: The Historical Geography of the Holy Land. London 1966
G. Smith: Jerusalem. A Topography from the Earliest Times to A. D. 70. London 1907ff.
A. Strobel: Machairus. Geschichte und Ende einer Festung im Lichte archäologisch-topographischer Beobachtung. In: Bibel und Qumran. Berlin 1968, Seite 198ff.

A. Strobel: Die Südmauer Jerusalems zur Zeit Jesu (Jos. Bell. Jud. 5, 142ff.). In: Josephus-Studien, Seite 344ff.

A. Strobel: Auf der Suche nach Machairus und Kallirhoe. Selbstzeugnisse und Dokumente zu einem geographischen Problem des 19. Jahrhunderts. In: Zeitschrift des deutschen Palästina-Vereins, 1977, Seite 247ff.

H. Thackeray und R. Marcus: A Lexicon to Josephus. Paris 1930ff.

L. Vincent: La 3e enceinte de Jérusalem. In: Revue Biblique, 1927, Seite 615; 1928, Seite 321ff.

L. Vincent: Le temple hérodien d'après la Mischnah. In: Revue Biblique, 1954, Seite 5ff.

L. Vincent: L'Antonia, palais primitif d'Hérode. In: Revue Biblique, 1954, Seite 87ff.

E. Vogel: Bibliography of the Holy Land Sites. In: Hebrew University College Annual, 1971, Seite 1ff.

M. Waxman: History of the Jewish Literature. New York 1960

Josephus als Gegenstand literarischer Gestaltung

L. Feuchtwanger: Josephus. Romantrilogie. Berlin 1932ff.